WOJNA O PIENIĄDZ 3

Song Hongbing

WOJNA O PIENIĄDZ 3

Epoka walczących królestw

Z chińskiego przełożyła Izabela Błasiak-Kozak

Wektory

Wrocław 2016

货币战争 4

Edytor
Józef Białek

Przekład
Izabela Błasiak-Kozak

Redakcja
Zbigniew Nowicki

Korekta
Mirosława Zmysłowska

Projekt okładki
Wojciech Trojanowski

Skład i łamanie
Seraf

ISBN: 978-83-60562-95-6

Druk:
Drukarnia „Kontra"

WYDAWNICTWO „WEKTORY"
ul. Atramentowa 7
Bielany Wrocławskie
55-040 Kobierzyce

www. WydawnictwoWektory.pl

Dystrybucja:
tel. 693 977 999; e-mail: info@WydawnictwoWektory.pl

Spis treści

Wstęp

Kolejna książka wybitnego, chińskiego analityka gospodarczego Song Hongbinga ze świetnej serii *Wojna o pieniądz* jak zwykle nie zawodzi, utrzymuje wysoki poziom, wiele wyjaśnia i odbrązawia neoliberalne zaklęcia świata finansów i wielkiej polityki. Odsłania nam, polskim czytelnikom, jakże liczne i jakże tajemnicze zdarzenia w świecie wielkich finansów, banków i na arenie globalnej spekulacji. Song Hongbing precyzyjnie i beznamiętnie ukazuje zarówno, przyczyny jak i skalę Światowej Piramidy Zadłużeniowej, a co najważniejsze – i co dziś jest niezwykłą rzadkością w świecie ekonomii i finansów – wskazuje winnych. Ta nowa książka chińskiego autora dobitnie uwypukla zarówno przyczyny, przebieg, jak i skutki współczesnych zagrożeń w świecie finansów i bankowości. W zupełnie nowym świetle ukazuje rolę i znaczenie złota we współczesnym świecie i na rynkach finansowych, określając je mianem „Ostatniego cesarza z dynastii Han". Ciekawe, kiedy wielki złoty cesarz powróci w chwale na tron? Być może nie będzie to tak odległy czas. *Wojna o pieniądz* fantastycznie rysuje historyczne problemy i zaszłości zarówno brytyjskiego funta, jak i amerykańskiego dolara, ukazując nam wojny walutowe w zupełnie nowym świetle oraz ich niszczycielskie skutki dla światowej gospodarki. Przybliża czytelnikom ową wielką i jakże bezwzględną konfrontację elit politycznych i finansowych, ilustrując to niezwykle trafnymi przykładami licznych podstępów, wiarołomstwa, politycznych obietnic bez pokrycia, często podłej zdrady sojusznika, niecnych uczynków wielkich tego świata dokonywanych pod presją lobby lichwiarsko-bankowego. To pozycja ze wszech miar wyjątkowa, wielce edukacyjna i niezwykle potrzebna na polskim rynku wydawniczym. To wielka uczta intelektualna i asumpt do poważnych przemyśleń nad tym, dokąd zabrnął dzisiejszy świat finansów i bankowości. I taka właśnie powinna być rola elit intelektualnych, ekspertów i analityków – mówić prawdę, ostrzegać przed zagrożeniami, kreować nowe wizje i nowe autorytety. Tę książkę trzeba przeczytać.

Janusz Szewczak

ROZDZIAŁ I

Od wielkich ambicji
do upadku dolara amerykańskiego

Klucz do rozdziału

Stany Zjednoczone Ameryki były siłą, która ośmieliła się rzucić wyzwanie globalnej hegemonii Imperium Brytyjskiego. Szachując zmagające się o władzę Niemcy i Wielką Brytanię, korzystały na zużywaniu energii poszczególnych państw europejskich. Po pierwszej wojnie światowej, wykorzystując presję potężnego powojennego zadłużenia ciążącego na Europie, USA zmusiły wszystkie kraje do zintegrowania wydatków publicznych, a tym samym do powiększenia się zobowiązań w jeszcze bardziej zadłużonym dolarze. Mądrze wykorzystały fakt niemieckich reparacji wojennych. Dolar został pomyślnie wszczepiony do niemieckiego systemu monetarnego, a następnie stopniowo przeniknął do innych rezerw walutowych Europejskiego Banku Centralnego.

Amerykański dług wojenny jednocześnie pozbawił Europę wszelkich potrzebnych do rozwoju gospodarczego możliwości kredytowania, tworząc w ten sposób kontynent uzależniony od dolara amerykańskiego. Stany Zjednoczone, używając własnej przewagi kapitałowej, utworzyły nowe terytoria obejmujące całe kraje na rozległych rynkach zagranicznych dawnych imperiów kolonialnych. Nieustannie poszerzały one w rozliczeniu handlowym obszar dolarowego imperium.

Jako monopolista będący w posiadaniu światowych rezerw złota, Stany Zjednoczone opracowały strategię „dławienia złotem", która podporządkowywała innych, a wykorzystując gorliwą brytyjską mentalność i próby przywrócenia parytetu złota w celu odbudowania potęgi funta brytyjskiego, zachęcały, finansowały, a nawet wymuszały jak najszybsze pozłacanie funta brytyjskiego, przejmując tym samym inicjatywę w rozwoju gospodarczym Imperium Brytyjskiego.

Mimo wszystko jednak Stany Zjednoczone były na razie wschodzącym hegemonem, który w zetknięciu z nagłą historyczną szansą okazał się niedostatecznie przygotowany. Pomimo jasnej strategii supremacji dolara, do jej osiągnięcia używane były niewłaściwe środki: surowa taktyka i niespójne narzędzia. Wielki Kryzys w latach trzydziestych XX wieku stał się przyczyną wewnętrznej niespójności w strategii promowania dolara, co stopniowo doprowadziło do fatalnych konsekwencji.

Stany Zjednoczone, zakładając zastąpienie w ciągu dwudziestu lat ustalonego od dwustu lat brytyjskiego parytetu złota standardowym systemem dolara amerykańskiego, nie mogły uniknąć zmierzenia się z trudnościami, których pokonanie leżało zdecydowanie poza ich możliwościami. Wielka Brytania natomiast, w celu obrony swojej pozycji finansowego hegemona, pozostała wierna parytetowi złota i w niedługim czasie wyczerpała swoją ekonomiczną siłę. W tym samym czasie, gdy następował ofensywny upadek dolara, funt brytyjski był już walutą nędzarzy i bezdomnych, zbyt słabą, by odwrócić ten desperacki bieg rzeczy. Na świecie, po stracie pożyczkodawcy ostatniej instancji, autorytet pieniądza okazał się wydmuszką, a świat pogrążył się w ciemnościach Wielkiego Kryzysu.

Globalny system handlowy został zmiażdżony, światowy przepływ kapitału wysechł, a wola państw do utrzymania polityki pokojowego rozwoju gospodarczego została utracona. W tej sytuacji Stany Zjednoczone powróciły do polityki izolacjonizmu i w samotności, gojąc rany, czekały na okazję do powrotu na międzynarodową arenę finansową.

Pierwsza wyprawa dolara na podbój świata zakończyła się niepowodzeniem.

Funt korzysta z przyjaznego gestu marki

31 grudnia 1923 roku o godzinie 22 Hjalmar Schacht przybył z Berlina do Londynu. Mroźne i mgliste zimowe noce nie były w stanie rozwiać entuzjazmu Brytyjczyków świętujących Nowy Rok. Wśród wrzawy dobiegającej z pubów i salonów gier hazardowych w uliczkach i zaułkach, już od pięciu lat, odrzuciwszy w niepamięć wspomnienie tej bezprecedensowej wojny na niespotykaną skalę, ludzie z entuzjazmem korzystali z życia w dobrych czasach pokoju.

W tym okresie nastrój Schachta był kiepski. Jego ojczyzna, Niemcy, zmagała się z ubóstwem, głodem i gniewem. Ogromny cień niepowodzenia w pierwszej wojnie światowej, wielka zniewaga, jaką była cesja jednej dziesiątej terytorium, groźba wypłaty potężnych reparacji wojennych w wysokości 12,5 miliarda dolarów (równowartość rocznego niemieckiego przedwojennego PKB) dla Francji i Wielkiej Brytanii, brutalność Francji, która wysłała swoje oddziały w celu zajęcia niemieckiego przemysłowego Zagłębia Ruhry, a także hiperinflacja, która szczególnie w tym roku dała się Niemcom we znaki – wszystko to doszczętnie splądrowało majątek niemieckiej klasy średniej. Patrząc bezsilnie jak wartość niemieckiej marki zostaje zrównana z ziemią, Niemcy bezgłośnie szlochali, a Schacht załamywał ręce. Był świadom, jak wielkie znaczenie ma naprawa waluty i przybył właśnie po to, by pożyczyć pieniądze od Brytyjczyków.

Zaledwie półtora miesiąca wcześniej, 12 listopada, Schacht został mianowany na stanowisko Przewodniczącego Komitetu Kryzysowego ds. Waluty Niemieckiej i korzystając z rangi, posiadał prawo finalnego weta w sprawach dotyczących problemów monetarnych Niemiec, a jego pozycja zyskała mu przydomek cara niemieckiej ekonomii. Poświęcając się sprawie w dobie kryzysu, Schacht rzucił się w wir pracy, mając na celu uzdrowienie pozycji niemieckiej marki.

W tym okresie kurs marki niemieckiej z ubiegłorocznego przelicznika 9 tysięcy marek za dolara zdewaluował się szaleńczo do przelicznika 1,3 biliona marek za dolara. Zdolność kredytowa marki totalnie się załamała, nie było już możliwości jej odbudowania. Zarówno Schacht, jak i niemiecki rząd nie mieli innego wyjścia, jak tylko wymyślić inny sposób działania. W związku z niedoborem złota w Niemczech wymyślili nową markę, zabezpieczoną kredytowo aktywami w postaci niemieckiej ziemi oraz wszelkiego majątku przynależnego do tej ziemi, nazywaną „rentenmarką" (marką renty gruntowej), próbując w ten sposób odbudować zaufanie ludzi do banknotów. W rezultacie Niemcy posiadały w obiegu jednocześnie dwa rodzaje waluty, a kluczem do sukcesu nowej marki było wyszukanie odpowiedniego momentu na blokadę kursu starej i nowej marki, a następnie błyskawiczne ukończenie zadania wycofaniem starej marki z obiegu.

W momencie, kiedy rentenmarka zaczęła być emitowana, zrażeni doświadczeniami z przeszłości Niemcy nie mieli zaufania do dwóch rodzajów krążących jednocześnie w obiegu marek. Ludzie nadal szaleńczo wyzbywali się marek wymieniając je na amerykańskie dolary. Do 14 listopada kurs marki na czarnym rynku spadł do 1,3 biliona marek za dolara amerykańskiego. Urzędnicy wezwali wówczas Schachta do natychmiastowego zablokowania kursu wymiany starej marki i nowej renten-marki, jednakże Schacht pozostał niewzruszony. 15 listopada kurs marki spadł do 2,5 biliona marek za dolara. Poważnie zaniepokojeni urzędnicy wzywali do obrad, jednakże Schacht nie podzielał tego niepokoju. W dniu 20 listopada, kiedy kurs starej marki spadł do 4,2 biliona za dolara, Schacht natychmiast zarządził zabloko-wanie wskaźnika wymiany nowej rentenmarki i starej marki w stosunku 1:1 biliona.

Schacht poprzez wnikliwą kalkulację doszedł do wniosku, że gdy tylko całko-wicie opadnie panika wśród ludzi, wszystko powróci w końcu do punktu równowagi. Rzeczywiście, wskaźnik wymiany nowej i starej marki wciąż wykazywał tendencję spadkową, do dnia 26 listopada osiągając rekordowy przelicznik 11 bilionów marek za dolara. Ale niczym gumka naciągnięta znacznie powyżej granicy wytrzymało-ści rynek zareagował magicznym odbiciem się marki od dna. Do 10 grudnia sto-sunek dolara amerykańskiego do marki ustabilizował się na poziomie 4,2 biliona marek inflacyjnych za dolara i osiągnął punkt równowagi. Fakty dowodzą, że ocena Schachta była dokładna, a wybór odpowiedniego momentu właściwy. Schacht zo-stał obwołany ekonomicznym cudotwórcą. W tym samym czasie, niemiecki rząd, dokładając wszelkich możliwych starań, w styczniu 1924 roku wreszcie wprowa-dza w życie plan zrównoważonego budżetu państwa.

Rentenmarka w końcu umocniła swoją pozycję i zatrzymała się na pozio-mie wskaźnika wymiany 4,2 rentenmarek (4,2 biliona marek inflacyjnych) za dolara.

Schacht wiedział jednak, że rentenmarka może być jedynie rozwiązaniem przejściowym. Uważał, że wykorzystanie ziemi jako hipoteki dla emitowanej wa-luty jest igraniem z wiarygodnością waluty. Któż mógłby naprawdę uwierzyć, że istnieje jakikolwiek związek między bawarskimi gospodarstwami czy fabryka-mi w Zagłębiu Ruhry a rentenmarką? W opinii Schachta, środki wykorzystywane do poręczenia waluty powinny przejawiać trzy kluczowe cechy: wysoką płynność, dogodną wymienialność i pełną międzynarodową rozpoznawalność. W tym czasie jedynym środkiem poręczenia waluty spełniającym powyższe kryteria było złoto, ale w Niemczech złota po prostu brakowało. Przed wojną Niemcy były w po-siadaniu rezerw tego kruszca o wartości jednego miliarda dolarów amerykań-skich, wspieranych przez marki o wartości 1,5 miliarda dolarów amerykańskich, zatem w krajach będących czterema głównymi potęgami ekonomicznymi świata, a więc w Stanach Zjednoczonych, w Wielkiej Brytanii, we Francji i w Niemczech stopień pokrycia marki złotem był stosunkowo dobry. Jednakże pięć lat po woj-nie, w efekcie reparacji wojennych i hiperinflacji, niemieckie rezerwy złota spadły do zaledwie 150 milionów dolarów amerykańskich i nie były w stanie dłużej ob-sługiwać olbrzymiego mechanizmu niemieckiej gospodarki. Sposobem Schachta na rozwiązanie tej sytuacji było właśnie pożyczenie złota lub takiej waluty obcej, która miała wystarczające pokrycie w złocie. Środki te mogłyby w razie potrzeby zostać swobodnie wymienione na złoto, jako że tylko posiadanie złota i dewiz było w stanie ewentualnie ustabilizować wartość waluty niemieckiej. Pytanie brzmiało – pożyczyć, ale od kogo?

Oczywiście najwięcej złota posiadały Stany Zjednoczone. Spośród całkowi-tych rezerw złota o wartości 6 miliardów dolarów rozlokowanych w czterech ekonomicznych mocarstwach, Stany Zjednoczone dysponowały złotem o wartości 4,5 miliarda dolarów[1]. Jednak w tamtym okresie Stany Zjednoczone miały w Europie opinię skąpca, krytycznie określanego przez Francuzów i Brytyjczyków przydomkiem „wuja Shylocka". Przemysł państw sojuszniczych Francji i Wielkiej Brytanii bardzo ucierpiał wskutek wojny. Miliony żołnierzy i osób fizycznych padło jej ofiarą, w efekcie Wielka Brytania była dłużna Stanom Zjednoczonym 5 miliardów dolarów, a Francja zadłużyła się na 4 miliardy. Początkowo Wielka Brytania i Francja pokładały nadzieję w tym, że Stany Zjednoczone, które i tak zbiły już ogromną fortunę na wojnie, zatęsknią za poczuciem braterstwa narodów i wielkodusznie zredukują dług aliantów. Wuj Sam wychodził jednak z założenia, że: „Ameryka nie jest sprzymierzeńcem, a jedynie współpracownikiem, a długi wojenne europejskich sojuszników są pożyczkami handlowymi"[2]. Biznes to biznes, dług ma być spłacony w całości. Nie podarowano nawet centa. Bezwzględność Ameryki wprawiła Brytyjczyków we wściekłość, a we Francji doprowadziła do otwartej grabieży. Tak więc litości nie było nawet dla aliantów, a co dopiero dla kraju pokonanego w wojnie, zwracającego się do Stanów Zjednoczonych z prośbą o pożyczkę. Taki wariant był zbyt ryzykowny.

Francji Schacht nie brał pod uwagę. Francuzi myśleli naiwnie, że uda im się czerpać bezwzględnie korzyści z narodu niemieckiego. Początkowo francuski premier dołączył do szeroko otwartej brytyjskiej lwiej paszczy i zażądał wypłaty reparacji wojennych w wysokości przynajmniej 100 miliardów dolarów, co stanowiło równowartość ośmioletniego łącznego PKB Niemiec. Później sam zorientował się, że jest to niewłaściwe, ale nie przestawał nalegać na kwotę 55 miliardów. Ostatecznie Amerykanie załagodzili sytuację i przekonali Wielką Brytanię i Francję do przyjęcia reparacji w kwocie 12,5 miliarda dolarów. W rzeczywistości, biorąc pod uwagę ówczesną sytuację ekonomiczną Niemiec, wypłata reparacji w tak astronomicznej kwocie była po prostu nierealna. Jako że Francuzi spodziewali się, że tym razem wypłata wysokich reparacji wojennych przez Niemcy czeka tuż za rogiem, przywrócili do swego terytorium utracone niegdyś w wojnie francusko-pruskiej w 1870 roku na rzecz Niemiec prowincje Alzację i Lotaryngię i natychmiast zainwestowali 4 miliardy dolarów w fundusze odbudowy, co w efekcie znacząco zwiększyło deficyt budżetowy. Francja kilkakrotnie wymuszała na Niemczech natychmiastową wypłatę pieniędzy, jednak Niemcom się z tym nie spieszyło, toteż z wielką furią, a wręcz w akcie wandalizmu, francuskie wojska zajęły niemieckie przemysłowe Zagłębie Ruhry. Schacht spodziewał się, że w takiej sytuacji udając się do Francji z prośbą o pożyczkę, naraża się na to, że Francuzi z miejsca go przegnają.

Brytyjczycy byli jego jedyną nadzieją. Schacht był głęboko przekonany, że może postawić Anglikom warunek, któremu nie będą oni w stanie odmówić. Przemyślał to dogłębnie, biorąc pod uwagę cechującą wyspiarzy małostkowość. Tym razem jego podróż do Wielkiej Brytani musiała zostać uwieńczona sukcesem.

[1] Liaquat Ahamed, *Lords of Finance*, The Penguin Press, New York 2009, s. 162.

[2] Michael Hudson, *Super Imperialism – New Edition. The Origin and Fundamentals of U.S. World Dominance*, Pluto Press, New Edition, 2003, rozdz. 1.

Kiedy Schacht wysiadł na londyńskiej Liverpool Station, wysoki, siwobrody angielski gentleman o wnikliwym spojrzeniu od dłuższego czasu stał pośród mroźnej i wietrznej nocy. Ów mężczyzna podszedł do Schachta i przedstawił się, wyciągając dłoń w geście powitania. Schacht był zdumiony, rozpoznając w nim światowej sławy prezesa Banku Anglii, Montagu Normana. Schacht poczuł się tym powitaniem nieco zakłopotany.

Obserwując bieg spraw w Wielkiej Brytanii, Norman był mocno zaniepokojony zjawiskiem hiperinflacji w Niemczech. Silna dewaluacja waluty, jaka nastąpiła w Niemczech w 1923 roku, była najpoważniejszym i najbardziej dramatycznym załamaniem się papierowego pieniądza w historii ludzkości. Doświadczenie niemieckiej marki wprawiało w oszołomienie wszystkich bankierów centralnych, uważających inflację za największego wroga. Schacht nie miał doświadczenia w zarządzaniu bankiem centralnym, ale w ciągu dwóch tygodni zdołał opanować hiperinflację, wobec której wszyscy byli bezradni i przerażeni. Nie mogło to nie zwrócić uwagi Normana.

Następnego dnia wypadał Nowy Rok, w tym dniu Londyn świecił pustką, Norman zabrał Schachta na wizytę w Banku Anglii, a następnie obaj udali się do jego biura. Po wymianie uprzejmości Schacht przeszedł wprost do meritum i wyraził nadzieję, że Bank Anglii udzieli Bankowi Centralnemu Niemiec pożyczki w funtach o wartości 25 milionów dolarów amerykańskich. W rzeczywistości nie była to suma wysoka. Schacht planował wykorzystać ją jako podstawę do uzyskania dodatkowego dofinansowania ze strony zagranicznych banków niemieckich. Liczył na kolejne 25 milionów dolarów. Kolejnym krokiem był plan wykorzystania 50 milionów dolarów jako kapitału podstawowego, który pozwalałby mu ubiegać się na londyńskim rynku finansowym o pożyczkę w wysokości 200 milionów dolarów i tym samym ustanowienie solidnych podstaw nowej marki niemieckiej. Był to niewątpliwie pierwszy krok genialnego planu, w efekcie którego miało narodzić się wielkie mocarstwo. Jednak by następne ruchy mogły zostać poczynione, kluczową kwestią było uzyskanie kwoty pierwszego finansowania w wysokości 25 milionów.

Norman, spokojnie wysłuchawszy prośby Schachta, był nieco zaskoczony, po czym zamilkł. Zastanawiał się po pierwsze, czy Schacht chce pożyczyć pieniądze? Po drugie, w jakim celu? Niemcy były bankrutem obarczonym horrendalnymi reparacjami wojennymi, opiewającymi na sumę ponad 12,5 miliarda dolarów, a oto mianowany zaledwie przed półtora miesiącem Schacht, który nie był nawet wiarygodnym prezesem Banku Centralnego Rzeszy, przybywa z tak poważną prośbą.

Trzeba dodać, że należący do niemieckiego rządu ówczesny prezes Bundesbanku Rudolf von Havenstain był wyjątkowo niezadowolony z Schachta w związku z jego dość zuchwałym zachowaniem. W maju 1922 roku kraje zwycięskie w procesie ustawodawstwa uniezależniły Centralny Bank Niemiec od kontroli rządu. W przypadku odmowy ustąpienia Havensteina ze stanowiska, Schacht odmówiłby przyjęcia funkcji Prezesa Banku Centralnego. Rząd z tego powodu nie mógł usunąć Havensteina, nie było więc innej możliwości jak tylko rozwiązanie sprawy poprzez utworzenie na poziomie ministerialnym komórki nazwanej Komitetem Walutowym i stanowiącej niezależny podmiot. W efekcie tej operacji w Niemczech pojawiły się w tym samym czasie dwa banki centralne, emitujące niezależnie własną markę, i zyskały miano światowego cudu. Oczywiście umiejętności i reputacja Schachta były niepodważalne po tym, jak skutecznie opanował hiperinflację. Havenstein był znany opinii publicznej ze swoich słabych wyników w tej dziedzinie. Będąc pod ogromną presją ze strony rządu i ludzi, obawiał się, że narazi się na śmieszność, pozostając dłużej na stanowisku prezesa banku centralnego.

Kiedy Norman, po przemyśleniu wszystkiego, nie mógł znaleźć właściwych słów by odmówić prośbie Schachta, ten zdawał się czytać w jego myślach. Przerywając na chwilę, wyciągnął z rękawa asa, pokusę, której Norman nie był w stanie się oprzeć. Schacht w imieniu twórców polityki pieniężnej rządu niemieckiego oświadczył, że Niemiecki Bank Centralny jest przygotowany na użycie funta w celu stworzenia walutowych aktywów rezerwowych. Co więcej, funt miałby stanowić podstawę do wyceny udzielanych kredytów.

Ten ruch Schachta był strzałem w dziesiątkę. Norman bez wahania zgodził się na udzielenie pożyczki.

Anglia broni swojej waluty. Przemiana wody w wino: narodziny rezerw walutowych

Po zakończeniu wojny kwestią najbardziej niepokojącą dla Normana było to, w jaki sposób wprowadzić funta do aktywów rezerwowych innych banków centralnych. Schacht zaobserwował to i dzięki temu osiągnął to, co pozornie wydawało się niemożliwe.

Obecnie obce waluty są wykorzystywane przez banki centralne jako rezerwy i rozsądne wydaje się używanie ich jako hipoteki dla kredytów udzielanych w walucie narodowej. Jednak w 1922 roku ta koncepcja wydawała się absolutnie nieprawdopodobna. W tradycyjnym systemie parytetu złota głównymi rezerwami walutowymi banków centralnych były złoto i noty krótkoterminowe. Jednak tylko złoto spełniało trzy główne warunki, a więc wysoką płynność, łatwą wymienialność i międzynarodową uznawalność.

W mechanizmie parytetu złota banki centralne poszczególnych krajów koncentrują się na rezerwach złota i, jeśli nie występują ogromne zawirowania rynkowe (jak na przykład masowy odpływ złota), rzadko aktywnie interweniują na rynkach finansowych. W sytuacji, w której obowiązuje standard złota, ceny, stopy procentowe, kredyty i bilans handlowy mogą w zasadzie regulować się same. Waluty narodowe mają własną ustawową podstawę w złocie, wszystkie waluty podążają za złotem, a zjawisko wahań kursowych praktycznie nie istnieje. Od początku XIX wieku aż do wybuchu pierwszej wojny światowej, ustanowiony przez Imperium Brytyjskie standardowy system monetarny złota w ogromnym stopniu przyczynił się do rozwoju handlu i gospodarki światowej. Rewolucja przemysłowa i urbanizacja dokonujące się w pierwszej fali globalizacji, pozwoliły rozpropagować zdobycze zachodniej cywilizacji w każdym zakątku świata. Przez niemal pół wieku bez wojen czy rewolucji na dużą skalę, przy użyciu kolei, żeglugi morskiej czy telegrafu jako reprezentantów nowych osiągnięć technologicznych, handel międzynarodowy kwitł na bezprecedensową skalę, a globalny kapitał płynął swobodnie. Parytet złota doprowadził zachodnią cywilizację na dotychczas niezdobyte szczyty.

Jednakże rozwój skazany był na zachwianie równowagi. Niemcy postępowały skokowo, Stany Zjednoczone wysunęły się na prowadzenie, a Wielkie Imperium Brytyjskie na początku XX wieku było już sędziwym starcem. Pozornie stabilne ustroje wykazywały pęknięcia, a pierwsza wojna światowa stała się zapłonem ogromnego załamania energii ekonomicznej. Społeczna zdolność produkcyjna została w głównej mierze skierowana na przemysł militarny, co poskutkowało procesem jej samozniszczenia. Handel międzynarodowy upadł, światowy rynek został podzielony, ważniejsze wszakże było to, aby zagwarantować, że będący infrastrukturą gospodarki światowej globalny przepływ kapitału nie zostanie zatrzymany. Załamanie się parytetu złota doprowadziło do nadmiernej emisji banknotów w poszczególnych krajach, wzrostu cen, a wreszcie do wyjątkowej nierównowagi pierwotnie zrównoważonych rezerw złota poszczególnych krajów.

W 1913 roku, na rok przed wojną, cztery największe potęgi ekonomiczne: Stany Zjednoczone, Wielka Brytania, Niemcy i Francja, były w posiadaniu rezerw złota o łącznej wartości 5 miliardów dolarów, z czego najwięcej, 2 miliardy, należały do Stanów Zjednoczonych, 800 milionów do Wielkiej Brytanii, miliard do Niemiec i 1,2 miliarda do Francji[3]. Co istotne, banki centralne nie były w posiadaniu wszystkich rezerw, gdyż spory udział w rezerwach należał do banków komercyjnych i walutowych. Dystrybucja rezerw złota pomiędzy cztery kraje odzwierciedlała w zasadzie wielkość ich gospodarek. Wyjątkiem była Francja. W 1923 roku, w związku ze wzrostem produkcji złota, całkowita wartość rezerw złota należących do czterech mocarstw ekonomicznych wzrosła do 6 miliardów dolarów amerykańskich, jednakże nastąpiły zakłócenia w dystrybucji tych rezerw. W związku z zagrożeniem wojennym w sumie 20 miliardów dolarów w europejskim złocie trafiło do Stanów Zjednoczonych, a amerykańskie rezerwy złota wzrosły gwałtownie do wartości 4,5 miliarda dolarów. Wartość rezerw złota Wielkiej Brytanii nieznacznie spadła, Francja poniosła nieco poważniejsze straty, a Niemcy odnotowały największy odpływ rezerw. Powojenna Europa rozpoczęła przygotowania do odbudowy systemu parytetu złota, a Imperium Brytyjskie znalazło się w najbardziej kłopotliwej sytuacji. Jeśli Londyn chciał utrzymać status światowego centrum finansowego, funt musiał powrócić do poziomu wartości sprzed wojny. Tylko w ten sposób możliwe byłoby zdobycie ogólnoświatowego zaufania, stanowiło to także fundament wiarygodności finansowej. Tymczasem emisja brytyjskiej waluty uległa podwojeniu i, co oczywiste, w porównaniu z wartością rezerw złota funt odnotowywał nadwyżkę. Można powiedzieć, że w zetknięciu ze Stanami Zjednoczonymi

---

[3] *Ibid.*

posiadającymi absolutną przewagę w rezerwach złota, pozycja brytyjskiej hegemonii finansowej była poważnie zagrożona, a gdyby funt miał nadal słabnąć, to światowa ekonomia i finansowanie handlu prędzej czy później poddałyby się silniejszemu dolarowi. Cały globalny kapitał skupiłby się w Nowym Jorku, a dla tworzonego żmudnie od dwustu lat imperium finansowego nie byłoby już ratunku. W przypadku utraty pozycji finansowego hegemona zarówno status Imperium Brytyjskiego jako organizatora obrotu międzynarodowego, jak i jego monopol w ustalaniu standardów walutowych rozrachunków międzynarodowych, a także przywileje cenowe na rynku dóbr uległyby stopniowej dezintegracji. Wątpliwe są nawet takie kwestie, jak możliwość utrzymania Wspólnoty Narodów na siedmiu kontynentach świata czy posiadanie przez marynarkę zasobów finansowych na ochronę światowych, oceanicznych kanałów handlowych.

Norman, stojąc na czele brytyjskiego imperium finansowego, gotów był poruszyć niebo i ziemię, aby rozwiązać problem niedoboru złota. Ostatecznie jedynym rozwiązaniem byłoby siłowe uznanie waluty funta jako równej złotu, a następnie przekonanie i zmuszenie innych krajów do przyjęcia tego poglądu oraz do posiadania, oprócz złota, właśnie brytyjskiego funta w ramach aktywów walutowych w bankach tych krajów. Oczywiście Norman był gotów bić się w pierś, usiłując przekonać wszystkich, że – o ile byłoby to konieczne – funt mógł być w każdej chwili wymienialny na złoto. W 1922 roku, zgodnie z tą linią myślenia, na konferencji w Genui Komitet Finansowy Ligi Narodów oficjalnie zarekomendował innym krajom odrodzonego funta brytyjskiego, którego wartość miałaby być równa złotu. To właśnie była dziwna taktyka w polityce monetarnej nazwana „zamianą wody w wino". Jednakże, tak jak wody nie da się zamienić w wino, tak też funta brytyjskiego nie można było zamienić w złoto. Ostatecznie uchwała konferencji w Genui w paragrafie 9 zobowiązywała wszystkie kraje do „ustanowienia nowej praktyki międzynarodowej, wedle której w celu zaoszczędzenia złota, rekomendowane jest utrzymywanie odpowiedniego poziomu rezerw walutowych w walucie obcej"[4].

Tym samym pojęcie rezerw walutowych zadebiutowało w historii światowej polityki pieniężnej. Norman wynalazł nowy system walutowy, czyli system wymiany złota. Jak sama nazwa wskazuje, był to system bazujący na systemie standardu złota z dodatkiem waluty obcej (wymienialnej na złoto). Oznaczało to, że od tej pory banki centralne i komercyjne poszczególnych państw będą używały złota i waluty obcej jako zabezpieczenia oraz podstawy do emisji pieniądza i kredytowania. W rzeczywistości każdy dobry obserwator zauważy, że jest to ujawnianie tego, co chciałoby się ukryć. Gdyby Brytyjczycy byli w posiadaniu wystarczających ilości złota, po co mieliby zwiększać udział waluty obcej pełniącej rolę walutowych aktywów rezerwowych? Otóż dlatego, że rezerwy w złocie są na wykończeniu. Dlatego właśnie pomysł Normana, polegający na promowaniu rezerw walutowych, nie przebiegał bez zakłóceń, a większość krajów była nastawiona sceptycznie do pieniądza pochodzącego z „przemiany wody w wino". Mimo wielu starań, poza

---

[4] Jacques Rueff, *The Monetary Sin of The West*, The Macmillan Company 1972, s. 22.

koloniami będącymi wasalami Imperium Brytyjskiego i poważnie nękanymi powojenną hiperinflacją, Węgrami oraz Austrią, a także kilkoma innymi niewielkimi gospodarkami, inne kraje europejskie nie dały się łatwo przekonać do pomysłu Normana.

I dokładnie wtedy, gdy Norman był już psychicznie i fizycznie wyczerpany tą sprawą, pojawił się Schacht – przedstawiciel największej europejskiej gospodarki, Niemiec – i niespodziewanie, z własnej inicjatywy zwrócił się z prośbą o trywialną kwotę 25 milionów dolarów, rzucając markę w objęcia funta. Czyż mogło to nie wprawić Normana w naprawdę ekstatyczny nastrój?

Jednak Norman nadal miał cień wątpliwości. Deficyt złota prowadził bowiem do osłabienia wartości funta, ponadto dolar mający pięciokrotną przewagę nad funtem w przeliczeniu na złoto, pożądliwie sięgał po pozycję króla walut.

Amerykanie rzeczywiście nadciągnęli.

Dolar atakuje, marka wygrywa

30 listopada 1923 roku, właśnie wtedy, gdy Schacht osiągnął pierwsze zwycięstwo w walce o rentenmarkę, czułe amerykańskie nosy wywąchały okazję i amerykańscy bankierzy, Charles G. Dawes i Owen Young, przybyli do Europy. Celem ich wizyty, w charakterze przedstawicieli „komitetu kompensacyjnego” sojuszników Stanów Zjednoczonych, było zbadanie, dlaczego tak prosta kwestia zwrotu zadłużenia została przez Europejczyków doprowadzona do tak skomplikowanej postaci.

Dawes był w czasie pierwszej wojny światowej odpowiedzialny za zaopatrzenie logistyczne Amerykańskiego Korpusu Ekspedycyjnego w Europie. Po wojnie Senat Stanów Zjednoczonych przeprowadził przesłuchania i prowadził dochodzenie w sprawie niejasności na kontach logistyki wojskowej Stanów Zjednoczonych i jej zbyt wysokich kosztów. Podczas przesłuchania Dawes był mocno poirytowany pytaniami senatorów, aż w końcu rozgniewany wyrzucił z siebie słowa: „Idźcie do diabła, nie pojechaliśmy tam po idealne księgi rachunkowe, a po to, by rozlewając krew wygrać tę wojnę"[5]. Wypowiedź ta doprowadziła do zaniechania dalszych przesłuchań i uczyniły go sławnym. W rzeczywistości z zawodu był bankierem.

We wrześniu 1915 roku Morgan doprowadził alianckie, francuskie i brytyjskie siły zbrojne do podniesienia o 500 milionów dolarów tak zwanego „kredytu anglo-francuskiego"[6], co można nazwać największym bezprecedensowym interesem na Wall Street. Jednakże silne nastroje antywojenne wśród Amerykanów sprawiły, że niełatwo było sprzedać europejskie obligacje wojenne. Zwłaszcza na Środkowym Zachodzie, gdzie tylko jeden bank w Chicago był zainteresowany kupnem oferowanych na Wall Street obligacji wojennych o gwarantowanej emisji – a był to właśnie bank Dawesa. Od tamtej pory Dawes był przez Morgana postrzegany jako „swój człowiek".

---

[5]   Charles Gates Dawes, Wikipedia, udział w pierwszej wojnie światowej.
[6]   Ron Chernow, *The House of Morgan, An American Banking Dynasty and the Rise of Mordern Finance*, Grove Press, New York 1990, s. 197.

Podczas gdy Dawes pojawiał się w europejskich mediach i stał się tematem wszystkich serwisów informacyjnych, w rzeczywistości to Owen Young stał za jego plecami i był człowiekiem systematycznie wykonującym poszczególne zadania.

Przed Dawesem postawiono przyprawiające o zawrót głowy zadanie nadzoru nad realizacją planu spłaty długów wojennych według rachunków przychodów i wydatków poszczególnych państw. Przed wojną gospodarka Stanów Zjednoczonych była najpotężniejsza, z PKB na poziomie 40 miliardów dolarów, równym łącznemu PKB Wielkiej Brytanii, Francji i Niemiec. Wojna sprawiła, że Francja i Niemcy odnotowały spadek gospodarczy na poziomie 30%, Wielka Brytania nieco poniżej 5%, podczas gdy Stany Zjednoczone czerpały z wojny profity. Do 1919 roku gospodarka Stanów Zjednoczonych w stosunku do tych trzech państw razem wziętych wzrosła o 50%. Wiedząc, że PKB Niemiec przed wojną wynosiło 12 miliardów dolarów, można spróbować wyliczyć, ile wynosił zakres różnic gospodarczych tych czterech krajów w latach 1913 i 1919. Każdego dnia Dawes dryfował wśród tych hipnotyzujących liczb.

To, co bardziej skomplikowane, miało dopiero nadejść. Wielka Brytania wydała na wojnę w sumie 43 miliardy dolarów, w tym 11 miliardów na wsparcie ubogich przyjaciół, takich jak Francja czy Rosja. Zamierzała podeprzeć się podwyżką podatków w celu zebrania 9 miliardów, co stanowiło zaledwie około 20% wojennych kosztów. Ponadto 27 miliardów miało pochodzić ze spłaty krajowych i zagranicznych kredytów, pozostała część długu mogła zostać uzupełniona wyłącznie na podstawie dodruku pieniądza. Wydatki wojenne Francji wyniosły w sumie 30 miliardów dolarów, jednak Francuzi, nazywani najpotężniejszą na świecie nacją odporną na podatki, daliby się raczej zniewolić niż je podnieść, dlatego wkład podatkowy w spłatę zadłużenia wojennego wyniósł zaledwie około 5% jego wartości. Francuska klasa średnia nienawidziła wprawdzie podatków, ale kochała oszczędności, które mogły wykupić 15 miliardów krajowego długu. Biorąc pod uwagę liczbę ofiar wśród Francuzów, Wielka Brytania i Stany Zjednoczone, kierowane wyrzutami sumienia, w sumie pożyczyły Francji 10 miliardów dolarów, spłata reszty długu musiała zaś bazować na dodruku pieniądza. Wojna kosztowała Niemcy 47 miliardów dolarów, 10% kwoty na spłatę zadłużenia miało pochodzić z podatków. Jednak Niemcy nie posiadając zaawansowanych rynków finansowych czy silnej zdolności finansowania na wzór Wielkiej Brytanii ani też zamożnej klasy średniej jak Francja, spłatę reszty kwoty zadłużenia wojennego musiały oprzeć na dodruku pieniądza. W okresie wojny ilość waluty w obiegu w Wielkiej Brytanii wzrosła dwukrotnie, we Francji trzykrotnie, w Niemczech zaś czterokrotnie.

Europa zatem wydała w sumie na wojnę zawrotną kwotę 200 miliardów dolarów.

W końcu Dawes nareszcie uporządkował sprawę zadłużenia: 16 krajów europejskich było winne Stanom Zjednoczonym w sumie 12 miliardów dolarów, z czego Wielka Brytania 5 miliardów, a Francja 4 miliardy. Z kolei 17 krajów było dłużne Wielkiej Brytanii 11 miliardów dolarów, z czego Francja była winna Wielkiej Brytanii 3 miliardy, a Rosja 2,5 miliarda dolarów[7], jednak po rewolucji październikowej dług ten poszedł w zapomnienie. Suma reparacji wojennych największego przegranego tej wojny, Niemiec, wynosiła 12,5 miliarda dolarów amerykańskich.

---

[7] Michael Hudson, *Super Imperialism*, rozdz. 1.

Europejczycy porównując te liczby, mogli łatwo dojść do wniosku, że wartość niemieckich reparacji wojennych jest niemalże równa wartości długów krajów europejskich wobec Stanów Zjednoczonych, wobec czego wystarczy, że Niemcy wypłacą reparacje, a kraje europejskie będą mogły spłacić swoje długi Amerykanom. Ponieważ Niemcy nie były w stanie wypłacić reparacji, kraje europejskie również opóźniały spłatę swojego zadłużenia.

Gdy tylko Amerykanie to sobie uświadomili, sposępnieli i zadawali sobie pytanie, z jakiego powodu zdecydowali się poświęcić pieniądze i ludzi, by pomóc Europejczykom w walce. Pieniądze wyłożone przez Stany Zjednoczone nie miały być formą angażowania się w cele charytatywne, lecz komercyjną pożyczką. Amerykanie mówili tak: nie można uzależniać spłaty kredytu komercyjnego od wypłaty reparacji wojennych – biznes to biznes. Nieotrzymanie wypłaty reparacji wojennych od Niemiec to wasz problem, jesteście nam winni pieniądze, macie je zwrócić co do centa. Pożyczanie pieniędzy i niezwracanie ich oznacza brak wiarygodności.

Imperium Brytyjskie nie mogłoby znieść takiego scenariusza. Będąc centrum finansowym świata, bardziej ceniło swoją wiarygodność kredytową niż życie, a okrzyknięcie Wielkiej Brytanii jako niewiarygodnej kredytowo byłoby ciosem dotkliwszym od śmierci. Przed wojną, w oczach dumnych brytyjskich bankierów, ich amerykańscy odpowiednicy byli tylko miejscowymi niedouczonymi gburami, posiadającymi pieniądze, ale nieposiadającymi klasy. Po wojnie możliwość bycia skrytykowanym przez bogatych i wpływowych Amerykanów za niespłacanie długu i brak wiarygodności wprawiała poirytowanych Brytyjczyków w gniew i rozżalenie. Brytyjskie media potępiły Stany Zjednoczone, które, obserwując kraje sojusznicze ponoszące ogromne ofiary i poświęcające się w walce o wolność, same nie włączyły się do wojny, lecz świadomie dorobiły się na wojnie ogromnej fortuny. Skoro tak, to teraz, kierując się sumieniem i wartościami moralnymi, powinny same wystąpić z propozycją redukcji zadłużenia wojennego. Tymczasem miały czelność niepokoić towarzyszy broni będących na zakręcie powojennej recesji. To dopiero prawdziwy współczesny „Shylock". Dlatego właśnie Europejczycy Wuja Sama nazywali kpiąco Wujem Shylockiem. Korespondent „New York Times" w Paryżu donosił, że „90% Francuzów uważa Amerykanów za egoistyczny, pozbawiony serca i chciwy naród". Amerykańscy dyplomaci w Londynie doszli do wniosku, że zdecydowana większość Brytyjczyków uważa politykę Stanów Zjednoczonych za egoistyczną, podłą i haniebną.

Stany Zjednoczone zawsze były krajem, w którym dominował narodowy pragmatyzm, a dla pragmatyka ocena moralna nie ma najmniejszego znaczenia. Gdy ktoś jest coś dłużny, Ameryka bierze nóż i odcina świeży połeć mięsa z ciała dłużnika, kiedy jednak sama wplącze się w długi, kręci się nieracjonalnie i dodrukowuje pieniądze, skoro bowiem można na tym polegać, to polega. Dla kontrastu, stara szlachetna Brytania wydaje się bardziej uczciwa i przyjazna.

Po kłótniach i przepychankach, wciąż nie otrzymawszy pieniędzy, Amerykanie przełknęli tę gorzką pigułkę. Dawes w swojej strategii miał tylko jeden cel: przy użyciu dolara przywiązać sobie Europę do pasa.

Chociaż przedstawiciele amerykańscy odmówili uznania faktu, że wypłata reparacji wojennych przez Niemcy ma cokolwiek wspólnego z zadłużeniem

Europy wobec Stanów Zjednoczonych, to w rzeczywistości te dwa problemy były ze sobą nierozerwalnie powiązane i jakikolwiek istotny przełom w kwestii spłaty długów mógł nastąpić tylko w przypadku, gdyby Niemcy podjęły środki mające na celu spłatę reparacji. Kraje zwycięskie narzuciły taką wysokość reparacji wojennych, jakiej Niemcy nie były w stanie wypłacić. Efektem tej presji było bankructwo ekonomiczne Niemiec, a przecież Niemcy istotnie były już bankrutem. W ciągu czterech lat od zakończenia wojny kraje alianckie 88 razy organizowały konferencje poświęcone spłacie reparacji wojennych przez Niemcy, ostatecznie wszyscy byli już zmęczeni opóźnieniami w wypłacie należności. W tej sytuacji Dawes przedstawił całkowicie nową koncepcję, według której najważniejsza jest „zdolność do spłaty". Ale jak zdefiniować niemiecką zdolność do spłaty zadłużenia? Otóż poprzez obciążenie podatkowe: ciężar powojennego zadłużenia ponoszony przez naród niemiecki powinien być równomierny temu ponoszonemu przez Wielką Brytanię i Francję. Ta strategia Dawesa, polegająca na „całkowitym uchyleniu odszkodowania i jednakowym obciążeniu podatkowym", w końcu przełamała impas.

Jednakże Francja stała się teraz znaczącą przeszkodą. Francuzi byli niezwykle przywiązani do tematu niemieckich reparacji wojennych, jako że po klęsce w wojnie francusko-pruskiej Francja została pociągnięta do wypłaty odszkodowań w wysokości 5 miliardów franków na rzecz Niemiec, a spłatę tego długu, będącą niczym wbicie noża w sam środek francuskiego serca, podniesiono do rangi kompleksu ogólnonarodowego upokorzenia. Niemcy musieli zapłacić, w przeciwnym razie Francuzi zagrozili, że nigdy nie wycofają się z przemysłowego obszaru niemieckiego Zagłębia Ruhry. A jasne było, że nie mając w posiadaniu tego ośrodka produkcji stali i wydobycia węgla, niemiecka gospodarka pozbawiona była napędu, a wypłata reparacji tym bardziej nie wchodziła w grę.

Tym razem Amerykanie naprawdę się zaniepokoili. „Swój człowiek" Dawesa, Morgan, nie był już przedwojennym skromnym posługaczem brytyjskich bankierów, lecz osobą mającą ogromne wpływy w świecie finansjery o silnej i zdecydowanej mentalności. Gdy Morgan zastukał kołatką, Francuzi zmuszeni byli się podporządkować.

Niedługo potem nastąpiły problemy z frankiem.

Przed wojną parytet walutowy dolara amerykańskiego i franka wynosił 1:5, w 1920 roku 1:15, na początku 1924 roku wartość franka obniżyła się do proporcji 1:20, a po 14 stycznia, kiedy Francuzi w swoim uporze odmówili wycofania wojsk z Zagłębia Ruhry, wartość franka w ciągu jednego dnia spadła o 10%. Francja nadal nie ustępowała i 8 marca przelicznik franka spadł do wartości 1:27. Francuski rynek finansowy był jednym wielkim kotłem, a handlowcy, banki i klasa średnia rozpoczęli wielki exodus ze zgromadzonych we frankach aktywów. Rząd francuski wściekle atakował bezstydnych spekulantów walutowych i ich sojuszników w spisku. 13 marca rząd francuski zmuszony był zwrócić się do J.P. Morgan & Co. z prośbą o udzielenie pożyczki w wysokości 100 milionów dolarów potrzebnych na ustabilizowanie sytuacji. Morgan za pomocą poczty pantoflowej przekazał wiadomość, że warunkiem udzielenia pożyczki będzie akceptacja przez rząd francuski planu Dawesa. Kiedy tylko rząd francuski został zmuszony do łagodnego podporządkowania się, frank natychmiast poszybował z parytetu 1:29 do 1:18 i w ciągu dwóch tygodni zyskał 60% na wartości. Ludzie po raz pierwszy doświadczyli ogromnej siły rażenia broni finansowej na międzynarodowej arenie politycznej.

Plan Dawesa w końcu ujrzał światło dzienne. Amerykanie zaproponowali stosunkowo korzystne warunki spłaty zadłużenia: nie mówiono już o totalnej kompensacji, lecz o pierwszej spłacie w wysokości 250 milionów dolarów oraz o stopniowym wzroście tej kwoty z roku na rok, aż do 600 milionów dolarów pod koniec lat dwudziestych XX wieku. W praktyce było to równoznaczne ze zredukowaniem wysokości niemieckich reparacji wojennych z 12,5 miliarda dolarów do około 8-10 miliardów.

Nie to było jednak prawdziwym celem. W odczuciu Amerykanów to Brytyjczycy byli ich faktycznym rywalem.

W schemacie strategii Dawesa było wydrukowane, że „stabilna pozycja marki nie może być naruszona". Zalecano wypłatę reparacji po podniesieniu przez rząd niemiecki kursu marki, a ponadto depozyty w niemieckim Bundesbanku miałyby być odkładane na specjalnych kontach depozytowych, za nadzór których odpowiadałby powołany przez Komitet Kompensacyjny komisarz, decydujący także o tym, czy marka może być „bezpiecznie" wymieniona na walutę obcą, czy też może posłużyć do zakupu niemieckich towarów w ramach rekompensaty. Te pieniądze mogłyby być nawet używane jako pożyczki dla niemieckich firm. Oczywiście stanowisko komisarza było odpowiednikiem gospodarczego caratu. Któż zatem mógłby je objąć? Wielka Brytania i Francja były z Niemcami w relacji wierzyciel-dłużnik, wobec czego wybór jednego z nich byłby niesprawiedliwy. Tylko Amerykanie nie byli stroną w tym sporze, stąd też wydawali się najbardziej odpowiednim kandydatem. W tym samym czasie Stany Zjednoczone zagwarantowały wypłatę przez Niemcy pierwszej transzy reparacji w wysokości 250 milionów dolarów, z czego same zobowiązały się do sfinansowania tej wypłaty w kwocie 200 milionów, a część miałaby pochodzić ze znacznych rezerw walutowych Bundesbanku, wykorzystywanych do stabilizacji kursu marki.

Brytyjczycy wysłuchawszy tego planu nie mogli się powstrzymać od szczerego gniewu. Marka miała paść funtowi w ramiona, a zamiast tego w kluczowym momencie słabe wobec silnego dolara niemieckie rezerwy walutowe zostały przechwycone i zrabowane. Takie upokorzenie było porównywalne do żalu po utracie żony. Oczekując na cios, Niemcy widzieli tylko uśmiech Stanów Zjednoczonych zwracających się z pytaniem: za kim jesteście gotowi pójść?

Schacht natychmiast sięgnął po dolara i w miarę możliwości negocjował ze Stanami Zjednoczonymi niezależność marki niemieckiej. Ostatecznie projekt zakładał niezależność Reichsbanku od rządu oraz zakaz wprowadzania zmian personalnych przez rząd w trakcie trwania kadencji prezesa: reichsmarka miała zastąpić rentenmarkę, plan Dawesa zapewniał wpływ 800 milionów reichsmarek w celu wzbogacenia kapitału Bundesbanku, rezerwy walutowe niemieckiego banku centralnego będą się składać w ¾ ze złota i w ¼ z dewiz. Rezerwy walutowe miały zaś stanowić nie mniej niż 40% całkowitej kwoty brutto waluty w obiegu i depozytów bankowych. Naturalnie, królem dewiz miał być dolar. Stany Zjednoczone nie sprzeciwiały się zaangażowaniu rezerw złota przez niemiecki bank centralny, ponieważ wszystkie złote żetony skoncentrowane były w rękach Amerykanów, a wartość dolara była równa wartości złota. Potwierdzając lojalność wobec złota, potwierdzono uznanie władzy Stanów Zjednoczonych. Ponadto, zaraz po wejściu w życie planu Dawesa miał rozpocząć się masowy napływ kapitału polującego na okazje w Niemczech, a niemieckie banki komercyjne wkrótce także miały zapełnić się dolarami.

Tym, co wprawiało Brytyjczyków w jeszcze większą wściekłość, był fakt, że nie był to żaden plan kompensacji, a jawne finansowanie planu ponownego odrodzenia Niemiec. Niemieckie reparacje w markach były zdeponowane w Bundesbanku i to Amerykanie mieli decydować, czy i kiedy można je będzie przeliczyć i „bezpiecznie" wymienić na walutę obcą. Amerykanie mogli więc z tych tak zwanych reparacji uczynić środek kredytowania niemieckiego przemysłu, a tym samym spowodować wzrost potencjału gospodarczego Niemiec. Dlaczego Wielka Brytania przez cztery lata walczyła z Niemcami w wojnie światowej? Czyż nie dlatego, że Niemcy próbowały zakwestionować system hegemonii Imperium Brytyjskiego? A co było motywem działania Stanów Zjednoczonych w charakterze tarczy dla Niemiec?

Amerykanie dokonali jeszcze jednego ruchu, na który Brytyjczycy, niestety, nie zareagowali. Stany Zjednoczone dostarczyły Niemcom dolary, a Niemcy użyli tych dolarów w pierwszej kolejności do odbudowania własnej gospodarki, a dopiero później do spłaty reparacji na rzecz Wielkiej Brytanii i Francji. Brytyjczycy i Francuzi z kolei użyli ich do spłaty długu wojennego zaciągniętego od Stanów Zjednoczonych. Dolary wypływały ze Stanów Zjednoczonych, ale po okrążeniu całego świata, znów do Stanów Zjednoczonych powracały, co mogło wydawać się zbędne, aczkolwiek w rzeczywistości było częścią amerykańskiej strategii. Fundamentalnym celem międzynarodowej parady dolara było stopniowe utworzenie zależności od dolara przenikającego do gospodarek europejskich poprzez dolaryzację niemieckiej marki.

Tym, czego Stany Zjednoczone naprawdę pragnęły, było przywiązanie Europy do swojego pasa za pomocą dolara.

Odkrycie Keynesa.
Dolar obala system parytetu złota

Myślenie ekonomiczne, nieważne czy właściwe, czy nie, ma tę wielką moc, że często wykracza poza ludzkie oczekiwania. Właściwie to ono i nic poza nim rządzi światem. Niektórzy aktorzy uważają siebie za wolnych od jakichkolwiek wpływów ideologicznych, podczas gdy często stali się już niewolnikami nieżyjących ekonomistów[8].

Keynes

Niedobór złota w Wielkiej Brytanii uczynił z niej w sposób naturalny aktywnego adwokata systemu wymiany złotej waluty. Amerykanie nie wyrażali najmniejszego

---

[8]　John Maynard Keynes, *The General Theory of Employment, Interest and Money.*

zainteresowania tym systemem, niemniej z zadowoleniem obserwowali jak, ze względu na oszałamiającą przewagę Stanów Zjednoczonych w kwestii posiadanych rezerw złota, dolar umacnia się względem funta, a wśród krajów, które decydowały się na zwiększenie ilości dewiz pełniących funkcję rezerw walutowych, dolar cieszył się zdecydowanie większą popularnością niż funt. Naturalnym skutkiem był wyższy udział procentowy dolara niż funta w aktywach rezerwowych poszczególnych państw, co stanowiło fundament przyszłej hegemonii dolara amerykańskiego.

Jednakże napływ dużej ilości złota sprawił, że „ciężar szczęścia" dotarł i do Stanów Zjednoczonych. Stało się tak dlatego, że w tradycyjnym systemie parytetu złota znaczący wzrost wartości złota prowadził do problemu wymuszonego wzrostu wiarygodności kredytowej dolara, co z kolei wyzwalało inflację. Istota problemu jest identyczna z obserwowaną współcześnie w Chinach nademisją Renminbi (RMB) spowodowaną nadmiarem rezerw walutowych.

Emisja waluty przez banki centralne czy kreowanie kredytów przez banki komercyjne jest zachowaniem przypominającym zakup aktywów. Gdy warte 2 miliardy dolarów złoto trafiło z Europy do Stanów Zjednoczonych, system amerykańskich banków – czy to aktywnie, czy biernie, „połknął" to złoto, a następnie „wypluł" je w postaci emitowanych banknotów lub kredytów. W momencie, kiedy banknoty i kredyty wchodziły do obiegu rynkowego, podaż towarów nie zdążyła jeszcze zostać zwiększona, wobec tego podnoszono ceny. Dlatego też podczas pierwszej wojny światowej ceny w Stanach Zjednoczonych wzrosły o 60% – nie ze względu na szkody materialne spowodowane wojną, a właśnie ze względu na wzrost podaży pieniądza. Po wojnie zaś, kiedy Europa pogrążała się w recesji, a złoto wciąż napływało do Stanów Zjednoczonych, System Rezerwy Federalnej nie był w stanie się ustabilizować.

Prawdziwa władza Rezerwy była właściwie rozlokowana w rękach 12 Banków Rezerwy Federalnej, a w szczególności Banku Rezerwy Federalnej w Nowym Jorku, którego sternikiem był legendarny Benjamin Strong. Strong był dzielnym dowódcą w Konsorcjum Morgana, ściśle współpracującym z prezesem Banku Anglii, Normanem, oraz prezesem Bundesbanku, Schachtem, a całe to trio nazywano „trzema muszkieterami" światowej areny finansowej lat dwudziestych XX wieku. Strong obserwował, jak złoto z Europy, partia po partii, przybywa na statkach do Nowego Jorku, a potem jak powódź rozlewa się po skarbcach nowojorskich banków, w efekcie czego następuje mnożenie kredytów i wzrost cen. Był zdecydowany nie dopuścić do tego, by fala złota wywarła destrukcyjny wpływ na dolarową tamę. Musiał zmniejszyć podaż pieniądza w celu ograniczenia rosnącej presji na podwyżkę cen.

Kiedy utworzono System Rezerwy Federalnej, jego głównym zadaniem było wpływanie na środowisko kredytowe poprzez regulację stopy dyskontowej. Ci, którzy przyłączyli się do Systemu Banków Rezerwy Federalnej, mogli ubiegać się o pożyczki z banku centralnego za pośrednictwem okna dyskontowego, a stopą dyskontową było właśnie oprocentowanie, jakie były skłonne zaoferować banki centralne. Jeśli bank centralny podniósłby stopy dyskontowe, miało to hamować skłonność banków komercyjnych do podejmowania pieniędzy z banku centralnego w związku z podwyższeniem ceny pieniądza.

Jednakże ta metoda była trudna do realizacji w latach dwudziestych XX wieku. Ponieważ fala napływającego z Europy złota była zbyt duża, nowojorskie banki były zalane sztabkami złota, a to właśnie złoto było źródłem zarobku bankierów, toteż w obrocie rynkowym było już tyle pieniędzy, że banki komercyjne nie miały potrzeby zwracać się o pożyczki za pośrednictwem okna dyskontowego do banku centralnego. Nawet silnie skorygowana stopa dyskontowa nie była w stanie powstrzymać nieprzerwanego strumienia już wywołanej powodzi kredytowej.

Strong musiał znaleźć bardziej skuteczne sposoby, aby móc bezpośrednio kontrolować podaż pieniądza. W efekcie zapoczątkował metodę wycofywania waluty z obiegu polegającą na rynkowej sprzedaży przez bank centralny aktywów w postaci obligacji skarbowych poniżej kosztów ich wytworzenia w kraju. Analogicznie, jeśli rynek wykazywał deficyt pieniądza, bank centralny emitował walutę, wstrzykując w ten sposób dolara w obieg rynkowy. Były to powszechnie dziś znane operacje otwartego rynku.

Ówcześnie działania Stronga były traktowane jako dalekie od ustalonych praktyk. W systemie parytetu złota to złoto stanowiło kluczowe aktywa, a jego przelicznik powinien być zdecydowanie korzystny, pozostałe aktywa (obligacje skarbowe, papiery wartościowe) stanowiły zaś tylko aktywa pomocnicze. Tymczasem w wyniku działań Stronga udział procentowy obligacji skarbowych w aktywach banku centralnego stopniowo wzrósł, a w następnej kolejności radykalnie obaliły one podstawową definicję aktywów rezerwowych.

Z jakiego powodu należy polegać głównie na rezerwach walutowych w złocie banku centralnego? W systemie parytetu złota wartość złota zawartego w walucie jest określana przez prawo, podczas gdy bank centralny emituje walutę na zakup aktywów lub wycofuje walutę z obiegu poprzez ich sprzedaż. Jeśli więc złoto stanowi te aktywa, to aktywa i waluta mają zawsze tę samą wartość podczas ich wzajemnej wymiany. Ten rodzaj wymiany aktywów i waluty musi opierać się na zasadzie równorzędności, bowiem w rzeczywistości jest to podstawą równowagi i stabilności bilansu banku centralnego. Zastępując złoto aktywami w postaci obligacji skarbowych, należy pamiętać, że obligacje zawsze – bezpośrednio lub pośrednio – niosą ze sobą możliwość naruszenia warunków umowy. Dlatego też istnieje możliwość radykalnego załamania rdzenia waluty, powodującego ewentualne rozbieżności w momencie wymiany prawdziwych aktywów na walutę, co z kolei spowoduje naturalną tendencję do dewaluacji.

Oczywiście, system bankowy naturalnie przyjął tę innowację. Używane na równi z aktywami bankowymi złoto jest stabilne, ale nie przynosi żadnego dochodu odsetkowego; obligacje, choć niestabilne, gwarantują przepływ środków pieniężnych. Obligacje skarbowe to nic innego jak kupony hipoteczne pod zastaw przyszłych podatków całego narodu. Dopóki ludzie pracują, rząd ma możliwość ściągania podatków, a jeśli wartość podatku jest wyższa od wartości nakładu, to przepływ środków pieniężnych obligacji skarbowych jest zagwarantowany. Wsparcie bankierów dla pomysłu zastąpienia złota obligacjami skarbowymi wypływało z głębi serca. Obligacje w roli głównego składnika aktywów bankowych nie tylko dawały podstawę do udzielania pożyczek, ale pozwalały też na uzyskanie dochodu odsetkowego. W ten sposób otrzymywano dwa źródła zysku: pierwsze w postaci dochodu odsetkowego od udzielanych pożyczek oraz drugie, polegające na transferze do systemu finansowego części podatku narodowego w postaci odsetek od obligacji skarbowych.

Z drugiej strony, jeśli waluta w złocie przekształcona zostanie w walutę w obligacjach, gotówka w obiegu wykaże poważny efekt uboczny, co oznacza problem podwójnych kosztów odsetkowych. Ludzie nie tylko muszą pożyczać pieniądze na spłatę odsetek, lecz w tym samym czasie zmuszeni są jeszcze do zapłacenia odsetek od zabezpieczenia walutowego. W zadłużonym systemie monetarnym pieniądz stał się blokadą dla rozwoju gospodarczego. Społeczeństwo, które chciało korzystać z publicznych pieniędzy, było zmuszone do płacenia odsetek bardzo wąskiej grupie interesantów. Zakleszczenie długu narodowego i waluty było projektem bez logicznego uzasadnienia. Równocześnie był to system monetarny z już genetycznie zakodowanym „złośliwym nowotworem". Im większa ilość waluty, tym większy rozmiar długu, a także wyższe koszty odsetek i coraz większa presja „bycia zadłużonym" ciążąca na narodzie. Ponieważ zyski mają ścisły związek z czasem, to ekspansja monetarna ujawnia sztywny endogenny popyt, mający naturalną tendencję do dewaluacji waluty, czego finalnym i nieuniknionym skutkiem jest inflacja. Inflacja prowadzi do redystrybucji bogactwa społecznego i to ta „niewidzialna ręka" jest odpowiedzialna za tworzenie się na świecie przepaści między bogatymi i biednymi.

Nie ma w świecie ekonomii bezinteresownej miłości, tak jak i nie ma bezinteresownej nienawiści. Nienawiść bankierów do złota napędzana była pokusą zysku. Za pośrednictwem mediów przekonywali oni całe społeczeństwo o bezużyteczności złota, a za pośrednictwem uniwersytetów propagowali wśród pokoleń studentów pogląd, że złoto jest tylko ideą barbarzyńskiej spuścizny. Ich zacięta awersja do złota i gorąca miłość do obligacji skarbowych wypływała z zadziwiających korzyści, jakie czerpali z zadłużonego systemu walutowego.

Rozpoczynając operacje otwartego rynku, Strong, na szczęście, wykorzystał absolutną przewagę Stanów Zjednoczonych w kwestii zgromadzonych rezerw złota, co utorowało drogę do ostatecznego obalenia systemu parytetu złota.

Po drugiej stronie Atlantyku, inna osoba uważnie obserwowała innowacyjne poczynania Stronga. Był to znany ze skuteczności i wyrafinowany w działaniach Keynes. W postępowaniu Stronga Keynes widział nie tylko niebezpieczeństwo dla systemu parytetu złota, ale przede wszystkim zagrożenie dla hegemonii finansowej Imperium Brytyjskiego. Począwszy od 1922 roku Keynes wielokrotnie ostrzegał, a najwyraźniej sformułował to w wydanym w 1923 roku *Traktacie o reformie pieniężnej*, gdzie stwierdził: „System parytetu dolara powstaje z dążeń do materialnego bogactwa. W ciągu dwóch ostatnich lat Stany Zjednoczone udawały chęć utrzymania standardu parytetu złota, a w rzeczywistości utworzyły parytet dolara"[9].

W opinii Keynesa, Stany Zjednoczone „zagarniały złoto, aby dowodzić lennikami". Stany Zjednoczone były w posiadaniu 75% wszystkich rezerw złota rozlokowanych między czterema największymi światowymi gospodarkami. Podczas gdy waluty innych krajów zmagały się z niedoborem tego kruszcu, Stany Zjednoczo-

---

[9]   John Maynard Keynes, *A Tract on Monetary Reform*, 1923.

ne poprzez działania otwartego rynku starały się zanegować rolę złota. Dzięki temu dolar znajdował sposób na przeniknięcie do gospodarki danego kraju, dostosowując się do jej potrzeb. Prawdziwym celem USA, nawołujących wszystkich do utrzymania parytetu złota, było nakłonienie Wielkiej Brytanii i innych krajów europejskich to podrygiwania w rytm melodii wystukiwanej przez System Rezerwy Federalnej i ich ostateczne uzależnienie od dolara. Gdyby taka polityka była kontynuowana, finanse wielkiego Imperium Brytyjskiego wpadłyby w ręce bankierów z Wall Street.

Można powiedzieć, że Keynes, widząc gwałtowny atak na system parytetu złota, odczuwał głębokie zaniepokojenie losem Imperium Brytyjskiego.

W rzeczywistości, dolar nie tylko pokonał funta na pierwszej linii frontu walki o rezerwy walutowe, ale oskrzydlił boczne pola rozrachunków handlowych.

Rozrachunki handlowe, boczne uderzenie dolara

Przed wojną Imperium Brytyjskie było nie tylko z nazwy, ale w rzeczywistości Bankierem Świata. Chociaż wynik amerykańskiej gospodarki osiągnął 40 miliardów dolarów, co stanowiło równowartość łącznego wyniku gospodarek Wielkiej Brytanii, Niemiec i Francji, to jednak kontrolowanie ogromnych aktywów zagranicznych o wartości 20 miliardów dolarów, w tym znacznych inwestycji w Stanach Zjednoczonych, czyniło z Wielkiej Brytanii największego wierzyciela na świecie. Niezależnie czy to w Berlinie, Paryżu, czy w Nowym Jorku, jeśli chodzi o pozycję światowego centrum finansowego, wszyscy pozostawali w cieniu Londynu. Co więcej, Brytyjczycy byli w posiadaniu ogromnego, kolonialnego systemu gospodarczego w Afryce, na Bliskim Wschodzie, w Azji, w obu Amerykach i Oceanii. Mieli prawo decydować o cenach wielu zasobów naturalnych, a ogromny rynek zbytu stał otworem dla brytyjskich kolonialnych produktów przemysłowych. Wielka Brytania dysponowała największą na świecie flotą, pozwalającą jej na kontrolowanie niemal wszystkich głównych kanałów wodnych na świecie. Statki światowego handlu kursowały swobodnie między oceanami pod ochroną marynarki wojennej Imperium Brytyjskiego. Zarządzanie kredytami w handlu międzynarodowym, w dwóch trzecich zlokalizowanymi w Londynie, oznaczało, że połowa światowych długoterminowych inwestycji zagranicznych miała swoje źródła w Wielkiej Brytanii.

Ponieważ brytyjski handel międzynarodowy dominował w skali globalnej, Londyn zmonopolizował wymianę weksli bankowych w rozrachunkach światowego handlu, a w transakcjach pomiędzy poszczególnymi państwami powszechnie używano brytyjskiego funta, co z kolei pozwalało na szybką i efektywną wymianę weksli na gotówkę w Londynie. Regulacja rynku kredytowego przez Bank Anglii bazowała na dostosowaniu wysokości stopy dyskontowej od papierów wartościowych. Tuż po utworzeniu Systemu Rezerwy Federalnej, kiedy handel międzynarodowy Stanów Zjednoczonych nie był jeszcze na tyle rozwinięty, by dorównać rozmiarem brytyjskiemu, rynek weksli handlowych nie był jeszcze dopracowany, dlatego też główną usługą świadczoną przez System Rezerwy Federalnej było kredytowanie banków członkowskich – była to jedna z najistotniejszych różnic między bankami centralnymi Wielkiej Brytanii i Stanów Zjednoczonych.

Jako że brytyjski rynek weksli handlowych wystartował wcześniej i działał na ogromną skalę, to pozycja funta brytyjskiego jako waluty rozliczeniowej w rozrachunkach bankowych wydawała się niezastąpiona. Wybuch pierwszej wojny światowej natychmiast obalił ten wzorzec. Ponieważ możliwości produkcji przemysłowej i rolnej największych europejskich gospodarek były coraz bardziej osłabiane przez wojnę, to zapotrzebowanie na amerykańskie produkty przemysłowe i rolne gwałtownie wzrosło. Jednocześnie ogień wojny sprawił, że kapitał finansowy walczących państw w dużej mierze został przekierowany na potrzeby przemysłu militarnego, a postępujące zwiększanie się niedoboru kredytów handlowych spowodowało, że kraje europejskie jeden po drugim przenosiły swoje weksle handlowe do dyskontowania na posiadającym obfity kapitał rynku nowojorskim. Na scenę wkroczyły wyceniane w dolarach weksle handlowe. Po 1915 roku wojna pochłaniająca wydatki sprawiła, że wartość funta brytyjskiego wahała się mocno, a dolarowe rezerwy złota sprawiły, że waluta amerykańska stała się bardziej stabilna. Handlowcy odczuwający instynktowną awersję do wahań kursowych rozpoczęli zamianę rozliczeń w funtach brytyjskich na rozliczenia w dolarach amerykańskich.

Stany Zjednoczone skorzystały z tej okazji, na którą czekały od stu lat i aktywnie zachęcały banki krajowe do agresywnej ekspansji poza granicami. Zgodnie z rozporządzeniem rządu USA wszystkie banki posiadające kapitał wyższy niż milion dolarów były uprawnione do otwierania zagranicznych filii. Amerykańskie banki zmuszone były do wspierania amerykańskiego handlu w działaniach na skalę globalną. Prawo pozwalało im na przeznaczenie środków nie przekraczających 50% ich kapitału własnego na zakup weksli handlowych.

W ramach inicjatywy rządowej amerykańskie banki rozpoczęły bezprecedensowy marsz ku internacjonalizacji. Przodownikiem w tym pochodzie stał się New York City Bank (dawniej City Bank). Tuż po zakończeniu wojny skierował on do pięciu tysięcy swoich korporacyjnych klientów kwestionariusz z zapytaniem: w jakich lokalizacjach otwarcie filii bankowych nowojorskiego banku byłoby najbardziej pomocne dla obsługi ich biznesu. Firma DuPont była wówczas zaangażowana w lukratywny handel amunicją i przygotowywała się do budowy fabryki w Chile. Natychmiast otwarto tam oddział narodowego City Banku, a następnie jeden po drugim oddziały w Brazylii i na Kubie. W wyniku dalszych przejęć i fuzji oddziały City Banku wniknęły też na rynki europejskie i azjatyckie. Inne amerykańskie banki jeden po drugim podążyły śladem City Banku i w latach dwudziestych XX wieku, wykorzystując zaledwie okres 10 lat, utworzyły 181 zagranicznych oddziałów[10], a ich finansowe macki objęły cały świat. Te zagraniczne oddziały amerykańskich banków aktywnie przekonywały lokalnych importerów i eksporterów, aby wcześniejsze rozliczenia w funcie brytyjskim zamienić na rozliczenia w dolarze amerykańskim i dyskontować je na rynku nowojorskim. Do

---

[10]   Barry Eichengreen, *Exorbitant Privilege, The Rise and Fall of the Dollar and the Future of the International Monetary System*, Oxford University Press, 2011, s. 27-28.

dziś nie tylko kraje europejskie przyjęły obrót handlowy w rozliczeniach dolarowych, ale też wiele państw Ameryki Południowej, Afryki i Azji zaczęło stosować wycenianie w dolarze amerykańskim weksle handlowe.

Mnóstwo weksli handlowych do zdyskontowania napłynęło do Nowego Jorku, znacznie przekraczając możliwości finansowe nowojorskich banków. Tak zwane dyskontowanie polegało na tym, że posiadacz weksla handlowego zwracał się do banku z prośbą o jego wymianę na gotówkę z uwzględnieniem ustalonej przez bank zniżki od wartości tego weksla. Honorowane przez bank w ten sposób weksle handlowe były w rzeczywistości gwarancją dla zagranicznych oddziałów banków amerykańskich o jeszcze nie mijającym terminie wykupu i aktualności zaświadczenia o zadłużeniu (IOU). Nowojorskie banki wykupywały po zaniżonej cenie (dyskontowały) weksle handlowe, a następnie w terminie zapadalności (wykupu) zwracały się do banku będącego wystawcą weksla o jego wykup po cenie nominalnej wraz z odsetkami, różnica między ceną zakupu od wierzyciela a ceną sprzedaży wystawcy stanowiła zysk dla pośrednika. Ale i tu zaistniał spory problem, a mianowicie: aby przetrawić tak dużą ilość napływających weksli handlowych, nowojorskie banki także musiały pożyczać fundusze, podczas gdy koszt pożyczek niejednokrotnie przewyższał wartość profitów pochodzących z dyskontowania. Ponieważ amerykańscy inwestorzy byli raczej przywiązani do tradycyjnego rodzaju weksla handlowego, to jest takiego, którego wartość ustalana była w efekcie porozumienia między wierzycielem a wystawcą i zależała od wiarygodności obu stron, to ryzyko domyślne w takim obrocie było stosunkowo wysokie. Inwestorzy domagali się często coraz większych rabatów, co doprowadziło do problemu podwyższenia kosztów inwestycyjnych w obrocie wekslami. Jednakże w przypadku wstąpienia banku jako trzeciej strony w charakterze gwaranta nowego rodzaju weksli handlowych, ryzyko było uzależnione tylko i wyłącznie od wiarygodności tego banku, toteż koszt inwestycyjny w obrocie takimi wekslami był znacznie mniejszy niż w obrocie wekslami tradycyjnymi. Tego rodzaju różnice w rozumieniu istoty weksli doprowadziły w efekcie do powodzi niesprzedawalnych weksli handlowych, co z kolei skutkowało niedrożnością formującego się rynku weksli handlowych.

Problem ten został przenikliwie odkryty przez jednego z założycieli Systemu Rezerw Federalnych, Paula Warburga. Warburg był założycielem Amerykańskiego Towarzystwa Akceptów Wekslowych, którego celem była edukacja inwestorów tak, by ci zrozumieli, iż akcepty bankowe dla weksli handlowych są rodzajem nowego produktu będącego bardzo opłacalną inwestycją, mniej ryzykownego aniżeli tradycyjne amerykańskie weksle handlowe nieposiadające gwarancji bankowych, a koszt inwestycyjny tego produktu o niskim ryzyku i wysokiej wydajności powinien być znacznie niższy. Warburg rozmyślał z jednej strony na temat skali kapitału włożonego w rynek obrotu wekslami handlowymi oraz na temat kosztów zaangażowanych zasobów, a z drugiej strony także o aspekcie płynności rynku wekslowego. Prezes nowojorskiego Banku Rezerwy Federalnej, Strong, którego Warburg osobiście wybrał i protekcyjnie mianował na to stanowisko, został teraz przez niego wezwany do interweniowania na tym rynku. Po dokładnej analizie weksli komercyjnych Strong uświadomił sobie, że do swoich operacji otwartego rynku, oprócz sprzedaży obligacji, mógłby dodać weksle handlowe jako nowy instrument rynku pieniężnego i w ten sposób skuteczniej kontrolować podaż pieniądza.

Bank Rezerwy Federalnej w Nowym Jorku pracował tak ciężko, jak to tylko było możliwe i na dużą skalę zamortyzował zatrzymane na rynku weksle, wskutek czego banki były w stanie szybko zbywać weksle, co spowodowało znaczne przyspieszenie w obrocie kapitałem i dodatkowo zwiększyło apetyt na masową obsługę weksli handlowych. Strong, formułując stopę redyskonta weksli, w rzeczywistości użył stopy dyskontowej weksli skupowanych przez bank centralny od innych banków do ustalenia dolnej granicy zysku na stabilnie działającym rynku wekslowym. O ile stopa dyskontowa przy zakupie weksla przez bank była niższa niż stopa dyskontowa przy sprzedaży tego weksla bankowi centralnemu, to różnica pomiędzy tymi cenami była zyskiem banku. Interwencja ze strony nowojorskiego Banku Rezerwy Federalnej spowodowała, że banki mogły przyspieszyć obroty kapitałowe, co znacznie podniosło rentowność banków na rynku wekslowym. Nawet banki centralne w innych krajach jeden po drugim dostrzegały ten obszar inwestycji, Holenderski Bank Centralny natychmiast przyjął żądanie swoich eksporterów kwiatów i diamentów, aby pochodzący z eksportu do Stanów Zjednoczonych dochód w wysokości 10 milionów dolarów zainwestować w rynek obrotu wekslami[11].

Gwałtowne wyłonienie się amerykańskiego rynku wekslowego sprawiło, że dolar stał się kluczową walutą na rynku międzynarodowym. Do końca pierwszej połowy lat dwudziestych XX wieku ponad połowa amerykańskiego importu i eksportu zaczęła stosować weksle handlowe rozliczane w dolarze amerykańskim. Ponadto gruntowna interwencja nowojorskiego Banku Rezerwy Federalnej zaowocowała tym, że koszt dyskontowania weksli w Nowym Jorku był o punkt procentowy niższy niż w Londynie, dlatego stały strumień weksli handlowych napływał do Nowego Jorku jak płatki padającego śniegu.

Zaledwie po 10 latach kwitnący niegdyś londyński rynek weksli handlowych stał się samotnym podróżnikiem idącym pod wiatr, z kolei nikomu nieznany rynek nowojorski z dnia na dzień prosperował coraz lepiej. Do 1924 roku łączna wartość weksli rozliczanych w dolarach amerykańskich dwukrotnie przekroczyła notowanie weksli rozliczanych w funtach brytyjskich.

Przed wojną, stopień ekspozycji kursu wymiany dolara na rynku międzynarodowym nie dorównywał nawet włoskiemu lirowi czy austriackiemu szylingowi, nie wspominając nawet brytyjskiego funta. Po 10 latach wartość dolara przekroczyła wartość wszystkich innych konkurencyjnych walut[12].

Rok 1924 był ważnym punktem zwrotnym w historii pieniądza, dolarowe rezerwy walutowe kompletnie przełamały obronę funta na pierwszej linii frontu. Udział procentowy dolara w rezerwach walutowych banków centralnych stał się po raz pierwszy wyższy niż funta. Na flance decyzyjności ustalania cen rozrachunków handlowych dolar pokonał opornego funta, tym samym zakończył okrążanie funta szterlinga.

---

[11]   Ibid.
[12]   Ibid.

Nakłaniając państwa do przywrócenia parytetu złota, Stany Zjednoczone chcą „zagarnąć złoto, by móc zarządzać wasalami"

Niewłaściwe poglądy ekonomiczne nie pozwalają ludziom dostrzegać ich wła-snych partykularnych korzyści. Dlatego, w porównaniu z korzyściami, jeszcze bardziej niebezpieczne jest w rzeczywistości myślenie.

Keynes

Keynes dostrzegł, że dalekosiężnym celem Amerykanów jest obalenie mo-netarnej hegemonii Imperium Brytyjskiego za pomocą systemu parytetu dolara. W sytuacji gdy złoto stało się w rękach Amerykanów „Cesarzem Xian, ostatnim cesarzem Hanów", pozostawało czekać na czas, gdy parytet dolara zdetronizuje parytet złota i sam obwoła się cesarzem.

Motywy Stanów Zjednoczonych zdecydowanie nawołujących, a nawet wy-muszających na innych państwach możliwie jak najszybsze przywrócenie systemu parytetu złota nie były czyste. Ale wśród Brytyjczyków nie było zbyt wielu ludzi podzielających spostrzeżenia Keynesa. W 1925 roku Wielka Brytania z trudem zdo-łała przywrócić system parytetu złota, jednakże w rzeczywistości wpadła w pułapkę zastawioną przez Stany Zjednoczone.

Krótkie cztery lata wojny przyniosły ogromne zmiany, chociaż Wielka Brytania zdołała pokonać konkurencyjnego hegemona – Niemcy, to wyczer-pała również zasoby pozwalające na zdominowanie światowej gospodarki. Przez całe XIX stulecie Wielka Brytania odgrywała rolę „Światowego Bankiera" globalnie eksportując kapitał, bazując na wypracowanej przewadze handlowej i nadwyżce kapitałowej silnie konkurencyjnego przemysłu brytyjskiego. Długo-terminowa stabilność akumulacji kapitału przemysłowego była gwarancją brytyjskiej wypłacalności kredytowej dla całego świata. Oznaczało to, że długo-terminowe oszczędności wspierają długoterminowe kredyty, pozwalając na stopniową kontrolę nad światowymi zasobami, zdolnościami produkcyjnymi oraz ogromnym rynkiem. Pętla ta stopniowo się zacieśniała. Pod koniec XIX wie-ku, kiedy rozkwitł przemysł Stanów Zjednoczonych i Niemiec, konkurencyjność przemysłu brytyjskiego jednak zmalała, a to spowodowało stopniowe wysy-chanie potencjału eksportowego londyńskiego kapitału na rynek światowy. Pierwsza wojna światowa istotnie zniszczyła brytyjską dominację w eksporcie kapitału. Po wojnie, w celu utrzymania statusu finansowego centrum świata, funt musiał być podtrzymywany, a konkurencyjność przemysłowa Wielkiej Brytanii weszła w kolejną fazę recesji. Jednocześnie koszty militarne poniesio-ne w celu utrzymania dominacji za granicą pozostały wysokie, a równowaga fiskalna pogorszyła się. W czasie wojny wciąż aktualne problemy nademisji wa-luty i niewystarczającej wydajności ekonomicznej spowodowały, że konkuren-cyjność produktów brytyjskich na rynkach światowych dodatkowo osłabła.

Mówiąc najprościej, koszty utrzymania hegemonii imperium przewyższały przynoszone przez nie zyski.

Przywrócenie przez Wielką Brytanię systemu parytetu złota w 1925 roku paradoksalnie zaostrzyło tę fundamentalną sprzeczność. Rozmiar kapitału eksportowanego przez Wielką Brytanię poza granice wrócił co prawda do stanu sprzed wojny, ale tym razem „Światowy Bankier" tracił na krótkoterminowych oszczędnościach w tzw. gorących pieniądzach (*hot money*), a wspieranie długoterminowego kredytowania zagranicznego powodowało znaczny wzrost ryzyka tego kredytowania. Dominacja funta została podważona.

Dokładnie w tym momencie Stany Zjednoczone zmusiły Wielką Brytanię do przywrócenia wiodącej roli systemu parytetu złota. Jeśli zdolność do realizacji planu nazwiemy pomysłem, niewystarczającą zdolność można mianować snem, a brak jakiejkolwiek zdolności jest tylko czczą fantazją. Prezes Banku Anglii Norman najwyraźniej nie dostrzegał różnicy między pomysłem, snem i fantazją. Próba przywrócenia hegemonii funta na świecie była tylko jego snem, a próba przywrócenia systemu parytetu złota w celu urzeczywistnienia tego snu sprawiła, że stał się on zaledwie fantazją.

A jednak fantazja Normana spotkała się z entuzjastycznym wsparciem ze strony Amerykanów.

28 grudnia 1924 roku Norman dyskretnie przybył do Nowego Jorku. Aby nie zostać zauważonym przez media, przy wejściu na prom podał fałszywe nazwisko. Jakiś czas później amerykańskie magazyny opisywały, że przybył „niezauważony przez nikogo, jak cień pośród ciemnej nocy"[13]. Ściany wielkiego domu światowej społeczności mają jednak przysłowiowe uszy. Gdy brytyjski reporter zapytał rzecznika Banku Anglii o to, dlaczego niektórzy ludzie widzieli Normana w Nowym Jorku i w jakim celu się tam udał, urzędnicy Banku Anglii oniemieli. W rzeczywistości nie wiedzieli, że prezes ich banku zniknął niespodziewanie i udał się z wizytą do Nowego Jorku.

Kiedy Norman dobijał do doków portu w Nowym Jorku, jego stary przyjaciel Strong czekał już tam od dłuższego czasu. W ciągu kolejnych dwóch tygodni Norman był otoczony przez Stronga i bankierów z Morgan & Co., którzy rozpoczęli potężną ofensywę zmierzającą do nakłonienia Wielkiej Brytanii do jak najszybszego przywrócenia systemu parytetu złota. Oprócz bankierów, także rząd Stanów Zjednoczonych dołączył do obozu wywierającego silny nacisk na Wielką Brytanię, a sekretarz skarbu, Mellon, wyraźnie poinformował Normana, że w styczniu 1925 roku „nadejdzie czas" na przywrócenie systemu parytetu złota.

Strong nie musiał tracić słów, by przekonać Normana, że przywrócenie systemu parytetu złota jest z punktu widzenia funta bardzo istotne, był to przecież „pomysł" prezesa Banku Anglii. Wystarczyło tylko nieustannie podkreślać, że Wielka Brytania musi działać szybko, bo zostało jej zaledwie „kilka tygodni, w najlepszym wypadku kilka miesięcy". Strong był przekonany, że czas na powrót funta do systemu parytetu złota był właściwy. Wewnątrz było wsparcie rodzimej Wielkiej Brytanii, na zewnątrz pomocna dłoń w postaci amerykańskiego kapitału. Już w połowie 1924 roku System Rezerwy Federalnej poluzował kredyty. Równocześnie Strong ostrzegł Normana, że jeśli okno czasowe przywrócenia systemu parytetu złota nie

---

[13]   Liaquat Ahamed, *Lords of Finance*, The Penguin Press, New York 2009, s. 225.

otworzy się w odpowiednim momencie, to Wielka Brytania będzie zmuszona rozpocząć spłatę długów zaciągniętych u Amerykanów, a to z pewnością osłabi funta. A kiedy złagodzenie kredytu przez Stany Zjednoczone dobiegnie końca, to koszt, jaki musiałaby ponieść Wielka Brytania w związku z przyciągnięciem kapitału zagranicznego w celu przywrócenia parytetu złota byłby z pewnością bardzo wysoki.

Receptą Stronga dla Normana była „terapia szokowa". Długotrwały ból jest zdecydowanie gorszy od krótkotrwałego, a przywrócenie systemu parytetu złota narazi brytyjską ekonomię na krótkotrwałe cierpienia, jednakże w dalekiej perspektywie wzmocni funta na tyle, by mógł konkurować na rynku światowym i pozwoli na stopniową adaptację i korektę cen, co uczyni przyszłość brytyjskiej ekonomii obiecującą.

Aby rozwiać obawy Normana i nakłonić go do natychmiastowego działania, Strong przedłożył także bardzo korzystne warunki, a mianowicie gdyby funt napotkał na trudności, nowojorski Bank Rezerwy Federalnej był gotów w dowolnym momencie udzielić kredytu w wysokości 200 milionów dolarów, co więcej Morgan & Co. i inni amerykańscy bankierzy zobowiązali się do dostarczenia dodatkowego wsparcia w wysokości 300 milionów dolarów.

Norman obawiał się, że Amerykanie nie pozwolą mu wziąć pieniędzy za darmo. Z obawy przed wejściem w rolę zakładnika, postawił następujący warunek: Stany Zjednoczone nie będą ingerowały w politykę ekonomiczną Banku Anglii, między innymi dotyczącą skali udzielanych kredytów czy ustalania stóp procentowych.

Amerykanie z zadowoleniem przystali na propozycję.

W rzeczywistości amerykańscy bankierzy skrywali zupełnie inne intencje. Do pierwszej wojny światowej byli oni jedynie prostymi posługaczami brytyjskich bankierów, podążającymi krok w krok za przywódcą. Kiedy jednak stali się bogaci, ich mentalność drastycznie się zmieniła. Dawny przywódca został poważnie osłabiony, a mali bracia urośli w siłę wołów. Cesarz rozdaje swe łaski naprzemiennie, ale skoro dzisiaj sam zapukał do moich drzwi po pomoc i nadarza się okazja, by zająć jego miejsce, jaki jest powód, by z niej nie skorzystać? Tak, jak w działających na Dalekim Wschodzie triadach: nowy lider chcąc zdobyć prestiż, wedle konwencji musi go najpierw odebrać z rąk poprzednika.

W tamtym czasie Keynes miał w sobie coś z Qu Yuana* i ubolewał nad konsekwencjami, jakie Wielka Brytania miała ponieść w związku z przywróceniem systemu parytetu złota. Jego głównym argumentem był fakt, że wielkość amerykańskich rezerw złota była zdecydowanie przeważająca, a powiązanie funta ze złotem oznaczało w rzeczywistości, że los brytyjskiej waluty został sprzężony z organizmem dolara, czego końcowym rezultatem mogło być tylko przekazanie kontroli nad brytyjską gospodarką w ręce Wall Street.

W efekcie po tym, jak Norman połknął pigułkę amerykańskiej „terapii szokowej" w postaci systemu parytetu złota, spodziewany szok ekonomiczny trwał przez następne 15 lat. Pięcioletnie ożywienie gospodarcze Europy w latach 1924-1929 nie zdążyło na pociąg ekspresowy, a 10 lat Wielkiego Kryzysu po 1929 roku nie pozwoliło zatrzymać pirackiego statku.

---

* Chiński uczony, polityk i poeta, minister w państwie Chu w okresie Walczących Królestw. Przeszedł do legendy jako patriota występujący przeciwko wojnom i za zjednoczeniem kraju, przez co popadł w niełaskę i musiał udać się na wygnanie.

Standard wymiany złota:
podstawowe przyczyny nadmiaru płynności

Standard wymiany złota miał spełnić rolę awaryjnej metody wymyślonej przez Normana w celu uporania się z dylematem niewystarczalności rezerw tego kruszcu do wspierania statusu Wielkiej Brytanii jako światowego centrum finansowego. Jednak dla gospodarek innych krajów okazał się kłopotliwy.

System wymiany złota jest z natury niestabilnym systemem monetarnym. Słynny francuski ekonomista Jacques Rueff, doradca byłego francuskiego prezydenta Charlesa de Gaulle'a, osobiście doświadczył poważnych konsekwencji, jakie system wymiany złota wywarł na francuską gospodarkę w latach trzydziestych XX wieku. Zauważył on: „Ta innowacja jest przyczyną obecnych trudności na świecie, z inicjatywy Komitetu Finansowego Ligi Narodów wiele spośród krajów europejskich przyjęło ten system monetarny zwany systemem wymiany złota; w ramach tego systemu banki centralne są upoważnione nie tylko do zawierania w rezerwach walutowych certyfikatów rozliczanych w złocie i walucie krajowej, lecz także do zwiększenia udziału dewiz, choć te ostatnie, wchodząc w skład aktywów banku centralnego kraju gospodarza, są w rzeczywistości przechowywane w kraju pochodzenia"[14]. Ostatnie zdanie jest wnikliwą obserwacją miejsca pobytu.

Użycie funta brytyjskiego i dolara amerykańskiego w charakterze rezerw walutowych w innych krajach generowało poważny problem: w momencie, kiedy te dewizy napływały do kraju gospodarza, były natychmiast umieszczane z powrotem w brytyjskim i amerykańskim systemie bankowym. Innymi słowy, dewizy faktycznie nigdy nie opuszczały kraju ich wystawcy, a kraje, które uzyskiwały wpływy walutowe, jedynie pozornie zwiększały liczby na swoich kontach-widmach. Był to dość trudny do wykrycia i mylący dla ludzi koncept.

W tradycyjnym systemie parytetu złota ostateczna likwidacja odpływu kapitału następowała w złocie, a efektem był nieunikniony odpływ złota z kraju dłużnika. Natomiast w oparciu o system wymiany złota do likwidacji można było wykorzystywać walutę obcą, co niekoniecznie oznaczało odpływ złota z kraju dłużnika. Poza tym rozliczenia walutowe w głównej mierze bazowały na rozliczeniach kont, chyba że kraj, do którego napływał kapitał, faktycznie wymagał fizycznego transferu pieniądza.

W jaki zatem sposób dokonywano rozliczeń kont? W istocie kraj, do którego napływał kapitał, otwierał rachunek bankowy w kraju eksportującym kapitał, kraj eksportujący kapitał zmniejszał kwotę rachunku o konkretną sumę, a kraj otrzymujący kapitał taką samą sumę dodawał do swojego rachunku. W ten sposób transakcję rozliczeniową można było uznać za zakończoną. Choć konto umieszczone jest w systemie bankowym kraju eksportującego, to wszelkie prawa do obsługi tego konta należą do kraju przyjmującego kapitał. Tak więc w systemie bankowym kraju przyjmującego, na podstawie rezerwy walutowej na koncie-widmie, można wytworzyć podaż waluty krajowej. Problem polega na tym, że w tym samym systemie bankowym odbywają

---

[14]   Jacques Rueff, *The Monetary Sin of The West*.

się operacje dodawania i odejmowania wartości na dwóch różnych kontach. Odjęcie wartości z jednego konta oznacza konieczność dodania w tym samym czasie tej samej wartości do drugiego konta, co z kolei oznacza, że ogólna wartość kapitału pozostaje niezmienna. Dlatego kraj eksportujący kapitał może według tej samej wartości pieniędzy po raz kolejny przeprowadzić emisję waluty. Właśnie to stanowi istotę problemu podwójnego kredytowania zrodzonego wewnątrz systemu wymiany złota.

Stosowanie tego samego kapitału jednocześnie przez kraj eksportujący i przyjmujący kapitał jako podstawy kredytowania oznacza, że skala zadłużenia na świecie będzie wzrastać. Ponieważ standard wymiany złota został wdrożony powszechnie, im większa była skala, tym poważniejszy był stopień zagrożenia powodzią kredytową. Rezultat tych działań jest taki, że znacznie obniżono standardy kredytowania, nastąpiło rozpowszechnienie spekulacji i pompowanie baniek spekulacyjnych. Europa „burzliwych lat dwudziestych" dała życie systemowi monetarnemu bazującemu na opoce baniek kredytowych, a Wielki Kryzys w latach trzydziestych XX wieku był ceną, jaką przyszło za to zapłacić.

W 1925 roku, kiedy Brytyjczycy wykonali ciężką pracę, aby przywrócić parytet złota, zarówno funt brytyjski, jak i dolar amerykański mogły być bezproblemowo wymieniane na złoto i były znane jako tak zwane waluty twarde, a ponadto wypozycjonowały swoje kraje jako kluczowe walutowo. Pozostałe natomiast państwa, korzystając z funta i dolara jako głównej waluty swoich rezerw dewizowych, emitowały walutę krajową, stając się tym samym satelitami brytyjskiej i amerykańskiej waluty. W tej galaktyce walut złoto było niczym słońce, a funt brytyjski i dolar amerykański krążyły wokół złota niczym planety po orbicie i polegając na sile grawitacji pieniądza w swoim systemie satelitarnym, pozostawały w ruchu na angloamerykańskim torze gospodarczym.

W 1926 roku Francja była jedynym krajem w całej tej galaktyce, który nie przywrócił jeszcze parytetu złota. Ponieważ frank nie mógł znaleźć swojej orbity, rozpoczął się jego kryzys.

Wstrząs kursu wymiany i walka franka

> *La Fayette, oto nadchodzimy. I teraz żądamy spłaty zadłużenia.*
>
> kreskówka popularna w latach dwudziestych XX wieku

W 1777 roku młody francuski arystokrata Marie Joseph de La Fayette, będąc pod ogromnym wrażeniem amerykańskiej „Deklaracji Niepodległości", jako zaledwie dwudziestoletni młodzieniec przybył do Nowego Świata, zaangażował się w amerykańską wojnę o niepodległość i zawarł dożywotnią przyjaźń z George'em Washingtonem. Jego nieustająca walka i zasłużona ofiara została doceniona przez Stany Zjednoczone w postaci nadania mu stopnia generała majora. Po zwycięstwie rewolucji amerykańskiej La Fayette zyskał sławę w Europie jako dwukrotnie wyróżniony amerykańską nominacją na „Honorowego Obywatela Stanów Zjednoczonych". Poświęcenie i heroizm La Fayette'a stały się symbolem przyjaźni francusko-amerykańskiej. W czasie pierwszej wojny światowej, kiedy amerykańscy generałowie wymachując radośnie chusteczkami, jako alianci wkroczyli do Paryża, udali się na mogiłę La Fayette'a, by złożyć mu hołd okrzykiem „La Fayette, tu jesteśmy". Te słynne słowa rozeszły się po Stanach Zjednoczonych i Francji, a w sercach Amerykanów i Francuzów budziły żywe wspomnienie historii.

11 lipca 1926 roku ponad 20 tysięcy francuskich inwalidów wojennych na wózkach lub wspomaganych przez pielęgniarki zebrało się naprzeciwko ambasady Stanów Zjednoczonych w Paryżu i u stóp pomnika pierwszego prezydenta Stanów Zjednoczonych, Washingtona złożyło naręcze przyniesionych przez siebie wieńców. Nie przyszli oni jednak składać hołdu Stanom Zjednoczonym, wręcz przeciwnie – przyszli, by zaprotestować. Brak jakiejkolwiek akomodacji kredytów udzielonych przez Stany Zjednoczone w czasie pierwszej wojny światowej spowodował, że Francuzi poczuli się urażeni. Słowa wypowiedziane przez amerykańskiego prezydenta Coolidge'a: „Wyłożyliśmy pieniądze, za które walczyli, co w tym złego?", dodatkowo pokazały obojętność Stanów Zjednoczonych wobec Francji i innych krajów europejskich, które w tej wojnie poniosły niepowetowane straty w postaci milionów zabitych i rannych żołnierzy. Gniew Francuzów wzbudzał fakt, że osłabienie wartości franka przyciągało stada Amerykanów kupujących francuskie zamki, obrazy, biżuterię i inne skarby gromadzonego przez wieki cennego, narodowego bogactwa po niewiarygodnie niskich cenach. W ówczesnym Paryżu mieszkało i żyło około 4,5 tysiąca Amerykanów, a posiadanie stu amerykańskich dolarów pozwalało na delektowanie się luksusem we Francji. Byli oni gadatliwymi arogantami i skrajnymi konsumpcjonistami reprezentującymi brzydotę nowobogactwa. W lipcu autokar pełen amerykańskich turystów padł ofiarą ataku ze strony tłumu, a amerykańscy turyści w centrum miasta często byli wyśmiewani i prowokowani przez lokalną ludność. Francuskie media porównywały Amerykanów do „szkodliwej szarańczy". Niechętne Amerykanom nastroje społeczne wystarczyły, aby wywołać kryzys dyplomatyczny.

W 1926 roku fundamenty gospodarki francuskiej były silniejsze aniżeli brytyjskiej, po przywróceniu równowagi fiskalnej wydawało się, że wszystko zmierza we właściwym kierunku, a jednak frank, niczym zerwany z linki latawiec, dryfował na boki na spekulacyjnym rynku walutowym. Ponieważ frank był jedyną walutą spośród liczących się na rynku europejskim, która jak dotąd nie powróciła do rozliczeń w oparciu o parytet złota, toteż stał się obiektem polowania dla skoncentrowanego międzynarodowego kapitału spekulacyjnego. W 1924 roku, w czasie negocjacji planu Dawesa, pod wpływem siły spekulacji walutowych kurs wymiany franka na dolara wynosił 1:25, kiedy wreszcie rząd francuski został zmuszony do przyjęcia planu Dawesa, kurs wymiany franka wrócił do wartości 1:18, ale latem 1926 roku kurs franka spadł ponownie do wartości 1:30. Częste zmiany we francuskim rządzie i krótkoterminowe zadłużenie o wartości przekraczającej 10 miliardów dolarów wywierały dodatkową presję na francuską walutę.

Dramatyczna dewaluacja wprawiła zamożną francuską klasę średnią w przerażenie. Potęgowało je wspomnienie niemieckiej hiperinflacji sprzed trzech lat, która sprawiła, że wartość marki osiągnęła wartość wody i pozbawiła bogactwa niemiecką klasę średnią. Francuzi kochali oszczędzać, a większość tych oszczędności inwestowali we francuskie obligacje rządowe, pogrążanie się franka w stosunku do dolara i złota oznaczało, że majątek zaangażowany w obligacje będzie ulegał znacznemu uszczupleniu. Francuscy oszczędzający pod presją sił spekulacyjnych zaczęli pozbywać się franka. Obłędna dewaluacja waluty krajowej w stosunku do złota i walut obcych powodowała natychmiastową detonację bomby inflacyjnej. Ceny zaczęły wzrastać o 2% w skali miesiąca, koszmar niemieckiej hiperinflacji z 1923 roku stawał się coraz bardziej realny.

Dopiero co wybrany na stanowisko prezesa Banku Francji Emile Moreau, gimnastykując swój umysł, próbował obmyślić sposób na powstrzymanie kryzysu krachu franka. Uważał, że frank różni się od niemieckiej marki z 1923 roku, gdyż Niemcy były krajem pokonanym w wojnie, gdzie w wyniku konieczności wypłaty reparacji wojennych deficyt fiskalny sięgnął dna, a okupacja Zagłębia Ruhry przez wojska francuskie pogłębiła i tak już skrajny kryzys gospodarczy i przyczyniła się do szalonej ekspansji podaży pieniądza. Tymczasem problemy franka wynikały z kwestii wiarygodności. Francja renegocjowała z Wielką Brytanią i Stanami Zjednoczonymi warunki spłaty długu wojennego i ostatecznie Wielka Brytania zgodziła się zmniejszyć dług z 3 miliardów do 1,2 miliarda dolarów, a Stany Zjednoczone przyjęły propozycję obniżenia czteromiliardowego długu o 60% wartości. Francuskie finanse zostały w ten sposób uleczone z dokuczającego im od lat problemu deficytu, Alzacja i Lotaryngia, rejony północnej Francji dotkliwie poszkodowane w czasie wojny, po zakończeniu wartego 4 miliardy dolarów projektu przywrócenia przemysłu, zaczęły generować zwrot z inwestycji, tak więc wydatki rządowe spadły, a przyszłe dochody powinny były znacznie wzrosnąć. Bank Francji ustalił górną granicę dopuszczalnej wartości gotówki w obiegu na 41 miliardów franków, co miało zagwarantować stabilność waluty. Prawdziwy problem tkwił jednak w tym, że termin zapadalności francuskich obligacji był krótki, a niekończące się polityczne skandale i zmiany we francuskim rządzie sprawiały, że w obliczu częstych kryzysów wiarygodności zadłużenia kredyty krótkoterminowe stopniowo poszerzały zasięg.

Aby rozwiązać problem wiarygodności, Moreau w pierwszej kolejności pomyślał o Banku Francji, którym dopiero co zaczął rządzić i uświadomił sobie, że francuskie rezerwy walutowe w złocie o wartości 10 miliardów dolarów (co plasowało je na drugim po Rezerwie Federalnej miejscu na świecie) są zlokalizowane właśnie tutaj, a ich utylizacja sprawi, że kryzys wiarygodności będzie łatwy do opanowania. Jednakże rząd francuski w przeszłości zwracał się już z taką prośbą do Banku Francji, a odpowiedź zawsze była odmowna.

Założony w 1800 roku Bank Francji, w przeciwieństwie do Banku Anglii czy Rezerwy Federalnej, był prawdziwie nobliwym sanktuarium. Głównymi udziałowcami Banku Francji byli przedstawiciele dwustu znamienitych rodów francuskich, spośród których przedstawiciele czterdziestu czterech specjalnych bankierskich rodów zajmowali stanowiska dominujące, a ich władza była przekazywana drogą rodzinnego dziedziczenia. Wybierali oni spośród siebie dwunastu członków zarządu, faktycznie dzierżących stery Banku Francji. Wśród nich status rodów Mallet, Mirabeau i Rothschild pozostawał nienaruszony i twardy jak skała przez cały ostatni wiek. W ciągu ostatnich 120 lat rewolucje wybuchały we Francji trzykrotnie, ustrój zmieniał się pięciokrotnie, na czele państwa stali: jeden cesarz, trzech króli, pięciu prezydentów, jeden prezydent mianowany cesarzem. Pytanie o to: dlaczego żaden cesarz, król, prezydent czy rewolucjonista nie przekroczył progu Banku Francji pozostawało zagadką. Francuska waluta wiele razy znajdowała się w tarapatach. Rząd francuski zwracał się wtedy zawsze do Banku Francji z prośbą o udostępnienie rezerw w złocie na wykup obligacji rządowych, a odpowiedź Banku Francji była zawsze odmowna. Aby ratować franka, zatrzymany za drzwiami własnego banku rząd francuski mógł w tej sytuacji zwrócić się z prośbą o pożyczkę jedynie do Stanów Zjednoczonych i Wielkiej Brytanii, jednakże powieki Stronga i Normana nawet nie drgnęły. Zdesperowani Francuzi nie mieli innego wyjścia, jak tylko prosić o kredyty kolejne domy maklerskie w rodzaju Morgan & Co. oraz międzynarodowe banki inwestycyjne. Moreau uznawszy, że sprawy przybrały niecodzienny obrót, zdecydował się osobiście poprosić o kredyt i spotkać z prezesem Nowojorskiego Banku Rezerwy Federalnej, Strongiem. W końcu uzyskał odpowiedź. Strong przedstawił dwa warunki: po pierwsze, rząd francuski miał w pełni respektować niezależność Banku Francji, po drugie, francuski parlament miał najszybciej, jak to możliwe, ratyfikować nowe porozumienie w sprawie spłaty długu wojennego. W następnej kolejności Moreau udał się na spotkanie z Normanem, ale odpowiedź znów była negatywna. W tym momencie Moreau ostatecznie zrozumiał, że nawet jeśli gospodarka Francji ma się lepiej od gospodarki Wielkiej Brytanii, to na arenie finansowej Francja pozostaje obywatelem drugiej kategorii. W opinii Anglików i Amerykanów pomoc finansowa była „towarem", a w czasach kryzysu jego cena rosła. Do lipca 1926 roku frank osłabił się w stosunku do dolara, a ich stosunek wymienny wyniósł 1:50, francuska waluta znalazła się na krawędzi upadku.

21 lipca 1926 roku Raymond Poincaré przy wsparciu francuskich gigantów przemysłowych wstępuje na scenę polityczną i formuje gabinet, w którym pełnić będzie funkcję ministra finansów. Poincarégo nie można było lekceważyć. Obecny był w polityce od 40 lat, miał najlepsze kwalifikacje wśród francuskich polityków. Jeszcze przed pierwszą wojną światową objął funkcję prezydenta, którą pełnił przez 7 lat, a trzy razy był premierem formującym rząd. Jego władanie było twarde, z silnymi tendencjami nacjonalistycznymi. Podczas wojny Poincaré uczynił z Francji najmocniejszą frakcję prowojenną. Za jego kadencji przeprowadzone zostały francuskie operacje militarne na terenie okupowanego terenu Zagłębia Ruhry. Poincaré w oczach francuskiej opinii publicznej był niezmiernie charyzmatycznym przywódcą i często nazywano go francuskim Bismarckiem. Wiadomość o powołaniu go na stanowisko premiera po raz trzeci, znacznie pobudziła morale i idącą za tym kondycję franka na rynku walutowym. Fancuska klasa średnia wierzyła mu, a nawet go czciła. W rezultacie w ciągu kilku dni frank odbił się mocno w stosunku do dolara i jego przelicznik wzrastając z 1:50 do 1:35 umocnił się o 40%. Wszyscy zagraniczni spekulanci uważający franka za wyczerpaną już walutę byli zszokowani.

Poincaré natychmiast ogłosił serię cięć podatkowych, czym uspokoił spanikowaną francuską klasę średnią. Przedstawił projekt stymulacji rozwoju przemysłu oraz redukcji rządowych wydatków, czym próbował zjednać sobie interesy wielkich kapitalistów. Francuski kapitał wypływający w ciągu ostatnich dwóch lat zaczął na dużą skalę powracać do Francji, Francuzi nie potrzebowali dłużej wsparcia ze strony zagranicznego kapitału i przejęli inicjatywę w dążeniu do finansowej niezależności. Dopiero po ustabilizowaniu sytuacji Poincaré zaczął stopniowo podnosić podatki i polepszać kondycję słabych francuskich finansów. W obliczu gwałtownego umocnienia franka Moreau najzwyczajniej nie wiedział, co robić. Kiedy słaby frank, przez długi czas będący przedmiotem drwin Brytyjczyków i Amerykanów, niespodziewanie nabrał rozpędu i okazał się silniejszy od funta, nie tylko Brytyjczycy i Amerykanie byli w szoku, Francuzom również trudno było zaadaptować się do nowych warunków. Aby sprostać nowym wyzwaniom będącym efektem aprecjacji waluty, Moreau zwrócił się z prośbą do słynnego francuskiego ekonomisty Lista i jego ucznia Questa o objęcie przywództwa w projekcie mającym na celu opracowanie środków zaradczych, które pomogłyby utrzymać stabilny kurs franka.

Do końca 1926 roku wskaźnik wymiany franka względem dolara osiągnął wartość 1:25, co oznaczało, że w ciągu zaledwie dwóch miesięcy jego aprecjacja się podwoiła. Sześć miesięcy tęczowych nocy nie dało francuskiej gospodarce szansy na adaptację. Dewaluacja franka i poprawa konkurencyjności rodzimych produktów przemysłowych spowodowały wprawdzie ożywienie gospodarcze i wzrost zatrudnienia, ale zbyt szybkie tempo dewaluacji i zachwianie wiarygodności franka spowodowały ucieczkę kapitału i wywoływały hiperinflację. Zbyt gwałtowna aprecjacja franka miała też wpływ na francuski eksport, a to osłabiło krajową gospodarkę. Jaki powinien być poziom optymalnie ustalonego kursu, tak by oprócz promowania rozwoju gospodarczego, pozwalał także na ustabilizowanie wiarygodności waluty? Źródłem mądrości w Banku Francji byli List i Quest. Nawiasem mówiąc, ówczesna Francja zmagała się dokładnie z tym samym problemem, z którym zmagają się współczesne Chiny.

Jeśli wskaźnik wymiany wzrósłby powyżej 1:25, to Bank Francji miał być zmuszony do interwencji. List i Quest zaczęli przełamywać tradycyjny sposób myślenia i podjęli starania w celu wymuszenia na Banku Francji ustanowienia górnej granicy wskaźnika wymiany. Ponieważ ich pomysły były nazbyt niestandardowe, a dotychczas nie istniał żaden precedens interwencji ze strony Banku Francji na rynku walutowym, Moreau nie miał ochoty na połknięcie tego haczyka. W tym czasie napływ dewiz do Francji, płynący dotąd wąskim strumieniem, zamienił się w rwącą rzekę. Wymusiło to stopniowy wzrost kursu franka. Przyglądający się francuskiej gospodarce, powielającej pomyłki Wielkiej Brytanii, która pozwoliła, by przewartościowanie kursu funta doprowadziło do postępującej recesji i inflacji, List i Quest zagrozili złożeniem dymisji. Było to z ich strony desperackie wezwanie Moreau do podjęcia zdecydowanych działań.

Obserwujący tę sytuację z zewnątrz Keynes trafnie podsumował istotę problemu: „Poziom [wskaźnika wymiany] franka nie może być równoważony za pomocą spekulacji czy transakcji handlowych, nie mogą o nim decydować nawet ryzykowne działania podejmowane w Zagłębiu Ruhry. Tylko francuski podatnik może zadecydować, jaką część własnego dochodu chciałby przeznaczyć na wsparcie francuskiego rentiera [posiadacza obligacji]".

W rzeczywistości, jeśli definiować bogactwo jako produkt lub usługę finalną wytworzoną przez człowieka przy użyciu zasobów naturalnych, doprowadzi to do nieuchronnego podziału społeczeństwa na dwie grupy ludzi: robotników i rentierów. Robotnicy poprzez pracę będą tworzyli bogactwo, natomiast rentierzy poprzez wynajem nieruchomości, zasobów produkcyjnych, zmonopolizowanych aktywów, obiektów użyteczności publicznej czy kapitału, będą partycypować w bogactwie robotników. Istota kursu wymiany nie jest problemem zewnętrznym, a raczej problemem rozwiązań instytucjonalnych o cechach zewnętrznych w wewnętrznym podziale korzyści. A oto dwie skrajności: pierwsza skrajność polega na poważnej skłonności do dystrybucji profitów wśród robotników ze szkodą dla właścicieli kapitału, co sprawia, że właściciele kapitału będą dążyć do przeniesienia aktywów za granicę, podczas gdy kapitał międzynarodowy będzie tym bardziej niechętny, by wejść. W tej sytuacji, wytworzony w ramach rynku walutowego odpływ kapitału przewyższać będzie napływ kapitału, skutkując deprecjacją waluty. Druga skrajność polega na poważnej skłonności do dystrybucji profitów wśród właścicieli kapitału, co spowoduje, że skumulowany w kraju kapitał nie będzie chciał odpływać, a kapitał międzynarodowy chętnie wejdzie na rynek krajowy, by partycypować w korzystnej dystrybucji profitów. W takich okolicznościach może wystąpić zjawisko nadwyżki napływającego kapitału zagranicznego względem odpływu kapitału krajowego, czego ostatecznym wyrazem będzie aprecjacja lokalnej waluty. Różnica między produkcyjną wydajnością krajową a zagraniczną odzwierciedla tylko wielkość przeznaczonego do podziału kawałka tortu, która zamiast proporcji ilustruje raczej trend w skali przepływu kapitału.

Obydwie te skrajności będą tłumić rozwój gospodarczy: pierwsza prowadzi do odpływu kapitału, podważając fundamenty rozwoju gospodarczego; druga studzi zapał do pracy, zmniejszając społeczną siłę nabywczą i uniemożliwiając wzrost gospodarczy. Niezależnie od tego, która z tych dwóch skrajności wystąpi, obie mogą prowadzić do kryzysu ekonomicznego i załamania wartości waluty.

Optymalna wartość kursu wymiany to stabilny punkt równowagi pomiędzy tymi dwiema skrajnościami. Na takim poziomie dystrybucja profitów pomiędzy robotników i rentierów jest zasadniczo zrównoważona, robotnicy z entuzjazmem podejmują się wytwarzania bogactw, a rentierzy aktywnie angażują większy kapitał. Kapitał międzynarodowy napływa po to, by poszerzyć skalę alokacji zasobów, a co za tym idzie, partycypować w podziale adekwatnych profitów. Jednocześnie po tym, jak lukratywny kapitał zostanie skumulowany przez rodzimych rentierów, zaczynają oni aktywnie poszukiwać nowych możliwości zysku za granicą. Proporcje kapitału napływającego i wypływającego są mniej więcej zrównoważone, a ostatecznie między pracą a kapitałem osiągnięty zostaje stan równowagi.

Ogólnie rzecz ujmując, kiedy obserwujemy niczym nie zakłócony swobodny przepływ kapitału, aprecjacja waluty odzwierciedla się w rozdziale profitów z korzyścią dla rentierów, natomiast deprecjacja waluty oznacza podział profitów korzystny dla robotników.

Po wojnie Wielka Brytania i Niemcy ruszyły w kierunku dwóch przeciwnych skrajności, Wielka Brytania przy pomocy znacznie przewartościowanego funta ochroniła wierzycieli, ale pogrzebała swój system ekonomiczny, z kolei Niemcy z powodu obłędnej dewaluacji marki poświęcili rodzimych posiadaczy kapitału, ale w efekcie również zniszczyli swoją gospodarkę. Francja jednak zdołała znaleźć równowagę między tymi dwiema skrajnościami.

21 grudnia 1926 roku Bank Francji rozpoczął masowy wykup dewiz, płacąc własną walutą w celu powstrzymania zbyt gwałtownej aprecjacji franka; jednocześnie działania Lista zmierzające do powstrzymania trendu nadmiernej aprecjacji franka zostały zdecydowanie odrzucone przez Rothschilda i innych członków zarządu Banku Francji. W latach dwudziestych XX wieku po Francji rozniosła się następująca plotka: „podobno gabinet każdej partii musiał uprzednio zwrócić się z prośbą o akceptację

do Rothschilda"[15]. Ale Poincaré nie połknął tego haczyka, cały czas popierał Moreau'a i silnie wspierał politykę interwencji walutowych jego i Lista. Będący pod ogromną presją Moreau w 1927 i 1928 roku kontynuował zakup walut obcych, umacniając wartość franka względem dolara i osiągając poziom wskaźnika wymiany 1:25. Francuski minister finansów obiecał Bankowi Francji, że wszystkie straty finansowe wynikające z interwencji na rynku walutowym zostaną objęte odpowiedzialnością skarbu państwa, tymczasem Rothschild i jego poplecznicy uciekali się do różnych środków, by nie dopuścić do urzeczywistnienia się planu Moreau. W sierpniu 1928 roku Moreau z zaskoczeniem odkrył, że wszystkie jego rozmowy wychodzące i przychodzące wykonywane z telefonu stacjonarnego w gabinecie prezesa Banku Francji były podsłuchiwane. Od tego czasu jego relacje z Rothschildem uległy dalszemu pogorszeniu.

Jako że francuska gospodarka na bazie prognoz stabilnego franka rozpoczynała silne odbicie, a eksport produktów pozwolił na bezwzględne pokonanie Wielkiej Brytanii, wśród członków zarządu Banku Francji nastąpił rozłam, a Rothschild i francuski magnat stali, Wendell stanęli na czele frakcji aprecjacji franka, ostatecznie nie uzyskawszy poparcia większości członków zarządu. W takiej sytuacji duet Rothschild i Wendell zaangażował się osobiście w obalenie praktyk Banku Francji, publicznie wygłaszając komentarze na temat polityki monetarnej. Mieli oni nadzieję przyciągnąć do Francji na szeroką skalę zagraniczny kapitał spekulacyjny, zmuszając w ten sposób Moreau do porzucenia pomysłu interwencji na rynku walutowym i pozwalając na swobodną aprecjację franka. Rothschild osobiście namówił nawet należącą do członków jego rodziny największą firmę kolejową we Francji do energicznego wykupu francuskiej waluty, próbując w ten sposób wymusić jej aprecjację, co z kolei było rozpatrywane jako postępowanie wbrew zaleceniom Banku Francji adresowanym do dyrektorów i dotyczącym zakazu handlu wewnętrznego. W okresie około dwóch lat praktykowania interwencji na rynku walutowym, wartość rezerw walutowych Francji wzrosła do 600 milionów dolarów amerykańskich, z czego większość stanowiły rezerwy w funcie brytyjskim.

Historia naprawdę zatoczyła koło. Teraz to Wielka Brytania pogrążona była w kryzysie. Polityka sztywnego kursu walutowego franka doprowadziła do tego, że produkty francuskie charakteryzowała największa konkurencyjność na świecie, a tradycyjne rynki brytyjskie zostały przejęte przez wyroby francuskie; z kolei stabilność cen we Francji stanowiła doskonałe podłoże dla dobrobytu gospodarczego. Sytuacja funta brytyjskiego przedstawia się coraz gorzej, poważnej recesji towarzyszy wysokie bezrobocie, co przyspieszyło przepływ kapitału z Wielkiej Brytanii do Francji. Norman nalegał, by Moreau podjął realne działania zmierzające ku zmniejszeniu oczekiwań rynku na wzrost wartości franka, a tym samym zmniejszeniu presji związanej w odpływem brytyjskiego kapitału. W odpowiedzi na to Moreau zaleca podniesienie stóp procentowych w celu przyciągnięcia kapitału, co jeszcze bardziej pogrąża funta w recesji. Moreau wywiera dodatkową presję, przygotowując się do wymiany rezerw walutowych w funcie na angielskie złoto, co natychmiast osłabia funta. Norman wpadł we wściekłość i zaplanował zwrócenie się do Francji z żądaniem natychmiastowej spłaty długu wojennego w wysokości 3 miliardów dolarów. Wielka Brytania i Francja walczyły zajadle.

---

[15] Liaquat Ahamed, *Lords of Finance*, s. 245-246.

W tym momencie na scenę wkroczyli Amerykanie. Występując w charakterze arbitra mediującego w sporze walutowym między Wielką Brytanią i Francją, zaproponowali dwustronny rozejm. Strong zaprezentował propozycję Stanów Zjednoczonych: Francja utrzyma część rezerw walutowych w funcie, a pozostała część tych rezerw zostanie na rynku londyńskim wymieniona na złoto wspólnie przez nowojorski Bank Rezerwy Federalnej i Bank Anglii. Warunków postawiono niewiele, w zasadzie tylko jeden: w przyszłości zwiększenie rezerw walutowych przez Francję miałoby odbywać się w dolarach, a nie jak dotąd w funtach. Amerykanie wykorzystywali każdą możliwą okazję do promowania rezerw walutowych w dolarze amerykańskim na całym świecie.

Ponieważ Francja zerwała z ograniczeniami tradycyjnej teorii monetarnej i zastosowała właściwe podejście do stabilności kursu franka, zdołała znacznie ożywić francuską siłę ekonomiczną i finansową.

Do 1929 roku Francja osiągnęła znacznie lepsze wyniki finansowe, rząd spłacił całość zadłużenia wobec Banku Francji, a wartość obligacji podwoiła się. W 1926 roku nadwyżka budżetowa Francji wynosiła zaledwie 1 milion franków, podczas gdy w 1929 roku była to już kwota 170 milionów franków. Francuskie rezerwy walutowe składały się z wartego 1,45 miliarda dolarów złota i wartych 10 miliardów dolarów rezerw dewizowych. Moreau i List byli wielkimi zwycięzcami w bitwie o franka. Rozwój gospodarczy Francji pozwolił jej na skuteczne stawianie oporu przez pierwsze dwa lata Wielkiego Kryzysu i dopiero w połowie 1931 roku Francja została wciągnięta w wir światowej recesji.

Ślizganie się po stromych zboczach gospodarki, próżnia władzy monetarnej

Dopóki Stany Zjednoczone hojnie pożyczają pieniądze na świecie, aby zapewnić innym siłę nabywczą, której same nie mają, dopóty Wielka Brytania będzie mogła kontynuować import ze Stanów Zjednoczonych oraz utrzymać eksport do innych krajów. Ale jeśli wydarzy się coś, co powstrzyma czołowych amerykańskich inwestorów i bankierów od dalszego kredytowania, to sytuacja Wielkiej Brytanii stanie się niepewna. Jeżeli linia kredytowa Wielkiej Brytanii zostanie wyczerpana, a jej siła nabywcza zostanie zredukowana do poziomu poniżej limitu salda eksportu i długu publicznego, to w następnej kolejności pozostałe kraje będą doświadczać pełnych skutków zubożenia narodu niemieckiego[16].

George Paya

Była tylko jedna najważniejsza przyczyna kryzysu, który ogarnął świat w latach trzydziestych XX wieku, a mianowicie bezprecedensowa bańka zadłużenia powstała na bazie niespotykanej ekspansji monetarnej, której ostateczna spłata była możliwa tylko w złocie. Nawet przy ograniczonym wzroście złota trzeba

---

[16]   Michael Hudson, *Super Imperialism*, rozdz. 3.

było radzić sobie z nieograniczoną ekspansją kredytów i zadłużenia, gdyż prędzej czy później termin ich zapadalności musiał nadejść. Im poważniejsze było zalewanie walutą, tym bardziej zdumiewająca wydawała się być śmiertelność wewnętrznej eksplozji zadłużenia. Wybuch kryzysu nie jest kwestią wyboru pomiędzy być albo nie być, lecz raczej pytaniem: kiedy i w jaki sposób. Głównym winowajcą powodzi kredytów walutowych była Wielka Brytania, która, aby zrekompensować brak rezerw w złocie, stworzyła system wymiany tego metalu. W ramach owego systemu dolar amerykański, funt brytyjski i złoto były bezpośrednio wymienialne, natomiast pozostałe waluty były pośrednio powiązane ze złotem, głównie za pośrednictwem dolara i funta. Podstawowym problemem, jaki przyniosło wejście walut obcych do obiegu emitowanych przez poszczególne państwa, był efekt tworzenia podwójnej wiarygodności kredytowej, gdyż zarówno państwo eksportujące kapitał, jak i państwo przyjmujące kapitał, niezależnie od siebie, aczkolwiek używając tego samego kapitału, określały własną wiarygodność kredytową, a to spowodowało, że skala ogólnoświatowych kredytów pieniężnych znacznie się powiększyła. Nieodłączną niestabilność takiego mechanizmu odzwierciedla, co następuje: jeśli kryzys wybucha w najsłabszym z państw, to inwestorzy będą rywalizować w sprzedaży aktywów, złota i dewiz. Kiedy zabraknie złota, to wymiana walutowa wyczerpie się i konieczna jest emisja waluty w kraju będącym centrum paniki, a następnie rozpocznie się w tym państwie spieniężanie aktywów. Ponieważ wielkość bańki aktywów jest znacznie większa niż wartość realnej gotówki w obiegu, powoduje to znaczny spadek ceny aktywów i powstanie szalonej gotówkowej paniki bankowej, której banki o negatywnej dźwigni finansowej nie będą miały szansy powstrzymać, wskutek czego wzrośnie ich ryzyko bankructwa, a płynność finansowa zostanie wyczerpana. Bankructwo banków sprawi, że ludzie odczują, iż gotówka nie jest bezpieczna i tym samym presja paniki całej architektury bankowej wzrośnie, utrata zaś wiarygodnego sytemu bankowego i rezerw walutowych wywoła reakcję łańcuchową i spowoduje rozpad na kawałki pozostałych instytucji finansowych. Bankructwo znacznej części podmiotów gospodarczych poważnie zaostrzy z kolei stan ekonomicznego kryzysu.

Próby podejmowane przez Stany Zjednoczone w celu zastąpienia w ciągu 20 lat zbudowanego przed dwustu laty przez Imperium Brytyjskie standardu złota systemem dolara, w sposób nieuchronny prowadziły do napotkania trudności, których pokonanie przekraczało możliwości Amerykanów. Z kolei Wielka Brytania próbując utrzymać dominację finansową i pozostając wierna tradycyjnemu systemowi parytetu złota, wkrótce wyczerpała swoją ekonomiczną siłę. Agresywne załamanie wartości dolara pokrywające się w czasie z ogólnoświatowym krachem, uczyniło z funta walutę ubogich i bezdomnych i nie było szans na odwrócenie tego losu. Po utracie pożyczkodawcy ostatniej instancji moc pieniądza na świecie została wyczerpana, globalny system handlowy został zdruzgotany, światowy przepływ kapitału wysechł, a wola narodów do kontynuacji pokojowego rozwoju została utracona. Świat, niczym naród pozbawiony rządu – ograniczony we wzajemnej pomocy, za zamkniętymi drzwiami chroniący własne interesy, łupieżczy i starający się utrzymać własną przestrzeń życiową – pogrążył się w chaosie. Złamana globalizacją wola narodów przez długi okres nie pozwoliła na przywrócenie powszechnego porządku społecznego. Dopiero po wybuchu drugiej wojny światowej udało się przywrócić koalicyjną wolę i entuzjazm.

Ustanowienie parytetu dolara wymagało od poszczególnych państw wytworzenia popytu na dolara, a podstawową formą tworzenia tego popytu było wywieranie na Europę nacisku w kwestii spłaty długów zaciągniętych od Stanów Zjednoczonych. W rzeczywistości Stany Zjednoczone odrzuciły pobudki moralne, dla których Prezydent Woodrow Wilson zdecydował się włączyć do pierwszej wojny światowej, stwierdzając: „Nie chcemy realizować żadnych egoistycznych celów, nie chcemy podbijać, nie chcemy rządzić, nie oczekujemy odszkodowań wojennych i nie będziemy domagać się żadnej materialnej rekompensaty za nasze poświęcenie w imię wolności". Prawdopodobnie walczący na froncie europejscy alianci, wysłuchawszy tego moralnie szczerego wyznania, byli wzruszeni do łez. Zamiast twierdzić, że Stany Zjednoczone przeobraziły się z anioła w „Wujka Shylocka", lepiej jest powiedzieć, że uznały swoje działania za podyktowane wyrafinowaną strategią dolara. Początkowa wartość wspomnianego zadłużenia przekraczała 20 miliardów dolarów, co stanowiło kwotę wyższą aniżeli łączna wartość światowych rezerw złota, tak więc teoretycznie dług ten nie mógł zostać spłacony. Rdzeń strategii parytetu dolara stanowiło założenie, aby nigdy nie pozwolić Europie na spłatę przeliczonego w dolarach zadłużenia po to, aby w przyszłości móc osadzić amerykańskie obligacje skarbowe w systemach monetarnych innych krajów.

Aby spłacić przeliczony na amerykańskie dolary dług, kraje europejskie potrzebowały tejże waluty, a sposobów na jej pozyskanie było zaledwie kilka: 1) bezpośrednie inwestycje amerykańskie; 2) napływ „gorących dolarów"; 3) nadwyżka eksportu do Stanów Zjednoczonych; 4) pożyczenie większej sumy dolarów od Stanów Zjednoczonych i tym samym zwiększenie skali zobowiązań dolarowych. Dylemat Europy polegał na tym, że bezpośrednie inwestycje dolarowe w cierpiącej na poważny niedobór środków finansowych Europie oznaczały, że dolar wykorzystując niskie koszty, wymiecie całą gospodarkę europejską, a w przyszłości uczyni z Europy wasala Stanów Zjednoczonych, stąd też nie można było skorzystać z tego sposobu. Napływ „gorących dolarów" spowodowałby zniszczenie krajowej stabilności finansowej, a nawet mógł zagrozić bezpieczeństwu waluty krajowej, byłoby to więc przynoszące więcej szkody niż pożytku samobójstwo. Jeśli wykluczyć wybór dwóch pierwszych możliwości, to Europie pozostało skupienie się na eksporcie do Stanów Zjednoczonych i wymianie towarów na dolary, którymi mogłaby spłacić długi. Jednakże ostrożni i przebiegli Amerykanie zdołali przewidzieć wybór tej możliwości i już w latach 1921-1923, kiedy Europa przygotowywała się do spłaty zadłużenia, Stany Zjednoczone nie tylko nie obniżyły taryf celnych, ale nieustannie je podnosiły. W maju 1921 roku wzrosło cło awaryjne na produkty rolne, a w maju 1922 roku rozpoczęto pobieranie cła Fordneya-McCumbera, a cło od produktów trwałych wzrosło do 38%, a więc niemalże dwukrotnie w stosunku do 1920 roku. W ten oto sposób Amerykanie zamknęli drzwi dla produktów europejskich i zablokowali trzecią możliwość.

Co więcej, wkrótce ziścił się także najbardziej pożądany przez Stany Zjednoczone scenariusz, a mianowicie Europa zmuszona była do nieustającego powiększania swojego zadłużenia w dolarach amerykańskich.

Ogłosić bankructwo mogły osoby prywatne czy podmioty gospodarcze, ale nie państwo. Gdy tylko Amerykanie przestali mieć co do tego wątpliwości, Stany Zjednoczone natychmiast uwięziły Niemcy w doskonale zaprojektowanej pułapce zadłużenia, jaką był plan Dawesa. W pierwszym roku jego funkcjonowania Stany Zjednoczone udzieliły Niemcom kredytu przeznaczonego na rozruch w wysokości 200 milionów dolarów. Zdołały w ten sposób, za jednym zamachem, pozbawić funta brytyjskiego okazji do zmonopolizowania rezerw walutowych Niemiec i jednocześnie zaczęły silnie kontrolować tron niemieckiego monetarnego i finansowego suzerena. Następne dwa lata nieustannego napływu kapitału prywatnego w wysokości 3 miliardów dolarów uczyniły z niemieckiego przemysłu arenę do negocjacji i przejęć na dużą skalę. Wejście dolara i funta w ramach nowego systemu parytetu wymiany złota zamieniło niemiecki system bankowy w ważny fundament ekspansji kredytowej marki, a im większa była skala napływu dewiz, tym bardziej zdumiewająca okazywała się niemiecka ekspansja kredytowa. Jednakże w cieniu dobrobytu, generowanego przez kreację kredytów, czai się groźba ogromnego zadłużenia. W celu znalezienia większej ilości okazji do kredytowania, amerykańscy bankierzy „niestrudzenie" penetrowali rynek niemiecki, zachęcając miasta do zaciągania kredytów na budowę basenów, kin, stadionów, a nawet oper. Obserwując rosnące z dnia na dzień poważne zadłużenie dolarowe oraz ogromne marnotrawstwo pieniędzy w projektach, które nie dawały nadziei na spłatę zadłużenia z wygenerowanych dochodów, prezesa Bundesbanku, Schachta, trawił niepokój, gdyż zdawał on sobie sprawę, że niemiecki fałszywy dobrobyt jest krótkoterminowy i w rzeczywistości został wywołany przez bańkę dolarowego zadłużenia. Niemcy znajdowały się pod presją konieczności wypłaty reparacji wojennych i spłaty zagranicznych długów, co oznaczało, że nie mogło być mowy o akumulacji prawdziwego kapitału przemysłowego tego kraju. Wszystko to docelowo mogło być przyczyną zagłady gospodarczej. I rzeczywiście, ci niemieccy „kredytodawcy wtórni" okazali się w przyszłości ważną iskrą zapalną kryzysu.

Najbardziej zasadniczą różnicą pomiędzy systemem standardu dolara a parytetu złota jest sposób przeliczania waluty lokalnej po jej międzynarodowym obrocie. W ramach standardu złota odpływ dolara spowoduje odpływ złota, czego rezultatem będzie osłabienie amerykańskiej rezerwy walutowej oraz stłumienie rodzimej kreacji kredytowej. Zastosowanie standardu dolara pozwala na złamanie tej równowagi: odpływ dolara wcale nie zredukuje podstaw do rodzimej kreacji kredytów, a kraje, do których napływa dolar w postaci zwiększającej się rezerwy walutowej, zwiększają w ten sposób podaż własnego pieniądza.

Plan Dawesa wystartował w 1924 roku, rozpoczynając proces obiegu dolara amerykańskiego. Dolar, napływając do Niemiec, napompował markę, dając poczucie dobrobytu gospodarczego, podczas gdy w rzeczywistości pompował bańkę niemieckiego zadłużenia. Niemcy posługując się dolarem do spłaty reparacji wojennych na rzecz Wielkiej Brytanii i Francji, wywołały wzrost wartości rezerwy walutowej tych krajów, przy jednoczesnej ekspansji kredytów i zadłużenia. Wielka Brytania i Francja używały zaś tych dolarów do spłaty długu wojennego zaciągniętego w Stanach Zjednoczonych, co pozwalało Stanom Zjednoczonym uzyskać jeszcze więcej kapitału całkowitego i odsetek, a tym samym rozwijać rynek rodzimej kreacji kredytów i zwiększać aktywa wierzycieli. Następnie ten sam dolar ponownie ruszał w obieg zagraniczny i rozpoczynał nowy cykl. Każdy cykl powodował w kraju, przez który przepływał dolar, zwiększenie podaży pieniądza i jednocześnie powiększanie się wielkości zadłużenia. Stany Zjednoczone nie stanowiły tu wyjątku.

To wszystko wydawało się idealnym pomysłem, *perpetuum mobile*. Dopóki amerykańscy bankierzy hojnie pożyczali pieniądze całemu światu, dobrobyt światowej gospodarki mógł być podtrzymywany i nikogo nie interesowało to, że w rzeczywistości żaden z zadłużonych krajów nie był w stanie zwrócić pożyczonych pieniędzy. To właśnie była gra w „kredytowanie wtórne", popularna w latach dwudziestych XX wieku.

7 lipca 1927 roku na Long Island Strong zwołał tajne zebranie Banku Rezerwy Federalnej. Nie zapraszając do udziału w tym spotkaniu ludzi z centrali Banku Rezerwy Federalnej w Waszyngtonie, podjął istotną decyzję o obniżeniu stóp procentowych z 4% na 3,5% w celu wymuszenia przepływu złota do Wielkiej Brytanii. W tym czasie zasoby złota Wielkiej Brytanii były kompletnie wyczerpane, a system parytetu złota rozpadał się. Amerykanie jednak nie mogli dopuścić do tego, by system ten się rozpadł. Jednostronna decyzja o obniżeniu stóp procentowych rozgniewała waszyngtoński oddział Rezerwy Federalnej, który miał wprawdzie prawo wetować decyzje nowojorskiego oddziału Banku Rezerwy Federalnej, ale nie mógł wymusić zmian polityki, co w efekcie doprowadziło do rozłamu wewnątrz Rezerwy. Strong, ignorując ten wewnętrzny konflikt, przeszedł do bezpośrednich działań i w okresie od lipca do września w ramach operacji otwartego rynku wstrzyknął 200 milionów dolarów w system finansowy, powodując tym samoistne obniżenie się stopy procentowej do poziomu 3,5%. Na Wall Street zawrzało, a rynek akcyjny zmierzał nieuchronnie do ostatecznego szaleństwa. W czwartym kwartale 1927 roku sprzedaż obligacji skarbowych w Stanach Zjednoczonych osiągnęła historyczny rekord, a dolar na jeszcze większą skalę zaczął wypływać w obieg zagraniczny.

Każdy kryzys finansowy jest kryzysem zadłużenia, a każdy kryzys zadłużenia jest poprzedzony przerwaniem uszkodzonego łańcucha funduszy kapitałowych. W lipcu 1928 roku amerykańska giełda osiągnęła stan kompletnego szaleństwa, kredyty lewarowane o wartości 70 miliardów dolarów, jakich bankierzy z Wall Street udzielili inwestorom giełdowym, osiągnęły oszałamiające oprocentowanie w przedziale od 10 do 20%. Choć Bank Rezerwy Federalnej w Nowym Jorku widział, że bańka osiągnęła punkt, w którym jakakolwiek kontrola wydawała się niemożliwa, mimo wszystko natychmiast podniósł stopy procentowe o 1,5 punktu procentowego, ustalając ich wysokość na poziomie 5%. W tym momencie dolar będący w obiegu zagranicznym doznał szoku – amerykańskie stopy procentowe były tak wysokie, a lichwiarstwo na Wall Street tak zachęcające, że zaczął masowo napływać z powrotem do Stanów Zjednoczonych. Tym samym cyrkulacja podtrzymującego globalny dobrobyt dolara została w końcu przerwana.

Z basenu spuszczono mętną wodę i okazało się, że Niemcy pływają nago – niemiecka gospodarka od razu wpadła w otchłań recesji. Państwo to zmuszone zostało w trybie natychmiastowym do kontroli odpływu kapitału, jednocześnie ograniczając swój import. Londyńskie rynki finansowe ze strachu wpadły w konwulsje, wartość inwestycji brytyjskich w Niemczech i w Europie Środkowej w tym czasie przekraczała sumę 10 miliardów dolarów, dlatego finansom tego państwa zagroziło zamrożenie kapitału. Nagły skok wysokości stóp procentowych w Stanach Zjednoczonych spowodował, że złoto masowo odpłynęło z Wielkiej Brytanii, która aby ten odpływ choć w części zatrzymać, zmuszona została do podniesienia wysokości stóp procentowych. Recesja w imperium brytyjskim stała się jeszcze dotkliwsza.

Do października 1929 roku Stany Zjednoczone dotarły do momentu, w którym bańka ich własnego zadłużenia spuchła do granic wytrzymałości. W tym czasie całkowita suma zobowiązań amerykańskiej gospodarki osiągnęła wartość 300% PKB. Piramida zadłużenia musiała jednak się rozwijać, gdyż tylko to gwarantowało, że bańka nie pęknie. Problem polegał na tym, że wartość wymagającego spłaty zadłużenia była tak daleka od posiadanych w złocie środków płatniczych, iż amerykańska gra kredytowa przybrała postać książkowego wręcz schematu Ponziego. Kiedy państwa peryferyjne pogrążone były w kryzysie i recesji, Bank Ameryki odkrył powagę sytuacji i rozpoczął przygotowania do windykacji tego przypominającego piramidę długu, ale właśnie wtedy ceny akcji spadły. Gospodarka Stanów Zjednoczonych osunęła się z hukiem w otchłań recesji. Jak się okazało, na długo.

W 1929 roku po pierwszej erupcji kryzysu na chwilę zapadła martwa cisza, była to jednak typowa flauta występująca przed burzą. W maju 1931 roku nastąpiła seria wybuchów, w ślad za bankructwem największego banku austriackiego, niemiecki system bankowy także nieustannie zmagał się z nieszczelnością wałów przeciwpowodziowych. W następnej kolejności nastąpiło załamanie brytyjskiego standardu złota, Francja została wciągnięta w wir recesyjnej spirali, a wybuchy kryzysu docierały kolejno do Japonii, Włoch, krajów Europy Środkowej, Ameryki Południowej i krajów członkowskich Brytyjskiej Wspólnoty Narodów.

W latach 1914-1933 dolar amerykański po raz pierwszy przystąpił do rywalizacji o prymat nad światową walutą, ale ta jego wyprawa zakończyła się klęską. Choć pozbawił funta pozycji globalnego hegemona, nie zdołał ustanowić nowego systemu zarządzania walutami. Po Wielkim Kryzysie długi wojenne wszystkich krajów zostały anulowane, powodując, że obszar zasięgu macek dolara wyraźnie się zawęził; nastąpiło zerwanie łańcucha handlu międzynarodowego, a wpływy dolara na arenie rozrachunków handlowych znacznie spadły. Dolar wprawdzie kontrolował „ostatniego cesarza Hanów", jakim było złoto, ale to funt zdołał zdetronizować złoto i sprawił, że „dynastia Han" nie była już dłużej honorowana na świecie.

Choć funt brytyjski nie był już królem walut, to wciąż był liczącym się w świecie niezależnym księciem. Po tym, jak Wielka Brytania porzuciła system parytetu złota, wszystkie kraje Brytyjskiej Wspólnoty Narodów na wszystkich kontynentach, kraje Europy północnej, takie jak Szwecja, Dania, Norwegia, Finlandia, a także państwa Europy południowej, jak Portugalia i Grecja, państwa afrykańskie, jak Egipt, państwa azjatyckie, jak Japonia, jeden po drugim w ślad za Wielką Brytanią wycofały się ze standardu parytetu złota i uformowały wielką strefę wpływów funta brytyjskiego. Rozkazów nie wydawał już „ostatni cesarz Hanów", gdyż dowództwo nad regionalnym systemem handlu przejął funt. Brytyjczycy nadal kontrolowali bazę dostaw surowców i energii na świecie, zmonopolizowali udziały w ogromnym rynku światowego handlu, zdominowali główne oceaniczne szlaki handlowe, których patronem była nadal brytyjska marynarka wojenna. Zanim Stany Zjednoczone zdołały to sobie uświadomić, okazało się, że to nie funt jest otoczony przez dolara, a dolar znalazł się w oblężeniu funta. Ta waluta była teraz bardziej niezależna i silniejsza.

Ambitny dolar doświadczył poważnych komplikacji. Amerykanie musieli w końcu przełknąć gorzką pigułkę i zrozumieć, że nie tylko nie zdołają całkowicie rozbić potężnego obszaru wpływów funta, ale także, że dolar w tamtym czasie nie był w stanie osiągnąć dominacji nad całym światem.

ROZDZIAŁ II

Regencja na świecie, rozpad niezależnego systemu funta

Klucz do rozdziału

W 1931 roku funt pozbył się kajdan w postaci standardu złota. Na podstawie „imperialnych przywilejów" rozpoczęło się tworzenie silnej i niezależnej strefy wpływów funta szterlinga, rozciągającej się od Wysp Brytyjskich, poprzez Afrykę, Amerykę Północną, Azję i rozległe kolonie w Oceanii. Jeśli włączyć w to głównych partnerów handlowych Wielkiej Brytanii, takich jak państwa nordyckie, czyli Szwecję, Danię, Norwegię i Finlandię, państwa Europy Południowej, a więc Portugalię i Grecję, Irak na Bliskim Wschodzie, Azję czy państwa Ameryki Południowej, to strefa wpływów funta obejmowała ogromną powierzchnię, liczną populację i obfite zasoby, co stanowiło poważne zagrożenie dla hegemonii dolara amerykańskiego na świecie.

Od czasu Wielkiego Kryzysu Stany Zjednoczone wydawały się być bezbronne, a ich izolacjonizm wynikał nie tyle z rezygnacji z przywództwa na świecie, ile był wyborem podyktowanym koniecznością, wynikającą z braku ekonomicznej siły. Pierwotna przyczyna, z powodu której amerykańska gospodarka nie mogła natychmiast zostać odbudowana, leżała w niewłaściwym zrozumieniu natury kryzysu oraz podjęciu niewłaściwych środków zaradczych. Kiedy Roosevelt objął urząd prezydenta Stanów Zjednoczonych w 1933 roku, przyszło mu zmierzyć się z problemem bezrobocia dotykającego 13 milionów amerykańskich obywateli. Borykał się z nim jeszcze w 1941 roku, tuż przed przystąpieniem Stanów Zjednoczonych do drugiej wojny światowej. Plaga ta dotykała około 10 milionów ludzi. Próba poluzowania polityki pieniężnej bynajmniej nie jest współczesnym wynalazkiem Bena Bernanke'a, bowiem Stany Zjednoczone trzykrotnie wdrażały już wcześniej ten sposób stymulacji w latach 1930, 1932 i 1933. Niestety, po chwilowym ożywieniu rynku, doczekały się drugiego kryzysu w roku 1937. Gdyby nie fakt, że około 30% aktywnej zawodowo populacji zostało zmobilizowane na potrzeby wojny i kierowania przemysłem zbrojeniowym, to problem bezrobocia w USA pozostałby nierozwiązany jeszcze przez długi czas.

Druga wojna światowa przyniosła szansę na wielki powrót dolara na scenę międzynarodową. W czasie trwania wojny Stany Zjednoczone z rozmysłem osłabiły potencjał gospodarczy Wielkiej Brytanii, sprawiając, że powszechna nieufność wobec powstania z popiołów Imperium Brytyjskiego była silniejsza aniżeli obawa przed narastającą ekspansją Sowietów. Stosując „ustawę pożyczkowo-leasingową" Stany Zjednoczone zmiażdżyły system imperialnych przywilejów Wielkiej Brytanii i wykorzystując krytyczny stan brytyjskiego zadłużenia powojennego, podjęły całościową ofensywę na strefę wpływów funta szterlinga. Nawet sami Brytyjczycy przyznają, że gdyby nie celowa polityka Stanów Zjednoczonych i misternie zaplanowane działania Amerykanów, Wielka Brytania nie upadłaby ani tak szybko, ani tak doszczętnie.

Ostatecznie dolar amerykański objął realną władzę nad światowymi walutami, ustanawiając dynastię Bretton Woods wstępującą na tron w momencie, gdy „złoto okazało się słabym władcą, a dolar amerykański został regentem świata".

Załamanie systemu złota, samowystarczalność niezależnego systemu bloku szterlingowego

Latem 1931 roku w centrum finansowym londyńskiego City odczuwalna była wyjątkowo przygnębiająca atmosfera, a złe wiadomości napływające ze świata sprawiały, że coraz silniej odczuwano przekonanie o rychłym nadejściu finansowej burzy.

Od początku roku fala upadłości, ogłaszanych początkowo przez niemieckie banki, ogarnęła teraz cały świat. Węgierski system bankowy został całkowicie zamknięty, główne banki w Rumunii i w Polsce zbankrutowały. Banki egipskie doświadczyły masowych szturmów. W Istambule wybuchła finansowa panika. Boliwia i Peru nie wywiązywały się z warunków wyemitowanych obligacji. Chile zalegało ze spłatą zagranicznych długów, a w Meksyku załamał się system złota i nastąpiło siłowe wprowadzenie systemu parytetu srebra. Znamienite londyńskie banki inwestycyjne popadły w kłopoty i oczekiwały na ratunek ze strony Banku Anglii.

Tymczasem Bank Anglii w tamtym czasie nie był zdolny pomóc nawet samemu sobie. 13 lipca rząd brytyjski opublikował *Raport Macmillana*, w którym system bankowy Wielkiej Brytanii został obnażony i z którego wynikało, że suma krótkoterminowych zadłużeń kraju przewyższała wartość 3 bilionów dolarów amerykańskich. Raport był jak bomba, której potężna fala uderzeniowa natychmiast przeszła przez rynki finansowe Londynu. Należy wziąć pod uwagę fakt, że wielkość corocznych bezpośrednich inwestycji Wielkiej Brytanii na świecie szacowano na 500 milionów dolarów, co przed wojną stanowiło połowę wszystkich inwestycji na świecie. Jak to możliwe, że deficyt osiągnął tak wysoki poziom? Otóż, będąc bankierem świata, Brytyjczycy od dawna przywykli do eksportowania swojego kapitału, ponieważ nie przyszło im do głowy kiedykolwiek znaleźć się w sytuacji tak poważnego zadłużenia.

Kryzys bankowy w Niemczech i w Europie Środkowej zmusił rząd do ścisłej kontroli wypływu kapitału walutowego i oznaczał, że inwestycje o wartości prawie miliarda dolarów mogły okazać się trudnymi do odzyskania długami, co było wiadomością dodatkowo pogarszającą i tak już trudną sytuację.

Przerażeni inwestorzy z całego świata natychmiast zaczęli wycofywać swoje fundusze z Londynu. W ciągu zaledwie dwóch tygodni Bank Anglii utracił rezerwy złota o wartości 250 milionów dolarów, co stanowiło równowartość połowy wszystkich posiadanych rezerw. Bank Anglii był zmuszony do znacznego podwyższenia stóp procentowych z 2,5% do 4,5%, ale i tak nie powstrzymało to nieustającego odpływu złota. W akcie desperacji Norman zmuszony był szukać pomocy w Stanach Zjednoczonych i Francji, prosząc o wsparcie finansowe w wysokości 250 milionów dolarów. Któż mógł wówczas przypuszczać, że te pieniądze, gdy tylko zostaną zainwestowane, przepadną bez nadziei na ich odzyskanie w milczącym potoku zalewającej kraj paniki. Rządy Francji i USA osiągnęły limity swoich możliwości pomocowych i mogły tylko przyglądać się, jak rezerwy złota Banku Anglii topnieją.

Zdrowie i nerwy Normana w końcu nie wytrzymały presji i wyczerpany musiał opuścić Londyn, aby wrócić do zdrowia.

22 sierpnia wieczorem Król Anglii niespodziewanie przerwał trzytygodniowy urlop i potajemnie powrócił do Pałacu Buckingham. Ministrowie brytyjskiego rządu poświęcili wolny weekend i zebrali się w rezydencji Premiera przy Downing Street. Było to pierwszy raz od zakończenia pierwszej wojny światowej, kiedy zdecydowali się obradować kosztem wolnego weekendu. W niewielkim ogrodzie premier i ministrowie jego gabinetu powoli przechadzali się w tę i z powrotem, popielniczki pełne były głów od cygar, a ziemia zasłana była gazetami. Wszyscy z niepokojem wyczekiwali odpowiedzi ze strony holdingu Morgana (JP Morgan Chase & Co.).

W rzeczywistości to rząd amerykański i Morgan wymusili na Brytyjczykach przywrócenie standardu złota. Teraz, obserwując chylący się ku upadkowi bastion brytyjskiego funta, rząd Stanów Zjednoczonych na mocy regulacji prawnych ustanowił zakaz przekazywania dalszych funduszy na rzecz Wielkiej Brytanii. Francuzi – przeciwnie – wyrazili chęć udzielenia pożyczki, stawiając jednak warunek, a mianowicie kredyt miałby być denominowany we frankach. Po wielu latach wzlotów i upadków Francuzi zrozumieli w końcu, że jeśli frankowi udałoby się, podobnie jak funtowi i dolarowi, stać się walutą wchodzącą w skład międzynarodowej rezerwy walutowej, to wszystkie transakcje handlowe rozliczane byłyby również w tej walucie, co wydawało się wspaniałą wizją. W odpowiedzi na tę ofertę Brytyjczycy oświadczyli, że nigdy nie zgodzą się przyjąć pożyczki rozliczanej we frankach, brutalnie przerywając francuskie sny na jawie.

Morgan był ostatnią deską ratunku. W tej chwili los całego Imperium Brytyjskiego zależał od nastawienia Wall Street. Przewidywania Kaynesa rzeczywiście się spełniły, standard złota sprawił, że losy funta, a nawet całego Imperium Brytyjskiego spoczywały w rękach Amerykanów.

Pomoc ze strony Stanów Zjednoczonych miała być warunkowa. Zwrócono się do Wielkiej Brytanii z prośbą o obniżenie wydatków rządowych o 350 milionów dolarów (włączając w to zasiłki dla bezrobotnych), a ponadto o podniesienie sumy podatków do kwoty 300 milionów dolarów, natomiast w kwestii spożytkowania tych pieniędzy konieczne było zapoznanie się z opinią Morgana. Brytyjski rząd w całej dotychczasowej historii nie doświadczył nigdy podobnej zniewagi, gdyż warunki stawiane przez Amerykanów nie przypominały klauzuli pożyczkowego dofinansowania, lecz raczej warunki odszkodowania stawiane pokonanemu wrogowi. Jednak w tym momencie jasne było, że żebracy nie mają prawa wyboru. Brytyjski premier po pewnych negocjacjach zatwierdził finalną wersję klauzuli pożyczkowej. Ze względu na kontrowersyjność tej decyzji premier nie poinformował o niej wszystkich członków swojego gabinetu. Jedyne, co mógł zrobić w tym momencie, to czekać na decyzję Amerykanów dotyczącą losów brytyjskiego funta.

Wieczorem, trzy kwadranse po ósmej telegram Morgana dotarł w końcu do Banku Anglii. Wiceprezes banku, od dawna czekający na jego nadejście, pochwycił go i udał się do domu przy Downing Street 10. Kiedy pospiesznie wkroczył do małego ogrodu przy rezydencji premiera, wszystkie oczy spoczęły na trzymanej przez niego depeszy. Premier podszedł, odebrał mu ją i w pośpiechu udał się do gabinetu, a reszta ministrów natychmiast podążyła za nim. Kilka minut później z wnętrza domu dało się słyszeć huk, który niemalże powybijał szyby w oknach – to nieznający dotąd treści porozumienia ministrowie niemal wywrócili stół. Gdy się z nim zapoznali, podnieśli gromkie głosy sprzeciwu. Premiera poproszono, aby do rana złożył przed królem swoją dymisję, tym samym gabinet ministrów Partii Pracy rozpadł się. Już następnego dnia brytyjskie media w nagłówkach gazet informowały o „szantażu bankierów" i wyjawiały grzechy amerykańskich finansistów popełnione wobec brytyjskiej klasy robotniczej[1].

Nowy gabinet ministrów i tak przeprowadził reformę finansową zgodnie z wytycznymi Morgana. Wielka Brytania popadła w jeszcze poważniejszą recesję, a cięcia świadczeń dla bezrobotnych spowodowały dodatkowe spowolnienie konsumpcji krajowej. Środki pomocowe w wysokości 400 milionów dolarów napłynęły od amerykańskich i francuskich bankierów, jednak wystarczyły one jedynie na pokrycie trzytygodniowego zapotrzebowania.

Do 19 września Bank Anglii utracił rezerwy złota o wartości miliarda dolarów. Tym samym brytyjskie rezerwy tego szlachetnego metalu zostały wyczerpane, a system parytetu złota ostatecznie się załamał. Sen o odzyskaniu przez brytyjskiego funta tytułu hegemona światowej waluty prysnął niczym mydlana bańka.

Jednak prawdziwy przełom miał dopiero nadejść.

Chociaż funt odczuł ogromną presję wyzbywania się go na rynkach międzynarodowych, a jego kurs spadł o 30%, to jednak gospodarka brytyjska, uwolniona z pęt standardu parytetu złota, pozwoliła funtowi ponownie odzyskać wolność. Konkurencyjność silnie ożywionej gospodarki brytyjskiej sprawiła, że na rynku międzynarodowym produkty brytyjskie stanowiły wyzwanie dla produktów amerykańskich i francuskich. Brytyjczycy zasmakowali też słodyczy wynikającej z deprecjacji franka w 1926 roku. Nadszedł wówczas czas, aby poskarżyć się Amerykanom i Francuzom.

W związku z poprawą konkurencyjności na rynku międzynarodowym i zmniejszeniem możliwości inwestycyjnych poza granicami kraju brytyjski kapitał inwestycyjny zaczął napływać do wewnątrz. Rozpoczęto budowę licznych nowych kompleksów fabrycznych, maszyny i urządzenia zastępowano nowszymi i szybszymi, rozkwitł przemysł lekki, wzrosło też zapotrzebowanie na budynki mieszkalne – krótko mówiąc, po długim okresie zamrożenia, brytyjska gospodarka przeżywała długoterminowe „babie lato". Polityka niskich kosztów i powrót kapitału inwestycyjnego sprawiły, że wysokość stóp procentowych od kredytów krótkoterminowych spadła do około 2%, a od długoterminowych zadłużeń opiewających na kwotę 8 miliardów dolarów z 5% na 3,5%, co znacznie złagodziło presję związaną z kosztami ponoszonymi z tytułu gigantycznego zadłużenia kraju. Co więcej, do wybuchu drugiej wojny światowej koszty finansowania brytyjskiego długu narodowego spadły poniżej 3%. W porównaniu do wysokich kosztów finansowania kredytów podczas pierwszej wojny światowej, obecna redukcja kosztów finansowania trwała niewzruszona od początku do końca drugiej wojny światowej, a Anglia z sukcesem przeprowadziła finansowanie długu narodowego bazując na „wojennej trzyprocentowej prowizji kredytowej".

---

[1] Liaquat Ahamed, *Lords of Finance*, The Penguin Press, New York 2009, s. 427.

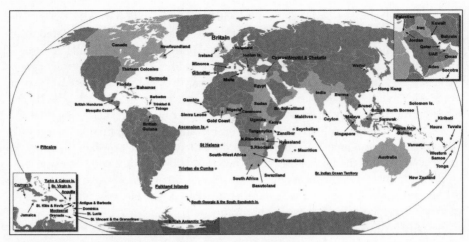

■ Mapa świata z czasów Imperium Brytyjskiego. Jaśniejszym odcieniem
zaznaczono terytoria przynależące do Imperium.

Wkrótce po uwolnieniu szterlinga od parytetu złota, Wielka Brytania pokierowała
swoimi rozległymi podległymi koloniami i ważniejszymi partnerami handlowymi,
doprowadzając do utworzenia zastraszającej niezależnej strefy wpływów funta, to jest
ustanowionego przez Wielką Brytanię na Konferencji w Ottawie w 1932 roku „Systemu
Korzyści Imperialnych". W „bloku szterlingowskim" wzajemnie obniżano stawki podatkowe lub stosowano zwolnienia podatkowe w odniesieniu do towarów importowanych
przez kraje członkowskie; w odniesieniu do towarów importowanych z krajów nie będących członkami bloku stosowano natomiast wysokie taryfy podatkowe. Miało to na
celu powstrzymanie Stanów Zjednoczonych i innych niezrzeszonych w strefie krajów
przed eksportowaniem własnych towarów na ogromny rynek obszaru wpływów funta.

Wielka Brytania była znana jako Imperium, w którym nigdy nie zachodzi
słońce, jako że ¼ ludności świata zamieszkiwała tereny podległe temu kolosowi, a 1/5
całkowitej powierzchni lądów na Ziemi stanowiła jego terytorium. Rozpościerające
się od Wysp Brytyjskich po Gambię, Nową Fundlandię, Kanadę, Nową Zelandię,
Australię, Malezję, Chiny, Hongkong, Singapur, Birmę, Indie, Ugandę, Kenię, Południową Afrykę, Nigerię, Maltę i liczne wyspy, Imperium Brytyjskie posiadało swoje
terytoria we wszystkich strefach czasowych naszej planety[12]. Ład międzynarodowy
pod przewodnictwem brytyjskiej hegemonii nazywany był „pokojem pod rządami
Brytyjczyków". Na publikowanych przez Wielką Brytanię mapach świata używano
zazwyczaj czerwonego koloru dla oznaczenia terytorium Imperium, w ten sposób już
z mapy można było zrozumieć, jak wielkie oddziaływanie na świat miało Imperium
Brytyjskie. Jeśli włączyć w to ważniejszych partnerów handlowych tego mocarstwa,
czyli państwa nordyckie, takie jak Szwecja, Dania, Norwegia i Finlandia, kraje Europy
południowej, Portugalię i Grecję, czy leżący na na Bliskim Wschodzie Irak, afrykański
Egipt, inne państwa Azji oraz państwa Ameryki Południowej, wyraźnie widać jak
silny był ówczesny blok szterlingowy, obejmujący ogromną powierzchnię, liczną po-

---

2   British Empire, Wikipedia.

pulację i bogate zasoby, stanowiąc tym samym poważne zagrożenie dla części świata zdominowanej przez dolara amerykańskiego.

Brytyjski ekonomista William Stanley Jevons tak opisywał siłę ekonomicznych wpływów Imperium Brytyjskiego: „równiny Ameryki Północnej i Rosji to nasze pola uprawne, Kanada i wybrzeże Morza Bałtyckiego to nasze lasy, Australia to nasze pastwiska, Peru to nasze kopalnie srebra, Południowa Afryka i Australia to nasze kopalnie złota, Indie i Chiny to nasza baza herbaty, a Indie Wschodnie zaopatrują nas dodatkowo w trzcinę cukrową, kawę i przyprawy, z kolei Stany Zjednoczone to nasze południowe plantacje bawełny". Ponadto, nowe podstawowe dwudziestowieczne zasoby strategiczne, takie jak ropa naftowa, żelazo, aluminium, ołów, cynk, miedź, nikiel, guma i inne surowce, w znacznej mierze znajdowały się także w posiadaniu Imperium.

Po zakończeniu pierwszej wojny światowej, w okresie gdy wartość dolara rosła i umacniały się jego wpływy, a Europa relatywnie słabła gospodarczo, wykorzystując kij zadłużenia wojennego, dolar przypuścił atak od frontu i z bocznej flanki. Celem był zarówno system międzynarodowej rezerwy walutowej, jak również narzędzia rozliczeń transakcji w handlu międzynarodowym. Choć nie doprowadziło to do ostatecznej klęski globalnej strefy funta szterlinga, to jednak skutecznie i dotkliwie osłabiło gospodarkę i potencjalne zyski Imperium Brytyjskiego. Ze strategicznego punktu widzenia jednak to nie dolar otoczył funta. Układ sił na świecie wskazywał, że to dolar był otoczony przez funta.

Gdy tylko funt pozbył się łańcuchów w postaci systemu parytetu złota, pozbył się jednocześnie powiązań z dolarem amerykańskim, co dało mu możliwość podjęcia inicjatywy strategicznej. Funt, korzystając z „systemu imperialnych preferencji", będąc walutą dominującą, ustanowił blok szterlingowy, czyli niezależną strefę wpływów. Silna dewaluacja funta szterlinga pozwoliła Wielkiej Brytanii rozpocząć wojnę handlową i na każdym polu podjąć intensywny kontratak w stosunku do dolara amerykańskiego.

Dolar został zmuszony do przeprowadzenia ogólnoświatowego strategicznego odwrotu. Powodem, dla którego Stany Zjednoczone powróciły do polityki izolacjonizmu nie był więc brak woli w przewodzeniu światem, a raczej długotrwała depresja gospodarcza, która znacznie ograniczyła możliwości Amerykanów.

Rezerwa Federalna prawie się rozpada, dwa dni strachu o dolara

Od września 1931 roku, kiedy rozpadł się mechanizm parytetu złota funta brytyjskiego, świat żył w obawie, że wkrótce i dolar amerykański będzie zmuszony do pozbycia się tego systemu. Poważna deprecjacja wartości szterlinga sprawiła, że Centralny Bank Francji natychmiast stracił oszałamiającą kwotę 125 milionów funtów z całkowitej sumy swoich rezerw walutowych w funtach wynoszącej 350 milionów funtów. Strata ta była równa siedmiokrotności kapitału własnego Francji. Gdyby taki uszczerbek przydarzył się zwyczajnemu bankowi komercyjnemu, to zdążyłby on wykrwawić się już kilkakrotnie. Na przykład Bank Centralny Belgii utracił cały swój kapitał własny, a Szwecja, Belgia i inne kraje omamione przez Normana perspektywą „zamiany wody w wino" poprzez stworzenie rezerw walutowych w funtach mogły wówczas jedynie wydać swój ostatni, niemy krzyk. W Europie wszechmocny prezes Banku Centralnego Anglii Norman miał niegdyś przekonywać banki centralne poszczególnych krajów, jakoby funt i złoto były sobie równe, a utrzymywanie rezerw walutowych w złocie nie mogło się równać ich utrzymywaniu w funcie brytyjskim – dziś nie może być wątpliwości, jak obłudne były jego słowa.

Doznawszy pewnego wstrząsu Europejczycy stali się nadzwyczaj podejrzliwi i zastanawiali się dokąd, zmierza dolar amerykański, skoro funt brytyjski okazał się walutą niegodną zaufania? Wydawało się, że tylko trzymając w ręku ciężkie złoto, można się było czuć w miarę bezpiecznie. Dzień po tym, jak funt brytyjski ogłosił swą niezależność od systemu parytetu złota, Bank Francji niezwłocznie zwrócił się z uprzejmym zapytaniem do Banku Rezerwy Federalnej, czy możliwa będzie wymiana części posiadanych rezerw walutowych w dolarach na złoto? Odpowiedź Amerykanów brzmiała – oczywiście, w Ameryce mamy mnóstwo złota. W rezultacie Francuzi natychmiast wymienili swoje rezerwy warte 100 milionów dolarów na połyskujący kruszec. Bankierzy ze szwajcarskiego Banku Centralnego, idąc za przykładem pionierskich Francuzów, także zwrócili się z prośbą o wymianę swoich rezerw walutowych o wartości 200 milionów dolarów, Amerykanie nadal nie wyrażali sprzeciwu. W następnej kolejności belgijski Bank Centralny wykupił sztabki o wartości 130 milionów dolarów, a holenderski Bank Centralny zdecydował się na wymianę rezerw o wartości 77 milionów dolarów. Coraz więcej chętnych domagało się od Stanów Zjednoczonych wymiany własnych rezerw walutowych na złoto. W krótkim okresie zaledwie pięciu tygodni europejskie rezerwy walutowe o wartości około 750 milionów zostały wymienione na złoto.

W tej sytuacji Amerykanie poczuli zwątpienie.

Odpływ złota na tak wielką skalę z amerykańskiego systemu monetarnego sprawił, że wiarygodność kredytów udzielanych przez banki amerykańskie poważnie osłabła. Brak zabezpieczenia kredytowego oznaczał, że ogromna liczba udzielonych pożyczek musiała zostać niezwłocznie odzyskana. Niestety, w czasach, kiedy wszystkim brakowało pieniędzy, pożyczkobiorcy nie byli w stanie spłacać swoich zadłużeń. Wywołało to paniczną wyprzedaż aktywów przez banki, wszyscy pozbywali się ich jednocześnie, nikt nie mógł przed tym uciec. W ten sposób w ciągu pięciu tygodni, odkąd Europejczycy wyprowadzali złoto z obiegu, swoje podwoje zamknęły 522 amerykańskie banki. Pod koniec 1931 roku liczbę bankowych upadłości szacowano już na 2294 jednostki. Spośród 20 tysięcy amerykańskich placówek upadłość ogłosiła jedna na dziesięć, a wraz z nimi zniknęło 1,7 miliarda dolarów oszczędności. Amerykańscy deponenci bankowi mając do czynienia z tą bezprecedensową falą bankructw, uświadomili sobie nagle, że ich własność i ich życie w każdej chwili narażone są na ryzyko całkowitego zniszczenia i natychmiast masowo przystąpili do wycofywania swoich depozytów z amerykańskich banków. W ciągu zaledwie sześciu miesięcy oszczędności o wartości 500 milionów dolarów powędrowały z banków pod materace w tysiącach amerykańskich domów. Kryzys w systemie bankowym zagroził rychłą anihilacją. W 1932 roku w porównaniu z 1931 rokiem ilość kredytów udzielanych przez banki amerykańskie spadła o 20%. Dramatyczny zanik wiarygodności finansowej doprowadził do spadku cen, wzrostu zobowiązań, niewypłacalności handlowej, zaostrzenia kryzysu bezrobocia, przygaśnięcia konsumpcji, wzrostu ilości nieściągalnych długów, intensyfikacji paniki bankowej. Finanse Stanów Zjednoczonych znalazły się w sytuacji błędnego koła.

Mająca źródła w USA bańka zadłużenia dolarowego, która najpierw w 1928 roku ogarnęła Niemcy, doprowadziła w 1929 roku do krachu na amerykańskiej giełdzie. Był on efektem rezonansu kryzysu wiarygodności finansowej. Po trwającym nieco ponad rok złagodzeniu paniki, Austria i Niemcy ponownie doświadczyły jeszcze dotkliwszego załamania się systemu bankowego. Druga fala kryzysu finansowego okazała się dużo bardziej brzemienna w skutki od pierwszej, przerwała wały brytyjskiego standardu złota, po czym, okrążywszy Atlantyk, w latach 1931-1932 uderzyła w amerykański system bankowy.

W lutym 1933 roku chmury kryzysu dolara zaczęły zbierać się nad Nowym Jorkiem. Centrum burzy stał się rdzeń systemu parytetu dolara – Bank Rezerwy Federalnej w Nowym Jorku.

W ciągu ostatnich dziesięciu dni lutego Bank Rezerwy Federalnej w Nowym Jorku stracił 250 milionów dolarów w złocie, co stanowiło jedną czwartą wartości całkowitej rezerw. Pomimo że Bank ten stanowił całość i dysponował wystarczającymi rezerwami złota, to znajdowało się ono w posiadaniu dwunastu odrębnych jednostek Banków Rezerwy Federalnej, a poszczególne banki musiały zmagać się z paniką występującą na obszarach ich jurysdykcji. Od początku nie było możliwe rozwiązanie problemów dwóch banków bez szkody dla jednego z nich. Dodatkowo dominujący styl pracy nowojorskiego oddziału Banku Rezerwy Federalnej naraził go na niezadowolenie ze strony siedziby głównej Systemu Rezerwy Federalnej (FED) w Waszyngtonie oraz oburzenie ze strony innych oddziałów Banku Rezerwy Federalnej w całym kraju. W chwili zagrożenia Bank Rezerwy Federalnej w Nowym Jorku był więc pozostawiony sam sobie w tym niebezpiecznym położeniu.

Tymczasem fala bankructw nie tylko nie osłabła, ale przybrała na sile.

Do 2 marca poziom rezerw w złocie w Banku Rezerwy Federalnej w Nowym Jorku spadł poniżej granicy ustanowionej przez prawo, to jest 40% rezerwy będącej w obiegu monetarnym.

Przez następne 48 godzin kryzys z godziny na godzinę przybierał na sile. Rada Gubernatorów Systemu Rezerwy Federalnej w Waszyngtonie zdawała już sobie sprawę, że ośrodkowy system amerykańskiej bankowości prawdopodobnie się rozpadnie.

Po śmierci Armstronga w 1928 roku odpowiedzialną funkcję zarządzającego Bankiem Rezerwy Federalnej w Nowym Jorku przejął Harrison. Los jednak nie był dla niego łaskawy. Beztroskie czasy dawno minęły, a każdy dzień stał się teraz „walką z szalejącym pożarem" na pierwszej linii frontu. Jego ostateczną decyzją w celu ratowania Banku Rezerwy Federalnej w Nowym Jorku i siebie samego było zamknięcie wszystkich banków w całym kraju. Takie drastyczne posunięcie nie miało precedensu od czasu powstania Stanów Zjednoczonych Ameryki Północnej.

Wbrew rozsądkowi, w tym właśnie krytycznym momencie nastąpiła niezręczna sytuacja zmiany rządu. Roosevelt zdobył już mandat wyborczy, jednak zaprzysiężenie nowego prezydenta wstrzymano do 4 marca. Prezydent Hoover u władzy był już nieskuteczny. Harrison czuł się na siłach, by przekonać do swojej decyzji Radę Gubernatorów Banku Rezerwy Federalnej w Waszyngtonie, mógł też uzyskać poparcie powiązanego ściśle z Wall Street prezydenta Hoovera, ale nie był w stanie wpłynąć na Roosevelta. Nie chodziło bynajmniej o to, że Roosevelt nie rozumiał powagi problemu, jednak tym razem wolał pozostać widzem.

W obliczu kryzysu bankowego, prezydent Hoover od dawna odczuwał niepokój. Zdawał sobie sprawę z tego, że jeśli nie zostaną zamknięte wszystkie krajowe banki, to System Rezerwy Federalnej się rozpadnie. Jednakże, zamykając je, byłby pierwszym prezydentem w historii Ameryki, który doprowadził kraj do gospodarczego bankructwa, a takiego rozgłosu na kartach historii nie chciał po sobie zostawić. Zdesperowany Hoover niejednokrotnie wzywał Roosevelta i jego współpracowników do opracowania planów awaryjnych, Roosevelt pozostał jednak powściągliwy.

Roosevelt nie poczuwał się do odpowiedzialności za zaistniałą sytuację. Totalny chaos gospodarczy był, jego zdaniem, wynikiem niekompetencji poprzedników. Jego elekcja miała być odpowiedzią na „wołanie ludu o potrzebę zmiany". Opracowanie do spółki z Hooverem jakiegokolwiek planu nie byłoby mądrym posunięciem politycznym. Podjęcie się sprzątania tego bałaganu oznaczałoby, że w przyszłości trudno byłoby mu uciec od odpowiedzialności. Dlatego Roosevelt w żadnym wypadku nie zamierzał nikogo wyręczać. Czekając natomiast aż sytuacja całkowicie wymknie się spod kontroli, w chwili objęcia urzędu mógłby przejąć tę beznadziejną schedę, a wtedy jakiekolwiek działanie postrzegane byłoby w kategoriach wybawienia od złej sytuacji. Cały sukces przypisano by jemu, i gdyby nawet nie udało się zrobić nic skutecznego, to zawsze istniała możliwość zrzucenia odpowiedzialności za ten stan na barki nieszczęsnego poprzednika. Roosevelt nie miał więc nic do stracenia.

3 marca nowojorski Bank Rezerwy Federalnej w ciągu jednego dnia stracił 350 milionów dolarów, z czego 200 milionów w wyniku międzynarodowej paniki bankowej, a 150 milionów w wyniku wycofywania gotówki przez szturmujących banki Amerykanów. Oznaczało to, że niedobór rezerw osiągnął wartość 250 milionów dolarów. Nowojorski Bank Rezerwy Federalnej, chowając w końcu

■ **Fala upadłości amerykańskich banków w 1932 roku.**

dumę do kieszeni, wyruszył na poszukiwania pomocy. Inne banki Rezerwy Federalnej reagowały chłodnym, drwiącym śmiechem. Rozpad Systemu Rezerwy Federalnej nie był już tylko mglistym wyobrażeniem, a zaczął przybierać rzeczywiste kształty. Jako że Bank Rezerwy Federalnej w Nowym Jorku był firmą prywatną, a nie instytucją rządową, to niebezpieczeństwo jego bankructwa było nader realne.

Ten dzień (3 marca) był także ostatnim dniem urzędowania prezydenta Hoovera. Nazajutrz miała rozpocząć się era Roosevelta. Zgodnie z obyczajem, tego popołudnia spokojny i zrównoważony elekt zaprosił Hoovera na popołudniową herbatę i rozmowę u siebie w domu. Hoover, choć zupełnie nie był w nastroju na pogawędki, wybrał się jednak, by wypełnić ostatni obowiązek swojej prezydentury. Po kurtuazyjnej wymianie zdań Hoover poprosił Roosevelta o chwilę rozmowy na osobności. Roosevelt uśmiechając się poprowadził gościa do biblioteki, gdzie czekali już prezes Rezerwy Federalnej, minister finansów i asystent Roosevelta. Były to trudne negocjacje, a Hoover niemalże błagalnym tonem zapytał Roosevelta: „Czy chciałby pan, abyśmy dziś wieczór wydali wspólne oświadczenie ogłaszające zamknięcie banków?", na co Roosevelt udzielił bezkompromisowej odpowiedzi: „Jeśli nie ma pan odwagi zmierzyć się z konsekwencjami własnych decyzji, poczekam do mojego zaprzysiężenia i zrobię to [co pan powinien był zrobić]". Nie widząc możliwości porozumienia, Hoover niechętnie opuścił spotkanie.

Hoover czuł się zaniepokojony. System Rezerwy Federalnej również odczuwał niepokój, ale człowiekiem najbardziej zatroskanym był Morgan. Bank Rezerwy Federalnej w Nowym Jorku był głównym instrumentem służącym do zarządzania bankierami na całym świecie i gdyby rzeczywiście miał upaść, to wraz z nim upadłby kreowany od stuleci sen o niepodważalnym autorytecie złota, co w żadnym wypadku było nie do przyjęcia.

3 marca telefon w domu Roosevelta nie przestawał dzwonić przez calutki wieczór. Zmobilizowani przez międzynarodowych bankierów przedstawiciele różnych środowisk próbowali lobbować. We wczesnych latach dwudziestych XX wieku, kiedy Roosevelt zdecydował się przekierować tory swojej kariery na Wall Street, jego więzi ze światem bankierów bardzo się zacieśniły, a on sam pełnił funkcję dyrektora lub wicedyrektora wielu instytucji finansowych. W 1922 roku był zaangażowany w tworzenie i pełnił funkcję prezesa zarządu Zjednoczonego Europejskiego Funduszu Inwestycyjnego, z którym współpracowały potęgi światowej finansjery, jak choćby głowa niemieckiej rodziny Warburgów – Max Warburg, jego młodszy brat, znany jako „ojciec amerykańskiego Systemu Rezerwy Federalnej" – Paul Warburg, czy syn Paula – James, który pełnił funkcję głównego doradcy finansowego w gabinecie Franklina Delano Roosevelta. Drugi z młodszych braci Maxa, Felix, był partnerem w pierwszym, powstałym na Wall Street, największym banku inwestycyjnym, tj. Kuhn, Loeb & Co., a więc w banku inwestycyjnym stanowiącym kluczowy węzeł relacji finansowych żydowskiej, światowej finansjery. Były kanclerz Rzeszy, Wilhelm Carl Josef Cuno, również był klientem w firmie Roosevelta i to właśnie za jego rządów w Niemczech nastąpił wybuch hiperinflacji. W tym czasie Roosevelt, będąc największym prywatnym akcjonariuszem funduszu, zbił fortunę na gwałtownym spadku wartości niemieckiej marki. Także relacje Roosevelta

z bankowcami z JP Morgan & Co. nie były tylko powierzchowne, z Thomasem W. Lamontem łączyła go głęboka przyjaźń i to właśnie Lamont pomógł stawiającemu pierwsze kroki na arenie politycznej Waszyngtonu Rooseveltowi znaleźć zakwaterowanie i wprowadził go do towarzystwa[3].

Opinie o złej sytuacji różniły się w poszczególnych zakątkach świata, ale proponowane rozwiązania krążyły niebezpiecznie wokół tematu zamknięcia banków, co sprawiało, że Roosevelt odczuwał niepokój nie do zniesienia. Przewodniczący amerykańskiego Systemu Rezerwy Federalnej, który był głównym lobbystą usiłującym doprowadzić do zmniejszenia różnic w stanowiskach Hoovera i Roosevelta, wydzwaniał do obu przez całą noc. Ostatecznie znudzony Roosevelt nie miał wyjścia i zgodził się trzykrotnie połączyć telefonicznie z Hooverem. Jednakże mimo nieustającej dyskusji na temat różniących ich poglądów, do godziny pierwszej po północy nadal nie było mowy o kompromisie. W końcu Roosevelt odłożył słuchawkę mówiąc, że pora spać.

Roosevelt zasnął, przewodniczący Systemu Rezerwy Federalnej – nie. Szanowny przewodniczący, aby zapisać się na kartach historii, zwołał nocne posiedzenie. Czy to śpiący w swych domach, czy leżący w chorobie, czy uczestniczący w zakrapianych wieczorkach towarzyskich członkowie Zarządu Rezerwy Federalnej, nie bacząc na wiatr i deszcz ani na śliskie drogi – wezwani, dzielnie stawili się na spotkaniu. Trwało ono do drugiej nad ranem i zaowocowało sformułowaniem pisemnego oświadczenia wzywającego prezydenta do natychmiastowego zamknięcia wszystkich banków w kraju. Wszyscy wiedzieli doskonale, że Roosevelt już śpi, jednak zdesperowani członkowie zarządu polecili posłańcowi wsunąć oświadczenie przez szparę pod drzwiami w jego domu. Tym sposobem doręczenie można byłoby uznać za terminowe. Kiedy następnego dnia rano Roosevelt przygotowywał się do wzięcia udziału w inauguracji swojej prezydentury i już będąc u drzwi znalazł owo oświadczenie, niemalże zemdlał z gniewu. Nie miał wątpliwości, że to członkowie Rezerwy Federalnej spuścili w ten sposób osłonę bezpieczeństwa.

W rzeczywistości Rezerwa Federalna znalazła się w ślepej uliczce. Gdyby banki nie zostały zamknięte, oznaczałoby to, że w poniedziałek nowojorski Bank Rezerwy Federalnej całkowicie wyczerpie rezerwy złota. Majestatyczny Bank Centralny Stanów Zjednoczonych Ameryki zostanie zamknięty w wyniku szturmu rodzimej ludności, jak i klientów zagranicznych, a wiarygodność dolara ulegnie kompletnemu załamaniu. Jak wówczas rozmawiać o strategii globalizacji dolara, co z hegemonią funta szterlinga? Przecież wszystkie dotychczasowe wysiłki poszłyby na marne. Konieczny był wyścig z czasem i zamknięcie banków w całym kraju, zanim w efekcie paniki bankowej zmuszony do zamknięcia zostanie Bank Rezerwy Federalnej w Nowym Jorku. Innymi słowy, gdyby Rezerwa Federalna upadła w wyniku paniki bankowej, rząd wymusiłby na systemie bankowym działania naprawcze. Pozwany stałby się nagle powodem. A Rezerwa Federalna wolała pełnić rolę nadzorującego wobec wdrażających działania naprawcze, aniżeli być przedmiotem tych działań.

---

[3]   *Wojna o pieniądz*, t. 5.

Bankierzy, wykonując swoją pracę, zawsze mają gotowy plan B, zwłaszcza w tak poważnej kwestii.

Plan B polegał na tym, że jeśli nie uda się przekonać Roosevelta do zamknięcia banków w całym kraju, to w pierwszej kolejności trzeba będzie wyłączyć z systemu bankowego stan Nowy Jork i banki zlokalizowane w obrębie centralnego ośrodka finansowego w Chicago. W ten sposób będzie można zyskać nieco bezcennego czasu na opanowanie presji paniki bankowej w dwóch największych ośrodkach Rezerwy Federalnej, w Nowym Jorku i w Chicago. Dekret o zamknięciu banku wymagał podpisu gubernatora stanu, a gubernator stanu Illinois, w którym położone jest Chicago, był bezwolną marionetką w rękach bankierów i zgodził się, że jeśli Nowy Jork wystąpi pierwszy, to okręg Chicago pójdzie w jego ślady. Tłumy bankierów niezwłocznie obległy dom gubernatora stanu Nowy Jork. A gubernatorem był nie kto inny, jak powszechnie wszystkim znany Herbert Lehman ze sławnej bankierskiej rodziny Lehmanów. W tamtym czasie bank inwestycyjny Lehman Brothers był władcą absolutnym, ze złością potrząsającym niestabilną sytuacją na Wall Street, a w marcu 1933 roku – w najbardziej krytycznym momencie – to Lehman Brothers uratowali nowojorski Bank Rezerwy Federalnej. Nawiasem mówiąc, gdy we wrześniu 2008 roku Bank Rezerwy Federalnej w Nowym Jorku odmówił pomocy Lehman Brothers, z tego faktu zapewne wyniknęły zawirowania na rynku finansowym i bezwzględność bankierów.

Dopiero o 2:30 nad ranem, po otrzymaniu informacji, że Roosevelt nie zamierza pójść na kompromis, gubernator Lehman ogłosił, że począwszy od poniedziałku wszystkie banki w Nowym Jorku zostaną zamknięte na okres 3 dni. Po godzinie gubernator stanu Illinois wygłosił identyczne oświadczenie. Poinstruowane wcześniej stany Massachusetts i New Jersey następnego ranka ogłosiły dekrety o zamknięciu banków w tych stanach. Gubernator Pensylwanii również wyraził wcześniej zgodę na podobne oświadczenie, jednak gdy przyszło co do czego, okazał się nieuchwytny. Planował uczestniczyć w prezydenckim zaprzysiężeniu i przebywał w Waszyngtonie, w domu przyjaciela, dlatego nie mógł natychmiast stawić się na wezwanie. Zdesperowani członkowie Rezerwy Federalnej wysłali jednak kuriera z poleceniem obudzenia gubernatora i w wyniku tej akcji gubernator stanu Pensylwania półprzytomnie podpisał dekret, po czym kontynuował przerwany sen[4].

4 marca Roosevelt został zaprzysiężony na urząd Prezydenta Stanów Zjednoczonych i jeszcze tego samego dnia wydał polecenie zamknięcia wszystkich banków w całym kraju

■ Prezydent Roosevelt w okresie „wakacji banków", apelujący do narodu o deponowanie oszczędności w bankach.

---

4   Liaquat Ahamed, *Lords of Finance*, s. 448.

na okres 10 dni. W historii Ameryki, jak również w światowej historii monetarnej, był to pierwszy raz, kiedy całe życie społeczeństwa największej gospodarki świata przez okres 10 dni pozbawione było banków i pieniędzy.

Trzy instrumenty poluzowania polityki pieniężnej. Stany Zjednoczone wciąż nie wychodzą z Wielkiego Kryzysu

Czy system gospodarczy w wysoko uprzemysłowionym kraju, który nagle zostaje pozbawiony pieniądza, podobnie jak nowoczesne miasto odcięte od zasobów wody i energii elektrycznej, może nadal funkcjonować?

Odpowiedź brzmi: może.

Możliwości adaptacyjne ludzkiej społeczności często wychodzą poza granice naszej wyobraźni.

Kiedy system bankowy Stanów Zjednoczonych został zamknięty, wbrew oczekiwaniom nie wywołało to żadnych społecznych zamieszek na dużą skalę. Wręcz przeciwnie, porządek społeczny wręcz został właściwie zorganizowany. Udało się to po pierwsze dzięki obiecującemu programowi reform Roosevelta, znanemu jako Nowy Ład, a po drugie, dzięki naturalnej zdolności adaptacyjnej narodu amerykańskiego.

Rynek amerykański okazał się machiną bardzo elastyczną i na zasadzie nieuregulowanych rachunków nadal zaopatrywał klientów w produkty. Lekarze, prawnicy, szefowie warsztatów samochodowych – wszyscy akceptowali weksle osobowe jako formę płatności za swoje usługi. Uniwersytety działały w sposób niezakłócony i wydawały posiłki studentom na zasadzie dopisywania ich do otwartego rachunku. Nawet kasy biletowe na Broadwayu akceptowały weksle osobiste, ale klient musiał okazać bankową książeczkę oszczędnościową, która miała gwarantować, że ma pieniądze na wykupienie wystawionego weksla. Setki lokalnych jednostek rządowych emitowały lokalne świadectwa walutowe, co było doświadczeniem znanym już z okresu wojny o niepodległość Stanów Zjednoczonych, kiedy to poszczególne stany emitowały „świadectwa kolonialne". Były również i takie miejsca, gdzie decydowano się na bezpośrednie pobieranie produktów jako formę płatności za usługi. Na przykład organizatorzy nowojorskich meczów bokserskich, na które bilety wstępu wyceniono na 50 centów, umożliwiali publiczności zakup tych biletów za produkty o wartości zbliżonej do ustalonej ceny, takie jak kapelusze, mydło, papierosy, a nawet buty. Jednakże i kredyty mają ograniczenia. Choć małe pożyczki nie sprawiały problemów, to przekroczenie pewnej wartości zadłużenia mogło być kłopotliwe. Jednak nawet pozbawieni pieniędzy Amerykanie nie odmawiali sobie rozrywek, w efekcie na przykład około 5 tysięcy turystów utknęło na Florydzie z powodu przekroczenia limitu linii kredytowej.

Po objęciu urzędu przez Roosevelta prace skoncentrowały się, rzecz jasna, na ratowaniu gospodarki. Niestety Nowy Ład Roosevelta okazał się błędnie wypisaną receptą. W 1933 roku, w czasie powołania Roosevelta na urząd prezydenta, liczba bezrobotnych Amerykanów wynosiła 13 milionów osób. Do końca 1941 roku, a więc tuż przed przystąpieniem Stanów Zjednoczonych do drugiej wojny światowej, liczba bezrobotnych nadal wynosiła ponad 10 milionów osób, a więc gdyby nie fakt, że wojna światowa zaangażowała bezpośrednio w działania wojenne lub pośrednio w przemysł wojenny około jedną trzecią amerykańskiej ludności w wieku produkcyjnym, to problem bezrobocia w Stanach Zjednoczonych ciągnąłby się zapewne do drugiej połowy, jeśli nie do końca lat czterdziestych XX wieku.

Roosevelt był przekonany, że źródła kryzysu należy upatrywać w spadku cen. Uważał, że spadek cen prowadzi do utraty zysków przemysłowych, co zwiększa obciążenia kredytowe, gotowość do inwestowania maleje, przez co zatrudnienie w produkcji jest niedostateczne, *ergo* stopa bezrobocia pozostaje na wysokim poziomie. Jednocześnie znaczny spadek cen produktów rolnych w ostatnich latach spowodował, że rolnicy ponieśli straty, co z kolei osłabiło ich siłę nabywczą. Dodatkowo, po załamaniu cen aktywów, Wall Street zostało mocno poobijane, a system bankowy sparaliżowany. Zdolności finansowania zostały poważnie osłabione i trudno było uzyskać jakiekolwiek finansowanie na cele ożywienia gospodarki.

Dlatego też głównym założeniem planu Roosevelta było zrobić wszystko, co tylko możliwe, aby ceny wzrosły i dało się opuścić zdradliwe wody postępującej deflacji. Z tego powodu jego odpowiedzią na zaistniałą sytuację była „reflacja cenowa". 80 lat później Bernanke z ramienia rządu Obamy postąpił właściwie dokładnie według pomysłu Roosevelta, a więc zdecydował się na walkę z finansowym tsunami metodą „reflacji aktywów". Było to także głównym powodem, dla którego udało się Stanom Zjednoczonym uniknąć powtórki Wielkiego Kryzysu w 2008 roku. Co więcej, po krótkotrwałym ożywieniu gospodarki, jakie nastąpiło w efekcie wprowadzenia w życie Nowego Ładu Roosevelta, w czwartym roku, w latach 1937-1938, Stany Zjednoczone ponownie zostały złapane w kleszcze postępującej recesji. W przypadku reform Obamy było podobnie – cztery lata po wprowadzeniu reform wystąpiło ryzyko ponownego wybuchu kryzysu. Problem bezrobocia, z którego rozwiązaniem nie mógł poradzić sobie Roosevelt, okazał się także gospodarczym koszmarem prezydenta Obamy.

Błędy popełnione przez obydwu polityków są niemalże identyczne: chore było serce, a oni próbowali leczyć je tabletkami od bólu głowy. Kryzys zadłużenia dolara próbowano rozwiązać zwiększeniem deficytu budżetowego, jednak rozwiązywanie problemu zadłużenia poprzez pogłębianie stopnia zadłużenia jest samo w sobie dolewaniem oliwy do ognia. Reflacja cenowa, czy też wspomniana reflacja aktywów, jest niczym innym, jak tylko odciążeniem zadłużenia poprzez dewaluację pieniądza. Najbardziej skrajnym przykładem takiego działania była hiperinflacja w Niemczech w 1923 roku, kiedy to kompletne załamanie wartości niemieckiej marki rzeczywiście sprawiło, że Niemcom umorzono zadłużenie wojenne, ale jednocześnie niemiecki pieniądz utracił jakąkolwiek wartość, a ludzie stracili zaufanie do swojego rządu. Ostatecznie uczciwa spłata zobowiązań kosztowała Niemcy upadek Republiki Weimarskiej. Współczesne Stany Zjednoczone, korzystając ze statusu dolara jako waluty rezerwowej, obstawiają zakłady, a międzynarodowi inwestorzy wymuszają na dolarze i płacących podatki Amerykanach pokrywanie

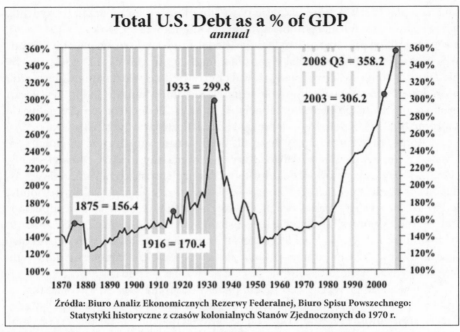

Total U.S. Debt as a % of GDP
annual

2008 Q3 = 358.2

1933 = 299.8

2003 = 306.2

1875 = 156.4

1916 = 170.4

Źródła: Biuro Analiz Ekonomicznych Rezerwy Federalnej, Biuro Spisu Powszechnego:
Statystyki historyczne z czasów kolonialnych Stanów Zjednoczonych do 1970 r.

■ Istota Wielkiego Kryzysu w 1930 roku i kryzysu z 2008 roku. W obu przypadkach współczynnik
łącznej skali zadłużenia gospodarki jest zbyt wysoki w stosunku do wskaźnika PKB.

strat i kar, które oryginalnie powinny być pokrywane przez graczy z Wall Street.
Gdyby strategia oddłużania osłabionego dolara posunęła się za daleko, efektem
byłaby światowa hiperinflacja i rychły upadek integralności systemu dolarowego.

Spadek cen nie był przyczyną, lecz rezultatem kurczenia się wiarygodności kredytowej banków w uformowanej potężnej implozji zadłużenia. Próba wykorzystania
podwyżki cen jako klucza do rozwiązania problemu kryzysu, w rzeczywistości otwo-
rzyła drzwi taniego pieniądza i deficytu fiskalnego. Tani pieniądz powoduje zniszczenie
oszczędności obywateli i wyczerpanie realnej siły nabywczej, deficyt budżetowy powoduje
z kolei zwiększenie presji zadłużenia konsumentów, co jest zupełnie sprzeczne ze zdrowym
ożywieniem ekonomicznym i wzrostem zatrudnienia. Jak wobec tego można spodziewać
się trwałych rezultatów wywracając do góry nogami logikę i politykę gospodarczą?

Zanim Roosevelt przystąpił do łagodzenia polityki pieniężnej, Hoover już
dwukrotnie przystępował do działania w zakresie poluzowania polityki pieniężnej
QE (*Quantitative Easing*).

W okresie od listopada 1929 roku do czerwca 1930 roku w celu ratowania Wall
Street po październikowym krachu i przeciwdziałania kryzysowi zaufania, Bank
Rezerwy Federalnej w Nowym Jorku wdrożył pierwszy instrument poluzowujący
politykę pieniężną. Obniżył stopy procentowe z 6 do 2,5%, wstrzykując w system
bankowy 500 milionów dolarów. Śmiała operacja FED była działaniem odbiegają-
cym od normy. Tak zwana antycykliczna polityka fiskalna była w tamtych czasach
niespotykanym i nowatorskim pomysłem. Nawet w obrębie FED opinie na ten

temat nie były zgodne. Ze względu na brak podstaw teoretycznych i empirycznych, argumenty w dyskusji przybierały postać mętną i metaforyczną, w sposób naturalny, nie dotykając sedna sprawy.

A jednak działania FED polegające na emisji pieniądza podążającej za spadkiem cen sprawiły, że rzeczywiste agregaty monetarne wydawały się rosnąć. W pierwszej połowie 1930 roku rynek giełdowy odbił się mocno, czyli aż o 50%. Kryzys ekonomiczny nie wydawał się już aż tak straszny i zaufanie ludzi zostało przywrócone. Ale piękny krajobraz nie utrzymał się na długo, gospodarka nadal przejawiała tendencję spadkową, a w drugiej połowie roku w powietrzu znowu czuć było bessę.

W lutym 1932 roku Rezerwa Federalna lobbowała w amerykańskim Kongresie w sprawie przegłosowania legislacji pozwalającej na traktowanie rządowych obligacji skarbowych jako rezerwy walutowej, a tym samym na zniesienie sztywnych ograniczeń złota wobec dolara. Od powołania w 1913 roku Rezerwy Federalnej za emisją każdych 100 dolarów musiało iść zabezpieczenie 40 dolarów, wchodzących w skład tej setki w postaci złota, i pozostałych 60 dolarów, zwykle w postaci krótkoterminowych papierów dłużnych (komercyjnych). O ile Rezerwa Federalna mogła kupować i sprzedawać papiery wartościowe na otwartym rynku, a także korzystać z długu publicznego jako swoich głównych aktywów, co więcej, mogła nawet wykupić dług publiczny w celu wstrzyknięcia płynności do systemu bankowego, o tyle, zgodnie z prawem, rządowe obligacje skarbowe nie mogły pełnić funkcji rezerwy walutowej dolara. Rola amerykańskich obligacji skarbowych w procesie emisji dolara była nawet mniejsza od roli papierów komercyjnych. Powodem tych ograniczeń był fakt, że Kongres zachowywał daleko posuniętą ostrożność wobec działań FED jako organu dzierżącego władzę w prowadzeniu polityki pieniężnej kraju. Kongres obawiał się, że pewnego dnia Rezerwa Federalna spieniężuły obligacje skarbowe i udzielając pomocy w rozwiązaniu problemu deficytu budżetowego nadużyje mocy pieniądza korumpując urzędników i pozbawiając dolara jego nieodłącznej wartości. Jednakże te „tajne edykty" mające na celu kontrolowanie Rezerwy Federalnej jako organu prowadzącego politykę pieniężną, zostały sprytnie zniesione przez FED w okresie kryzysu. Wreszcie Rezerwa Federalna, poprzez zakrojone na szeroką skalę operacje otwartego rynku, zdołała wgryźć się w obligacje skarbowe i wykorzystać je jako element kluczowy emisji dolara.

Obligacje skarbowe stanowiąc rdzeń rezerwy dolarowej, obiektywnie rzecz biorąc, wymuszają wzrost wartości zadłużenia wraz z rozwojem gospodarczym, z kolei wzrost zadłużenia nie może być osiągnięty inaczej, aniżeli poprzez postępujący deficyt fiskalny. Emisja obligacji skarbowych przez Rezerwę Federalną doprowadziła nie tylko do nieopanowanego apetytu w wydawaniu rządowych pieniędzy i rosnącego deficytu, lecz także wymuszała na rządzie popadanie w długoterminowe zadłużenie, w przeciwnym razie groźbą stawałyby się trudności ekonomiczne i zacieśnienie polityki pieniężnej. Ta zależność od długu była źródłem władzy Rezerwy Federalnej, a także sposobem, w jaki późniejsze Stany Zjednoczone poradziły sobie z Wielką Brytanią. Bankierzy wykazali się niezwykłą oryginalnością w działaniu, tak subtelnie unikając zastawionej pułapki walutowej. Z łatwością wykorzystując kryzys

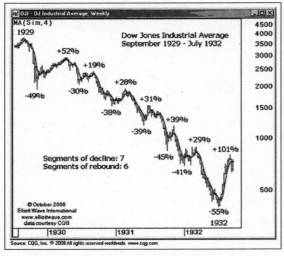

■ Giełda amerykańska w okresie od września 1929 roku do lipca 1932 roku.

gospodarczy, ominęli bokiem zaprojektowaną przez Kongres dla Rezerwy Federalnej walutową „Linię Maginota".

W następstwie przyjęcia nowej ustawy Rezerwa Federalna natychmiast uruchomiła prasy drukarskie, wystartował też kolejny instrument QE2, nastąpił wykup obligacji skarbowych na ogromną skalę, do systemu bankowego wstrzyknięto ponownie 1 miliard dolarów, a giełda amerykańska w 1932 roku, krótko po rozpoczęciu QE2, odpowiedziała gwałtownym niemalże dwukrotnym wzrostem.

Fakty pokazują, że po przyjęciu nowej ustawy w lutym 1932 roku giełda amerykańska przeżywała apogeum swojego upadku.

Choć rynek akcji sięgnął dna, wciąż nie było widać oznak ożywienia gospodarczego, a Roosevelt miał właśnie przystąpić do wdrożenia QE3.

Roosevelt pierwotnie miał wsparcie wysokiego rangą finansisty z ogromnym talentem, Jamesa Warburga, syna Paula Warburga nazywanego „ojcem Rezerwy Federalnej". W wieku 25 lat James pełnił już funkcję wiceprezesa Międzynarodowego Banku Dyskontowego, a idąc w ślady swojego ojca, podbijał nowe terytoria na rynku akceptów bankowych amerykańskiego handlu, czego celem było ustanowienie dolara walutą dominującą w międzynarodowych rozrachunkach handlowych. James w wieku zaledwie 37 lat został najmłodszym w historii gigantem finansowym z Wall Street i sprawował funkcję wiceprzewodniczącego Rady Dyrektorów Banku Manhattan (przodka obecnego JP Morgan Chase Co.). Początkowo Roosevelt planował obsadzić Jamesa na stanowisku ministra finansów, chcąc, by stał się on pomostem łączącym go z Wall Street, Warburg wolał jednak piastować funkcję niezależnego prezydenckiego doradcy. Osobowość Jamesa nie była stateczna, być może miało to związek z jego przedwczesnym dorastaniem jako „cudownego dziecka". W późniejszym czasie James stanął w intensywnej emocjonalnie opozycji wobec Roosevelta, posuwając się nawet do ostrej publicznej krytyki Nowego Ładu na łamach prasy, co z kolei niekorzystnie wpłynęło na jego perspektywy w kontekście awansu politycznego[5].

Po tym jak Prezydent odsunął Jamesa Warburga, jeden z ministrów w rządzie Roosevelta, ówczesny sekretarz skarbu Stanów Zjednoczonych, Morgenthau, polecił na stanowisko prezydenckiego doradcy ekonomicznego swojego nauczyciela, profe-

---

[5]   Ron Chernow, *The Warburgs, The Twenty Century Odyssey of a Remarkable Jewish Family*, Random House, New York 1993, rozdz. 27.

sora gospodarki rolnej na Uniwersytecie Cornella, George'a F. Warrena. Roosevelt cenił sobie teorię Warrena o reflacji cenowej i chociaż prezydent sam nie rozumiał makroekonomii, to jego intuicja podpowiadała mu, że to właśnie podwyżka cen będzie sposobem na rozwiązanie kryzysu. Teorie Warrena były w pełni zgodne z oczekiwaniami Roosevelta.

Warren poświęcił wiele lat swojej pracy na analizę przyczyn spadku cen w 1920 roku, co zaowocowało wydaniem w 1932 roku jego *opus magnum* zatytułowanego *1720-1932: 213 lat cen hurtowych*. Doszedł do konkluzji, że istnieje ścisła korelacja pomiędzy złotem a cenami towarów, mianowicie, kiedy złota jest dużo, ceny towarów rosną, a kiedy złota jest mało, ceny towarów spadają. Konkluzja ta, sama w sobie, nie odkrywa nic nadzwyczajnego, złoto od zawsze stanowiło podstawę rozprzestrzeniania się pożyczek, a jeśli złoto prowadzi do ekspansji kredytowej, to naturalny jest wzrost cen towarów. Jednakże na początku lat trzydziestych XX wieku, kiedy teorie monetaryzmu nie były jeszcze sformułowane, Roosevelt słysząc takie wnioski miał uczucie powiewu świeżości. Jeszcze bardziej szokująca była propozycja Warrena, aby problem spadku cen rozwiązać „sekretnym sposobem": jeśli ilość posiadanego złota sprawia, że ceny rosną, to deprecjacja wartości dolara względem złota jest równoznaczna z tym, że wzrasta całkowita ilość złota. Czy zatem kryzys nie został już rozwiązany? Tak prosty sposób sprawił, że Roosevelt poczuł, że znalazł gospodarczego „proroka". Prezydent był zdeterminowany, aby bez względu na wszystko, poprzez deprecjację dolara wobec cen złota, za jednym zamachem rozwiązać wszelkie problemy wywołane przez Wielki Kryzys.

W rzeczywistości dwukrotna emisja pieniądza w 1930 i w 1932 roku, jak również Rooseveltowska dewaluacja dolara względem złota, obie te metody z dwóch różnych stron (pierwsza od strony ilościowej, a druga od strony jakościowej), były próbami manipulacji wartością pieniądza w celu rozwiązania poważnych problemów zadłużenia. Niestety, żadna z nich nie mogła być skuteczna. W warunkach poważnego kryzysu zadłużenia najskuteczniejszym sposobem jest całkowite umorzenie długu, pozwolenie dużym bankom na bankructwo, przejęcie przez rząd prowadzenia polityki pieniężnej, wstrzyknięcie pieniądza prosto do gospodarki, a następnie – w sytuacji kiedy zadłużenie zredukuje poziom do niemalże zerowego, a gospodarka nabierze tempa – stopniowe oddanie bankom możliwości poprawienia własnej kondycji. W 1933 roku niemiecki ekonomista Schacht, korzystając z takiej terapii, w ciągu zaledwie czterech lat zdołał uzdrowić stan niemieckiej gospodarki będącej w znacznie gorszej kondycji niż gospodarka amerykańska. Wyeliminował on trzydziestoprocentowe bezrobocie, doprowadzając do prawie pełnego zatrudnienia. Istotą Wielkiego Kryzysu było to, że z jednej strony potężne zasoby naturalne i urządzenia produkcyjne były bezczynne, a z drugiej ogromny potencjał siły roboczej nieaktywny. Gdyby tylko waluta zdołała połączyć ze sobą te dwa czynniki, to ponowne uruchomienie gospodarczego silnika byłoby nieuniknione. Jednakże w momencie, kiedy kredyty były najbardziej potrzebne, system bankowy, w związku z poważnym problemem nieściągalnych długów, nie był w stanie ich zapewnić i nikt nie chciał nawet podejmować takiego ryzyka. Zapewnienie środków bankom komercyjnym wyłącznie poprzez deprecjację waluty wciąż pozostawiało nierozwiązany dylemat polegający na tym, jak wprowadzić pieniądz bezpośrednio do gospodarki. Ponieważ przesłanką do tworzenia kredytów bankowych jest czyjaś potrzeba zaciągania długu, to kiedy nie ma chętnych do pożyczania pieniędzy od banków lub gdy banki nie mają odwagi oferować pożyczek, produkowany przez Bank Centralny tani dolar nie ma możliwości automatycznie przepływać do krwiobiegu realnej gospodarki. Ogromne bezrobocie w okresie Wielkiego Kryzysu sprawiło, że konsumenci utracili swoją zdolność nabywczą, a banki nie mogły zapewnić im kredytu konsumenckiego. W tym samym czasie firmy nie mogły zatrudniać do rozpoczęcia produkcji na dużą skalę, bowiem rynek konsumencki był przygaszony i apatyczny. Jedynym sposobem na przełamanie tego błędnego koła było w pierwszej kolejności masowe zwiększenie zatrudnienia, bowiem tylko w ten sposób można spowodować wzrost konsumpcji. Wprawdzie w ramach Nowego Ładu Roosevelta podjęto działania i w tym zakresie, jednak nie mogły się one równać z entuzjastycznie prowadzonymi działaniami na rzecz deprecjacji waluty.

Rozpoczęty przez Roosevelta program QE3 obejmował odejście od parytetu złota, obniżenie kursu wymiany dolara na złoto z 20,67 dolarów za uncję do 35 dolarów za uncję oraz dalsze działania mające na celu amortyzowanie wartości dolara względem złota.

Francuzi nie mogli pojąć, dlaczego kraj, który dysponuje największymi na świecie rezerwami złota, decyduje się na odejście od systemu parytetu złota? Brytyjczycy niemalże oszaleli z wściekłości. Ich funt szterling był zmuszony siłą do odejścia od parytetu złota, a oto Stany Zjednoczone robią to z własnej nieprzymuszonej woli. Jaki mógł być cel takiego działania? Dla Amerykanów ta kwestia była bardzo jasna, skoro większość państw na świecie nie uznaje już złota w charakterze „autentycznego władcy", to po co rzucać perły przed wieprze? Złoto było oryginalnie narzędziem mającym pozwolić Stanom Zjednoczonym na kontrolowanie innych państw, wobec tego jeśli wszyscy uwolnili się od złota, to dolar wciąż powiązany ze złotem nie tylko nie pozwalałby na kontrolowanie innych, a byłby wręcz przez nich kontrolowany. A jednak Stany Zjednoczone miały na uwadze to, że choć chwilowo porzucony parytet złota, ze względu na miażdżącą przewagę amerykańskich rezerw, może po raz kolejny w przyszłości stać się instrumentem sprawowania kontroli nad innymi państwami. I dlatego choć Roosevelt stworzył pozory zniesienia systemu parytetu złota, to nie zezwolił na jego posiadanie przez osoby prywatne. Ludzie zostali zmuszeni do odsprzedania swojego majątku w złocie Rezerwie Federalnej za śmieszną cenę 20,67 dolarów za uncję, po czym nastąpiła sterowana aprecjacja wartości złota, a było to równoznaczne z grabieżą ludzkich oszczędności. Następnie zyski z tego procederu trafiły bezpośrednio do systemu bankowego.

W późniejszym okresie, po ustanowieniu systemu walutowego z Bretton Woods, Stany Zjednoczone rzeczywiście przywróciły system parytetu złota, ku któremu po raz kolejny skłoniły się inne państwa. Nawet po 1971 roku, kiedy złoto i dolar zostały od siebie oderwane, Stany Zjednoczone wciąż przechowują ponad 8 tysięcy ton rezerw złota. W razie niespodziewanego zachwiania sytuacji na rynkach Ameryka jest krajem, który będzie mógł poradzić sobie bez pomocy z zewnątrz.

Po ogłoszeniu przez Roosevelta QE3 Wall Street zareagowało brawami, a giełda odpowiedziała wyraźnie gwałtownym wzrostem o 15%. Jeden z podwładnych Morgana w imieniu Wall Street złożył Rooseveltowi hołd w tych oto słowach: „Twoje działania w celu eliminacji parytetu złota uratowały kraj przed całkowitym bankructwem". Jeśli chodzi o kwestię złota, prezydent i bankierzy z Wall Street zawsze byli jednomyślni.

Wskutek działania bodźca w postaci QE3 ceny hurtowe w Stanach Zjednoczonych wzrosły o 45%, ceny akcji podwoiły się, a koszty zadłużenia znacznie się obniżyły. Plan naprawy gospodarczej ujrzał światełko w tunelu, zlecenia na produkcję sprzętu ciężkiego wzrosły o 100%, sprzedaż samochodów wzrosła o 200%, a produkcja przemysłowa o 50%.

Roosevelt mógł w tamtym okresie delektować się smakiem zwycięstwa. A jednak wygląda na to, że prezydent zapomniał, iż należało kontynuować program odbudowy zatrudnienia. Bankierzy zostali ocaleni, kapitaliści świętowali sukces, a zwykli ludzie? Przecież bez realnego wzrostu ich końcowej siły nabywczej wszystko to nie miało sensu. Właśnie z tego powodu w 1937 roku Roosevelt ponownie musiał zmierzyć się ze zjawiskiem „re-recesji" w okresie recesji.

„Jesteśmy kowalami własnego losu"

W czerwcu 1933 roku Konferencja Gospodarcza w Londynie stała się wydarzeniem, które przyciągnęło uwagę całego świata. Poszczególne państwa całego globu brodzące w bagnie recesji ekonomicznej całą swoją nadzieję pokładały w londyńskich obradach i chwyciły się ich niczym tonący brzytwy. Była to konwencja z góry skazana na niepowodzenie. Głównie dlatego, że interesy Stanów Zjednoczonych i Wielkiej Brytanii były nie tylko rozbieżne, ale wręcz ze sobą sprzeczne.

Z punktu widzenia Imperium Brytyjskiego niezależna strefa szterlingowa sprawiła, że gospodarka brytyjska oparta była na skonsolidowanej podstawie. Gdyby Wielka Brytania chciała odzyskać pozycję szterlingowego hegemona, musiałaby rozwinąć handel międzynarodowy. Brytyjski handel zagraniczny stanowił ponad 20% dochodu krajowego i sektor finansowy Imperium był silnie od niego uzależniony. Jeśli wymiana międzynarodowa nie funkcjonuje płynnie, sektor finansowy nie odpowiada, a fundamenty gospodarki zaczynają się chwiać. Stąd też wynikała konieczność objęcia jednolitym zarządzaniem obszaru handlu w blokach amerykańskiego dolara i franka. Co gorsza, po uniezależnieniu dolara od parytetu złota jego deprecjacja była nawet poważniejsza niż deprecjacja funta szterlinga, z kolei frank, ze względu na niezrozumienie sytuacji globalnej, nadal kurczowo trzymał się parytetu złota, nie stanowiąc powodu do obaw. Priorytetem było jak najszybsze ustabilizowanie kursu funta oraz kursu wymiany franka do dolara amerykańskiego. Tylko stabilizacja walutowa pozwoliłaby osiągnąć cel w postaci ożywienia handlu międzynarodowego i umocnienia pozycji funta. Oczywiście nadal aktualne było podjęcie próby umorzenia zadłużenia wojennego. Zatem Wielka Brytania zamierzała dyskutować o dwóch kwestiach: pierwsza to stabilność walutowa jako warunek konieczny w perspektywie

ożywienia handlu międzynarodowego, druga to możliwość dalszej redukcji zadłu
żenia wojennego.

Stany Zjednoczone chciały zrealizować kompletnie inny zestaw postulatów. Amerykanie wierzyli, że obecnie dolar jest słaby, tysiące banków ogłosiło
upadłość, a recesja postępuje, dlatego też w pierwszej kolejności należy ożywić
gospodarkę i, zbierając siły, poczekać na odpowiednią okazję do ponownego wkroczenia dolara na scenę. Stany Zjednoczone różniły się od Wielkiej Brytanii i innych
krajów europejskich tym, że rynek amerykański był samowystarczalny, a handel
zagraniczny stanowił zaledwie 2 do 3% dochodu narodowego. Dlatego też w interesie Roosevelta leżało ożywienie krajowej gospodarki, a nie zewnętrzna stabilność
dolara. Deprecjacja amerykańskiego pieniądza pozwalała jednocześnie rozwiązać
problem krajowego spadku cen, jak również stanowiła narzędzie promowania eksportu, zwiększenia zatrudnienia i zwalczania funta. Jeśli zaś chodzi o umorzenie
zadłużenia wojennego, to nie było o czym marzyć.

Przy stole obie strony, amerykańska i angielska, kurtuazyjnie dyskutowały
o stabilności walutowej i ożywieniu gospodarczym, natomiast pod stołem zadawały
sobie ciosy poniżej pasa.

W dniu inauguracji Konferencji, ówczesny premier Wielkiej Brytanii, Mac
Donald, podczas wygłaszania mowy powitalnej w sposób zawoalowany nawiązał
do kwestii zadłużenia wojennego krajów alianckich, na co Amerykanie natychmiast
zareagowali zdecydowanym sprzeciwem, twierdząc, że stanowi to naruszenie wcze
śniejszych zobowiązań deklarowanych przez Wielką Brytanię.

Kiedy Brytyjczycy zaczęli nawiązywać do kwestii stabilności walutowej, Roosevelt, dowiedziawszy się o tym, poinstruował przedstawicieli amerykańskiej delegacji,
aby, nie zagłębiając się w ten temat, skupili się na problemie ożywienia amerykańskiej
gospodarki. Jednak Brytyjczycy podeszli do tematu poważnie i nie słuchali wymówek. Ich zdaniem nadmierna deprecjacja dolara nie rozwiązywała problemu. Wobec
powyższego, Roosevelt zmuszony był podjąć akcję, aby oświecić Brytyjczyków.

Przed spotkaniem Brytyjczycy uzyskali informację, że deprecjacja dolara zatrzyma
się prawdopodobnie na poziomie 1 funt za 3,5 dolara, jednakże jeszcze w trakcie Konferencji dolar spadł do poziomu 1:4,18 i Brytyjczycy podnieśli rwetes. Do 27 czerwca
nastąpiło dalsze osłabienie dolara do kursu 1:4,3 i był to najniższy przelicznik od czasu rewolucji amerykańskiej, a Brytyjczycy niemal ochrypli już od krzyków sprzeciwu.
Następnego dnia przelicznik wymiany funta do dolara wynosił 1:4,43, a i tym razem nie
słuchano głosów protestu wyspiarzy. „Strategia negocjacyjna Roosevelta między 17 a 27
czerwca była ogromnym sukcesem, który nie mieścił się nawet w jego własnej głowie.
Cudzoziemcy uwierzyli w końcu, że Stany Zjednoczone nie poprą polityki stabilno
ści walutowej. Musieli zaakceptować ten stan rzeczy jako fakt. Mogli teraz tylko zwrócić
się z prośbą do Stanów Zjednoczonych o wykonanie symbolicznego gestu, nawet jeśli
miałoby to być mało znaczące skinienie. Gest ten, choć nie mógłby ograniczyć wolności
Stanów Zjednoczonych w działaniach na dolarze, to mógłby jednak ograniczyć gorączkowe spekulacje na kursie dolara, jakie obserwowano w ciągu ostatnich trzech tygodni"[6].

---

6   Michael Hudson, *Super Imperialism – New Edition: The Origin and Fundamentals of U.S. World Dominance*, Pluto Press, 2003, rozdz. 3.

Pomimo, iż to Roosevelt był inicjatorem spotkania odkrył, że wśród delegatów z ramienia rządu Stanów Zjednoczonych są ludzie, którzy nie podzielają jego poglądów. Wśród nich był jego prywatny doradca James Warburg oraz przewodniczący Nowojorskiego Banku Rezerwy Federalnej, Harrison. Roosevelt wielokrotnie nakazywał, żeby nie dyskutować o polityce stabilności walutowej. Inicjując działania mające na celu osłabienie dolara i wywołanie reflacji, ostrzegał, że ktokolwiek blokuje jego politykę dewaluacji, musi mieć się na baczności.

Niemniej międzynarodowi bankierzy mają wyjątkowy zwyczaj, którym jest zwoływanie prywatnych „małych narad". Prezes Banku Anglii – Norman, Prezes Banku Francji – Clement Moret, następca Moreau, oraz przewodniczący Nowojorskiego Banku Rezerwy Federalnej – Harrison – uciekli od błysku fleszy Konferencji i szukali potajemnie miejsca, gdzie mogliby kontynuować dyskusję nad programem stabilności walutowej. Niemalże przypieczętowali sekretny pakt: funt miał utrzymać poziom deprecjacji względem złota na poziomie 30%, dolar powinien się umocnić i osiągnąć poziom deprecjacji w stosunku do złota na poziomie 20%, natomiast frank miałby nadal zachować parytet złota i utrzymać obecny poziom wartości. Taki układ był stosunkowo korzystny dla funta szterlinga, ale także ustanawiał granicę w obawie przed nieograniczoną dewaluacją franka, przewidywał też umiarkowany spadek wartości dolara w miejsce szalonej dewaluacji. Był to sprawiedliwy konsensus osiągnięty w ramach kompromisu między centralnymi bankierami.

Tej prywatnej umowy Roosevelt się przestraszył. Najbardziej niepokojącym go jej aspektem nie była nawet sama jej treść, ale sposób w jaki została opracowana. Wskazywał on na fakt, że to centralni bankierzy nadają rytm działaniom, a następnie perswadują lub wymuszają na swoich rządach zgodę na ustalone potajemnie protokoły. W jakim świetle postawiłyby Roosevelta takie przewrotne działania? Najbardziej znienawidzonym przez wszystkich szefów zachowaniem ich podwładnych jest ciche spiskowanie za plecami. Jawnie niby zgadzają się oni z przełożonymi, by w tajemnicy im się przeciwstawiać. Jest to typowy model podgryzania ręki, która karmi.

Sprawa tajnego porozumienia w kwestii stabilności walutowej szybko wypłynęła. Zagniewany prezydent nakłonił Biały Dom do wydania publicznego oświadczenia, że rząd amerykański nie ma żadnej wiedzy ani też nie autoryzuje jakichkolwiek poczynań Harrisona i innych osób z nim współdziałających. Aby podkreślić swoje oburzenie Roosevelt zakomunikował za pośrednictwem rzecznika Białego Domu, że Harrison nie jest przedstawicielem amerykańskiego rządu, a co najwyżej przedstawicielem nowojorskiego Banku Rezerwy Federalnej, który jest instytucją niezależną od amerykańskich podmiotów rządowych.

Oczywiście Roosevelt od początku wiedział, że Bank Rezerwy Federalnej w Nowym Jorku, jako firma prywatna, nie jest naturalną częścią amerykańskich struktur rządowych; jednakże w tym momencie chciał zademonstrować siłę i pokazać zarówno Harrisonowi, jak i Bankowi Rezerwy Federalnej w Nowym Jorku, kto jest tutaj właściwym szefem.

Roosevelt nie był naiwny. Nie był jednym z tych prezydentów, którym brakowało uprawnień i doświadczenia do sprawowania prezydentury. Był prawdziwym przywódcą i nie ulegał naciskom żadnych koterii. W historii Stanów Zjednoczonych

Roosevelt był właśnie jednym z tych niewielu prezydentów, którzy sprawowali rządy i prezydenturę silnej ręki.

Prapradziadek Roosevelta, Isaac, w 1784 roku założył Bank of New York, co uczyniło z jego rodziny jeden z najstarszych amerykańskich rodów bankierskich, a działalność bankierską – aż do czasu kampanii prezydenckiej Roosevelta – prowadził jego kuzyn, George. Ojciec Roosevelta, James, był amerykańskim potentatem przemysłowym, właścicielem kopalń, a także wielu innych ogromnych zakładów przemysłowych, założycielem spółki akcyjnej US Southern Railway Company, która była pierwszą na terenie Stanów Zjednoczonych fuzją akcjonariuszy spółek przemysłu kolejowego. Sam Roosevelt był absolwentem Uniwersytetu Harvarda, prawnikiem, którego jednym z najważniejszych klientów była spółka JP Morgan & Co. Z silnym wsparciem amerykańskich bankierów w tle zaledwie trzydziestoczteroletni Roosevelt piastował już stanowisko Sekretarza Departamentu Marynarki Wojennej Stanów Zjednoczonych. Roosevelt miał również wujka, który pełnił urząd prezydenta Stanów Zjednoczonych – Theodore'a Roosevelta. Inny kuzyn Roosevelta, George Emlen Roosevelt, był znaną osobowością Wall Street. W okresie wielkich fuzji w przemyśle kolejowym zreorganizował przynajmniej 14 przedsiębiorstw, w tym samym czasie pełnił funkcję dyrektora w podległej JP Morgan & Co. Guarantee Trust & Investment Co., w Chemical Bank i New York Savings Bank. Z listy firm, dla których pracował w charakterze dyrektora zarządzającego, mogłaby powstać osobna książka. Ród matki Roosevelta, Delano, od pokoleń był rodem piastującym wysokie stanowiska państwowe, z którego wywodziło się aż 9 prezydentów. W całej historii Stanów Zjednoczonych nie było prezydenta posiadającego poważniejsze kontakty polityczne i bankowe aniżeli Roosevelt.

Po przeczytaniu wiadomości, Harrison był oszołomiony. Jeszcze nigdy nie został tak publicznie upokorzony. Zhańbiony pozostał w Londynie. Później w Nowym Jorku, opowiadając o tym przyjacielowi, tak opisał swoje odczucia: „to było jakby osioł kopnął mnie prosto w twarz".

Widząc jak Harrison został potraktowany przez Roosevelta, Warburg wciąż igrał z ogniem. Tym razem osobiście, po raz kolejny skontaktował się z Francuzami i Brytyjczykami i kontynuował dyskusję nad problemem stabilności walutowej.

Tym razem Roosevelt niemal eksplodował. Nie mógł zrozumieć, jakim prawem najpierw Harrison, a potem Warburg publicznie, raz po raz, wyrażają opinie niezgodne z jego poglądami. Postanowił unieważnić całą Konferencję Ekonomiczną w Londynie. Miał do tego pełne prawo. Ton tej Konferencji został nadany przez międzynarodowe gremium bankierów, a członkowie amerykańskiej delegacji okazali się nie być ludźmi prezydenta, nie pojechali negocjować na jego korzyść, a raczej użyć prezydenckiego imienia dla forsowania własnych interesów.

2 lipca Roosevelt przekazał amerykańskiej delegacji w Londynie osobiście zredagowane wezwanie do wypowiedzenia wojny stabilności walutowej: „W mojej opinii, jest ona [stabilność walutowa] katastrofą, zwyczajną tragedią na skalę światową... Jeśli na tej ważnej konferencji, celem poszczególnych państw jest zagwarantować ludności we własnym kraju bardziej namacalną i trwałą stabilność finansową, to ta

garstka, która angażuje się w sztuczny i eksperymentalny projekt stabilności walutowej, chce rozwiązania sprawy w sposób pozorny i banalny przez międzynarodowych bankierów". Treść telegramu została odczytana publicznie wszystkim uczestnikom spotkania, a los Konferencji Ekonomicznej w Londynie został przypieczętowany, Warburg obrócił się przeciwko Rooseveltowi[7].

Roosevelt posiadał cechę wspólną z innymi silnymi osobowościami, a mianowicie zawsze chciał być kowalem własnego losu.

Zapomniana prawda o powstaniu Stanów Zjednoczonych

Wadą doktryny Smitha jest to, że w rzeczywistości jest ona ekonomią jednego człowieka, zatroskaną jedynie o poszczególne jednostki. Ta prywatna ekonomia w określonych warunkach sama powstaje i sama się rozwija. Przez określone warunki rozumie się tutaj: brak wyraźnych i prawowitych granic między narodem a interesem narodowym, brak jasno wzajemnie wyodrębniających się ustrojów politycznych czy okresów kulturowych, a także brak nienawiści i wojen między państwami. I choć ta doktryna jest teorią wartości, może być także teorią właściciela sklepiku czy prywatnego przedsiębiorcy, to jednak nie wyjaśnia cywilizacyjnego dobrobytu, władzy, współistniejących niezależnie od specjalnych interesów, nie wyjaśnia, jak pobudzić produktywność poszczególnych państw ani jak ją utrzymać i pozwolić jej wzrastać.

Frederich List

Droga do narodzin Stanów Zjednoczonych była w istocie wyborem panowania nad własnym losem.

Roosevelt mógł sobie pozwolić na ignorowanie zewnętrznej stabilności dolara i skupić się na wewnętrznym ożywieniu gospodarczym głównie dlatego, że stopień zależności USA od zagranicy był bardzo niski, a w dochodzie narodowym tego kraju handel zagraniczny miał zaledwie 2-3% udziału. Europa, stawiając problem stabilności walutowej ponad problemami wewnętrznymi poszczególnych krajów, robiła tak z uwagi na fakt, że handel międzynarodowy w krajach będących w czołówce europejskiej gospodarki stanowił aż 20-30% dochodu narodowego, a niestabilne środowisko walutowe na arenie międzynarodowej powodowało, że handel międzynarodowy nie mógł zostać w szybkim tempie odrestaurowany, nie wspominając nawet o możliwości ożywienia gospodarczego w obrębie kontynentu europejskiego.

Arogancja Roosevelta miała swoje źródła w tym, że USA nie musiały polegać na rynku europejskim, podczas gdy Europa była uzależniona od amerykańskiego wsparcia. Ostatecznie to ogromny rozmiar rodzimego rynku Stanów Zjednoczonych ustanowił ich śmiałą niezależność gospodarczą. Rozkwit gospodarki amerykańskiej nazywa się wielkim cudem historii światowej ekonomii. Oddalona od centrum cywilizacji

---

[7] Ron Chernow, *The Warburgs*, rozdz. 27.

europejskiej, zacofana, bazująca głównie na rolnictwie niedawna kolonia, w ciągu zaledwie 100 lat przerosła ekonomicznie największe europejskie gospodarki razem wzięte. I choć nie można wykluczyć, że pewnym źródłem tego sukcesu był łut szczęścia, to jednak głównym czynnikiem decydującym były własne, świadome decyzje polityczne Ameryki. Jednym z podstawowych przekonań towarzyszących narodzinom amerykańskiej potęgi była dewiza, aby nigdy nie powierzać własnego losu w ręce innych.

Droga rozwoju Stanów Zjednoczonych jest wyraźnie różna od tej, którą obrała Wielka Brytania. Wielka Brytania była pierwszym kolonialnym konkwistadorem, który w efekcie rozwoju handlu międzynarodowego oraz rewolucji przemysłowej ustanowił swoją globalną hegemonię. Podboje kolonialne przyniosły Imperium Brytyjskiemu ogromne rezerwy siły roboczej i bogate zasoby naturalne. Handel międzynarodowy uzyskał wymagany przez rewolucję przemysłową kapitał początkowy i potencjalne rynki zbytu, a następnie rewolucja przemysłowa wykorzystała siłę roboczą, zasoby naturalne, kapitał przemysłowy i globalny rynek do przeprowadzenia bezprecedensowej, skutecznej integracji w celu ustanowienia kodeksu zasad w zakresie organizacji produkcji, wymiany handlowej, przepływu kapitału i obowiązujących doktryn. Była to właśnie filozofia wolnego rynku z wysiłkiem promowana przez Brytyjczyków wśród krajów stawiających pierwsze kroki w handlu międzynarodowym. Według ustalonego systemu obowiązujących zasad, to Brytyjczycy mieli zarządzać gospodarką światową i machiną handlową: światowe surowce naturalne i produkty podstawowe miały być wyceniane przez Brytyjczyków; główne produkty przemysłowe na całym świecie miały być dostarczane przez brytyjskie fabryki; półprodukty i produkty pomocnicze na całym świecie miały być alokowane do produkcji w innych krajach przez Brytyjczyków na zasadzie przewagi komparatywnej; poszczególne produkty przeznaczone do sprzedaży na rynku światowym miały być asygnowane przez Wielką Brytanię na podstawie intratności. Jednocześnie Wielka Brytania zobowiązała się do dostarczania środków mających zapewnić prawidłowe funkcjonowanie całego systemu. Ponadto, marynarka wojenna Imperium deklarowała gotowość do zagrożenia każdemu, kto stawiałby opór obowiązującemu systemowi.

Z punktu widzenia Stanów Zjednoczonych sensem wojny o niepodległość było właśnie uniezależnienie się od wpływów Wielkiej Brytanii. W szczególności uniezależnienie się od rynku światowego będącego pod kontrolą Brytyjczyków oraz od polegania na brytyjskim kapitale i produktach przemysłowych.

Po uzyskaniu niepodległości ojcowie założyciele Stanów Zjednoczonych mieli jasność, że w przyszłości najważniejszym źródłem wzrostu społecznego dobrobytu musi być potencjał przemysłowy ich kraju. Jednak aż do 1800 roku Stany Zjednoczone były krajem typowo rolniczym, a spośród 326 spółek handlowych, tylko 8 inwestowało w sektorze produkcyjnym, co stanowiło zaledwie 2,4% ogółu. Aby rozwinąć przemysł konieczne były technologia, sprzęt, wykwalifikowany personel i kapitał, a Brytyjczycy zablokowali ich transfer. W obliczu dumpingu brytyjskich produktów przemysłowych sektor wytwórczy, będąc wciąż w powijakach, stał u progu zagłady.

W krytycznym momencie wybuchły wojny napoleońskie. W 1807 roku Wielka Brytania wypowiedziała wojnę Bonapartemu, ogłoszono przymusowe wcielenie wszelkich neutralnych okrętów do brytyjskiej marynarki wojennej. W czerwcu u granic morskich Stanów Zjednoczonych Brytyjczycy ostrzelali okręt wojenny „USS Chesapeake" i aresztowali członków jego załogi. Incydent ten wywołał w Stanach Zjednoczonych wybuch nastrojów antybrytyjskich. W grudniu 1807 roku Kongres Stanów Zjednoczonych przegłosował projekt embargo, zgodnie z którym wszystkie okręty amerykańskie miały zakaz opuszczania kraju i wypływania do zagranicznych portów. Chociaż embargo spowodowało niemałe straty w amerykańskim eksporcie i przemyśle morskim, to jednak stało się ono cenną okazją do rozwoju przemysłu wytwórczego. Sprawiło ono, że amerykański sektor wytwórczy odrzucił presję zapotrzebowania na brytyjskie produkty przemysłowe, a zyski z produkcji wzrosły. Północnoamerykańskie konsorcja finansowe i handlowe stanęły przed koniecznością inwestycji w rodzimy przemysł, a tym samym sprawiły, że produkcja w Stanach Zjednoczonych nabrała tempa. Do 1810 roku PKB produkcji krajowej osiągnęło poziom 120 milionów dolarów. W 1812 roku Stany Zjednoczone i Wielka Brytania po raz drugi wstąpiły na wojenną ścieżkę. Liczba brytyjskich produktów przemysłowych na amerykańskim rynku znów bardzo się uszczupliła, po raz kolejny zapewniając niepowtarzalną okazję do zrównoważonego rozwoju amerykańskiego sektora wytwórczego[8].

Sytuacja ta spowodowała, że Amerykanie zaczęli sobie radzić z najważniejszymi trudnościami, z jakimi zmagali się bezskutecznie do tej pory. Było też już praktycznie niemożliwe, aby przy pomocy regulacji prawnych ograniczyć postępującą dyfuzję brytyjskiej technologii. Nowe technologie i wykwalifikowany personel napływały do Stanów Zjednoczonych z Holandii i innych krajów europejskich, rozpoczęto budowę ogromnej ilości nowych fabryk, a w czasach wojny zakłady te osiągały nadzwyczajne zyski. Jednak w 1815 roku, gdy zakończyła się wojna, w ślad za ożywieniem gospodarczym, jakie nastąpiło w Wielkiej Brytanii i pozostałych krajach europejskich, brytyjskie produkty przemysłowe wróciły na rynek i sektor produkcyjny USA okazał się bezbronny. Zamknięto ponad połowę fabryk, a kraj zalała fala bezrobocia, co doprowadziło do recesji na amerykańskim rynku w roku 1818.

Embargo na handel z Wielką Brytanią nałożone w czasie obydwu wojen oraz ogromny wpływ na rodzimą produkcję, jaki miał napływ brytyjskich produktów przemysłowych w okresie powojennym, uświadomiły jednak Amerykanom konieczność nałożenia na produkty zagraniczne zaporowych stawek celnych po to, aby zatrzymać ich niekontrolowaną inwazję na rodzimy rynek. Tylko w taki sposób można było zapewnić korzystne warunki zewnętrzne dla rozwoju amerykańskiego sektora przemysłowego.

Pod naciskiem lobby przemysłowego w 1824 roku Kongres uchwalił Ustawę Celną (*Tariff Act*), zgodnie z którą podniesiono cła na tekstylia, wełnę, żelazo, len i wiele innych produktów. Ponadto, w ramach Konwencji Harrisburskiej (*Harrisburg Convention*, 1827 rok) postanowiono, że cło na produkty, których Amerykanie nie

---

[8] Michael Hudson, *America's Protectionist Takeoff 1815-1914. The Neglected American School of Political Economy*, Garland Publishing, New York & London 1975.

■ **Słaby sektor przemysłowy Stanów Zjednoczonych w początkach XIX wieku potrzebował ochrony celnej.**

są w stanie sami wytworzyć, będzie stosunkowo niskie, natomiast niektóre produkty specjalne zostaną otaksowane wyjątkowo wysoką taryfą celną, na przykład taryfa celna dla owczej wełny wynosić będzie 90%, a dla surówki żelaza aż 95%.

Przez prawie cały XIX wiek będący stuleciem narodzin amerykańskiego przemysłu, poziom opłat celnych wynosił około 40%, a w okresach zniżek nie schodził poniżej 20%. Do 1900 roku amerykański przemysł zdominował świat. Ten cud gospodarczy nie byłby jednak możliwy, gdyby nie ścisła ochrona celna.

Oprócz wysokich ceł był jeszcze jeden czynnik decydujący o sukcesie amerykańskiego przemysłu, a mianowicie wysokie zarobki. Z punktu widzenia teorii wolnego handlu było to po prostu niebywale ekscentryczne. Wysokie płace oznaczają wysokie koszty, a w teorii przewagi komparatywnej wysokie płace powinny były eliminować produkt ze światowego rynku. Jednak Amerykanie zdecydowali się nie dać wiary temu założeniu. A to dlatego, że podstawowym celem wytwarzania przez Amerykanów produktów przemysłowych nie było zaspokojenie potrzeb klientów zagranicznych, lecz poprawa warunków bytowych obywateli własnego kraju.

Już od czasów kolonialnych koszty pracy w Stanach Zjednoczonych były o ponad jedną trzecią wyższe niż w Europie, co miało swoje naturalne źródła w niedoborze rezerw siły roboczej, było to również powodem, dla którego Nowy Świat wydawał się europejskim imigrantom tak bardzo atrakcyjny. Kiedy jednak Stany Zjednoczone zaczęły propagować industrializację, stało się to zalążkiem ponad trzydziestoletniej zagorzałej debaty pomiędzy wyznawcami klasycznej szkoły angielskiej a orędownikami neoklasycznej szkoły amerykańskiej. Wyznawcy brytyjskiej teorii wolnego handlu uważali, że industrializacja i wysokie zarobki wzajemnie się wykluczają. Jako przykład podawali oni uprzemysłowienie w Europie, wskazując, że koszty pracy w Europie są niskie, a warunki bytowe trudne i w przypadku chęci konkurowania z produktami europejskimi, nie mając przewagi w zakresie wynagrodzenia kosztów pracy, Stany Zjednoczone nie mogły odnieść sukcesu. Z kolei amerykańska szkoła myślenia prezentowała pogląd zgoła przeciwny: „Sukces przemysłowy Stanów Zjednoczonych nie opiera się na obniżaniu kosztów pracy i wyzysku, lecz wręcz przeciwnie, na bardziej zaawansowanym zarządzaniu organizacją siły roboczej i na większej wydajności, co pozwala na zagwarantowanie wyższego standardu życia. Wysokie wynagrodzenia oznaczają, że pracownicy mogą cieszyć się lepszej jakości pożywieniem i warunkami bytowymi, a to z kolei sprawia, że amerykańscy robotnicy podchodzą do pracy z większym entuzjazmem i wykazują więcej energii twórczej.

Dzięki temu kraje oferujące wysokie zarobki pokonają konkurentów orędujących za tanią siłą roboczą na każdej płaszczyźnie".

Amerykańska szkoła myślenia ekonomicznego uważała siłę roboczą za formę kapitału, a nie tylko za koszt. Inwestycja w siłę roboczą mogła w przyszłości przynieść bardziej znaczące zyski w postaci zwiększonej wydajności produkcyjnej. Wyższa jakość życia, lepsze wykształcenie, zwiększona witalność fizyczna, energia i intelekt mogą w perspektywie zapewnić lepszy produkt i wyższą jakość usług, a dodatkowo stymulują wzmożoną innowacyjność i kreatywność. Koncepcja ta znacznie różniła się od koncepcji Davida Ricardo, postrzegającego siłę roboczą głównie jako koszt, jak również od statycznego poglądu opozycji wobec osiągania zysku[9].

Powstaje więc pytanie: czy większy akcent należy położyć na koszty pracy, czy raczej na kapitał ludzki? Wywołało to wielką debatę pomiędzy wyznawcami klasycznej szkoły angielskiej a propagatorami neoklasycznej szkoły amerykańskiej. Amerykanie ostatecznie wybrali strategię wysokich zarobków.

To właśnie dzięki ochronie handlu amerykański przemysł urósł od słabego do wysoce rozwiniętego. To właśnie uznanie pracy jako pewnego kapitału sprawiło, że płace amerykańskich robotników były znacznie wyższe niż robotników europejskich, co więcej, doprowadziło to do zwiększenia wydajności pracy i powstania wielu innowacyjnych wynalazków, a zainwestowany kapitał przyniósł znacznie więcej aniżeli tylko zwrot z inwestycji. To właśnie rozwój własnego przemysłu pozwolił na wykreowanie największej na świecie liczby produktów przemysłowych i usług, a strategia wysokich płac wykreowała bogatą klasę średnią, co z kolei uczyniło z rynku amerykańskiego największy rynek zbytu na całym świecie. Wreszcie, to właśnie dzięki ogromnemu rozmiarowi amerykańskiego krajowego rynku zbytu Stany Zjednoczone mogły w końcu dzierżyć swój los we własnych rękach.

Narodziny amerykańskiego przemysłu mogły mieć miejsce dzięki zastosowaniu strategii wysokich taryf celnych, wysokich zarobków, silnego przemysłu i nacisku na naukę i technologię.

Chwytanie sroki za ogon, czyli Stany Zjednoczone przejmują aktywa Wielkiej Brytanii

W 1933 roku, po przerwanej w niezgodzie Konferencji Ekonomicznej w Londynie, drogi Wielkiej Brytanii i Stanów Zjednoczonych rozeszły się. Wielka Brytania skupiła się na działaniach na własnym podwórku rozległej strefy funta, podczas gdy USA kontynuowały politykę „izolacji", borykając się z własnymi problemami ekonomicznymi.

W 1939 roku wybuch drugiej wojny światowej w końcu załamał kruchą równowagę świata. Wojna sprawiła, że poszczególne kraje zostały wciągnięte w wir walki,

---

[9] *Ibidem.*

a nazistowskie Niemcy zmiatały wszystkie przeszkody na drodze do podboju Europy. Wtedy właśnie niektóre amerykańskie elity ujrzały doskonałą okazję do powrotu USA na arenę międzynarodową. Amerykanie nie zakładali, że państwa Osi, czyli Niemcy, Włochy i Japonia, są w stanie dokonać jakiegoś większego podboju. Całkowite PKB Stanów Zjednoczonych było w tamtym czasie o 50% wyższe niż PKB tych trzech krajów razem wziętych. Mimo wszystko wybuch wojny oznaczał przypływ pieniędzy i chleba. Wszystkie państwa Osi były zacofanymi przemysłowo gospodarkami, nieposiadającymi zamorskich kolonii zaopatrujących je w bazy wojskowe i produkty pomocnicze, a druga wojna światowa musiała w końcu doprowadzić do zużycia posiadanych przez nie zasobów. Choć Wielka Brytania, Francja, Związek Radziecki i Chiny miały wystarczające siły, aby wyczerpać zasoby ludzkie, materialne i finansowe nazistowskich Niemiec, to jednak przeciąganie wojny w czasie mogło, przynajmniej teoretycznie, pozwolić państwom alianckim na osiąganie coraz to większych profitów, a w końcu i dla Stanów Zjednoczonych udział w wojnie stał się okazją, której nie można było zlekceważyć.

Elity USA niczym przenikliwy biznesmen dokonały oszacowania amerykańskich sił i wykalkulowały, że w ich najlepszym interesie leży udział w wojnie. Amerykanie, tak naprawdę, niezbyt przejmowali się możliwością wygrania wojny przez Niemcy, nie obawiali się również ekspansji Związku Radzieckiego. Ich największą obawę stanowiła możliwość umocnienia się pozycji Imperium Brytyjskiego po zakończeniu działań wojennych. Toteż najwyższym priorytetem atlantyckiego imperium było osłabienie Wielkiej Brytanii i doprowadzenie do pełnej amerykańskiej dominacji na świecie.

W obliczu dwukrotnej niemieckiej prowokacji Wielkiej Brytanii coraz trudniej przychodziło sprostanie wyzwaniu. Brytyjczycy nie spodziewali się, że Francja pozostanie tak długo obojętna wobec toczących się działań wojennych, a Stany Zjednoczone były poważnie zaskoczone słabością Europy, znacznie odbiegającą od amerykańskich szacunków. Spośród wszystkich krajów uprzemysłowionych to Wielka Brytania jako pierwsza wyszła z recesji, a to głównie za sprawą ogromnego rynku szterlinga. Do 1938 roku Wielka Brytania istotnie zgromadziła warte 4 miliardy dolarów rezerwy w złocie i w dolarach, co w porównaniu do początków lat trzydziestych XX wieku oznaczało, że wartość tych rezerw wzrosła czterokrotnie. Ale zaledwie w ciągu roku od wybuchu wojny, do września 1940 roku, wartość tych rezerw gwałtownie spadła do miliarda dolarów. W listopadzie Winston Churchill miał w poufnej rozmowie powiedzieć Rooseveltowi, że „szybkimi krokami zbliża się moment załamania przepływów pieniężnych w Wielkiej Brytanii". Roosevelt, choć prywatnie zaskoczony szybkością wojennej konsumpcji, nie dawał wiary słowom Brytyjczyków – w końcu fundamenty ekonomiczne Imperium Brytyjskiego były wciąż bardzo solidne. Roosevelt z jednej strony zapewniał, że „Stany Zjednoczone pozostają potężnym arsenałem demokratycznych krajów", z drugiej zaś za zakup broni i amunicji partnerzy zmuszeni byli słono płacić. W obliczu nalegań Churchilla Roosevelt, zawsze ze stoicką flegmą, odpowiadał, że próbuje przekonać Kongres, że w przypadku, gdy Brytyjczycy rzeczywiście wyczerpią wszelkie zasoby, Stany Zjednoczone będą zmuszone natychmiast wyciągnąć pomocną dłoń, ale nie jest to taka prosta sprawa. Gdyby sytuacja Brytyjczyków okazała się naprawdę pilna, istniało jeszcze jedno rozwiązanie problemu na skróty, a mianowicie sprzedaż brytyjskich udziałów w największych amerykańskich przedsiębiorstwach przemysłowych.

Bankowcy natychmiast pojęli znaczenie tej podpowiedzi, Wielka Brytania posiadała dziesiątki milionów dolarów w „leżących bezczynnie aktywach" zagranicznych. Tym razem chodziło o to, aby w chwili, gdy Brytyjczycy będą potrzebować pieniędzy, wymusić na nich masową wyprzedaż tych aktywów, na czym bankierzy zarobiliby krocie.

W marcu 1941 roku – w momencie kluczowym, gdy w Kongresie trwała dyskusja nad ustawą koncesyjną – Roosevelt powiadomił Brytyjczyków, że muszą natychmiast sprzedać akcje niektórych najważniejszych przedsiębiorstw Amerykanom. Wśród przedsiębiorstw, do których sprzedaży zmuszeni zostali Brytyjczycy, jako pierwsza znalazła się American Viscose Company, będąca maszynką do robienia pieniędzy stworzoną przez imperium tekstylne Courtlauds w Stanach Zjednoczonych. Firma ta zatrudniała w tamtym czasie 18 tysięcy pracowników w 7 fabrykach położonych w samych Stanach Zjednoczonych. Bezapelacyjnie zajmowała pozycję światowego lidera w branży przetwórstwa jedwabiu. Amerykanie dali Brytyjczykom zaledwie 72 godziny na publiczne ogłoszenie informacji o sprzedaży tej firmy. Kiedy rząd brytyjski z ciężkim sercem powiadomił Courtlauds o tej decyzji, przedstawiciele tej renomowanej brytyjskiej firmy zadali tylko jedno pytanie: „Czy nie ma znaczenia, w jaki sposób ta decyzja, bazująca na interesie narodowym, wpłynie na nas i na naszą firmę?". Usłyszawszy jednak odpowiedź o niepodważalności postanowień, angielscy dżentelmeni mogli tylko bezradnie rozłożyć ręce. Dyrektor zarządzający Courtlauds miał tylko 36 godzin na zwołanie posiedzenia zarządu i ogłoszenie planu sprzedaży firmy. Wydarzenie to można swobodnie nazwać rekordowo najkrótszym w historii przejęć i fuzji międzynarodowych koncernów. Naturalnie transakcję tę przeprowadziła firma JP Morgan & Co. Zapłaciła Brytyjczykom 54 miliony dolarów, po czym odsprzedała firmę za 62 miliony. Po wojnie Churchill w swoich *Wspomnieniach* tak odniósł się do wydarzenia sprzedaży przedsiębiorstwa mającego wartość materialną, niematerialną i prawną oszacowaną na ponad 128 milionów dolarów: „Sprzedaż Courtlauds, stanowiącego potężne brytyjskie aktywa na terenie Stanów Zjednoczonych, została wymuszona przez Amerykanów po dumpingowej cenie. Następnie firma została sprzedana na rynku komercyjnym z zyskiem, z którego Wielka Brytania nie odniosła żadnych korzyści". Kiedy spółka Morgana zapoznała się z tym stwierdzeniem, osłupiała i poprzez różnego rodzaju siatki powiązań wyjaśniła, że Churchill nie powinien tak ostro krytykować tego faktu[10]. Churchill wiedział, że był to tylko wierzchołek góry lodowej dokonanych przez USA wymuszeń sprzedaży aktywów brytyjskich.

Wiadomość o wymuszaniu przez Stany Zjednoczone wyprzedaży brytyjskich aktywów w celu wspierania wojny o wolność i demokrację rozeszła się lotem błyskawicy, a wielu amerykańskich spekulantów było zbyt podekscytowanych, aby przesypiać noce spokojnie, wśród nich także doktor Armand Hammer. Hammer był absolwentem studiów medycznych na Columbia University w Nowym Jorku i dzięki wrodzonej żydowskiej smykałce do interesów, już w trakcie studiów handlował farmaceutykami, dzięki cze-

---

[10] Ron Chernow, *The House of Morgan, An American Banking Dynasty and the Rise of Mordern Finance*, Grove Press, New York 1990, s. 462-463.

mu w niedługim czasie został milionerem. Niedługo po rewolucji październikowej Hammer wyjechał do Związku Radzieckiego, gdzie spotkał się z „wielkim nauczycielem ludu", Leninem, i rozpoczął współpracę handlową z czerwonymi. Później, kiedy zbił już fortunę, zakupił w Związku Radzieckim po korzystnej cenie wiele kosztowności z epoki carskiej, które przywiózł ze sobą do Stanów Zjednoczonych powiększając swój majątek. Tym razem Hammer, usłyszawszy nowiny o wyprzedaży brytyjskich aktywów, w niedługim czasie wpadł na pomysł interesu, o którego realizacji nie śmiały myśleć nawet wielkie międzynarodowe banki inwestycyjne, takie jak JP Morgan, to jest o odsprzedaży brytyjskich baz wojskowych na zachodniej półkuli.

Hammer obliczył, że w 1925 roku dług wojenny Wielkiej Brytanii wobec Stanów Zjednoczonych wynosił 5 miliardów dolarów, z czego 3,5 miliarda pozostawało niezwrócone do 1940 roku. Stany Zjednoczone obawiały się, że dług ten przepadnie, dlatego w 1934 roku, na mocy „Ustawy Johnsona" (*Foreign Securities Act*) ustanowiono, że ci, którzy nie spłacają długu wojennego swoich krajów, nie mogą liczyć na amerykańskie wsparcie finansowe. W rzeczywistości ustawa ta była wymierzona głównie w Wielką Brytanię. Nawet Włochy, będące jednym z państw Osi, doczekały się połowicznego umorzenia długu, a Niemcy stały się beneficjentem sporych inwestycji dolarowych. Francji zaoferowano sporą redukcję zadłużenia wojennego i tylko wobec Wielkiej Brytanii Amerykanie byli wyjątkowo skąpi, co pokazuje, jak wielka była ich obawa przed potęgą tego kraju. To właśnie „Ustawa Johnsona" i „Ustawa o Neutralności" sprawiły, że Amerykanie dość ostentacyjnie odmówili możliwości udzielenia bezpośredniej pomocy Wielkiej Brytanii w czasie drugiej wojny światowej. Z tego samego powodu Hammer zyskał przestrzeń do rozwijania swych macek. Hammer był przekonany, że Brytyjczycy nie są w stanie wysupłać 3,5 miliarda dolarów na spłatę długu wojennego Ameryce. Wojna jednak pożerała fundusze, dlatego też Wielkiej Brytanii wskazał tylko jedną drogę wyjścia, to jest inwentaryzację aktywów w celu wyrównania długu wobec atlantyckiego bratanka.

Miał on na myśli właśnie brytyjskie terytoria kolonialne jako przedmiot wyrównania zadłużenia. Do tej pory Stany Zjednoczone nie były zainteresowane brytyjskimi koloniami, ponieważ dominacja zazwyczaj jest kosztowna i nie może się równać z niezobowiązującą sprzedażą produktów na ogromnym, brytyjskim straganie – a w biznesie chodzi przecież w końcu o to, by zarabiać pieniądze. Wyczucie biznesowe Hammera doskonale wpisywało się w podejście handlowe Stanów Zjednoczonych. Po uważnej analizie Hammer skompilował listę terytoriów, w stosunku do których Stany Zjednoczone mogłyby wyrażać zainteresowanie, były to: Honduras, Falklandy, Gujana, wybrane wyspy Nowej Fundlandii i inne. Stany Zjednoczone, choć nie były zainteresowane bezpośrednim zarządzaniem tymi terytoriami, to nie mogły pozostać obojętne wobec możliwości ich dzierżawy i ustanowienia na ich terenie baz wojskowych. W czasie wojny było to nieuniknione, jednak i po wojnie Stany Zjednoczone mogły potrzebować baz wojskowych na całym świecie, gdyż tylko w ten sposób byłyby w stanie pełnić rolę, jaką obecnie pełniła Wielka Brytania. Bez zamorskich baz wojskowych z pewnością nie byłyby w stanie utrzymać globalnego porządku.

Hammer dokładnie opracował strategię działania i dokonał odpowiednich obliczeń. W pierwszej kolejności należało potraktować Wielką Brytanię na równi z Włochami, to jest umorzyć połowę jej zadłużenia wojennego, następnie wydzierżawić poszczególne wyspy na okres 99 lat po cenie 25 milionów dolarów za każdą wyspę. W ten sposób dług wojenny Wielkiej Brytanii zostałby wyzerowany, a pozostałą z transakcji sumę można by przeznaczyć na zakup amerykańskiej broni, na przykład wycofanych z użytku 50 niszczycieli. W późniejszym czasie Hammer nazwał ten plan porozumieniem „niszczyciele za bazy"[11].

Mając gotowy plan można było przejść do natychmiastowego działania. Hammer wszędzie szukał poparcia dla swojego pomysłu. W końcu jego propozycja pozyskania terytoriów brytyjskich „poprzez dzierżawę lub innym sposobem" została przedstawiona do głosowania na forum Kongresu. Jednakże odłożono ją na półkę z powodu obaw Kongresu związanych z ruchami amerykańskiej społeczności nastawionej antywojennie. Hammer nie zniechęcił się, przecież tak ogromny interes nie mógł odbyć się bez przeszkód. Aby znaleźć „dowody" na to, że opinia publiczna popiera amerykańską pomoc udzielaną państwom alianckim, zatrudnił on ludzi w celu zebrania opinii zespołów redakcyjnych największych i najpoważniejszych gazet krajowych, wykazując w efekcie tej analizy, że opinie 92% zespołów redakcyjnych były przychylne pomocy aliantom.

Hammer niosąc swoje wycinki prasowe, udał się na umożliwione dzięki znajomościom spotkanie z Rooseveltem. Był też przecież w końcu darczyńcą funduszy na kampanię prezydencką. Prezydent z zainteresowaniem przeglądał wycinki prasowe i słuchał Hammera dowodzącego, jak ogromne korzyści dla przyszłości Stanów Zjednoczonych może przynieść projekt porozumienia „niszczyciele za bazy". Roosevelt dostrzegł wartość planu Hammera. Była to wszak realna wizja przyszłej globalnej hegemonii Stanów Zjednoczonych. Bardzo dobrze rozumiał, że aby pełnić rolę hegemona nie wystarczy trzymana w dłoni marchewkę – potrzebny jest również kij. W późniejszym okresie Roosevelt zasłynął z powiedzenia: „Mówić należy uprzejmie, ale w ręku trzeba dzierżyć spory badyl".

Plan Hammera powiódł się. Wielka Brytania otrzymała 50 amerykańskich niszczycieli, które odegrały znaczącą rolę podczas toczonych przez Brytyjczyków w 1941 roku bitew morskich[12]. Niestety Hammer w swoich wspomnieniach nie napisał nic, co wskazywałoby na to, jak ogromny zysk przyniósł ostatecznie ten interes. Amerykanie ustanowili dzięki niemu swoje nowe terytoria i nowe bazy wojskowe.

„Lend-Lease Act", czyli Stany Zjednoczone z kunsztem rzeźnika rozparcelowują Imperium Brytyjskie

11 marca 1941 roku w USA przegłosowano ostatecznie „Lend-Lease Act". Można powiedzieć, że ustawa ta była stworzona na potrzeby rozczłonkowania gospodarki Imperium Brytyjskiego. Głównym zagadnieniem rozpatrywanym przez Kongres od samego początku była kwestia cen dzierżawy. Celem Stanów Zjednoczonych było uzyskanie od Wielkiej Brytanii i innych państw otrzymujących pomoc

---

[11]   Armand Hammer, *G.P. Putnam's Sons*, New York, 1987, rozdz. 16.
[12]   *Ibidem*

deklaracji o współpracy w ramach powojennej odbudowy wielostronnego handlu. Taka deklaracja miałaby oznaczać porzucenie systemu „brytyjskich preferencji imperialnych" i rozpad strefy szterlingowej. Amerykanie nie ignorowali wielostronnego handlu głównie ze względu na zbyt silną pozycję niezależnej strefy szterlingowej, a Brytyjczycy nie oddaliby jej tak łatwo, gdyby nie fakt, że byli zapędzeni w kozi róg przez Niemcy. Amerykanie, nawet w czasach wojny, nigdy nie zapominali o interesach, a dokładnie, właśnie przez wzgląd na interesy wzięli oni udział w wojnie.

Zanim przegłosowano „Lend-Lease Act", Churchill, obserwujący Roosevelta pożądliwie zerkającego w stronę niezależnego obszaru funta szterlinga, czuł się jakby wbijano mu nóż w plecy. Wiedział jak fundamentalną rolę odgrywa system „brytyjskich preferencji imperialnych" w aspekcie odporności funta na wzmożoną w przyszłości agresję dolara amerykańskiego. Aczkolwiek był on nade wszystko strategiem i nie mógł podjąć decyzji o walce z dwoma wrogami na dwóch różnych polach bitwy. Napór Hitlera niemalże zmiażdżył Wielką Brytanię, która, jeśli podjęłaby równocześnie walkę gospodarczą z Rooseveltem, bez wątpienia zostałaby pokonana. Z tego też powodu utrzymał on niejasne zobowiązania wobec Stanów Zjednoczonych. Churchill podkreślał konieczność otwarcia rynku surowcowego kolonii europejskich dla wszystkich krajów alianckich, wstrzymania dyskryminujących przepisów na rynku importowym oraz „pełnego respektowania czerpanych obecnie korzyści". Była to furtka uchylona przez tego polityka, której zadaniem było zachowanie „brytyjskich preferencji imperialnych" i monopolu Wielkiej Brytanii na zasoby surowcowe kolonii zamorskich. Roosevelt jednak nie był na tyle głupi, aby dać się oszukać i sprawił, że zasadniczy sens tych poprawek ostatecznie wyparował z treści „Lend-Lease Act".

W efekcie artykuł 7 „Lend-Lease Act" stanowił zapis kontrowersyjny dla obu stron. Ten zapis stwierdzał, co następuje: „1. Ekspansja produkcyjna, zwiększanie zatrudnienia oraz wymiana i konsumpcja dóbr, odbywające się z pomocą odpowiednich działań krajowych i międzynarodowych, stanowią główną materialną podstawę wolności i dobrobytu wszystkich narodów. 2. Konieczność eliminacji z handlu międzynarodowego wszystkich form działań dyskryminacyjnych. 3. Konieczność obniżenia taryf celnych i likwidacji innych barier handlowych". Kiedy Keynes zobaczył ten zapis, powiedział ze złością, że to „nonsens", uważał bowiem, że powojenna Wielka Brytania będzie zmuszona jeszcze bardziej surowo realizować kontrolę finansową i handlową[13].

Jest oczywiste, że ceną „Lend-Lease Act" był koniec niezależności imperialnego funta.

Podczas wprowadzania ustawy w życie Stany Zjednoczone nie wypuszczały wyspiarzy z uścisku, zapobiegając w ten sposób zagrożeniu ze strony brytyjskiej gospodarki i jej powojennemu odrodzeniu. Pod koniec 1943 roku Morgenthau oznajmił Wrightowi, że brytyjskie rezerwy „wzrosły zbyt znacznie,

---

[13]   Michael Hudson, *Super Imperialism – New Edition*, rozdz. 3.

a Wielka Brytania musi teraz użyć gotówki i nadpłacić swój otwarty rachunek kredytowy na dostarczane jej niektóre produkty". Kiedy brytyjscy urzędnicy wskazali na konieczność utrzymania określonego poziomu rezerw na potrzeby okresu powojennego, Morgenthau zapewnił ich, że „brytyjskim potrzebom powojennym zostanie w przyszłości zadośćuczynione przy użyciu specjalnych środków". W rzeczywistości Stany Zjednoczone wymusiły na Wielkiej Brytanii utrzymanie rezerw na poziomie nie przekraczającym 1 miliarda dolarów, co było równe stanowi rezerw sprzed wojny. Strategia Amerykanów była jasna: im mniejsza była wartość rezerw walutowych Wielkiej Brytanii w okresie wojennym, tym bardziej będzie ona zmuszona polegać na Stanach Zjednoczonych w przyszłości, a co więcej, prostsze będzie wówczas wymuszenie na Wielkiej Brytanii odstąpienia od systemu „preferencji imperialnych". Oznaczało to, że Wielka Brytania w przyszłości byłaby zmuszona nieustannie zwracać się z prośbą o wsparcie do Stanów Zjednoczonych, a wówczas Bóg jeden wie, jaka mogłaby być cena lekarstwa przepisanego przez Amerykanów. Los Wielkiej Brytanii leżał już w mocno zaciśniętych amerykańskich dłoniach, a im bardziej Brytyjczycy się szarpali, tym mocniej zaciskał się uścisk na ich szyi.

Oprócz tego, że rząd USA mocno trzymał Brytyjczyków za szyję, to także amerykański Kongres nie pozostawał bierny i bezlitośnie wymierzył Brytyjczykom cios z zaskoczenia. Szef Senackiej Komisji Dochodzeniowej ds. Wojny, późniejszy prezydent Truman stwierdził, że „cel udzielanych pożyczek nie był nigdy sposobem na transfer kapitału państw alianckich do Stanów Zjednoczonych. Jeżeli beneficjenci nie są w stanie spłacić swoich zobowiązań w dolarach, mogą zawsze polegać na swoich międzynarodowych aktywach, takich jak zasoby ropy naftowej czy metali i przenieść je częściowo do naszego kraju[14]". Wielka Brytania natrafiwszy na takiego ekonomicznego przeciwnika jak Stany Zjednoczone, rzeczywiście miała pecha, Hitler był wprawdzie groźny, ale nie działał w sposób tak zdradziecki.

Wojna dotarła do etapu końcowego, a Wielka Brytania odczuwała coraz większy niepokój. Po zakończeniu wojny ustawa „Lend-Lease" miała wygasnąć, co oznaczało czas ostatecznych rozrachunków. Takie rozliczenie byłoby bombą dla brytyjskiej gospodarki. Ogromna konsumpcja wojenna wymusiła na tym kraju zgromadzenie potężnych rezerw dostaw wojennych przed ostatecznym zwycięstwem, które to po zakończeniu wojny miałyby zostać zaliczone na poczet wyrównania długu wobec Stanów Zjednoczonych. W warunkach niedoboru rezerw walutowych Wielka Brytania byłaby zmuszona stanąć oko w oko z koniecznością powojennej rekonstrukcji kraju, wymagającej wzmożonych wydatków. Co gorsza, oprócz zadłużenia wobec Stanów Zjednoczonych, Wielka Brytania miała także nieuregulowane zobowiązania wobec swoich zamorskich kolonii pokrywających liczne koszty wojenne, a te dwie sumy zadłużenia razem wzięte były katastrofalnie wysokie. W tej sytuacji Anglicy po raz kolejny ze zwycięzców wojennych stać się mieli wielkimi przegranymi dłużnikami.

Rząd brytyjski trzymał się tej nadziei, że „Japończycy nie zawiodą", wytrzymają na Pacyfiku przynajmniej kolejny rok. Fiskalne i finansowe możliwości Wielkiej

---

[14] *Ibid.*

Brytanii pozostawiały niewielkie, aczkolwiek dawały one wystarczające pole manewru. Niestety, kiedy wojna w Europie dobiegała końca, Japończycy wytrzymali zaledwie trzy miesiące i poddali się.

Tym samym Imperium Brytyjskie wpadło w bezdenną otchłań zadłużenia.

Dynastia Bretton Woods: nieletni władca Złoto wstępuje na tron, dolar przejmuje władzę nad światem

Niedługo po tym, jak Amerykanie w 1941 roku przystąpili do wojny, zaczęli wyobrażać sobie przyszłą erę dominacji dolara. Byli pewni, że wygrają. Liczne seminaria, doradztwo w zakresie polityki fiskalnej oraz posiedzenia Kongresu stopniowo formowały strategiczny plan działań finansowych Stanów Zjednoczonych po zakończeniu wojny i stanowiły podstawę ustanowionego w 1944 roku systemu z Bretton Woods.

W systemie z Bretton Woods w uproszczeniu chodziło o jeden ośrodek, dwa punkty bazowe.

Planowano więc powołać jednego słabego władcę-figuranta, jakim miało być złoto, a następnie, przy użyciu dolara amerykańskiego, dzierżyć faktyczną władzę finansowego centrum świata. Dolar był powiązany ze złotem, a kursy walut międzynarodowych były powiązane z dolarem, wobec czego wszyscy zgodnie przyklaskiwali dominacji złota. W ramach tego systemu dolar i złoto wspólnie miały stanowić rezerwy walutowe dla emisji krajowego pieniądza w poszczególnych państwach, a kiedy udałoby się wszczepić dolara głęboko w struktury wiarygodności kredytowej poszczególnych krajów, było pewne, że dopóki światowa gospodarka będzie rosła, będzie naturalnie rosło zapotrzebowanie na dolara, a dolar poprzez emisję waluty w tych krajach będzie spijał śmietankę z wyników ich postępu gospodarczego. Projekt ten był ulepszoną wersją systemu parytetu złota z 1922 roku, kiedy to dolar zgniótł funta szterlinga, tyle że tym razem zakres działania tego projektu objął cały świat. Kwestia podwójnej kreacji kredytowej wciąż pozostała nierozwiązana, co w przyszłości miało doprowadzić świat do kolejnej lawiny nadpłynności finansowej i jeszcze większego kryzysu walutowego.

Skoro po drugiej wojnie światowej potęga Stanów Zjednoczonych stanowiła już połowę globalnej gospodarki, a ich potęga militarna pozwalała trzymać resztę świata pod butem, dlaczego USA nie miałyby ustanowić dynastii dolara, dlaczego wciąż musiały bazować na marionetkowym władcy, jakim było złoto?

■ Stany Zjednoczone w 1941 roku po przegłosowaniu „Lend-Lease Act" dostarczają pomoc swoim sojusznikom w Europie.

Cao Cao* nigdy nie śmiał uzurpować sobie niezależności od dynastii Han, lecz nie dlatego, że nie był wystarczająco silny, również nie dlatego, że nie miał takich ambicji – po prostu, nie nadszedł jeszcze na to właściwy moment. Po pierwsze, obawiał się niezadowolenia poddanych cesarstwa, po drugie był zaniepokojony rywalizującymi między sobą o tytuł cesarski feudalnymi książętami. W takiej sytuacji utrata panującej ortodoksyjnej dynastii Han oznaczałaby pogłębienie trudności w zjednoczeniu kraju. Stany Zjednoczone miały podobne obawy, uniwersalna legitymizacja złota wciąż cieszyła się poparciem wśród narodów poszczególnych państw świata, a jej delegitymizacja nie mogła być przeprowadzona z dnia na dzień. Druga wojna światowa jeszcze nie dobiegła końca, a powojenna rekonstrukcja musiała oprzeć się na solidarnej woli narodów. Stany Zjednoczone były do tej pory krajem tradycyjnie izolacjonistycznym, po raz pierwszy bohatersko miały wystąpić w roli hegemona na arenie międzynarodowej, a ponieważ przywódcy brakowało doświadczenia, zniszczenie w owym czasie pozycji złota byłoby ruchem niebezpiecznym i autodestrukcyjnym. Obawy dodatkowo potęgowały niezakończona likwidacja niezależnego obszaru szterlingowego oraz ekspansja Związku Radzieckiego. Gdyby zechcieć w tym momencie narzucić światu system parytetu dolara, to nie można wykluczyć, że funt szterling ponownie zasiadłby na królewskim tronie, rubel podzieliłby granice, a nośność franka dodatkowo skomplikowałaby sytuację.

W przypadku podtrzymania wsparcia dla złota, sytuacja była znacznie mniej skomplikowana, z jednej strony nie miało to żadnego ujemnego wpływu na dominację monetarną Stanów Zjednoczonych, z drugiej zaś pozwalało atlantyckiemu imperium wyeksponować własną bezinteresowność wobec ludzi na całym świecie. Po drugiej wojnie światowej Stany Zjednoczone posiadały ponad 70% światowych rezerw złota, upadek złota oznaczałby zatem upadek Stanów Zjednoczonych. Prośba USA do Wielkiej Brytanii o wsparcie złota była tylko formalnością ze względu na fakt, że to właśnie Amerykanie dzierżyli rzeczywistą hegemonię wśród światowych walut, a Wielka Brytania była zdana na ich łaskę, jeśli chodzi o kwestię zadłużenia wojennego. Wartość rezerw złota Francji plasowała się na drugim miejscu, zaraz po Stanach Zjednoczonych, Francuzi byli w grupie tych państw, które hołdowały parytetowi złota, a ich zamorskie kolonie na tej bazie prowadziły wymianę handlową – było więc jasne, że Francja w sposób oczywisty wyrazi poparcie dla złota. Radziecki rubel także opierał się na parytecie złota, a Związek Radziecki skuszony perspektywą amerykańskiej pomocy, wysłał swoich przedstawicieli, aby dołączyli do konferencji w Bretton Woods. Gdyby ktoś powiedział Sowietom, że w przyszłym świecie to właśnie dolar będzie stanowił parytet dla innych walut, Stalin prawdopodobnie natychmiast wycofałby swoich ludzi ze spotkania, natomiast złoto, wręcz przeciwnie, dawało Związkowi Radzieckiemu nadzieję na stanie się częścią dowodzonego przez Amerykanów światowego systemu monetarnego. W ten oto sposób światowy system walutowy mógł zostać łatwo ujednolicony. Następnie należało tylko wyczekać na odpowiedni moment, aby przerwać więzi łączące dolara ze złotem, a kiedy świat byłby już od jakiegoś

---

*   Cao Cao (ur. 150, zm. 220), chiński generał dynastii Han (przyp. tłum.).

czasu przyzwyczajony do dolara, kontrolowanie negatywnych reperkusji tej zmiany byłoby znacznie łatwiejsze.

Dolar wybrał strategię Cao Cao – porzucił tytuł w imię realnych korzyści. Przyczajony czekał na odpowiedni moment, aby przeciąć więzi łączące go ze złotem.

System wymiany złota ustanowiony w Bretton Woods doprowadził do rzeczywistego ustalenia standardu dolara amerykańskiego.

Poza tym jednym ośrodkiem walutowym, w którym „złoto zasiadło na tronie, a dolar sprawował regencyjne rządy", pierwszym z dwóch punktów bazowych był powołany w Bretton Woods Międzynarodowy Fundusz Walutowy (MFW).

Według amerykańskiej charakterystyki MFW był mechanizmem, mającym za zadanie gwarantować stabilność kursu wymiany walutowej poszczególnych krajów. „Czterej Muszkieterowie" waluty światowej lat dwudziestych XX wieku – Armstrong z Banku Rezerwy Federalnej w Nowym Jorku, Norman z Banku Anglii, Schacht z Centralnego Banku Rzeszy Niemieckiej, a także Moreau z Banku Francji, który dołączył do nich później, byli kluczowymi osobistościami mającymi zadbać o stabilność kursu wymiany walutowej poszczególnych krajów. W trakcie prywatnych spotkań oszacowali wartość relacji pieniężnych pomiędzy krajami, a następnie zwrócili się z prośbą do poszczególnych rządów o akceptację tych ustaleń. Amerykanie mieli nadzieję, że po drugiej wojnie światowej najistotniejszym zadaniem MFW będzie przejęcie funkcji Wielkiej Czwórki i doprowadzenie poszczególnych państw do osiągnięcia stabilnego kursu walutowego poprzez zastosowanie bardziej uzasadnionych, znormalizowanych i uregulowanych procesów.

Dlaczego wobec tego w 1933 roku Roosevelt tak lekceważąco podszedł do kwestii stabilności walutowej, która teraz okazuje się pierwszym na liście priorytetów działaniem, jakie muszą przeprowadzić Amerykanie? Druga wojna światowa wywołała ogromną konsumpcję i kompleksowo uruchomiła machinę gospodarczą, realizując w zasadzie projekt pełnego zatrudnienia w nękanym falą wysokiego bezrobocia kraju wychodzącego dopiero z Wielkiego Kryzysu. Kiedy nastał pokój, Stanom Zjednoczonym przyszło się zmierzyć z problemem potężnej nadwyżki zasobów. Wojna sprawiła więc, że państwo amerykańskie stało się w dużym stopniu zależne od zapotrzebowania zagranicznego. Przed zakończeniem wojny Amerykanie dostrzegli konieczność utrzymania 60 milionów miejsc pracy w celu osiągnięcia podstawowego poziomu zatrudnienia w społeczeństwie, wobec czego brak rynku zagranicznego na potrzeby strawienia ogromnej krajowej zdolności produkcyjnej oznaczałby, że koszmar wysokiego bezrobocia ponownie nawiedziłby Amerykę. W tym momencie odbudowa międzynarodowego handlu miała dla Stanów Zjednoczonych znaczenie strategiczne.

W celu uzyskania stabilnego systemu walutowego, należało ustalić współczynnik wymiany walut poszczególnych państw w stosunku do dolara amerykańskiego, a ponieważ powiązanie dolara ze złotem wynosiło 35 dolarów amerykańskich za jedną uncję złota, to w ten sposób nastąpiło związanie relacji walut poszczególnych państw w sposób pośredni, za sprawą dolara, w stosunku do wartości złota. Zadaniem MFW było z kolei zagwarantowanie, że ten parytet pomiędzy walutami opiera się na so-

■ Sowiecka delegacja uczestnicząca w Konferencji
w Bretton Woods w 1944 roku.

lidnym fundamencie. Jeżeli odchylenie kursu waluty danego kraju byłoby zbyt duże od ustalonego, to kraj ten miał prawo pożyczyć fundusze z MFW w kwocie zgodnej z własnymi kalkulacjami i interweniować wobec waluty narodowej w ten sposób, aby przywrócić jej kurs wymiany do mieszczącego się w ustalonym przedziale.

Początkowo w tworzeniu tego funduszu przodowały naturalnie Stany Zjednoczone, zapewniając kwoty w wysokości 2,8 miliarda dolarów, co stanowiło 27% całości. Imperium Brytyjskie jako całość ustanowiło 25% funduszu, a ponieważ większość uchwał wymagała do przegłosowania 80% głosów, to zarówno Stany Zjednoczone, jak i Wielka Brytania posiadały prawo veta, co było także formą pozwolenia Brytyjczykom na zachowanie twarzy. Stany Zjednoczone zaznaczyły jednak jasno, że Brytyjczycy nie będą mogli skorzystać z tego prawa wówczas, jeśli decyzja nie będzie jednogłośna w obrębie Wielkiej Brytanii i wszystkich podległych Imperium Brytyjskiemu obszarów kolonialnych. W ten sposób Stany Zjednoczone miały ostateczne prawo decydowania.

W początkowej fazie istnienia MFW Brytyjczycy mieli własny pogląd na funkcję, jaką powinna pełnić ta instytucja. Na potrzeby standardu walutowego Wielka Brytania negocjowała zgodny z rekomendacjami Keynesa projekt o utworzeniu nowej jednostki walutowej, jaką miał być *bancor*, zaprzestanie użycia dolara i złota w rozliczeniach międzynarodowych i zastąpienie ich *bancorem*, w którym miałyby odbywać się światowe transakcje pożyczek i zwrotów. Co więcej według Brytyjczyków MFW powinien pełnić funkcję Światowego Banku Centralnego, czyli pożyczkodawcy ostatniej instancji, który w przypadku kryzysu mógłby emitować walutę bez limitu. Brało się to stąd, że Wielka Brytania była nadmiernie zadłużona, więc miała nadzieję, że MFW spełni rolę bankomatu, który pozwoli na spłatę debetu. Jednocześnie Wielka Brytania nie chciała spłacać go w walucie właściwej poszczególnym krajom, stąd też niewyraźny pomysł na wprowadzenie do obiegu *bancora*. Ostatecznie spłata zadłużenia w tej nowej niedookreślonej walucie pozwoliłaby na spłatę zobowiązań względem Stanów Zjednoczonych z dużą nadwyżką.

W opinii Amerykanów było to po prostu niedorzeczne. Czyż zaprzestanie używania dolara jako waluty rozrachunkowej nie byłoby marnotrawstwem wieloletnich starań, jakie poczynili Amerykanie? Nawet dolar nie miał na tyle tupetu, co wymyślony przez Keynesa „pół bóg, pół człowiek" – *bancor*, w którego przecież nikt nie mógłby uwierzyć? Czy *bancor* miałby zawładnąć bankami centralnymi na świecie? A co miałoby się stać z Rezerwą Federalną? Czyżby MFW miało pełnić funkcję bankomatu, a Stany Zjednoczone płatnika rachunku? Był to zdecydowanie zbyt roszczeniowy sposób rozumowania.

Amerykanie odrzucili wszystkie propozycje Keynesa podkreślając, że MFW nie ma pełnić funkcji banku, lecz stanowić fundusz. Wszyscy zobowiązani są najpierw wyłożyć pieniądze, a następnie korzystać z funduszu zgodnie z zapotrzebowaniem, przy czym pożyczone pieniądze należy jak najszybciej zwrócić, w przeciwnym razie udziały w funduszu miałyby być proporcjonalnie pomniejszone. Wielka Brytania nie miała innego wyjścia jak tylko przyjąć warunki stawiane przez Stany Zjednoczone. Tym samym jej los nie przypominał wówczas w niczym odradzającego się z popiołów feniksa, jak to dzieje się dziś, a raczej los skazanego na ścięcie kurczaka.

Drugim punktem bazowym Konferencji w Bretton Woods było ustanowienie Banku Światowego. Oryginalnym założeniem przyświecającym idei założenia Banku Światowego było wsparcie finansowe dla powojennej rekonstrukcji gospodarczej, jednakże w późniejszym okresie wzięto także pod uwagę wsparcie rozwoju gospodarczego krajów słabo rozwiniętych.

Z punktu widzenia praktyki Stany Zjednoczone uczyniły z pożyczek udzielanych przez Bank Światowy nagrodę w postaci lizaka dla dobrych obywateli – lojalnych wobec dynastii Bretton Woods narodów gotowych porzucić koncepcję rozwoju gospodarczego, samowystarczalności, obrony handlu, gotowych do obniżenia taryf celnych i pragnących utworzenia Imperium Dolara – gdyż tylko tacy mogli liczyć na uzyskanie wsparcia finansowego ze strony Banku Światowego. Każdy, kto nie przyłączyłby się do tego globalnego systemu, na czele którego stał amerykański hegemon, podejmowałby tym samym decyzję ekonomiczną równoznaczną z dobrowolnym wygnaniem.

W tamtym okresie Stany Zjednoczone zakończyły już proces przemiany z nieustępliwych zwolenników polityki ochrony handlu w aktywnych zwolenników wolnego handlu. Temperament Amerykanów był po prostu biznesowy, z naciskiem na praktykę i słabą wiarą w doktryny i ideologie. Amerykanie wyznawali prostą zasadę – co jest dla nas dobre, powinno być rozsądnie wykorzystane, co nie działa na naszą korzyść, powinno być niezwłocznie porzucone, bez względu na osądy i opinie osób trzecich. MFW, Bank Światowy, a później także Układ Ogólny w sprawie Taryf Celnych i Handlu (GATT) – poprzednik Światowej Organizacji Handlu (WTO), wszystkie te organizacje odzwierciedlają charakterystyczny amerykański temperament biznesowy.

Ponieważ odrodzenie gospodarki Stanów Zjednoczonych bazowało na polityce ochrony handlu, to Stany Zjednoczone w sposób szczególny powstrzymywały inne kraje przed ponownym wejściem „na ich starą ścieżkę". Trochę przypominało to sposób działania chińskiego cesarza Zhao Kuangyina, który zasiadł na tronie detronizując swego poprzednika, a ktokolwiek w jego obecności odważył się założyć szaty w kolorze żółtym, naruszając w ten sposób tabu, narażał się na jego potężny gniew.

Mimo że Stany Zjednoczone ukończyły potężne przedsięwzięcie objęcia regencji nad światem, to jednak ryzyko separatyzmu funta nie zostało do końca zażegnane. Dolar nadal zmuszony był podejmować wysiłek.

Dolar bezwzględnie niszczy funta, gdyż wielcy muszą być bezwzględni

Dla współczesnego człowieka nieskończenie irytujące jest to, że we wspólnym wielkim działaniu przeciwko faszyzmowi straciliśmy ¼ otrzymanego z powrotem majątku narodowego, co znaczy, że w ciągu następnego pół wieku musimy płacić haracz tym państwom, które na wojnie się wzbogaciły[15].

„The Economist"

Potężny system kolonialny Imperium Brytyjskiego zapewnił Wielkiej Brytanii w czasie wojny praktycznie nieograniczoną władzę w zakresie instrumentów kredytowych, a kolonie, jak również kraje członkowskie Wspólnoty Narodów, zapewniały Brytyjczykom zasoby, surowce i żywność, a jeśli dodatkowo uwzględnić kapitał wojsk brytyjskich walczących na terenie Egiptu i Indii, to nawet koszty armii amerykańskiej walczącej na tych terenach zapisane były na konto Brytyjczyków, podobnie jak koszty związane z udziałem wojsk indyjskich w operacjach prowadzonych przez Wielką Brytanię na terytoriach zamorskich. Były to wydatki ujęte w brytyjskim długu publicznym, które akumulowały spore rezerwy szterlingowe, co stało się także powodem, dla którego Wielka Brytania była w stanie wspierać wojenną konsumpcję i ostatecznie zwyciężyć. System kolonii brytyjskich wraz z partnerami handlowymi Wielkiej Brytanii dostarczali towary w zamian za rezerwy walutowe w funcie brytyjskim, natomiast Wielka Brytania i jej sojusznicy wyczerpywali rezerwy dolarowe na zakup uzbrojenia od Stanów Zjednoczonych, w efekcie tej wymiany po wojnie udział funta szterlinga w rezerwach walutowych innych krajów był dwukrotnie wyższy aniżeli udział dolara amerykańskiego. Pozornie wyglądało na to, że wielkość rezerw w funtach przekracza wielkość rezerw w dolarach oraz że funt nadal jest walutą wiodącą na świecie, a jednak 2/3 rezerw funtowych koncentrowało się w strefie szterlingowej, znajdując się tym samym w bardzo niestabilnym położeniu.

Kraje strefy szterlingowej gromadziły spore ilości funtów nie dlatego, że funt był walutą bardziej wartościową, a dlatego, że w czasie wojny Wielka Brytania zamroziła wolny wybór wymiany funta na inną walutę. Istnienie dolara amerykańskiego sprawiło, że funt spojrzał śmierci w oczy ze względu na zagrożenie dla sprzedaży wśród krajów należących do strefy funta. Przed pierwszą wojną światową wartość aktywów zagranicznych Wielkiej Brytanii znacznie przekraczała wartość zobowiązań, wobec czego stabilność wartości funta była niekwestionowana. Jednak zewnętrzne zadłużenie netto Wielkiej Brytanii w omawianym okresie przekroczyło wartość 15 miliardów dolarów, co stanowiło sześciokrotność brytyjskich rezerw złota i rezerw walutowych. Gdyby zamrożenie wymiany walutowej w strefie szter-

---

[15]   „The Economist", 1945.

linga zostało nagle zlikwidowane, poszczególne kraje z pewnością pospiesznie przewalutowałyby swoje rezerwy szterlingowe na dolary, co doprowadziłoby do natychmiastowego załamania się wartości funta brytyjskiego.

Brytyjczycy kontynuowali zamrażanie zagranicznych rezerw walutowych w funcie, a następnie, wykorzystując brytyjski eksport, stopniowo spłacali zadłużenie, w ten sposób mogli także pobudzić zatrudnienie w Wielkiej Brytanii i wyjść z cienia powojennej recesji. Ponadto można było w ten sposób ustabilizować wartość funta i zapewnić ciągłość funkcjonowania strefy szterlingowej, gdyż tylko posiadając taką bazę ekonomiczną, ponowne odrodzenie potęgi brytyjskiej mogło być możliwe w przyszłości. Natomiast likwidacja zamrożenia wymiany rezerw sprawiłaby, że kraje strefy szterlingowej stopniowo zaczęłyby polegać na dolarze amerykańskim, co nie tylko pomogłoby Stanom Zjednoczonym rozwinąć eksport w tym rejonie i poszerzyć strefę wpływów dolara, ale co więcej, doprowadziłoby do fundamentalnego rozpadu strefy szterlingowej i postawiło Brytyjczyków w beznadziejnym położeniu.

Tuż po zakończeniu drugiej wojny światowej Keynes był mózgiem brytyjskiej ekonomii. Reprezentował on Wielką Brytanię podczas negocjacji ze Stanami Zjednoczonymi w kwestii powojennego zadłużenia. Niestety, w późniejszym okresie dokonał błędnej oceny poważnego problemu, jakim było funkcjonowanie strefy szterlingowej i tym samym, wpadając w pułapkę zastawioną przez Amerykanów, lekką ręką pogrzebał okres 200 lat hegemonii funta.

Amerykanie zaproponowali Keynesowi możliwość otwarcia linii kredytowej dla Wielkiej Brytanii o wartości 3,75 miliarda dolarów, a dla Kanady o wartości 1,25 miliarda dolarów (łącznie 5 miliardów dolarów). Warunek był tylko jeden: Wielka Brytania do 15 lipca 1947 roku musi odmrozić rezerwy walutowe.

Przesadnie pewny siebie Keynes uważał początkowo, że to z powodu sojuszu między Wielką Brytanią a Stanami Zjednoczonymi, ich więzów krwi i braterstwa, Amerykanie będą skłonni hojnie poluzować warunki spłaty zadłużenia wojennego. Osobiście przygotował nawet doskonałą strategię mającą na celu zaangażowanie Stanów Zjednoczonych w rozmowy o wspólnej angloamerykańskiej dominacji nad resztą świata, a już na pewno w żadnym wypadku nie był przygotowany na „bratobójczy" warunek postawiony Anglikom przez Amerykanów. Keynes nie tylko nie zrozumiał tej amerykańskiej mistyfikacji politycznej, ale nawet na nią przystał.

Brytyjski „The Economist" komentując zadłużenie z czasów Keynesa, cierpko zauważył: „Niewiele osób w tym kraju daje wiarę komunistycznej teorii, jakoby polityka Stanów Zjednoczonych z premedytacją i celową świadomością dążyła do zniszczenia Wielkiej Brytanii i wszystkiego, co ona sobą reprezentuje na tym świecie. Jednakże wobec obecnych dowodów nasuwa się następująca interpretacja: jeśli każdorazowo w ślad za udzielaną pomocą idzie spełnienie pewnych warunków, które to warunki stawiają Wielką Brytanię w pozycji nieuniknionej konieczności ponownego zwracania się o dalszą pomoc, to warunkiem otrzymania tego rodzaju pomocy może być tylko poprowadzenie Wielkiej Brytanii o kolejny krok w kierunku samodegradacji i samoosłabienia. Jest więc jasne, że takie rezultaty zostały przewidziane przez komunistów"[16].

---

[16]   *Ibidem.*

Zgodnie z oczekiwaniami 15 lipca 1947 roku hegemonia funta brytyjskiego upadła raz na zawsze[17]. Po zakończeniu wojny Brytyjczycy liczyli na wzmocnienie się strefy szterlingowej, jednakże Amerykanie nie zamierzali dawać im okazji do ponownego odrodzenia Imperium Brytyjskiego.

Niemcy, wszczynając dwie wojny światowe, miały poważne trudności z wyzwoleniem się spod wpływów silnej strefy szterlingowej, jednak skorzystawszy z niewielkiej pożyczki w wysokości 3,75 miliarda dolarów, udzielonej im przez Stany Zjednoczone, z łatwością zerwały pęta tej zależności.

Na usta światowej opinii publicznej cisnęło się pytanie – skoro Stany Zjednoczone okazały się tak bezwzględnym zabójcą wobec Wielkiej Brytanii, swojego sojusznika, z którym tkwiły we wspólnych okopach, a co więcej, swojego pobratymca w języku i kulturze, to jakież miraże roztaczały przed innymi państwami?

---

[17]   Barry Eichengreen, *Exorbitant Privilege, The Rise and Fall of the Dollar and the Future of the International Monetary System*, Oxford University Press, 2011, s. 40-41.

ROZDZIAŁ III

Zimna wojna walutowa

Klucz do rozdziału

Odrzucenie przez Związek Radziecki systemu z Bretton Woods nie nastąpiło w efekcie zimnej wojny, a było właśnie powodem jej rozpoczęcia.

W czasie II wojny światowej Roosevelt obawiał się raczej odrodzenia strefy szterlingowej aniżeli ekspansji rubla. Aby po zakończeniu wojny stworzyć dla Stanów Zjednoczonych jak najbardziej przyjazne środowisko międzynarodowe, Roosevelt był zdeterminowany złamać wszelkie bariery w handlu międzynarodowym, całkowicie wyeliminować wszelkie niezależne obszary walutowe, uwolnić bazę surowców kolonialnych spod wpływów brytyjsko-francuskich, wykorzystać zasoby i podaż siły roboczej ze Związku Radzieckiego i Europy Wschodniej, a także włączyć Chiny, Japonię i inne kraje azjatyckie do rynku światowego, ustanawiając tym samym rdzeń amerykańskiej potęgi politycznej, korzystającej z dolara jako waluty będącej finansowym fundamentem i mającej na celu zjednoczenie rynku światowego pod hasłem „trwałego pokoju pod rządami Stanów Zjednoczonych". Po śmierci Roosevelta pomysłodawcy zimnej wojny obalili główne założenia jego strategii i poprzez coraz silniejsze naciski zmusili Stalina do odrzucenia założeń systemu Bretton Woods i ukierunkowania wysiłków na utworzenie własnego imperium rublowego, co w efekcie stanowiło preludium do zimnej wojny.

Dla rubla w ramach Nowej Polityki Ekonomicznej z czasów Lenina ustanowiono standard wymiany na złoto, a nowo emitowaną jednostkę nazwano „czerwońcem". Do czasów epoki stalinowskiej rubel przekształcił się w system „oparty na programie" i nie pełnił już roli aktywnego uczestnika w obrocie towarami, lecz raczej pozwalał szacować obroty w „barterowej" gospodarce planowej.

Dziesięcioletni plan Stalina z lat trzydziestych XX wieku zakładający dogonienie zachodnich potęg przemysłowych, podobnie jak wspomagany przez Związek Radziecki i przeprowadzony w Chinach w latach pięćdziesiątych XX wieku plan 156 kluczowych projektów przemysłowych, nie miałby szansy na sukces, gdyby nie wzmożona dyfuzja technologii i dostarczana przez rejony wiejskie pierwotna akumulacja. Co więcej, jedynym krajem zachodnioeuropejskim będącym w stanie zapewnić Związkowi Radzieckiemu technologię były pokonane w II wojnie Niemcy. W rzeczywistości to właśnie z niemieckim wsparciem militarnym i finansowym Związek Radziecki mógł pozwolić sobie na studiowanie i przyswajanie nowoczesnych, zaawansowanych metod wytwarzania.

Po II wojnie Związek Radziecki przy użyciu potęgi militarnej i mocy narodu podjął na arenie międzynarodowej intensywną wojnę z dolarem amerykańskim na polu obiegu walutowego. Dopiero w połowie lat sześćdziesiątych, w efekcie ekonomicznej stagnacji Związku Radzieckiego, rubel zdołał stopniowo stworzyć możliwość długoterminowej konfrontacji wobec dolara.

W obliczu kryzysu naftowego lat siedemdziesiątych Stany Zjednoczone odkryły potężną broń ekonomiczną, jaką okazał się handel ropą naftową. Amerykanie w połowie lat osiemdziesiątych wykorzystali ten surowiec w charakterze „sztyletu dolarowego" wbitego prosto w serce imperium rublowego.

Stalin odrzuca dolara, Kennan formuje oficjalną strategię zimnej wojny

Bretton Woods jest tylko „filią Wall Street"[1].

przedstawiciele Związku Radzieckiego
na Zgromadzeniu Ogólnym ONZ w 1947 roku

W lutym 1946 roku w Moskwie panuje zimny i suchy klimat, a epidemia grypy rozprzestrzenia się we wszystkich kierunkach. Amerykański dyplomata George F. Kennan także złapał przeziębienie, a gorączka, ból zęba i skutki uboczne zażywanych leków poważnie nadwątliły jego kondycję zdrowotną. Ambasador Stanów Zjednoczonych w ZSRR jest nieobecny, toteż zarówno drobne, jak i poważniejsze problemy związane z działalnością ambasady spoczywają na barkach Kennana, który pomimo poważnej choroby musi zadbać o wszystkie bieżące sprawy. Między innymi do jego obowiązków należy reagowanie na telegramy nadchodzące z różnych departamentów rządu Stanów Zjednoczonych.

22 lutego leżący w łóżku chory Kennan poprosił sekretarza, by ten przysłał do jego sypialni wszystkie telegramy, jakie nadeszły z Waszyngtonu. W czasie ich przeglądania jego szczególną uwagę zwrócił telegram przesłany przez Departament Stanu do Departamentu Skarbu Stanów Zjednoczonych.

Urzędnicy Departamentu Skarbu coraz bardziej zaniepokojeni niechęcią Związku Radzieckiego do przyjęcia warunków działalności Międzynarodowego Funduszu Walutowego (MFW) oraz Banku Światowego uznali, że Ambasadzie Stanów Zjednoczonych w Moskwie uda się tak szybko, jak to tylko możliwe, wybadać rzeczywiste intencje Kremla w tej sprawie[2].

W 1944 roku Związek Radziecki wysłał swoją delegację na Konferencję w Bretton Woods, podczas której Sowieci wykazali znaczny entuzjazm wobec projektu nowego światowego systemu walutowego. W sierpniu 1944 roku w publikacji na łamach „Bolszewika", Sowieci stwierdzili: „Związek Radziecki jest zainteresowany tego rodzaju współpracą głównie dlatego, że w ten sposób pozwolimy Stanom Zjednoczonym wspierać i ułatwiać proces odzyskiwania naszej gospodarki narodowej, a w ten sposób zdołamy w szybkim tempie uzyskać dalszy rozwój socjoekonomiczny naszego kraju. Jednocześnie nasi sojusznicy i kraje neutralne, także żywią zainteresowanie rozwojem wymiany handlowej z naszym krajem, jako że Związek Radziecki jest w stanie wykupić i skonsumować spore nadwyżki towarów wyprodukowanych przez te państwa. Powszechnie wiadomo, że Związek Radziecki zawsze wywiązywał się ze swoich zobowiązań". W jednym z artykułów „Gospodarki

---

[1] Edward S. Mason, Robert E. Asher, *The World Bank since Bretton Woods*, The Brookings Institution, Washington 1973, s. 29.

[2] George F. Kennan, *George F. Kennan Memoirs 1925-1950*, Pantheon Books, New York 1967, s. 292-295.

planowej" z 1944 roku, w podobny sposób opisano stosunek Związku Radzieckiego
do projektu: „Nasz kraj importuje towary z zagranicy i eksportuje swoje dobra.
Po wojnie wolumen naszej wymiany handlowej z zagranicą znacznie wzrośnie. Stąd
też Sowieci zgadzają się na stabilizację walut kapitalistycznych i odrodzenie życia
ekonomicznego innych krajów. Krótkoterminowe kredyty oferowane przez Międzynarodowy Fundusz Walutowy (MFW) oraz rola Banku Światowego w promowaniu
kredytów długoterminowych przyczynią się do rozwoju stosunków handlowych
między Związkiem Radzieckim a innymi krajami. Wobec powyższych perspektyw
Związek Radziecki wyraża zainteresowanie na równi z pozostałymi krajami"[3].

Początkowy entuzjazm Związku Radzieckiego wobec ustaleń z Bretton Woods
jest zrozumiały, Sowieci bowiem nie zdawali sobie do końca sprawy z założeń wielkiej strategii dolarowej Roosevelta.

W rozumieniu Roosevelta Bretton Woods było w rzeczywistości proklamowa-
niem dynastii dolara, która choć nadal zachowała nazwę statusu złota, to *de facto* odda-
wała władzę walutowej dominacji nad światem w ręce dolara. W przyszłości poszczególne państwa świata miały korzystać z dolara jako rdzenia własnych rezerw walutowych;
co więcej, emisja własnej waluty miała odbywać się na podstawie dolarowych rezerw walutowych. Dokładnie tak, jak to przewidział w latach dwudziestych XX wieku Keynes,
tak skonstruowany system w sposób nieunikniony doprowadzi to tego, że losy rozwoju
gospodarczego poszczególnych krajów spoczną w rękach bankierów z Wall Street.
Roosevelt był przekonany, że największe zagrożenie dla dynastii dolara nie wypłynie
z podupadłego ekonomicznie po wojnie Związku Radzieckiego, lecz raczej z potencjalnych ciosów zadawanych przez mogące powstać z popiołów Imperium Brytyjskie.

Od objęcia urzędu w 1933 roku najważniejszy okres prezydentury Roosevelta
to ciągła walka z kryzysem ekonomicznym i desperackim żniwem wojny, a najbardziej bolesnym uczuciem jakiego doświadczył, były dwunastoletnie efekty Wielkiego
Kryzysu i koszmar ponad 10 milionów bezrobotnych Amerykanów. Wyniszczenie
gospodarki europejskiej przez drugą wojnę światową skutkowało wzrostem gospodarki amerykańskiej o 90%, było więc oczywiste, że nadwyżki mocy produkcyjnej
i los ogromnej siły roboczej Stanów Zjednoczonych były ściśle powiązane z rozkwi-
tem powojennego handlu międzynarodowego. To właśnie dlatego Roosevelt z taką
determinacją zdecydował się złamać wszelkie bariery w handlu międzynarodowym,
całkowicie wyeliminować wszelkie niezależne obszary walutowe, uwolnić bazę surowców kolonialnych spod wpływów brytyjsko-francuskich, wykorzystać zasoby
i podaż siły roboczej ze Związku Radzieckiego i Europy Wschodniej, a także włączyć Chiny, Japonię i inne kraje azjatyckie do rynku światowego. Ustanowił tym
samym rdzeń amerykańskiej potęgi politycznej, korzystającej z dolara jako waluty
będącej finansowym fundamentem i mającej na celu zjednoczenie rynku światowego
pod hasłem trwałego pokoju pod rządami Stanów Zjednoczonych.

Roosevelt był przekonany, że powrót Imperium Brytyjskiego jest główną
przeszkodą dla amerykańskiej strategii. Gospodarka Związku Radzieckiego była nie-

---

[3]   Michael Hudson, *Super Imperialism – New Edition: The Origin and Fundamentals of U.S. World Dominance*, Pluto Press 2003, rozdz. 16.

■ George F. Kennan

malże kompletnie zniszczona przez wojnę, podczas gdy gospodarka Wielkiej Brytanii – nie. Związek Radziecki nie posiadał systemu zamorskich kolonii, sowiecki przemysł był daleko w tyle i nie mógł konkurować z amerykańskim. Będąc krajem rolniczym ZSRR stanowiło ogromny potencjalny rynek zbytu dla amerykańskich produktów, a pod względem inwestycji zagranicznych nie stanowił dla Stanów Zjednoczonych żadnego zagrożenia. Po wybuchu wojny Roosevelt uważał Stalina za wiarygodnego światowego lidera, niezdolnego do obalenia światowego systemu kapitalistycznego pod wpływem nagłego impulsu; dla kontrastu, pozostawał wyczulony na wąski zakres tolerancji i częste sztuczki polityczne Churchilla. Z tego powodu Stany Zjednoczone uznawały wszelkie niezbędne kompromisy polityczne i pomoc gospodarczą udzielaną Związkowi Radzieckiemu za zgodne ze swoim ostatecznym celem strategicznym, mającym za zadanie włączenie Związku Radzieckiego do amerykańskiego systemu organizacji świata.

Amerykańscy bankierzy wierzyli, że Stany Zjednoczone i Związek Radziecki okupując przeciwne krańce rozległego kontynentu, nie będą wzajemnie konkurować o kontrolę nad ogromnymi zasobami, a ten fenomen musi być postrzegany jako kolejny etap historycznego procesu rozkładu sił, potęgi i dominacji. Rząd radziecki i amerykańscy finansiści wyrażali zainteresowanie w utrzymaniu trwałości standardu złota, a to dlatego, że Stany Zjednoczone i Związek Radziecki byli posiadaczami największych rezerw tego kruszcu, jak również byli jego potencjalnymi, największymi producentami. Choć gospodarka Związku Radzieckiego była kontrolowana przez państwo, to jednak kraj ten nie był krytykiem ekspansjonizmu. W odróżnieniu od Wielkiej Brytanii, Związek Radziecki nie zagrażał amerykańskiemu eksportowi i planom inwestycji zagranicznych. Ogromny popyt krajowy Związku Radzieckiego prowadził do zużycia jego rezerw, głównie w celu zaspokojenia zapotrzebowania wewnętrznego, a nie w celu penetracji gospodarczej innych krajów[4].

Jednakże Kennanowi i znacznej liczbie amerykańskich polityków daleko było do strategicznej wizji i śmiałości Roosevelta. Roosevelt zmarł w kwietniu 1945 roku, w przeddzień zwycięstwa, a jego śmierć zakłóciła plany strategiczne Stanów Zjednoczonych. Żyjący wciąż w cieniu wielkiej prezydentury Roosevelta wiceprezydent Truman został w końcu „awansowany", jednak będąc osobą niestabilną

---

4   Ibid.

emocjonalnie, robił wszystko, aby udowodnić swoją determinację i siłę. Truman nie tylko pozbył się z Białego Domu wszystkich dekoracji przypominających mu o istnieniu Roosevelta, ale wymienił także całą kadrę urzędników pragnących kontynuować strategię Roosevelta.

Kennan nie mógł zrozumieć, dlaczego w najwyższych kręgach decyzyjnych europejskich sojuszników Amerykanie od początku do końca przyjmowali wobec Brytyjczyków postawę defensywną, podczas gdy do Sowietów byli nastawieni dość przyjacielsko. Nie mógł zrozumieć, dlaczego najbardziej radykalnie występujący przeciwko Sowietom generał Patton tak często narażony był na wykluczenie z kręgu amerykańskiej starszyzny wojskowej. Tym, co wprawiało Kennana w jeszcze większe zdziwienie, był fakt, że pomoc udzielana Związkowi Radzieckiemu znacznie przewyższała pomoc udzielaną Wielkiej Brytanii. 13 sierpnia, tuż przed zakończeniem wojny, nie czekając na rozkaz prezydenta, armia Stanów Zjednoczonych przerwała dostawy amunicji dla Wielkiej Brytanii, a w dniu, w którym Japonia ogłosiła swoją kapitulację, bez uprzednich konsultacji dotyczących położenia Wielkiej Brytanii, Stany Zjednoczone jednostronnie zerwały warunki „Lend-Lease Act", wstrzymały udzielaną na mocy tego postanowienia pomoc oraz rozpoczęły proces przeliczania długu, w wyniku którego dostawy pozostawione w Wielkiej Brytanii przeliczono na dług o wartości 532 milionów dolarów, a wartość dostaw będących w drodze do Wielkiej Brytanii oszacowano na 118 milionów dolarów. Tym samym wartość brytyjskiego długu do natychmiastowej spłaty znacznie przekroczyła wartość całkowitych rezerw walutowych Wielkiej Brytanii, co natychmiast wpędziło Brytyjczyków w trudne do rozwiązania problemy natury ekonomicznej. W tym samym czasie Stany Zjednoczone wykazały się ogromną tolerancją wobec Związku Radzieckiego i aż do końca października, to jest do czasu całkowitego zakończenia wojny, dostarczyły Sowietom pomoc o wartości 250 milionów dolarów.

Tym, czego Kennan nie mógł zaakceptować, była prosowiecka polityka Departamentu Skarbu Stanów Zjednoczonych. W czerwcu 1943 roku Departament Skarbu Stanów Zjednoczonych zaproponował Związkowi Radzieckiemu udział w Międzynarodowym Funduszu Walutowym (MFW) w wysokości 763 milionów dolarów amerykańskich, a w dalszych rozmowach pojawiła się kwota 1,2 miliarda dolarów. Początkowe udziały Stanów Zjednoczonych miały wynosić 2,5 miliarda dolarów, Wielkiej Brytanii około połowę tej sumy, a Związek Radziecki i Chiny miały być odpowiednio trzecim i czwartym co do wielkości udziałowcem Funduszu. Sekretarz Departamentu Skarbu Stanów Zjednoczonych, (Henry) Morgenthau zaproponował Rooseveltowi, aby Stany Zjednoczone udzieliły Związkowi Radzieckiemu powojennej pożyczki w wysokości 6 miliardów dolarów, której okres zwrotu miałby wynosić 30 lat, a oprocentowanie zaledwie 2,5%, co stanowiło ofertę bezspornie przebijającą poniżającą propozycję złożoną Sowietom przez Keynesa, której przedmiotem był kredyt w wysokości 3,75 miliarda dolarów. W późniejszym czasie człowiek Morgenthaua, przedstawiciel z ramienia Stanów Zjednoczonych na Konferencji w Bretton Woods, Harry Dexter White, w imieniu Stanów Zjednoczonych zapewnił Związkowi Radzieckiemu pożyczki pomocowe w wysokości 10 miliardów dolarów, dla których okres kompensacji miał wynosić 35 lat, a oprocentowanie ustalono na symbolicznym poziomie 2%.

Ze względu na brak zrozumienia wobec prosowieckich skłonności amerykańskiego rządu Kennan przy różnych okazjach postulował, że nie powinno się wiązać nadziei ze Związkiem Radzieckim, twierdząc, że polityka ZSRR musi być ekspansywna. Jednakże w okresie prezydentury Roosevelta opinie Kennana uważane były za synonim krótkowzroczności i powierzchowności i naturalnie nie były brane pod rozwagę.

Jednak okres prezydentury Trumana, będący czasem ideologicznej transformacji strategii międzynarodowej, przyniósł Kennanowi historyczną szansę zostawienia po sobie śladu na mapie świata.

W lutym 1945 roku, podczas zwołanej przez Roosevelta, Stalina i Churchilla Konferencji w Jałcie, ustalono skład Wielkiej Trójki. Stalin zaproponował wówczas, aby Europę Wschodnią wcielić do sowieckiej strefy wpływów, a Churchill z wyprzedzeniem udał się do Moskwy, aby dobić targu ze Stalinem. Wielka Brytania zobowiązała się do uznania strefy wpływów sowieckich na obszarach Bułgarii i Rumunii, w zamian za co Związek Radziecki uznał przywileje Wielkiej Brytanii w Grecji, jako że obszar Morza Śródziemnego stanowił linię ratunkową Imperium Brytyjskiego, a Europa Wschodnia miała stać się radzieckim buforem bezpieczeństwa. Kiedy informacje te dotarły do Roosevelta, wywołały spore zaskoczenie. Takie postępowanie Wielkiej Brytanii miało najwyraźniej na celu utrzymanie ogromnego systemu Imperium Brytyjskiego, a objęcie ochroną Europy Wschodniej przez Związek Radziecki oznaczało tworzenie się kolejnej fali sił separatystycznych. Czyż w ten sposób nie zamierzano zniszczyć idei Roosevelta o wyeliminowaniu niezależnych walut i stworzeniu wspólnego zjednoczonego rynku światowego? Punkt zapalny konfliktu skupił się na kwestii polskiej. Anglicy i Amerykanie mieli oczywiście nadzieję, że Polska będzie rządzona przez opcję przychylną polityce prozachodniej, jednakże wyzwolenie i okupacja Polski przez Związek Radziecki skutkowały żądaniem Stalina, aby rząd polski przyjmował rozkazy od Związku Radzieckiego. Wskutek ostatecznego kompromisu między dwiema stronami Stalin zobowiązał się do umieszczenia w składzie polskiego rządu kilku urzędników reprezentujących frakcję prozachodnią. Roosevelt, choć nie był zadowolony z tej propozycji, uznał ją za akceptowalną – w końcu marzenia często odbiegają od rzeczywistości. Tak długo, jak Związek Radziecki przejawiał zainteresowanie dołączenia do systemu z Bretton Woods, Stany Zjednoczone miały szanse zostać ostatecznym zwycięzcą tej rozgrywki, a w tym celu konieczny był przecież częściowy kompromis.

Problem w tym, że po śmierci Roosevelta, Truman zdecydował się na przewrót. Nie posiadając prestiżu Roosevelta, nie chcąc być drugim Chamberlainem, pod wpływem głosów sprzeciwiających się amerykańskiej „polityce ustępstw" wobec Związku Radzieckiego, zdecydował się być bezwzględny wobec ZSRR. Ambasador Stanów Zjednoczonych w ZSRR, William Averell Harriman rozpowszechnił informacje o wzajemnej zależności między pomocą gospodarczą dla Związku Radzieckiego, a kwestią Polski i Europy Wschodniej. Stalin zaczął się zastanawiać, czy trzeba dmuchać na zimne? Czy to możliwe, aby po śmierci Roosevelta strategia

Stanów Zjednoczonych uległa zmianie? Stalin kompletnie nie rozumiał Trumana, co więcej, zauważył, że żądania Stanów Zjednoczonych są sprzeczne wobec postanowień konferencji jałtańskiej. Oczywiście Stalin także nie życzył sobie politycznego impasu, wobec czego w ramach ostatecznego kompromisu zgodził się na dodanie kilku nazwisk na liście polityków polskiego rządu reprezentujących opcję prozachodnią. Truman niechętnie przystał na ten warunek.

Jednakże w dalszej kolejności wypłynęły spory amerykańsko-sowieckie w kwestiach Turcji, Iranu i kilku innych, co ostatecznie pogłębiło nieufność Stalina wobec zamiarów Stanów Zjednoczonych. Początkowe liczne wątpliwości Związku Radzieckiego wobec systemu z Bretton Woods zaczęły teraz ponownie fermentować. „W trakcie dyskusji dotyczącej założeń porozumienia w Bretton Woods Związek Radziecki wyraził zaniepokojenie wobec planu White'a, który to plan został rzekomo opracowany w celu zniesienia w najbliższej przyszłości wszelkich ograniczeń handlowych i walutowych. Zdaniem Sowietów jest jasne, że w warunkach współczesnego kapitalizmu taka ścieżka działania, zwłaszcza po wojnie, jest niemożliwa do zaadaptowania przez wiele krajów. Jeśli bowiem nie używać państwowych środków regulacji, to niezależność ekonomiczna tych krajów byłaby poważnie zagrożona". Przedstawiciele związku Radzieckiego jasno dali do zrozumienia, że „powodem, dla którego te kraje wzięły udział w tej brutalnej wojnie nie była chęć zagwarantowania bezpieczeństwa amerykańskiemu i brytyjskiemu eksportowi". Stalin w końcu dostrzegł, że ostatecznym celem presji wywieranej przez Stany Zjednoczone w zakresie wdrożenia wolnego handlu było skupienie w rękach Amerykanów kontroli nad gospodarką Europy Wschodniej, a nawet Związku Radzieckiego. Ponadto ZSRR jednoznacznie nie przystąpił do MFW, „chciał tylko przekazać urzędnikom amerykańskim, że Moskwa potrzebuje więcej czasu na rozważenie warunków porozumienia".

Związek Radziecki postanowił zaczekać i zaobserwować postawę Stanów Zjednoczonych.

22 lutego w telegramie wysłanym przez Departament Skarbu Stanów Zjednoczonych do Kennana wyrażono nadzieję na możliwość zbadania prawdziwego motywu, dla którego Związek Radziecki miałby wyrazić chęć przystąpienia do Międzynarodowego Funduszu Walutowego[5]. Kennan wykorzystał tę okazję i z niezwykłą szybkością wysłał odpowiedź składającą się z 8 tysięcy wymownych słów, w których swoją negatywną opinię o Związku Radzieckim, zbudowaną na podstawie lat doświadczeń, wyniósł do stopnia ideologii, według której „dżentelmeni i złodzieje nie mogą żyć pod jednym niebem", dostarczając tym samym amunicji ideologicznej politycznemu gestowi Trumana i wywołując entuzjazm wśród świeżo wymienionej waszyngtońskiej elity politycznej. Od tego momentu Kennan natychmiast stał się popularny, a w późniejszym okresie został ochrzczony mianem „inicjatora zimnej wojny".

---

[5]   George F. Kennan, John Lukacs, *George F. Kennan and the Origins of Containment, 1944-1946*, University of Missouri Press, Columbia 1997, s. 9-10.

W ciągu kolejnych kilku miesięcy Związek Radziecki nie tylko nie otrzymywał pożyczek pomocowych udzielanych wcześniej przez Stany Zjednoczone, ale doczekał się zapadnięcia zapowiadanej przez Churchilla „żelaznej kurtyny". Rozczarowany Związek Radziecki odmówił przystąpienia do Międzynarodowego Funduszu Walutowego i Banku Światowego, podążając tym samym inną drogą niż system Bretton Woods.

Amerykański sen o wprowadzeniu imperium dolarowego w Związku Radzieckim przez zastosowanie środków handlowych i walutowych ostatecznie się rozmył. W tym właśnie momencie nastąpił prolog zimnej wojny ciągnącej się ponad 40 lat, która kosztowała 8 bilionów dolarów amerykańskich, zniszczyła setki tysięcy ludzkich istnień i rozdzieliła miliony rodzin.

W tym momencie historii Związek Radziecki wybrał drogę rywalizacji z dynastią dolara amerykańskiego, a rubel rozpoczął tworzenie własnego imperium.

Imperiały i Nowa Polityka Ekonomiczna

Historia finansowa carskiej Rosji to dzieje długotrwałego osłabiania rubla, to historia powtarzającej się szaleńczej inflacji.

Począwszy od XVII wieku aż do końca XIX wieku rubel zmieniał się z miedzianego na srebrny, ze srebrnego na papierowy, po czym ostatecznie z papierowego na złoty. Każdorazowo reforma walutowa pozostawiała problem radzenia sobie z powstającą hiperinflacją. Carska Rosja ustanowiła standard złota w 1897 roku, co sprawiło, że imperiał (carski rubel) stał się najsilniejszą spośród pięciu największych światowych walut, co więcej, z powodzeniem przetrwał dwa potężne uderzenia w postaci wojny rosyjsko-japońskiej w latach 1904-1905 i rewolucji rosyjskiej w latach 1905-1906. Wybuch pierwszej wojny światowej wymusił na carskiej Rosji porzucenie standardu złota. W trakcie wojny Rosja strawiła w sumie 670 miliardów rubli, z czego 25% uzyskano poprzez podniesienie podatków, a 29% tej sumy pochodziło z długoterminowych kredytów, których znaczną część stanowiły kredyty udzielone przez Wielką Brytanię. Jednakże po rewolucji październikowej rząd rosyjski odmówił spłaty zadłużenia wobec Wielkiej Brytanii, co w późniejszym okresie stało się także ważnym powodem, dla którego Wielka Brytania zaciągnęła dług u Stanów Zjednoczonych. Poza tym 23% wspomnianej kwoty sfinansowano z obligacji państwowych, a pozostała część mogła już tylko pochodzić z emisji pieniądza. Od 1914 do 1917 roku ilość waluty w obrocie wzrosła w carskiej Rosji piętnastokrotnie, piętnastokrotnie wzrosły także ceny produktów!

Od przystąpienia carskiej Rosji do pierwszej wojny światowej w 1914 roku, aż do 1921 roku Rosja przez 7 lat ciągle była zaangażowana w konflikty zbrojne, doświadczając w tym czasie bezprecedensowej hiperinflacji. Po wybuchu rewolucji październikowej w 1917 roku połączone siły 14 krajów zachodnich wraz z rodzimymi rebeliantami w efekcie zbrojnego ataku wprowadziły rodzący się sowiecki reżim i szybko zajęły rozległe terytoria Związku Radzieckiego, odcinając w ten sposób najważniejsze źródła dostaw żywności i paliw. W obrębie granic terytorium sowieckiego zamknięto fabryki, ludzie cierpieli głód i niedostatek, a nowy system znalazł się w niebezpieczeństwie. W celu osiągnięcia zwycięstwa reżim sowiecki, nawet w wyjątkowo ciężkich warunkach ekonomicznych, zmuszony był utrzymywać potężną 4,5-milionową Armię Czerwoną. Aby wspierać kosztowną wojnę, z jednej strony nowy reżim sowiecki zaczął emitować własną walutę, z drugiej posunął się do zastosowania ekstremalnych środków wojny o komunizm: obejmowały one oddanie wszystkich wiejskich produktów rolnych poza podstawowymi racjami żywieniowymi na potrzeby państwa w celu wspierania wojny. Żywność, przedmioty codziennego użytku i dobra konsumpcyjne dla ludności miejskiej miały być racjonowane przez państwo. Obywatele musieli mieć możliwość uczestniczenia w dobrowolnych pracach społecznych. Dla przemysłu i handlu zaplanowano wdrożenie pełnej nacjonalizacji, ponadto zastosowano wiele innych środków. W ramach polityki komunizmu wojennego wdrożono dopuszczalne racje dla wszystkich niemalże produktów rolnych i przemysłowych.

W trakcie trwania trzyletniej wojny domowej nadmierna emisja pieniądza doprowadziła do tego, że rubel radziecki całkowicie utracił wiarygodność. Od 1913 do 1921 roku ceny rosyjskich produktów wzrosły 49 tysięcy razy. W najbardziej krytycznym okresie sowiecki rubel dewaluował się w przerażającym tempie 5% na godzinę.

W 1921 roku, kiedy Związek Radziecki osiągnął wreszcie decydujące zwycięstwo w wojnie domowej, gospodarka krajowa stała w obliczu poważnej recesji, niedoboru towarów i wszechpanującego głodu, a rubel stał na krawędzi upadku. Amerykanin Armand Hammer był naocznym świadkiem tego tragicznego okresu. To właśnie w tym roku zaledwie dwudziestotrzyletni Hammer po niezliczonych trudnościach przybył w końcu do Moskwy. Po drodze zobaczył on Związek Radziecki w kompletnej ruinie, zupełnie pokonany, z niemalże całkowicie sparaliżowanym transportem kolejowym, z przeludnionym i brudnym transportem publicznym; ludzi odzianych w łachmany, cierpiących głód; puste sklepy i wyludnione ulice. Ten student szkoły medycznej Columbia University, początkowo pełen ciekawości i pasji wobec pierwszego na świecie państwa socjalistycznego, zgłosił się na ochotnika, aby pomóc miejscowej ludności w walce z epidemią tyfusu. Wtedy rzeczywistość, niczym kubeł zimnej wody, którym chluśnięto mu w twarz, rozwiała jego idealistyczny obraz ZSRR.

Na okres pobytu w Moskwie Hammer zabrał ze sobą sporą sumę dolarów, był przekonany, że będąc w ich posiadaniu nie będzie musiał się martwić o żywność i napoje. Jednak już w Moskwie okazało się, że jego dolary są bezużyteczne. Odkąd w 1920 roku rząd nakazał zamknięcie Banku Narodowego wszystkie usługi bankowe zostały przekierowane do obsługi przez Ministerstwo Finansów, a formalny system finansowy praktycznie przestał istnieć. Hammer chciał zrobić zakupy, ale ponieważ nie mógł zapłacić dolarami, został zabrany do Ministerstwa Finansów, aby tam wymienić swoje dolary na specjalne kupony. Hammer otrzymał duży kupon o wartości 10 dolarów amerykańskich, zadrukowany mniejszymi kuponami o niższej wartości. Chcąc zakupić produkty, miał odrywać pomniejsze kupony odpowiadające wartości kupowanych produktów. Hammer przemierzał ulice Moskwy przez długi czas, ale oprócz guzików, sznurowadeł i jabłek ze straganów nie udało mu się zakupić niczego innego. Kiedy zmęczony i głodny wrócił do hotelu, czekały tam na niego hordy szczurów i insektów oraz brudne i zatłuszczone posłanie łóżka. Hotel nie oferował posiłków, wobec czego Hammer zmuszony był udać się po kupony uprawniające do pobierania racji żywnościowych. Posiadając wspomniane kartki żywnościowe, należało udać się do państwowego punktu dystrybucji żywności i można było wymienić je na chleb, mięso i warzywa – oczywiście pod warunkiem, że punkt dystrybucji posiadał je na stanie. Kiedy Hammer dotarł już do punktu dystrybucyjnego, okazało się, że musi ustawić się w kolejce razem z setkami innych ludzi, a to, co nazywano żywnością, było w rzeczywistości breją powstałą z mieszanki okruchów czerstwego chleba, kilku spleśniałych ziemniaków i wszędobylskiego brudu.

Tak właśnie przedstawiały się wówczas rzeczywiste warunki egzystencji w stołecznym mieście, Moskwie.

Ale dopiero kiedy Hammer udał się do Okręgu Uralskiego doznał prawdziwego szoku. Dotkliwa susza kompletnie wyniszczyła plony lokalnej produkcji rolnej, tysiące rolników wystawało wzdłuż trasy linii kolejowej, a zobaczywszy pociąg od razu się na niego rzucali, tak że nawet dachy przejeżdżających pociągów pełne były ludzi. Uralskie dzieci były chorobliwie chude z głodu, a ponieważ nie mogły strawić zjedzonych liści i trawy, ich brzuchy były rozdęte jak bębenki. Na stacji kolejowej w Jekaterynburgu, w poczekalni piętrzyły się sterty zwłok ludzi pochłoniętych przez głód. Miały być one przetransportowane na pobliski cmentarz w celu pochówku, jednak wcześniej odzierano je z szat, gdyż żal było zmarnować takie ilości odzieży. Dzikie psy i wrony najadały się w tamte dni do syta. Tym, co wprawiało Hammera w zdziwienie, był fakt, że Okręg Uralski był bogaty w zasoby naturalne. Hammer widział magazyny wypełnione cennymi surowcami, takimi jak platyna, kamienie szlachetne i futra, widział liczne kopalnie cennego azbestu stojące na straży bogactwa regionu, nie mógł więc pojąć, jak to możliwe, że panował tu głód. Smykałka do interesów, jaką Hammer posiadał w genach, natychmiast podpowiedziała mu możliwość osiągnięcia korzyści materialnych z zaistniałej sytuacji – Hammer zasugerował lokalnemu rządowi, że za pośrednictwem swojej firmy zakupi w Stanach Zjednoczonych żywność o wartości miliona dolarów i przetransportuje ją na tereny najbardziej dotknięte klęską głodu w Okręgu Uralskim w celu przeciwdziałania jego skutkom, w zamian za co otrzyma lokalne surowce, które po powrocie do Stanów Zjednoczonych sprzeda na lokalnym rynku. Oczywiście przedstawiciele radzieckich władz bezzwłocznie przystali na tę propozycję. Kiedy Hammer powrócił do Moskwy, aby sfinalizować transakcję „żywność za surowce", Nowa Polityka Ekonomiczna Lenina właśnie wchodziła w życie. Biznesmenom pozwolono angażować się w wolny obrót towarami, rolnicy po opłaceniu podatku mogli sprzedawać nadwyżki produktów rolnych, drobne przedsiębiorstwa ponownie wróciły w prywatne ręce, a cudzoziemców zachęcano do podejmowania inwestycji. W późniejszym czasie, kiedy informacje o akcji żywnościowej Hammera, która ocaliła tysiące istnień ludzkich przed śmiercią głodową, dotarły do uszu Lenina. Lenin, podając Hammera za przykład, spotkał się z nim i zachęcił go, aby jako pierwszy w historii Amerykanin skorzystał z prawa eksploracji Uralu pod kątem poszukiwań miejsc wydobycia surowców[6].

Wraz z wdrożeniem Nowej Polityki Ekonomicznej moskiewski rynek odmienił się jak za dotknięciem magicznej różdżki – najróżniejsze towary zostały wprowadzone na półki, nie licząc szerokiej gamy żywności i delikatesów. Ustawione w rzędach na ladach sklepowych konkurowały ze sobą wyborne francuskie wina, oryginalne hawajskie cygara, wysokiej jakości brytyjska wełna czy drogie francuskie perfumy. Podstawowym założeniem dla wdrożenia Nowej Polityki Ekonomicznej i promocji intensywnego rozwoju handlu była stabilna waluta. Ponieważ ludzie już wcześniej stracili zaufanie do rubla, trudno im było także uwierzyć w program Nowej Polityki Ekonomicznej. Rosja sowiecka musiała z determinacją przeprowadzić istotne reformy systemu monetarnego. W październiku 1921 roku przywrócono do działania Narodowy Bank Rosji Radzieckiej, który w 1923 roku przyjął nazwę Narodowego Banku Związku Radzieckiego (Gosbank) i został wyniesiony na piedestał banku centralnego. Jednakże nawet najbardziej zaradna gospodyni nie jest w stanie przygotować strawy bez ryżu, a żeby ustabilizować walutę, konieczna była siła mocnych aktywów. W tamtym czasie – czy to za pomocą zdolności produkcji przemysłowej i rolnej, rezerw walutowych i złota, czy też narodowych oszczędności – nie było sposobu, aby odbudować ludzkie zaufanie wobec stabilności pieniądza.

I właśnie w tym najbardziej krytycznym momencie z pustego dzbana sowieckiego reżimu wylał się potok życiodajnej wody.

Wcześniej, po rewolucji październikowej w Rosji, stacjonujące na Syberii wojska carskie pod dowództwem admirała marynarki wojennej Aleksandra Kołczaka rozpoczęły swój przemarsz do Moskwy, jak tornado zgarniając po drodze warte 80 milionów funtów rezerwy złota z carskiego skarbca banku centralnego zlokalizowanego w Kazaniu. Następnie, kiedy żołnierze Kołczaka zostali ostatecznie rozgromieni przez Armię Czerwoną w drodze na Moskwę, zagarnięte złoto zostało ewakuowane na wschód wzdłuż linii kolei transsyberyjskiej. W okresie zimy syberyjskie mrozy kompletnie wyniszczyły morale pokonanej armii, której żołnierze zaraz po dotarciu do Irkucka dołączyli do rewolucjonistów. W szeregach pokonanej armii było wielu środkowoeuropejskich najemników, którzy dla własnego bezpieczeństwa i gwarancji powrotu do domów byli gotowi zawrzeć porozumienie z sowieckim rządem i w zamian za wydanie rządowi Kołczaka i carskich rezerw złota oczekiwali, że rząd sowiecki zapewni im bezpieczny powrót do domu na pokładach łodzi wypływających z Władywostoku[7].

Ostatecznie Sowietom udało się odzyskać rezerwy złota o wartości 50 milionów funtów brytyjskich. W tamtym czasie funt brytyjski miał wartość 10 taeli czystego srebra (10 razy 37,3 g), była więc to zawrotna suma pieniędzy o wartości 500 milionów taeli czystego srebra. W tym samym roku Japończycy w wyniku wojny japońsko-chińskiej wyprowadzili z Chin około 230 milionów taeli srebra i po ich częściowej wymianie na złoto w Wielkiej Brytanii, pomyślnie ustanowili system

---

[6]   Armand Hammer, *G.P. Putnam's Sons*, New York 1987, rozdz. 12.
[7]   Maurice Collis, *100 years HSBC Bank*, Zhonghua Book Company 1979, s. 109.

■ Banknot „czerwońca" wyemitowany w 1922 roku

■ Banknot „czerwońca" o nominale 10 rubli z 1937 roku.

yena japońskiego na podstawie parytetu złota. Ta ogromna ilość rezerw złota dała rządowi radzieckiemu solidne podstawy dla uwieńczonego sukcesem procesu stabilizacji waluty.

W 1922 roku Związek Radziecki wysłał swoich przedstawicieli na Konferencję Ekonomiczną w Genui, w której brały udział Stany Zjednoczone, Wielka Brytania, Francja, Niemcy i inne kraje. Przeforsowany przez Wielką Brytanię system parytetu złota oraz idea ustanowienia rezerw walutowych i rezerw złota wspólną podstawą do emisji własnej waluty przez inne kraje, wyraźnie wpłynęły na kierunek rozumowania Związku Radzieckiego. 11 października 1922 roku przedstawiciele ludowi autoryzowali Narodowy Bank Rosji do emisji banknotów zwanych „czerwońcami", mających nie mniej niż 25% pokrycia w rezerwach walutowych w złocie i walutach obcych. I choć Związek Radziecki borykał się z problemem poważnego deficytu dewiz, nie wykluczyło to możliwości ustanowienia standardu wymiany złota. Każdy czerwoniec zawierał 7,74234 g złota, co stanowiło równowartość 10 imperiałów (rubli epoki carskiej)[8]. W tym samym czasie rząd radziecki utrzymywał jednocześnie w obiegu emitowane wcześniej i poważnie zdewaluowane stare ruble, a także regularnie podawał do wiadomości publicznej parytet wymiany czerwońców i rubli papierowych.

Ludzie zwykli określać taką sytuację mianem „prawa Kopernika-Greshama", którego przesłanką jest zasada, że w czasach, kiedy ludzie nie mają wyboru co do waluty, powstaje sytuacja, że gorszy pieniądz wypiera ten lepszy. Brak możliwości wyboru oznaczał w tym przypadku, że to rząd wymuszał na ludności brak prawa do wyboru waluty – choć rynek gotowy był na przyjęcie lepszego pieniądza,

---

8   Xu Xiangmei, *Studium transformacji systemu bankowego w Rosji*, Chińskie Wydawnictwo Bankowe 2005. s. 33-37.

to w wyniku reżimowej kontroli recesji i słabego egzekwowania przepisów prawa, zmuszony był do przyjęcia gorszego pieniądza.

Dla przykładu, w drugiej połowie 1949 roku, w momencie klęski Kuomintangu (Chińskiej Partii Narodowej), komunistyczny rząd Chin absolutnie odmówił przyjęcia waluty złotego yuana i w obiegu automatycznie pojawił się słabszy pieniądz, srebrny yuan. Jednak jeśli rząd jest zdeterminowany, aby chronić interesy społeczeństwa i podejmuje inicjatywę mającą na celu stabilizację lepszego pieniądza, wtedy gorszy pieniądz szybciej może zostać wyparty z obiegu.

Na początku 1923 roku czerwońce stanowiły zaledwie 3% całkowitego wolumenu gotówki będącej w obiegu w całym Związku Radzieckim, do lutego 1924 roku ich udział w ilości będącej w obiegu gotówki stopniowo wzrósł do 83,6%. W ślad za ugruntowaniem statusu czerwońca jako legalnej waluty, rząd radziecki nakazał wstrzymanie obiegu starych rubli, a Skarb Państwa wyemitował obligacje na potrzeby recyklingu starej waluty. W 1924 roku Związek Radziecki zdecydował o emisji nowego rubla, kończąc tym samym reformę systemu monetarnego, czerwoniec nadal pozostawał walutą rozliczeniową, a nowy rubel wszedł do obiegu jako waluta transakcyjna, 1 czerwoniec odpowiadał wartością 10 nowym rublom.

Tym samym narodził się nowy sowiecki złoty rubel.

Stabilny złoty rubel wkrótce ukrócił szalejącą hiperinflację, znacznie przyspieszył obrót w handlu towarami i przyczynił się do sukcesu leninowskiej Nowej Polityki Ekonomicznej.

Spór na temat modelu rozwoju Związku Radzieckiego

Nowa Polityka Ekonomiczna Lenina była sukcesem. Uchroniła reżimowy rząd przed kryzysem zaufania w 1921 roku i pozwoliła uniknąć załamania sojuszu robotniczo-chłopskiego, ponadto przy ogólnym wsparciu ze strony robotników, rolników, rzemieślników, kupców, a nawet inwestorów zagranicznych, przyczyniła się do szybkiego rozwoju produkcji i handlu. W sercach ludu umocnił się duch sowieckiego reżimu. Obszar użytków rolnych wzrósł ze 148 milionów akrów w 1921 roku do 222 milionów akrów w 1927 roku, produkcja żywności podwoiła się, podobnie jak produkcja węgla, która wzrosła ponad dwukrotnie, produkcja wyrobów włókienniczych wzrosła czterokrotnie. W 1927 roku gospodarka sowiecka w końcu wróciła do przedwojennego poziomu z 1913 roku.

Niestety, śmierć Lenina w 1924 roku doprowadziła do fundamentalnej dyskusji na temat modelu rozwoju, jaki powinien obrać Związek Radziecki, a w niedługim czasie debata przerodziła się w zażartą walkę o władzę.

Polityka ekonomiczna każdego kraju w istocie napotyka na ograniczenia zasobów ludzkich, surowców i środków finansowych, co wymaga odpowiedniej techniki uzyskania maksymalnej wydajności gospodarczej i racjonalnej alokacji. Jednocześnie w różnych okresach historycznych, pod wpływem zróżnicowanych warunków zewnętrznych, wydajność i alokacja gospodarki powinna odzwierciedlać zróżnicowane priorytety i aspekty wymagające szczególnej uwagi. Wybory w zakresie polityki gospodarczej odzwierciedlają przede wszystkim wolę państw i ich rządów, niezależnie od tego, czy mamy do czynienia z ustanowieniem brytyjskiej hegemonii, początkiem rozwoju przemysłowego Stanów Zjednoczonych czy wyścigiem gospodarczym praktykowanym przez Niemcy, zawsze widać jasno zaznaczone wpływy danego państwa w wybranym przez nie modelu rozwoju gospodarczego. W rzeczywistości świat nigdy nie doświadczył bezwarunkowej gospodarki rynkowej i wolnego handlu. Ten rodzaj spontanicznie tworzonego niezależnego środowiska ekonomicznego nie istnieje w realnym świecie, a tak zwana gospodarka rynkowa jest w istocie tylko swego rodzaju narodową gospodarką rynkową.

Związek Radziecki stał zatem w obliczu wyboru modelu rozwoju gospodarczego, a wybierał między kontynuacją gospodarki rynkowej, a gospodarką planową.

Do 1926 roku ludność wiejska wciąż stanowiła aż 82% całkowitej populacji Związku Radzieckiego, a w przemysł zaangażowane było zaledwie 7 do 8% całkowitej siły roboczej, co sprawiło, że klasa robotnicza stanowiła silny element przywódczy bolszewików, co było nie do zniesienia. Z perspektywy Amerykanów i Brytyjczyków Związek Radziecki był zaledwie krajem rozwijającym się, niedorównującym nawet Brazylii czy Argentynie, a od najważniejszych krajów zachodnich dzieliła go pięćdziesięcioletnia, a nawet stuletnia przepaść[9].

Zarówno cele społeczne, jak również program gospodarczy ZSRR zakładały, że na całym świecie nie może istnieć klasa rządząca. Począwszy od 1918 roku zagraniczne interwencje zbrojne i blokady handlowe nie były niczym nadzwyczajnym, toteż normalny rozwój gospodarki, jakiego życzyłby sobie Związek Radziecki, był praktycznie niemożliwy.

Jak zatem w warunkach odbiegających od normy rozwijać gospodarkę i wzmacniać siłę narodową, a jednocześnie skutecznie zapewnić przetrwanie i rozwój radzieckiego reżimu? Związek Radziecki sformułował dwie szkoły myślenia.

Pierwsza frakcja uważała, że Nowa Polityka Ekonomiczna Lenina nie powinna być tylko krótkoterminowym założeniem praktycznym, a powinna raczej stać się podstawą strategii rozwoju gospodarczego Związku Radzieckiego. Mając w perspektywie nieprzerwaną poprawę standardu życia ludności, biorąc pod uwagę skoordynowany postęp rolnictwa, przemysłu lekkiego i przemysłu ciężkiego oraz sprzeciwiając się traktowaniu rolnictwa jako „krajowych obszarów kolonialnych", należało poświęcić interesy rolników w imię osiągnięcia niezbędnej do szybkiego rozwoju przemysłowego akumulacji pierwotnej kapitału.

Druga szkoła teoretyków myśli ekonomicznej uważała natomiast, że w obliczu oblężenia świata przez kapitalizm, chcąc pomyślnie ustanowić jakikolwiek kraj krajem socjalistycznym, konieczne jest w pierwszej kolejności zielone światło dla rozwoju przemysłu ciężkiego, który rozwijając się z maksymalną możliwą prędkością, może dać podstawy dla wytworzenia niezbędnego w tej sytuacji przemysłu zbrojeniowego. Przedstawiciele tej frakcji wyciągając wnioski ze spotykanych w przeszłości

---

[9] Armand Hammer, *G.P. Putnam's Sons.*

zachodnich interwencji zbrojnych i blokad handlowych uważali, że przyszła wojna
ze Stanami Zjednoczonymi jest nieunikniona, a jako że w tamtym czasie przemysł ciężki właściwie nie istniał, Nowa Polityka Ekonomiczna przewidywała zaś
jego rozwój dopiero w dalekiej przyszłości, było jasne, że bez centralizacji zasobów
ludzkich, surowców i kapitału całego kraju zbudowanie silnej gałęzi przemysłu
ciężkiego było w najbliższej przyszłości niemożliwe. Stąd też należało porzucić
założenia Nowej Polityki Ekonomicznej i wdrożyć plan pięcioletni jako podstawę
modelu szybkiej industrializacji kraju.

Z faktów historycznych późniejszego okresu wyciągnąć można wniosek, że
gdyby nie przyspieszenie industrializacji, Związek Radziecki nie miałby szans na
odparcie uderzenia ze strony nazistowskich Niemiec, czego wynikiem mógłby być
tylko upadek reżimu sowieckiego i ustanowienie ZSRR strefą okupacyjną Rzeszy
Niemieckiej. A gdyby Niemcy wspierali się w wojnie zasobami płynącymi ze Związku
Radzieckiego, to intensywność wywołanej przez nie wojny nabrałaby dodatkowego rozmachu. W takich okolicznościach ostateczny wynik drugiej wojny światowej
byłby zapewne inny niż znany nam dziś, a historia świata potoczyłaby się zupełnie
innym torem, który trudno sobie nawet wyobrazić. Możliwe, że rząd brytyjski skazany byłby na wygnanie, Stany Zjednoczone zapuściłyby korzenie w obu Amerykach,
Północnej i Południowej, a Chiny od dawna byłyby okupowane przez Japonię.

Ostatecznie to stalinowska strategia szybkiego uprzemysłowienia stała się modelem rozwoju wybranym przez Związek Radziecki. Stalin zasugerował, że Związek
Radziecki powinien dogonić zachodnie potęgi przemysłowe w okresie najbliższych
10 lat. Patrząc z mikroperspektywy, radziecka wydajność rozwoju przemysłu była
stosunkowo niska, jednak patrząc z perspektywy makro, radzieckie uprzemysłowienie
można zdefiniować jako skokowe. Po realizacji trzech planów pięcioletnich Związek
Radziecki zdołał zbudować silny system przemysłowy w zakresie produkcji samolotów,
samochodów, traktorów, stali czy chemii, stając się tym samym drugą na świecie po
Stanach Zjednoczonych potęgą przemysłową. Należy podkreślić, że narodziny radzieckiego przemysłu nastąpiły w bardzo krótkim czasie, były zakrojone na ogromną
skalę, a także – co nie ma precedensu w historii gospodarki światowej – odbyły się na
podstawie tylko i wyłącznie rodzimego kapitału, co w otoczeniu ogarniętego Wielkim
Kryzysem świata zewnętrznego stanowiło nie lada wyczyn. Jeszcze przed wybuchem wojny, w początku lat trzydziestych, liczba samolotów produkowanych rocznie w Związku Radzieckim wynosiła 4 tysiące, natomiast w czasie wojny roczna
produkcja samolotów osiągnęła zawrotną liczbę 30 tysięcy. Nawet potężne możliwości
produkcyjne przemysłu niemieckiego stopniowo uginały się przed rosnącą radziecką
mocą przemysłową, a w zakresie zdolności produkcyjnych w przemyśle militarnym
Związek Radziecki zbliżał się do potęgi Stanów Zjednoczonych.

Jakkolwiek radzieckie uprzemysłowienie było zdumiewającym osiągnięciem,
to ryzyko z nim związane było przerażające.

Wszelkie inwestycje w rozwój gospodarki muszą być zapewnione z puli środków rezerwowych, a Związek Radziecki przed uprzemysłowieniem nie miał żadnych rezerw, nie mógł także korzystać z rezerw zagranicznych, a jedynym sposobem
na dostarczenie akumulacji kapitału było stanowiące większą część gospodarki krajo-

■ Radziecki plan pięcioletni jako podstawa szybkiej industrializacji kraju.

wej rolnictwo. Gwałtowna industrializacja wymagała od rolników dostarczenia siły roboczej i żywności, jednak strategia priorytetowego rozwoju przemysłu ciężkiego doprowadziła do tego, że przemysł lekki nie miał do zaoferowania żadnych dóbr konsumpcyjnych dla rolników w zamian za dostarczaną przez nich żywność. Masowa migracja ludności wiejskiej przybywającej do miast w charakterze siły roboczej na potrzeby przemysłu sprawiła, że pozostali na wsiach rolnicy musieli dostarczać państwu coraz większe ilości żywności, dla siebie zachowując coraz mniejsze racje. Równocześnie trzeba było wykarmić powiększającą swoje szeregi Armię Czerwoną, co powodowało pogarszanie się sytuacji ludności rolniczej.

W normalnych warunkach rynkowych rolnicy, którzy są posiadaczami ziemskimi, mają prawo odmówić nieuczciwej wymiany towarów lub zażądać odpowiedniej ceny za swoje produkty – i dokładnie takie okoliczności obserwowano w zaistniałej sytuacji. W latach 1923-1927 ceny produktów przemysłowych znacznie przewyższyły ceny produktów rolnych, co doprowadziło do tego, że rolnicy nie chcieli sprzedawać płodów rolnych państwu. W 1927 roku ilość produktów rolnych sprzedanych państwu wyniosła tylko 13% całkowitych zbiorów, dla porównania w 1913 roku proporcja ta wynosiła 26%. W ten sposób rolnicy zdołali utrzymać wysoki standard życia, niestety jednak nastąpiło przerwanie źródła dostaw akumulacji kapitału na potrzeby industrializacji.

Pod wpływem tych okoliczności Stalin uznał, że tradycyjny model rolnictwa jest niewystarczający, aby móc skumulować popyt na potrzeby wspierania industrializacji oraz że konieczne będzie stworzenie obowiązkowych kołchozów i sowchozów, a także komunalizacja ziemi, narzędzi i zwierząt gospodarskich, co miało na celu zmusić rolników do produkcji, a także do tolerancji niższego standardu życia. W rezultacie rolnicy woleli pozabijać zwierzęta gospodarskie, aniżeli przekazać je za darmo na rzecz kołchozów i sowchozów. Począwszy od lat 1928-1933, kiedy to realizowano projekt tworzenia kołchozów, liczba bydła w Związku Radzieckim spadła z 30,7 miliona sztuk do 19,6 miliona sztuk, liczba owiec dramatycznie spadła ze 146 milionów do 50 milionów sztuk, koni z 33,5 miliona do 16,6 miliona sztuk, a entuzjazm produkcyjny ludności wiejskiej został wyraźnie stłumiony[10]. Od tamtej pory aż do upadku Związku Radzieckiego rolnictwo stało się poważnym schorzeniem reżimu sowieckiego, gdyż mimo rozległego terytorium, radzieckie ziarno

---

[10] Carroll Quigley, *Tragedy and Hope: A History of The World in Our Time*, The Macmillan Company, New York 1966, s. 392-402.

często nie było w stanie wyżywić radzieckiej populacji. Państwo, które za czasów Rosji carskiej było jednym z głównych światowych eksporterów zboża, w później-szym okresie sowieckim stało się krajem coraz bardziej korzystającym z importu żywności. Po 1970 roku skala importu żywności przez ZSRR stała się poważnym zagrożeniem dla radzieckiej stabilności politycznej i gospodarczej. Wreszcie, to wła-śnie kryzys żywnościowy był ważną przyczyną niedoboru towarów, tworzenia się grup uprzywilejowanych, niezadowolenia społecznego, nierównowagi handlowej i ostatecznie upadku ekonomicznego Związku Radzieckiego.

Niemcy dostarczają moc, a industrializacja Związku Radzieckiego nabiera tempa

Przemysł, ze szczególnym uwzględnieniem przemysłu ciężkiego i przemysłu zbrojeniowego, oprócz ogromnych inwestycji kapitałowych, wymaga dodatkowo posiadania specjalistycznej technologii produkcji, zaawansowanej organizacji i zarządzania, zintegrowanego wyposażenia, wszelkiego rodzaju profesjonalnych zasobów personalnych, a współczynnik penetracji świata przez rewolucję przemy-słową, jej intensywność i zasięg, determinują losy państwa w XX wieku.

Jeszcze w latach dwudziestych XX wieku Związek Radziecki był krajem typowo rolniczym, a także państwem socjalistycznym, wobec którego zachodnie kraje wprowadzały szczelne blokady gospodarcze. Po siedmiu latach zaangażo-wania w konflikty międzynarodowe i wojnę domową, które przyniosły poważne zniszczenia, gospodarka Związku Radzieckiego dopiero co nabierała rozmachu, po epoce carskiej Rosji pozostały tylko nieliczne przestarzałe urządzenia i przestarzałe technologie, mające stanowić podstawę rozwijającego się przemysłu. Czy wobec tego w tej sytuacji Stalin nie wydawał się szaleńcem myśląc, że możliwe jest dogo-nienie zachodnich rozwiniętych przemysłowo krajów w okresie zaledwie 10 lat?

Na początku lat dwudziestych XX wieku, rozpoczynający swoją przy-godę w roli kontrahenta radzieckich kopalni azbestu, Hammer nie mógł sobie nawet wyobrazić, do jakiego stopnia zacofane były technologia przemysłowa i ekwipunek Rosji radzieckiej. „W całym moim życiu nie spotkałem się dotąd z tak przestarzałym podejściem w metodach kopalnianych. Robotnicy przy pomo-cy własnych, niezdarnych rąk i kilofów wydobywają surowce, a wydrążenie otwo-ru wystarczającego na podłożenie materiałów wybuchowych zajmuje przeciętnie około 3 dni. Roztrzaskane rudy metali ładowane są do koszy umieszczonych na plecach robotników, z którymi ci wędrują wysoko w górę, gdzie usadzeni w rzędach inni robotnicy przy pomocy młotów rozłupują kamienie na mniejsze kawałki. Po uprzednim oczyszczeniu rud, transportuje się je do oddalonej o 10 kilometrów stacji kolejowej przy użyciu małych rolniczych wózków". Ten prymitywny spo-sób wydobycia złóż reprezentował ogólny poziom uprzemysłowienia ówczesnego Związku Radzieckiego, który skrajnie odbiegał od poziomu nowoczesnego przemysłu zachodniego w tamtym czasie. Pierwszą kwestią, którą zajął się Hammer, było unowocześnienie narzędzi wykorzystywanych do wydobycia, sprowadził prądnicę (generator) oraz świdry pneumatyczne ze Stanów Zjednoczonych, ręczne młoty zastąpił rozdrabniarkami, a zmechanizowanie procesu wydobycia stało się lokalną sensacją. Hammer zamienił tradycyjne piły do drewna na piły łańcuchowe, co pozwalało skrócić czas wycinki lasów i sprawiło, że prace, które wcześniej zajmowały cały dzień, mogły być teraz wykonane w przeciągu kilku minut. Ludność rosyjska z okolic w promieniu 25 kilometrów przybywała do kopalni Hammera ciągnąc ze sobą drewno z własnych domów, aby móc zobaczyć na własne oczy, jakim cudem piła łańcuchowa tnie drewno niczym „nóż masło".

W ślad za pierwszym krokiem, jakim była dyfuzja urządzeń technologicznych, poszło szkolenie personelu – Hammer nie tylko wprowadził do użytku ciągniki firmy Forda, ale także sprowadził inżynierów z tej firmy w celu przeszkolenia radzieckiego personelu w zakresie obsługi tych maszyn, ucząc ich między innymi, jak przy pomocy ciągnika pompować wodę, ciąć drewno, napędzać generatory i orać grunty. Kiedy 50 potężnych traktorów ruszyło z portu w kierunku centrum miasta, wywołało to ogromną panikę, Rosjanie myśleli bowiem, że to amerykańskie i brytyjskie czołgi zaczęły inwazję na Związek Radziecki. Później, kiedy Rosjanie opanowali już umiejętność posługiwania się traktorami w celu orania gruntów, tysiące gapiów ustawiało się wzdłuż pól, aby podziwiać te nowoczesne zabawki sprowadzone ze Stanów Zjednoczonych.

Nie było więc nic dziwnego w słowach wypowiedzianych przez Lenina, że radziecka industrializacja pozostaje w tyle za zachodnią o jakieś 50-100 lat.

W 1927 roku gospodarka rosyjska reprezentowała poziom porównywalny do gospodarki chińskiej z 1953 roku. Przeprowadzone w Chinach w latach pięćdziesiątych XX wieku przy wsparciu Związku Radzieckiego 156 projektów przemysłowych, dało podstawę do dalszego uprzemysłowienia kraju. Dla kraju typowo rolniczego technologia i urządzenia przemysłowe, tak samo jak ich ogromna wydajność, wydawały się czymś magicznym i niepojętym, a przyswojenie umiejętności korzystania z tych urządzeń i technologii wymagało długiego czasu, nie wspominając już o opanowaniu umiejętności z zakresu produkcji tych skomplikowanych urządzeń przemysłowych. Wymagało to bowiem nie tylko szerokiej wiedzy teoretycznej, ale także praktycznego doświadczenia w produkcji masowej oraz w zakresie organizacji i zarządzania możliwościami produkcyjnymi. Czy gdyby w tamtym czasie Związek Radziecki i inne kraje socjalistyczne Europy Wschodniej nie udzieliły Chinom kredytów o łącznej wartości ponad 2,4 miliarda dolarów, gdyby Związek Radziecki nie wysłał do Chin ponad 18 tysięcy ekspertów, którzy przywieźli ze sobą rysunki techniczne i diagramy wszystkich urządzeń i instalacji przemysłowych, gdyby nie szkolenia, które w ciągu następnych 13 lat przeprowadzono dla chińskich inżynierów i pracowników technicznych, to czy Chiny rzeczywiście zdołałyby zbudować fundamenty przemysłu ciężkiego w dziedzinach hutnictwa żelaza i stali, metali nieżelaznych, petrochemii, obróbki, motoryzacji, stoczni, przemysłu elektronicznego czy produkcji samolotów? Ten rodzaj wsparcia, jakim był transfer technologii przemysłowej na wzór Związku Radzieckiego, pozwolił Chinom na uformowanie własnej zdolności przemysłowej i znaczył więcej niż pomoc finansowa w wysokości 2,4 czy nawet 10 miliardów dolarów.

Z tego samego powodu w latach dwudziestych XX wieku leżące u podstaw wytycznych Stalina założenie o doścignięciu zachodnich potęg przemysłowych przez Związek Radziecki w okresie nadchodzących 10 lat nie miałoby szans na powodzenie, gdyby nie zakrojony na szeroką skalę transfer technologii przemysłowej z zachodu. A zatem kto, w ówczesnych warunkach historycznych, mógł sobie pozwolić na taki gest względem Sowietów?

Odpowiedź na to pytanie nadeszła wraz z zakończeniem pierwszej wojny światowej. Były to w każdej chwili gotowe odejść od postanowień Traktatu Wersalskiego i chętne pomścić doznaną zniewagę Niemcy.

Po ratyfikacji Traktatu Wersalskiego na samym początku 1920 roku, na jego mocy zastosowano wobec Niemiec wiele nakazów mających na celu demilitaryzację Niemiec, które – choć uważały je za poważną zniewagę – zmuszone zostały między innymi do zlikwidowania wojskowych służb powietrznych, marynarki wojennej, czołgów i artylerii dużego kalibru, karabinów przeciwpancernych i sprzętu ciężkiego, a dodatkowo do redukcji liczebności armii niemieckiej do liczby 100 tysięcy żołnierzy. Naród niemiecki cierpiał z powodu urażonej niesprawiedliwym traktowaniem wrodzonej dumy i, co oczywiste, pielęgnował tym samym silne dążenie do sprzeciwu wobec zaistniałej niesprawiedliwości. Co więcej, niemieccy giganci przemysłu zbrojeniowego i militarnego jawnie tę wolę buntu demonstrowali. Rozumieli oni jednak, że w tamtym czasie siły brytyjskie i francuskie miały znaczną przewagę, pojmowali także, że jakakolwiek konfrontacja byłaby drogą donikąd, aczkolwiek sekretnie nigdy nie wyzbyli się chęci podejmowania prób „pośredniego wybawienia ojczyzny". W tamtym okresie Związek Radziecki wydawał się być najodpowiedniejszym partnerem mogącym pomóc w realizacji tych prób.

W 1922 roku, kiedy to na Konferencji Ekonomicznej w Genui Wielka Brytania stojąca na czele Ligi Narodów podjęła próbę promowania wśród banków centralnych poszczególnych państw opracowanego przez Normana systemu parytetu wymiany złota, zarówno Niemcy, jak i Związek Radziecki wysłały swoich przedstawicieli, aby uczestniczyli w odbywającej się w Genui konferencji. Jednak przedstawiciele pokonanych w wojnie Niemiec mogli tylko z zazdrością słuchać dyskusji toczonych w trakcie konferencji, a przedstawiciele Związku Radzieckiego traktowani byli jako jeszcze bardziej odmienni od zebranego tam towarzystwa, toteż wspólne poczucie „osierocenia" wśród tej międzynarodowej społeczności sprawiło, że przedstawiciele tych dwóch państw mieli poczucie „bycia ludźmi tego samego wykluczonego świata" i zapałali do siebie wzajemną sympatią i zrozumieniem. Podczas tego spotkania Niemcy i Związek Radziecki podpisały niemiecko-sowiecki układ w Rapallo, na mocy którego zobowiązały się do wzajemnego umorzenia wszelkich reparacji wojennych, do odbudowy relacji dyplomatycznych między obydwoma krajami oraz do zacieśnienia sojuszu handlowego[11]. Wielka Brytania i Francja były zszokowane.

---

[11]   *League of Nations Treaty Series*, t. 19 327L 1923.

■ Niemcy i Związek Radziecki podpisują Układ w Rapallo
w trakcie Konferencji Ekonomicznej w Genui w 1922 roku.

Niemcy w bardzo krótkim czasie stały się największym partnerem handlowym Związku Radzieckiego.

Pod wpływem nacisków ze strony Wielkiej Brytanii i Francji Niemcy ponownie stały się wrogie wobec Polski, a przyjaźń ze Związkiem Radzieckim oznaczała nie tylko wiele korzyści płynących dla obu stron z wymiany handlowej, lecz także – na polu politycznym i militarnym – miała na celu osłabienie Polski, co odgrywało znaczącą rolę w kwestii osłabienia presji ze strony Wielkiej Brytanii i Francji.

Nazwany przez potomnych „ojcem niemieckiego Wehrmachtu" generał Hans von Seeckt, był inicjatorem forsującym ustanowienie współpracy wojskowej i przemysłowej z Sowietami. W czasie pierwszej wojny światowej Seeckt stał się przywódcą duchowym armii niemieckiej i choć został zmuszony przez Wielką Brytanię i Francję do rezygnacji ze stanowiska Szefa Sztabu Generalnego wojska niemieckiego, to po zakończeniu wojny i zlikwidowaniu Sztabu Generalnego von Seeckt zaczął organizować armię niemiecką od nowa pod nazwą Reichswery, chcąc w ten sposób zachować wolę walki wśród narodu niemieckiego. W odpowiedzi na ograniczenie liczebności armii niemieckiej do 100 tysięcy żołnierzy, von Seeckt uznał za konieczne, aby każdy niemiecki żołnierz stanowił zalążek potencjalnej przyszłej armii, aby każdy miał przygotowanie odpowiednie, by w przyszłości zostać generałem lub marszałkiem. Wówczas, w chwili, gdy ruszy wojenna machina, te 100 tysięcy żołnierzy będzie gotowych, żeby natychmiast przeszkolić kolejne miliony żołnierzy. Wielu marszałków z okresu drugiej wojny światowej, takich jak Rommel, Bock czy von Rundstedt, wyszło ze szkoły von Seeckta. W późniejszym okresie von Seeckt przybył także do Chin, gdzie pełnił funkcję doradcy Czang Kaj-szeka, którego życie już na zawsze pozostało pod wpływem trzech podstawowych zasad, jakie wpoił mu von Seeckt: armia stanowi fundament władzy politycznej, siła armii leży w jej doskonałej jakości kwalifikacjach, potencjał bojowy armii leży w kwalifikacjach jej oficerów.

W istocie, w czasach Republiki Weimarskiej w Niemczech, to właśnie stutysięczna Reichswera była czynnikiem decydującym

■ Ojciec niemieckiej Reichswery,
Hans von Seeckt.

o możliwości konsolidacji reżimu. Także Hitler po dojściu do władzy, chcąc zachować autorytet nazistów, musiał współpracować z Reichswerą, posuwając się do likwidacji własnych oddziałów szturmowych – Sturmabteilung. To właśnie dlatego, że Hitler nie ufał Reichswerze, jak również nie był w stanie do końca jej kontrolować, zdecydował o stworzeniu własnych nazistowskich oddziałów paramilitarnych SS, których głównym założeniem było równoważenie sił Reichswery.

Ocena von Seeckta względem niemiecko-sowieckiego układu z Rapallo przedstawiała się następująco: „Choć stosunki handlowe ze Związkiem Radzieckim przynoszą dla Niemiec korzyści, to jednak głównym aspektem układu nie są korzyści ekonomiczne, kluczem jest tu jego polityczne znaczenie. Rozwój w stosunkach radziecko-niemieckich jest póki co pokojowy, a jedyną korzyścią uzyskaną przez Niemcy jest ich umocnienie. Postęp w tej relacji, tak jak to być powinno, rozpoczął się ogólnie od współpracy gospodarczej, a jednak siła niemiecko-sowieckiej współpracy leży w potencjalnych możliwościach utorowania drogi dla współpracy politycznej i militarnej"[12].

Na początku 1921 roku von Seeckt utworzył w szeregach Reichswery oddział o kryptonimie „grupa R", za której działania odpowiedzialny był jego zaufany człowiek Kurt von Schleicher (w 1932 roku powołany na urząd kanclerza, utorował drogę do władzy Hitlerowi i nazistom) i współpracujący bezpośrednio z ludowym komisarzem handlu zagranicznego Rosyjskiej Federacyjnej Socjalistycznej Republiki Radzieckiej (RFSRR)/ZSRR. Głównym zadaniem tej jednostki było ustanowienie tajnej pomocy dla przemysłu zbrojeniowego w Związku Radzieckim. We wrześniu 1921 roku przedstawiciele obydwu stron, sowieckiej i niemieckiej, odbyli tajną naradę w apartamencie Schleichera, gdzie zdecydowano o szczegółach współpracy w zakresie realizacji umowy o pomocy finansowej i technologicznej przez Niemcy na rzecz przemysłu zbrojeniowego w Związku Radzieckim. Oczywiście w zamian za pomoc ze strony Reichswery, Związek Radziecki zobowiązany był pozwolić niemieckim wojskom na stworzenie w granicach ZSRR wymaganej na potrzeby przemysłu zbrojeniowego bazy arsenałowej i szkoleniowej.

W następstwie porozumienia Schleicher w imieniu armii niemieckiej powołał wiele firm widm (spośród których powszechnie znana jest GEFU), których zadaniem był transfer pierwszej transzy pomocy finansowej w wysokości 75 milionów marek z armii niemieckiej na rzecz przemysłu zbrojeniowego w Związku Radzieckim. W marcu 1922 roku pierwsza grupa niemieckich ekspertów wojskowych przybyła do Związku Radzieckiego. Już po miesiącu, niemiecki producent samolotów Junkers rozpoczął budowę nowoczesnej fabryki na przedmieściach Moskwy, w okolicach Fili; w południowej części ZSRR firma zbrojeniowa Krupp rozpoczęła budowę fabryk produkujących ciężką artylerię. Następnie w Związku Radzieckim stopniowo zaczęły powstawać niemieckie wojskowe szkoły lotnicze, instytuty badawcze czołgów, zakłady produkujące broń chemiczną czy bazy budowy okrętów podwodnych[13].

Wielu niemieckich ekspertów wojskowych wysłanych do Związku Radzieckiego, ramię w ramię pomagało sowieckim inżynierom w budowaniu potężnych

---

[12]   John Wheeler-Bennett, *The Nemesis of Power*, Macmillan, London 1967, s. 133.
[13]   *Ibid.*

■ **Zdjęcie grupowe niemieckich inżynierów wojskowych**
w radzieckiej fabryce broni chemicznej, 1928 rok.

zakładów produkcyjnych, samolotów, czołgów, ciężkiej artylerii, produktów chemicznych i innych. Oddanie do eksploatacji wspomnianych fabryk, z jednej strony, pozwoliło Związkowi Radzieckiemu uzyskać transfer niezwykle cennej, zaawansowanej technologii produkcji przemysłowej, przeszkolić rzeszę inżynierów w branży militarnej, a jednocześnie posiąść wiedzę w zakresie umiejętności zarządzania precyzyjną niemiecką technologią produkcji i wyraźnie zredukować przepaść technologiczną dzielącą Związek Radziecki od krajów uprzemysłowionych. Z drugiej strony, fabryki te umożliwiły Niemcom testowanie w praktyce różnych nowych technologii i wynalazków, produkcję wszelkiego rodzaju ciężkiej artylerii i samolotów wojskowych zabronioną na mocy Traktatu Wersalskiego, a także zapewniły, że wiodącej w świecie prym niemieckiej technologii przemysłowej nie groził regres. Niemcy pod przykrywką pięcioletniej współpracy w zakresie przemysłu militarnego ze Związkiem Radzieckim uniknęły kontroli ze strony brytyjskich i francuskich inspektorów mających za zadanie sprawdzić, czy niemiecki przemysł zbrojeniowy spełnia dyrektywy Traktatu Wersalskiego.

Ponad pięcioletni okres miesiąca miodowego we współpracy niemiecko--sowieckiej w zakresie przemysłu militarnego w latach 1922-1927 był jednocześnie okresem krytycznym w kwestii debaty nad doborem drogi, jaką Związek Radziecki miałby podążać ku industrializacji. To właśnie dzięki pomocy niemieckiego przemysłu wojskowego Związek Radziecki zdobył wszystko, co wymagane na potrzeby industrializacji, a więc technologię, maszyny, doświadczenie i wykwalifikowany personel. Kiedy Związek Radziecki w 1928 roku rozpoczął realizację pierwszego planu pięcioletniego, wystarczyło tylko na dużo większą skalę rozdmuchać tę cenną dyfuzję technologii przemysłowej, aby koło wielkiej maszyny industrializacji zaczęło się toczyć.

Ekspansja Imperium Rubla

*Odrzucenie przez Moskwę propozycji udziału w systemie monetarnym
z Bretton Woods oraz wejścia w obszar pozbawiony kontroli i barier
handlowych nie było wynikiem zimnej wojny, ale jej przyczyną[14].*

John Lewis Gaddis

Po zakończeniu drugiej wojny światowej prysł amerykański sen o wcieleniu
Związku Radzieckiego i Europy Wschodniej do granic Imperium Dolara. Początkowo ugodowo nastawione Stany Zjednoczone zostały w końcu popchnięte do
drastycznego kroku, jakim było skazanie Związku Radzieckiego i krajów Europy
Wschodniej na „ekonomiczne wygnanie", a także trzymanie ich w granicach „do-
żywotniego więzienia" na polu politycznym i militarnym. Kiedy w 1947 roku Stany
Zjednoczone rozpoczęły swoją strategię „dolaryzacji" Europy, Związek Radziecki
i kraje Europy Wschodniej zostały z niej wykluczone.

Plan Marshalla był zasadniczo alternatywą dla niemieckich reparacji wojennych i miał na celu osiągnięcie dominacji amerykańskiej siły finansowej nad
powojenną rekonstrukcją Europy, a w tym samym czasie zadawanie poważnych
ciosów próbom powojennej odbudowy gospodarki radzieckiej. W ramach postanowień konferencji jałtańskiej i deklaracji poczdamskiej jasno określono,
że reparacje wojenne Niemiec na rzecz Związku Radzieckiego polegać będą na
zezwoleniu na korzystanie z dostarczonych wcześniej maszyn przemysłowych,
przedsiębiorstw, pojazdów, floty i surowców, jednocześnie wiadomo było, że w czasie wojny Związek Radziecki poniósł dotkliwe szkody i niemalże całkowicie
utracił możliwość eksportu w celu gromadzenia dewiz. Oznaczało to, że to niemieckie reparacje wojenne miały stanowić główne zasoby zewnętrzne na proces
odbudowy radzieckiej gospodarki. Istotą planu Marshalla było zawoalowane zniesienie niemieckich reparacji wojennych na rzecz Związku Radzieckiego w zamian
za amerykańską pomoc finansową udzieloną Europie. Chociaż z zewnątrz wydawało się, że pomoc ta jest także skierowana do Związku Radzieckiego i krajów
Europy Wschodniej, to proponowane w ramach planu Marshalla liberalizacja
gospodarki i inne warunki zupełnie nie przystawały do systemu gospodarki
planowej Związku Radzieckiego, a tym samym „wymuszały" wykluczenie ZSRR
i Europy Wschodniej z kręgu beneficjentów.

Wobec powyższego Związek Radziecki w rezultacie zakrojonego na ogromną skalę demontażu sprzętu ciężkiego i odesłania wszystkich cennych części
do Niemiec, „wyszarpał" reparacje wojenne w wysokości blisko 66 miliardów
marek, a co więcej, nie zapomniał o najcenniejszym i najbardziej kreatywnym
bogactwie płynącym z dyfuzji technologii – o wykwalifikowanej kadrze. Chociaż
Amerykanom udało się wyprowadzić ze Związku Radzieckiego 120 najlepszych
niemieckich naukowców, to Sowieci zdołali zatrzymać w granicach swojego

---

[14]   Michael Hudson, *Super Imperialism – New Edition*, rozdz. 6.

kraju pozostałych 3500 wybitnych inżynierów i pracowników technicznych, którzy uznali za zaszczyt możliwość stanowienia rdzenia szkieletu radzieckiego przemysłu rakietowego.

Nie otrzymując pomocy w postaci dolarów amerykańskich, Związek Radziecki własnym wysiłkiem w krótkim okresie 5 lat osiągnął gwałtowne ożywienie gospodarcze, a w latach pięćdziesiątych XX wieku poziom produkcji przemysłowej przekroczył ten sprzed wojny. Wraz z odzyskaniem siły ekonomicznej Związek Ra-

■ W latach pięćdziesiątych i sześćdziesiątych XX wieku radziecka hegemonia znajdowała odzwierciedlenie nie tylko w dziedzinach polityki i wojskowości, lecz także w wyścigu walut.

dziecki, skazany przez politykę Stanów Zjednoczonych na „wygnanie", rozpoczął „zwodniczy" kontratak. We wczesnych latach pięćdziesiątych XX wieku Związek Radziecki rozpoczął ofensywę ekonomiczną najsłabszych obszarów w obrębie Imperium Dolarowego.

Z perspektywy Imperium Dolarowego, za każdym razem, kiedy radziecka Rosja rozszerzała swoje gospodarcze wpływy na kolejny region lub państwo, Ameryka traciła kolejny rynek.

Proklamowanie Chińskiej Republiki Ludowej sprawiło, że Stany Zjednoczone straciły największe w rejonie zachodniego wybrzeża Pacyfiku terytorium okupowane przez dolara. Masowa pomoc radziecka dla Chin na początku lat pięćdziesiątych XX wieku oznaczała, że proces industrializacji w Chinach zostanie znacznie przyspieszony, a tym samym powstanie potencjalne zagrożenie wobec amerykańskiego imperium.

Równocześnie Związek Radziecki rozpoczął serię wywrotowych ataków na obszar funta w rejonie Bliskiego Wschodu. Kryzys sueski z 1956 roku spowodował, że siły brytyjskie i francuskie w Egipcie zostały poważnie osłabione przez Stany Zjednoczone, a Stany Zjednoczone nie zawahały się nałożyć na Wielką Brytanię i Francję poważnych sankcji mających na celu zapobieżenie ponownemu umocnieniu brytyjskiego i francuskiego systemu kolonialnego. Jednakże po pokonaniu sił brytyjskich i francuskich, Stanom Zjednoczonym nie wystarczyło czasu na wprowadzenie dolara, jako że radziecki rubel błyskawicznie wkroczył na scenę. Do 1958 roku rubel był już obecny w Egipcie, Syrii i Jemenie.

Z punktu widzenia Egiptu pomoc rublowa odpowiadała długoterminowym interesom rozwoju gospodarczego tego kraju. Egipt opracował swój własny plan pięcioletni obejmujący wszystkie dziedziny nowoczesnej gospodarki, a Związek Radziecki wyraził gotowość dostarczenia wszelkich potrzebnych środków. Oczywiście nie była to manna spadająca z nieba, a Związek Radziecki nie angażował się w tym przypadku w działalność charytatywną. Ponieważ przy użyciu systemu z Bretton Woods Stany Zjednoczone zbudowały Imperium Dolarowe, to Związek

Radziecki, aby móc przełamać bariery strefy dolarowej, zmuszony był do ustanowienia własnego Imperium Rublowego. Istotą udzielanej pomocy gospodarczej było rozszerzenie strefy wpływów rubla poprzez agresywne wkroczenie na teren strefy dolarowej. Dlatego też Związek Radziecki udzielił Egiptowi długoterminowego kredytu w rublach o wartości 178 milionów dolarów, którego spłata rozłożona była na 12 lat, a oprocentowanie wynosiło zaledwie 2,5%, to jest o połowę niższe od oprocentowania ówczesnych zachodnich kredytów komercyjnych[15]. Związek Radziecki był skłonny zapłacić każdą cenę, ażeby tylko umożliwić rublowi zajęcie przyczółku w Afryce Północnej. Na egipskich pustyniach zaczęły działać nowoczesne radzieckie sprzęty wiertnicze, a plany rafinerii ropy naftowej mające stać się podstawą przyszłego rozwoju Egiptu, także zaczęły rozwijać się w zawrotnym tempie. W celu ekonomicznego powiązania Egiptu ze strefą rubla, Związek Radziecki otworzył potężne drzwi rodzimego rynku dla egipskich produktów bawełnianych, zapewniając Egiptowi możliwość wymiany dewiz, a w tamtym czasie, dla wykluczonego z zachodniego rynku Egiptu, było to działanie trafione w samo sedno jego potrzeb. Co więcej, Związek Radziecki dodatkowo zaopatrywał Egipt w deficytową żywność i paliwo. Egipcjanie odczuli ulgę, otrzymali bowiem nie tylko transfer cennej technologii, lecz także radziecki rynek eksportowy i towary deficytowe, a jednocześnie zyskali ochronę polityczną i wojskową ze strony ZSRR.

Import bawełny do Związku Radzieckiego odbywał się po cenach znacznie wyższych niż na rynku światowym, co sprawiło, że rynek zachodni stracił zainteresowanie względem rynku egipskiego. Po zgromadzeniu ogromnych zapasów bawełny, Związek Radziecki miał nadzieję zahamować handel bawełną na rynkach zachodnich i tym samym zadać cios porządkowi gospodarczemu Imperium Dolarowego. Stany Zjednoczone niosące na swoich barkach ciężar odpowiedzialności za utrzymanie porządku na rynkach światowych były wściekłe, obserwując partyzanckie praktyki rynku sowieckiego. Nabywanie bawełny po wysokiej cenie, a następnie podwyższanie tej ceny o koszty obróbki na urządzeniach przemysłowych i jej zyskowna sprzedaż sprawiły, że radziecki kalkulator gospodarczy pracował na nie mniejszych niż amerykański obrotach.

W Syrii radzieccy inżynierowie zajęci byli odwiertami. Radzieccy eksperci naftowi wkraczali w końcową fazę przygotowań do wydobycia ropy w północno-wschodniej pustynnej części kraju. W całym kraju szukano odpowiedniej lokalizacji na mającą powstać w przyszłości fabrykę konstruującą samoloty. Jeszcze bardziej uszczęśliwiał ludzi Środkowego Wschodu fakt, że Związek Radziecki był gotowy do zainstalowania reaktorów jądrowych w tym rejonie, a na potrzeby przyszłych elektrowni jądrowych udzielał hojnych pożyczek w rublach[16].

Nie tylko Związek Radziecki, ale także kraje Europy Wschodniej brały aktywny udział w sowieckiej strategii ekspansji rubla. Czechosłowacja zbudowała w Egipcie największy w Afryce system produkcji zbrojeniowej, a z przedmieść Kairu uczyniła

---

[15]   Howard K. Smith, *The Rubble War: A Study of Russia's Economic Penetration versus US Foreign Aid*, Columbia Broadcasting System, Inc., 1958.

[16]   *Ibid.*

największego w okolicy producenta ceramiki. W Jemenie radzieccy inżynierowie zainicjowali budowę największego, nowoczesnego portu na Morzu Czerwonym, która stała się największym w historii Jemenu projektem publicznym. Chiny również nie pozostawały w tyle i wzięły udział w koordynowanym przez Związek Radziecki projekcie budowy drogi łączącej jemeńskie miasta Sana i Al-Hudajda.

W Jordanii natomiast doszło do bezpośredniej konfrontacji rubla i dolara. Od czasu wycofania stamtąd sił funta brytyjskiego w 1957 roku niepodzielnie panował tam dolar. Stany Zjednoczone pozostawały jednak wciąż niezdecydowane co do Jordanii, nie mając pomysłu na to, jaką rolę mogłoby odegrać to małe państwo. Z punktu widzenia Związku Radzieckiego dopóki strefa dolarowa pozwalała na wykrojenie dla siebie nawet najmniejszego kawałka terytorium, dopóty rubel miał okazję zawiązać przynajmniej przyczółek, a w przyszłości zawsze mogła nadarzyć się okoliczność, aby pozostające w stanie rozproszenia bazy rublowe połączyć w jedną wielką strefę wpływów radzieckiego rubla. Jordania z kolei śniła swój sen o wspaniałej industrializacji, do której kluczem była obejmująca cały kraj arteria komunikacyjna. Podczas gdy Stany Zjednoczone nie mogły się zdecydować, z pomocą przyszli Polacy i Jugosłowianie przywożąc ze sobą ruble, a Jordania, oczekując zbyt długo na postęp w procesie zatwierdzania kredytu pomocowego, straciła resztki cierpliwości do Stanów Zjednoczonych. Strefa rubla przekroczyła kolejne mury.

Azja zajmowała znaczącą pozycję w trakcie trwania wojny o dominację między rublem i dolarem. Azja to nie tylko rozległe terytorium zamieszkane przez niemalże jedną czwartą światowej populacji, ale także system najliczniejszych i najważniejszych kolonii europejskich, której różnorodność zasobów i bogactwo surowców stanowiły nie tylko bardzo strategiczne dla Stanów Zjednoczonych terytoria, mające zapobiegać ponownemu odrodzeniu strefy szterlingowej, lecz także będące linią graniczną przeciwdziałania penetracji gospodarczej przez radzieckiego rubla. Od samego początku powojennej rekonstrukcji gospodarczej Stany Zjednoczone uznawały ten rejon za kosztowny i zadecydowały o przekazaniu na jego potrzeby wysokich kwot pożyczek pomocowych w wysokości miliarda dolarów. Stany Zjednoczone nie tylko zapewniły pomoc finansową, ale także otworzyły swój rynek dla krajów azjatyckich, mając przed sobą tylko jeden cel, a mianowicie ścisłe połączenie będących pod rządami Kuomintangu Chin, Japonii, Korei i innych państw Azji Południowo-Wschodniej ze strefą wpływów dolara amerykańskiego. Do połowy lat pięćdziesiątych XX wieku Azja stała się terytorium okupowanym przez dolara amerykańskiego. Nic dziwnego, że po wycofaniu się Kuomintangu z Chin kontynentalnych, Amerykanie ze zdziwieniem wykrzyknęli, że „ktoś porzucił Chiny". Bardziej adekwatne wydawałoby się tutaj stwierdzenie, że „ktoś porzucił terytorium chińskiego Imperium Dolarowego".

Kiedy Sowieci odetchnęli po trudnościach związanych z powojenną odbudową gospodarki, w latach pięćdziesiątych przystąpili do masowej ofensywy rublowej w Azji. W ciągu zaledwie 3 lat, to jest w latach 1955-1958, Związek Radziecki przekazał na rzecz 7 neutralnych państw azjatyckich pomoc rublową o wartości 650 milionów dolarów[17], nie licząc 156 kluczowych projektów przeprowadzonych w Chinach, których wartość

---

[17]   Ibid.

szacuje się na 300 milionów dolarów, a tym samym wysokość zasobów ekonomicznych zainwestowanych przez ZSRR w ciągu trzech lat była niemal równa trzem czwartym sumy amerykańskich inwestycji z okresu dziesięciu lat. Od Chin po Koreę Północną, od Azji Południowo-Wschodniej po Afganistan, wszędzie obecni byli sowieccy inżynierowie i specjaliści.

Neutralne Indie stały się głównym polem walki między dolarem i rublem o hegemonię w Azji. Mimo iż skala inwestycji kapitałowych Związku Radzieckiego była o ponad połowę niższa niż wartość inwestycji amerykańskich, to jednak zakończona sukcesem radziecka operacja rozszerzenia wpływów rubla przynajmniej zrównoważyła siłę dolara. W Indiach miała powstać największa w kraju fabryka produkująca stal – Bhilai – która po zrealizowaniu planu budowy miała osiągać wydajność produkcji na poziomie 100 milionów ton, co stanowiło jedną piątą całkowitej zdolności produkcyjnej kraju. Bhilai miał też zatrudniać około 5 milionów pracowników i stać się filarem drugiego indyjskiego planu pięcioletniego. Choć to Amerykanie wyłożyli największe środki finansowe na budowę fabryki w Bhilai, to w odczuciu Hindusów prawdziwym ofiarodawcą, który przyczynił się do sukcesu tego projektu był Związek Radziecki. Powodem tych odczuć był fakt, że wielu radzieckich inżynierów stacjonujących przy budowie fabryki, w odróżnieniu od amerykańskich specjalistów, nie narzekało na trudne warunki egzystencji, a także, mimo niższych o połowę od amerykańskich poborów, z entuzjazmem pomagało hinduskim kolegom w jak najszybszym opanowaniu wszelkich trudności technicznych związanych z projektem. W większości przypadków radzieccy inżynierowie nie ograniczali się do wspomnianego w kontraktach udzielania porad, a ramię w ramię z hinduskimi inżynierami angażowali się w konkretne szczegóły konstrukcyjne. Nie jest przesadą twierdzenie, że w samym centrum ofensywy dolarowej Związkowi Radzieckiemu udało się zmobilizować największy potencjał i inicjatywę.

Rubel zaangażował się w akcje „antyoblężnicze" dolara nie tylko w Europie, Azji i Afryce, lecz także „diabelskimi manipulacjami zza kurtyny" wniknął na podwórko Stanów Zjednoczonych – do Ameryki Środkowej i Południowej. Od czasów doktryny Monroe'a Ameryka Środkowa i Południowa były włączone do strefy wpływów Stanów Zjednoczonych. Związek Radziecki stosunkowo późno zdecydował się położyć rękę na amerykańskim podwórku, co więcej, zrobił to w bardzo wyrafinowany sposób. Aby zbyt gwałtownie nie rozdrażniać Amerykanów, Rosjanie postanowili realizować działania pomocowe za pośrednictwem Czechosłowacji i Polski. W 1958 roku, kiedy ówczesny prezydent Chile przygotowywał się do wizyty w Stanach Zjednoczonych, której założeniem było pozyskanie dodatkowych rynków zbytu, USA przyjęły tę wiadomość chłodno, a w odpowiedzi poinformowały o przywróceniu wysokich taryf celnych na importowaną miedź, podczas gdy powszechnie wiadomo było, że miedź właśnie jest kołem ratunkowym niepozwalającym zatonąć chilijskiej gospodarce. Ostra wymiana zdań z amerykańskimi przedstawicielami doprowadziła do tego, że prezydent Chile zmuszony był odwołać swoją wizytę w Stanach Zjednoczonych. W obliczu tych wydarzeń handel w Chile został zagrożony poważnym kryzysem, a wtedy właśnie z doskonałym wprost wyczuciem czasu, na scenie pojawiły się Związek Radziecki i Niemiecka Republika Demokratyczna, które nie tylko zakupiły duże ilości miedzi od Chile, ale również złożyły deklaracje dotyczące następnych zamówień. I choć Sowieci nie złożyli obietnic, które byłyby wiążące, to mimo wszystko w Chile pojawił się potężny trend proradziecki. Był to wyważony ruch dźwigni finansowej pozwalający Rosji wejść do gry o wpływy w tej strefie.

Kiedy Argentyna wyraziła pilne zapotrzebowanie na zakup 15 milionów baryłek ropy, a w tym samym czasie nie miała wystarczającej ilości pieniędzy na jej zakup w Stanach Zjednoczonych, Związek Radziecki ponownie wystąpił w roli księcia z bajki i nie tylko dostarczył Argentynie potrzebne paliwo, ale zrobił to po cenie znacznie obniżonej w stosunku do ceny na rynkach światowych. Nie macie dolarów? Nie ma powodu do obaw, Związek Radziecki chętnie przyjmie zapłatę w postaci surowców, o których zbyt Argentyna i tak zabiegała. W ten sposób Związek Radziecki stał się wybawicielem Argentyny.

Tymczasem sąsiad Argentyny, Urugwaj, stał na krawędzi bankructwa gospodarczego, gdyż jego głównym towarem eksportowym była owcza wełna, a taryfa celna, jaką Stany Zjednoczone nałożyły na ten towar, nie dawała Urugwajowi możliwości eksportu i stawiała gospodarkę tego kraju pod ścianą. W tym samym czasie amerykański rynek dumpingowy produktów zbożowych wpędził rolnictwo urugwajskie w otchłań cierpienia. I choć Urugwaj potrzebował ropy, nowoczesnych urządzeń przemysłowych czy infrastruktury transportowej, to nie posiadając dolarów nie miał możliwości ich finansowania. Dodatkowo, ponieważ Urugwaj wyraził krytykę wobec amerykańskiej polityki ingerencji, Stany Zjednoczone przy okazji zbliżających się wyborów chciały w Urugwaju umieścić u władzy polityków bardziej proamerykańskich. I w tym przypadku Związek Radziecki po raz kolejny pojawił się w charakterze męża opatrznościowego – najpierw zakupił w Urugwaju owczą wełnę o wartości 18 milionów dolarów, za którą zapłacił nie rublami, lecz twardą walutą, funtem brytyjskim, po czym sprzedał do Urugwaju 125 milionów baryłek ropy naftowej, zaspokajając tym samym naglące potrzeby tego kraju, a co więcej sprzedaż ta odbyła się po cenie znacznie niższej w stosunku do cen globalnych[18]. W cały naród urugwajski wstąpiła otucha i wdzięczność wobec narodu radzieckiego.

Niedługo później kolejny dramat rozegrał się na scenie brazylijskiej: tuż w przededniu wyborów prezydenckich w Brazylii główny brazylijski towar eksportowy, jakim była kawa, okazał się nagle nierynkowy, a jego potężne zapasy zalegały w magazynach, co spowodowało gwałtowne pogorszenie stanu bilansu walutowego w Brazylii. Dla Brazylii kawa, podobnie jak miedź dla Argentyny i owcza wełna dla Urugwaju, miała znaczenie kluczowe. Ustalanie cen tych surowców leżało w gestii Stanów Zjednoczonych, a jakiekolwiek nieposłuszeństwo ze strony rządów państw Ameryki Środkowej i Południowej względem Amerykanów oznaczało, że Stany Zjednoczone za pomocą środków ekonomicznych mogą doprowadzić do pogorszenia

---

[18]   *Ibid.*

sytuacji gospodarczej tych krajów i wpłynąć na wyniki powszechnych wyborów prezydenckich. Ale włączenie się Związku Radzieckiego do tej gry oznaczało pomieszanie amerykańskich szyków. Dla Brazylii, podobnie jak dla pozostałych państw Ameryki Środkowej i Południowej, bogatych w produkty rolne i surowce, deficyt ropy i dolarów był równoznaczny z pojawieniem się deficytu w bilansie handlowym, co z kolei prowadziło do zastoju w rodzimej gospodarce. Rosja sprawdzonym już sposobem ponownie wymieniła ropę na brazylijską kawę, kakao, bawełnę i surowce, odwracając w ten sposób gospodarcze przeznaczenie Brazylii. Począwszy od tego momentu, Brazylia ustanowiła nawet relacje dyplomatyczne ze ZSRR, których te kraje dotychczas nie miały. Jednocześnie Brazylię ogarnęła fala proradzieckiego entuzjazmu.

Celem stosunków dyplomatycznych jest rozszerzanie strefy wpływów danego państwa na świecie. Przez tak zwaną strefę wpływów należy rozumieć zdolność waluty danego państwa do pokonywania granic i limitów jej obiegu, a co za tym idzie, rozszerzanie zakresu wpływów tej waluty w obrębie polityki i gospodarki innych państw. W stosunkach międzynarodowych nigdy nie istniało zjawisko czysto politycznych wpływów, są to tylko wpływy ekonomiczne zakładające maskę wpływów politycznych. W tym właśnie objawia się siła waluty.

Pomoc gospodarcza i międzynarodowe relacje rubla stały się właśnie bronią radzieckiego masowego rażenia przeciwko dolarowemu imperium.

Problemy z żywnością jako szatański efekt gwałtownej industrializacji

Największa ofensywa rubla na dolara amerykańskiego nastąpiła w latach pięćdziesiątych XX wieku, kiedy sowiecki sukces powojenny i gwałtowne ożywienie gospodarcze stworzyły korzystne warunki do zakrojonej na szeroką skalę ekspansji terytorialnej rubla. Jednakże radziecki boom gospodarczy nie trwał długo, gdyż u progu lat sześćdziesiątych XX wieku tempo wzrostu gospodarczego w Kraju Rad stopniowo słabło, ograniczając jednocześnie tempo ekspansji rubla. Dolar i rubel wkroczyły w fazę strategicznego impasu, a w latach osiemdziesiątych XX wieku dolar podjął zdecydowany kontratak.

Spośród wszystkich narażonych na problemy dziedzin radzieckiej gospodarki, pierwszą okazało się rolnictwo. Imperium zajmujące niemal jedną szóstą powierzchni lądowej kuli ziemskiej, zamieszkane przez trzystumilionową populację, niespodziewanie zmuszone zostało po 1960 roku do sukcesywnego zwiększania importu żywności, aby tę ludność wyżywić. I nie chodzi o to, że Związek Radziecki nie był samowystarczalny. W istocie aż do początku XX wieku Rosja nadal była największym w świecie eksporterem żywności, a rosyjskie zboża stanowiły 45% całkowitej ilości zbóż eksportowanych na świecie. Natomiast po 1980 roku Sowieci stali się największym na świecie importerem produktów spożywczych, nabywając 16,4%

całkowitej ilości eksportowanej na świecie tej grupy towarów[19]. Połowa lat sześćdziesiątych XX wieku była okresem przełomowym. Wtedy to Związek Radziecki zaczął borykać się z postępującym problemem deficytu żywnościowego.

W rzeczy samej, od lat trzydziestych aż do końca lat pięćdziesiątych to bez mała trzydziestoletni złoty okres rozwoju gospodarczego Związku Radzieckiego, a zaangażowanie wszystkich sił na potrzeby wzmożonej industrializacji zakończyło się ogromnym sukcesem. Cytując słowa Churchilla, będące oceną polityki Stalina, można to podsumować tak: „Związek Radziecki, wstępując na międzynarodową arenę polityczną, był tylko zacofanym krajem rolniczym, natomiast schodząc z niej był supermocarstwem posiadającym własną głowicę nuklearną". Jednakże niezwykle wytężony rozwój nieodzownie niesie ze sobą ekstremalne natężenie ryzyka.

Były premier i minister finansów Federacji Rosyjskiej Jegor Gajdar tak podsumował radziecki model rolnictwa: „Kolektywizacja, pozbawienie rolników wolności w zakresie migracji, wyboru pracy i miejsca zamieszkania, a także zmuszanie do pracy bez zapłaty i poleganie na dodatkowym zatrudnieniu, aby móc wykarmić własną rodzinę – to wszystko sprowadzało się do przywrócenia pańszczyzny. Jedyna różnica polegała na tym, że państwo nie było jednym z kilku właścicieli chłopa pańszczyźnianego. Stało się jego jedynym posiadaczem. W warunkach współczesnych środków monitorowania i przymusowej realizacji planów, w warunkach braku moralnego skrępowania, rząd sowiecki był przekonany, że w obliczu postępującego tempa wzrostu inwestycji infrastruktury przemysłowej nie ma najmniejszego znaczenia to, w jakiej kondycji znajdują się obszary wiejskie. Wszystko to spowodowało przekroczenie wszelkich granic w wymaganiach narzucanych społeczeństwu rolniczemu, a wysokość funduszy przesuwanych z obszarów wiejskich do obszarów miejskich była unikatowa w skali historii świata. Jeżeli praca na roli staje się obowiązkowa i staje się formą dzierżawy, to należy się spodziewać nieuchronnego przywrócenia standardów w zakresie etyki pracy z czasów Rosji pańszczyźnianej, tak często opisywanych w rosyjskiej literaturze"[20].

Powiedzenie, że „tylko głupiec kocha pracować", doskonale oddaje moralne nastawienie siły roboczej do pracy na obszarach wiejskich Związku Radzieckiego. Podczas gdy ludzie przejawiają pasję do pracy na własny rachunek i na potrzeby ich rodzin, to w pracy na cele społeczne okazują się zwykle powolni i leniwi – ta prawidłowość została wielokrotnie zweryfikowana wśród społeczeństw różnych narodowości na całym świecie. Próżniacza postawa była efektem traktowania siły roboczej jako społeczeństwa drugiej kategorii w kwestii świadczeń socjalnych. Niskie uposażenia wywołały wśród najlepiej wykształconej, najzdolniejszej i najsprawniejszej ludności wiejskiej nieodpartą potrzebę przeniesienia swojego życia do miast, a tym samym cała najbardziej produktywna esencja ludzka odpłynęła z obszarów wiejskich.

W dobie rewolucji przemysłowej, najbardziej krytycznym czynnikiem dla rozwoju przemysłowego danego kraju był wykwalifikowany personel, od którego zależna

---

[19] E.T. Gajdar, *Upadek Imperium. Nauka dla współczesnej Rosji*, Warszawa 2016, rozdz. 4.
[20] *Ibid.*

była skala rozprzestrzenienia technologii przemysłowej i wykonawstwo podstawowych działań związanych z dyfuzją technologii. Tylko poprzez zaangażowanie ludzkiej kreatywności można było połączyć technologię, sprzęt, kapitał i surowce w jednolity finalny produkt. W procesie industrializacji Związku Radzieckiego z powodzeniem wzięto pod uwagę efekty dyfuzji technologii przemysłowej. Natomiast w procesie rozwoju gospodarki rolnej zupełnie zignorowano fakt, że rozwój rolnictwa zależy w równej mierze od dyfuzji technologii i że jej wdrożenie wymaga zaangażowania tej samej jakości specjalistów w dziedzinie rolnictwa, co specjalistów w dziedzinie przemysłu. Dopiero wtedy bowiem będzie możliwe osiągnięcie podobnych profitów z inwestycji. Odpływ dużej ilości specjalistów w dziedzinie rolnictwa czy to aktywny, czy pasywny, spowodował, że kłopotliwa sytuacja radzieckiego rolnictwa nie mogła zostać złagodzona poprzez zwiększenie inwestycji.

W Stanach Zjednoczonych i krajach Europy Zachodniej między ludnością wiejską a mieszkańcami miast nie istniała przepaść w statusie społecznym czy w dochodach, a wybór przestrzeni życiowej pomiędzy wiejską i miejską często podyktowany był wyborami w życiu osobistym. Dlatego też morale ludności rolniczej w krajach rozwiniętych pozwalało na osiąganie wysokich zwrotów z podejmowanych inwestycjach kapitałowych. W chwili, kiedy rząd radziecki zrozumiał, że nie może dłużej eksploatować rolnictwa, kumulacja przemysłowa także była gotowa na wsparcie wydajności rolnictwa. Począwszy od lat sześćdziesiątych XX wieku Związek Radziecki stopniowo, z roku na rok, zwiększał inwestycje w dziedzinie rolnictwa. Chociaż w okresie od 1960 roku, kiedy wartość inwestycji w rolnictwie stanowiła 14,3% wszystkich inwestycji w radziecką gospodarkę, do 1980 roku, kiedy ich wartość wzrosła do 20,1%, Związek Radziecki i tak nie był w stanie samoczynnie zaspokoić popytu krajowego na produkty żywnościowe. W 1960 roku nadal eksportował zadowalającą ilość żywności, natomiast już w 1970 roku musiał importować około 2,2 miliona ton żywności. W 1982 roku ilość importowanej żywności wynosiła już 29,4 miliona ton, a w 1984 roku dodatkowo wzrosła do 46 milionów ton rocznie.

Jurij Andropow powiedział w 1960 roku: „Sytuacja w rolnictwie jest naprawdę zła, począwszy od teraz kraj nie jest nawet w stanie wykarmić własnej ludności, a w przyszłości, z roku na rok, będziemy zmuszeni importować coraz większe ilości produktów żywnościowych. Jeśli bieg spraw się nie zmieni, wkrótce będziemy zbyt głodni, aby przeżyć". W 1963 roku wskutek słabych zbiorów, jak również w efekcie niewystarczającej ilości posiadanych rezerw walutowych, radziecka Rosja zmuszona była sprzedać 372,2 t złota, aby zakupić żywność na rynku międzynarodowym. Jednorazowo pozbyła się tym samym jednej trzeciej swoich rezerw złota, co Chruszczow uznał za wielki dyshonor. W 1965 roku sowiecki kolos ponownie zmuszony był sprzedać kolejne 335,3 t złota na zakup żywności z zagranicy, a tym razem nikt już nie miał wątpliwości, że w przyszłości będzie tylko gorzej.

Dlaczego Związek Radziecki borykał się z tak ogromnym deficytem żywności? Bezpośrednią i główną przyczyną tej sytuacji była gwałtowna industrializacja i urbanizacja w latach trzydziestych XX wieku. Postępujące uprzemysłowienie sprawiło, że wynagrodzenia ludności pracującej nieustannie rosły, a wraz ze wzrostem wynagrodzeń rosły wymagania konsumentów względem ilości i jakości pożywienia, szczególnie wzrósł popyt na mięso, jajka, mleko i inne produkty wysokobiałkowe, co doprowadziło do zarezerwowania dużych ilości paszy na potrzeby hodowli zwierząt i dodatkowo pogorszyło i tak już krytyczną sytuację niedoboru żywności.

W latach sześćdziesiątych zniknęły państwowe sklepy z tanim mięsem; w latach siedemdziesiątych w większości miast widokiem powszechnym były kolejki ludzi ustawiających się, żeby kupić jedzenie; w latach osiemdziesiątych nawet mając kartki żywnościowe, trudno było nabyć jakąkolwiek żywność. Wszystko to sprawiło, że zaufanie ludzi do rządu zostało poważnie osłabione. Dodatkowo zjawisko specjalnych przywilejów podczas dystrybucji towarów jeszcze bardziej nasiliło niezadowolenie opinii publicznej.

Z jednej strony, radzieckie uprzemysłowienie było powodem długotrwałego niezaspokojonego apetytu gospodarki rolnej, niebędącej w stanie sprostać zapotrzebowaniu na żywność; z drugiej strony, zdeformowana industrializacja zmiażdżyła zasoby przemysłu lekkiego i uniemożliwiła wytwarzanie konkurencyjnych na rynku światowym produktów, przez co także uniemożliwiła wymianę walut obcych. W efekcie Związek Radziecki, aby złagodzić kryzys związany z deficytem żywności, polegał głównie na eksporcie ropy naftowej jako sposobie gromadzenia twardej waluty.

W końcu sowieckie władze nieopatrznie odkryły ekonomiczną słabość swojego kraju przed czyhającymi niczym tygrys na swoją ofiarę Stanami Zjednoczonymi, gotowymi w każdej chwili podjąć odpowiednie działania.

Szczyt wydobycia ropy naftowej powodem upadku Związku Radzieckiego

ZSRR od zawsze plasował się w czołówce krajów będących producentami złota i ropy naftowej, a ponieważ produkcja złota okazała się niewystarczająca, aby wspierać rosnącą lukę deficytu żywności, to ropa naftowa stała się ostatnią deską ratunku dla Sowietów, potrzebną by uzyskać dewizy i wymienić je na żywność. Nikt się nie spodziewał, że właśnie na tej drodze dolar zastawi pułapkę prowadzącą do ruiny.

Radziecki przemysł i rolnictwo były w dużym stopniu uzależnione od ropy naftowej, co sprawiło, że moce produkcyjne istniejących sowieckich pól naftowych ledwie wystarczały na zaspokojenie potrzeb rynku wewnętrznego i rynków państw satelitarnych strefy rublowej, a eksport ropy na większą skalę był praktycznie niemożliwy.

Odkrycie ogromnych złóż ropy naftowej na Syberii w latach sześćdziesiątych stało się punktem wyjścia dla radzieckiego snu o politycznej stabilizacji i dostatku produktów żywnościowych. W latach siedemdziesiątych syberyjska ropa naftowa stabilnym strumieniem napełniała bogactwem radziecki skarbiec. Rozpad systemu z Bretton Woods w 1971 roku i oderwanie dolara od złota wywołały mocny wstrząs na światowym rynku. Dolar poważnie wpłynął na dewaluację złota i przyczynił się do wzrostu cen ropy naftowej. Dwukrotny wybuch kryzysu naftowego przyczynił się dodatkowo do tego, że ceny ropy naftowej pomknęły w górę niczym stado rączych koni. Związek Radziecki wygrał prawdziwy los na loterii, zgromadził taką ilość pieniędzy, której nie był w stanie wydać i cieszył się bezgranicznym dobrobytem. Petrodolary pozwoliły na chwilowe załatanie potężnego deficytu żywności. Ulegając przeświadczeniu o mającym się spełnić wkrótce pięknym śnie o wzroście cen ropy naftowej, Związek Radziecki rozpoczął nuklearny wyścig ze Stanami Zjednoczonymi i wytężył wysiłki w wyścigu zbrojeń, co zaowocowało konfliktem w Afganistanie.

W latach siedemdziesiątych dolar i rubel po raz ostatni stanęły do wyścigu, a kiedy Amerykanom udało się podporządkować Arabię Saudyjską i inne kraje eksportujące ropę naftową, od razu ustanowili oni korzystną dla siebie ogólnoświatową politykę petrodolarową. Następnie, używając wysokich stóp procentowych jako karty przetargowej, stonowały proces inflacji i tym samym dolar wyszedł obronną ręką, a trudne dla niego czasy nareszcie należały do przeszłości.

Stany Zjednoczone w końcu miały wolne ręce i mogły przygotować się do wyeliminowania rubla.

W marcu 1977 roku Amerykańska Centralna Agencja Wywiadowcza (CIA) złożyła na ręce swojego rządu tajny protokół zatytułowany *Zbliżający się kryzys naftowy w ZSRR* (ER 77-10147), w którym zanotowano co następuje: „Produkcja radzieckiej ropy osiągnie moment szczytowy w latach osiemdziesiątych, a w przeciągu następnych 10 lat Związek Radziecki odkryje, że jego własna produkcja ropy naftowej nie tylko nie będzie w stanie zaspokoić zapotrzebowania rynków Europy Wschodniej i dotychczasowej skali eksportu radzieckiej ropy na rynki krajów zachodnich, lecz także będzie zmuszony do nabywania ropy naftowej od krajów zrzeszonych w OPEC na potrzeby własnego rynku wewnętrznego. Oznacza to, że wkrótce nastąpi odwrócenie obecnej sytuacji (w odniesieniu do ogromnej nadwyżki Związku Radzieckiego w eksporcie ropy naftowej), a eksport ropy naftowej przez Związek Radziecki do krajów zachodnich stanowi 40% krajowego przychodu w twardej walucie". Memorandum CIA jasno stwierdzało: „Kiedy produkcja radzieckiej ropy przestanie rosnąć, a być może nawet wcześniej, zarówno gospodarka krajowa, jak również handel międzynarodowy z ZSRR, odczują daleko idące konsekwencje tej sytuacji"[21].

Protokół CIA opierał się na teorii szczytu wydobycia ropy naftowej. „Szczyt wydobycia ropy naftowej" to teoria mająca swoje źródła już w 1949 roku i opracowana przez wybitnego amerykańskiego geologa i geofizyka, M. Kinga Hubberta, który zauważył, że do zasobów mineralnych można odnieść prawo „krzywej dzwonowej". Hubbert uważał, że ropa naftowa, jako zasób nieodnawialny, niezależnie od rejonu, w jakim jest wydobywana, osiąga tak zwany szczyt produkcyjny, po czym jej produkcja w tym rejonie nieuchronnie spada. W 1956 roku Hubbert śmiało przewidział, że szczyt produkcji ropy naftowej w Stanach Zjednoczonych przypadnie na lata 1967-1971, a następnie nastąpi jego recesja. W czasach, kiedy amerykański przemysł naftowy przeżywał rozkwit, teoria Hubberta spotkała się z dużą dozą lekceważenia, jednak gdy w 1970 roku Stany Zjednoczone osią-

---

[21]   CIA, Intelligence *Memorandum: The Impending Soviet Oil Crisis*, marzec 1977.

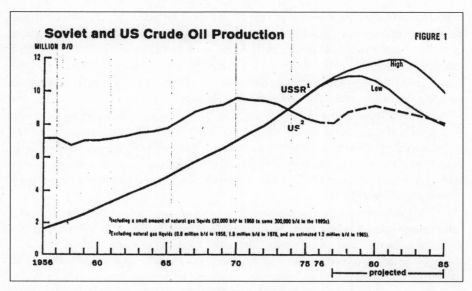

Soviet and US Crude Oil Production							FIGURE 1

■ **W marcu 1977 roku w protokole CIA Zbliżający się kryzys naftowy w ZSRR przewidziano szczyt produkcyjny radzieckiej ropy naftowej.**

gnęły szczyt produkcyjny ropy naftowej, historia udowodniła prawidłowość teorii Hubberta.

Szczyt wydobycia ropy naftowej, jaki nastąpił w Stanach Zjednoczonych na początku lat siedemdziesiątych sprawił, że dwukrotne embargo na ropę naftową w krajach Środkowego Wschodu uderzyło w gospodarkę amerykańską z zabójczą siłą. Zasięg tego uderzenia znacznie przekroczył wyobrażenia amerykańskiego rządu. Skoro w szczytowym okresie sprężystości amerykańskiej gospodarki tak trudno było walczyć z konsekwencjami potężnego tąpnięcia, jakim był niedobór ropy naftowej, to skostniały i zamknięty system gospodarki radzieckiej tym bardziej nie mógł w tej sytuacji pozostać stabilny. Zwłaszcza jeśli weźmie się pod uwagę fakt, że od eksportu ropy w znacznym stopniu uzależniony był import żywności, należało spodziewać się, że ten surowiec stanie się strategiczną bronią mającą posłużyć w celu politycznej destabilizacji radzieckiego rządu.

Kluczową kwestią nie była tu poprawność teorii „szczytu produkcyjnego ropy naftowej", lecz raczej fakt, że Amerykanie mieli świadomość, iż wspomniana teoria nie tylko może wpłynąć na perspektywy rynkowe, lecz co więcej, może zostać wykorzystana przez nich do realizacji istotnych celów strategicznych.

Na początku lat osiemdziesiątych, kiedy administracja Reagana objęła urząd, protokół CIA zaczął odgrywać istotną rolę w kwestii decyzji politycznych podejmowanych przez rząd amerykański. Strategii naftowej zaczęto używać jako narzędzia w celu zniszczenia kruchej równowagi gospodarczej i stabilności politycznej ZSRR.

W 1979 roku Związek Radziecki, aby uzyskać dostęp lądowy do Oceanu Indyjskiego i strefy wpływów dolara amerykańskiego, a także jednocześnie zapewnić sobie dostęp do bogatych złóż ropy naftowej w Zatoce Perskiej, wszczął brutalną wojnę w Afganistanie i w ciągu zaledwie tygodnia przejął kontrolę nad głównymi miastami i szlakami komunikacyjnymi państwa afgańskiego, a także odciął główny kanał komunikacyjny Afganistanu i Pakistanu położony wzdłuż granicy irańskiej. W obliczu silnego naporu ze strony armii radzieckiej, przestraszone kraje Bliskiego Wschodu produkujące ropę naftową natychmiast przystąpiły do korygowania swoich stosunków z Ameryką.

W kwietniu 1981 roku ówczesny szef amerykańskiej CIA William Joseph Casey wybrał się z tajną wizytą do Arabii Saudyjskiej. W okresie drugiej wojny światowej Casey zaangażowany był w wojnę gospodarczą z Niemcami i osiągał w tym względzie doskonałe wyniki. Strony amerykańska i saudyjska rozpoczęły pracę nad planami użycia ropy naftowej jako broni wymierzonej przeciwko Związkowi Radzieckiemu.

W 1985 roku produkcja radzieckiej ropy naftowej po raz pierwszy w historii odnotowała spadek, a tym samym w końcu nadszedł tak długo wyczekiwany przez Amerykanów moment szczytu produkcji ropy naftowej w Kraju Rad.

Na polecenie rządu USA Arabia Saudyjska natychmiast ogłosiła dwukrotny wzrost skali produkcji ropy naftowej, co wywołało błyskawiczny krach na rynku cen ropy. Spowodowało to, że radzieckie wpływy z eksportu ropy naftowej gwałtownie sięgnęły dna. Przerwanie ciągłości dostaw do krajów Europy Wschodniej przez Związek Radziecki zaowocowało tym, że w zadłużonej Europie Wschodniej natychmiast doszło do zjawiska recesji gospodarczej i zachwiania stabilności politycznej. Radzieckie nadzieje na import ton żywności zostały zniszczone, a skrajne niedobory artykułów spożywczych na rynku detalicznym wywołały nasilenie niezadowolenia ludności wobec sowieckiego rządu. Rozpoczęte na dużą skalę nowe projekty budowlane, ze względu na brak dewiz potrzebnych do zakupu zagranicznego sprzętu, zostały sparaliżowane, co w połączeniu z ogromną konsumpcją środków wywołaną przez wojnę w Afganistanie przyczyniło się do krytycznego pogorszenia stanu salda budżetowego. Związek Radziecki stanął przed problemem spłaty ogromnego zagranicznego zadłużenia zaciągniętego na potrzeby wspierania budowy nowych projektów. Pilnie potrzebne na kontynuowanie wyścigu zbrojeniowego ze Stanami Zjednoczonymi fundusze, nagle przestały napływać, co spowodowało ogólne niezadowolenie w szeregach radzieckiej armii.

W złowrogich warunkach wewnętrznego i zewnętrznego zagrożenia, wyizolowany Kraj Rad stanął na krawędzi ogólnego kryzysu reżimu.

Dolar zwycięża rubla

Po 1971 roku system monetarny dolara odwrócił się od nominalnego złota ku esencjonalnemu systemowi obligacji skarbowych, podczas gdy w Związku Radzieckim rubel, począwszy od lat trzydziestych XX wieku wciąż bazował na podrzędnym wobec nominalnego złota „systemie planowym".

W świecie dolarowym charakter jakiejkolwiek aktywności ekonomicznej polega na serii wymian. Zaistnienie transakcji jest równoznaczne z tym, że zarówno waluty, jak i towary biorą udział w procesie przechodzenia z rąk do rąk. W związku z powyższym, wszczepienie waluty głęboko we wszystkie pola aktywności ekonomicznej jest wymogiem koniecznym handlu towarami wobec waluty.

We wczesnym okresie transakcje handlowe zasadniczo polegały na tym, że partnerzy handlowi z ręki do ręki przekazywali sobie gotówkę w zamian za towary, jednak poszerzenie zakresu transakcji pociągnęło za sobą konieczność wzmożonej synchronizacji pieniądza na potrzeby tych transakcji. W tamtym czasie pieniądze reprezentowały „sztywne" wartości, a za pieniędzmi ukryte były istniejące towary, których podstawową formą były srebro i złoto. Wraz z ekspansją zasięgu handlu, uczestnicy transakcji mając na uwadze wygodę i łatwość przemieszczania się, stopniowo zaczęli stosować transakcje kredytowe, w których swoje źródła mają kredyty komercyjne. Gdy tylko dochodziło do wymiany handlowej, nie było już konieczności płacenia gotówką. Kredyty komercyjne zajęły jej miejsce, aby ułatwić realizację aktów wymiany. Powszechną formą odroczonej płatności stały się weksle handlowe. Wraz z poszerzeniem skali obrotu kredytami komercyjnymi weksle handlowe i gotówka tworzyły wspólnie podaż pieniądza dla wsparcia obrotu handlowego. Gotówka z dnia na dzień przyjmowała coraz bardziej „elastyczne" właściwości. Był to właśnie pierwszy okres zachodniego kapitalizmu – kapitalizm handlowy, którego cechą charakterystyczną stały się kredyty gotówkowe.

Początek rewolucji przemysłowej wiązał się z drugim okresem kapitalizmu – kapitalizmem przemysłowym. Technologia przemysłowa przyniosła gwałtowny wzrost produkcji towarowej, a rozwój przemysłowy wymagał długofalowego i zakrojonego na szeroką skalę finansowania. Konieczność walki o surowce i zasoby na konkurencyjnym rynku wymusiła wytworzenie większego popytu wobec pieniądza, toteż kredyty przemysłowe, kredyty państwowe, kredyty komercyjne i gotówka wspólnie złożyły się na zwiększoną podaż pieniądza, która miała wspierać ogromny proces wymiany towarowej w okresie rozkwitu przemysłowego. Ponieważ państwowe kredyty przemysłowe były rodzajem obietnicy przyszłych płatności, a czas spłaty kredytów państwowych był znacznie wydłużony w porównaniu do czasu spłat kredytów komercyjnych, dlatego też „składnik zadłużenia" w ramach podaży pieniądza był bardziej wyrazisty.

Jednakże ustanowiony przez Związek Radziecki system gospodarki planowej, instytucjonalnie odmawiający prawa do własności prywatnej, wykluczał tym samym możliwość pośredniego obrotu towarami. Zapotrzebowanie na rubla nie wynikało już z handlu, lecz było wytworem planów.

W przypadku, gdy plany produkcyjne dla wszystkich sektorów gospodarki są w sposób jednolity formułowane przez państwo, a ponadto plany te są tak dokładne, że pozwalają na przewidzenie wszelkich niuansów każdego rodzaju działalności gospodarczej, to wtedy wszystkie produkty wytworzone przez działy produkcyjne są w stanie zaspokoić zapotrzebowanie sektora konsumenckiego, a działalność gospodarcza, dokładna jak zegarek, zazwyczaj weryfikowana jest jako poprawna. Istotą pieniądza jest promowanie transakcji handlowych i jeśli ilość i różnorodność produktów pożądanych przez zaangażowane w transakcję strony została uprzednio właściwie wyliczona, to charakter takiego aktu handlowego

przyjmuje cechy barteru. Pieniądze występują tu w roli jednostki miary staty-
stycznego nastąpienia transakcji.

Zgodnie z koncepcją gospodarki planowej, rubel był planowany z wyprzedzeniem w ścisłym związku z aktywnością ekonomiczną, emitowany przez Bank
Narodowy i wtłaczany bezpośrednio w łańcuch działalności. Nie występował
zatem w charakterze aktywnego uczestnika tej działalności, a w charakterze bier-
nego rejestratora. Statystyki rubla pełniły rolę podsumowania całkowitej ilości
towarów w obrocie handlowym.

Z punktu widzenia emisji pieniądza rubel był typową walutą „systemu planowego".

Na początku lat trzydziestych XX wieku, gdy Związek Radziecki obrał kurs
na gospodarkę planową, w sektorze finansowym w pierwszej kolejności zniesiono
kredyty komercyjne i wprowadzono w ich miejsce bezpośrednie kredyty państwowe. Stało się tak dlatego, że kredyty komercyjne były rodzajem „prywatnych
transakcji" między przedsiębiorstwami, a efekt ekspansji kredytowej w wyniku
tego rodzaju transakcji w poważny sposób zakłócał dokładne kalkulacje gospodarki
planowej w dziedzinie obrotu towarami. Jednocześnie rząd radziecki zniósł papiery
komercyjne będące w obiegu między organizacjami starego modelu gospodarczego,
sprawiając, że Bank Narodowy stał się jedyną instytucją prowadzącą bezgotówko-
we rozliczenia między przedsiębiorstwami. Inaczej mówiąc, wycofywanie z obiegu
papierów wartościowych, będących formą rozliczeń bezgotówkowych między
organizacjami działającymi w ramach starej gospodarki, wymusiło na przedsię-
biorcach przygotowanie znacznych funduszy gotówkowych w celu przeprowadzenia rozliczenia, gdyż pozostanie w obiegu takich ilości pozaplanowej waluty także
mogło kolidować z dokładnym funkcjonowaniem nastawionego co do minuty
zegara gospodarki planowej. W 1931 roku fundusze różnych sektorów gospodarki
krajowej wpłynęły na rachunek rozliczeniowy Banku Narodowego ZSRR, który wykorzystał te pieniądze na pokrycie 73% udzielanych przez siebie pożyczek
krótkoterminowych.

W systemie centralnego planowania funkcje pieniędzy i bankowości znacznie
się zawęziły, tworząc wzorzec „wielkich finansów, małego banku". Oprócz Banku
Narodowego Związek Radziecki pozostawił tylko cztery inne banki wyspecjali-
zowane w długoterminowych kredytach inwestycyjnych, a bank centralny został
zredukowany do funkcji superkasjera odpowiedzialnego za emisję waluty, kredyty
krótkoterminowe, rozliczenia i inne proste operacje.

W trakcie pierwszego planu pięcioletniego wartość inwestycji systemu bankowego w długoterminowe przedsięwzięcia wzrosła jednokrotnie, a wartość pożyczek
krótkoterminowych wzrosła o 1,4. W rezultacie w tym samym czasie produkcja
przemysłowa wzrosła 1,3, a ilość transakcji handlowych 1,4. Rubel osiągnął per-
fekcyjny stopień synchronizacji z gospodarką.

Niestety, wraz z rozwojem systemu gospodarczego, różnorodność sektorów
stopniowo rosła, a pojawienie się coraz bardziej złożonych relacji sprawiło, że trudności w tworzeniu geometrycznych planów zaczęły się mnożyć. Związek Radziecki
z trudnością zdołał opracować plany tylko dla najważniejszych produktów, co
oznaczało opracowanie zrównoważonych harmonogramów dla blisko 2 tysięcy pro-

duktów. Stopniowo porzucono jednak tworzenie szczegółowych harmonogramów dla reszty podrzędnych sektorów, to jest dla blisko 20 tysięcy pozostałych wyrobów[22]. W działaniach ekonomicznych pojawiało się coraz więcej zmiennych. Praktyczne trudności wszelakiej maści, z którymi musiały zmagać się przedsiębiorstwa, piętrzyły się, a twórcy gospodarki planowej zwyczajnie nie byli w stanie zapewnić prognoz dla wszystkich dziedzin działalności, nie wspominając nawet o braku możliwości bezpośredniego nadzoru nad wydajnością i jakością produkcji wszystkich przedsiębiorstw. Podstawową kwestią, na której skupiono uwagę, było wykonanie planu. Brak było najprostszej motywacji w postaci zainteresowania udoskonalaniem technologii, poprawą jakości czy zwiększeniem zysków i poprawą konkurencyjności.

W czasach Stalina plan oznaczał prawo, a konsekwencje niewykonania planu podlegały pod jurysdykcję sądów. Kary grzywny, więzienia, a nawet rozstrzelania wchodziły w grę, wobec czego za realizacją planu stały zawsze nazwijmy to odpowiednie bodźce. Od czasów Chruszczowa nastąpił znaczny spadek autorytetu rządu, a realizacja planów stała się procesem "podlegającym negocjacjom", w efekcie czego tykający zegar ekonomiczny stawał się coraz bardziej niedokładny.

Niepowodzenie gospodarki planowej nie leżało tylko w trudnych do wykonania wytycznych planu. Chodziło raczej o to, że zastosowanie opracowanych przez człowieka struktur w ekonomii, której ważną cechą jest ewolucyjność, na dłuższą metę bywa nieskuteczne.

Problem polegał na tym, że w sytuacji, gdy plany produkcyjne nie mogły być zrealizowane, rubel mimo wszystko podążał wytyczonym wcześniej szlakiem. Zatem niewykonane plany produkcyjne objawiały się w formie deficytu towarów i usług, podczas gdy podaż pieniądza następowała "z precyzyjną ekspansją" zgodnie z planem. Prowadziło to do budowania nadwyżki rubla odpowiadającej deficytowi dóbr. Inflacja w Związku Radzieckim na samym początku nie przejawiała się w nagłym wzroście cen towarów; jej najważniejszą cechą charakterystyczną był właśnie ich deficyt. Pozornie poziom zarobków Rosjan wzrastał, jednak te pieniądze nie mogły posłużyć do zakupu żywności i innych dóbr konsumpcyjnych. Równocześnie brak zróżnicowanych produktów inwestycyjnych na radzieckim rynku finansowym spowodował, że nadwyżka rubla przyczyniła się do powstania poważnych konsekwencji politycznych.

Sprzeczność wynikająca z "systemu planowego" i braku realizacji jego założeń stała się podstawową, nieuleczalną przyczyną kryzysu walutowego w Związku Radzieckim.

Dolar amerykański, jako waluta pozostająca w obiegu na całym świecie umożliwił Stanom Zjednoczonym skuteczną globalną integrację zasobów. Jako że większość rozliczeń transakcji handlowych na świecie bazowała na dolarze, Związek Radziecki i inne kraje należące do strefy wpływów rubla zmuszone zostały do eksportu surowców, w tym ropy naftowej, aby zdobyć walutę twardą na zakup zachodniej technologii i żywności.

---

[22]   Xu Xiangmei, *Studium transformacji systemu bankowego w Rosji*, Chińskie Wydawnictwo Bankowe, 2005. s. 26.

Wykorzystując okoliczności zaistnienia „szczytu produkcyjnego ropy naftowej" w Kraju Rad w 1985 roku, USA w sposób wymuszony doprowadziły do spadku cen ropy na rynkach światowych, co spowodowało niedobory radzieckich rezerw walutowych. Zmusiło to Związek Radziecki i kraje strefy rubla do zaciągnięcia olbrzymich pożyczek na Zachodzie w celu zaspokojenia rodzimego zapotrzebowania na import. Sztywne zapotrzebowanie na import odzwierciedla się w tym, że odcięcie importu żywności prowadzi do zamieszek społecznych i nasilenia kryzysu reżimu. Przerwanie importu zagranicznej technologii oznaczało, że pogłębiać się będzie przepaść technologiczna w odniesieniu do zachodnich krajów uprzemysłowionych, co gruntownie osłabiłoby potencjał ekonomiczny strefy wpływów rubla. Co ważniejsze, główną siłą napędową wzrostu gospodarczego w Europie Środkowej i w Związku Radzieckim nie była wcale konkurencyjność generowana przez innowacyjną technologię, raczej uformowanie siły ekspansji poprzez nieustanne rozszerzanie skali produkcji tych nowych projektów. A ponieważ duże projekty wymagają wdrożenia importowanego z Zachodu parku technologicznego, to zatrzymanie importu oznaczałoby w tej sytuacji kolosalną stratę zysków z inwestycji, na którą nie można było sobie przecież pozwolić. Nawet w momencie wejścia radzieckich finansów w ślepy zaułek, to jest pod koniec 1989 roku, wartość nieukończonych projektów oszacowano na 180,9 miliarda rubli, a w tle głębokiego kryzysu walutowego i fiskalnego państwa radzieckiego, te nieukończone projekty pochłonęły cztery piąte całkowitych przychodów skarbu państwa.

Kryzys w radzieckich przychodach ze sprzedaży ropy naftowej szybko rozprzestrzenił się na import żywności i równowagę fiskalną, a deficyt finansowy dodatkowo spowodował narastanie problemów z zadłużeniem zewnętrznym i kurczenie się gospodarki. Doprowadziło to do zmniejszenia pomocy ze Związku Radzieckiego dla krajów pozostających w strefie wpływów rubla, co doprowadziło do wzmocnienia siły odśrodkowej w tych krajach.

Amerykański „sztylet naftowy" bezlitośnie wbity w samo serce radzieckiego rubla zadziałał tak dobrze, że efekty przekroczyły nawet najśmielsze oczekiwania agresora.

W 1988 roku, przy okazji kolejnego spadku skali wydobycia ropy naftowej w Związku Radzieckim, Stany Zjednoczone ponownie zastosowały sprawdzoną wcześniej metodę, a tym razem konsekwencje okazały się śmiertelne.

W 1988 roku łączne zadłużenie zagraniczne Związku Radzieckiego i Europy Wschodniej wynosiło 206 miliardów dolarów amerykańskich i choć po osiągnięciu tej wartości zadłużenie nie postępowało, to jego ciągły wzrost spowodowany był narastającymi odsetkami od kredytów. Do 1990 roku ZSRR, aby uregulować spłatę kwoty kapitału i odsetek długu zagranicznego, zmuszony został do wyczerpania wszystkich przychodów z tytułu eksportu energii.

Sowieci stracili magiczną różdżkę pomocy naftowej. Kraj pogrążony w głębokim kryzysie żywnościowym, nie posiadając waluty twardej, nie był dłużej w stanie podtrzymać wymaganej w nagłych wypadkach pomocy dla innych państw w obrębie strefy rublowej. Szczury, jak wiadomo, pierwsze uciekają z tonącego okrętu, po pół wieku żmudnych wysiłków rozpadła się Rada Wzajemnej Pomocy Gospodarczej.

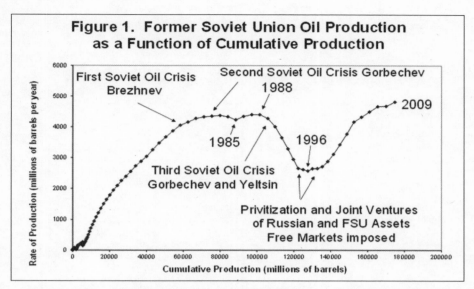

Figure 1. Former Soviet Union Oil Production as a Function of Cumulative Production

■ W 1985 roku w Związku Radzieckim nastąpił spadek wydobycia ropy naftowej zsynchronizowany ze spadkiem cen ropy na rynkach światowych, w 1988 roku nastąpił kolejny spadek wydobycia ropy, tym razem zsynchronizowany z krachem Związku Radzieckiego i Europy Wschodniej.

Wraz z upadkiem Związku Radzieckiego jednocześnie załamała się połowa światowego rynku handlowego. Państwa satelitarne ZSRR jedno po drugim zawierały małżeństwa z Zachodem.

Reformy polityczne w okresie kryzysu ekonomicznego osłabiły centralizację siły dośrodkowej, co przyspieszyło osiąganie suwerenności i niepodległości przez byłe republiki radzieckie. Początkowo mocno zintegrowana wewnętrzna gospodarka poszczególnych krajów strefy rublowej, tworząca jednolity rynek, dostarczający ZSRR połowę całkowitej wartości obrotu handlowego i będący arterią łączącą te kraje z gospodarką Kraju Rad, wraz z uzyskiwaniem przez poszczególne państwa niezależności została drastycznie rozczłonkowana, co spowodowało paraliż krajowego, rosyjskiego rynku i zakończyło się całkowitym załamaniem gospodarczym.

Związek Radziecki będący niegdyś potężnym imperium, cierpiąc gehennę z powodu ekonomicznych bolączek, jak również pod wpływem potężnych ciosów zadawanych przez dolara, ostatecznie się rozpadł.

ROZDZIAŁ IV

Okres dwóch odłamów Szkoły Dyplomacji*, chaos wśród europejskich walut

---

*   Jedna z siedmiu szkół myślenia w starożytnych Chinach (przyp. tłum.).

Klucz do rozdziału

W czasach współczesnych ludzie są zaślepieni przez euro, a europejskie kryzysy związane z zadłużeniem wybuchają jeden po drugim. Czy Chińczycy będą musieli ocalić Europę? Jakie jest ostatecznie nastawienie Amerykanów wobec eurowaluty? Czy strefa euro się rozpadnie? Czy będziemy świadkami powstania Stanów Zjednoczonych Europy? Jaką rolę pomiędzy euro a dolarem powinien ostatecznie odegrać chiński yuan? Ludzka dezorientacja względem tych problemów często ma swoje źródło w braku zrozumienia tła historycznego. Celem badania historii nie jest mechaniczne zapamiętywanie minionych wydarzeń i postaci, lecz poszukiwanie wśród tych ludzi i przypadków wciąż żywej mądrości.

Aby mieć wgląd we współczesną Europę, konieczne jest zrozumienie przeszłości Francji i Niemiec. Aby móc wejrzeć w przyszłość euro, trzeba wnikliwie prześledzić początki europejskiej Unii Gospodarczej i Walutowej; aby zrozumieć obecne inicjatywy podejmowane przez Europejski Bank Centralny, konieczne jest poznanie tajników Bundesbanku.

W Europie po drugiej wojnie światowej nieustannie funkcjonował „europejski rząd cieni". Bez nacisków tej grupy nie byłoby dzisiejszej Unii Europejskiej ani euro, albowiem narodziny eurowaluty nie są efektem integracji europejskiej, lecz precyzyjnym środkiem, mającym doprowadzić do ostatecznego celu, jakim będzie stworzenie „Stanów Zjednoczonych Europy". Wszystkie wydarzające się na naszych oczach kryzysy zadłużenia czy waluty euro, są tylko koniecznym i nieuniknionym elementem procesu tworzenia „Stanów Zjednoczonych Europy".

Stosunek Stanów Zjednoczonych Ameryki do „Stanów Zjednoczonych Europy" zmieniał się wraz upływem czasu i zmianami w kalejdoskopie wydarzeń: od silnego wsparcia w latach pięćdziesiątych i sześćdziesiątych XX wieku, po stopniową profilaktykę w późniejszym okresie. USA potrzebowały Europy jako przyczółka w walce przeciwko Sowietom. Ameryka potrzebowała także zjednoczonego rynku europejskiego na potrzebę promowania własnego eksportu. Warunkiem była oczywiście spolegliwość. Zgoda na to, że Stary Kontynent będzie odgrywać rolę posłusznego służącego. To właśnie dlatego, że Charles de Gaulle nie był skłonny tolerować amerykańskiego despotyzmu, zdecydował się on zaatakować dolara i ostatecznie przewrócił cały system z Bretton Woods.

Po 1971 roku światowy system walutowy wkroczył w erę standardu dolarowego. Podobnie jak w przypadku parytetu złota w systemie z Bretton Woods, tak i w systemie dolarowym istniały sprzeczności, które nie sposób było pokonać.

Historia jest rzeczywistością dnia dzisiejszego, a rzeczywistość dnia dzisiejszego to historia jutra. Skupienie się na rzeczywistości pozwala kształtować przyszłą historię.

Niemiecki przemysł cudem unika „kastracji", śmierć Roosevelta wybawia Niemcy

W 1945 roku, tuż przed zakończeniem drugiej wojny światowej, jedna sprawa wciąż nie dawała spokoju Rooseveltowi. Chodziło o to, jak poradzić sobie z powojennymi Niemcami, tak aby ich ponowne odrodzenie nie mogło zniweczyć przyszłości polityki *pax Americana*.

Czy to dawni brytyjscy hegemoni, czy też następujący po nich amerykańscy liderzy trzymający cały porządek globalny pod swoimi stopami – wszyscy mieli jednakowe zmartwienie w postaci Niemiec, posiadających ogromny potencjał wybuchowy w dziedzinie „psucia pokoju". W ciągu 25 lat, między 1914 a 1939 rokiem, Niemcy dwukrotnie zakwestionowały porządek świata, za każdym razem podejmując walkę na skalę światową, wobec czego Roosevelt miał uzasadnione obawy, zastanawiając się, czy może to nastąpić po raz trzeci? Skoro kosztem pierwszych dwóch niemieckich ofensyw był upadek Imperium Brytyjskiego, to trzeci mógłby z pewnością zaszkodzić Stanom Zjednoczonym. Po pierwszej wojnie światowej Niemcy zostały zakute w kajdany reparacji wojennych, a rygorystyczne ograniczenia Traktatu Wersalskiego ściśle spętały niemiecki przemysł zbrojeniowy. Na myśl o tym, że kraj ten spędził w takich warunkach niemalże 20 lat, a mimo to zdołał położyć na łopatki cały anglofrancuski system kolonialny, Roosevelta ogarniały złe przeczucia.

W powojennym planie Roosevelta Imperium Brytyjskie zostało poćwiartowane, Związek Radziecki miał stać się handlowym partnerem Stanów Zjednoczonych, natomiast na Niemcy nie było pomysłu. Najlepsze byłoby przeprowadzenie „przemysłowej kastracji", która wyeliminowałaby problem. Zupełnie jak Cao Cao, który pod Pawilonem Białej Bramy pochwyciwszy generała Lü Bu, tak odpowiedział na jego narzekanie na zbyt mocno zaciśnięte więzy: „tygrys musi być mocno spętany". Na żądanie Roosevelta sekretarz skarbu Morgenthau sformułował „plan Morgenthaua", którego zadaniem było całkowite zniszczenie niemieckiej bazy przemysłu ciężkiego, wskutek czego niemiecka gospodarka miała wrócić do epoki rolniczej sprzed 100 lat.

Po nagłej śmierci Roosevelta w kwietniu 1945 roku prezydent Trúman wraz z potężną grupą ludzi będących przeciwnikami strategii Roosevelta przystąpił do wspólnej realizacji powojennej polityki „rewizjonizmu". Podkopując powojenną strategię Roosevelta, wywierali coraz mocniejsze naciski na Związek Radziecki, co z kolei zmusiło Stalina do porzucenia nadziei na współpracę z Ameryką oraz do porzucenia planów przystąpienia do systemu z Bretton Woods pod amerykańskim patronatem. Utorowało to tym samym drogę zimnej wojnie.

A kto był główną siłą napędową konfliktu amerykańsko-radzieckiego? Oczywiście Wielka Brytania. Churchill zawsze należał do awangardy przeciwników Rosji, ponieważ rozumiał, że jeśli Stanom Zjednoczonym uda się rozbić system kolonialny Imperium Brytyjskiego, to siły brytyjskie zostaną wówczas skompresowane w obrębie Wysp Brytyjskich, a o światowej hegemonii pozostaną wspomnienia. Nawet rola Wielkiej Brytanii jako przywódcy na kontynencie europejskim nie byłaby pewna.

Ogólnie rzecz ujmując, gdyby Związek Radziecki stał się najważniejszym dla Stanów Zjednoczonych partnerem, to pozycja Wielkiej Brytanii zostałaby kompletnie zmarginalizowana. Gdyby jednak Związek Radziecki zajął dotychczasową rolę Niemiec, to Wielka Brytania stałaby się największym sojusznikiem Amerykanów w Europie, a jej interesy można by wtedy korzystnie negocjować.

Życzeniowe myślenie Churchilla przewidywało w pierwszej kolejności wyeliminowanie Niemiec za pomocą amerykańskich rąk, a następnie, tak jak po zakończeniu pierwszej wojny światowej, stopniowe wyparcie sił amerykańskich. Dysponując odpowiednio długim czasem, z ogromnymi zasobami strefy szterlingowej, Wielka Brytania mogłaby w końcu odetchnąć, a w tym czasie świat pozostawałby nadal pod wpływami Imperium Brytyjskiego. Przynajmniej do 1941 roku wizja Churchilla dotycząca powojennego świata rokowała pewne perspektywy urzeczywistnienia.

Plan był wyrafinowany, jednak Churchill miał do czynienia ze zręczniejszym od siebie graczem. Roosevelt przejrzał zamysły wodza wyspiarzy. 13 i 14 sierpnia 1941 roku, gdy Stany Zjednoczone nie przystąpiły jeszcze do udziału w wojnie, obaj szefowie państw spotkali się w Argentynie, aby omówić szczegóły Karty Atlantyckiej. Między oboma stronami wybuchła zagorzała dyskusja, której główny punkt sporny stanowiła strefa szterlingowa uformowana na podstawie brytyjskiego systemu przywilejów imperialnych. Debata dwóch stron została oddana w zapiskach Elliota Roosevelta, syna Franklina Delano Roosevelta:

> Churchill powiedział:
> – Plany dotyczące wymiany handlowej Imperium Brytyjskiego są...
> Roosevelt natychmiast przerwał Churchillowi:
> – Tak, przywileje imperialne są przykładem na to, że te skolonizowane obszary i ludność w Indiach i Afryce, a nawet na Bliskim i Dalekim Wschodzie (właśnie za przyczyną przywilejów imperialnych) pozostają obecnie nadal w stanie zacofania.
> Szyja Churchilla poczerwieniała ze zdenerwowania, pochylił się i powiedział:
> – Panie Prezydencie, Wielka Brytania nie zamierza w tej chwili poruszać kwestii preferencji imperialnych będących integralną częścią systemu imperialnego. Handel uczynił z Wielkiej Brytanii potęgę, dotychczasowa polityka powinna być kontynuowana, jest to także warunek postawiony przez brytyjskich ministrów.
> Roosevelt powoli odpowiedział:
> – Proszę posłuchać, odnośnie do tej kwestii nasze opinie są różne. Jestem głęboko przekonany, że jeśli mamy osiągnąć trwały pokój, to jesteśmy zobowiązani promować rozwój zacofanych krajów... Osiemnastowieczne podejście [kolonialne] z pewnością nie zdało egzaminu... Niezależnie od tego, jaki rodzaj polityki rekomendują wasi ministrowie, ten rodzaj podejścia, polegający na grabieży surowców i odmowie dostarczenia lokalnej ludności rekompensaty za tę grabież, jest nie do przyjęcia. Dwudziestowieczny sposób na to, aby pomóc tym krajom, to industrializacja...
> Churchill gniewnie wykrzyknął:
> – Ależ Pan ma na myśli Indie!
> Roosevelt zachował spokój i odpowiedział:
> – Owszem. Nie wierzę, że możemy prowadzić wojnę przeciwko zniewoleniu wynikającemu z faszyzmu, podczas gdy nie wyzwoliliśmy jeszcze zniewolonych przez zacofaną politykę kolonialną obywateli obszarów kolonialnych na całym świecie[1].

---

[1]   Jacques Cheminade, *F.D.R. and Jean Monnet*, „Fidelio", Summer-Fall 2000.

Już po wszystkim Roosevelt zwrócił się do swojego syna z takimi słowami: „Już od początku musimy jasno dać do zrozumienia Wielkiej Brytanii, że nie zamierzamy odgrywać roli «kochającego Charliego», który wykorzystany przez Brytyjczyków do cna, zostanie odtrącony jak naiwny głupiec".

Roosevelt miał wyraźne poczucie, że jego polityka względem Wielkiej Brytanii i Związku Radzieckiego nieustannie napotyka na silny opór ze strony Departamentu Stanu Stanów Zjednoczonych. Pod koniec 1943 roku tak sformułował swoje wątpliwości: „Odkryłem, że wielokrotnie ukrywano przede mną informacje lub je opóźniano czy blokowano przez ludzi z Departamentu Stanu, a to dlatego, że ci profesjonalni dyplomaci nie zgadzają się z moimi opiniami. Ludzie ci powinni zacząć pracować dla Churchilla. W rzeczywistości, już od dłuższego czasu, starają się oni pomagać Brytyjczykom (…). Przed 6 laty ktoś doradził mi, abym oczyścił szeregi Departamentu Stanu, gdyż zanadto przypominają one Ministerstwo Spraw Zagranicznych Imperium Brytyjskiego"[2].

Po śmierci Roosevelta Brytyjczycy odnieśli zwycięstwo. Truman, wspierany siłami Departamentu Stanu, uczynił z dawnego sojusznika, Związku Radzieckiego, czołowego wroga.

Niemcy natomiast niespodziewanie otrzymali drugą szansę. Od 1945 do 1946 roku Stany Zjednoczone okupując strefy międzynarodowe, zgodnie z założeniami „planu Morgenthaua" dokonywały stopniowej „kastracji" przemysłu niemieckiego, między innymi zagarnięto majątek ponad 1600 fabryk, a amerykańskie wojska podkładały ładunki wybuchowe w niemieckich bazach militarnych, eksplozje następowały jedna po drugiej. Dużą liczbę fabryk zdemontowano, a urządzenia zostały usunięte. Port w Hamburgu, przedsiębiorstwo zbrojeniowe Kruppa, fabryka samochodów Mercedes-Benz, linia produkcyjna samolotów myśliwskich Junkersa, baza przemysłu chemicznego IG Farben, a nawet cały obszar Zagłębia Ruhry były zagrożone. Niemiecki przemysł został przez plan Morganthaua zniszczony jeszcze dogłębniej aniżeli przez alianckie bombardowania[3].

W 1947 roku nastąpiła zmiana w amerykańskiej polityce względem Niemiec. Prace związane z rozbiórką niemieckich zakładów przemysłowych zostały praktycznie wstrzymane, a lustracja byłych nazistowskich urzędników państwowych prowadzona w ramach „denazyfikacji" zmieniła się w procedurę elekcyjną wchłaniającą elitę rządzącą III Rzeszy w skład nowego rządu. Kary dla niemieckich zbrodniarzy wojennych uległy znacznej liberalizacji, wielkie zakłady przemysłu zbrojeniowego Kruppa zostały objęte amnestią, podobnie zresztą jak Schacht i reszta osobistości stanowiących kręgosłup niemieckiej finansjery. Plan pomocowy Marshalla w postaci wlewających się w niemiecką gospodarkę strumieni dolarów zastąpił płomienie trawiące niemiecki przemysł, rozniecane przez plan Morgenthaua.

Ile jednak pozostało z niemieckiej siły przemysłowej w rozdartych wojną Niemczech, szczególnie po nieustających bombardowaniach aliantów?

---

[2]   Elliott Roosevelt, *As he saw it*, Duell, Sloan and Pearce, 1946.

[3]   Frederick H. Gareau, *Morgenthaus Plan for Industrial Disarmament in Germany*, „The Western Political Quarterly", 14, 2 (czerwiec 1961), s. 517-534.

Podczas alianckich bombardowań Niemiec głównym celem strategicznym były nie tyle same zakłady przemysłowe, co obiekty infrastruktury transportowej. Działo się tak dlatego, że Hitler zdążył w dużej mierze ewakuować zdolności produkcyjne niemieckiego przemysłu. Alianci stwierdzili, że rozproszone bombardowania generują wysokie koszty i są mało efektywne. Wystarczy sparaliżować niemiecki system transportowy, aby w ten sposób finalnie zatrzymać wydajność niemieckiego przemysłu zbrojeniowego; co więcej cele transportowe były ewidentne i łatwe do zniszczenia.

■ W 1944 roku na Konferencji w Bretton Woods ówczesny Sekretarz Departamentu Skarbu, Morgenthau, ogłasza „plan Morgenthaua", którego założeniem jest zniszczenie niemieckiej bazy przemysłowej.

Zgodnie z szacunkami Departamentu Sił Powietrznych Stanów Zjednoczonych, bombardowania zniszczyły zaledwie 6% mocy produkcyjnej niemieckiego przemysłu stalowego, 2% przemysłu węglowego, 4% przemysłu koksowniczego, 15% przemysłu maszynowego i 6,5% maszyn do obróbki metali. 12 grudnia 1945 roku pułkownik Bernard Bernstein na forum niewielkiej grupy wojskowych członków Kongresu Stanów Zjednoczonych przedłożył raport, w którym stwierdzał: „75% niemieckiego przemysłu jest bezpieczne i łatwe do odzyskania w każdych okolicznościach."

Weźmy na przykład firmę Volkswagen – Hitler był bardzo zainteresowany projektem „samochodu krajowego", a nawet osobiście zaangażował się w projektowanie modelu „garbusa" i choć auta te nie były masowo produkowane w czasie wojny, to i tak warte 2 miliardy marek urządzenia produkcyjne i najlepsza na skalę światową nowoczesna technologia o 50% przewyższały wartość amerykańskich zakładów produkcyjnych Ford Company w okresie trwania wojny. Już u schyłku 1939 roku Volkswagen ukończył w 80% pierwszą fazę inwestycyjną, a więc budowę fabryki oraz instalację sprzętu i maszyn. Mimo że rząd niemiecki finansowo w pełni wspierał ten projekt, to jednak środki finansowe wciąż były niewystarczające na potrzeby inwestycji na tak wielką skalę, wobec czego niemiecki rząd zobligował ¼ niemieckich obywateli do comiesięcznego uiszczania raty w wysokości 25 marek, odciąganej z poborów, tytułem przedpłaty na niewyprodukowane jeszcze „samochody krajowe". Do końca drugiej wojny światowej 336 tysięcy Niemców dokonało przedpłat o łącznej wartości 2,67 miliarda marek, a jednak nie doczekało się swoich samochodów, jako że Volkswagen zmuszony był przestawić swoją produkcję na wytwarzanie pojazdów militarnych. Ta niesamowita inwestycja przemysłowa wprawiała przedsiębiorców z całej Europy, a także tych ze Stanów Zjednoczonych, w podziw i zdumienie.

Prognozy dotyczące siły rażenia alianckich nalotów bombowych, mających zniszczyć potężną fabrykę Volkswagena, okazały się poważnie przeszacowane, gdyż zdolności

■ **Niemiecki przemysł samochodowy został po wojnie szybko odrestaurowany dzięki silnym i stabilnym fundamentom bazy przemysłowej.**

produkcyjne Volkswagena nie doznały większego uszczerbku. Ponieważ alianci nie rozmontowali tej fabryki, to w rezultacie Volkswagen mógł dość szybko przywrócić wydajność swoich linii produkcyjnych. Linie produkcyjne Volkswagena w latach 1946 i 1947 produkowały średnio 30 egzemplarzy modelu „garbusa" dziennie, w 1950 roku wydajność przekroczyła 300 egzemplarzy dziennie, w 1955 roku wynosiła około tysiąca samochodów dziennie, a pod koniec 1960 roku osiągnęła poziom 8 tysięcy aut dziennie. Do tego czasu Volkswagen wyeksportował do Stanów Zjednoczonych blisko 500 tysięcy samochodów. Gdyby nie fakt, że jeszcze przed wojną Niemcy podjęli się tej poważnej, trwającej 5 lat inwestycji w budowę i wyposażenie nowoczesnej fabryki VW, to w latach powojennych wybudowanie obiektu na taką skalę i tak doskonale wyposażonego byłoby niemożliwe. Czy to w ramach planu Marshalla, czy w ramach innego planu, ożywienie gospodarcze Niemiec nie wchodziłoby w grę, gdyby nie nagromadzona przez lata solidna niemiecka siła przemysłowa.

Plan Morgenthaua zakładający uszkodzenie niemieckiego przemysłu nie był zbyt realistyczny. Amerykańskie siły okupacyjne musiały zmierzyć się z problemami takimi, jak naprawa infrastruktury miejskiej, sprzątanie gruzów, ratowanie ludności cywilnej, utrzymanie porządku i ciężka codzienna praca, a co z tego wynika, nie dysponowały wystarczającą liczbą ludzi, którzy mogliby podjąć się rozmontowania niemieckich obiektów przemysłowych. Szacuje się, że wśród 1600 fabryk umieszczonych na czarnej liście, zaledwie niewielka ich część została uszkodzona w sposób dotkliwy i niepozwalający na naprawienie szkód, natomiast pozostała część po trwających kilka miesięcy pracach naprawczych mogła powrócić do normalnej produkcji. Podsumowując, część zdemolowanych niemieckich obiektów przemysłowych wynosiła zaledwie jedną dziesiątą całkowitego potencjału produkcyjnego Niemiec.

A zatem Niemcy, zarówno w czasie wojny, jak i po wojnie, zachowały około 70% swojej mocy produkcyjnej. Ponieważ straty w organizacji systemów produkcyjnych, a także w zakresie wykwalifikowanych inżynierów i pracowników technicznych były znikome, to po zapełnieniu brzuchów, uzupełnieniu zapasów magazynowych surowców i dysponując wystarczającą ilością energii elektrycznej, Niemcy czekały tylko na pojawienie się zamówień, gotowe w każdej chwili wznowić produkcję zaawansowanych technologicznie i wysokiej jakości produktów przemysłowych.

W tym właśnie tkwi prawdziwe sedno renesansu Niemiec.

Jednak przed powrotem niemieckiej gospodarki na właściwe tory, należało zmierzyć się z palącym problemem, jakim była trudna sytuacja walutowa.

Wiatr marki zmienia kierunek, a Związek Radziecki zmienia twarz

Podczas gdy Stany Zjednoczone, Wielka Brytania i Francja okupowały zachodnią część Niemiec, Związek Radziecki kontrolował Niemcy Wschodnie, cztery potężne mocarstwa przejęły kontrolę strefową na terytorium Niemiec, a Berlin był stolicą tego kwartetowego kondominium. Sowiecka strefa okupacyjna stanowiła tradycyjnie niemiecką bazę dostaw żywności, a życie codzienne w NRD wydawało się całkiem przyzwoite. Ze względu na coraz mocniejsze naciski ze strony Stanów Zjednoczonych, ciemne chmury zimnej wojny powoli zaczęły gromadzić się na niemieckim niebie, a Związek Radziecki w odpowiedzi na amerykańską agresję zaczął coraz bardziej ograniczać eksport żywności z Niemiec Wschodnich do Niemiec Zachodnich, a wskutek tych działań RFN znalazła się w trudnej sytuacji.

W lutym 1946 roku telegram „Zimna Wojna", który w Moskwie napisał leżący w łóżku chory Kennan, nie tylko wciągnął Waszyngton i Moskwę w wir konfrontacji, lecz ponadto przyczynił się do tego, że Niemcy cierpieli głód. Dzienne racje żywnościowe dla robotników w przemysłowym okręgu Zagłębia Ruhry wynosiły zaledwie tysiąc kalorii, a więc mniej niż połowę dziennego zapotrzebowania. Zima 1946 roku była jedną z najsroższych zim XX stulecia, dni przeplatane były chłodem i głodem, a Niemcy, podobnie jak w czasie trwającego 900 dni oblężenia Leningradu, doświadczyli smaku porażki.

Tak jak w Związku Radzieckim w 1921 roku, tak w 1946 roku w Niemczech nastąpiły poważne deficyty towarów na rynku. Nawet powody tych braków były identyczne, a więc racjonowanie podstawowych produktów użytku codziennego i poważna dewaluacja waluty. Jednocześnie dewaluacja waluty pogłębiła trudności z reglamentacją. Powodem, dla którego w okresie powojennym towary i żywność zupełnie zniknęły z półek, nie był ich deficyt, lecz fakt, że ludzie zaczęli masowo gromadzić te produkty. To gromadzenie produktów odbywało się na zasadzie spekulacji i powodowane było pogonią za zyskiem, bowiem w warunkach poważnej dewaluacji waluty, zapasy – z pominięciem pieniądza – stawały się bezpośrednim środkiem w obrocie barterowym i zapewniały maksymalne zyski.

W ten oto sposób czarny rynek stał się, poza racjonowaniem, najaktywniejszą gałęzią handlu.

■ **W marcu 1947 roku, głodująca ludność niemiecka organizowała masowe protesty wobec deficytu żywności.**

W Niemczech Zachodnich żywność była z pewnością towarem najrzadszym i najbardziej pożądanym, a w porównaniu z głodem wszystkie inne bogactwa wydawały się nie mieć znaczenia. Rolnicy, którzy w czasie wojny ponieśli stosunkowo niewielkie straty, a których domowe zapasy wciąż były na plusie, stali się niekwestionowanymi zwycięzcami na czarnym rynku. Bogaci i należący do klasy średniej mieszkańcy miast wymieniali kosztowności ze swoich domów, obrazy, a nawet meble i odzież w zamian za mąkę, jajka, mięso i masło, a rolnicy niespodziewanie zaczęli używać luksusowej porcelany czy wysokiej klasy sprzętów domowego użytku. Czarny rynek w niemieckich miastach rozwijał się w najlepsze, nawet okupujący terytorium zachodnich Niemiec alianci z radością dołączyli do tych, cieszących się wśród ludności popularnością, transakcji handlowych. Rządowe dostawy towarów takich jak papierosy, kawa, mydło, golarki, żywność w puszkach czy czekolada dostarczane na potrzeby amerykańskiej armii, stały się bestsellerami na czarnym rynku. Pośród wszystkich wymienionych towarów najbardziej chodliwe były papierosy – podobnie jak pieniądz cieszyły się wysokim stopniem akceptacji, dobrą płynnością, łatwością w przenoszeniu, łatwością w odliczaniu i wysokim stopniem jednorodności i dlatego podobnie jak banknoty reichsmarek, papierosy szybko zaczęły pełnić rolę substytutu pieniądza. Tym samym armia amerykańska stała się w sposób naturalny największym spekulantem na ubogim w towary niemieckim rynku barterowym. Zakupiony od amerykańskiej wojskowej agencji dostaw za cenę dolara karton papierosów żołnierze mogli wymienić na czarnym rynku na wartą tysiące reichsmarek złotą i srebrną biżuterię[4].

Zasadniczo ówczesna wymiana tanich papierosów przez amerykańskich żołnierzy na cenne aparaty Laica czy fortepiany będące własnością Niemców niczym nie różni się od praktykowanej przez współczesne Stany Zjednoczone wymiany wartych jeszcze mniej niż papierosy papierowych banknotów dolara na cenne towary dostarczane przez państwa całego świata. W tamtych latach siły okupacyjne Stanów Zjednoczonych ukazały się w niezbyt korzystnym świetle, wszakże udział w tym drapieżnym handlu, za który między innymi nazistowscy zbrodniarze wojenni stanęli przed sądem norymberskim, wyglądał niczym podział łupów między zwycięzcami.

Aby przywrócić normalny porządek na rynku w Niemczech nie można było oczywiście opierać się na „systemie parytetu papierosowego", a ponieważ reichsmarka została poważnie zdyskredytowana, to priorytetem stało się przeprowadzenie gruntownej reformy monetarnej. Co więcej, pomysł na przeprowadzenie tej reformy był zbieżny z kierunkiem reform, jakie Związek Radziecki obrał w latach 1922-1924, tyle że podstawę sowieckiej reformy pieniężnej stanowiły warte 50 milionów funtów rezerwy złota, a czerwońce i imperiały, zgodnie z prawem Kopernika-Greshama, z powodzeniem stopniowo wyparły z obiegu carskie kierenki i sowznaki. Problem polegał na tym, że Niemcy w 1948 roku były ekonomicznym bankrutem, nie posiadały złota, napływ dolarów jeszcze się nie rozpoczął, a w spadku po III Rzeszy pozostał ogromny dług o wartości 400% rocznego PKB Niemiec z 1939 roku.

---

[4]   Vincent Bignon, *Cigarette Money and Black-Market Prices during the 1948*, „German Miracle", luty 2009.

Reforma walutowa z 1948 roku po raz kolejny stanęła przed tym samym dylematem, co reforma przeprowadzona przez Schachta w 1923 roku. Nowa reforma marki niemieckiej po raz kolejny wykorzystała „strategię podwójnego blefu", tyle że tym razem reżyserem został Amerykanin. Amerykańskie osiągnięcia w dziedzinie reformy walutowej dotarły już do Niemiec, toteż tym razem Amerykanie nie pokusili się o zaangażowanie w projekt niemieckiego „ekonomicznego cara", Schachta. Strategia opracowana przez Amerykanów składała się z trzech ustaw. Były to: ustawa walutowa, ustawa emisyjna i ustawa o wymianie waluty.

W ramach „ustawy o walucie" zdecydowano, że marka niemiecka (DM, Deutsche Mark) otrzymała status prawnego środka płatniczego i miała zastąpić reichsmarkę (RM, Reichsmark). „Ustawa emisyjna" nominowała Zachodni Niemiecki Bank Federalny (Bank Deutsche Länder) do statusu banku centralnego. W 1957 roku bank ten przyjął nazwę znanego Deutsche Bundesbank. „Ustawa o wymianie waluty" określała kurs wymiany DM do RM i precyzowała szczegóły implementacji tej wymiany.

Pierwszym problemem, z jakim zetknęła się nowa reforma walutowa, było ustalenie właściwego kursu, według którego powinna nastąpić wymiana waluty. Amerykanie przeprowadzili analizę wydobytych bilansów systemu bankowego w Niemczech, w wyniku którego okazało się, że w ciągu dekady między 1935 a 1945 rokiem łączna suma gotówki w obiegu i depozytów na żądanie (M1) wzrosła w Niemczech o 500%. W tym samym czasie wojna doprowadziła do spadku Produkt Narodowy Brutto (PNB) o 40%, co oznaczało, że w tym okresie ilość pieniędzy wzrosła pięciokrotnie, podczas gdy ilość towarów i usług na rynku skurczyła się niemalże o połowę. Zatem skala nademisji pieniądza względem ilości towarów i usług wyniosła 10:1. W związku z tym, gdyby ustalić ceny docelowe na poziomie tych przedwojennych z 1935 roku, to należało zmniejszyć ilość gotówki w obiegu o około 90%. Dlatego Amerykanie zdecydowali się ustalić kurs wymiany między nową i starą marką na 1:10.

Sedno problemu leżało w systemie bankowym. Banki były jak koromysło, z jednej strony dźwigały oszczędności obywateli, z drugiej strony ciężar udzielonych kredytów. Z punktu widzenia banków depozyty były zobowiązaniem, gdyż kiedy ludzie chcieli wypłacić pieniądze, banki były zobowiązane do wypłacenia całej kwoty w gotówce. Kredyty udzielane przez banki były przez nie traktowane w kategorii aktywów, kredyty generowały bowiem przychody z tytułu odsetek, pozwalając bankom zarabiać pieniądze, a zarobione pieniądze stanowiły kapitał stały banków. Bankierzy byli jak tragarze. Dążyli do równowagi po obu stronach koromysła, a to, co schowali do kieszeni, stanowiło ich własny kapitał. Właściwe zarządzanie balansem koromysła pozwalało na uzyskanie pieniędzy z aktywów i przesunięcie ich na drugą stronę, czyli do depozytów. Nieodpowiednia równowaga koromysła zmuszała bankierów do wyciągnięcia z kieszeni swoich oszczędności i przekazanie ich na potrzeby zobowiązań.

Podsumowując, obie strony koromysła zawsze powinny być zbalansowane, jednakże po reformie walutowej 10 starych marek znajdujących się po stronie depozytów skurczyłoby się do 1 nowej marki, a więc o 90%, co oznaczało, że należało proporcjonalnie zmniejszyć ilość udzielanych kredytów, aby zapewnić balans. I tu właśnie pojawiał się problem, a mianowicie duża ilość kredytów udzielonych

przez banki w okresie wojennym trafiła w ręce różnego stopnia nazistowskich polityków i urzędników różnego stopnia, a ponieważ ta władza
już odeszła, to i udzielone kredyty były trudne
do windykacji. W rezultacie banki miały nadwyżkę
zobowiązań względem aktywów i nie były w stanie
zbalansować koromysła, a to z kolei oznaczało, że
istnieje prawdopodobieństwo bankructwa całego
systemu bankowego z powodu niewypłacalności.
Amerykanie byli zdania, że jest to bez znaczenia, ponieważ pożyczki rządu nazistowskiego
zostaną unieważnione, a dziura, która pojawiła
się w środku aktywów, zostanie spłacona wyemi-
towanymi w przyszłości obligacjami rządowymi,

a dodatkowo, żeby zapewnić wszystkim możliwość   ■ **Niemiecka reforma walutowa,**
zbalansowania, w kieszeni zostanie jeszcze trochę   **czerwiec 1948 roku.**
drobnych. Z tego powodu, Amerykanie cieszyli
się wielką popularnością wśród bankierów.

Zgodnie z postanowieniami obywatele zostali zobowiązani, aby w określonym czasie zdeponować całą posiadaną gotówkę w starych markach na bankowych kontach oszczędnościowych, gdyż po przekroczeniu terminu stare marki
straciłyby ważność. Bankierzy dzielili każde konto depozytowe na dwa: połowę
depozytu wymieniano natychmiast na gotówkę po kursie 1 DM za 10 RM. Kurs wymiany drugiej połowy depozytu ustalany było po 90 dniach na podstawie obserwa-
cji rozwoju sytuacji cen towarów na rynku. Dodatkowo, aby zapewnić normalne
funkcjonowanie życia i działalności gospodarczej, władze okupacyjne zapewniły
każdemu obywatelowi możliwość wymiany 40 starych marek po kursie 1:1 na nowe
marki, zabezpieczając w ten sposób codzienne potrzeby obywateli, a pracodawcy dla
każdego ze swoich pracowników mogli w ten sposób dokonać wymiany 60 marek
na potrzeby kosztów ich utrzymania[5].

Ci, którzy nie rozumieli sztuczki magika, mogli uważać, że ten sposób podejścia był sprawiedliwy. Prawda jest jednak taka, że zaglądając głębiej, widać w tym
było zwyczajną grabież majątku obywateli.

Główną formą gromadzenia majątku przez bogatych i należących do klasy
dorobkiewiczów Niemców był zakup nieruchomości, sztab złota, biżuterii, obrazów
i innych form aktywów fizycznych, podczas gdy cały majątek biedoty i klasy średniej
spoczywał na bankowych kontach depozytowych. Jeśli jesteś bogaty, to świetnie,
albowiem twoja siła nabywcza nie zostanie osłabiona przez reformę walutową. Jeśli
jesteś przemysłowcem lub kupcem, a bank udzielił ci ogromnych kredytów na zakup
nieruchomości, gruntów, towarów czy surowców, to jeszcze lepiej, bowiem twój dług
został właśnie zredukowany do 10%, które i tak pomogą ci spłacić najbiedniejsi. Jeśli

---

5   Martin Pontzen, Franziska Schobert, *Episodes in German Monetary History*, „Lessons for Transition
Countries", 13 kwietnia 2007.

jednak jesteś biedny – niestety, zdecydowana większość twojego majątku została przekazana bogatym. W realiach wysokich cen na rynku towarów, nieruchomości i aktywów, reforma walutowa zabrała 90% siły nabywczej biednym i należącym do klasy średniej Niemcom. Był to precedens w redystrybucji bogactwa społecznego, kiedy to okradając biednych i średniozamożnych obywateli, powiększono majątki bogatych.

Nie dziwi więc gniewna reakcja Schachta, gdy tylko usłyszał o reformie: „To jest celowe niszczenie struktury społecznej w Niemczech, a konsekwencje będą o wiele bardziej złowieszcze, aniżeli w przypadku hiperinflacji z 1923 roku. To jest próba ukrycia diabelskich zamiarów"[6]. Nie wiadomo czy reakcja Schachta nie była dodatkowo wzmocniona jego prywatnym doświadczeniem. On, internowany w nazistowskim obozie koncentracyjnym za próbę zamachu na życie Hitlera, ukarany konfiskatą majątku, był zmuszony utrzymywać się wyłącznie ze skromnej emerytury. Mogło to być dla niego bolesne.

W trakcie wprowadzania reformy władze okupacyjne – aby wymusić na przedsiębiorstwach gromadzenie zapasów i sprzedaż towarów na rynku w celu jego ustabilizowania tak szybko, jak to tylko możliwe – zdecydowały się na zastosowanie dla nich specjalnej taryfy płatniczej. Polegało to na zapłacie zaledwie 17% równowartości nowej marki za towary dostarczane na potrzeby mas. Ta sztuczka istotnie przyczyniła się do zwiększenia podaży towarów na rynku i umocniła kredytową funkcję nowej marki.

Wraz z wycofaniem z obiegu starej marki, całkowita ilość waluty w obiegu spadła o 93,5%, co tylko nieznacznie odbiegało od założonego celu.

W reformie monetarnej z czerwca 1948 roku i polityce wolnego rynku wielu upatruje dziś przyczyny ekonomicznego odrodzenia Niemiec. W rzeczywistości struktura ówczesnego systemu przemysłowego nie była tak prosta jak wolny handel uliczny. Ustalenie zasad rynkowych wymaga stosunkowo krótkiego czasu, ale zbudowanie stabilnej zdolności produkcji przemysłowej wymaga zdecydowanie więcej czasu i zasobów. Środowisko ekonomiczne wolnego handlu nigdy nie zastąpi gospodarki opartej na wydajności.

Głównym powodem niemieckiego cudu gospodarczego była siła jego stabilnej bazy przemysłowej z czasów przedwojennych, a stabilna waluta, gospodarka wolnorynkowa i plan Marshalla stanowiły tylko sprzyjające czynniki zewnętrzne, aczkolwiek nawet w takich okolicznościach cud gospodarczy wciąż wymagał stymulujących okazji napływających z zewnątrz. W 1949 roku Niemcy po raz kolejny zostały wciągnięte w wir poważnej trzydziestoośmioprocentowej inflacji, co zmusiło nowo powołany Bank Centralny do zaciągnięcia hamulca bezpieczeństwa. Na początku 1950 roku równowaga niemieckiego bilansu płatniczego poważnie się zachwiała, a Stany Zjednoczone były zmuszone przesunąć pomoc ze strony Organizacji Europejskiej Pomocy Gospodarczej (OEEC, obecnie OECD) na potrzeby Niemiec i wspierać gospodarkę niemiecką poprzez stworzenie ogromnych możliwości zewnętrznych, jakich dostarczył wybuch wojny koreańskiej w 1950 roku. Dopiero trwający trzy lata okres zapotrzebowania na potężne dostawy wojskowe wprawił

---

[6]   Hjalmar Schacht, *The Magic of Money*, Oldbourne 1967.

niemieckie maszyny przemysłowe w pracę na pełnej mocy i sprawił, że niemiecka gospodarka ostatecznie wjechała na tory szybkiego ruchu. Gdyby nie wojna koreańska, niemiecka gospodarka mogłaby polegać wyłącznie na swoim rynku i na powoli odradzających się rynkach europejskich.

20 czerwca 1948 roku, kiedy Stany Zjednoczone oficjalnie ogłosiły wejście w obieg nowej marki, Związek Radziecki natychmiast zorientował się, że prawdziwą intencją Amerykanów jest próba jednostronnego podziału Niemiec. Mimo, że rząd Republiki Federalnej Niemiec nie został jeszcze wówczas powołany, to wprowadzenie nowej waluty i powołanie banku centralnego było tego zapowiedzią.

Przynajmniej do tej pory wciąż żywe były złudzenia dotyczące współpracy między Związkiem Radzieckim a Stanami Zjednoczonymi. Pilnie potrzebujący odnowy po czterech latach brutalnej wojny Związek Radziecki nie miał ani możliwości, ani chęci ponownego włączania się w konflikty zbrojne na większą skalę. Stalin nie był fanatykiem marzącym o tym, by zaangażować się w ogarniającą cały świat rewolucję eksportową, był raczej stąpającym twardo po ziemi politycznym realistą. Konsekwentnie opowiadał się za tworzeniem socjalizmu w obrębie jednego państwa, co różniło go zasadniczo od Trockiego, który z kolei nie mógł doczekać się wybuchu globalnej permanentnej rewolucji socjalistycznej. Owszem, Stalin także promował rewolucję socjalistyczną w Chinach i innych krajach, jednak jego strategicznym celem było stworzenie większego buforu bezpieczeństwa dla Związku Radzieckiego, a niekoniecznie obalenie systemu kapitalistycznego w pozostałych rejonach świata. Jego realizm pozwolił mu zrozumieć, że Zachód już wcześniej osiągnął bardziej zaawansowaną i rozwiniętą produktywność, a Związek Radziecki musi podjąć kierunek strategicznej defensywy – najpierw się bronić, potem modernizować, a dopiero później budować swoją potęgę.

Wobec polityki Roosevelta względem Związku Radzieckiego, Stalin odpowiedział chęcią nawiązania współpracy. Roosevelt z kolei, uznając strefę wpływów Związku Radzieckiego, liczył na przystąpienie Stalina do systemu z Bretton Woods. Dla Stalina narodowe profity Związku Radzieckiego były zawsze ważniejsze aniżeli socjalistyczna misja. W latach dwudziestych XX wieku Stalin zainwestował 30 milionów rubli w ekspedycję północną Czang Kaj-szeka i pomoc dla zlokalizowanych w północno-zachodniej części Chin wojsk Feng Yuxianga po to, by osłabić siły prozachodnich watażków w północnych Chinach i projapońskie wojska pod dowództwem Zhang Zuolina na północnym wschodzie oraz by zmniejszyć presję imperialistów wywieraną na należące do sowieckiej strefy wpływów dalekowschodnie terytoria. W latach 1918-1921, w okresie trwającej w Związku Radzieckim wojny domowej, siły japońskie i siły zachodnie od wschodu zbrojnie wkroczyły na tereny Syberii, co stanowiło ogromne zagrożenie dla przetrwania reżimu sowieckiego, a wizja tego niebezpiecznego obrotu spraw wciąż tkwiła w umyśle Stalina. To właśnie z tego powodu, w czasie gdy wspierał Chińską Partię Narodową (Kuomintang), Stalin dążył do ograniczenia Komunistycznej Partii Chin (Gongchandang) w tworzeniu własnej armii, bał się bowiem, że mogłoby to zaszkodzić jego ogólnej strategii. Kiedy Zhang Xueliang zakwestionował taktykę Czang Kaj-szeka, Stalin miał możliwość powstrzymania Japonii od wojny chińsko-japońskiej, a jednak zalecił Czangowi wycofanie się do Nankinu. Nawet w przededniu przejścia Chińskiej Armii Ludowo-Wyzwoleńczej przez rzekę Jangcy i wyzwolenia całego kraju Stalin wciąż czuł się zobowiązany obietnicą daną Rooseveltowi. W tym samym roku nakłaniał Chiny do podjęcia pokojowych rozmów w Pekinie.

Ten ponury realizm Stalina sprawił również, że nie chciał on stanąć na czele awangardy podważającej globalną hegemonię Stanów Zjednoczonych. Jednak Stalin nie należał też do gatunku biernych obrońców, był bowiem przekonany, że najlepszą obroną jest dobrze przemyślany atak. Pod wpływem coraz silniejszych nacisków Trumana obronna natura Związku Radzieckiego przybrała formę twardej postawy ofensywnej.

Przeprowadzenie reformy fiskalnej w Niemczech przed osiągnięciem po-rozumienia ze Związkiem Radzieckim było jednostronnym działaniem podwa-żającym wcześniejsze, milczące porozumienie między Stalinem i Rooseveltem. Stalin rozumiał, że jeśli pozwoli Trumanowi na kontynuowanie zamieszania, to w przyszłości Związek Radziecki na terenie Europy Wschodniej stałby się coraz bardziej biernym obserwatorem wydarzeń. Dlatego Stalin był zmuszony stawić czoła Trumanowi i rozprawić się z nim.

Związek Radziecki natychmiast wystosował pisemny protest do Stanów Zjednoczonych, które zdecydowały się na emisję nowej marki na terenie Niemiec Zachodnich, wytykając Amerykanom, że wprowadzenie w RFN osobnej waluty z pewnością ma na celu podział Niemiec. Podczas gdy RFN zdecydowała się na emisję nowej marki, w sowieckiej strefie okupacyjnej stara marka była wciąż le-galnym środkiem płatniczym, co spowodowało masowy napływ starej marki na teren Niemiec Wschodnich. Oszczędności obywateli NRD zniknęły w zastrasza-jącym tempie, nastąpiła gwałtowna inflacja, a na rynku zapanował chaos. Kilka dni później stacjonujący w Niemczech dowódca Grupy Okupacyjnych Wojsk Radzieckich Wasilij Daniłowicz Sokołowski ogłosił, że na terenie sowieckiej strefy okupacyjnej i w dużej części Berlina przeprowadzona zostanie reforma mone-tarna, w ramach której wyemitowana będzie nowa marka wschodnioniemiecka ze specjalnym znakiem, co miało na celu ochronę gospodarki w sowieckiej strefie

okupacyjnej i przeciwdziałanie osła-bieniu waluty na tym terytorium przez praktyki podejmowane w ob-rębie Niemiec Zachodnich. Tym sposobem w dwóch strefach oku-pacyjnych Niemiec wyemitowano dwa różne rodzaje marek, a podział kraju wydawał się nieunikniony.

Czwartego dnia po reformie fiskalnej przeprowadzonej przez Stany Zjednoczone na terenie RFN Związek Radziecki ogłosił szokującą dla świata informację o wdrożeniu programu „blokady Berlina". Po-

■ W 1948 roku reforma fiskalna w RFN doprowadziła do zablokowania Berlina przez ZSRR, a siły USA mogły dostać się do miasta jedynie drogą powietrzną.

cząwszy od 24 czerwca 1948 roku całkowicie odcięto transport wodny i lądowy między Niemcami Zachodnimi i Berlinem. W swoim specyficznym podejściu do sprawy Związek Radziecki zostawił jednak uchyloną furtkę, choć transport lądowy i morski zostały zablokowane, to trzy główne korytarze powietrzne łączące Berlin z Hamburgiem, Frankfurtem i Hanowerem pozostały otwarte.

Ostatecznie wojna walutowa w Niemczech doprowadziła do prawdziwej zimnej wojny.

Europejska Wspólnota Węgla i Stali kolebką snów o Unii Europejskiej i eurowalucie

W maju 1949 roku po zakończeniu kryzysu berlińskiego, kiedy niemiecka gospodarka zaczęła przyspieszać, coraz pilniejsze trudności praktyczne w postaci ogromnych luk w dostawie do Niemiec energii i surowców, znacznie ograniczyły tempo wzrostu produkcji przemysłowej.

Większość energii wykorzystywanej przez niemiecki przemysł bazowała na węglu. Jednocześnie rozwój przemysłowy wymagał zaspokojenia pilnych potrzeb na dostawy żelaza i stali. Bez węgla i stali niemiecki przemysł nie mógł się rozwijać, a zarówno węgiel, jak i stal pochodziły z dwóch regionów – z Zagłębia Ruhry i Saary. Zagłębie Saary już wcześniej, gdyż w 1947 roku, zostało zaanektowane przez Francję, a Zagłębie Ruhry było smacznym kąskiem, na który Francja ostrzyła sobie zęby. Jednakże Stany Zjednoczone nie mogły dopuścić do tego, by stojące w pierwszej linii frontu zimnej wojny Niemcy dotknęła zapaść gospodarcza. Dlatego też, w rezultacie kompromisu interesów, na obszarze przemysłowego Zagłębia Ruhry alianci utworzyli kondominium pod nazwą IAR (International Authority for the Ruhr), a dzięki jego powołaniu mogli decydować o tym, jakie udziały w wydobyciu węgla i produkcji stali mogą być przekazane na potrzeby niemieckiego przemysłu. W ten oto sposób kwestia „być albo nie być" niemieckiej gospodarki spoczęła w rękach Francuzów.

Najpilniejszą potrzebą, przed jaką stanęły Niemcy, było jak najszybsze utworzenie własnego rządu federalnego. Nie mając rządu nie można było myśleć o pozbyciu się sił okupacyjnych nadzorujących każdą dziedzinę niemieckiego życia społecznego i gospodarczego bądź podejmować tematu jakiegokolwiek postępu w tych dziedzinach. Ponadto Niemcy, nie mając innego wyjścia, zostały zmuszone do przyjęcia warunku, jakim było uczestnictwo Francji w kondominium na terenie Zagłębia Ruhry w Republice Federalnej. Jednak wraz ze wzrostem siły ekonomicznej Niemiec pogłębiały się także sprzeczności narastające między Niemcami i Francją. Wszystkim wydawało się, że po pewnym czasie znów odczuwa się napięcie w stosunkach francusko-niemieckich podobne do tego, jakie pojawiło się po zakończeniu pierwszej wojny światowej.

Obawy Francji przed Niemcami były głęboko zakorzenione i miały swoje źródło w trzykrotnej inwazji Niemiec na terytoria francuskie na przestrzeni ostatnich 70 lat, począwszy od 1870 roku. Poza tym Francji nigdy nie udało się własnymi siłami pokonać Niemiec. Chociaż rewolucja przemysłowa rozpoczęła się we Francji wcześniej niż w Niemczech, to ze względu na częste wojny i rewolucje przerywające postęp francuskiej industrializacji, niemiecki przemysł ostatecznie wybił się na prowadzenie. Stereotyp precyzyjnego Niemca bardziej niż stereotyp romantycznego z natury Francuza wpisywał się w prowadzone na szeroko zakrojoną skalę, skomplikowane i dokładne operacje przemysłowe. I choć wyniki obu wojen światowych wskazywały na Francję jako zwycięzcę na gruncie politycznym i militarnym, to w aspekcie gospodarczym Francja wkrótce znów miała się stać pokonanym oponentem Niemiec. Francja nie miała już także odważnych ambicji, aby potrząsać kontynentem europejskim, jak robił to Napoleon, a gdyby nie sojusznicy w postaci Wielkiej Brytanii i Stanów Zjednoczonych, to będąc sąsiadem tego dzikiego tygrysa, jakim były Niemcy, Francja zapewne natychmiast znalazłaby się na krawędzi strachu i niepewności.

Francja zdecydowanie popierała trwałą kastrację niemieckiego przemysłu w postaci planu Morgenthaua, z chirurgiczną precyzją odcięła dwie stanowiące dla niej zagrożenie główne arterie niemieckiego przemysłu w postaci Zagłębia Ruhry i Zagłębia Saary. Niestety, wraz z zagęszczeniem się atmosfery zimnej wojny, kiedy Stany Zjednoczone w coraz większym stopniu zaczęły polegać na Niemczech, dało się zaobserwować coraz wyraźniej niezadowolenie Francji, a szczególnie powstającego tam ruchu politycznego gaullistów, których nastawienie do sojuszu z Wielką Brytanią i Stanami Zjednoczonymi było nieprzychylne. Głównym postulatem gaullizmu było założenie, że los Francji powinien leżeć w jej własnych rękach.

Wraz z przesuwaniem się amerykańskiej równowagi politycznej coraz bardziej w stronę Niemiec, osamotniona Francja znalazła się w trudnym położeniu w związku z przybierającą na sile potęgą Niemiec. Aby móc efektywnie kontrolować dzikiego tygrysa, jakim były sąsiadujące Niemcy i raz na zawsze odżegnać się od powojennych niepowodzeń, Francja musiała opracować kompleksową politykę. W efekcie dogłębnej analizy Francuzi ostatecznie wystąpili z projektem zwanym „planem Schumana".

9 maja 1950 roku francuski minister spraw zagranicznych Robert Schuman na konferencji prasowej niespodziewanie zaproponował utworzenie ponadpaństwowej jednostki gospodarczej mającej za zadanie nadzór nad niemieckimi i francuskimi zdolnościami produkcyjnymi węgla i stali, udostępnianiem zasobów, dążeniem do równomiernego rozwoju, jednostkę wspólnie zarządzaną, której architektura byłaby w pełni otwarta i o członkostwo w której mogłoby ubiegać się każde państwo europejskie. Była to właśnie późniejsza Europejska Wspólnota Węgla i Stali (ECSC). Jako że węgiel i stal stanowiły zasoby niezbędne dla każdego kraju prowadzącego wojnę, a działania nowego podmiotu zarządzającego tymi zasobami miały powstrzymać wyścig Francji i Niemiec o dominację polityczną, to tym samym jego działalność miała przyczynić się do wyeliminowania intencji i możliwości wszczęcia wojny przez oba te państwa. Zatem trudno jest dziwić się entuzjastycznym słowom Schumana, który stwierdził, że „Wspólnota Węgla i Stali uczyni wojnę nie

tylko czymś nie do pomyślenia, lecz, co więcej, uczyni ją materialnie niemożliwą"[7].

Plan Schumana od samego początku cieszył się silnym wsparciem ze strony Stanów Zjednoczonych. Ponowna harmonia, jaka zapanowałaby między Niemcami i Francją w obozie zachodnim, likwidowałaby potencjalny zapalnik przyszłej wojny w Europie i pozwoliłaby dać opór siłom Związku Radzieckiego. Utworzenie wspólnego rynku węgla i stali nie tylko przyczyniłoby się do ożywienia gospodarczego w Europie, ale co więcej, wpisywało się korzystnie w ogólne cele strategiczne Stanów Zjednoczonych. Stany Zjednoczone w 1950 roku były w fazie kulminacyjnej rozkwitu i w tej chwili Amerykanów kłopotało niewystarczające tempo rozkwitu w Europie, a tym samym niewystarczająca ilość towarów eksportowanych ze Stanów Zjednoczonych do Europy i zbyt nadwyrężone siły europejskiego oporu przeciw Sowietom. W tamtej chwili Stany Zjednoczone nie były w stanie przewidzieć, jak wielkim zagrożeniem dla dolara stanie się w ciągu

■ **Narodziny Europejskiej Wspólnoty Węgla i Stali w 1951 roku.**

nadchodzących 60 lat Unia Europejska i jej zunifikowana waluta, euro.

Opinia publiczna we Francji, Niemczech i innych krajach europejskich również zareagowała z podobnym entuzjazmem. W latach pięćdziesiątych wśród Francuzów panowała powszechna opinia o tym, że przyszłością Francji i Niemiec w sposób nieunikniony będzie kolejna wojna, a tymczasem atmosfera wydawała się oczyszczać. Niemcy, których początkowo ogarnął gniew po wstąpieniu Francji do kondominium w Zagłębiu Ruhry i Saary, po tym, jak Francja wyszła z propozycją powołania Wspólnoty Węgla i Stali, zdecydowanie zmiękli. Harmonia w stosunkach niemiecko-francuskich sprawiła, że Europejczycy uwierzyli w perspektywę pokoju i dobrobytu. Jedynie Wielka Brytania przyglądała się wszystkiemu dość chłodno, trzymając się na uboczu.

W kwietniu 1951 roku podpisano Traktat Paryski i tym samym narodziła się Europejska Wspólnota Węgla i Stali. Oprócz Niemiec i Francji do EWWiS dołączyły Włochy, Belgia, Luksemburg i Holandia, tworząc wspólnotę sześciu narodów. Sześć lat później tych sześć państw podpisało w Rzymie „traktaty rzymskie" i na fundamentach EWWiS ustanowiły Europejską Wspólnotę Gospodarczą i Europejską Wspólnotę Energii Atomowej (Euratom), kładąc w ten sposób podwaliny pod przyszłą Unię Europejską.

Europejska Wspólnota Węgla i Stali różniła się od wszelkich istniejących dotychczas przedsiębiorstw czy organizacji międzynarodowych, a jej cechą charakterystyczną była ponadpaństwowość. Tak zwana ponadpaństwowość polegała na

---

[7]   *Treaty establishing the European Coal and Steel Community*, Traktat EWWiS.

tym, że suwerenne państwa członkowskie przekazywały prawo do podejmowania ostatecznej decyzji w kwestiach krajowej gospodarki i polityki danego państwa właśnie w gestię EWWiS, a ten podmiot w pewnym stopniu miał charakter państwa.

Organem wykonawczym EWWiS była Wysoka Władza (High Authority), składająca się z 9 członków – 1 prezesa i 8 członków. Choć ludzie ci pochodzili z rządów poszczególnych państw członkowskich, to nie reprezentowali interesów narodowych, byli oni bowiem zaprzysiężeni, aby stawiać interesy wspólnoty ponad interesami poszczególnych państw. Wysoka Władza posiadała trzy rodzaje uprawnień: pierwszym była możliwość podejmowania posiadających moc prawną decyzji; drugim możliwość proponowania wiążących prawnie zaleceń w celu osiągnięcia ostatecznego celu, jednak poszczególne kraje mogły dość elastycznie podchodzić do realizacji tych zaleceń; trzecim rodzajem uprawnień było wygłaszanie opinii niemających znaczenia prawnego.

W ramach EWWiS powołano także Radę Ministrów (Council Assembly), która pełniła funkcję nadzorującą działania Wysokiej Władzy. Jej prawodawcy byli wybierani przez państwa członkowskie i podobnie, jak w przypadku Wysokiej Władzy, mieli za zadanie „reprezentować narody", a nie „reprezentować państwa". W podobnej architekturze podziału kompetencji EWWiS powołała swój własny Trybunał Sprawiedliwości (Court of Justice), którego rola polegała na prowadzeniu arbitrażu wobec niesfornych państw w sytuacjach zaistnienia sporów natury prawnej.

W przypadku, gdy kwestie sporne zachodziły między państwami członkowskimi EWWiS, to miały być one regulowane na podstawie traktatów prawa międzynarodowego. Taka forma działania stanowi esencję państwa w państwie.

Nie jest przesadne stwierdzenie, że gdyby nie Europejska Wspólnota Węgla i Stali, to nie byłoby dzisiejszej Unii Europejskiej ani wspólnej europejskiej waluty, euro. To właśnie na pamiątkę daty ogłoszenia planu Schumana Unia Europejska postanowiła ustanowić dzień 9 maja każdego roku Dniem Europy.

W rzeczywistości plan Schumana nie był stworzony osobiście przez niego, lecz przez innego znamienitego eksperta, zwanego „ojcem Europy" – Jeana Monneta.

„Rząd cieni" za plecami „ojca Europy"

Na francuskiej arenie politycznej prezydenci byli wszędzie, a ministrowie chodzili po ulicach – tylko w okresie IV Republiki Francuskiej w ciągu zaledwie 12 lat, między 1945 a 1957 rokiem, francuski rząd zmieniał się aż 24 razy, czyli średnio raz na sześć miesięcy. W obliczu tak częstych i chaotycznych zmian sytuacji politycznej trudno wyobrazić sobie, by rząd miał możliwość i czas na opracowanie i przeprowadzenie strategii gospodarczej. Jednak poza zasięgiem wzroku opinii publicznej ludzie, którzy naprawdę zajmują się tworzeniem polityki, często pozostają w cieniu. Jean Monnet był francuskim mistrzem wagi ciężkiej w dziedzinie operacji strategicznych. Słynna Europejska Wspólnota Węgla i Stali także dzięki jego operacjom odniosła ogromny sukces, a on sam został przez potomnych uznany za czołowego architekta powojennej integracji europejskiej.

Monnet urodził się w zamożnej rodzinie o bogatej siatce znajomości i koneksji towarzyskich. Jeszcze na długo przed wybuchem pierwszej wojny światowej, za pośrednictwem swojego ojca, niespełna dwudziestoletni Monnet miał okazję poznać wielu wpływowych ludzi. Wśród nich byli:

– Lord Kindersley (Robert), prezes Banku Anglii, partner w Lazard Brothers & Co., prezes zarządu w Hudson's Bay Company. Bank inwestycyjny rodziny Lazardów był jednym z najstarszych banków inwestycyjnych, a Hudson's Bay Company była pierwszym konsorcjum reprezentującym Koronę na rozległych terytoriach Ameryki Północnej, jej pozycję można by porównać do Brytyjskiej Kompanii Wschodnioindyjskiej;

– pierwszy sekretarz generalny Ligi Narodów, (James) Eric Drummond, członek Izby Lordów;

– bracia John Dulles, sekretarz stanu USA oraz Allen Dulles, szef amerykańskiego wywiadu (OSS) i dyrektor Centrali Wywiadu CIA (DCI);

– sekretarz skarbu Stanów Zjednoczonych, C. Douglas Dillon, ród Dillonów był także znany w środowisku finansowym Stanów Zjednoczonych;

– piastujący stanowisko prezesa Banku Światowego, najwyższy rangą oficer amerykański stacjonujący w Niemczech, przewodniczący Rady Dyrektorów Chase Manhattan Bank – McCloy (John J.);

– pierwsza amerykańska rodzina milionerów, Astorowie.

Można powiedzieć, że wśród znajomych Monneta znajdowała się cała śmietanka elity rządzącej z Wielkiej Brytanii i Stanów Zjednoczonych. Tuż po wybuchu pierwszej wojny światowej Monnet został przez swoich znajomych przedstawiony premierowi Francji. Młody Monnet zasugerował wówczas, że należałoby wzmocnić unifikację planowania i transportu dostaw strategicznych między Francją i Wielką Brytanią. W efekcie został oddelegowany do Londynu, gdzie reprezentując Francję, zajął się organizacją i koordynacją tego projektu. Z ramienia Zjednoczonego Królestwa Wielkiej Brytanii za koordynację projektu odpowiedzialny był Arthur Salter, późniejszy dobry przyjaciel Monneta i jeden z kluczowych członków tajnego stowarzyszenia Rhodesa, we współpracy z którym Monnet uczestniczył po wojnie w opracowaniu warunków Traktatu Wersalskiego i powołaniu Ligi Narodów. To właśnie zaprezentowana przez Saltera idea „stanów zjednoczonych Europy" naznaczyła życiową drogę Monneta.

Po zakończeniu pierwszej wojny światowej zaledwie trzydziestojednoletni Monnet, protegowany lorda Kindersleya, został mianowany na stanowisko zastępcy sekretarza generalnego Ligi Narodów, a do jego obowiązków należała pomoc w codziennych działaniach prowadzonych przez sekretarza generalnego, lorda Kindersleya. Liga Narodów miała swoje korzenie w tajnym stowarzyszeniu Rhodesa, a jej cele ostateczne był takie: „ekspansja Zjednoczonego Królestwa Brytyjskiego na obszar całego świata; wzmocnienie rozbudowy systemu Imperium Brytyjskiego na zewnątrz; przeprowadzenie kolonizacji wszystkich obszarów posiadających zasoby przez obywateli brytyjskich (...), utworzenie systemu reprezentacji wszystkich kolonii w Parlamencie Imperium Brytyjskiego oraz zjednoczenie rozproszonych członków Imperium Brytyjskiego w ten sposób, aby funkcjonowały w zgodzie z dążeniem do ogólnego dobrobytu bez konieczności wypowiadania wojny"[8].

Stowarzyszenie Rhodesa utworzyło filie sterownicze na terenie Stanów Zjednoczonych, Kanady, Indii, Australii, Nowej Zelandii, Południowej Afryki i innych zarządzanych przez Koronę kolonii i byłych kolonii. Sławny amerykański Council on Foreign Relations jest właśnie gałęzią stowarzyszenia Rhodesa na terenie Stanów Zjednoczonych. Stowarzyszenie Rhodesa od czasu do czasu zbierało się na tajnych spotkaniach organizowanych na terenach pozostających pod wpływem rządów Wielkiej Brytanii w celu ujednolicenia planowania i zakulisowego wpływu na formowanie i implementację decyzji w zakresie polityki i gospodarki na świecie, na informacje medialne, edukację i działalność agencji promocyjnych, co miało na celu zjednoczenie wszystkich krajów anglojęzycznych i ostatecznie utworzenie pewnej formy rządu światowego oraz osiągnięcie harmonii na świecie.

Monnet jako Francuz i aktywny uczestnik działań na rzecz Zjednoczonego Imperium Brytyjskiego był oczywiście traktowany bardzo poważnie. W imieniu Ligi Narodów brał on często udział w kampaniach na całym świecie. W 1935 roku na polecenie Ligi Narodów udał się do Chin, gdzie pełnił funkcję doradcy finansowego Marszałka Czang Kaj-szeka i prowadził badania dotyczące chińskiej sytuacji finansowej i ekonomicznej. W tamtym czasie Czang Kaj-szek był w trakcie przeprowadzania zmian w prawie monetarnym, gdyż po upadku standardu srebra należało zdecydować czy zwrócić się ku parytetowi funta czy dolara, co było kwestią niezmiernie istotną zarówno dla Brytyjczyków, jak i Amerykanów. Ostatecznie marszałek Czang zdecydował się na realizację podwójnej strategii, czyli posiadanie szpiegów w obydwu obozach.

To właśnie jeszcze w czasie pobytu Monneta w Shanghaju późniejszy partner biznesowy Lazard Brothers & Co., George Murnane, wciągnął Monneta do współpracy, Monnet nawiązał tam również kontakty ze szwedzką rodziną Wallenbergów, niemiecką rodziną Boschów, belgijską rodziną Solvayów, amerykańskim klanem Rockefellerów i braćmi Dulles.

Pod koniec lat trzydziestych XX wieku Monnet był uważany za Francuza o największym, względem sobie współczesnych, zasięgu koneksji międzynarodowych.

Po wybuchu drugiej wojny światowej, obserwując totalną porażkę armii francuskiej, Monnet zasugerował Churchillowi, że Wielka Brytania i Francja powinny zjednoczyć siły w ramach jednego państwa, jednego rządu, jednego parlamentu i jednej armii, aby móc wspólnie skutecznie odeprzeć niemiecki napór. Churchill w imieniu brytyjskiego rządu zaakceptował tę propozycję. Nawet przyparty do muru szef rządu francuskiego na emigracji, Charles de Gaulle, zgodził się na połączenie dwóch krajów, jednak ówczesny marszałek Francji, Petain, zdecydowanie się sprzeciwił i plan porzucono. Niedługo potem Petain skapitulował przed Niemcami i stał się marionetkowym szefem państwa francuskiego i rządu Vichy. Po kapitulacji Francji Monnet został wysłany przez Churchilla w charakterze członka

---

[8]   Song Hongbing, *Wojna o pieniądz 2*, rozdz. 8.

brytyjskiej rady do spraw dostaw wojennych do Stanów Zjednoczonych w celu uzyskania pomocy. W Stanach Zjednoczonych Monnet został doradcą osobistym prezydenta Roosevelta i namówił go do zmiany tradycyjnego sposobu rozumowania, a mianowicie zasugerował, że Stany Zjednoczone nie powinny bazować na istniejących zasobach w celu określenia potrzeb, a raczej, w przypadku Europy, którą dotknęła katastrofa, powinny wyszukać wszelkie zasoby tak, aby w sposób maksymalny zadośćuczynić zapotrzebowaniu podyktowanemu wojną. To dlatego Roosevelt rozpoczął realizację „planu zwycięstwa" poprzez mobilizację produkcji wojskowej, a udział Monneta w tym planie był większy niż mogli się spodziewać sami Brytyjczycy. Już po wojnie Keynes uznał udział Monneta w mobilizacji produkcji wojskowej w Stanach Zjednoczonych i stwierdził, że w maju i czerwcu 1941 roku poświęcenie Monneta dla sprawy Wielkiej Brytanii było niezwykle istotne[9].

W efekcie posiadanych rozlicznych koneksji wśród Brytyjczyków i Amerykanów Monnet otrzymał upoważnienie do monitorowania wprowadzania planu Marshalla na terenie Francji. Nawet de Gaulle, biorąc pod uwagę powiązania Monneta, zmuszony był do przyjęcia amerykańskich zasobów i zaangażowania Monneta w sformułowanie powojennego pięcioletniego planu naprawy gospodarki francuskiej. Mimo iż między Monnetem a de Gaulle'em istniały fundamentalne różnice w kwestii nacjonalizmu i internacjonalizmu, to jednak Francja była zależna od pomocy ze strony Stanów Zjednoczonych.

Na samym początku okresu powojennego, kontynuując amerykański sposób myślenia, Monnet przedstawił „plan Monneta", który był w zasadzie repliką „planu Morgenthaua" i, podobnie jak ten ostatni, zalecał dokładną „kastrację" niemieckiego przemysłu. Wraz ze zmianą kierunku polityki Stanów Zjednoczonych, Monnet zaczął myśleć o Europejskiej Wspólnocie Węgla i Stali i zaangażował się w przygotowanie „planu Schumana". Kiedy nadszedł czas, by podekscytowany Monnet podzielił się „planem Schumana" z ówczesnymi władzami brytyjskimi, stosunek Wielkiej Brytanii do zawartych w nim propozycji okazał się nad wyraz chłodny. W głębi serca Anglicy byli przeświadczeni, że EWWiS zacieśni relacje interesów Francji i Niemiec, lecz tym samym osłabi wpływy Wielkiej Brytanii na kontynencie europejskim, a do tego Brytyjczycy nie zamierzali przykładać ręki. W tej sytuacji Monnet nie miał innego wyjścia, jak tylko wrócić na plac boju i wspierać Francję i Niemcy w tworzeniu EWWiS, a następnie pełnił funkcję pierwszego przewodniczącego Wysokiej Władzy EWWiS.

■ „Ojciec Europy" Jean Monnet.

---

[9] Jacques Cheminade, *F.D.R. and Jean Monnet*.

Centralne osobistości francusko-niemieckiego projektu w niedługim czasie uformowały także pewnego rodzaju krąg, w skład którego ze strony francuskiej wchodzili: były francuski premier Antoine Pinay, szef francuskich sił wywiadowczych Jean Violet, Monnet i francuski Minister Spraw Zagranicznych, Schuman. Ze strony niemieckiej członkami kręgu byli pierwszy kanclerz RFN, Konrad Adenauer, były książę korony austrowęgierskiej, głowa rodu Habsburgów i przewodniczący Międzynarodowej Unii Paneuropejskiej, Otto Habsburg; później dołączył do nich także posiadający bliskie stosunki z Bankiem Watykańskim włoski bankier, Carlo Pesenti[10].

| Otto von Habsburg | Antoine Pinay | Jean Violet | Konrad Adenauer | Giulio Andreotti |

■ „Krąg Monneta".

Głowa rodziny Rockefellerów, David Rockefeller, w swojej biografii opisał ten krąg utworzony w samym środku Europy jako jeszcze bardziej kontrowersyjny niż Grupa Bildenberg. „W październiku 1967 roku Carlo Pasenti, bankier posiadający we Włoszech wiele ważnych przedsiębiorstw (…) wprowadził mnie do kręgu, którego był członkiem i gdzie dyskutowano głównie o obecnych trendach w Europie i o polityce światowej (…) Jean Monnet, Robert Schuman i Konrad Adenauer wszyscy byli twórcami tego kręgu (…). Dyskusja prowadzona była po francusku, byłem jedynym Amerykaninem w tym towarzystwie, jednak kiedy zdarzało się czasem spotkanie tej grupy w Waszyngtonie, to Doradca ds. Bezpieczeństwa Narodowego USA w gabinecie prezydenta Nixona, Henry Kissinger, także dołączał do wspólnej kolacji. Wszyscy członkowie grupy Pesentiego byli aktywnymi działaczami na rzecz politycznego i ekonomicznego zjednoczenia Europy"[11].

Nie ma wątpliwości, że wśród członków kręgu to Monnet był najbardziej zagorzałym orędownikiem integracji europejskiej. Po tym jak ponadpaństwowa ekonomicznie Europejska Wspólnota Węgla i Stali wygrała pierwszą bitwę, Monnet podjął kolejne działania na rzecz uporządkowania zdezorganizowanych sił obronnych Europy w ramach podmiotu ponadpaństwowego militarnie. Każde suwerenne państwo nie mając autonomii gospodarczej, a co więcej autonomii monetarnej, ostatecznie utraci także autonomię obronną, a tym samym suwerenność tego państwa

10   Bálint Szele, *The European Lobby: The Action Committee For The United States Of Europe*, „European Integration Studies", 4,2 (2005), s. 109-119.

11   David Rockefeller, *Memoirs*, Random House Trade Paperbacks, New York 2003, s. 412-413.

zostanie zniszczona. Utworzona przez Monneta Europejska Wspólnota Obronna (EDC) została finalnie obalona przez francuskich gaullistów. Kraje europejskie wciąż utrzymywały jednak ten sam poziom współpracy międzynarodowej w dziedzinie obronności i właśnie w tamtym czasie powstała Organizacja Paktu Północnoatlantyckiego (NATO).

■ 1916 rok, czteroletni Otto Habsburg zostaje koronowany na księcia, jego rodzice uczestniczą w ceremonii koronacji.

Monnet natychmiast zrezygnował ze stanowiska przewodniczącego EWWiS i podwoił wysiłki, angażując się w tworzenie kameralnej organizacji ACUSE (Action Committee for the United States of Europe). Organizacja ta, pozostając w ścisłej współpracy z Departamentem Stanu USA, zza kulis wywierała ogromną presję na różnego rodzaju frakcje polityczne i organizacje, co doprowadziło ostatecznie do podpisania Traktatu Rzymskiego i powołania Europejskiej Wspólnoty Gospodarczej (EEC).

Wiceprezes ACUSE, Max Kohnstamm, został pierwszym przewodniczącym Komisji Trójstronnej w Europie.

Ostateczny cel, jaki stawiała przed sobą grupa zrzeszona wokół Monneta, był bardzo jasny: było nim mianowicie powołanie „republiki europejskiej". Była to idea internacjonalizmu, a w związku z tym, że większość krajów europejskich była wówczas wierna ideom nacjonalistycznym, to jej publiczne ogłoszenie oznaczałoby naruszenie polityki suwerenności tych państw i kreowało ryzyko, że sprowokowany lud Europy odrzuci koncepcje rządowe. Dlatego też elita zrzeszona w kręgu Monneta miała za zadanie po cichu ułatwić ten proces, głównie poprzez wymuszanie na poszczególnych państwach europejskich stopniowego oddawania sterów w dziedzinie przemysłu, handlu, polityki monetarnej i fiskalnej, prawa podatkowego itd. w efekcie wymuszonych reform koniecznych w tych państwach w związku z wynikającymi z lobbingu silnymi reakcjami społecznymi czy sztucznie wywoływanymi kryzysami, kiedy to państwa suwerenne zmuszone były zwrócić się o pomoc do podmiotów ponadpaństwowych.

Europejska Wspólnota Węgla i Stali była tylko preludium, a wszelkie kryzysy w strefie euro są tylko „dźwignią kryzysową" dla mającego dopiero rozpocząć się spektaklu. Ta ekstrawagancka grupa ludzi złożona z wybitnych bankierów, polityków, ekspertów w zakresie *public relations*, pracowników naukowych i wywiadowców, pracuje po cichu i zza kulis decyduje o dziwacznych układach na międzynarodowej arenie politycznej, a jej współpraca z czołowymi politykami czasami przebiegała harmonijnie, a innym razem burzliwie, wywołując ekscytację i dezorientację publiczności obserwującej ten spektakl cieni.

Nie ma więc nic dziwnego w tym, że w 1969 roku amerykański „Times" określił grupę ludzi zrzeszonych wokół Monneta mianem „europejskiego rządu cieni".

W grudniu 1963 roku Monnet w dowód uznania jego wybitnych zasług został odznaczony Prezydenckim Medalem Wolności przez ówczesnego prezydenta Stanów Zjednoczonych, Lyndona B. Johnsona. W 1979 roku Monnet zmarł. W 1988 roku prochy Monneta zostały przez rząd francuski złożone w paryskim Panteonie, gdzie kolejne pokolenia oddają cześć „ojcu Europy".

Od niedoboru do nadmiaru dolara

We wczesnym okresie powojennym nadwyżka handlowa Stanów Zjednoczonych nadal była zauważalna, a dolary i złoto napływające z innych państw wlewały się do amerykańskiego skarbca, w tamtym czasie Stany Zjednoczone były posiadaczem 2/3 wartości całkowitych światowych rezerw złota. W efekcie nieprzerwanego strumienia dolarów napływających z powrotem do Stanów Zjednoczonych, Europa stanęła w obliczu poważnego kryzysu niedoboru rezerw walutowych w dolarach. To z kolei poważnie martwiło Amerykanów.

Celem opracowania systemu z Bretton Woods była nadzieja zapewnienia dolarowi ciągłego odpływu ze Stanów Zjednoczonych, zalanie nim świata, a następnie wprowadzenie go w cykl obrotu w handlu międzynarodowym i w ten sposób zagwarantowanie Stanom Zjednoczonym nieograniczonego potencjału gromadzenia bogactwa i możliwości sprawowania kontroli. Strategia emisji dolara była powiązana z globalną strategią monetarną Stanów Zjednoczonych. To właśnie dlatego Stany Zjednoczone opracowały plan pomocy dla Europy w postaci planu Marshalla, plan pomocy dla Japonii w postaci planu Dodge'a, temu samemu celowi miało też służyć powołanie Banku Światowego i Międzynarodowego Funduszu Walutowego, jak również prowadzenie wielu innych programów odbudowy gospodarczej. Jeszcze ważniejszym instrumentem zapewniającym odpływ dolara poza granice Stanów Zjednoczonych były bezpośrednie inwestycje zagraniczne międzynarodowych koncernów amerykańskich, które zalewały szalejącą z niedoboru funduszy powojenną Europę strumieniem dolarów inwestowanych w wykup tracących grunt pod nogami aktywów i wywoływały okrzyki wzburzenia wśród ludności europejskiej przeprowadzanymi przez siebie fuzjami. Dolar miał w tamtym czasie idealne warunki do tego, by opanować Europę.

Począwszy od lat pięćdziesiątych XX wieku gospodarka europejska zaczęła stopniowo wchodzić w proces odbudowy z powojennych ruin. Wskutek planu Marshalla dolary napływały do Europy, ustanowiony w Bretton Woods system zagwarantował stabilne środowisko monetarne, Europejska Wspólnota Węgla i Stali stworzyła wspólnotę rynkową, a wisienką na torcie był wybuch wojny koreańskiej, kiedy to amerykańskie zamówienia wojskowe zasypały Europę niczym płatki śniegu i pozwoliły jej gospodarce przyspieszyć, by w końcu wejść na pełne obroty. W latach 1950-1953 wojna koreańska kosztowała Stany Zjednoczone blisko 30 miliardów dolarów i choć nie dorównywała rozmiarem drugiej wojnie światowej, to wystarczyła na to, by pozwolić Europie i Japonii na dorobienie się małej fortuny.

W celu sfinansowania wojny koreańskiej Stany Zjednoczone nie posłużyły się tradycyjną metodą podniesienia przychodów z tytułu podatków, a zdecydowały się na rozwiązanie w postaci druku pieniądza. Ze względu na wyjątkową pozycję dolara jako waluty rezerw innych krajów podczas wojny koreańskiej Stany Zjednoczone nie musiały zaciągać potężnych długów, jak to było w przypadku Imperium Brytyjskiego po pierwszej i drugiej wojnie światowej, ale za pomocą „monetyzacji" obligacji wyemitowanych przez Rezerwę Federalną wstrzykiwały dolara do światowej gospodarki, a następnie robiły, co w ich mocy, aby odmówić spłaty zadłużenia. Monetyzacja obligacji miała swój początek w finansowaniu wynoszących 3 miliardy dolarów rocznie wydatków Stanów Zjednoczonych na cele wojskowe poza granicami kraju oraz w finansowaniu międzynarodowych fuzji i przejęć w Europie. Tym samym ziarno inflacji zostało zasiane na gruncie europejskim. Bez względu na to, czy świadomie, czy nie, czynnie, czy biernie – każdy kto decydował się na obrót amerykańskim dolarem był jednocześnie nieszczęsnym płatnikiem amerykańskiego zadłużenia wojennego.

Wydawało się, jakby wszystko wróciło do stanu z lat dwudziestych XX wieku. Przewlekła choroba w postaci podwójnej kreacji kredytów ukryta wewnątrz systemu wymiany złota, w ramach systemu z Bretton Woods rozprzestrzeniła się na cały świat. Zgodnie ze sformułowanym w 1947 roku dylematem Triffina, Stany Zjednoczone oferowały dwa rodzaje aktywów światowej rezerwy walutowej – złoto i dolara, a utrzymanie stałej ceny za uncję złota w wysokości 35 dolarów miało spowodować, że obydwa aktywa pozostaną ze sobą powiązane na dobre i na złe, przy czym podaż złota będzie niska, a tempo wzrostu dolara gwałtowne. Powodem leżącym u podstaw ekspansji dolara był fakt, że kiedy dolary wyprowadzane były ze Stanów Zjednoczonych do Niemiec, to ze względu na powiększenie się rezerw walutowych, Niemcy nie mogły uniknąć zwiększenia podaży marki niemieckiej. Jednocześnie Niemcy ponownie automatycznie wprowadzały dolara do amerykańskiego systemu bankowego, a Stany Zjednoczone ponownie wykorzystywały tego zwróconego dolara do przeprowadzenia kreacji kredytów w obrębie własnego kraju. Co więcej, ten proces mógł być kontynuowany bez końca. Doradca ekonomiczny prezydenta Francji Charles'a de Gaulle'a, Jacques Rueff przedstawił proces powtarzającej się kreacji kredytów dolarowych w następujących słowach: „Jedna i ta sama grupa żołnierzy występująca na scenie, za kulisami może pojawiać się wielokrotnie". Efekty tego rodzaju działań były oczywiste i znane – zwiększająca się ilość dolarów w obrocie, wzbierająca powódź płynności finansowej, rosnąca bańka zadłużenia, coraz bardziej odczuwalne skutki kryzysu gospodarczego. Pęknięcie bańki zadłużenia wywołane ustanowieniem standardu wymiany złota w latach dwudziestych XX wieku doprowadziło do Wielkiego Kryzysu w latach trzydziestych, napompowanie bańki dolarowej w efekcie panowania systemu z Bretton Woods w latach pięćdziesiątych i sześćdziesiątych doprowadziło z kolei do globalnego kryzysu dolara i globalnej szalejącej hiperinflacji w latach siedemdziesiątych. Ustanowienie standardu dolarowego po dekadzie lat siedemdziesiątych, po 30 latach wzmożonej ekspansji kredytowej i narastającego zadłużenia doprowadziło do tego, co obserwować można obecnie w postaci globalnego kryzysu walutowego.

Ze względu na problemy genetyczne standardu wymiany złota przyrost dolara w sposób naturalny przewyższył przyrost złota, a utrzymywanie blokady cenowej pomiędzy dolarem i złotem z logicznego punktu widzenia stało się halucynacją, której nie sposób było dłużej kultywować. Zależność odkryta w 1947 roku przez Triffina w zasadzie nie budziła obaw wśród polityków w epoce skrajnego deficytu dolara, kiedy to jednak Stany Zjednoczone były w posiadaniu dwóch trzecich światowych rezerw złota. W tamtym czasie „dylemat Triffina" był tylko postrzegany w kategoriach ciekawostki i naukowej łamigłówki.

Pełniący rolę aktywów w międzynarodowych rezerwach walutowych dolar musiał być nieustannie emitowany, aby móc sprostać wymaganiom związanym z ekspansją walutową poszczególnych krajów, wywołaną wzrostem gospodarczym tych krajów. Jednocześnie gospodarka światowa także wymagała emisji dolara po to, by zapewnić ciągłość w rozliczeniach międzynarodowych transakcji handlowych. Wąskim gardłem tej sytuacji było to, że kiedy ilość wyemitowanego dolara przekroczyła jego rezerwy w złocie, tym samym automatycznie cały świat posługujący się banknotami dolarowymi popadł w panikę bankową wywołaną kryzysem rezerw złota Stanów Zjednoczonych.

I właśnie na początku lat sześćdziesiątych XX wieku, kiedy ilość dolarów znajdująca się w rękach Europy po raz pierwszy przekroczyła wartość całkowitych rezerw złota posiadanych przez Stany Zjednoczone, problem nadwyżki dolara w Europie stał się problemem poważnym.

Jak powinno się rozwiązać problem poważnej nadwyżki dolara? Problem, z którym Europa zetknęła się na początku lat sześćdziesiątych jest podobny do tego, z jakim obecnie zmagają się Chiny.

Eurodolar, czyli nowy świat finansów

Dolar z wyczekiwanego dziecka zamienił się w kukułcze jajo. W obliczu pęczniejącej nadwyżki handlowej i masowego napływu kapitału zagranicznego, które ciągnęły za sobą spore ilości rezerw dolarowych, rządy poszczególnych państw europejskich zdecydowały się na wykup amerykańskich obligacji skarbowych, a także na wymianę tych rezerw na złoto. Jednakże decyzja o zamianie rezerw dolarowych na złoto była przez Amerykanów postrzegana jako zachowanie wrogie, podobne do działań wojennych. Dlatego w Europie, poza odważnym Charlesem de Gaulle'em, nikt inny nie zdecydował się naśladować francuskiego podejścia do tej sprawy. W jaki zatem sposób kraje europejskie miały poradzić sobie z ładunkiem o wartości miliardów dolarów zamkniętym w amerykańskich obligacjach skarbowych?

W tej sytuacji w efekcie burzy mózgów bankierzy odkryli nowy świat finansów w postaci rynku dolara europejskiego. Tak zwany eurodolar na samym początku oznaczał dolary amerykańskie napływające do Europy, a następnie rozpływające się po terytorium kontynentu – kwoty eurodolarów były ogromne, a ich obrót pozostawał niekontrolowany. W późniejszym czasie dochody Związku Radzieckiego i krajów

Bliskiego Wschodu w dolarach amerykańskich, pochodzące z eksportu ropy naftowej, także były wprowadzane do europejskiego systemu bankowego i stanowiły część
składową eurodolarów. W jeszcze późniejszym okresie wszystkie dolary amerykańskie,
które wypłynęły poza granice Stanów Zjednoczonych, nazywane były eurodolarami.

Tak ogromne sumy wolnych środków pieniężnych, poza możliwością zakupu
za nie amerykańskich obligacji skarbowych, przynosiły bardzo niewielkie zyski,
nawet w aspekcie inwestycji była to sytuacja bez wyjścia. Międzynarodowy bankier,
Siegmund Warburg, był zdeterminowany, aby podważyć tę nadmierną płodność
nowego finansowego świata.

Siegmund był wschodzącą gwiazdą rodziny Warburgów, pojawiał się głównie w Londynie i w Nowym Jorku, był starszym partnerem w najbardziej prestiżowym
na Wall Street banku inwestycyjnym – Kuhn, Loeb & Co. W XX wieku Kuhn, Loeb
& Co. był prominentem na miarę dzisiejszego Goldman Sachs, a w rodzinie Warburgów nie brakowało ludzi z talentem, którzy nieustępliwie sprzeciwiali się Wall Street.
Przedstawiciel poprzedniego pokolenia, Max Warburg, był doradcą finansowym
niemieckiego cesarza Wilhelma II, reprezentował Niemcy na konferencji pokojo-
wej w Wersalu, był czołowym liderem niemieckiej powojennej polityki budżetowej
i fiskalnej. Ze względu na swoje żydowskie pochodzenie po dojściu nazistów do władzy
został przez Hitlera odwołany ze stanowiska prezesa niemieckiego Reichsbanku na
okres 5 lat. Inni członkowie tej rodziny to: Paul Warburg, główny architekt struktury
Rezerwy Federalnej, naczelny twórca polityki finansowej Stanów Zjednoczonych; Felix
Warburg, także starszy partner w Kuhn, Loeb & Co., jedna z szych ówczesnej Wall
Street; Fritz Warburg, prezes Hamburg Metal Exchange, który po pierwszej wojnie
światowej reprezentował Niemcy w tajnych rozmowach pokojowych z carską Rosją.
Można śmiało stwierdzić, że wpływy rodziny Warburgów sięgały od Niemiec, poprzez
Wielką Brytanię i Francję, aż do Stanów Zjednoczonych.

Siegmund był wyznawcą idei zjednoczonej Europy, a jego relacje z kręgiem
Monneta były bardzo bliskie. Jako międzynarodowy bankier był przekonany, że swobodny przepływ kapitału jest rzeczą idealną, a zmniejszenie interwencji rządów w tej
kwestii było minimalnym warunkiem koniecznym. Już w latach dwudziestych
Siegmund Warburg miał świadomość, że nacjonalizm staje się ideą coraz bardziej
nieaktualną w Europie. Sugerował nawet, że ruch paneuropejski powinien rozpocząć
akcję demilitaryzacji i dążyć do obrony suwerenności zjednoczonych krajów Europy
poprzez rozwiązywanie kwestii spornych za pośrednictwem sądów arbitrażowych.
Po wybuchu drugiej wojny światowej Warburg ponownie zaangażował się w działalność na rzecz zjednoczenia Europy, chcąc zbudować Europę politycznych sojuszników, w której najpierw Wielka Brytania i Francja powinny się zjednoczyć,
a następnie Wielka Brytania powinna stać się liderem europejskich państw członkowskich. Ponadto Warburg uważał, że sojusz ten powinien w ramach jednolitego
zarządzania posiadać najwyższą władzę w kwestiach suwerenności wojska, waluty,
transportu czy komunikacji poszczególnych państw członkowskich.

Po zakończeniu drugiej wojny światowej Warburg usilnie przekonywał rząd
brytyjski do przyłączenia się do Europejskiej Wspólnoty Rynkowej, poza tym doradził Monnetowi i Adenauerowi, że to Londyn powinien stać się finansowym centrum

Europejskiej Wspólnoty Rynkowej i odgrywać wiodącą rolę w europejskiej integracji finansowej. Po powołaniu EWWiS Warburg nawoływał również, aby to właśnie z londyńskiego City zapewnić wsparcie finansowe tego podmiotu. Niestety, jego opinie nie zostały wzięte pod uwagę. Siegmunda Warburga bardzo rozczarowali Monnet i Adenauer: „gdyby w ciągu pierwszych lat po zakończeniu wojny ich plan zjednoczenia Europy poprowadzony był przez Londyn, jako centrum europejskiego kapitału, to z pewnością w późniejszym czasie byliby oni wdzięczni Wielkiej Brytanii". W opinii Warburga, chcąc doprowadzić do zjednoczenia Europy, w pierwszej kolejności należało pokonać drogę ku jej finansowej konsolidacji.

Warburg uważał, że współpraca ze Stanami Zjednoczonymi idzie w parze z integracją europejską. W celu przyspieszenia europejskiej integracji można by nawet użyć amerykańskiej potęgi finansowej w celu wymuszenia na europejskich beneficjentach przelewów dolarowych zlikwidowania istniejących wewnątrz Europy barier handlowych.

W porównaniu z Monnetem i innymi członkami jego kręgu, poglądy Warburga wykazywały się większą dozą bankierskiego profesjonalnego realizmu. Dostrzegał on istotne znaczenie EWWiS Monneta w promowaniu gospodarczej integracji Europy oraz możliwości finansowe, jakie oferował ten podmiot w rozwiązywaniu problemów praktycznych. Nie ustawał jednak w wysiłkach, aby ustanowić dla Europejskiej Wspólnoty Węgla i Stali dostęp do międzynarodowych rynków kapitałowych w celu finansowania jej działań, z jednej strony chodziło mu o rozszerzenie jej zasięgu i zasobów, z drugiej o przyciągnięcie prywatnych amerykańskich inwestorów do przyłączenia się do procesu odbudowy gospodarki europejskiej. Jego długotrwałe wysiłki ostatecznie przyniosły pożądany efekt: w 1957, 1958, 1960 i 1962 roku EWWiS wyemitowała na nowojorskich rynkach kapitałowych obligacje o łącznej wartości 120 milionów dolarów[12].

Kiedy jednak skala depozytów w dolarach amerykańskich na rynku europejskim osiągnęła poziom wyższy niż kiedykolwiek wcześniej, Siegmund Warburg zaczął zastanawiać się nad tym, dlaczego fundusze dolarowe europejskich przedsiębiorstw nie wybierają się do Nowego Jorku? Czyż eurodolar nie znajdował się już w zasięgu wzroku?

Podczas gdy Wspólnota Europejska skupiała się w głównej mierze na integracji walutowej, Warburg rozważał w tym czasie scenariusze ewentualnej integracji europejskiego rynku kapitałowego. Grając pierwsze skrzypce w Kuhn, Loeb & Co., Warburg na własnej skórze doświadczył, w jaki sposób potężny syndykat finansowy w postaci Wall Street na dużą skalę organizuje i koordynuje obligacje gwarantowane, jednakże ani Paryż, ani Frankfurt najwyraźniej nie miały takiej strategicznej wizji finansowej.

Czterokrotne działania podejmowane na rynku finansowym w Nowym Jorku w celu finansowania Europejskiej Wspólnoty Węgla i Stali, utwierdziły Siegmunda Warburga w przekonaniu o konieczności powołania potężnego konsorcjum finansowego w Europie. Trudności były oczywiste, gdyż mimo istnienia Europejskiej Wspólnoty Rynkowej, w głównej mierze tworzyły ją rynki handlowe, a nie rynki

---

[12] Nail Ferguson, *High Finance: The Lives and Time of Siegmund Warburg*, The Penguin Press, New York 2010, s. 201-212.

kapitałowe. Co więcej, zasady kontroli kapitału i ustalania kursu wymiany walut były bardzo zróżnicowane w poszczególnych krajach. Prawo walutowe i finansowe także się różniły, a niemająca precedensu emisja obligacji dolarowych w Europie wymagałaby lawirowania między rafami regulacyjnymi na granicy legalności. Dopiero wtedy możliwe byłoby osiągnięcie zunifikowanej emisji tych obligacji na europejskim rynku kapitałowym, co zdecydowanie nie należało do łatwych zadań. W rzeczywistości tym właśnie zajął się Siegmund Warburg – związaniem w ramach wspólnego rynku kapitałowego podzielonej dotychczas na segmenty rynków kapitałowych Europy.

Aby utworzyć denominowany w dolarach europejski rynek obligacji, konieczne było zgromadzenie wystarczającej ilości dolarów w Europie. Ten punkt był już zawarty w amerykańskiej strategii wypływu dolara, a jego realizacja objawiała się w nadwyżce handlowej z Europą, inwestycjach zagranicznych w Europie i finansowaniu amerykańskich baz wojskowych zlokalizowanych poza granicami USA. Dodatkowo spore sumy depozytów dolarowych znajdowały się w rękach zamożnych Europejczyków, a depozyty walutowe Związku Radzieckiego, krajów Europy Wschodniej i innych krajów socjalistycznych, w obawie przed ich zamrożeniem przez amerykański system bankowy w sytuacjach skrajnych, także znajdowały się w Europie. Te dolary zostały odpowiednio ulokowane na kontach europejskich spółek, banków komercyjnych, banków centralnych i organizacji międzynarodowych (na przykład Banku Rozrachunków Międzynarodowych).

Można by zapytać, dlaczego owe dolary nie zostały bezpośrednio zdeponowane na kontach Bank of America w Nowym Jorku? Poza zewnętrznym zagrożeniem ze strony Związku Radzieckiego i krajów Europy Wschodniej, w Stanach Zjednoczonych obawiano się zagrożenia wewnętrznego. W spadku po Wielkim Kryzysie w branży finansowej zachowano „klauzulę Q", która dla amerykańskich instytucji finansowych surowo limitowała górną granicę odsetek płaconych od depozytów. Dla krótkoterminowych trzydziestodniowych depozytów oprocentowanie nie mogło przekroczyć 1%, a dla długoterminowych dziewięćdziesięciodniowych lokat górna granica profitu wynosiła 2,5%.

Kolejnym ważnym pytaniem było to, gdzie należało przeprowadzić pilotażową emisję obligacji eurodolarowych? Siegmund Warburg wybrał Londyn. Wybór ten był podyktowany nie tylko historią Londynu jako centrum finansowego świata, lecz przede wszystkim faktem, że w porównaniu do obawiających się obracać gorącym pieniądzem banków europejskich, Bank Anglii stosował bardziej liberalną politykę. Chodziło głównie o to, że depozyty gorących pieniędzy były stosunkowo krótkie i większość banków nie mogła lub też nie miała odwagi, aby na ich podstawie udzielać kredytów długoterminowych. Jednocześnie ze względu na stabilizację podatnego na wstrząsy ogromnego rynku walutowego, większość banków centralnych traktowała gorący pieniądz jak plagę. Jednakże Bank Anglii prezentował inne podejście – jakże można odmówić depozytu napływających pieniędzy? Kluczem było tu tylko opracowanie skutecznej metody na poradzenie sobie ze sprzecznością pomiędzy długością depozytu, a długością udzielanego kredytu. Odpowiedzią Banku Anglii na ten dylemat było ustanowienie zapory między krajowymi a międzynarodowymi przepływami kapitału. Ogólnie rzecz ujmując chodziło o ustanowienie czegoś na wzór strefy wolnego handlu w ujęciu finansowym. Oczywiście ta strefa wolnego handlu miała być tworem czysto abstrakcyjnym. Bank Anglii postanowił, że Brytyjczycy nie będą mieli prawa nabywać zagranicznych obligacji, chyba że byłyby to obligacje dolarowe dla celów prawdziwie inwestycyjnych. Wobec tej ścisłej izolacji dwóch rynków, zarówno Brytyjczycy posiadający funty, jak również obcokrajowcy posiadający dolary troszczyli się o własne interesy. Cudzoziemcy w sposób dowolny mogli podejmować nieograniczone działania na rynku kapitałowym dolara, w żaden sposób nie wywierając wpływu na wewnętrzny rynek kapitałowy Wielkiej Brytanii. Taki układ bardzo przypomina podział udziałów na chińskim rynku inwestycyjnym na udziały A i udziały B, odpowiednio przeznaczone dla inwestorów krajowych i inwestorów zagranicznych.

Siegmund Warburg, aby przekonać Bank Anglii do przeprowadzenia pilotażowej emisji obligacji eurodolarowych w Londynie, posłużył się metodą kija i marchewki. Warburg zagroził, że jeśli Bank Anglii nie zlikwiduje wysokiej opłaty skarbowej z tytułu przychodu od obligacji zagranicznych, to emisję swoich euroobligacji przeprowadzi w praktykujących bardziej swobodną politykę bankach w Luksemburgu lub wyemituje je na innych rynkach kapitałowych. Jednakże, co wyraźnie podkreślił, gdy tylko Londyn zdecyduje się na przyjęcie roli centrum euroobligacji, nieprzerwany strumień dolarów napływający do City ponownie uczyni zeń centrum finansowe świata. Dla Banku Anglii to właśnie marchewka w postaci drugiego z powyższych warunków stała się pokusą nie do odparcia. W czasie, gdy umowa była niemalże sfinalizowana, kolejna kłoda została rzucona pod nogi. London Stock Exchange (LSE) zdecydowanie odmówiła umieszczenia na liście notowań euroobligacji i ich giełdowego obrotu. Gdyby euroobligacje nie były notowane na giełdzie, to ich *fixing* i rozliczanie po dokonaniu transakcji byłoby wielce problematyczne. W późniejszym czasie LSE poszła na pewne ustępstwa, jednak podkreślono, że obligacje dolarowe powinny być nadal wyceniane w funtach brytyjskich, a ponadto zastosowanym kursem funta wobec dolara miał być ten sprzed wojny. Rzeczywiste transakcje zakupu obligacji miały odbywać się w Luksemburgu, a wszyscy planujący użycie dolarów dla sfinalizowania transakcji zakupu musieli składać podanie o określoną kwotę dewiz, skierowane do rządu, który kontrolował sumy obrotu dewizowego. Załamany Warburg zastanawiał się, jak to możliwe, że finansowe innowacje są tak skomplikowane?

Dokonując wyboru podmiotu, który miałby przeprowadzić pilotażową emisję obligacji, Warburg skłaniał się ku Europejskiej Wspólnocie Węgla i Stali, a jego wybór podyktowany był nie tyle chęcią zarobku, ile był spełnieniem jego wieloletniego pobożnego życzenia o zjednoczeniu Europy. W przekazanym Bankowi Anglii objaśnieniu, wspominał: „To będą proste obligacje dolarowe, nieniosące żadnej opcji walutowej. Z punktu widzenia kontroli walutowej w Wielkiej Brytanii będą to obligacje w walucie obcej, które obywatele Wielkiej Brytanii będą mogli zakupić po dokonaniu dodatkowej opłaty. Dlatego też raczej nie będą się cieszyć zainteresowaniem obywateli tego kraju. Jednakże będą one wyceniane w Londynie, a ustalona cena będzie ceną bazową dla całego rynku europejskiego, co powinno zachęcić pozostałe rynki do przeprowadzania transakcji obrotu obligacjami za pośrednictwem Londynu”[13].

---

[13]   *Ibid.*

Kiedy już negocjacje zbliżały się do pozytywnej finalizacji umowy, brytyjskie Ministerstwo Spraw Zagranicznych postanowiło interweniować, twierdząc, że kiedy Wielka Brytania znajdowała się poza drzwiami Europejskiej Wspólnoty Rynkowej, to emisja obligacji Europejskiej Wspólnoty Gospodarczej w Londynie byłaby działaniem niewłaściwym. Bank Anglii, w opozycji do MSZ, był orędownikiem tego pomysłu, gdyż mimo, że obligacje nie miały być denominowane w funtach, to przecież wszelkie transakcje związane z ich obrotem miały odbywać się za pośrednictwem Londynu, czyż nie znaczyło to, że Londyn ponownie miał zostać finansowym centrum świata?

Kiedy Warburgowi udało się już przekonać brytyjskie organy regulacyjne i przygotowywał się do wystartowania z projektem, na jego drodze pojawił się nowy problem, a mianowicie wszystkie państwa członkowskie Wspólnoty Europejskiej musiały zaaprobować projekt, co z pewnością zajęłoby kilka miesięcy. W efekcie tych trudności pierwsze obligacje eurodolarowe nie zostały pilotażowo wyemitowane dla upatrzonej przez Warburga Europejskiej Wspólnoty Węgla i Stali, lecz dla pewnej włoskiej firmy, która zdecydowała się na wypuszczenie sześcioletnich obligacji o wartości 15 milionów dolarów, o oprocentowaniu wartości nominalnej w wysokości 5,5% i o wartości emisyjnej równej 98,5% wartości nominalnej. Prowadzone przez Warburga europejskie instytucje finansowe zajmujące się sprzedażą tych obligacji osiągnęły sukces. Od tej pory rynek obligacji eurodolarowych ruszył z kopyta.

Eurodolary ostatecznie znalazły ogromną przestrzeń inwestycyjną poza dochodem ze skąpego oprocentowania amerykańskich obligacji rządowych. Znaczenie tego faktu jest istotne z tego względu, że Europejczycy zaczęli używać rezerw dolarowych i wykorzystali ich siłę na potrzeby własnego rozwoju. Nie wpadli w pułapkę niskich dochodów z oprocentowania obligacji dolarowych i nie stali się biernym płatnikiem deficytu fiskalnego Stanów Zjednoczonych. W podobny sposób skumulowane obecnie w Chinach i w całej Azji potężne rezerwy dolarowe zapewniają ich posiadaczom drogę odwrotu o dużej wartości strategicznej.

Próba, jakiej podjął się Siegmund Warburg, zapewniła mu zasłużony przydomek ojca obligacji eurodolarowych.

Unia monetarna: początek integracji europejskiej czy jej koniec?

Przez całe lata pięćdziesiąte i sześćdziesiąte XX wieku Monnet bez wątpienia pozostawał duchowym przywódcą działalności promującej integrację europejską, a założony przez niego Komitet Akcji na rzecz Stanów Zjednoczonych Europy zrzeszał europejską elitę. W trakcie swojej aktywności na rzecz integracji europejskiej Monnet stopniowo zaczął zdawać sobie sprawę, że jako pierwsza musi nadejść integracja gospodarcza, a utworzenie europejskiej wspólnoty monetarnej było najlepszą dźwignią, jaką można było wykorzystać dla celów integracji gospodarczej.

Jeśli chodzi o unię monetarną, w Europie wyodrębniły się dwa rodzaje poglądów: pierwszy, reprezentowany przez krąg Monneta, mocno popierający unię walutową, w której poszczególne państwa przekazać miały swoją suwerenność walutową instytucji ponadpaństwowej, zajmującej się wdrażaniem zintegrowanego planu rozwoju gospodarczego poszczególnych państw członkowskich; drugi, postulujący zaangażowanie się w utworzenie koalicji walutowej, ale tylko po to, aby państwa członkowskie mogły wypracować stabilny mechanizm wymiany walutowej, bez konieczności przekazywania władzy w zakresie emisji waluty poszczególnych krajów członkowskich w ręce instytucji ponadpaństwowej. W gruncie rzeczy te dwa rodzaje poglądów reprezentowały siły dwóch odrębnych frakcji politycznych Europy. Siły unii walutowej reprezentowały frakcję ideologii międzynarodowej, której ostatecznym celem było powołanie jednolitego rządu Stanów Zjednoczonych Europy; zwolennicy koalicji walutowej byli z kolei reprezentantami ideologii nacjonalizmu, przekonanymi, że to interes narodowy jest ostatecznie najbardziej odpowiednim kierunkiem podejmowanych działań. To właśnie spór w zakresie umiędzynarodowienia czy też nacjonalizmu walutowego stał się w ciągu połowy ostatniego stulecia główną osią dyskusji narastającej wokół eurowaluty. W dobie obecnego kryzysu eurowaluty to właśnie wynik rozgrywek między tymi dwiema siłami ideologicznymi zadecyduje o dalszych losach euro.

W połowie lat sześćdziesiątych XX wieku został w sposób niekwestionowany odkryty fakt, że dolar był „dziedzicznym genem rakowym" dynastii Bretton Woods. Niszczycielskie skutki spadku wartości dolara stanowiły zewnętrzny bodziec stymulujący powołanie Europejskiej Unii Walutowej. W oczach Europejczyków dolarowy parasol ochronny zdrowej i stabilnej gospodarki rozłożony nad Europą zamienił się w sprawcę handlowego niepokoju i kryzysu walutowego. Konferencja Ekonomiczna w Londynie z 1933 roku stała się centrum rywalizacji pomiędzy Stanami Zjednoczonymi a Europą, ale i obecnie ten spór wciąż stanowi trudny do rozwiązania problem dla obydwu stron. Gospodarka europejska dążyła do rozwoju, z tego powodu stabilizacja monetarna była warunkiem nieodzownym. Ze względu na niewielką populację Europy, niewystarczające natężenie gospodarki i trudności w wywieraniu trwałego nacisku na rozwój gospodarki poprzez chłonność rynku, największą nadzieją Europejczyków stały się rozszerzenie wspólnego rynku europejskiego i rozwój handlu międzynarodowego. Niestety, nieodpowiedzialna polityka dolarowa stanowiła zagrożenie dla europejskiego środowiska handlu zagranicznego, jak również niszczyła porządek wewnątrzeuropejskiego wspólnego rynku. Efekty wielokrotnie podejmowanych przez Europejczyków negocjacji ze Stanami Zjednoczonymi podsumowują powszechnie znane słowa, wypowiedziane przez amerykańskiego sekretarza skarbu, Johna Connally'ego: „Dolar to nasza waluta, ale wasz problem".

Uderzenie w Europę spowodowane deprecjacją dolara w pierwszej kolejności odczuły Niemcy.

Niemiecka reforma walutowa z 1948 roku stworzyła unikatowy system banków centralnych bazujący na niezależnym modelu niemieckiego Bundesbanku. Amerykańskie i brytyjskie banki centralne w swoich krajach nie mogły raczej oczekiwać wyjścia poza ograniczenia ze strony władzy państwowej, jednak powojenne ruiny Niemiec stanowiły wymarzony plac ćwiczeń. To dlatego okupacyjne siły amerykańsko-brytyjskie zaprojektowały niemiecki system bankowy wcześniej aniżeli powołały rząd Republiki Federalnej Niemiec – chodziło o to, by zapewnić całkowitą niezależność Bundesbanku od rządu.

W chwili powołania Bundesbanku, był on swego rodzaju *tabula rasa* nie posiadającą ani rezerw walutowych, ani rezerw w złocie, ani też żadnej wiarygodności kredytowej. W zetknięciu z kompleksową upadłością systemu bankowego w kraju, wraz z ustaleniem kursu wymiany nowej marki na starą w wysokości 1:10, konieczne było także dokładne wyzerowanie aktywów bankowych. W czasie trwania reżimu nazistowskiego w Niemczech kompleksowa militaryzacja gospodarki krajowej oraz zaangażowanie znacznych zasobów gospodarczych na potrzeby machiny wojennej spowodowały, że zapotrzebowanie na kredyty dla osób prywatnych było niewielkie. Jednocześnie w okresie wojny w Niemczech doszło do racjonowania dóbr, a posiadający pieniądze ludzie i tak nie mogli zakupić żadnego towaru, co z kolei spowodowało gromadzenie przez banki oszczędności obywateli, których to oszczędności nie było komu pożyczać. Banki niemające komu udzielać kredytów i tak muszą szukać kredytobiorców, w przeciwnym razie tracą źródła dochodu, co może doprowadzić do strat lub do ich zamknięcia. Dlatego rząd nazistowski w pełni wykorzystał nadmiar oszczędności zdeponowanych w bankach i wykorzystał je w celu wprowadzenia na rynek obligacji rządowych o zróżnicowanej ocenie ryzyka, a w zaistniałej sytuacji banki nie miały innego wyjścia, jak tylko kupować emitowane przez rząd obligacje i w ten sposób stały się pośrednim sponsorem działań wojennych prowadzonych przez nazistów. Po wojnie, kiedy rząd nazistowski przestał istnieć, wyemitowane przez ten rząd obligacje będące w posiadaniu banków weszły automatycznie w skład złego długu. W tych okolicznościach niemiecki bank centralny wydał postanowienie o natychmiastowym umorzeniu długu dla banków będących wierzycielami rządu nazistowskiego. Znaczne straty aktywów poniesione przez banki miały być rozdzielone między bank centralny i przyszły rząd federalny, a rozwiązaniem zapewniającym uzupełnienie utraconych aktywów miało być zastosowanie wyemitowanych przez bank centralny „należności wyrównawczych". Owe „należności wyrównawcze" przypominały emitowane przez Chiński Bank Centralny „weksle banku centralnego" i wykorzystywały gwarancje kredytowe przyszłego rządu, których koszty pokrywane były z własnych przychodów banku centralnego, a część przychodów należna rządowi z tytułu obrotu tymi wekslami była pomniejszana o koszty obsługi długu poniesione przez bank. W rzeczywistości „należności wyrównawcze" polegały na wykorzystaniu nowych obligacji przyszłego niemieckiego rządu w celu zastąpienia długu byłego rządu nazistowskiego, a ponieważ nowy rząd nie został jeszcze powołany, to w jego imieniu rolę emitenta obligacji przejął bank centralny.

W ten oto sposób majątek niemieckiego banku centralnego i całego systemu niemieckich banków komercyjnych we wczesnym okresie powojennym został zbudowany na podstawie czystego długu narodowego, a po 1948 roku marka niemiecka była nazywana najczystszym „systemem bazującym na obligacjach skarbowych".

W rzeczy samej, podstawą wiarygodności krajowej waluty nie jest ani parytet złota, ani „system oparty na obligacjach". Jest nim „poparcie w produkcji". Tak długo, jak państwo ma silne zdolności produkcyjne i jest w stanie wytworzyć bogactwo produktów oraz dobrej jakości usługi, wiarygodność waluty tego państwa, w sposób oczywisty jest solidna i trwała. System parytetu złota czy system wzorowany na obligacjach są tylko symboliczną formą „poparcia w produkcji". Ostatecznie siła waluty narodowej jest warunkowana zdolnością tego kraju do tworzenia dobrobytu.

W momencie, gdy niemiecka machina przemysłowa weszła na pełne obroty, zaczął płynąć nieprzerwany strumień ogromnego społecznego dobrobytu, a masowy napływ dobrej jakości niemieckich produktów zalewających rynek amerykański i rynki Europejskiej Wspólnoty Gospodarczej wywołały lawinę dolarów i złota spływających do niemieckiego skarbca. Niemcy nieposiadające w 1950 roku żadnych rezerw w złocie, w ciągu zaledwie 6 lat zdołały zgromadzić w banku centralnym rezerwy złota dalece przekraczające te zgromadzone przez dominującą dotychczas Francję, a ponadto jednocześnie zgromadziły znacznej wartości rezerwy dolarowe.

Kiedy konkurencyjność marki niemieckiej wprawiła w zachwyt ludzi na całym świecie, arogancja wkroczyła w szeregi niemieckich bankierów, którzy pod przykrywką obrońców niemieckiej waluty regularnie wywoływali spory z niemieckim rządem, aż do tego stopnia, że ówczesny kanclerz Niemiec, Adenauer, miał głośno powiedzieć o Bundesbanku, że „nie poczuwa się on do odpowiedzialności przed nikim, ani przed niemieckim parlamentem, ani przed jakąkolwiek agencją rządową... [a polityka monetarna] jest niczym innym, jak gilotyną, której ostrze spada na głowę każdego przechodnia spacerującego tą ulicą". Gniew Adenauera był w pełni uzasadniony, gdyż siła marki niemieckiej nie wynikała z polityki stóp procentowych banku centralnego, lecz z potężnego potencjału przemysłowego wykreowanego w wyniku wysiłku rzeszy niemieckich inżynierów i pracowników technicznych.

Ze względu na konkurencyjność niemieckiego przemysłu dolar zaczął masowo napływać do Niemiec. Było to zarówno efektem dolarowej nadwyżki handlowej, jak również apetytu na bezpośrednie inwestycje zagraniczne na terenie Niemiec.

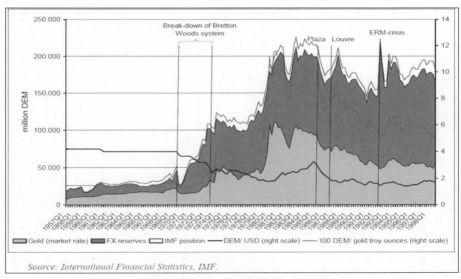

Source: International Financial Statistics, IMF.

■ **Proporcje niemieckich rezerw: w złocie, dolarach i kredytach MFW, lata 1957- 1998.**

Jednocześnie coraz większe ilości gorącego pieniądza zaczęły wkraczać do Niemiec. Na początku lat sześćdziesiątych XX wieku marka znalazła się pod rosnącą presją aprecjacji. Aby zadośćuczynić określonym w systemie z Bretton Woods wymaganiom dotyczącym stabilności kursu walut krajowych, niemiecki bank centralny został zmuszony do rozpoczęcia dodruku marki, aby móc ograniczyć ciśnienie aprecjacji marki względem dolara amerykańskiego. Był to problem analogiczny do tego, który obecnie obserwowany jest w Chinach: aby utrzymać stabilny kurs RMB, nie można było uniknąć dodruku chińskiej waluty potrzebnej na zakup dolarów. Ponieważ emisja marki wytworzyła w Niemczech wewnętrzną presję inflacyjną, to między Bundesbankiem a rządem rozgorzał spór o to, czy powinno się zastosować podwyżkę stóp procentowych w celu zwalczania inflacji, czy może wykorzystać aprecjację marki – podwyższenie stóp procentowych było niekorzystne dla gospodarki, a aprecjacja marki negatywnie wpłynęłaby na eksport. W 1961 roku wartość marki wzrosła o 5%, co wymusiło poprawki w systemie z Bretton Woods, tym samym wzejście marki poruszyło posady systemu dolarowego.

Jedna kwestia wymaga tutaj dalszego wyjaśnienia. Otóż aprecjacja marki odzwierciedlała rzeczywisty wzrost niemieckiej siły przemysłowej, tymczasem skostniały system kursów z Bretton Woods reprezentował poziom rozwoju poszczególnych krajów przed i tuż po 1945 roku. W międzyczasie niemiecka gospodarka powstała niczym feniks z popiołów i trudno było się spodziewać, że rozmiar butów przeznaczonych dla ośmioletniego dziecka będzie wciąż odpowiedni dla dwudziestoletniego młodzieńca. Jednak aprecjacja mogłaby skutkować potencjalnymi stratami o poważnym znaczeniu dla niemieckich rezerw, a w szczególności dla rezerw dolarowych, niemniej w dobie związania ceny wymiany dolara ze złotem, straty te nie wypływały na powierzchnię. Na szczęście w obrębie części składowych niemieckich rezerw walutowych proporcja rezerw złota w znacznej mierze przekroczyła udział dolarów, stąd też stopień strat w rezerwach dolarowych mógł zostać znacząco zredukowany. W związku z faktem, że w okresie ostatnich 30 lat wartość marki niemieckiej uległa dwukrotnemu załamaniu, to złoto stanowiło znaczną część składową rezerw walutowych niemieckiego banku centralnego[14].

Tym niemniej, aprecjacja marki wywołała reakcję łańcuchową, jaka zaszła w Europie. W ślad za aprecjacją marki niemieckiej wzrosła wartość holenderskiego guldena. Francja i inne kraje Wspólnoty Europejskiej zaczęły martwić się zmiennością kursu wymiany walut w obrębie krajów należących do Europejskiej Wspólnoty Gospodarczej, miało to bowiem wpływ na równowagę handlową i gospodarczą w obrębie obszaru wspólnoty, a w perspektywie mogło naruszyć także balans polityczny między poszczególnymi krajami. Dlatego też w 1965 roku Wspólnota Europejska rekomendowała konieczność utworzenia Unii Monetarnej na potrzeby rozwoju Wspólnoty Europejskiej. Jej pierwszym zadaniem miała być stabilizacja kursów wymiany walutowej, a następnie stopniowe przejście krajów członkowskich na wspólną walutę europejską.

---

[14]   Martin Pontzen, Franziska Schobert, *Episodes in German Monetary History*.

Rekomendacja ta zapoczątkowała trwające przez pół wieku dysputy pomiędzy dwiema frakcjami politycznymi. Pierwsza frakcja, z Niemcami na czele, przedstawiała pogląd, że uformowanie wspólnej waluty jest procesem długotrwałym, dla którego warunkiem koniecznym jest integracja gospodarek narodowych. Zanim możliwe będą rozmowy o wspólnej walucie, konieczne będzie wprowadzenie wspólnej polityki handlowej, wspólnej polityki podatkowej i finansowej, wspólnej polityki gospodarczej i wspólnej polityki społecznej. Niemcy uważały także, że powołanie Unii Monetarnej jest projektem nie do końca wykonalnym. Z kolei zwolennicy frakcji francuskiej uważali, że integracja monetarna jest punktem wyjścia dla integracji gospodarczej, a bez stabilnego kursu wymiany walut dalszy rozwój ekonomiczny w Europie nie jest możliwy. W rzeczywistości istotą sporu tych dwóch frakcji było pytanie o to, czy unia monetarna jest zaczynem, czy punktem końcowym jedności europejskiej: środkiem czy celem.

Wraz z eskalacją wojny w Wietnamie, wraz z nabierającą rozpędu deprecjacją dolara i z gwałtownym postępem kryzysu walutowego na świecie, znacząco zwiększyła się potrzeba powołania Europejskiej Unii Walutowej.

Armagedon złota

Gdyby Francja nie stała na pierwszej linii frontu, to nie nazywałaby się Francją; gdyby Francja nie dążyła do wielkości, nie byłaby Francją. Uczynić Francję wielką jest jedynym pragnieniem mojego serca i najszlachetniejszym celem mojego życia.

Charles de Gaulle

W 1958 roku de Gaulle doszedł do władzy, a Francja wkroczyła w okres Piątej Republiki. Można powiedzieć, że Charles de Gaulle był uosobieniem typowo francuskich cech, takich jak niepohamowana pasja, impulsywna arogancja i idealistyczny entuzjazm. Od czasów napoleońskich serca Francuzów pozostawały niespokojne. Czasy chwały, jak się wydawało, minęły bezpowrotnie, a szara rzeczywistość wydawała się tłumić pragnienie przywrócenia narodowej wielkości. Francja była zwycięzcą, ale zwycięstwo pozbawione było chwały. Francja była potężna, ale niewystarczająco potężna, by wieść prym w Europie. Ambitny de Gaulle był zdeterminowany, aby przywrócić Francji jej prestiż.

Silne przekonania nacjonalistyczne sprawiły, że de Gaulle nie znalazł wspólnego języka z osobistościami z kręgu Monneta. Europejczycy często żartowali sobie z Monneta, mówiąc o nim, że „jest Francuzem o największej sile wpływów poza Francją". De Gaulle decydując się na pojednanie z Adenauerem, nie kierował się promowaną przez Monneta koniecznością „porzucenia francuskiej suwerenności" i zaangażowania się w projekt formowania Stanów Zjednoczonych Europy. Jego celem było stworzenie silnej wspólnoty europejskiej pod przewodnictwem Francji, która mogłaby stawić opór amerykańskiej hegemonii na świecie, a w jego koncepcji nawet Związek Radziecki był tylko figurą na szachownicy, którą de Gaulle był zdecydowany wystawić dla zrównoważenia sił amerykańskich. W świadomości

Charles'a de Gaulle'a „w procesie integracji europejskiej, na czele której stały Francja i Niemcy, Francja była jeźdźcem, a Niemcy koniem".

Problemem, który najbardziej trawił serce i umysł francuskiego polityka, był model dominacji nad światem prezentowany przez Stany Zjednoczone i Wielką Brytanię. W czasie drugiej wojny światowej Roosevelt nie pałał sympatią do de Gaulle'a właśnie ze względu na fakt, że tamten także pragnął dzierżyć własny los we własnych rękach, a przecież, gdyby wszyscy prezentowali taką postawę, to kogo miałyby kontrolować Stany Zjednoczone? Churchill także nie znosił de Gaulle'a, pamiętając, że nawet po swojej ucieczce do Wielkiej Brytanii pozostał on uparty, arogancki i bezkompromisowy, a jego postawa w niczym nie przypominała emigranta na cudzej łasce. Z kolei generała irytowały anglosaskie zapędy do zdominowania losów Francji. Zabolał go w szczególności wilczy bilet, który mu wystawili Anglosasi, wykluczając go z udziału w konferencji w Jałcie.

Po dojściu de Gaulle'a do władzy Francja dwukrotnie odmówiła Wielkiej Brytanii przyłączenia jej do Wspólnoty Europejskiej, a brytyjski premier potępił te działania w następujących słowach: „Kontynentalne kraje europejskie zjednoczyły się w groźny blok gospodarczy. Od czasów wojen napoleońskich jest to pierwszy tego typu precedens". W odpowiedzi na te słowa de Gaulle, w obecności brytyjskich oficjeli, wyśmiał brytyjskiego premiera mówiąc: „Żałosny człowiek, nie mam nic, co mógłbym mu zaoferować".

Do dynastii Bretton Woods Charles de Gaulle pałał szczerą nienawiścią: dlaczego anglosaska waluta miała być batutą nadającą melodię, jaką zmuszone były wygrywać waluty innych krajów? Wystarczyło zrzucić z konia dolara, żeby cały system zaczął krwawić. De Gaulle nie tylko wyznawał takie poglądy, lecz także starał się je realizować.

■ Listopad 1958 roku.
**Charles de Gaulle (po lewej)
i Konrad Adenauer (po prawej)
omawiają kwestie europejskie.**

W efekcie dwukrotnej dewaluacji franka w latach 1957-1958 francuski eksport odnotował ożywienie, a rezerwy dolarowe tego kraju znacznie wzrosły. De Gaulle, kierując się wskazówkami utalentowanego Rueffa, zdołał już dostrzec, że wyznacznikiem losu systemu z Bretton Woods jest złoto. Wystarczyło zatem pochwycić to narzędzie, aby zadać cios systemowi, a w efekcie spowodować nieunikniony upadek wszystkich krajów strefy dolarowej. Mogło to przybliżyć przybycie bohaterów z czterech stron świata. Frank poprowadzi niemiecką markę, włoskiego lira i inne braterskie waluty do walutowej sali koronacyjnej. Któż mógłby się temu sprzeciwić?

Od 1958 do 1966 roku, Francja regularnie rokrocznie zwracała się do Stanów Zjednoczonych z żądaniem wymiany rezerw walutowych w dolarach na rezerwy w złocie.

Zgromadzone w ten sposób rezerwy złota osiągnęły pułap ponad 400 ton i tym samym francuskie zasoby złota ponownie przekroczyły wartość niemieckich. Pozostałe kraje europejskie pozostające pod presją Departamentu Skarbu Stanów Zjednoczonych nie miały odwagi żądać wymiany dolarów na złoto. Stany Zjednoczone straszyły je zagrożeniem dla stabilizacji finansowej na świecie. Oczywiście, amerykański podtekst był jasny – „ktokolwiek wymieniał dolary na złoto, ten był potencjalnym wrogiem" niszczącym światowy porządek finansowy. Naturalnie postawa Francji przyprawiała USA o ból głowy, jednak trudno było ot tak, po prostu, usunąć nieustępliwego de Gaulle'a. Na początku lat sześćdziesiątych XX wieku Stany Zjednoczone wymusiły na Europejskim Banku Centralnym wyłowienie zasobów potrzebnych na powołanie London Gold Pool, czyli kartelu ośmiu banków centralnych, których zadaniem byłoby ustabilizowanie ceny sprzedaży złota po cenie nie niższej niż 35 dolarów amerykańskich za uncję, ustaloną jako graniczna cena minimalna sprzedaży. Mimo to, potencjał dolarowej powodzi wciąż wzrastał.

W 1964 roku do władzy w Stanach Zjednoczonych doszedł prezydent Johnson, który nie tylko nie podjął żadnych konkretnych działań w celu ograniczenia wydatków publicznych i poprawy międzynarodowego bilansu płatniczego, lecz zamiast tego zaproponował marnotrawiący koszty program Wielkiego Społeczeństwa (Great Society) i równolegle zaostrzenie działań wojennych w Wietnamie. Plan Wielkiego Społeczeństwa Johnsona składał się ze 115 ustaw i obejmował każdą dziedzinę – od stworzenia lepszego środowiska w miastach, po kontrolę emisji zanieczyszczeń; od walki o zwiększenie zatrudnienia wśród biedoty, po wzmocnienie systemu świadczeń i pomocy społecznej; od edukacji powszechnej, po prawa obywatelskie; od rozwoju obszarów wiejskich, po budowę autostrad; od wychowywania sierot, po opiekę nad seniorami. Alokacja funduszy na trzy główne resorty: opieki zdrowotnej, edukacji i rozwoju obszarów zacofanych wzrosła z 8,1 miliarda dolarów w 1965 roku do 11,4 miliarda dolarów w 1966 roku. Eskalacja wojny w Wietnamie okazała się studnią bez dna, począwszy od 1965 roku amerykańskie samoloty rozpoczęły zmasowane bombardowania Wietnamu Północnego, a 8 marca tego samego roku amerykańskie wojska lądowe zostały przerzucone na teren tego kraju, co przyspieszyło kolejne etapy wojny i doprowadziło do tego, że w 1968 roku, czyli w momencie szczytowym działań militarnych po terytorium Wietnamu maszerowało ponad 530 tysięcy amerykańskich żołnierzy. Program Wielkiego Społeczeństwa prowadził amerykańską gospodarkę prostą drogą do ruiny. Ostatecznie faktyczne koszty wojny w Wietnamie szacuje się na 400 miliardów dolarów amerykańskich. I choć Johnson wybrał już broń, to chciał jeszcze mieć masło*. Johnson zwykł mawiać z przekonaniem: „Ojcowie Założyciele naszego kraju w jednej dłoni zwykli dzierżyć broń, aby móc walczyć z wrogami, w drugiej trzymali topór, pozwalający im budować domy i zdobywać żywność i odzież dla całej rodziny". Istotnie, Johnson nie musiał martwić się o źródła nakładów finansowych na realizację swojego planu, bowiem Stany

---

* Teoria „guns vs butter" (przyp. tłum.).

Zjednoczone zawsze mogły wydrukować pieniądze i pozwolić Europejczykom stać się płatnikiem amerykańskiego deficytu.

Niekontrolowane wydatki fiskalne Stanów Zjednoczonych w końcu wprawiły we wściekłość de Gaulle'a i większość przywódców europejskich. W 1965 roku Bank Francji publicznie ogłosił, że od tej pory będzie się zwracał do amerykańskiego rządu z żądaniem wymiany na złoto wszystkich nowonapływających rezerw dolarowych, a także części rezerw zgromadzonych do tej pory. Dotychczasowa wymiana dolarów na złoto odbywała się bowiem po cichu, gdyż Francuzi nie chcieli narażać Amerykanów na dyshonor. Tym razem nie oszczędzono Amerykanom publicznego upokorzenia. Europejscy wierzyciele będący w posiadaniu rezerw dolarowych dyskretnie przyklaskiwali tej inicjatywie. Co więcej, de Gaulle wyszedł z propozycją programu globalnej reformy walutowej, zakładającej wzmocnienie roli złota w światowym systemie rezerw walutowych i zablokowanie statusu dolara i funta jako międzynarodowych walut rezerwowych, co było nawoływaniem krajów europejskich do przejęcia władzy.

W rozumieniu Francuzów okupujący oba brzegi Atlantyku Amerykanie i Brytyjczycy byli połączeni braterstwem krwi i wspierali się wzajemnie w działaniach przeciwko wspólnemu wrogowi. Europejski blok gospodarczy, chcąc pokonać groźnego wroga w postaci dolara amerykańskiego, musiał najpierw odciąć jego ramię, jakim był funt brytyjski.

Brytyjczycy i tak egzystowali w poczuciu nieustannego napięcia i zagrożenia. Po zakończeniu wojny Wielka Brytania nie ustawała w wysiłkach przywrócenia strefy szterlingowej, jednak wciąż napotykała na silną presję ze strony Stanów Zjednoczonych. Szczególnie w 1956 roku, w okresie trwania kryzysu sueskiego, Wielka Brytania doświadczyła kategorycznych sankcji finansowych ze strony Ameryki, które kompletnie pogrzebały marzenia o odrodzeniu kolonialnego Imperium Brytyjskiego.

Podczas drugiej wojny światowej kolonie brytyjskie stały się dostawcą znacznej części eksportu i tym samym zgromadziły potężne rezerwy walutowe w funcie szterlingu. W 1947 roku Amerykanie wymusili na Brytyjczykach odblokowanie tych rezerw walutowych, co wywołało poważny kryzys waluty brytyjskiej. Osłabienie funta zmusiło natomiast kolonie do ucieczki pod parasol dolara. Wielka Brytania w tej sytuacji musiała zamrozić rezerwy funta, a ogromne zadłużenie zewnętrzne w tej walucie wywołało zadyszkę brytyjskich finansów. Wystarczyło, by w gospodarce światowej nastąpiły delikatne wahania, a funt musiałby zmierzyć się z kryzysem zaufania. W okresie od 1948 do 1982 roku deficyt brytyjskiego rachunku kapitałowego wystąpił 32 razy w ciągu 34 lat. Nawet w czasach powojennych charakteryzujących się udoskonalaniem urządzeń przemysłowych, szybkim postępem technologicznym we wszystkich krajach, Wielka Brytania – ze względu na historyczną spuściznę rezerw szterlingowych, presję długu zagranicznego i ogromne wydatki wojskowe za granicą – ciągle pozostawała w stanie niedoboru gotówki, a jej rozwój gospodarczy pozostawał w tyle w porównaniu z głównymi krajami europejskimi. W 1960 roku wartość brytyjskich rezerw walutowych szacowano na miliard funtów, podczas gdy całkowite zewnętrzne zadłużenie wynosiło 3 miliardy, a do końca lat sześćdziesiątych urosło do wartości 6 miliardów, czyniąc z brytyjskiej gospodarki „angielskiego pacjenta" wśród gospodarek europejskich.

Francja używając złota, nie tylko przystąpiła do ataku na londyńskie rezerwy szterlingowe, uderzając w czuły punkt Wielkiej Brytanii, lecz także użyła narzędzia w postaci francuskich mediów narodowych, aby dodatkowo osłabić funta. Francja kontynuowała praktykę wymiany funta na złoto, co spowodowało, że wysiłki podejmowane w celu ochrony własnej waluty, polegające na kreowaniu pożyczek pomocowych przez G-10 i MFW, spełzły na niczym. W kluczowym momencie Niemcy odmówiły wydania oświadczenia mającego wesprzeć funta, czego powodem miało być „przekonanie Niemiec o konieczności dewaluacji funta brytyjskiego". W listopadzie 1967 roku, po trzech latach żmudnej walki w obronie funta, pieniądz ten ostatecznie się poddał, a wartość deprecjacji wyniosła 14,3%. Załamanie wartości brytyjskiej waluty natychmiast pobudziło międzynarodowy rynek do masowej sprzedaży dolarów i zakupu złota.

17 marca 1968 roku z wysiłkiem tworzony przez Stany Zjednoczone London Gold Pool ostatecznie upadł. Pod koniec marca miliony Amerykanów wysłuchały transmitowanego przez krajową telewizję publicznego wystąpienia prezydenta Johnsona, w którym informował on, że nie będzie ubiegał się o ponowną elekcję na fotel prezydencki. Jednocześnie śmiercią naturalną umarła rozpoczęta przez Stany Zjednoczone w Wietnamie ofensywa Tết. „Wall Street Journal" lamentował: „Europejscy finansiści składają kwestię pokoju na świecie na nasze barki. Nasi europejscy wierzyciele doprowadzili prezydenta Stanów Zjednoczonych do rezygnacji. Takie wydarzenia nie miały dotąd precedensu w historii Ameryki"[15].

W momencie przełomowym, mającym zadecydować o całkowitym zwycięstwie Francji, kiedy już miało dojść do ofensywy na amerykańskie rezerwy złota, pewien dramatyczny incydent całkowicie odwrócił bieg tej wojny. Otóż 5 dni po tym, jak 17 marca w Stanach Zjednoczonych ogłoszono upadek London Gold Pool, studenci jednego z uniwersytetów w Paryżu 22 maja przystąpili do okupacji kampusu uniwersyteckiego. Do protestu przyłączało się coraz to więcej uniwersytetów, aż w końcu ruch ten przyjął nazwę paryskiej „rewolty majowej" i sparaliżował całe społeczeństwo.

Choć przyczyny zamieszek nie były do końca jasne, to z kolei ich efekty były oczywiste i widoczne – całe przetransportowane ze Stanów Zjednoczonych do Francji złoto ponownie, co do uncji, wróciło do Ameryki, a de Gaulle utracił prezydenturę.

Majowa rewolta wzburzyła falę na międzynarodowym rynku walutowym, a masowa wyprzedaż franka wywołała lawinową dewaluację. 29 maja prezes Banku Francji zadzwonił do Rezerwy Federalnej z prośbą o pomoc, Amerykanie odpowiedzieli krótko: „Obawiamy się nietrafionych pożyczek. Czyż Francja nie jest w posiadaniu ogromnych rezerw złota? W każdej chwili mogą być one sprzedane za dolary amerykańskie". W tych rozpaczliwych okolicznościach Francuzi byli zmuszeni sprzedać swoje rezerwy Amerykanom po niskiej cenie 35 dolarów za uncję. W tym czasie ceny złota rosły, a Stany Zjednoczone borykały się z poważnym jego niedoborem, jednakże Departament Skarbu Stanów Zjednoczonych zwrócił się do Francuzów ze śmiałą propozycją obniżki ceny o 10%. W zasadzie

[15] Michael Hudson, *Super Imperialism – New Edition: The Origin and Fundamentals of U.S. World Dominance*, Pluto Press 2003, rozdz. 12.

Międzynarodowy Fundusz Walutowy i wielu innych kupujących byłoby zadowolonych mogąc kupić złoto po cenie 35 dolarów za uncję. Finalnie obie strony osiągnęły kompromis. Amerykański Departament Skarbu zgodził się zapłacić 35 dolarów za każdą uncję francuskiego złota, Francuzi w Paryżu przekazali złoto MFW, a MFW w Nowym Jorku przekazał złoto z własnych rezerw do Banku Rezerwy Federalnej w Nowym Jorku. W latach 1968-1969 Francja zmuszona była w ten sposób, po zdyskontowanej cenie, sprzedać Stanom Zjednoczonym złoto o wartości 925 milionów dolarów[16].

Wieloletnie działania Francuzów, polegające na wymianie rezerw dolarowych na złoto, okazały się daremne.

„Uzurpacja samowystarczalności" dolara w 1971 roku, powstanie Amerykańskiego Imperium Długu

Chociaż francuska złota ofensywa ostatecznie zakończyła się fiaskiem, to jednak wywołała na całym świecie potężną falę wymiany rezerw na złoto, a tym samym obaliła powołaną jednogłośnie przez Stany Zjednoczone dynastię z Bretton Woods.

15 sierpnia 1978 roku prezydent Richard Nixon ogłosił zamknięcie amerykańskiego „okienka ze złotem" i wstrzymał wymianę dolarów na złoto. Od tego momentu system z Bretton Woods stał się terminem historycznym.

Początkowo Stany Zjednoczone mogły wybierać relacje cenowe w przeszacowaniu wartości dolara do złota, podobnie jak to było w 1934 roku, kiedy Roosevelt zadecydował o deprecjacji dolara względem złota, niektórzy sugerowali, że deprecjacja dolara do wartości 72 dolarów za uncję złota mogłaby być odpowiedzią na rzeczywistość gospodarczą, w której normą była nadmierna emisja pieniądza, jednak Stany Zjednoczone wydawały się nie przyjmować tego do wiadomości. Było tak dlatego, że Amerykanie nie potrzebowali już dłużej marionetkowego cesarza w postaci połyskliwego kruszcu.

Dolar stał się *de facto* walutą światową, bez względu na to czy się to komuś podobało, czy też nie. Bez względu na skargi i utyskiwania dynastia z Bretton Woods zdołała wszczepić dolara głęboko wewnątrz systemów monetarnych poszczególnych krajów. Im silniej z tym walczono, tym bardziej musiano się temu poddać, im bardziej się temu opierano, tym intensywniejsze stawało się doświadczenie rozczarowania.

W ciągu 25 lat Stany Zjednoczone przy użyciu dolara z powodzeniem dokonały defragmentacji powiązań złota z gospodarką światową, a poza bankami centralnymi ludzie w swoim codziennym życiu zapomnieli o złocie i przywykli do dolara. Użycie dolara w celu zastąpienia złota, gdy tylko nastąpiły ku temu korzystne warunki, zakończyło się sukcesem.

---

[16]   Charles A. Coombs, *The Arena of International Finance*, John Wiley & Sons, New York 1976, s. 177-178.

Zastąpienie standardu wymiany złota standardem systemu dolarowego odbiło się ogromnym echem na całym świecie. Aż do dziś, choć minęło już ponad 40 lat, ludzie wciąż przeżywają ten fakt. Gospodarka postępuje, społeczeństwa się rozwijają, nad wszystkim unosi się jednak wyczuwalny cień kryzysu. Jego intensywność, rozpiętość i czas trwania są odbiciem lustrzanym Wielkiego Kryzysu z lat trzydziestych XX wieku. Świat ma już świadomość istnienia fundamentalnych problemów we współczesnym, globalnym systemie monetarnym.

Dolar pełniący funkcję światowej rezerwy walutowej spowodował, że amerykańskie obligacje skarbowe stały się *de facto* kluczowym aktywem globalnych rezerw. Im bardziej świat zdąża ku rozwojowi gospodarczemu, tym większe staje się zapotrzebowanie na amerykańskie obligacje skarbowe, wywołane zwiększoną podażą pieniądza w poszczególnych krajach. Im bardziej rozwija się handel międzynarodowy, tym większe jest ciśnienie na wypływ dolara. Dolar jest niczym plantator, który krążąc po świecie rozsiewa nasiona obligacji skarbowych i z łatwością wprowadza je w podatny grunt systemów finansowych poszczególnych krajów. Nasiona te kiełkują i wyrastają, a wzrost odsetek od zadłużenia powoduje wzrost popytu na dolary. Wzajemne zapotrzebowanie dolara i zadłużenia dolarowego ma sztywną wewnętrzną siłę napędzającą jego wzrost do czasu, aż pewnego dnia ludzie nagle odkryją, że wysoko nad nimi w górach położone jest głębokie jezioro długu państwowego, a ciśnienie wody jest zagrożeniem dla każdego pojedynczego obywatela. Wtedy ktoś nagle zawoła, że tama na jeziorze długu pęka.

Podobnie jak wówczas, gdy nikt nie zainteresował się odkrytą przez Triffina naturalną sprzecznością systemu złoto-dewizowego, tak i dziś uważa się, że mający nadejść w perspektywie lat kryzys nie jest problemem wartym zainteresowania. Gdyby jednak ten dzień nadszedł wcześniej, ludzie będą skazani na łaskę losu.

Obecnie, mimo widocznych sprzeczności wynikających ze sprzężenia dolara i obligacji dolarowych, nikt nie poświęca temu uwagi. Jednakże lekcje wypływające z kart historii dają nam jasno do zrozumienia, że dzień krachu w końcu nastąpi.

ROZDZIAŁ V

Wyczekiwany świt na Wschodzie, Zmagania z uprzemysłowieniem w Chinach i Japonii

Klucz do rozdziału

Na współczesnej mapie gospodarczej świata ukształtowały się trzy główne filary potęgi gospodarczej – Stany Zjednoczone, Europa i Azja. Niektórzy twierdzą, że wiek XIX należał do Wielkiej Brytanii, wiek XX do Stanów Zjednoczonych, a wiek XXI należeć będzie do Azji. Patrząc na obecne trendy rozwoju w gospodarce światowej, taki scenariusz wydaje się prawdopodobny.

U podstaw amerykańskich trudności leży gospodarka, u podstaw europejskiego kryzysu leży polityka, a u podstaw azjatyckich problemów leży historia.

Chiny i Japonia są jak Niemcy i Francja. Choć na kartach historii wyłaniają się dwaj wrogowie, to w rzeczywistości są to dalecy krewni. W ciągu 60 lat powojennego wyścigu gospodarczego Japonia prowadziła w pierwszej jego połowie, a Chiny nabrały rozpędu w drugiej, obecnie zaś oba kraje znajdują się na bardzo wyrównanej pozycji. Czy Chiny zdołają ostatecznie wyprzedzić Japonię? Czy może po 20 latach ekonomicznej stagnacji Japonia po raz kolejny zaświeci blaskiem cudownego ożywienia?

Ten wyścig przypomina wyrównane zawody, w których obaj zawodnicy wzięli udział tuż po zakończeniu wojny, w latach pięćdziesiątych XX wieku.

Po przyjęciu przez Chiny pomocy finansowej od Związku Radzieckiego opiewającej na sumę 2,4 miliarda dolarów, w Państwie Środka rozpoczęto realizację 156 kluczowych projektów przemysłowych, które stały się preludium do pełnej industrializacji kraju. Tymczasem Japonia, pośrednio i bezpośrednio wspierana przez środki finansowe z budżetu Stanów Zjednoczonych opiewające na sumę 4,1 miliarda dolarów, rozpoczęła żmudną drogę ku powojennemu odrodzeniu. Przynajmniej do połowy lat pięćdziesiątych XX wieku oba kraje rozwijały się na zbliżonym poziomie. Uprzemysłowienie Japonii rozpoczęło się wprawdzie wcześniej, a akumulacja technologii i wykształconego personelu znacznie przewyższała chińską, jednak w okresie powojennym japoński rząd utracił przywództwo w polityce ekonomicznej kraju, a produkcję przemysłową na potrzeby handlu zagranicznego wciąż trudno było wynieść na pożądany poziom. Fundamenty pod industrializację Chin były słabe, jednakże zakrojona na ogromną skalę pomoc przemysłowa ze strony Związku Radzieckiego w postaci nowoczesnej technologii i maszyn przemysłowych, a także oddelegowanie 18 tysięcy radzieckich specjalistów w celu dogłębnego transferu technologii na teren Chin sprawiły, że w połowie lat pięćdziesiątych XX wieku przepaść między poziomem chińskiej gospodarki a poziomem gospodarki światowej znacznie się zmniejszyła.

Punkt zwrotny wyścigu gospodarczego między Chinami i Japonią nastąpił w 1955 roku, a była nim potężna rozbieżność w wizji przyszłej strategii gospodarczej obu krajów – podczas gdy Chiny popełniły błąd i zdecydowały się na samowystarczalność, Japonia postanowiła wykorzystać potencjał rynku światowego dla wzmocnienia własnych zasobów. W latach sześćdziesiątych XX wieku natężona i przyspieszająca światowa industrializacja sprawiła, że Chiny niebiorące w niej udziału bezpowrotnie straciły okres 20 lat.

Jeśli Chiny nie chcą być świadkami powtarzającej się historii, powinny zatem, cofając się w czasie, przeanalizować przyczyny powstania i nasilania się obserwowanej wówczas rozbieżności strategicznej.

Pomoc rublowa dla Chin, Chiny beneficjentem sowieckiej wersji „planu Marshalla"

Wybuch wojny koreańskiej w 1950 roku nie tylko przetasował układ sił w Europie, lecz także podzielił losy krajów na kontynencie azjatyckim. Chiny stanęły po stronie Związku Radzieckiego, a Stany Zjednoczone w efekcie tego wyboru wdrożyły względem Chin politykę „ekonomicznej banicji".

W gruncie rzeczy, z punktu widzenia Chin wybór ten nie stanowił trudności. Aby zacofany kraj rolniczy rozwinąć do poziomu potężnego kraju przemysłowego, Chiny zmuszone były zwrócić się z prośbą o zagraniczne wsparcie, a w uwarunkowaniach historycznych tamtego okresu były tylko dwie siły będące w stanie pomóc Chinom w przeprowadzeniu uprzemysłowienia na wielką skalę – Związek Radziecki i Stany Zjednoczone. Biorąc pod uwagę długoterminowe wsparcie Stanów Zjednoczonych dla Chińskiej Partii Narodowej (KMT) w przeszłości oraz fakt, że w tamtym czasie Ameryka była już w fazie zimnej wojny ze Związkiem Radzieckim, oczekiwania, że dostarczy ona Chinom pod przywództwem partii komunistycznej niezbędnych do przeprowadzenia uprzemysłowienia kraju na wielką skalę środków, technologii, wykwalifikowanego personelu i sprzętu, byłyby niepoważne. I właśnie dlatego to Związek Radziecki postrzegany był jako jedyna zewnętrzna siła mogąca dostarczyć Chinom wszelkiej pomocy wymaganej dla ich uprzemysłowienia.

Od czasu wybuchu drugiej wojny światowej wszystkie państwa rozwijające się, a także państwa kolonialne miały już wyraźną świadomość, że to właśnie industrializacja jest jedyną drogą do dobrobytu i potęgi narodowej. A jednak gospodarka przemysłowa była dużo bardziej skomplikowana aniżeli tradycyjna gospodarka rolna. Wywołana przez rewolucję przemysłową dyfuzja technologii nie polegała tylko i wyłącznie na stawianiu fabryk, imporcie maszyn, zakupie surowców, organizacji produkcji i sprzedaży. Obejmowała ona również zakrojony na szeroką skalę projekt, w którego zakres wchodziły dostarczenie mocy i energii elektrycznej, wydobycie węgla, produkcja stali, produkcja sprzętu, petrochemia, przemysł elektroniczny, infrastruktura, sieć transportowa, handel detaliczny, bankowość i finanse, edukacja i szkolenia oraz równoczesny rozwój wielu innych gałęzi przemysłu. Co więcej, ten precyzyjny mechanizm koordynacji szeroko pojętej industrializacji oraz skomplikowany system usług handlowych i finansowych wykraczał daleko poza posiadane przez większość krajów rolniczych zasoby kapitału finansowego i ludzkich możliwości. Jest to jednocześnie powód, dla którego w ciągu ponad 60 lat od zakończenia drugiej wojny światowej prawdziwe narodziny wschodzących potęg przemysłowych są zjawiskiem niezwykle rzadkim.

W lutym 1949 roku specjalny tajny wysłannik Stalina, Anastas Iwanowicz Mikojan, w miejscowości Xibaipo (Shijiazhuang, Hebei) spotkał się z głównymi przedstawicielami KPCh, a swoje wrażenia z tego spotkania tak opisał w przygotowanym dla Stalina raporcie: Komunistyczna Partia Chin nie wie jak powstrzymać inflację, nie wie też, w jaki sposób wdrożyć państwowy monopol na handel solą, tytoniem i alkoholem, nie ma także pomysłu na znacjonalizowanie aktywów czterech głównych pośredników handlowych w chińskich koloniach ani na zmonopolizowanie handlu zagranicznego. Przywódcy komunistyczni są „bardzo dobrze poinformowani i bardzo pewni siebie" jeśli chodzi o ogólne kwestie polityczne, problemy wewnętrzne partii, kwestie międzynarodowe, kwestie z zakresu rolnictwa i gospodarki. Wiedzą jednak niewiele na tematy takie, jak „rozmyta koncepcja przemysłu, transportu i bankowości" dla chińskich przedsiębiorstw i warunków ekonomicznych, nie rozumieją także ani nie potrafią poradzić sobie z problemami dotyczącymi eksploatacji i zarządzania. Podsumowując, „są oni zamknięci w mentalności typowej dla obszarów wiejskich i kompletnie oderwani od rzeczywistości".

W dłuższej perspektywie przebieg industrializacji zapowiadał się jako brutalna partyzantka na tyłach wroga i praca u podstaw na oddalonych od miast obszarach wiejskich, a takiemu wyzwaniu, jakie stawiała industrializacja kraju, nie była w stanie sprostać chińska kadra. Według danych statystycznych na początku lat pięćdziesiątych XX wieku w Chinach północnych liczba członków partii wynosiła 1,5 miliona osób, z czego 1,3 miliona było analfabetami lub półanalfabetami. Wśród kadry przywódczej (na poziomie jednostki administracyjnej dystryktu i wyższych) blisko 50% nie miało żadnego wykształcenia lub posiadało wykształcenie niewystarczające. Alfabetyzacja samej kadry przywódczej wymagała przynajmniej 2-3 lat, a pozostałych zwykłych członków partii nawet 5 lat.

Bolączką był również poważny niedobór kluczowej kadry niezbędnej dla potrzeb przeprowadzenia transferu technologii przemysłowej, a liczba wykwalifikowanych badaczy i instytucji naukowych pozostawiona przez KMT była żałosna. Akademia Centralna za rządu Kuomintangu miała zaledwie 13 instytutów badawczych i 207 naukowców, a poza tym dyscypliny, w których przejawiano aktywność naukową ograniczały się do fizyki, matematyki, biologii, geologii i nauk humanistycznych. Pekińska Akademia Nauk miała zaledwie 9 instytutów badawczych, a liczba pracowników wynosiła tylko 42 osoby. W całym kraju liczba ekspertów w dziedzinie geologii nie przekraczała 200 osób, a liczba inżynierów i personelu technicznego w całym kraju wynosiła zaledwie 20 tysięcy osób, nawet w tak wielkim przedsiębiorstwie jak Angang Steel Company zatrudnionych było 70 inżynierów, z czego 62 pochodziło z Japonii. Nawet w tym ekstremalnym niedoborze zasobów ludzkich widoczna była kilkuletnia przepaść dzieląca zaznajomionych ze standardami przemysłowymi chińskich specjalistów i ich pokonanych w wojnie niemieckich kolegów. Równocześnie dla tych specjalistów należało dopasować specjalistów z pozostałych branż, aby móc wprawić w ruch machinę mającą za zadanie uprzemysłowienie kraju, gdyż w gospodarce planowej istniał niedobór zasobów w zakresie organizacji, produkcji, usług finansowania handlu i wielu innych specjalności. Jest jasne, że to niedobór wykwalifikowanego personelu był największą trudnością, z jaką przyszło się zmierzyć Chinom w dobie industrializacji.

Ponadto uprzemysłowienie wymagało ogromnej akumulacji kapitału, a w przypadku państw typowo rolniczych wchodzących w etap industrializacji istnieją tylko dwa potencjalne źródła wymaganego kapitału – rolnictwo i akumulacja kapitału pochodzącego z zewnątrz. Powodem, dla którego kraje rozwijające się powszechnie napotykają na problem deficytu walutowego jest to, że muszą wymienić akumulację kapitału napływającego z powolnego i skromnego rolnictwa na koszt zakupu zaawansowanej technologii i sprzętu z zagranicy, a koszt ten jest bardzo wysoki. W procesie industrializacji główną funkcją rezerw w walucie twardej jest jej zdolność nabywcza urządzeń przemysłowych i surowców produkcyjnych niezbędnych do wdrożenia transferu technologicznego. Pomoc zagraniczna, zagraniczne inwestycje i zadłużenie zewnętrzne kraju następują po to, aby zyskać cenną dyfuzję technologii.

Z punktu widzenia wojskowości, wojna koreańska całkowicie odwróciła typowy dla Chin w ostatnich stuleciach trend klęski w dziedzinie obronności, pozwoliła zatrzymać wrogów w wojskowej strefie demarkacyjnej i zespoliła północ kraju, a nawet cały obszar uprzemysłowionych Chin w jedną strategiczną strefę bezpieczeństwa, a tym samym sprawiła, że zachodnie mocarstwa całkowicie porzuciły pomysł wywołania zakrojonej na szeroką skalę wojny z Chinami. Potężna siła wojskowa stworzona w czasie wojny koreańskiej sprawiła, że siły amerykańskie w Wietnamie nie odważyły się przekroczyć granicy 17 stopnia północnej szerokości geograficznej, a w czasie rozłamu chińsko-sowieckiego potężne wojska Związku Radzieckiego nie miały innego wyjścia jak tylko fakt ten wziąć pod rozwagę, a Chiny w ciągu kolejnych 60 lat industrializacji nadal odcinają kupony od potęgi wojskowej, jaką stały się w tamtym czasie.

W ujęciu politycznym i gospodarczym wojna koreańska fundamentalnie zmieniła sceptyczne podejście Stalina do chińskiego rządu i sprawiła, że jego entuzjazm do pomocy w uprzemysłowieniu Państwa Środka znacznie wzrósł. Zhou Enlai powiedział kiedyś: „Stalin zmienił swoje poglądy na temat Chin dopiero, gdy wybuchła wojna koreańska". Mao Zedong także uważał, że: „jednym z wielu powodów, dla których Stalin w końcu uwierzył w Komunistyczną Partię Chin, było przystąpienie Ochotniczej Armii Chińskiej Republiki Ludowej do wojny". Po śmierci Stalina, w drugiej połowie lat pięćdziesiątych XX wieku, istotny wkład Chruszczowa w chiński przemysł obronny, a w szczególności w pociski i broń jądrową był nawet większy niż w epoce stalinowskiej.

Na wstępnym etapie chińskiej industrializacji, to jest w latach pięćdziesiątych, Rosja radziecka zagwarantowała Chinom w sumie 66 miliardów rubli w ramach pomocy, co stanowiło równowartość 1,65 miliarda dolarów amerykańskich i było sumą większą niż łączne środki pomocowe dostarczone Niemcom w ramach planu Marshalla przez Stany Zjednoczone (1,45 miliarda dolarów). Dodatkowo pod dowództwem Związku Radzieckiego kraje Europy Wschodniej dostarczyły Chinom w ramach pomocy maszyny przemysłowe o łącznej wartości szacowanej na 3,08 miliarda rubli[1]. Tym samym na potrzeby uprzemysłowienia kraju Chiny otrzymały od krajów socjalistycznych kapitał początkowy w łącznej wysokości około 2,4 miliarda dolarów.

---

[1] Shen Zhihua, *1953-1959 Sulian dui Zhongguo de jingji yuanzhu* [Radziecka pomoc gospodarcza dla Chin w latach 1953-1959, materiały pochodzące ze źródeł literackich odtajnionych w ostatnim czasie przez władze rosyjskie].

Wsparte takim kapitałem Chiny rozpoczęły niemający precedensu w dotychczasowej historii proces industrializacji i ogłosiły uruchomienie 156 kluczowych projektów (w rzeczywistości ukończono 150) w takich gałęziach przemysłu, jak energetyka, metalurgia, maszyneria, chemia czy przemysł obronny. Zakrojony początkowo na okres 15 lat plan przekształcenia gospodarki państwowej w gospodarkę prywatną, dzięki wkroczeniu ogromnego kapitału zewnętrznego został ukończony w ciągu zaledwie 5 lat, a wynikające z tego korzyści i straty na zawsze pozostaną kontrowersyjnym tematem dyskusji. Oczywiście pieniądze napływające z zewnątrz nie były manną z nieba. W zamian za kapitał Chiny musiały dostarczyć produkty rolne oraz najwyższej jakości surowce przemysłowe.

Chiny były krajem rolniczym, który nigdy wcześniej nie doświadczył rewolucji przemysłowej. Skomplikowane wzajemne relacje pomiędzy różnymi sektorami przemysłowymi, ustalanie proporcji i priorytetów wymagało szybkiego dokształcenia w zakresie terminologii czy umiejętności podejmowania właściwych decyzji. Dla systemu przemysłowego tworzonego w nienaturalnych warunkach bardzo istotny był dobry plan. Dyskusje na temat pierwszego planu pięcioletniego rozpoczęły się już w lutym 1951 roku, a następnie zespół, w którego składzie znaleźli się Zhou Enlai, Chen Yun, Yibo oraz 6 innych urzędników, poświęcił ponad 2 lata na powtarzanie badań i modyfikacje, stopniowo rozważając i przyswajając istotę planu gospodarczego, aby w końcu móc zdefiniować kluczowe założenia tego projektu. Niemniej członkowie zespołu zignorowali przemysł obronny w proporcji do całości inwestycji, nie wzięli pod uwagę presji wynikającej z koncentracji zasobów ludzkich i surowców na potrzeby osiągnięcia wygórowanych wskaźników rozwoju przemysłowego, nie określili jak pogodzić postęp przemysłowy z dobrobytem chińskich rękodzielników ani jak zagwarantować dostawy produktów rolnych oraz surowców rolnych, nie odpowiedzieli na pytanie, w jaki sposób sytuacja finansowa zapewni synchroniczny postęp industrializacji i poprawy poziomu życia społeczeństwa. W planie nie uwzględniono też wielu innych palących kwestii. Jako że w tamtym czasie Związek Radziecki był ekspertem w dziedzinie gospodarki planowej, toteż z pomocą sowieckich specjalistów, wszelkie niedociągnięcia chińskiej pięciolatki zostały skorygowane.

Posiadanie planu oznaczało zaledwie posiadanie wiedzy dotyczącej tego, co należy zrobić oraz w jakiej kolejności, w jakiej proporcji należy rozdysponować środki finansowe potrzebne na realizację poszczególnych założeń, a także w jaki sposób należy dograć ze sobą poszczególne sektory przemysłowe, jednak diabeł tkwił w szczegółach dotyczących praktycznego wprowadzenia teorii w życie. Nawet najlepsze projekty, w wyniku napotkania trudności na etapie wdrażania, mogą zakończyć się poważną redukcją końcowych wyników.

Gdyby nie fakt, że w latach 1922-1927 Związek Radziecki nawiązał ścisłą współpracę przemysłową z Niemcami, gdyby nie potężna liczba niemieckich inżynierów i ekspertów wojskowych osobiście doradzających Sowietom, to plan Stalina, aby w ciągu 10 lat z zacofanego kraju rolniczego uczynić potęgę przemysłową, pozostałby zaledwie mrzonką.

Ogromna ilość zaawansowanej technologicznie maszynerii nieprzerwanie napływała ze Związku Radzieckiego do Chin. Tysiące chińskich inżynierów nigdy wcześniej nie widziało na własne oczy tak wyszukanych i skomplikowanych urządzeń. Proces produkcji na tych maszynach był im kompletnie obcy, a rosyjskie litery w specyfikacjach i na rysunkach technicznych były dla nich niczym egipskie hieroglify, od samego zaś myślenia o standardach technicznych produktów, wymaganiach względem surowców i precyzyjnych recepturach bolała głowa. W ciągu 3 do 5 lat setki nowych chińskich przedsiębiorstw miały zmierzyć się z niełatwym wyzwaniem wyprodukowania wysokiej jakości stali stopowej, stali nierdzewnej, rur stalowych bezszwowych, odrzutowców, czołgów, artylerii dużego kalibru, radarów, samochodów, traktorów, okrętów, miotaczy ognia o dużej sile, urządzeń wodnych, pieców hutniczych, kombajnów górniczych i wielu innych zaawansowanych technologicznie produktów. Nie było to takie proste jak własnoręczne montowanie mebli zakupionych w sieci IKEA.

Niestety, „demony" industrializacji czaiły się w milionach szczegółów. Gdyby Chiny w tamtym czasie zmuszone były polegać tylko i wyłącznie na swojej kadrze inżynierskiej oraz pracownikach technicznych i rozwiązywać różnego rodzaju trudności techniczne, należałoby się spodziewać, że zanim maszyny ruszyłyby na dobre, to wytworzone przez nie produkty zostałyby wcześniej odrzucone.

W latach pięćdziesiątych XX wieku Związek Radziecki oddelegował na teren Chin ponad 18 tysięcy inżynierów i pracowników technicznych, których wkład w przyjęcie skomplikowanej technologii przemysłowej przez Chiny wydaje się nieoceniony. W początkowej fazie rozwoju gospodarczego Chiny w pierwszej kolejności odczuły niedobór sił konstrukcyjnych. Do 1953 roku w całym kraju było zaledwie 78 zespołów projektowo-konstrukcyjnych, z których każdy składał się z niespełna 500 osób, a tak skromne siły naturalnie nie były w stanie zaspokoić potrzeb kompleksowego ożywienia gospodarczego i wysokiego zapotrzebowania na budowę obiektów przemysłowych. Aby pomóc Chinom w przeprowadzeniu elektryfikacji całego kraju, wyznaczeniu perspektyw rozwoju przemysłu stalowego i ustaleniu gamy produktowej, a także w regulacji maszyn przemysłowych, budowie nowych fabryk, stoczni i linii kolejowych, badaniach geologicznych i planowaniu w obrębie wielu innych gałęzi przemysłu, Związek Radziecki oddelegował do Chin 47 grup złożonych z ekspertów-planistów. W czasie realizacji 156 kluczowych projektów przemysłowych w Chinach częstym widokiem byli radzieccy doradcy, którzy nie ograniczali się do swojej roli „konsultantów, a ramię w ramię pracowali razem z chińskimi inżynierami i technikami przy obsłudze maszyn i budowie fabryk, co pozwoliło Chińczykom wykorzystać ten bliski kontakt do zapoznania się najczęstszymi problemami związanymi z industrializacją i ich natychmiastowe rozwiązywanie. Ponieważ Rosjanie byli doskonale obeznani ze swoim rodzimym sprzętem w wielu przypadkach szybkość, z jaką poszczególne projekty osiągały stan gotowości do produkcji wprawiała ludzi w osłupienie. Dla przykładu, czas od rozpoczęcia budowy pierwszej fabryki produkującej samochody marki Changchun do uruchomienia produkcji wyniósł zaledwie 3 lata. Trudno się dziwić, że Uniwersytet Centralny Finansów i Ekonomii podsumował te doświadczenia w następujących wnioskach: „Doświadczenie z ostatnich dwóch lat w projektowaniu fabryk bądź ich przebudowie zaowocowało dużą liczbą

■ W latach pięćdziesiątych XX wieku 18 tys. sowieckich ekspertów przybyło do Chin.

niedociągnięć w projektowaniu i budowie, a straty z tego wynikające są ogromne. Skomplikowane projektowanie i budowanie fabryk nie zakończyło się sukcesem, a w połowie drogi i tak zmuszeni byliśmy prosić Związek Radziecki o naniesienie korekty. Z tego powodu, dopóki Chiny nie zdołały w perspektywie kolejnych kilku lat wykształcić starszej rangą i doświadczeniem własnej kadry inżynierskiej, to zatrudnienie sowieckich brygad projektowo-konstrukcyjnych wydawało się być sposobem szybkim, bezpiecznym i pozwalającym zaoszczędzić pieniądze"[2].

Ponieważ przy okazji szacowania wartości pomocy Związku Radzieckiego dla Chin pomija się wartości niematerialne i prawne, to tak naprawdę znaczna wartość technologii transferowanej ze Związku Radzieckiego do Chin pozostaje niedoceniona. Te wartości niematerialne przekazane w procesie realizacji 156 kluczowych projektów przemysłowych obejmują tysiące opłat patentowych za przekazane kluczowe technologie, oszczędność czasu wynikającą z rozwiązywania problemów technicznych przez radzieckich ekspertów przemysłowych, kompleksowe korzyści wynikające z obecności ekspertów radzieckich na etapie projektowania i budowy obiektów przemysłowych, wydajność w podejmowaniu decyzji w kluczowych fazach rozwoju przemysłowego, korzyści wynikające z rozpowszechniania wiedzy i szkolenia chińskiej kadry inżynierskiej i technicznej oraz studentów przez radzieckich ekspertów. W przemyśle naftowym radzieccy eksperci odrzucili tradycyjną chińską teorię o skromnym występowaniu złóż ropy na terenie Chin, nauczyli Chińczyków nowoczesnych metod wydobycia tego surowca i tym samym doprowadzili do trzykrotnego wzrostu wydajności pracy przemysłu naftowego. W zakresie energii elektrycznej Rosjanie zaprezentowali 16 nowoczesnych metod konstrukcji budowlanych, co pozwoliło na oszczędność kosztów i skrócenie czasu realizacji; w przemyśle węglowym radziecka asysta pozwoliła na wydłużenie oczekiwanej żywotności kopalń do 20 a nawet 40 lat. W zakresie przemysłu obróbki stali nowoczesna radziecka technologia sprawiła, że produkcja żelaza i stali znacznie przekroczyła założone wcześniej normy, a czas obsługi został skrócony o połowę. W przemyśle drzewnym przedstawiony przez sowieckich ekspertów plan pozwolił na zredukowanie tempa utraty drewna w obiegu do jednej dziesiątej wartości wcześniejszych strat. Ponadto radziecka technologia w dziedzinie rolnictwa i ochrony zasobów wodnych także przyniosła Chinom spore korzyści. Gdyby wziąć pod uwagę te wszystkie wartości niematerialne, których beneficjentem stały się Chiny, to łącz-

---

[2] Shen Zhihua, Xin *Zhongguo jianli chuqi Sulian dui Hua jingji yuanzhu de jiben qingkuang Eluosi yanjiu* [Podstawowe informacje dotyczące pomocy radzieckiej we wczesnym okresie po proklamowaniu Nowych Chin, Studium Rosji] 2001.

na wartość pomocy udzielonej przez Związek Radziecki z pewnością nie wyniosłaby 2,4 miliarda dolarów, a byłaby to liczba dużo wyższego rzędu.

W latach pięćdziesiątych XX wieku industrializacja nie była już tylko odległym marzeniem, lecz stała się rzeczywistością na ziemiach Chińskiej Republiki Ludowej.

Wielki Skok i wielka recesja

Kiedy komuś uda się zaspokoić ambicje i z biednego stać się bogatym, a ze słabego silnym, zawsze ma on dwie możliwości: pierwsza to gromadzenie energii na zrównoważony rozwój, druga to osuszenie stawu w poszukiwaniu ryb – czyli chęć osiągnięcia natychmiastowego sukcesu. Jeśli komuś nazbyt się spieszy do osiągnięcia sukcesu i wszystkie zaoszczędzone przychody zainwestuje w jeden cel, to każdy kolejny dzień będzie tylko lekkomyślną harówką, przy całkowitym lekceważeniu kondycji zdrowotnej, w stanie przewlekłego niedożywienia, w którym organizm w końcu postanowi zaprotestować i rozłoży się w wyniku poważnej choroby, a wtedy cały dotychczasowy wysiłek pójdzie na marne.

W 1957 roku Chiny dokonały właśnie wyboru tej drugiej opcji.

Po ukończeniu pierwszego planu pięcioletniego przed założonym terminem, chińskie społeczeństwo szybko wpadło w stan wielkiej euforii. Socjalistyczne korzyści w postaci nowo wybudowanych fabryk, linii produkcyjnych, pracujących na pełnych obrotach maszyn, nieprzerwanego strumienia produktów przemysłowych wypełniających magazyny, różnorodności rynku i wzrastającego z dnia na dzień dobrobytu ludności rolniczej sprawiły, że rozdarty wojną i ubogi chiński naród zobaczył przed sobą prawdziwą nadzieję na lepsze czasy. Bogactwo i dobrobyt, będące pochodną industrializacji, sprawiły, że ludzie w końcu zobaczyli możliwość dogonienia w niedługim czasie rozwiniętych gospodarek światowych. A im szybciej postępowało uprzemysłowienie, tym sen o bogactwie i dobrobycie stawał się bardziej realistyczny.

Jednakże najważniejszym fundamentem rozwoju przemysłowego wciąż było kruche rolnictwo. Wyposażenie niezbędne na potrzeby przemysłu ciężkiego w 85% pochodziło z wymiany produktów rolnych na rynkach zagranicznych, surowce wymagane przez przemysł lekki w 90% pochodziły z rolnictwa[3], które ponadto musiało dostarczyć żywność dla 100 milionów mieszkańców miast i 500 milionów populacji wiejskiej.

W czasie gdy uprzemysłowienie było jeszcze w Chinach na wstępnym etapie, rolnictwo chińskie w znacznym stopniu uzależnione było od łaskawości losu. Warunki naturalne czy zmienność pogody nadal w ogromnym stopniu wpływały na wielkość rolniczych plonów. Ta prawidłowość dała o sobie jasno znać już podczas realizacji pierwszego planu pięcioletniego. W okresie 5 lat, między 1953 a 1957 rokiem, dwukrotnie żniwa były bogate, dwa razy kraj nawiedziła klęska głodu i raz zbiory plonów były standardowe, w efekcie w kolejnych latach po

---

3   Xue Muqiao, *Xue Muqiao Jingji Wenxuan* [Antologia ekonomii, Xue Muqiao], China Economic Times, 2010, s. 130.

1954 roku wydajność rolnictwa spadła, a zbiory bawełny i zbóż były niewystarczające, co z kolei doprowadziło do tego, że produkcja w przemyśle włókienniczym
i innych gałęziach przemysłu lekkiego wzrosła zaledwie o 1%. Co więcej, ponieważ rolnictwo i przemysł lekki stanowiły źródło niemalże wszystkich produktów
konsumenckich, to spadek ilości towarów konsumpcyjnych dostępnych na rynku
oznaczał, że w handlu pojawi się tendencja spadkowa, a to z kolei oznacza kurczenie
się dochodów do budżetu państwa, jako że większa część dochodów państwa pochodziła w przypadku Chin właśnie z rolnictwa, przemysłu lekkiego i handlu. Z kolei
niski dochód oznaczał zaburzenie procesu inwestycji podejmowanych w przemyśle
ciężkim. W ten oto sposób chude lata 1954 i 1956 w bezpośredni sposób zaważyły
na wzroście gospodarczym w latach 1955 i 1957[4].

Uprzemysłowienie może nieść znaczną pomoc dla rolnictwa w postaci wdra-
żanych do użytku maszyn rolniczych, nawozów, pestycydów czy budowanych na
dużą skalę systemów nawadniających tylko wówczas, kiedy to uprzemysłowienie
osiągnie określony pułap rozwoju. Zanim ten moment nastąpi, rolnictwo jako
kruchy fundament, zagrożony ciężarem przeprowadzanej industrializacji, wymaga
specjalnej opieki i uwagi.

Państwo jest niczym rodzina, której przychody przeznacza się na konsumpcję lub oszczędności. W przypadku biednej rodziny, zdecydowana większość
dochodów konsumowana jest na towary pierwszej potrzeby życia codziennego,
a tylko bardzo niewielka ich część przeznaczona jest na oszczędności, podobnie
dzieje się w przypadku biednego państwa rolniczego, w którym akumulacja i konsumpcja kapitału napotykają ten sam problem. Akumulacja oznacza potencjał
kraju do dalszego rozwoju, a konsumpcja jest wydatkiem ponoszonym przez naród w codziennym życiu. Jeśli nie będzie akumulacji, nie będzie także przyszłych
perspektyw rozwoju, jeśli nie będzie konsumpcji, to obywatele nie będą mogli
normalnie funkcjonować w codziennym życiu. Problemem kluczowym jest właściwa proporcja między akumulacją a konsumpcją. Jeśli współczynnik akumulacji
jest zbyt wysoki, to ludzie pracują z pustymi brzuchami, a po pewnym czasie ciało
odmawia posłuszeństwa. W przypadku kraju tak biednego jak Chiny, które dopiero
co wkroczyły na ścieżkę zarabiania na podstawowe potrzeby w postaci żywności
i odzieży, akumulacja kapitału, której współczynnik jest wyższy niż 25%, stanowi
problem, z którym nie będzie sobie w stanie poradzić słaby fundament w postaci rolnictwa. Wymuszenie wysokiej akumulacji przemysłowej oznacza, że rolnicy
nie będą mieli innego wyjścia, jak tylko zmniejszenie porcji żywnościowych, co
z kolei kreuje długoterminowe ryzyko. Kiedy przemysł nie jest w stanie dostarczyć wystarczającej ilości dóbr konsumpcyjnych, aby przeprowadzić uczciwą wymianę na produkty rolne, rolnictwo odczuje zastój, a zmniejszenie produkcji rolnej
oznacza katastrofę gospodarczą. A jeśli do tego dojdą następujące po sobie lata
głodu, wówczas rolnictwo, przemysł ciężki i przemysł lekki znajdą się w ślepym
zaułku. Jeśli z kolei akumulacja przemysłowa zostaje wykorzystana na potrzeby
najsłabszych gałęzi przemysłu, które dodatkowo wygenerują stratę, mamy do
czynienia z potrójnym nieszczęściem.

---

[4]   *Ibid.*

Niestety, w okresie od 1958 do 1960 roku, czyli w trakcie Wielkiego Sko-ku, wszystkie te trzy „jeśli" naprawdę zaistniały.

Wysokość akumulacji w okresie Wielkiego Skoku przekroczyła naj-gorsze prognozy. W 1957 roku współczynnik akumulacji wynosił zaledwie 24,9%, w 1958 roku wzrósł do 33,9%, w 1959 roku osiągnął przerażający poziom 43,8%, a w 1960 roku nadal utrzymywał się na poziomie 39,6%. Tak wysoki współ-czynnik akumulacji w poważny sposób naruszył kruchą równowagę rolnictwa, a rolnicy zmuszeni byli do ograniczenia racji żywnościowych, aby móc zabezpieczyć dalszy postęp rozwoju przemysłowego kraju. W zasadzie, odkąd w 1956 roku rocz-ne racje żywnościowe ustalono na poziomie 205 kilogramów na osobę, aż do 1980 roku, czyli przez okres następnych 24 lat, nie przekroczyły one tego pułapu. Długoterminowa stagnacja w rolnictwie doprowadziła do tego, że wzrost całej chińskiej gospodarki był bardzo wolny.

Wszelkie należące do rolników narzędzia rolnicze, bydło, kury, kaczki, świnie i pozostały majątek stanowiący własność prywatną przymusowo przekazano na potrzeby brygad produkcyjnych „komun ludowych", a wprowadzenie komunalnych stołówek, w których za darmo żywili się przodownicy pracy, otrzymując „żela-zną miskę ryżu", doprowadziło do tego, że w ciągu jednego kwartału przejadano półroczne zapasy żywności. Rolnicy przestali przejawiać jakikolwiek entuzjazm i odpowiedzialność względem produkcji rolnej, co było zjawiskiem identycznym, jak w przypadku radzieckich kołchozów w czasach stalinowskich. W połącze-niu z następującymi po sobie poważnymi klęskami żywiołowymi doprowadziło to do poważnego spadku produkcji rolnej. W 1958 roku rzeczywista roczna pro-dukcja zboża wynosiła 400 milionów ton, w 1959 roku spadła do 340 milionów ton, w 1960 roku spadła jeszcze znaczniej, do 287 miliardów ton rocznie, a spadek odnotowany w produkcji bawełny był jeszcze poważniejszy. Głód szerzył się na roz-ległych obszarach wiejskich, a także w miastach.

Za wysoką cenę poświęcenia rolnictwa, zgromadzony kapitał zainwestowa-no w przemysł ciężki, co okazało się marnotrawstwem. Produkcja stali została okrzyk-nięta sztandarowym totemem postępującej industrializacji, wysunięto propozycję, aby produkcja stali w 1958 roku wynosiła dwa razy tyle, co w roku 1957, czyli, aby z 5,35 miliona ton rocznie wzrósł do 10,7 milionów ton. Prognozy na rok 1959 przewidywały mniej więcej trzykrotny wzrost produkcji stali w odniesieniu do 1958 roku, czyli wzrost z 10,7 milionów ton rocznie do około 30 milionów ton. To właśnie „użycie stali jako kluczowego ogniwa", będące wiodącym założeniem Wielkiego Skoku, doprowadziło to fanatycznego przetapiania stali na terenie całego kraju w przydomowych prymityw-nych dymarkach. Uprzemysłowienie jest bardzo skomplikowanym projektem syste-mowym. Wprawdzie za czasów intensywnej industrializacji Rosji radzieckiej w epoce Stalina rozwój przemysłu ciężkiego także finansowany był tylko wyciśniętym z rolnictwa kapitałem początkowym, jednak decydując się na inwestycje w przemysł ciężki, należy je przeprowadzić stosując względnie rozsądny projekt systemowy. Natomiast Wielki Skok zaprzeczał wszystkim fundamentalnym założeniom zrównoważonego rozwoju gospodarki i przemysłu. Promując przemysł stalowy zlekceważył wszystkie pozosta-łe gałęzie przemysłu. Tylko skoordynowana i zrównoważona industrializacja może

■ Spożywanie „żelaznej miski ryżu" w jednej
z chińskich komun ludowych, 1958 rok.

przynieść oczekiwane korzyści. W efekcie promowania stali jako czarnego konia industrializacji nagle okazało się, że brakuje zasobów energetycznych. Chcąc rozwiązać problem niedoboru energii, napotkano na problem deficytu węgla. Chciano poprawić podaż węgla, ale okazało się, że jego dostarczanie wymaga rozwiniętej sieci transportowej w postaci torów, dróg czy wagonów kolejowych, a to z kolei prowadziło w kierunku kulejącego przemysłu produkcji maszyn i innych, zlekceważonych wcześniej gałęzi przemysłu. Kiedy pędzący na czarnym koniu „marszałek Stal" obejrzał się za siebie, okazało się, że inne konie nie nadążają za prowadzącym. Dodatkowo, ogromna ilość produktów końcowych przydomowych prymitywnych dymarek okazała się bezwartościowa, a siła robocza, kapitał i surowce zostały zmarnowane, nie mówiąc już o wyniszczeniu potężnej ilości zasobów leśnych. Wszystko to sprawiło, że rozwój przemysłu ciężkiego został kompletnie wypaczony, a jego powiązania z przemysłem lekkim zupełnie wypaczone.

Niewłaściwa rozbudowa przemysłu ciężkiego zapoczątkowała kryzys finansowy, nadmierna akumulacja doprowadziła do upadku rolnictwa, z tego też powodu przemysł lekki w sposób nieunikniony utracił źródła surowców, a co za tym idzie, ze względu na brak towarów konsumpcyjnych na rynku, handel detaliczny towarami zupełnie przestał istnieć. W efekcie dochody państwa odnotowały poważny deficyt, brak dochodów w budżecie państwa wymusił ograniczenie skali inwestycji i wreszcie spowodował bezprecedensowy ogromny spadek wydajności przemysłu ciężkiego, począwszy od 1961 roku. W 1961 roku wydajność przemysłu ciężkiego spadła o 46,6% w stosunku do roku poprzedniego, a w 1962 roku spadła o kolejne 22,6%. Produkcja stali z 18,66 miliona ton rocznie w 1960 roku spadła do 6,67 milionów ton w 1962 roku, a produkcji węgla z 397 milionów ton do 220 milionów ton rocznie. Oznaczało to pierwszy poważny kryzys gospodarczy od czasów proklamowania Chińskiej Republiki Ludowej.

Aż do 1965 roku chińska gospodarka powoli pracowała na to, by odzyskać poziom z 1957 roku, a w wyniku popełnionych błędów Chiny zmarnowały całe osiem lat cennego czasu.

„Standard materiałowy" chińskiego yuana (RMB), kolejna próba powstrzymania szalejącej inflacji

Od momentu powstania Nowych Chin, emisja chińskiego pieniądza wzorowała się na kluczowej filozofii z okresu wojny, polegającej na powiązaniu waluty ze „standardem materiałowym". Chiny nie zdecydowały się na powiązanie swojej waluty ani z dolarem, ani z rublem, nie uznały także jej związku ze złotem czy srebrem, a w zamian za to stworzyły własny, niezależny system monetarny. Tworząc go inspirowały się cechami zewnętrznymi „standardu planowego" radzieckiego rubla i w ten sposób zaprojektowały mechanizm bazujący na „napędzanej planem" podaży pieniądza i „korektą towarową" gotówki w obiegu.

Kiedy Kuomintang (KMT) opuszczał Chiny kontynentalne, zabrał ze sobą większość posiadanych przez Chiny rezerw w złocie i w srebrze, dlatego też Chiny nie mogły pozwolić sobie, wzorem radzieckiego rubla, na ustanowienie systemu, który wiązałby wewnętrzną wartość chińskiej waluty ze złotem. Jednocześnie przeprowadzona przez rząd KMT reforma walutowa z 1935 roku polegająca na wykorzystaniu rezerw walutowych w funtach brytyjskich i dolarach amerykańskich jako zabezpieczenia dla emisji rodzimej waluty, doprowadziła do stopniowej utraty suwerenności finansowej przez Chiny, a co za tym idzie, uniemożliwiła Chinom decydowanie o losach własnej gospodarki. Historia pokazuje jednak, że Nowe Chiny były zdeterminowane, by trzymać swój los we własnych rękach. To właśnie z tego powodu chińska waluta RMB nigdy nie tolerowała rubla, dolara czy jakiejkolwiek innej waluty obcej, mogącej w jakikolwiek sposób wpływać na jej emisję i niezależnie od tego, czy miało się do czynienia z państwem wrogim, czy też przyjaznym, o losach chińskiej waluty mogły decydować tylko Chiny.

Chińska gospodarka planowa, niezależnie od tego, czy oceniana pod kątem praktycznych doświadczeń, czy też stopnia precyzyjności, pozostawała daleko w tyle za wynikami, jakie ten typ gospodarki pozwolił osiągnąć w Związku Radzieckim. Jeśli podaż pieniądza jest napędzana tylko i wyłącznie planem, to zawsze pojawiają się jakieś odchylenia od planu, a to pociąga za sobą gwałtowny wzrost cen. Dlatego też czynnikiem decydującym o finalnej podaży pieniądza nie jest plan, a cena towarów.

Trzy lata po ostatecznym upadku Wielkiego Skoku Chiny doświadczyły poważnej inflacji. Bez wątpienia przyczyną szybowania cen była nadmierna emisja waluty.

W procesie samoistnej ekspansji „marszałka Stali" chińskie szaleństwo w rozbudowie kapitału, naruszanie zasad i pościg za nierealnymi założeniami, a także zaniżenie wymogów dotyczących jakości produktów doprowadziły do sytuacji, w której wiele projektów produkcyjnych nie zostało ukończonych, a wadliwy towar piętrzył się w stosach wysokich, jak góry. A jednak wszelkie środki finansowe przeznaczone na te projekty i produkcję, zgodnie z wytycznymi programu przedstawionego przez rząd, zostały już rozdysponowane przez banki i przekazane beneficjentom w postaci ogromnej ilości kredytów. Chiński system bankowy był niemalże dokładną kopią systemu bankowego w Związku Radzieckim. W ramach założenia „duże finanse, małe banki" banki pełniły funkcję kasjera rządu – gdy rząd wydawał dyspozycje,

■ Przetapianie żelaza i stali w ramach Wielkiego Skoku Naprzód. Aby wyprodukować 10,7 miliona ton stali rocznie masy przodowników dzień i noc wykonywały swą pracę. W ciągu dnia widać było tłumy ludzi, w nocy płomienie szalejącego w dymarkach ognia.

bank wypłacał pieniądze. Wszelki potencjał przemysłowy i jego produkty pochodne wytwarzane były w efekcie podejmowanych inwestycji. W zasadzie inwestycje te powinny być finansowane przez sektor handlowy z bankowych funduszy obiegowych, następnie sektor handlowy powinien odsprzedać wytworzone w procesie inwestycji produkty, a po realizacji profitu z transakcji – zwrócić pożyczony kapitał do banku. Niestety, magazyny wypełnione były stertami wadliwych produktów, których nie sposób było wprowadzić do sprzedaży rynkowej, a system handlowy w imię zasady „ile wyprodukowano, tyle wykupiono", sam zastawił na siebie pułapkę. Banki odnotowały poważną ilość złych długów przemysłowych i handlowych, które ostatecznie mogły być uregulowane tylko przez chiński rząd.

Rząd z jednej strony uznał zalegające w magazynach towary za „wartość wyjściową ukończoną zgodnie z planem", z drugiej strony natomiast nieuchronnie pojawiały się „wirtualne przychody finansowe" będące efektem oszałamiającego deficytu. Aby zapewnić odpowiedni zasięg Wielkiemu Skokowi w 1960 roku udzielono 12 razy więcej kredytów przemysłowych aniżeli w 1957 roku. Im szersza była ekspansja, tym większe rodziło to marnotrawstwo. We wczesnych latach sześćdziesiątych deficyt fiskalny Chin gwałtownie się powiększył, a w trzyletnim okresie realizowania programu „Wielkiego Skoku Naprzód" wzrósł on do kwoty 17 miliardów yuanów, co stanowiło wartość trzykrotnie większą niż całkowita suma gotówki w obiegu w roku 1957.

Deficyt budżetowy zmusił rząd chiński do rozpoczęcia masowego dodruku pieniądza. Łączna wartość wyemitowanej w trzyletnim okresie trwania Wielkiego Skoku waluty wyniosła 7,289 miliarda yuanów, a łączna wartość waluty będącej w obiegu wzrosła z 5,28 miliarda yuanów w 1957 roku do 12,57 miliarda yuanów w 1961 roku. W chwili, kiedy nastąpiła poważna recesja w przemyśle ciężkim, spowodowana załamaniem się rolnictwa i przemysłu lekkiego, „Wielki Skok" spowodował wzrost siły roboczej o 25,5 miliona osób, a co za tym szło do wzrostu siły nabywczej o 10 miliardów yuanów, co z kolei jeszcze bardziej nasiliło i tak poważną już sprzeczność pomiędzy nawisem inflacyjnym a niedoborem towarów na rynku.

Poważne niedobory towarów i żywności spowodowały, że dostawy do magazynów i sklepów państwowych nie były w stanie zaspokoić popytu ludności na podstawowe artykuły pierwszej potrzeby, rząd nie miał w takiej sytuacji innego wyjścia jak tylko poluzowanie ograniczeń w zakresie prywatnego rynku produktów rolnych, jednak wtedy potężne ilości gotówki napływające na wolny rynek rolniczy i powódź będąca efektem szalonego pędu do kupowania towarów deficytowych sprawiły, że ceny żywności podskoczyły 10 do 20 razy. Pół kilograma ryżu kosztowało 2 yuany, za jedno jajko trzeba było zapłacić 5 mao, na pół kilograma wieprzowiny trzeba było wydać astronomiczną kwotę 5 yuanów, a cena jednej kury wynosiła prawie połowę miesięcznych zarobków przeciętnego robotnika. Na początku lat sześćdziesiątych ceny produktów na rynku rolnym był niemalże równe dzisiejszym cenom, z tą różnicą, że ówczesne zarobki były tylko dziesiętną częścią dzisiejszych. Od czasów pokonania Japończyków była to najpoważniejsza, obejmująca cały kraj hiperinflacja, z jaką przyszło się zmierzyć Nowym Chinom. Jednym z głównych powodów porażki rządu Kuomintangu była właśnie jego polityka grabieży majątku i hiperdewaluacja waluty, które bezpośrednio doprowadziły do utraty zaufania do rządu przez miejską klasę średnią. Z tej lekcji historii rząd wyciągnął odpowiednie wnioski i praca w kierunku osiągnięcia stabilności cen stała się ważna i nieunikniona.

W tamtym okresie na chińskim rynku towarowym współistniały dwa rodzaje cen – w sklepach państwowych i na wolnym rynku rolniczym. W sklepach państwowych dostawa towarów była zaplanowana, ceny nie były wysokie, ale towary rzadkie objęte były zasadą przydziałów. Na wolnym rynku rolniczym towaru było pod dostatkiem, jednak jego ceny były bardzo wysokie. Kluczem do opanowania problemu inflacji było podjęcie takich działań, aby ceny wolnego rynku stopniowo się obniżyły do poziomu nieco tylko wyższego od cen obowiązujących w sklepach państwowych. Tylko w ten sposób można było uspokoić społeczeństwo i spacyfikować nastroje.

W przypadku wystąpienia poważnego deficytu żywności i towarów konsumpcyjnych wytwarzanych przez przemysł lekki państwo rozpoczęło wdrażanie systemu dostaw kontyngentów ilościowych, dokładnie tak jak to było w 1921 roku w Związku Radzieckim czy w 1948 roku w Niemczech. W 1961 roku Chiny zainicjowały reglamentację 18 rodzajów towarów, począwszy od żywności, bawełny, wieprzowiny czy kostek mydła, aż po papierosy czy zapałki. Wszystkim tym towarom nadano określone limity ilościowe, na podstawie których władze lokalne wdrożyły system standardowych limitów reglamentacyjnych towarów; w niektórych miejscach Chin nawet na warzywa obowiązywały określone ograniczenia. Dla rezydentów miast miesięczny przydział wieprzowiny wynosił 100 gram na osobę, co było racją zdecydowanie niewystarczającą, a roczny przydział na bawełnę dla rolników wynosił tylko 1 metr bieżący na osobę. Te okrojone limity nie mogły oczywiście zaspokoić normalnych potrzeb życiowych, mogły co najwyżej pozwolić na przetrwanie na absolutnie minimalnym poziomie. Jednak to właśnie te minimalne przydziały pozwoliły na ustabilizowanie cen podstawowych artykułów na rynku.

W sytuacji kiedy nadmierna emisja waluty i niedobór towarów na rynku prowadzą do sytuacji wzrostu cen, to istnieją dwie możliwości rozwiązania tego problemu: pierwsza możliwość to przyjęcie do wiadomości, że doszło do nadmiernej emisji waluty, a następnie pozwolenie na to, by ceny produktów reglamentowanych (rzadkich) swobodnie rosły, aż do momentu, kiedy ogromna różnica między cenami w sklepach państwowych a wolnym rynkiem zmaleje, a w przyszłości wzrost cen produktów reglamentowanych osłabi tempo wzrostu cen na wolnym rynku. Druga możliwość to sposób sprawdzony już przez historię w czasach wojen i we wczesnym okresie wyzwolenia. Ponieważ wzrost cen spowodowany jest nadmierną emisją waluty, toteż kluczem do rozwiązania problemu zwyżkujących cen jest wycofanie tej nadmiernej ilości waluty z obiegu. Należy więc wycofać z obiegu tyle waluty, aby dostosować się do *status quo* niedoboru towarów na rynku. Niezależnie od wyboru metody, kluczem do sukcesu jest zwiększenie podaży towarów na rynku, zmniejszenie presji życiowej obywateli i ustabilizowanie nastrojów społecznych.

Pierwszy sposób, polegający na podniesieniu cen w celu uporania się z nadwyżką waluty, może chwilowo sprostać potrzebie napędzania cen towarów, ale w dłuższej perspektywie może doprowadzić do wzrostu podaży pieniądza, co nie pozwoli na osiągnięcie stabilizacji społecznej. Jako że planowana podwyżka cen towarów w sposób nieunikniony prowadzi do kurczenia się siły nabywczej obywateli, to rząd, aby zagwarantować, że nie pojawią się kolejne trudności w egzystowaniu w końcu podniesie poziom wynagrodzeń, a tym samym przyczyni się do jeszcze większej podaży pieniądza. Z kolei przyrost produktów na rynku wywołany podwyżką ich cen, w perspektywie czasu i w warunkach wzrastającej ilości pieniądza w obiegu, niekoniecznie przyniesie owoce w postaci stabilizacji cen produktów. Efektem tych działań może być efekt ponownego wzrostu cen i wywołanie zjawiska błędnego koła poprzez podwyżki wynagrodzeń. Dlatego też podwyższanie cen nie jest sposobem na opanowanie inflacji, lecz może doprowadzić do jej zwiększenia.

Drugi sposób, polegający na wycofaniu z obiegu nadmiaru gotówki w celu opanowania inflacji, jest właściwym sposobem na uleczenie źródła problemu, co więcej, pozwala na zduszenie go w zarodku i eliminuje problem raz na zawsze. Zgodnie z zaleceniami Chen Yuna, przedstawiono podstawowe założenia programu mającego za zadanie wycofanie z obiegu nadmiaru waluty przez podwyżkę cen produktów. Przy zachowaniu niezmienionych cen produktów reglamentowanych zaczęto dostarczać dodatkowe produkty, takie jak „drogie słodycze, drogie delikatesy, drogie hotele", przeznaczone dla wykształconej w społeczeństwie klasy bogaczy, do której zaliczali się rolnicy wzbogacający się na sprzedaży produktów rolnych po wysokich cenach na wolnym rynku, przywódcy komunistyczni o gwarantowanych wysokich dochodach, robotnicy o wysokich uposażeniach, byli kapitaliści żyjący ze stałych odsetek. Towary te miały pozwolić bogaczom na dodanie do diety i stylu życia suplementów poprawiających jakość egzystencji, a w ten sposób pozwolić im na skonsumowanie nadmiaru pieniędzy, nie wywierając jednocześnie żadnego wpływu na życie pozostałych grup społecznych. W tamtym czasie główną zasadą wyceny towarów luksusowych było motto „ceny na tyle wysokie, by sprzedać wszystko, jednak na tyle niskie, by nie brakowało towaru". Realizacja tej polityki przez okres trzech lat pozwoliła Chinom, za pomocą podwyżek cen na dużą skalę, odzyskać strumień płynności finansowej, a w kwestii ustabilizowania cen i zapewnienia podaży produktów na rynku odegrała znaczącą rolę. Niemniej, realizacja tej polityki wywołała również oczywiste niezadowolenie wśród społecznej grupy najuboższych konsumentów.

Wolny rynek produktów rolnych w latach sześćdziesiątych XX wieku.

Wkrótce potem Liu Shaoqi zaprezentował politykę dwóch cen dla ludności rolniczej pod nazwą „drogie za drogie, tanie za tanie". Tak zwane „tanie za tanie" polegało na tym, że w tym samym czasie, kiedy państwo nabywało od rolników wynikające z założeń gospodarki planowej produkty rolne po niskiej cenie, po równie niskiej cenie dostarczało rolnikom przemysłowych produktów konsumpcyjnych na wymianę. „Drogie za drogie" polegało na tym, że państwo i rolnicy negocjowali cenę, drogie produkty przemysłowe wymieniane były za drogie produkty rolne, a nadwyżka pieniędzy uzyskana przez rolników z tytułu obrotu towarami na wolnym rynku była wycofywana z obiegu.

Od 1962 do 1964 roku oba te rozwiązania pozwoliły na wycofanie z obiegu pieniędzy o wartości 4,5 miliarda yuanów, a tym samym łączna wartość waluty w obiegu znacząco spadła z poziomu 12,67 miliardów yuanów pod koniec 1961 roku do około 8 miliardów yuanów pod koniec 1964 roku. Ceny produktów na wolnym rynku rolnym stopniowo spadały, a w procesie stabilizacji cen osiągnięto znamienne rezultaty[5].

Jednakże ustabilizowanie cen było tylko rozwiązaniem palących problemów ograniczającym gwałtowny wzrost cen na rynku. Jedynie wymierny wzrost podaży towarów na rynku mógł zdławić ogień szalejącej inflacji. A to wymagało podjęcia działań mających na celu uregulowanie nieracjonalnego systemu wyceny towarów zapoczątkowanego w okresie Wielkiego Skoku.

Załamanie gospodarki rolnej, będące następstwem ekstremalnej polityki uprzemysławiania kraju i konsekwencją zastosowania ekstremalnie niskich cen na potrzeby transferu bogactwa rolnego, sprawiło, że począwszy od 1961 roku państwo – aby zrekompensować straty poniesione przez rolnictwo – zaczęło podwyższać ceny na produkty rolne, skompresowało skalę projektów przemysłowych, a środki finansowe ponownie zostały przekierowane na potrzeby odbudowy rolnictwa. W 1961 roku ceny zakupu produktów rolnych wzrosły o 28% względem cen z 1960 roku, a względem 1958 roku podniosły się o 34,8%.

Skok cen produktów rolnych niemalże natychmiast wpłynął na zapał rolników do produkcji. Począwszy od 1962 roku, w ślad za wiodącym prym rejonem Chin Wschodnich, na większości obszarów rolnych zaczęła pojawiać się produkcja żywności i nastąpiło zjawisko spadku cen na rolniczym wolnym rynku. Odbicie się rolnictwa od dna pociągnęło za sobą zwiększenie dostaw surowców dla przemysłu lekkiego, zgromadzenie dużej ilości towarów konsumpcyjnych na rynku, pojawienie się dobrobytu wynikającego z ożywienia wymiany handlowej, a także odwrócenie się trendu pogłębiania się deficytu fiskalnego. Do 1965 roku udało się stopniowo przywrócić produkcję przemysłową, a większość firm zaczęła generować zyski. Poza podwyżkami, jakie odnotowano dla cen węgla i kilku innych produktów, dla znacznej większości towarów na rynku udało się osiągnąć stabilny poziom. W całym kraju nastąpiły zauważalne obniżki cen towarów luksusowych i lukratywnych, takich jak nawozy, zachodnie farmaceutyki czy wyprodukowane w Szanghaju produkty codziennego użytku. W 1965 roku indeks cen produktów konsumpcyjnych obniżył się o 12% względem 1962 roku, a ceny powszechnych produktów spadły o 4,8%, ponadto różnice w cenach między sklepami państwowymi a wolnym rynkiem rolniczym wróciły ponownie do akceptowalnego przedziału. Wykorzystanie „standardu materiałowego" do walki z hiperinflacją po raz kolejny zagwarantowało sukces.

W okresie pięcioletniego okresu odbudowy gospodarczej kraju między 1961 a 1965 rokiem podaż pieniądza znalazła się pod ścisłą kontrolą, podaż towarów została

---

[5] *Ibid.*

uwolniona i gwałtownie wzrosła, a cała gospodarka, znajdując się w warunkach spadających cen, ponownie zaczęła prosperować. Proces uzdrawiania gospodarki polegał w głównej mierze na powstrzymaniu emisji pieniądza w celu ustabilizowania cen towarów i regulacji cen w celu stymulowania produkcji, a w chwili, kiedy podaż towarów prawie dogoniła już nadmiar pieniądza – pozwolenie by ceny towarów wkroczyły w kolejny etap poddania się dalszej stabilizacji. Praktyki Chen Yuna i innych liderów starszego pokolenia finansistów pokazują, że dobrobyt gospodarczy niekoniecznie niesie za sobą inflację. Pierwszoplanowym sprawcą inflacji jest raczej nieodpowiedzialna polityka gospodarcza i finansowa.

Gdyby w 1948 roku Niemcy w odpowiedzi na hiperinflację w swoim kraju zastosowały metody i taktykę, które w 1961 roku zastosował rząd chiński i w wyjątkowym splątaniu niedoboru towarów na rynku i powodzi finansowej spowodowanej nadmiarem gotówki w obiegu drastycznie zmniejszyłyby ilość gotówki w obie-

■ Chiński sklep państwowy w latach sześćdziesiątych XX wieku.

gu, to prawdopodobnie redukcja tej rozbieżności w ilości gotówki w obiegu i towarów na rynku pozwoliłaby na stabilizację cen. W gruncie rzeczy jednak zastosowane przez Niemcy i Chiny narzędzia w celu zmniejszenia płynności odzwierciedlają dwie podstawowe różnice między dwoma różnymi systemami monetarnymi. Podstawowym narzędziem w rękach niemieckich były „obligacje wyrów-

nawcze" emitowane przez bank centralny, zastosowane, by skompresować wielkość aktywów systemu bankowego przy jednoczesnym ograniczeniu podaży pieniądza, a „obligacje wyrównawcze" w zasadzie były równoznaczne z emisją obligacji rządowych przyszłego rządu Republiki Federalnej Niemiec. Jest to przykład systemu monetarnego opartego na systemie zadłużenia narodowego, w którym ograniczenie płynności jest podstawowym ruchem w grze.

A jednak wysokość zadłużenia rządowego w Chinach lat sześćdziesiątych XX wieku można uznać za niewartą uwagi, bowiem do 1965 roku Chiny stały się jedynym na świecie krajem nieposiadającym zadłużenia wewnętrznego ani zadłużenia zewnętrznego. Czy to możliwe, aby nie posiadając obligacji rządowych, nie móc kontrolować inflacji przy użyciu metod fiskalnych? Jest oczywiste, że obligacje rządowe nie są jedynym instrumentem monetarnym, a być może, nie są też najlepszym. Wykorzystując surowce i towary tak samo można osiągnąć efekt redukcji płynności, tak samo można wyeliminować inflację, a co więcej, ich wykorzystanie nie wiąże się z poniesieniem ukrytych w obligacjach kosztów odsetek. Czy – w obliczu dylematu w kwestii zadłużenia rządowego, z jakim borykają się obecnie Europa i Stany Zjednoczone i wywołanego tym kryzysu walutowego – wielki sukces osiągnięty przez oparcie chińskiego yuana na standardzie materiałowym, stabilizacja cen towarów i ograniczenie inflacji nie są warte choć chwili refleksji ze strony współczesnego świata?

Jaka dokładnie jest natura pieniądza? Czy obligacje rządowe albo waluty obce są fundamentem, na którym muszą polegać waluty poszczególnych krajów? Kto jest autorem tej zasady? Czy istnieje inna, lepsza alternatywa? Są to zasadnicze kwestie, które poważnie przemyśleć musi dziś cały świat, szczególnie w obliczu światowego kryzysu monetarnego.

Refleksja nie oznacza konieczności wykonania kroku w tył. Historia udzieliła już odpowiedzi w sporze o to, która z gospodarek jest lepszą formą – planowa czy rynkowa.

Ściśle planowana gospodarka jest jak sadzenie drzew w donicach. Pomiędzy donicami zachowuje się odstęp, nie dopuszcza się do splatania korzeni, nie pozwala się na krzyżowanie gałęzi i przeplatanie liści, a wszelkie substancje odżywcze dostarczane są pod ścisłym nadzorem i dozowane wedle ustalonych w planie proporcji – i może wygląda to jak gęsty las, ale nie tworzy ekosystemu przyjaznego ewoluowaniu możliwości tego „lasu". W takim kontrolowanym i sztucznym lesie nie rosną chwasty, nie kwitną kwiaty, ptaki wzlatują tylko do określonej wysokości, a dzikie zwierzęta są pogrupowane i zniewolone. W takim lesie tygrysy, owady, lamparty i wilki wyginęły, a sarny, węże i szczury żyją w ukryciu, jakiekolwiek naturalne więzi między zwierzętami zostały brutalnie przerwane przez człowieka, w takim lesie oczywiście brakuje witalności, brakuje naturalnych zasobów. A skoro plan nie jest w stanie dostarczyć różnym grupom społecznym instynktownej siły przetrwania, to nieuniknionym efektem gospodarki planowej będą stałe niedobory.

Industrializacja zmienia trajektorię i przyspiesza: Chiny marnują swoją szansę

Do początku lat sześćdziesiątych XX wieku aż 90% surowców przeznaczonych na potrzeby przemysłu lekkiego pochodziło z rolnictwa, podczas gdy technologia i sprzęt dostarczone dla przemysłu ciężkiego w większości służyły potrzebom przemysłu lekkiego i były wykorzystywane do wytwarzania końcowych towarów konsumenckich. Naturalnie niska dynamika rolnictwa ograniczała potencjał dostarczania surowców na potrzeby przemysłu lekkiego, bezpośrednio hamując rozwój przemysłu lekkiego, a zarazem pośrednio ograniczała ekspansję przemysłu ciężkiego. W efekcie prowadziła do niskiej dynamiki wzrostu obrotu towarami i osiągania przychodów, tak więc mocno zahamowane rolnictwo sprawiło, że rozwój całej gospodarki narodowej był bardzo wolny.

W tamtym okresie tylko przełom w przemyśle lekkim, a szczególnie przełom w pozyskiwaniu źródeł dostawy surowców dla tego przemysłu, był jedynym sposobem na przełamania wąskiego gardła spowolnionego wzrostu gospodarczego.

W procesie industrializacji Europy napotkano na identyczny problem. Zaangażowanie Niemiec i Francji w Europejską Wspólnotę Węgla i Stali uczyniło

ze stali i żelaza podstawowy surowiec przemysłowy, a z węgla podstawowy surowiec energetyczny i we wczesnych latach pięćdziesiątych XX wieku jednoznacznie
potwierdziło kluczową pozycję węgla i stali w światowym rozwoju przemysłowym.
Jednak leżące pod ziemią krajów Bliskiego Wschodu uśpione morze ropy naftowej
całkowicie zmieniło oblicze industrializacji na świecie.

W ciągu zaledwie pięciu lat, między 1946 a 1950 rokiem, średnie roczne zasoby ropy naftowej odkryte na Bliskim Wschodzie wynosiły 27 miliardów baryłek i były
dziewięciokrotnie wyższe niż ówczesna produkcja ropy naftowej na świecie (wynoszą-
ca około 3 miliardów baryłek rocznie). Nieprzerwany strumień ropy naftowej płynął
z Bliskiego Wschodu na cały świat, a Zachód w dobie rozkwitu wydobycia ropy cieszył
się niespotykaną dotąd koniunkturą gospodarczą. Obfita dostawa surowca w postaci ropy naftowej niosła ze sobą wyjątkowo niskie ceny – w latach sześćdziesiątych
cena ropy na rynkach zachodnich wynosiła zaledwie 1,5 dolara za baryłkę.

Masowe dostawy taniej ropy naftowej nie tylko przyczyniły się do gwałtownego rozwoju zachodniego przemysłu motoryzacyjnego, ale, co ważniejsze, produkty pochodne ropy naftowej doprowadziły do przerwania łańcucha zależności
dostaw surowców dla przemysłu lekkiego od rolnictwa. Nagłe pojawienie się przemysłu petrochemicznego przyniosło istną rewolucję w przemyśle chemicznym:
masowa produkcja syntetycznego amoniaku pobudziła gwałtowny wzrost w produkcji nawozów i przełamała wąski przekrój w produkcji rolnej. Zastosowanie
chemicznych środków ochrony roślin w sposób znaczący przysłużyło się zwal-
czaniu szkodników w rolnictwie. Nylon, poliester, akryl i inne włókna chemiczne
dostarczyły wielu rozwiązań alternatywnych dla bawełny i futer zwierzęcych.
Pojawienie się tworzyw sztucznych dostarczyło rozwiązań alternatywnych do
produkcji towarów codziennego użytku – od patelni i garnków, po stoły, krze-
sła i inne przedmioty użytku domowego. Stały się one niezbędne jako surowce
do produkcji maszyn i urządzeń od części samochodowych po wiązki scalone.
W branży budowlanej także zastąpiono nimi żelazo i stal, drewno czy cement,
a przemysł opakowań zalał rynek torbami i opakowaniami wykonanymi z tych
tworzyw. Zastosowanie kauczuku syntetycznego w przemyśle wulkanizacyjnym
do produkcji opon, pasów transmisyjnych, węży i innych artykułów znacznie
przekroczyło zakres zastosowania kauczuku naturalnego, a wykonane z niego
produkty, takie jak odzież nieprzemakalna, kalosze i wiele innych przedmiotów
codziennego użytku w znaczący sposób wzbogaciły zwykłą egzystencję. Nowy rodzaj materiałów stał się także bazą w branży powłok i klejów.

Począwszy od lat pięćdziesiątych i sześćdziesiątych XX wieku, na świecie
miał miejsce boom konsumpcyjny „czterech najważniejszych produktów", jakimi
były samochód, telewizor, lodówka i pralka – wszystkie one były nierozerwalnie
związane się z przełomem, jaki nastąpił w zakresie surowców dla przemysłu lekkiego w postaci produktów pochodnych przemysłu petrochemicznego. Podstawowe
produkty grupy etylenowej przemysłu petrochemicznego stały się oczkiem w głowie
nowej ery ekonomicznej. Stany Zjednoczone w ciągu 40 lat, od 1940 do 1980 roku,
zwiększyły produkcję etylenu z 400 tysięcy do 13 milionów ton, odnotowano więc
trzydziestodwukrotny wzrost produkcji.

W czasach współczesnych, spośród wszystkich produktów konsumenckich, w sposób widzialny i namacalny dla człowieka najrzadsze są produkty pochodzące bezpośrednio z rolnictwa. Do niedawna będące rzadkością koszule dakronowe i inne włókna akrylowe są dziś bardzo popularne, równie modne są kurtki ze sztucznej skóry, trampki nosi się wszędzie i na każdą okazję, ogromne szafy z płyty MDF zastąpiły dziś meble drewniane, w większości domów kładzie się podłogi wykonane z syntetycznych materiałów, śnieżnobiałe farby akrylowe sprawiają, że wnętrza wydają się większe i jaśniejsze, twarde plastikowe deski do krojenia znaleźć można praktycznie w każdej kuchni, a w rękach gospodyń odwiedzających lokalne targowiska nie ma już siatek, gdyż zastąpiły je plastikowe torby. Wszystko to nie miałoby racji bytu, gdyby nie rewolucja w podaży surowców, jaką spowodował rozwój przemysłu petrochemicznego. Wpływ, jaki wywarła petrochemia na przemysł lekki, sprawił, że industrializacja nabrała rozpędu.

Chiny przez długi czas pozostawały w tyle i wciąż podkreślały ogromne znaczenie stali w przemyśle. W industrializacji na świecie nastąpił jednak gwałtowny zwrot akcji. Radykalnie odmieniły się wzajemne relacje przemysłu i rolnictwa. Pozbywszy się głębokich zależności między gospodarką narodową a rolnictwem i surowcami naturalnymi, stopień industrializacji osiągnął zupełnie nowy poziom.

Chińska gospodarka wydobyta w 1965 roku z mozołem z będącej echem Wielkiego Skoku recesji niemalże natychmiast na całą dekadę (od 1966 roku aż do Rewolucji Kulturalnej w 1976 roku) popadła w stan stagnacji. Pomimo iż sporo technologii i idei związanych z przemysłem petrochemicznym zostało rozpowszechnionych w Chinach, to jednak nie stało się to na tyle wcześnie, aby zyskać masowe uznanie w Państwie Środka. Poza tym perspektywa zastąpienia akumulacji pochodzącej z rolnictwa akumulacją pochodzącą z przemysłu, była jeszcze bardzo odległa, a tym samym Chiny straciły najważniejszą okazję do wzbicia się na nową orbitę industrializacji.

Czynnikiem pozwalającym industrializacji osiągnąć pierwszą prędkość kosmiczną na nowej orbicie była rewolucja w zakresie automatyki przemysłowej i idący z tym rozwój gałęzi elektronicznej i komputerów.

Narodziny tranzystora w amerykańskich Bell Labs w 1948 roku, po wynalezienie układu scalonego w 1958 roku – stało się powodem całego łańcucha postępu w elektrotechnice.

Automatyzacja przyspieszyła i wpłynęła znacznie na udoskonalenie procesów produkcji, zbierania danych, analizy, oceny i wysyłania informacji zwrotnych, a także sterowania maszynami. Efekty dotychczas osiągane pracą ludzką nie mogły się równać ze zautomatyzowaną produkcją ciągłą, a w rezultacie dostarczyła esencję dla przyspieszenia produkcji przemysłowej i polepszenia jej jakości. Automatyzacja pozwoliła po raz pierwszy na wydzielenie istotnych informacji z procesu produkcyjnego, a ten potężny podział pracy rozwinął się w osobną niezależną gałąź przemysłu, używającą komputera w charakterze mózgu, obwodów scalonych w charakterze kręgosłupa, sieci w charakterze kończyn, a morza informacji jako pożywienia. Pozwoliło to na tworzenie inteligentnych i cyfrowych technologii i urządzeń w obrębie sektora ciężkiego oraz wykorzystanie ich w obrębie przemysłu

■ Przemysł petrochemiczny jest podstawą
dla toru światowej industrializacji.

lekkiego, co sprawiło, że wydajność produkcji osiągnęła stopień niemający precedensu w dotychczasowej historii industrializacji. Park przemysłowy nie składał się już z maszyn i niezależnych wysp produkcyjnych, lecz ewoluował w kierunku inteligentnego i w pełni zintegrowanego „ekosystemu". Postęp automatyzacji stanowił inspirację dla potęgi ludzkiej inteligencji, począwszy od kontroli procesów produkcyjnych po wsparcie dla naukowego podejścia w kwestii zarządzania, od produkcji przemysłowej po przeniknięcie życia społecznego, zrodzona z automatyzacji informatyzacja pociągnęła za sobą jeszcze bardziej znaczące zmiany na wszystkich płaszczyznach życia społecznego.

W trakcie realizacji 156 kluczowych projektów przemysłowych w ramach sowieckiej pomocy dla Chin w latach pięćdziesiątych XX wieku Państwo Środka uzyskało ogromne korzyści płynące z dyfuzji technologii i znacznie zmniejszyły dystans dzielący je od innych gospodarek na świecie. Jednakże okres między 1957 a 1970 rokiem, w którym nastąpił ogromny skok w światowej industrializacji, dla chińskiej gospodarki okazał się czasem miotania się pomiędzy recesją a względnym ożywieniem. Z jednej strony zamknięcie i izolacja, jakich doświadczyły Chiny w efekcie wdrożonej wobec nich przez Stany Zjednoczone polityki „gospodarczego wygnańca", zaowocowały zadanymi w późniejszym czasie bolesnymi doświadczeniami; z drugiej zaś pogorszenie się stosunków chińsko-radzieckich dodatkowo ograniczyło kanały przerzutowe najnowszych technologii. Nie będąca w stanie uciec z niewoli wrodzonych ograniczeń rolnictwa i przemysłu chińska gospodarka popadła w stan długoterminowej stagnacji, a konflikt polityczny tylko przyspieszał popadanie w ruinę. Zaawansowane technologicznie fabryki już w latach sześćdziesiątych stały się przestarzałe w porównaniu z intensywną falą innowacyjności zachodniej gospodarki. Ogólnoświatowa rewolucja przemysłowa spowodowała przyspieszoną amortyzację chińskiego przemysłu. Przedsiębiorstwa zmuszone były przekazać swoje zyski wyższej instancji, co w znacznym stopniu osłabiło zakres wprowadzania nowinek technologicznych niezbędnych dla akumulacji kapitału. Podczas gdy te cenne zyski przemysłowe wspierały ekspansję przestarzałej technologii o niskiej wydajności i wysokim poziomie strat, wzajemne relacje między przemysłem ciężkim, przemysłem lekkim i rolnictwem ulegały dalszej deformacji. I choć inwestycje te same w sobie dawały iluzję wzrostu, to kiedy porównać je z konkurencyjnością świata zewnętrznego, widać było, że cały chiński system przemysłowy znajdował się już w stanie upadku.

■ W 1958 roku Jack Kilby z amerykańskiego koncernu Texas Instruments wynalazł układ scalony.

Z punktu widzenia Amerykanów Chiny były niczym „odizolowany wściekły olbrzym" i był to efekt całkowicie zgodny z oczekiwaniami Stanów Zjednoczonych praktykujących wobec Chin politykę „ekonomicznego wygnańca". A jednak we wczesnych latach siedemdziesiątych XX wieku na arenie międzynarodowej nastąpiły istotne i korzystne dla Chin zmiany. USA doświadczały coraz większej klęski w wojnie wietnamskiej, a ich reputacja na świecie sięgnęła dna. Nastroje antywojenne w kraju były coraz silniejsze, a rosnące wpływy Związku Radzieckiego sprawiły, że amerykańska dominacja znalazła się w sytuacji poważnego zagrożenia. To właśnie wtedy, gdy wzajemne relacje Chin i Rosji uległy pogorszeniu, Amerykanie dostrzegli w Chińczykach potencjał użytkowy. Dwukrotny kryzys naftowy w latach siedemdziesiątych XX wieku zaowocował głęboką recesją w krajach rozwiniętych, a najpilniejszym zadaniem dla Europy i Ameryki stało się poszukiwanie nowych rynków zagranicznych.

Chiny wykorzystały tę okazję i w 1973 roku ogłosiły program 43 projektów, którego realizacja przewidziana była na okres 3 do 5 lat. Polegał on na wdrożeniu wartych 4,3 miliarda dolarów nowoczesnych technologii i sprzętu w dziedzinie petrochemii i produkcji stali. Rząd Chin, choć z pewnym opóźnieniem, w końcu zrozumiał, że przemysł petrochemiczny jest kluczem do pozbycia się ograniczeń dla przemysłu lekkiego oraz że spośród wszystkich importowanych technologii najważniejsze jest wdrożenie maszyn pozwalających na produkcję włókien syntetycznych, nawozów i chemii. Plan przeprowadzenia 43 projektów w latach siedemdziesiątych był, zaraz po programie 156 kluczowych projektów przeprowadzonych z pomocą Związku Radzieckiego, drugim co do wielkości przedsięwzięciem pozwalającym na rozprzestrzenianie się nowoczesnej technologii na tak wielką skalę. W późniejszym okresie na bazie tego scenariusza Chiny zrealizowały jeszcze wiele innych projektów, między innymi ten związany z importem maszyn produkcyjnych o wartości 5,14 miliarda dolarów amerykańskich. Przy pomocy tych właśnie urządzeń dostosowanych i przebudowanych zgodnie z krajowymi potrzebami oraz inwestycji kapitału o wartości około 20 miliardów yuanów do końca 1982 roku udało się oddać do użytku 27 ogromnych konstrukcji przemysłowych. Realizacja tego planu ustanowiła niezbędne fundamenty dla przeprowadzonej w latach osiemdziesiątych reformy ekonomicznej.

Gdy wprawione w ruch uprzemysłowienie w Chinach doznawało wielu wzlotów i niepowodzeń, odwieczny rywal Chin – Japonia, wkraczał właśnie na ścieżkę nadrabiania przemysłowych zaległości.

Japoński przemysł cudem unika „kastracji", przeprowadzenie „reformy rolnej" MacArthura

W sierpniu 1945 roku Japonia ogłosiła kapitulację. W czasie trwania wojny 40% bogactwa narodowego tego państwa zostało, pośrednio lub bezpośrednio, zniszczone wskutek działań wojennych, co oznaczało, że japońska gospodarka stała się kompletnym bankrutem. W czasie, gdy amerykańskie wojska stłoczyły się w Japonii, najwyższy zwierzchnik amerykańskich sił okupacyjnych, MacArthur, otrzymał z Waszyngtonu wyraźne wskazówki: „Nie ponosimy żadnej odpowiedzialności za wzmocnienie i ożywienie japońskiej gospodarki. Dla Japończyków ma być jasne, że nie jesteśmy odpowiedzialni za utrzymanie jakiegokolwiek standardu życia w Japonii"[6].

Amerykańska okupacja w niczym nie przypominała bezpośrednich rządów militarnych wprowadzonych w Niemczech przez Stany Zjednoczone, Związek Radziecki, Francję i Wielką Brytanię. W Japonii okupacja odbywała się za pośrednictwem japońskiego rządu i tylko w sytuacjach nadzwyczajnych MacArthur miał prawo do bezpośredniej interwencji politycznej wobec ludności. Podczas swojego pobytu w Japonii MacArthur biernie obserwował obalenie cesarza i nabrał przekonania, że zachowanie cesarskiego urzędu i sprawowanie „pośrednich rządów" przyniesie znacznie więcej korzyści Stanom Zjednoczonym. Systematycznie studiował historyczne dzieje wojskowych rządów Aleksandra Wielkiego, Juliusza Cezara i Napoleona, dochodząc do wniosku, że „niemalże wszystkie przypadki okupacji militarnej były przyczyną nowych wojen". Ponadto cesarz w Japonii był odbierany jako boska inkarnacja i mimo przegranej wojny, jego charyzma była siłą „większą niż 20 zmechanizowanych dywizjonów". Z tego powodu, gdyby USA zdecydowały się na obalenie cesarza, musiałyby zmierzyć się z wrogością liczącej 70 milionów niezadowolonej populacji Japończyków.

Rząd japoński w okresie wojny zdążył przyzwyczaić się już do działania zgodnie z wojskowymi rozkazami, był bowiem nie tyle organem decyzyjnym, ile raczej wykonawczym, toteż gdy generałów japońskich zastąpiły amerykańskie siły okupacyjne, dla japońskiego rządu nie było przeszkód na drodze współpracy z wojskami okupanta.

Amerykańskie nastawienie do Japonii było początkowo takie samo jak do Niemiec i przewidywało zahamowanie potencjału przemysłowego i woli Japończyków do ponownego wkroczenia na ścieżkę wojenną. W tym celu Stany Zjednoczone przygotowały japońską wersję „planu Morgethaua". Celem Ameryki było ograniczenie poziomu ogólnej skali powojennej produkcji przemysłowej do obowiązującego

---

6   Kobayashi Yoshio, *Zhan hou Riben jingji shi* [Powojenna historia gospodarki japońskiej], Commercial Press, Pekin 1985, s. 18.

przed „incydentem 18 września", a także zatrzymanie możliwości przemysłowych Japonii na poziomie z okresu wczesnej industrializacji, aby była w stanie zaspokajać tylko potrzeby wewnętrzne kraju i aby nie przynosiła Amerykanom dodatkowych kosztów związanych z działaniami okupacyjnymi. Równocześnie, aby wymusić na Japonii rekompensatę dla państw przez nią zaatakowanych, ogromna liczba wielkich obiektów przemysłowych w Japonii została zdemontowana w ramach reparacji wojennych należnych tym krajom. Amerykańskie wojska okupacyjne opracowały „czarną listę" japońskich obiektów przemysłowych przeznaczonych do rozbiórki, na której znalazło się w sumie 1,1 tysiąca obiektów, liczba ta była mniejsza niż 1,6 tysiąca obiektów umieszczonych na „czarnej liście" w Niemczech, co miało proporcjonalnie odzwierciedlać słabość gospodarki japońskiej względem niemieckiej.

Poza kastracją przemysłową Japonii, Stany Zjednoczone miały zamiar zneutralizować Japonię ideologicznie. Istotnym źródłem wzniecania nastrojów prowojennych w Japonii był praktykowany w tym kraju system edukacji polegający na indoktrynacji młodzieży w myśl ideologii „militaryzmu". Z tego właśnie powodu wraz z ogromną liczbą amerykańskich wojskowych do Japonii przybyła także spora grupa amerykańskich pracowników naukowych. Amerykańskie władze okupacyjne w pierwszej kolejności doprowadziły do aresztowania Hideki Tōjō oraz innych zbrodniarzy wojennych, a w następnej kolejności rozpoczęły proces usuwania z szeregów kadry nauczycielskiej wszystkich zwolenników teorii „militaryzmu". Amerykańscy nauczyciele wprowadzili do nowych podręczników elementy edukacji ideologicznej, które w jasny sposób określały wartości, jakie powinni przyswajać sobie młodzi Japończycy.

W tym samym czasie amerykańskie władze okupacyjne przygotowywały się do wytoczenia oręża przeciwko japońskiemu systemowi *zaibatsu* (klik finansowych). Niemniej w tej kwestii istniało bardzo wiele dziwnych okoliczności. Było oczywiste, że cztery główne *zaibatsu*: Mitsui, Mitsubishi, Sumitomo i Yasuda były najważniejszymi poplecznikami i sponsorami japońskiego militaryzmu. Jednak tak zwane „wyeliminowanie *zaibatsu*" w rzeczywistości ograniczyło się tylko do złamania akcjonariatu tych grup, natomiast kluczowe dla *zaibatsu* banki przetrwały tę krucjatę w zasadzie bez szwanku[7]. Te klany bankierów *zaibatsu* od stuleci żyły w przyjaźni z klanami bankierów z Wall Street i City of London, a klan Mitsui nawiązał nietypowe relacje z zachodnimi bankierami jeszcze przed Restauracją Meiji. W imię zasady, że „kara nie jest lekarstwem" w momencie, gdy gilotyna opadała już na głowy *zaibatsu*, jakaś niewidzialna ręka cofnęła niespodziewanie drakońskie prawa, a jej siła nie wypłynęła tylko i wyłącznie z postanowień japońskiego rządu. Stała za tym przede wszystkim wola władz okupacyjnych. Gdyby niemieccy bankierzy w czasach, gdy wspierali władze nazistowskie, walczyli w Bazylei z amerykańskimi i brytyjskimi bankierami równie zacięcie, to być może nie ponieśliby w okresie powojennym zasłużonej kary.

Źródła finansowania rozwoju japońskiej przedsiębiorczości przed wojną tylko w 12,8% pochodziły z kredytów, jednak po wojnie, w 1951 roku, kredyty stanowiły już

---

7   Tsuru Shigeto, *Riben jingji qiji de zhongjie* [Koniec cudu gospodarczego Japonii], Commercial Press, Pekin 1979, s. 36.

■ 27 września 1945 roku po raz pierwszy spotkali się zwierzchnik amerykańskich sił okupacyjnych Douglas MacArthur i japoński cesarz Hirohito.

62,8% źródeł finansowania rozwoju przedsiębiorczości. Zjawisko to z pewnością wzmocniło znacznie wpływy banków *zaibatsu* w japońskich przedsiębiorstwach. Po tym jak Japonia i Stany Zjednoczone w 1951 roku podpisały traktat pokojowy w San Francisco, w 1953 roku Japonia weszła na drogę odzyskiwania równoprawnej pozycji na arenie międzynarodowej i zmodyfikowała opracowane przez MacArthura „prawo antymonopolowe", zezwalając firmom konkurującym ze sobą na wzajemny wykup akcji, co było równoznaczne z powrotem idei *zaibatsu* i pozwoliło na ponowne zjednoczenie rozbitych wcześniej karteli. Znowelizowane prawo pozwalało bankom na zwiększenie proporcji posiadanych w poszczególnych przedsiębiorstwach udziałów z 5 do 10%, w ten sposób czyniąc z banków *zaibatsu* centra. Byłe przedsiębiorstwa *zaibatsu* stopniowo podjęły akcjonariat krzyżowy i uformowały strategiczny sojusz, a banki *zaibatsu* nie tylko miały udziały w tych przedsiębiorstwach, lecz także udzielały członkom sojuszu *zaibatsu* kredytów na bardziej korzystnych warunkach i w ten sposób znacznie przysłużyły się wzmocnieniu siły systemu i przyniosły korzyści zrzeszonym w nim przedsiębiorstwom. W rzeczywistości banki *zaibatsu* były w pewnym sensie odpowiednikiem grup kapitałowych *zaibatsu* i odegrały istotną rolę w rozwoju strategicznym, koordynacji taktycznej i koncentracji zysków tych klik finansowych.

Banki *zaibatsu* pozyskiwały fundusze nie tylko z oszczędności obywateli, ale stopniowo zaczęły polegać także na kredytach udzielanych przez bank centralny. W ten oto sposób były w stanie mobilizować zasoby ekonomiczne większe niż kiedykolwiek wcześniej, mogły przenikać do większej ilości sfer, napotykały na mniejszą konkurencję i były organizacją o bardziej elastycznym systemie.

Najbardziej obrazowym przykładem jest tutaj Grupa Mitsui. Bank Mitsui, Fundusz Mitsui, Ubezpieczenia na Życie Mitsui, Taisho Ubezpieczenia Morskie i od Pożaru oraz inne instytucje finansowe razem wzięte udzielały preferencyjnych kredytów przedsiębiorstwom, takim jak Kopalnie Mitsui, Mitsui Metals, Mitsui Bussan, Mitsui Engineering & Shipbuilding, Mitsui Fudosan, Mitsui Petrochemical, Oji Paper i pozostałym przedsiębiorstwom należącym do grupy Mitsui. Z organizacyjnego punktu widzenia, choć dawne spółki kapitałowe *zaibatsu* fizycznie nie istniały, to jednak na potrzeby wymiany informacji ich liderzy, zrzeszeni w *kairetsu*, regularnie się spotykali, a stopień ich zażyłości nie ustępował temu z okresu istnienia faktycznych *zaibatsu*.

Łączny kapitał Wielkiej Czwórki *zaibatsu*, a więc Mitsui, Sumitomo, Mitsubishi i Yasuda, stanowił 25,4% całkowitego kapitału narodowego, a Wielkiej

Dziesiątki 35,2%. Spośród 325 *zaibatsu* umieszczonych w pierwotnym planie jako przeznaczone do rozbicia, w rzeczywistości rozpadło się zaledwie 11, w tym Mitsubishi Heavy Industry, które po podziale na trzy mniejsze podmioty ponownie połączyło się w połowie lat pięćdziesiątych XX wieku[8].

To właśnie ze względu na fakt, że banki *zaibatsu* pozostały nienaruszone, po zakończeniu okupacji Japonii byłe firmy *zaibatsu*, które zrzeszyły się wokół tych banków, mogły ponownie się połączyć i zza kulis zdominować japońską scenę polityczną i ekonomiczną.

W 1946 roku, kiedy Związek Radziecki odmówił przystąpienia do systemu dolarowego, zimna wojna przybrała na sile. W tym samym czasie amerykański program „kastracji" przemysłowej Niemiec i Japonii zatrzymał się. Od 1947 do 1950 roku skala likwidacji japońskiego przemysłu stopniowo się zmniejszyła, a całkowita wartość zdemontowanych maszyn nie przekraczała 160 milionów dolarów. Japonii udało się zachować najważniejszą siłę przemysłową. Te okoliczności bardzo przypominały sytuację zaistniałą w Niemczech, gdyż bez zachowania tej zgromadzonej przed wojną siły przemysłowej gwałtowne przebudzenie gospodarcze powojennej Japonii byłoby raczej wątpliwe. Odkąd zobowiązania Japonii wobec krajów azjatyckich, które zaatakowała w czasie wojny, zostały ograniczone do reparacji w postaci zniszczenia urządzeń przemysłowych, Japonia pozbyła się ciężkiego brzemienia w procesie rozwoju gospodarczego i wkrótce osiągając niemal prędkość świetlną wkroczyła na orbitę szybkiego rozwoju.

Kolejną znaczącą inicjatywą podjętą przez MacArthura podczas jego pobytu w Japonii była ogłoszona w grudniu 1945 roku Instrukcja Uwolnienia Ziemi Rolnej, która zapoczątkowała w Japonii ruch „reformy rolnej". Można powiedzieć, że gdyby nie uwolnienie wydajności produkcji w tej dziedzinie, nie byłoby późniejszego ożywienia przemysłowego w kraju kwitnącej wiśni.

Trudności, z jakimi zetknęło się japońskie rolnictwo, przypominały te napotkane w Chinach, a japońska industrializacja przed wojną także wymagała akumulacji kapitału pochodzącego z rolnictwa w czasie, gdy podaż krajowego rolnictwa nie była w stanie sprostać potrzebom dostaw surowców dla przemysłu. Japonia zmuszona była do masowej ekspansji i agresji wobec Chin i innych krajów azjatyckich, aby móc pozyskać dostawy surowców przemysłowych, żywności, ropy naftowej, a także zapewnić rozległe rynki zbytu dla własnych produktów przemysłowych. Po wojnie, gdy ten kraj utracił wszystkie zamorskie kolonie i okupowane wcześniej ziemie, został nie tylko odcięty od źródeł surowców przemysłowych, ale stracił także rynek zbytu dla produkowanych przez siebie dóbr konsumpcyjnych. Akumulacja przemysłowa zapoczątkowana w czasie przed Restauracją Meiji została całkowicie skonsumowana przez wojnę. Gdyby nie reforma rolna rolnictwo Japonii odnotowałyby z pewnością jeszcze większy spadek, państwo nie byłoby w stanie się samodzielnie wyżywić. Problemy, z jakimi zetknęłyby się wtedy władze okupacyjne, próbując doprowadzić do rozwoju japońskiego rolnictwa, przypominałyby te, z którymi zetknęły się Chiny. Przedwojenna industrializacja Japonii także była nieuniknionym, ekonomicznym obciążeniem dla kraju.

---

[8] *Ibid.*, s.16.

Zapoczątkowana przez MacArthura w Japonii reforma rolna polegała na obowiązkowym wykupie przez rząd japoński ziem uprawnych od właścicieli ziemskich, a następnie ich sprzedaży po relatywnie niskiej cenie jej byłym dzierżawcom. Była to reforma od dawna wyczekiwana przez Japończyków, jednak niemożliwa do przeprowadzenia w okresie cesarstwa ze względu na sojusze zawierane przez japońskich właścicieli ziemskich z klikami finansowymi i militarnymi. Dopiero po zakończeniu wojny amerykańskie władze okupacyjne miały wystarczającą motywację i odpowiednią siłę, aby jednym ruchem zniszczyć budowaną w Japonii od tysiącleci strukturę monopolistyczną, centralizację własności ziem uprawnych. Dzierżawcy rolni po raz pierwszy w historii otrzymali w posiadanie upragnioną ziemię i nie musieli już corocznie oddawać połowy albo i większej części zbiorów właścicielom, co w znacznym stopniu podbudowało ich entuzjazm do pracy i pozwoliło na osiągnięcie rekordowych wyników. W okresie powojennym wydajność rolników przewyższała nawet wydajność produkcji w miastach. Rolnicy sprzedający produkty rolne po wysokich cenach zdołali zgromadzić znaczną ilość kapitału. Stanowiąca ponad połowę populacji ludność rolnicza w ciągu następnych 20 lat skurczyła się do 1/3 populacji, a jednak wartość produkcji rolnej podwoiła się. Jest to najlepszy dowód na to, że japońska reforma rolna się powiodła.

Dzięki niej po roku 1948 japońskie rolnictwo wkroczyło w erę dobrobytu, trwającego kolejnych 10 lat. Oprócz zaspokojenia niedoborów żywności i złagodzenia inflacji, przyniósł on wsparcie dla trwającego dekadę ożywienia przemysłu lekkiego.

Niestety, zanim doszło do prawdziwego ożywienia gospodarczego, Japonia musiała najpierw zmierzyć się z trudnym do rozwiązania problemem inflacji.

„Plan szczupłej produkcji" przynosi węgiel i inflację

We wczesnym okresie powojennym, tuż po 1945 roku, sytuacja gospodarcza Japonii i Niemiec była bardzo zbliżona. Wojna obróciła w ruinę 119 japońskich miast, a ilość domostw zniszczonych w czasie wojny szacowano na 2,36 miliona; 9 milionów Japończyków straciło majątek i dach nad głową. Blisko połowa sprzętu przemysłowego, dróg, mostów i obiektów portowych doznała szkód o zróżnicowanym stopniu. Nastąpił gwałtowny spadek produkcji przemysłowej, która w 1946 roku wyniosła zaledwie 30% swojej przedwojennej wartości. W okresie wojny całkowita wartość gotówki w obiegu wzrosła ponad 24 razy, a ceny towarów na czarnym rynku wzrosły 29 razy. Marne plony w 1945 roku sprawiły, że produkcja ryżu wyniosła w tamtym roku zaledwie 60% wartości z poprzednich lat. Poważny kryzys żywnościowy, ekstremalny niedobór surowców i inflacja spowodowały w Japonii wybuch kolejnych licznych demonstracji i wywołały polityczne zawirowania w kraju.

W chwili, gdy władze okupacyjne Stanów Zjednoczonych ogłosiły, że Japonia ma zaprzestać produkcji wojskowej, wiele przedsiębiorstw z tej branży natychmiast ujrzało widmo kryzysu, a produkcja w branżach wspierających, takich jak mechaniczna, chemiczna czy metalurgiczna w zasadzie się zatrzymała. Wraz z zatrzymaniem stanowiącego połowę gospodarki narodowej przemysłu wojskowego pojawiła się fala masowego bezrobocia, którą dodatkowo zasiliły szeregi żołnierzy powracających z Szanghaju oraz powracający do kraju emigranci – to wszystko sprawiło, że liczba osób bezrobotnych w Japonii wzrosła do 11,3 miliona. Deficyt surowców, brak zabezpieczenia żywnościowego i inflacja zmusiły rząd Japonii do wdrożenia ścisłego racjonowania towarów, a to z kolei zaowocowało podwyżką cen towarów na czarnym rynku, szybujących w górę niczym rakiety.

Pożyczki udzielane na potrzeby przemysłu wojskowego przez japoński system bankowy w czasie wojny stanowiły ponad połowę wszystkich kredytów udzielanych przez banki, a sześć największych japońskich instytucji finansowych osiągnęło oszałamiający wynik na poziomie 90% udzielanych przez nie pożyczek, a jako że pożyczki te zostały już zablokowane, stały się złym długiem niemożliwym do odzyskania przez banki. Oznaczało to, że koniec wojny dla Japonii jest także końcem dla wspomnianych banków. W celu ich ratowania, na tle ogólnej sytuacji gospodarczej kraju, rząd japoński w dniu ogłoszenia kapitulacji obwieścił także, że zezwala klientom banków na swobodne wypłaty depozytów z kont, a bankom na udzielanie nowych kredytów na wysokie sumy. Takie zignorowanie istnienia złych długów i zezwolenie na udzielanie ogromnych pożyczek było prostą drogą do zaostrzenia zjawiska inflacji. Na efekty nie trzeba było długo czekać.

Już w 1946 roku rząd Japonii znalazł się w sytuacji skrajnego zagrożenia i zdawał sobie sprawę, że jeśli stosunkowo szybko nie opanuje szalejącej w kraju inflacji, to perspektywa buntu społecznego i rewolucji stanie się nieunikniona.

W sytuacji tak porażającej inflacji Japończycy chcieli jak najszybciej wycofać swoje bankowe depozyty, za które mogliby na czarnym rynku zakupić różnego rodzaju niezbędne produkty, co oznaczałoby, że bankom trudno byłoby zachować zgromadzony z takim trudem kapitał. Widmo paniki bankowej czaiło się tuż za rogiem. W jaki sposób banki, borykające się z problemem podupadania własnych aktywów i pasywów, miałyby sobie dodatkowo poradzić z paniką bankową? Japoński rząd, pod wpływem silnych nacisków ze strony plutokratów *zaibatsu*, zwrócił się do amerykańskich władz okupacyjnych z prośbą o zastosowanie środków mających uspokoić kryzys inflacyjny. Sam MacArthur także obawiał się, że jeśli problem inflacji ulegnie zaostrzeniu, to Japonii nieuchronnie grozi wybuch zamieszek lub nawet rewolucji. Z tego właśnie powodu niemal natychmiast poinstruował japoński rząd o tym, jakie działania należy przedsięwziąć, aby skutecznie opanować tę kryzysową sytuację.

W lutym 1946 roku rząd rozpoczął emisję nowego jena i wycofanie z obiegu starego. Obywateli zobowiązano do zdeponowania na bankowych kontach depozytowych wszystkich posiadanych starych jenów, które w wyniku operacji na tych lokatach zostaną wymienione na nowe jeny, jednakże ustanowiono też limit dzienny wypłat na kwotę 500 jenów, która wystarczała zaledwie na zapewnienie warunków egzystencji na poziomie skrajnego ubóstwa. Poprzez zamrożenie depozytów bankowych rządowi japońskiemu udało się tymczasowo zażegnać zbliżający się kryzys systemu bankowego, a poprzez ograniczenie ilości waluty w obiegu w wyniku wymiany starych jenów na nowe udało mu się również opanować zjawisko wzrostu cen towarów na czarnym rynku. Z punktu widzenia krótkotrwałych efektów sytuacja galopującego wzrostu cen została sprawnie opanowana. W długofalowej perspektywie działania te nie pomogły w rozwiązaniu żadnego merytorycznego zagadnienia.

W trakcie niemieckiej reformy walutowej z czerwca 1948 roku ustalono kurs wymiany nowej marki względem starej na poziomie 1:10. W ten sposób zarówno bankowe aktywa, jak i pasywa zostały zredukowane dziesięciokrotnie, a straty bankowych aktywów postanowiono pokryć „wekslami wyrównawczymi" (przyszłymi obligacjami rządowymi). Metoda ta poważnie przyczyniła się do zmian redystrybucji bogactwa wśród niemieckiego społeczeństwa, jednak pozwoliła na eliminację źródeł problemu inflacji niemieckiej waluty. Mimo wad, okazała się skuteczną terapią zgodnie z zasadą, że „krótszy ból jest lepszy niż przewlekły". Natomiast podjęte w Japonii „nadzwyczajne środki finansowe" były typowymi działaniami podejmowanymi w sytuacjach nagłych – w żaden sposób nie przeciwdziałały one zjawisku inflacji, a tylko na chwilę odwlekały wybuch problemu.

A w jaki sposób można było wykorzystać to „opóźnienie" w celu uleczenia źródeł inflacji? Jeśli nie zamierza się podejmować działań w celu ograniczenia waluty w obiegu, należy zwiększyć podaż towarów na rynku. I takim działaniem charakteryzował się tzw. „plan szczupłej produkcji" wymyślony przez japoński rząd. Głównym założeniem tego programu była koncentracja ograniczonych zasobów i wzrost produkcji węgla i stali. Jako że węgiel oznaczał energię dla przemysłu, a stal była najważniejszym surowcem przemysłowym, posiadanie tych dwóch zasobów oznaczało możliwość ożywienia pozostałych sektorów produkcji.

W 1946 roku japońska produkcja wynosiła zaledwie 30% swojej przedwojennej wartości. Zdaniem japońskiego rządu podniesienie tej wartości do 60% spowodowałoby znaczące zwiększenie podaży towarów na rynku, a to mogłoby zneutralizować wpływy nadmiaru gotówki w obiegu, a nawet całkowicie zakończyć inflację. Aby osiągnąć zamierzony cel, produkcja węgla musiałaby wzrosnąć z 20 milionów ton rocznie do 30 milionów ton rocznie, dlatego też konieczne było, aby amerykańskie władze okupacyjne dostarczyły oleje ciężkie i rudy żelaza dla sektora żelaza i stali. W następnej kolejności poprzez zwiększenie produkcji tych metali należało zaopatrzyć sektor węglowy, zwiększyć produkcję węgla i z jej pomocą, w ramach kolejnych działań, kontynuować wspieranie sektora żelaza i stali.

Zgodnie z tą ideą rząd japoński rozpoczął centralizację wszystkich zasobów finansowych, a w styczniu 1947 roku powołał specjalną instytucję pod nazwą Korporacja Finansująca Ożywienie. Źródłem funduszy skarbu państwa były kredyty udzielone przez bank centralny, ostatecznie odzwierciedlające skalę rządowego deficytu fiskalnego. W latach 1947-1948 skarb państwa zapożyczył się na kwotę 125,9 miliarda jenów, co stanowiło jedną trzecią wszystkich udzielonych kredytów przemysłowych. Poza tym, rząd wysupłał z budżetu potężną kwotę w wysokości 85 miliardów jenów (około 12% wartości całego budżetu) i przeznaczył je na wdrożenie rekompensaty strat dla przedsiębiorstw praktykujących *lean production plan*. Sektor przemysłu węglowego otrzymał kredyty w wysokości 47,5 miliarda jenów,

■ Wyemitowany w lutym 1946 roku nowy banknot o nominale 10 jenów.

co stanowiło 38% wartości wszystkich kredytów udzielonych z publicznego skarbca. Ponieważ pieniądz robi pieniądz, produkcja węgla w 1947 roku wzrosła o 30%, a produkcja stali w tym samym czasie wzrosła o 21%. W 1948 roku w japońskiej gospodarce odnotowano wstępne sygnały wskazujące na faktyczne ożywienie. Produkcja przemysłowa osiągnęła 54,8% wartości produkcji z okresu przedwojennego, w tym produkcja węgla 90%, produkcja stali 49,2%, a pozostałe sektory praktycznie osiągnęły ustalone wcześniej wskaźniki.

Niestety kosztem, jaki poniesiono w imię zrealizowania założeń „szczupłej produkcji", było powiększenie się deficytu budżetowego oraz wzrost ilości waluty. Mimo posiadania węgla i stali dostawy surowców potrzebnych na produkcję dóbr konsumpcyjnych przez przemysł lekki, tak jak w 1947 roku, wciąż były zależne od rolnictwa. W tamtych latach japoński przemysł lekki, podobnie jak chiński, w sytuacji, w której przemysł petrochemiczny w tych krajach jeszcze nie wystartował, był pod względem dostaw surowców na własne potrzeby, ściśle zależny od kondycji rolnictwa. W tamtym czasie japońska „reforma rolna" dopiero się zaczęła, a pierwsze efekty zwiększenia wydajności produkcji rolnej zaczęły być stopniowo widoczne dopiero po 1948 roku. Ponieważ „szczupła produkcja" zaowocowała zwiększeniem ilości gotówki w obiegu, a krucha równowaga przemysłu lekkiego została ponownie naruszona w latach 1947 i 1948, galopująca inflacja ponownie wymknęła się spod kontroli. Ceny hurtowe w Japonii w latach 1947 i 1948 wzrosły odpowiednio o 193% i 167%.

Wskutek takiej polityki przedsiębiorcy zrzeszeni w ogromnym systemie *zaibatsu*, wykorzystując fundusze rządowe i oszczędności obywateli, odzyskali część sił utraconych w okresie wojny. Przeszkoda w postaci kredytów, którymi byli obciążeni, została usunięta, gdyż kredyty te umorzono, a katastroficzne skutki inflacji spadły na barki obywateli i oszczędzających. Była to w pewnym sensie forma rabunku majątku, a nawet jawny napad przeprowadzony pod kierownictwem władz państwowych. W rezultacie w 1948 roku wybuchł w Japonii ruch „walk marcowych" obejmujący ogromną liczbę ogólnonarodowych strajków, do których włączyło się ponad milion obywateli – wydarzenie niemające precedensu w dotychczasowej historii tego kraju. W tym samym czasie pracownicy państwowych agencji rządowych i organizacji publicznych także wszczęli masowe protesty.

„Szczupła produkcja" zamiast zalania rynku ogromną liczbą produktów konsumenckich, przyniosła zaostrzenie bezlitosnej inflacji i wywołała ogromny niepokój polityczny.

Amerykanie się poddali. Ich zdaniem za bałagan odpowiadali Japończycy. Wzniecona dla zabawy iskra deficytu budżetowego ostatecznie wywołała pożar w postaci hiperinflacji i społecznego niepokoju.

Linia Dodge'a, czyli jen wpada w objęcia Imperium Dolarowego

Pod koniec 1948 roku amerykański bankier Joseph Morrell Dodge przybył do Japonii. Dodge, zaangażowany wtedy w reformę niemieckiej marki w czerwcu, zmęczony podróżą, przelotnie zagościł w Tokio, gdzie zapoznawszy się ze skalą hiperinflacji, a także z polityką fiskalną prowadzoną przez rząd japoński, nie mógł wyjść ze zdziwienia. To, co zobaczył w Japonii, było bardzo odległe od jego skrupulatnie zaplanowanej i przeprowadzonej reformy marki niemieckiej.

Podczas gdy japońscy politycy mówili mu wciąż o ożywieniu produkcji przemysłowej, Dodge bez ogródek stwierdził: „Szczycenie się zwiększonym wskaźnikiem produkcji i ożywieniem eksportu jest czystą głupotą, ponieważ w rzeczywistości, gdyby nie amerykańskie środki pomocowe [dla japońskiego ministerstwa finansów], to zwiększyłyby się jedynie skala udzielanych subsydiów i deficyt budżetowy". Dodge sformułował także bardzo obrazowe porównanie: „japońska gospodarka przypomina jazdę na grzbiecie bambusowego konika, którego jedna noga, to amerykańskie środki pomocowe, a druga to krajowe instytucje świadczące pomoc subsydiarną. Jeśli nogi tego konia będą zbyt długie, to się przewróci i skręci kark, a zatem zadaniem, które należy zrealizować jak najszybciej, jest skrócenie tych nóg do właściwej długości".

W tamtym okresie w Japonii także powstały dwa odrębne poglądy na temat reform: pierwsza opcja opierała się na przekonaniu, że stabilizacja jest warunkiem wyjściowym dla ożywienia gospodarczego, dlatego w pierwszej kolejności należało zastopować inflację; drugi pogląd głosił, że bez ożywienia gospodarczego nie jest możliwa stabilizacja, dlatego w pierwszej kolejności należy zwiększyć produkcję i odbudować gospodarkę. W rzeczywistości była to jednak prosta droga do pogłębienia inflacji. Potężne grupy *zaibatsu* żywiły nadzieję, że kraj będzie kontynuował działania zmierzające do powiększenia deficytu fiskalnego, a tym samym pozwoli *zaibatsu* na otrzymywanie kolejnych dotacji i ogromnych ilości pieniędzy, zwiększając w ten sposób akumulację kapitału, natomiast koszty związane z postępującą inflacją siłą rzeczy spadną na barki zwykłych japońskich obywateli. Pod wpływem silnych nacisków ze strony *zaibatsu* japoński rząd, acz niechętnie, odmówił zmniejszenia deficytu fiskalnego.

Amerykanów w końcu jednak ogarnął gniew.

Zrozumiawszy sztywną bezkompromisowość japońskich *zaibatsu*, rząd amerykański wraz z władzami okupacyjnymi w Japonii podjęli decyzję o podjęciu kategorycznych środków zaradczych. W dniu 18 grudnia 1948 roku w imieniu Walnego Zgromadzenia Władz Okupacyjnych zakomunikowano ludności japońskiej wdrożenie „dziewięciu kroków do stabilizacji gospodarki", znanych powszechnie pod nazwą „linii Dodge'a". Wśród japońskich polityków zawrzało.

Kluczowymi założeniami „linii Dodge'a" były: stabilizacja budżetu państwa, ograniczenie ilości udzielanych kredytów, reforma systemu podatkowego oraz wprowadzenie jednego powszechnie obowiązującego kursu wymiany waluty.

MacArthur w swoim „liście" adresowanym do japońskiego premiera Shigeru Yoshidy w zdecydowany sposób i przy użyciu szorstkiego języka wzywał rząd japoński do pełnego zaangażowania we wdrożenie tej polityki. MacArthur wyrażał też przekonanie, że występując w imieniu Stanów Zjednoczonych, które dostarczyły Japonii znacznej pomocy, ma prawo wymagać, by japoński rząd – nawet kosztem chwilowego oddania części praw i wolności – absolutnie nie przeciwstawiał się idei „dziewięciu kroków" i nie stawał w opozycji do działalności politycznej mającej za zadanie realizację tych zadań. Grupy *zaibatsu* wpadły w popłoch, a Japonię ogarnęła fala politycznych zawirowań. Gabinet Yoshidy nie mógł być pewien tego, jakie kroki podejmą potężne siły opozycji w japońskim parlamencie. W tej sytuacji MacArthur wydał tajne instrukcje dotyczące sposobu rozwiązania tej kwestii. W trybie natychmiastowym rozwiązano parlament i odbyły się nowe wybory, w wyniku których gabinet Yoshidy zdobył zdecydowaną większość głosów Izby Reprezentantów, co pozwoliło na rozpoczęcie realizacji „linii Dodge'a".

W fazie ożywienia gospodarczego ogromnym grupom *zaibatsu* udało się, idąc po trupach, doprowadzić do znacznej akumulacji kapitału. Tym samym wynagrodzenia japońskich robotników utrzymywane były na zbyt niskim poziomie. Kiedy w wyniku powszechnych wyborów do Izby Reprezentantów Japońska Partia Komunistyczna zdobyła 35 mandatów, w rządzie wybuchła panika. Z tego powodu opanowanie inflacji i podwyżki wynagrodzeń japońskich robotników oraz zwiększenie faktycznej siły nabywczej pieniądza zyskały status kluczowego zagadnienia politycznego. W swoim sprawozdaniu przed amerykańską Izbą Reprezentantów Dodge podkreślał: „Wszystkie realne kwestie związane ze stabilizacją gospodarczą odzwierciedlają się w politycznych i społecznych reakcjach ludności. W Japonii najważniejszą kwestią jest obecnie zapewnienie stabilizacji politycznej i wzrost wynagrodzeń. Ponieważ utrzymanie wysokiego standardu życia jest jedynym sposobem na powstrzymanie rozwoju ideologii komunistycznej w tym kraju, w tym celu należy podnieść wynagrodzenia realne, równie ważne jest wzmocnienie siły nabywczej pieniądza, a w końcu podwyższenie racji żywnościowych i sprzedaży produktów bawełnianych".

To, co miał na myśli Dodge, wspominając o racjach żywnościowych i produktach z bawełny, dotyczyło w rzeczywistości kwestii wąskiego gardła w postaci reformy rolnej i przemysłu lekkiego. W tym okresie bowiem w Japonii istniała sprzeczność zachodząca pomiędzy produkcją rolną a przemysłem lekkim – analogiczna do trudności, z jakimi borykały się Chiny w latach pięćdziesiątych i sześćdziesiątych XX stulecia.

Bazując na swoim doświadczeniu z reformy walutowej przeprowadzonej w Niemczech, Dodge był przekonany, że podstawową przyczyną inflacji jest deficyt budżetowy, dlatego też jeśli nie wyeliminuje się deficytu, nie będzie można pozbyć się przyczyn generujących inflację. W pierwszej kolejności Dodge przyjrzał się przyczynom japońskiego deficytu budżetowego i odkrył, że w 1948 roku budżet japoński przejawiał równowagę tylko w ujęciu rachunkowości ogólnej, natomiast w ujęciu rachunkowości szczegółowej wygenerował ogromny deficyt o wartości 150 miliardów jenów. W rocznym budżecie opracowanym przez Dodge'a na 1949 rok przewidziano znaczny wzrost dochodów z tytułu podwyższenia podatków, obcięcie wydatków rządowych w najwyższym możliwym stopniu, a tym samym zaplanowano osiągnięcie kompleksowej równowagi, bez deficytu, a także potężną nadwyżkę w wysokości 257 miliardów jenów w ramach „super zrównoważonego budżetu", w którym przychody rządu miały o 14% przewyższać wydatki. W okresie spłacania zadłużenia ta ogromna nadwyżka miała posłużyć także w charakterze funduszy dostarczanych instytucjom finansowym, co pozwoliłoby zarówno na zahamowanie inflacji, jak również na zasilenie kapitału poszczególnych banków.

Jako że „linia Dodge'a" przeciwstawiała się zamaskowanym praktykom podwyższania deficytu przez Korporację Finansującą Ożywienie, toteż począwszy od 1949 roku całkowicie zatrzymano udzielanie kredytów z publicznego skarbca i wszczęto procedury zmierzające ku odzyskaniu udzielonych wcześniej pożyczek. Ten krok pozwolił na eliminację jednego z głównych źródeł generujących inflację.

Jak słusznie zauważył Dodge, amerykańska pomoc finansowa i dotacje przydzielane przez japoński rząd były „dwiema nogami bambusowego konia" japońskiej gospodarki. Czym skutkowałoby obcięcie obydwu nóg? Dodge w pierwszej kolejności zablokował kredyty udzielane przez Korporację Finansującą Ożywienie i zredukował w ten sposób wydatki rządowe o 125,9 miliardów jenów. Jednak rząd japoński, ażeby chronić interesy potężnych grup *zaibatsu*, podwoił udzielane im dotacje i tym samym zrównoważył podjęte przez Dodge'a wysiłki. Dodge mógł zatem planować tylko i wyłącznie, wykorzystując amerykańską pomoc finansową.

W 1948 roku całkowita pomoc finansowa udzielona Japonii przez Stany Zjednoczone opiewała na kwotę 460 milionów dolarów, a w 1949 roku wzrosła do 534 milionów dolarów. W ramach tej pomocy dostarczane były w głównej mierze amerykańskie nadwyżki produkcyjne zbóż i ropy naftowej, produkty medyczne i bawełna, których sprzedaż na rynku japońskim, cierpiącym z powodu niedoboru towarów konsumpcyjnych i energii, pozwalała na osiągnięcie niebotycznych zysków. Biorąc pod uwagę, że w 1949 roku dolar amerykański wart był 360 jenów, oznaczało to, że wartość całkowitej pomocy amerykańskiej przekazanej na rzecz Japonii wynosiła 192,2 miliarda jenów, a więc znacznie przekraczała łączną wartość środków zgromadzonych w Korporacji Finansującej Ożywienie i dotacji udzielanych przez rząd japoński.

Dotychczas Stany Zjednoczone zezwalały rządowi Japonii swobodnie decydować o sposobie rozporządzania tak ogromną sumą środków pomocowych. Jednak teraz Dodge chciał wykorzystać fakt udzielanej przez Amerykanów pomocy jako kij mający zmusić Japończyków do wyegzekwowania założeń „linii Dodge'a".

W związku z powyższym, Amerykanie ustanowili system „powracającego kapitału" i zobowiązali rząd japoński do przekazywania pieniędzy pochodzących ze sprzedaży amerykańskich artykułów pomocowych na specjalne konto bankowe, które miało być zarządzane przez władze okupacyjne. Rząd japoński mógłby natomiast dysponować tymi środkami tylko i wyłącznie po uzyskaniu aprobaty ze strony władz okupacyjnych. Dodge ograniczył jednak zakres pożytkowania tych środków na cele związane ze spłatą zadłużenia publicznego oraz bezpośrednich inwestycji w odbudowę gospodarki krajowej. W ten oto sposób Stany Zjednoczone stopniowo przejęły ścisłą kontrolę nad ogromnymi sumami pieniędzy pochodzącymi z przychodów z tytułu obrotu towarami dostarczanymi Japonii w ramach pomocy, a tym samym zmusiły japoński rząd i system *zaibatsu* do większego posłuszeństwa w zakresie polityki i gospodarki.

Od 1949 roku do 1951 roku suma wydatków poniesionych przez system „powracającego kapitału" osiągnęła wartość 316,5 miliarda jenów, z czego 35% przeznaczono na zakup obligacji rządowych, a 65% na inwestycje biznesowe.

Należy zaznaczyć, że przeznaczone na spłatę zadłużenia publicznego i zakup obligacji rządowych fundusze w kwocie 111,8 miliarda jenów odegrały kluczową rolę w procesie przywrócenia płynności i zahamowania inflacji. Istotą tej polityki była strategia podobna do tej, jaką Chen Yun i Liu Shaoqi zastosowali we wczesnych latach sześćdziesiątych na gruncie chińskim i polegała na wycofaniu nadmiaru gotówki z obiegu poprzez zastosowanie parytetu „drogie za drogie, tanie za tanie". Dodge zrobił dokładnie to samo, nadając towarom, takim jak żywność, ropa naftowa, lekarstwa czy bawełna, czyli towarom, których brakowało na japońskim rynku status „drogich", a zyski napływające z ich sprzedaży zostały wycofane z obiegu poprzez wykorzystanie ich w celu spłaty długu publicznego, co doprowadziło w efekcie do wycofania nadwyżki gotówki będącej w obiegu i do złagodzenia presji inflacyjnej. We wrześniu 1946 roku łączna wartość gotówki będącej w obiegu wynosiła w Japonii 64,4 miliarda jenów, a pod koniec 1947 roku już 219,1 miliarda jenów. Wpływ systemu „powracającego kapitału" na ilość gotówki wycofanej i pozostającej w obiegu był niepodważalny, a jego efekty widoczne gołym okiem.

Wśród inwestycji podjętych z funduszy „powracającego kapitału" nie znalazły się promowane wcześniej przez grupy *zaibatsu* „węgiel i stal", natomiast intensywnie zainwestowano je w elektryczność, przemysł morski i stoczniowy, telekomunikację, koleje państwowe oraz inną bazową infrastrukturę, ponosząc ciężkie wyrzeczenia w imię realizacji „linii Dodge'a". Większość funduszy poszczególnych przedsiębiorstw pochodziła właśnie z tych inwestycji, a stanowiły one 70% wszystkich inwestycji podjętych z „powracającego kapitału". Można śmiało stwierdzić, że te pieniądze stały się potężnym narzędziem w rękach Amerykanów, pozwalającym na kontrolę japońskich finansów, systemu monetarnego i przemysłu.

■ 1948 rok, spotkanie Hayato Ikedy (pełniącego wówczas urząd Ministra Finansów) i Josepha Dodge'a.

Kwintesencją amerykańskiej pomocy dla Japonii było w rzeczywistości przesunięcie własnej nadwyżki produkcyjnej żywności i towarów na rynek japoński w formie pewnego rodzaju „daru", za podarowanie którego Stany Zjednoczone zaskarbiły sobie wdzięczność ze strony japońskiego rządu. Co więcej, użyto tego „daru" na potrzeby wycofania z obiegu nadmiaru gotówki, co jednocześnie pozwoliło na zatrzymanie hiperinflacji i zaskarbiło Amerykanom dobre nastawienie ze strony japońskiego społeczeństwa. Z kolei transformacja tego „prezentu" w system powracającego kapitału i podejmowanych z jego funduszy inwestycji stanowiła swego rodzaju polityczną dźwignię wymuszającą uległość japońskich sił rządzących i stłumiła nadmierną chciwość grup *zaibatsu*. Amerykanie wynieśli swoje wsparcie dla Japonii do najwyższego poziomu, niczym kucharz serwujący „rybę w trzech smakach".

Kolejnym filarem „linii Dodge'a" było ustalenie jednolitego kursu wymiany waluty. Przez pewien czas w okresie powojennym japońska gospodarka była kompletnie odizolowana od świata żewnętrznego, władze okupacyjne kontrolowały wszelkie akty działalności gospodarczej, a każda transakcja w handlu międzynarodowym wymagała uprzedniej zgody wydanej przez stronę amerykańską. Co więcej, kurs wymiany walut dla każdej z tych transakcji był inny, co doprowadziło do przerwania kanałów dla opiewającego na spory wolumen eksportu japońskich towarów.

Jednolity kurs wymiany walut pozwoliłby na opanowanie chaosu panującego na rynku walut i integrację poszczególnych sektorów eksportowych japońskiej gospodarki. Ze względu na niewystarczającą siłę nabywczą w Japonii oraz na fakt, że dostawy surowców i ropy naftowej były uzależnione od zagranicy, Japonia, nie rozwijając handlu międzynarodowego, w zasadzie nie mogła myśleć o progresie gospodarczym. Kluczowym zagadnieniem było ustalenie kursu jena i dolara na odpowiednim poziomie, a dopiero wówczas gospodarka japońska mogłaby cieszyć się prawdziwymi profitami.

Spójrzmy na pierwszy z brzegu przykład japońskiego towaru eksportowego, jakim były maszyny do szycia. Załamanie krajowego rolnictwa doprowadziło do deficytu surowej bawełny, wobec czego dostawy tego surowca na potrzeby przemysłu lekkiego były niewystarczające. W sposób oczywisty miało to także wpływ na ograniczenie wielkości produkcji maszyn do szycia, a zatem stały się one produktem rzadkim i o wysokiej cenie. W 1949 roku koszt wyprodukowania maszyny do szycia w Japonii wynosił około 24 tysiące jenów (prawie 67 dolarów), podczas gdy cena FOB wynosiła 40 dolarów, gdyż tylko taka cena mogła sprawić, by towar ten był konkurencyjny na rynku międzynarodowym. A zatem eksport japońskich maszyn do szycia byłby rentowny dopiero wtedy, gdyby dolar wart był 600 jenów.

W ramach planu Dodge'a Amerykanie jednak jednostronnie ustalili stały kurs wymiany na poziomie 1 dolar do 360 jenów. W ten sposób cena japońskiej maszyny do szycia przeznaczonej na eksport na rynek międzynarodowy wzrosła do 66,67 dolara za sztukę, a tym samym towar ten znacznie stracił na konkurencyjności. W tej sytuacji rząd japoński mógł tylko subsydiować niepożądaną różnicę w kursie wymiany i w ten sposób zagwarantować pomyślny rozwój eksportu. Po wykonaniu pierwszego trudnego kroku, wraz z ożywieniem gospodarczym, w ciągu zaledwie dwóch lat miesięczna produkcja maszyn do szycia z 30 tysięcy sztuk wzrosła do 130 tysięcy sztuk, a koszty produkcji zaczęły spadać. W ten sposób, nawet gdy rząd zaprzestał swoich subsydiów, japońscy producenci nadal byli w stanie wypracować zyski. Do 1960 roku koszt produkcji pojedynczej maszyny do szycia z 26 tysięcy jenów spadł do 4,3 tysiąca jenów i nawet sprzedając maszyny na rynku międzynarodowym po kilkanaście dolarów, wciąż można było zarabiać. Dlatego też z konkurencyjnością pieczołowicie produkowanych w Japonii towarów trudno było się zmierzyć.

Mimo że jednolity kurs walutowy początkowo nie był dla Japonii zbyt korzystny, to jednak, gdy tylko udało się znaleźć mocne oparcie w postaci rynku międzynarodowego będącego w silnej relacji z Imperium Dolarowym, skala produkcji wzrosła, a koszty produkcji zaczęły spadać. Negatywne efekty stopniowo zniknęły, a w następnej kolejności ustalono sztywny kurs wymiany przynoszący coraz więcej korzyści dla japońskiego handlu zagranicznego.

„Linia Dodge'a" dała podstawy zbalansowanemu budżetowi, rozwiązała problem hiperinflacji i ustaliła jednolity kurs wymiany walut. To wszystko jednak było zaledwie pasem startowym dla gotowej wystartować japońskiej gospodarki, gdyż prawdziwe przyspieszenie pozwalające jej wznieść się do lotu miało swoje źródła w trwającej w latach 1950-1953 wojnie koreańskiej.

„Koreański boom" przyniósł Japonii niebotyczną gratyfikację wojenną w wysokości 2,3 miliarda dolarów. Zyski dziewięciu największych firm w przemyśle bawełnianym wzrosły od 9 do 19 razy, z czego 90% tych zysków przeznaczono na akumulację kapitału. W przemyśle stalowym, włókien chemicznych czy papierniczym udało się uzyskać podobny wynik. Jeśli dodać do tego kwotę 1,8 miliarda dolarów pomocy udzielonej Japonii przez Stany Zjednoczone, to okazuje się, że Japonia w wyniku wyboru, jakim był pokłon przed Imperium Dolarowym, zyskała w ciągu dziesięcioletniej fazy ożywienia gospodarczego w latach 1945-1955 „prowizję" o łącznej wartości 4,1 miliarda dolarów. Niemniej, wspierana przez szybki rozwój rynków międzynarodowych skala japońskiej industrializacji także gwałtownie się rozrosła. Jednocześnie Japonia, absorbując najnowsze technologie z całego świata, zrobiła kolejny krok w stronę powiększenia zysków płynących z jej przemysłu. W wyniku uzależnienia się od Imperium Dolarowego wygrała też dywidendę w postaci napływających z zagranicy zamówień na towary, a to oznaczało zysk niewspółmiernie większy niż amerykańska twarda pomoc pieniężna.

„Plan podwojenia wynagrodzeń obywateli", czyli japoński przemysł orbituje i przyspiesza

Podstawy japońskiej industrializacji, choć zapoczątkowane jeszcze w okresie Restauracji Meiji, w połowie 1937 roku zostały daleko w tyle za zrealizowanymi przez Związek Radziecki dwoma planami pięcioletnimi. Po 8 latach wojny japońska gospodarka całkowicie przestawiła się na potrzeby machiny wojennej, a zasięg i intensywność industrializacji pozostały poważnie zacofane względem Stanów Zjednoczonych i krajów zachodnich. Podczas wojny koreańskiej Stany Zjednoczone rozważały nawet możliwość produkcji systemów broni ciężkiej przez Japończyków, aby w ten sposób realizować dostawy na potrzeby wojny koreańskiej z bliskiej odległości, jednak kiedy eksperci wojskowi przybyli do Japonii, po wstępnej analizie zarzucono ten pomysł ze względu na fakt, że technologia przemysłowa w Japonii była w tamtym czasie bardzo przestarzała i nie była w stanie sprostać wymogom amerykańskiej armii.

W 1955 roku chińska industrializacja, z pomocą Związku Radzieckiego, była na etapie szybkiego doganiania poziomu światowego; natomiast Japonia, choć daleka od powojennej ruiny i z sukcesem kończąca pierwszy etap programu odnowy gospodarczej, była krajem, który z przemysłu lekkiego uczynił centrum „wstępnego ożywienia gospodarczego", a standardy techniczne przemysłu ciężkiego nie dorównywały chińskim najnowocześniejszym fabrykom przeniesionym bezpośrednio z Rosji. Gdyby rozpatrywać kondycję przemysłu Chin i Japonii z punktu widzenia elementów konstrukcyjnych, to oba te państwa znajdowały się na zbliżonym poziomie industrializacji.

Jednakże ten rok był punktem zwrotnym dla rozwoju industrializacji w Chinach i w Japonii. Chiny wciąż traktowały węgiel i stal jako rdzeń postępu, Japonia natomiast szybko zdała sobie sprawę ze znaczenia przemysłu elektronicznego i petrochemicznego, jako nowy cel rozwoju obrała industrializację. Ta zasadnicza różnica strategiczna w ciągu kolejnych 15 lat, doprowadziła do powstania między Chinami i Japonią wielkiej i trudnej do pokonania przepaści.

Spojrzenie na nowinki przemysłowe uzmysłowiło Japończykom jak nierozsądnym aktem było ich przystąpienie do wojny. Wystarczająca podaż ropy naftowej, jaką gwarantowały rynki zagraniczne, czyniła z okupacji Chin północnych, stanowiących pożądaną bazę energetyczną, działanie niepotrzebne. Przyniesione przez przemysł petrochemiczny tanie i obfite dostawy dobrej jakości kauczuku syntetycznego sprawiły, że okupacja Azji południowowschodniej wydawała się być odległą i niezrozumiałą przygodą. W oceanie produktów pochodnych przemysłu petrochemicznego źródła surowców dla przemysłu lekkiego mogły być praktycznie całkowicie zapewnione. Japonia była zdeterminowana, aby zrezygnować z tradycyjnej doktryny agresji militarnej, uznając ją za niepotrzebną i szkodliwą.

Przemysł petrochemiczny wkrótce zastąpił rolnictwo i stał się głównym źródłem surowców dla przemysłu lekkiego, elektronika i automatyka stały się akceleratorem uprzemysłowienia. Posiadając obydwa te atuty, wspierana przez ropę z USA Japonia, podbijając świat za pomocą swoich produktów przemysłowych, wybrała drogę znacznie łatwiejszą, aniżeli marsz w wojskowych butach i z mieczem w ręku.

Chiny podzieliły natomiast los Francji – choć wygrały wojnę, to przegrały własną gospodarkę.

W ramach takiej właśnie strategii gospodarczej w 1960 roku Japonia ogłosiła „plan podwojenia wynagrodzeń obywateli". Wizja strategii ekonomicznej Ministerstwa Międzynarodowego Handlu i Przemysłu Japonii (MITI) była o wiele bardziej dalekosiężna aniżeli projekty twórców chińskiej gospodarki planowej. W pierwszej kolejności wskazało ono te sektory przemysłu ciężkiego, których rozwój powinien znaleźć się na czołowych pozycjach listy priorytetów. Wśród nich znalazły się: rafinerie ropy naftowej, przemysł petrochemiczny, włókna syntetyczne, pojazdy silnikowe, maszyny przemysłowe, samoloty, elektronika i inne. Następnie dla uwzględnionych na liście sektorów zagwarantowano ochronę i pomoc na rozwój. Aby uniknąć intensywnej konkurencyjności ze strony produktów zagranicznych dla tych właśnie strategicznych sektorów japońskiej gospodarki, MITI zastosowało wiele środków ochrony handlu, między innymi kontyngenty przywozowe, pozwolenia na import, wysokie taryfy celne, a także korzystne opodatkowanie działalności dla celów promowania produktów krajowych.

Kiedy Japonia dołączyła do Układu Ogólnego w sprawie Taryf Celnych i Handlu (GATT), bezpośrednie dotacje finansowe na rozwój strategicznych sektorów gospodarki stały się zbyt widoczne, dlatego MITI później dotowało te sektory w sposób bardziej dyskretny i trudny do wykrycia. Kiedy przykładowo sektor stoczniowy potrzebował rządowej dotacji, wówczas rządowi niezręcznie było przekazać te fundusze w sposób bezpośredni. Ponieważ w tamtym okresie na japońskim rynku ceny cukru były bardzo wysokie, a handel nim lukratywny, rząd udzielał potrzebującemu dotacji sektorowi stoczniowemu licencji na import tego artykułu i pozwalał na zachowanie zysku z jego sprzedaży na rodzimym rynku w kieszeni posiadacza licencji. Było to właśnie zawoalowaną formą rządowej dotacji dla tego sektora. Samo wykorzystanie tego triku pozwoliło japońskiemu przemysłowi stoczniowemu na redukcję cen eksportowych o 20 do 30%.

W celu przyspieszenia szybkiego rozwoju strategicznych sektorów japońskiego przemysłu Japonia rozpoczęła gorączkowe wprowadzanie najnowszej technologii i urządzeń. W ramach systemu dotowania importu najnowszych maszyn przemysłowych połowa ceny importowej była regulowana z funduszy rządowych, a koszty ponoszone przez krajowych producentów podobnych maszyn również były w połowie zwracane w ramach dotacji rządowych. Wprowadzono także specjalny system amortyzacji starych urządzeń, mający na celu przyspieszenie wymiany maszyn na nowsze i rozbudowę akumulacji kapitału. Zgodnie z regulacjami rządowymi w roku, w którym przedsiębiorstwo nabyło nowe maszyny, mogło odliczyć od swojego zysku kwotę amortyzacji sprzętu równą 50% wartości ceny zakupu nowych urządzeń, a tym samym obniżyć wartość należnego podatku. Pod wpływem zachęty ze strony rządu firmy konkurowały ze sobą, zwiększając inwestycje i wymieniając maszyny na nowsze. W 1961 roku udział procentowy prywatnych inwestycji przeznaczonych na zakup lub wymianę maszyn przemysłowych w PKB wyniósł 23%. Ponadto Japoński Bank Rozwoju oraz Japoński Bank Importu i Eksportu, a także inne rządowe instytucje finansowe, udzielały przedsiębiorstwom ze strategicznych sektorów przemysłowych długoterminowych, niskooprocentowanych kredytów, których koszty mogły być odciągane od dochodu i tym samym nie stanowiły podstawy do opodatkowania.

Poprzez zastosowanie tych różnorodnych instrumentów politycznych i finansowych, firmy japońskie cieszyły się najmniejszym obciążeniem podatkowym wśród wszystkich krajów rozwiniętych, w 1972 roku firmy japońskie poniosły 21,2% całkowitego obciążenia podatkowego, podczas gdy firmy amerykańskie 28,1%, a niemieckie aż 36%.

Podjęcie bliskiej współpracy przez rządzących, przedsiębiorców i finansistów sprawiło, że sektory uznane za strategiczne dla rozwoju krajowego przemysłu otrzymały pełną ochronę i uważne wsparcie ze strony japońskiego rządu. Dla sektorów strategicznych japońskiego przemysłu MITI i Ministerstwo Finansów opracowały

także wiele szczegółowych wytycznych, na przykład w przypadku zbyt dużej wydajności zalecano ograniczenie produkcji, w przypadku zbyt dużych inwestycji zalecano
ich regulację. W interesie przedsiębiorców leżało też zastosowanie się do tych zaleceń,
gdyż orbitując wokół rządu mogli zawsze liczyć na czerpanie dodatkowych korzyści.
Wobec niektórych firm nastawienie rządzących było wyjątkowo życzliwe, wobec
innych chłodne. Tym bardziej opinie czy ogłoszenia wydawane przez odpowiednie
urzędy państwowe, a już z pewnością te pochodzące od MITI, wywoływały wśród
przedsiębiorstw obawę, że jeśli się do nich nie dostosują, to z pewnością popadną w otchłań zapomnienia ze strony państwa.

Akceptując „okno wytycznych" Banku Centralnego Japonii podczas udzielania
przezeń kredytów, w Japonii równie powszechne było akceptowanie narzucanych przy
tym wytycznych administracyjnych. Polityka Banku Centralnego Japonii była blisko
związana z kompleksową polityką gospodarczą japońskiego rządu i stanowiła w pewnym
sensie edycję finansową polityki gospodarczej. Bank Centralny Japonii ustalał górne
granice kwoty kredytów udzielanych innym bankom, a kiedy poszczególne instytucje
finansowe zgłaszały się do okienka Banku Centralnego, wytyczne te były przekazywa-
ne w formie „zwykłych wskazówek", przy czym owe wskazówki były zawsze bezwarun-
kowo akceptowane przez banki beneficjentów. Łączna suma kredytów udzielanych przez
poszczególne banki podlegała ograniczeniom administracyjnym, jednak pierwszeństwo
do otrzymania kredytu oddawano zawsze klientom *zaibatsu*. Dostępność środków na
pokrycie kredytów bazowała na systemie administracyjnym uwzględniającym sposób
dystrybucji, a oprocentowanie kredytów było kwestią drugorzędną.

W okresie dziesięcioletniego rozwoju relacja struktury japońskiego przemysłu wobec wysokiej marży przeszła drastyczną transformację. W przemyśle
ciężkim i chemicznym zyski przewyższały te wypracowane przez przemysł lekki.
W 1955 roku przemysł ciężki i chemiczny stanowiły 51% całkowitej produkcji
gospodarczej Japonii, w 1965 osiągnęły 64%, a w 1975 roku przekroczyły 75%, co
było najwyższym wynikiem wśród wszystkich rozwiniętych gospodarczo państw
świata. Od 1950 do 1969 roku produkcja przemysłowa Japonii wzrosła 17 razy,
przy czym udział starych produktów w całkowitej produkcji stanowił zaledwie
60%, a produkcja nowinek znacznie wzrosła – szczególnie w przypadku elektroniki
i pochodnych przemysłu petrochemicznego.

Model rozwoju gospodarczego Japonii znacznie różnił się od modelu zachodniej konkurencyjności wolnego rynku, a elementy planowania były w nim
bardzo wyraźne. W kwestii wprowadzenia industrializacji na orbitę i przyspieszenia jej prędkości w krytycznym momencie zwrotnym, wizjonerstwo, odwaga
i wsparcie dla kluczowych sektorów przemysłu ze strony japońskiego rządu były
czynnikami decydującymi o cudzie gospodarki japońskiej. Właściwa strategia,
bezbłędne wykonanie, staranne i ostrożne kierowanie, silne wsparcie i doskonała
ochrona zapewnione kluczowym sektorom gospodarki japońskiej okazały się
głównymi motorami wielkiego sukcesu.

W kwestii konkurencyjności opinie Japończyków i przedstawicieli Zachodu
były oczywiście bardzo różne. Japonia jest społeczeństwem o wysokim poziomie
konkurencyjności, nie jest to jednak konkurencja między jednostkami, a konku-

rencja między grupami biznesowymi. Harmonijne relacje pomiędzy pracownikami firmy i ich oddanie dla spraw firmy są w Japonii postrzegane jako zachowania wysoce pożądane i promowane, natomiast konkurencja między pracownikami firmy jest zjawiskiem ogólnie potępianym. Z tego powodu na gruncie krajowym istnieje zjawisko konkurencji pomiędzy poszczególnymi grupami biznesowymi. Natomiast poza granicami kraju japońskie przedsiębiorstwa są postrzegane jako wzajemnie się wspierające i wspólnymi siłami konkurujące z przedsiębiorstwami zagranicznymi.

Japoński ekonomista Tsuru Shigeto w sposób bardzo wysublimowany tak określił japoński cud gospodarczy: „Swego czasu w 1937 roku Keynes wygłosił twierdzenie, jakoby «w oparciu o doświadczenia z przeszłości, podniesienie poziomu życia w skali rocznej o 1% było rzeczą niemożliwą. Nawet jeśli pojawiłoby się wiele inwencji oraz innowacji i można by podnieść ten poziom o wiele więcej, to dla naszego społeczeństwa adaptacja takiego wzrostu powyżej 1% nie byłaby prosta. W przeciągu ostatnich kilkuset lat Wielka Brytania prawdopodobnie raz czy dwukrotnie doświadczyła przyspieszenia poprawy warunków życiowych o około 1% rocznie. A jednak, odnosząc się do ogółu, średni wskaźnik tempa wzrostu poziomu życia w ujęciu rocznym, zazwyczaj nie przekracza 1%». Uwagi Keynesa były jednak wygłoszone w mrocznej połowie lat trzydziestych XX wieku, a jego przemówienie, a być może i psychika, znajdowały się pod wpływem właściwego tamtym czasom pesymizmu. Niemniej, o czym zaświadczyć może historia, w latach 1860-1913, to jest w trakcie światłego półwiecza, średnia rzeczywista roczna stopa wzrostu dochodów *per capita* w Imperium Brytyjskim wynosiła zaledwie 0,9%. Tylko dlatego w tamtym okresie nie było bodajże jednego ekonomisty podającego w wątpliwość opinie Keynesa. Jednak Japonia, przynajmniej do 1973 roku, zdołała utrzymać średnie rzeczywiste roczne tempo wzrostu dochodu *per capita* na poziomie, który niemal zawsze w ciągu 20 lat przekraczał poziom 8% rocznego tempa wzrostu. Czy biorąc pod uwagę te okoliczności, Keynes miałby coś do powiedzenia?".

Nawet biorąc pod uwagę fakt, że w okresie pomyślnego półwiecza 1860-1913 wdrożenie przez Brytyjczyków standardu wymiany złota znacznie wzmocniło funta oraz że w latach 1945-1971 doszły do głosu czynniki deprecjonujące walutę w obrębie standardu wymiany złota i osłabionego dolara, należy zauważyć, że w Japonii stopa wzrostu dochodów obywateli była dużo wyższa aniżeli u Brytyjczyków. Jednakże obiektywnym czynnikiem jest tutaj fakt, że w okresie rewolucji przemysłowej nadal nie wyzbyto się naturalnej zależności przemysłu od rolnictwa, a wzrost dochodów na poziomie poniżej 1% był w rzeczywistości odzwierciedleniem ograniczeń potencjału rozwoju rolnictwa. Gdyby nie było rewolucji przemysłowej, realny wzrost gospodarczy oscylowałby w okolicach zera. Właśnie z tego powodu gospodarka społeczeństw o profilu rolniczym przez całe tysiąclecia znajdowała się w stanie zawieszenia. Dopiero po latach pięćdziesiątych XX wieku, kiedy ogromna fala produktów pochodnych przemysłu petrochemicznego zastąpiła surowce pochodzące z rolnictwa, a tym samym wąskie gardło rozwoju przemysłu lekkiego zostało zlikwidowane, możliwe stało się osiągnięcie wyższego tempa wzrostu dochodów obywateli.

Uprzemysłowienie przyniosło Zachodowi dobrobyt i bogactwo. W procesie industrializacji poszczególne państwa konkurowały ze sobą o surowce i rynki zbytu, ale jest i ciemna karta tej historii – industrializacja przyniosła też światu wojny i kataklizmy. Kiedy uprzemysłowienie zaczęło się rozprzestrzeniać na Wschodzie, to równowaga sił w światowej gospodarce i finansach także zaczęła przechylać się na wschód. Chiny i Japonia, bez względu na to, jaką wybiorą ścieżkę, a także abstrahując od czekających po drodze niepowodzeń, w swoim pochodzie, od początku do końca wykorzystywać będą industrializację w celu zrealizowania marzenia o bogactwie i potędze. Wszystkie kraje azjatyckie stopniowo będą się przyłączać do tego rwącego potoku. Rozwój i wzrost potęgi tych rejonów świata stopniowo zniszczy pozycję jedynego hegemona, którym po wojnie stały się Stany Zjednoczone, a na świecie stopniowo narodzi się tendencja podobna do tej, która występowała w Chinach w Okresie Walczących Królestw.

ROZDZIAŁ VI

Postęp spiralny.
Droga do waluty Stanów
Zjednoczonych Europy

Klucz do rozdziału

Obecnie waluta euro znalazła się w poważnych kłopotach. Europejski kryzys zadłużenia wydaje się być niemożliwy do rozwiązania, spory wewnątrz Unii Europejskiej nie ustają, pojawia się coraz więcej głosów wieszczących rychły upadek eurowaluty. Amerykanie cieszą się z nadchodzącej katastrofy, Chińczycy zastanawiają się, jaki obrać kurs, międzynarodowy rynek finansowy szaleje, a ekonomiści nie mogą dojść do porozumienia.

Czy rozpad euro dojdzie do skutku? Czy będzie to oznaczało załamanie integracji europejskiej? Czy stanie się to przyczyną krachu o globalnej skali?

Aby poprawnie odpowiedzieć na postawione tu pytania, należy ponownie przywołać historię integracji europejskiej i rzetelnie przyjrzeć się procesowi narodzin eurowaluty.

Powojenne dzieje integracji europejskiej minęły pod znakiem rywalizacji Niemiec i Francji o prawo do dominacji na kontynencie europejskim, a także próby ponownego odrodzenia Europy pozostającej w uścisku pomiędzy Stanami Zjednoczonymi i Związkiem Radzieckim. Zjawiskiem towarzyszącym temu procesowi od zawsze były toczone w Europie rozgrywki pomiędzy dwiema dominującymi ideologiami – nacjonalizmem i internacjonalizmem.

Za plecami internacjonalizmu stał zawsze autorytet pieniądza, któremu suwerenne granice blokowały możliwości swobodnego przepływu. Z kolei nacjonalizm był dziedzictwem tradycyjnej szkoły myślenia, ideologią usilnie starającą się ograniczyć odrodzenie autorytetu pieniądza. W warunkach powtarzających się rozgrywek między ponadnarodową ideologią a interesami narodowymi Europejska Unia Monetarna, tkwiąc na huśtawce wzlotów i upadków, nieustannie podejmowała wysiłki w budowaniu swojej struktury i pozycji.

Nowy rodzaj sprzeczności, jaki pojawił się między demokracją w polityce a dyktaturą w sferze finansowej, spleciony z zamierzchłym już konfliktem między ponownie odrodzonymi Niemcami i próbującą kontrolować i równoważyć ich potęgę Francją, popchnął Europę ku dalszym etapom skomplikowanego procesu integracji.

Od narodzin Europejskiej Unii Węgla i Stali po Plan Wernera, od „węża walutowego" Mechanizmu Kursów Walutowych (ERM), po wdrożenie Europejskiego Systemu Walutowego (ESW), od publikacji *Raportu Delorsa,* po podpisanie Traktatu z Maastricht, od ustanowienia europejskiej jednostki monetarnej, po powołanie Europejskiego Banku Centralnego – euro po niemalże półwieczu wzlotów i upadków w końcu przybrało realne kształty.

Jednakże pojawienie się eurowaluty nie tylko nie rozwiązało problemów Europy, lecz dodatkowo przyniosło wiele nowych.

Ze względu na brak wspólnego Europejskiego Ministerstwa Finansów nie ma także możliwości pokonania obecnego kryzysu waluty europejskiej. Bez powołania Stanów Zjednoczonych Europy Unia Europejska nie jest w stanie osiągnąć założeń integracji.

Euro wciąż ewoluuje.

Wewnętrzna klęska i ustąpienie de Gaulle'a; ostra zmiana kursu i przyspieszenie integracji europejskiej

W marcu 1968 roku za sprawą Francji na świecie wybuchła panika bankowa, której celem stały się amerykańskie rezerwy złota. De Gaulle przyrzekł strącić amerykańskiego dolara z piedestału dominującej waluty światowej, obalić dynastię Bretton Woods, zreformować globalny system monetarny tak, aby pod przywództwem Francji Europa zyskała większą siłę finansową.

W krytycznym momencie, kiedy kompletnie załamała się amerykańska idea „basenu złota wzajemnej pomocy" i kiedy de Gaulle rozpoczął generalną ofensywę na amerykańskie rezerwy złota, we Francji wybuchła „majowa burza", która nie tylko przesądziła o klęsce kontrofensywy franka na dolara, lecz także sprawiła, że całe złoto odzyskane w wyniku zmasowanego szturmu na amerykańskie rezerwy od czasu objęcia urzędu przez de Gaulle'a w większej części ponownie wróciło w ręce Amerykanów.

Pod koniec maja korowód studentów i mieszkańców Paryża przeszedł przez miasto ze sloganem „de Gaulle musi ustąpić", co prawie sparaliżowało państwową machinę. Niemający możliwości kontrolowania sytuacji politycznej Charles de Gaulle, nie informując nawet ówczesnego premiera Georgesa Pompidou, 29 maja nagle „zniknął" i z dnia na dzień uciekł do francuskiej bazy wojskowej na terenie Niemiec. W opinii de Gaulle'a było jasne, że w sytuacji względnej wewnętrznej stabilizacji politycznej i gospodarczej kraju, „majowa burza" miała zmusić go do ustąpienia z urzędu. Nienawiść Amerykanów do de Gaulle'a była całkiem naturalna, jednak oprócz Amerykanów także niektóre krajowe siły polityczne, włączając w to nawet polityków w jego własnym rządzie, były bardzo niezadowolone z promowanej przez de Gaulle'a polityki pod hasłem „Francja górą".

W ciągu dekady rządów de Gaulle'a idea Stanów Zjednoczonych Europy praktycznie stała w miejscu. Ponadpaństwowa Unia Węgla i Stali oraz Europejska Unia Gospodarcza były powołane przez „krąg Monneta" jeszcze zanim de Gaulle doszedł do władzy i choć de Gaulle nie sprzeciwiał się idei Unii Europejskiej, choć wspierał dobre stosunki z Niemcami, to jednak stawiał warunek zachowania suwerenności przez Francję, którą widział w roli woźnicy tego powozu, a Niemców w roli ciągnących go koni. Dwukrotnie odmówił udziału w postulowanym przez Wielką Brytanię akcie przyłączenia się Francji do wspólnoty europejskiej, co jeszcze bardziej rozgniewało ludzi z „kręgu Monneta". Sprawa była jasna – dopóki de Gaulle nie zostanie usunięty, sprawa powołania Stanów Zjednoczonych Europy pozostawała w kwestii teoretycznych rozważań.

Premier Pompidou, osobisty protegowany de Gaulle'a, także był aktywistą „kręgu Monneta". W młodości uczęszczał do prestiżowego Lycée Louis le Grand, do jednej klasy z późniejszym pierwszym prezydentem Senegalu, Léopoldem Sédarem Senghorem, tam też zaprzyjaźnił się ze słynnym baronem Guyem Édouardem

Alphonsem Paulem Rothschildem[1]. W późniejszym okresie Guy Rothschild został głową francuskiej filii Banku Rothschildów i kontynuując tradycje rodu został dyrektorem Banku Francji, objął kierownictwo Banku Centralnego. Był też posiadaczem ogromnych udziałów we francuskich przedsiębiorstwach z różnych dziedzin przemysłu i uważano go za francuskiego giganta finansowego i przemysłowego.

Ukończywszy École Normale Supérieure w Paryżu Pompidou pracował przez jakiś czas jako nauczyciel w szkole średniej. Po wybuchu drugiej wojny światowej służył jako żołnierz, aczkolwiek po klęsce Francji wrócił do wykonywanej wcześniej pracy w szkole. W 1944 roku, kiedy dowiedział się, że jego kolega z klasy jest szefem sztabu Charlesa de Gaulle'a, natychmiast do niego napisał, licząc, że pomoże mu w pozyskaniu posady urzędnika. Dzięki protekcji, Pompidou zyskał posadę, a jego zadaniem stało się podsumowywanie wszelkich wydarzeń politycznych mających miejsce we Francji i przedstawianie ich każdego dnia w formie jednostronicowego streszczenia de Gaulle'owi. Dość szybko zdolność Pompidou do głębokiej analizy złożonych wydarzeń politycznych oraz jego bardzo precyzyjny styl wywarły ogromne wrażenie na przywódcy. W 1946 roku de Gaulle założył własną partię polityczną Zgromadzenie Narodu Francuskiego, a Pompidou objął funkcję głównego łącznika między odsuniętym już od władzy de Gaullem a jego partią, po czym po 1948 roku Pompidou pełnił także funkcję dyrektora gabinetu de Gaulle'a.

Po odsunięciu od władzy w 1946 roku de Gaulle czekał na właściwą okazję do wielkiego powrotu, a to oczekiwanie zajęło mu ostatecznie całe 12 lat. W tym okresie Pompidou był dla de Gaulle'a powiernikiem wszelkich spraw. Mimo odsunięcia od władzy na arenie politycznej, de Gaulle cieszył się ogromną estymą wśród narodu francuskiego, co sprawiało, że w każdej chwili mógł ponownie przejąć losy Francji w swoje ręce.

Rothschildowie, którzy nigdy nie byli wyznawcami zasady „wiernego trwania przy boku króla", nie tylko w imię własnych interesów gotowi byli porzucić będących w tamtym czasie u władzy polityków, ale nigdy też nie zapomnieli o „wysokiej jakości zasobach" ulokowanych w osobie Charlesa de Gaulle'a. Tymczasem kryzys na terenie francuskich kolonii w Algierii

■ Francuski premier Georges Pompidou w czasach de Gaulle'a.

zaostrzał się z dnia na dzień, a stacjonujący tam francuscy dowódcy wojskowi w zdecydowanej większości byli byłymi członkami, zaangażowanymi w działalność powołanych wcześniej przez de Gaulle'a „sił wolnej Francji". W momencie, gdy kryzys zaostrzył się do stopnia zagrażającego Francji wojną domową, wśród dowódców pojawiło przeświadczenie, że tylko z pomocą de Gaulle'a możliwe stanie się opanowanie sytuacji politycznej.

---

[1]   Georges Pompidou, Wikipedia, biografia.

W 1954 roku Guy Rothschild odszukał swojego byłego kolegę i korepetytora. Będąc przyjacielem Pompidou, przedstawiciel Banku Rothschildów miał
nadzieję przyciągnąć go do siebie, do pracy w bankowości. Początkowo Pompidou
się wahał, w końcu był tylko szkolnym wykładowcą, nie miał pojęcia o tym zaję-
ciu i obawiał się, że sobie nie poradzi. Ostatecznie jednak doszedł do wniosku, że
okres 8 lat, w którym trwał przy boku de Gaulle'a, czekając na odpowiednią okazję
do przejęcia władzy, był już i tak zbyt długi, a nikt nie mógł mu zagwarantować,
czym to czekanie zostanie uwieńczone. Nie mogło się to w żaden sposób równać
z perspektywą świetlanej przyszłości, jaką roztaczała przed nim oferta pracy w re-
nomowanym banku rodziny Rothschildów.

Nie można zaprzeczyć, że Pompidou miał bardzo wysokie IQ i znakomitą
umiejętność przyswajania wiedzy. Początkowo objął w banku zwyczajną synekurę,
nawet sam Rothschild nie miał nadziei, że koledze uda się osiągnąć w bankowości
jakiekolwiek znaczące sukcesy; jednak Pompidou w czasie zaledwie dwóch lat z laika
nie rozumiejącego prostego bilansu, stopniowo zaangażował się w kluczową działalność.
Podobnie jak w przypadku wrażenia, jakie Pompidou wywarł na de Gaulle'u, tak i teraz
Rothschild spojrzał na szkolnego kolegę w innym świetle. Pompidou nie tylko potrafił
bardzo szybko pojąć istotę poszczególnych zagadnień branży bankowej, ale także często
znajdował skuteczne metody na rozwiązanie pojawiających się problemów. W rezultacie
pozycja Pompidou w banku rosła, a sam Guy darzył go głębokim zaufaniem. W latach
od 1956 do 1962 roku Pompidou pełnił funkcję dyrektora generalnego Banque de
Rothschild, a ponadto otrzymał mandat zaufania bankierskiej rodziny i pełnił funkcję
dyrektora wielu innych dużych firm, w których Rothschildowie byli udziałowcami.
Reprezentował rodzinę Rothschild w kwestiach decyzyjnych.

W 1958 roku, kiedy de Gaulle w końcu odzyskał władzę, Pompidou został wezwany do udziału w pracach nad konstytucją V Republiki i do pełnienia
funkcji jego strategicznego doradcy. Od tego czasu we wszelkich podejmowanych przez niego decyzjach brane były pod uwagę interesy rodziny Rothschildów. W 1962 roku, wbrew wszelkim przeciwnościom, prezydent Charles de
Gaulle zaproponował kandydaturę niedoświadczonego na arenie politycznej
Pompidou na urząd premiera Francji. W przeszłości tę funkcję piastowały
tylko ważne osobistości wyłaniane w drodze wyborów, posiadające wieloletnie
doświadczenie polityczne zdobyte na wysokich stanowiskach ministerialnych.
Pompidou awansował z pozycji dyrektora generalnego Banku Rothschilda.
Był wiernym wyznawcą i wykonawcą gaullizmu, a od objęcia urzędu zasiadał na
nim przez przez sześć lat, co stanowi rekord wśród czterech pokoleń francuskich
premierów. W tym czasie Pompidou, stosując metodę dyskretnych wyborów
i obsadzania stanowisk ludźmi ze swojego kręgu, zdołał przejąć kontrolę nad
głównymi sektorami rządu francuskiego.

Kiedy w 1968 roku nadeszła „majowa burza", de Gaulle nagle uświadomił
sobie, że ministrowie poszczególnych departamentów oskarżają go o zły rozwój
sytuacji i że w zasadzie nie jest już w stanie sprawować kontroli nad rządem.
Co więcej, zrozumiał, że teraz to Pompidou, mając rzeczywistą władzę i autorytet,
pozostaje panem sytuacji. Ogarnięty paniką de Gaulle nie miał innego ruchu, jak

tylko „zniknąć", nie miał też odwagi powiadomić ministrów o miejscu swojego pobytu. Udając się do francuskiej bazy wojskowej zlokalizowanej na terenie Niemiec, miał zamiar sprawdzić, po czyjej stronie opowiada się wojsko, a następnie zdecydować o swojej ewentualnej dymisji. Tuż po otrzymaniu poparcia ze strony francuskiej armii de Gaulle wrócił do Paryża i ogłosił mające się odbyć w czerwcu ponowne wybory parlamentarne, które zaowocowały całkowitym zwycięstwem gaullistów[2]. Po odzyskaniu poparcia de Gaulle natychmiast zdymisjonował Pompidou ze stanowiska premiera. Francuscy politycy byli zaskoczeni tym posunięciem, wszystkim bowiem wydawało się, że Pompidou był oddanym zwolennikiem i krzewicielem gaullizmu, a jego relacje z de Gaullem zawsze były dobre. Jednak de Gaulle jako jedyny miał świadomość, kto był prowodyrem „majowej burzy" i jakie były powody jej wywołania.

Wobec swojego odwołania z funkcji premiera, Pompidou twierdził, że został „pokrzywdzony", a de Gaulle popełnił błąd. Od tamtej pory w oczach Francuzów, Pompidou, który pokojowo rozwiązał zamieszki majowe, stał się ikoną, bohaterem, który mimo poniżenia pozostał nieugięty, lojalny i który pomimo poniesionych strat moralnych triumfował na tle starego i upartego de Gaulle'a.

Chociaż to gaulliści wygrali wybory parlamentarne, zwycięzcą nie był Charles de Gaulle. Francuzi rozpoczęli już swoją podróż do epoki „gaullizmu", ale bez Charlesa de Gaulle'a. W 1969 roku reforma parlamentu i lokalnych jednostek administracji rządowej zaproponowana przez de Gaulle'a została odrzucona w procesie referendum. W atmosferze przygnębienia de Gaulle'owi pozostało tylko podać się do dymisji.

Pompidou stał się pierwszym w kolejce, wyczekiwanym przez Francuzów kandydatem na urząd prezydenta. Jego cierpliwość i strategiczna polityka podbiły serca obywateli i stały się początkiem jego własnej epoki w historii Francji.

„Gaullizm" w wydaniu Pompidou polegał w na wdrożeniu polityki „rewizjonizmu" wobec kluczowych założeń ideologicznych polityki „Francja górą" de Gaulle'a. Pompidou i jego towarzysze z „kręgu Monneta", pozbywszy się ograniczeń w postaci de Gaulle'a, rozpoczęli swój marsz w kierunku promowania procesu tworzenia Stanów Zjednoczonych Europy.

Z punktu widzenia Pompidou i stojących za jego plecami wpływowych grup finansowych porzucenie suwerennych granic pozwoliłoby na swobodny przepływ kapitału, bo kapitał nie napotykający na ograniczenia był ich największym pragnieniem. Pozwolić mu na przejecie kontroli nad poszczególnymi krajami, a w tym samym czasie uniemożliwić krajom kontrolę nad nim, było najważniejszym założeniem tej ideologii. Ostatecznym celem internacjonalizmu było zlikwidowanie suwerenności. Europejczycy łączcie się, razem przeciwstawimy się amerykańskiemu uciskowi – był to najbardziej chwytający za ludzkie serca slogan tamtego okresu.

Ówczesne trzy najważniejsze osobistości europejskiej sceny politycznej, a więc francuski prezydent Pompidou, niemiecki kanclerz Willy Brandt oraz brytyjski

---

[2] Dogan, Mattei, *How Civil War Was Avoided in France*, „International Political Science Review" 5 (3), s. 245-277.

premier Edward Heath, byli aktywistami „kręgu Monneta", co sprawiło, że warunki do promowania idei politycznej integracji Europy nigdy jeszcze nie były tak sprzyjające jak wtedy.

W kwietniu 1969 roku Charles de Gaulle podał się do dymisji i tym samym zachęcił Wielką Brytanię, Niemcy i Francję do zebrania się na szczycie w Hadze, którego efektem było przyspieszenie procesu integracji europejskiej.

Niespodziewanie Wielka Brytania została serdecznie zaproszona i powitana przez Stary Kontynent. W 1973 roku Unia Europejska wessała Wielką Brytanię, Danię i Irlandię w swoje szeregi.

Na szczycie w Hadze podjęto kolejną ważną inicjatywę, jaką było określenie ram strategicznych dla powołania Europejskiej Unii Gospodarczej i Walutowej (UGiW/EMU) zakończonego opublikowaniem w październiku 1970 roku *Raportu Wernera*. Pierre Werner był luksemburskim premierem i ministrem finansów, który po otrzymaniu mandatu zaufania Rady Unii Europejskiej, zwołał grupę ekspertów z różnych krajów i pokierował nią, nadzorując proces tworzenia europejskiej unii monetarnej, której zadaniem miało być zapewnienie kompleksowej strategii monetarnej chroniącej interesy Europy i zwalczanie obojętnej wobec interesów Starego Kontynentu polityki Stanów Zjednoczonych, a nawet prowadzenie do otwartej konfrontacji na tym polu. W tym samym czasie założeniem unii miało być także zrównoważenie ekonomicznej i przemysłowej potęgi Niemiec[3].

W raporcie zaproponowano powołanie Europejskiej Unii Ekonomicznej i Walutowej oraz przekazanie części kompetencji parlamentów poszczególnych krajów członkowskich, ich rządów i banków centralnych (w tym z zakresu polityki budżetowej i pieniężnej) w ręce nowo utworzonej w obrębie Unii Europejskiej instytucji.

Raport rekomendował powołanie Europejskiej Unii Ekonomicznej i Walutowej w trzech etapach. Pierwszym krokiem miała być stabilizacja kursów wymiany walut, a także ustalenie wspólnych wytycznych dla wszystkich gospodarek krajów członkowskich, mających umożliwić koordynację krajowych polityk budżetowych. Ostatni etap projektu również nie pozostawiał żadnych wątpliwości – chodziło w nim o ustalenie niezmiennego kursu wymiany dla walut poszczególnych krajów, które zobowiązane byłyby do realizowania spójnej polityki gospodarczej w celu powołania w ramach Unii Europejskiej zunifikowanego banku centralnego. Niestety, w raporcie nie podjęto kwestii doboru metod dla wdrożenia etapu środkowego fazy przejściowej.

Bank Anglii po przestudiowaniu *Raportu Wernera* wyciągnął następujące wnioski: „Niezależnie od tego, czy patrzeć z punktu widzenia ekonomii czy polityki, powołanie Europejskiej Unii Ekonomicznej i Walutowej nosi znamiona daleko idącej rewolucji. Mówiąc najprościej, używa się ujednoliconej waluty jako dźwigni dla stworzenia Stanów Zjednoczonych Europy. Wszystkie podstawowe instrumenty zarządzania gospodarką państw członkowskich, w tym waluta,

---

3   David Marsh, *The Battle for the New Global Currency*, Machinery Industry Press, 2011, rozdz 2.

dystrybucja dochodów czy polityka rozwoju regionalnego, ostatecznie miałyby podlegać władzy Unii Europejskiej"[4].

To właśnie było źródłem wstępnego projektu nagłaśnianego we współczesnych serwisach informacyjnych „europejskiego rządu gospodarczego" czy „europejskiego ministerstwa finansów", które nie były nowymi pomysłami podjętymi na potrzeby działań zaradczych wobec europejskiego kryzysu zadłużenia, lecz raczej elementem dokładnie opracowanego przed 40 laty planu.

W kluczowym momencie, gdy „krąg Monneta" świętował sukces mającego wkrótce nastąpić przyspieszenia integracji europejskiej, dolar i złoto postanowiły zerwać łączące je zależności, a tym samym wywołały ogólny chaos gospodarczy na świecie. Proces integracji europejskiej musiał być poddany znacznej korekcie.

Niepomyślne transakcje Imperium Obligacji Skarbowych Stanów Zjednoczonych, sprzedaż zapasów żywnościowych „wyrzucaniem pieniędzy w błoto"

15 sierpnia 1971 roku prezydent Nixon ogłosił rozstanie się dolara amerykańskiego ze złotem. „Uzurpacja dolara, jako waluty samowystarczalnej" wkroczyła w nową erę dewaluacji tej waluty, czyli Imperium Obligacji Skarbowych Stanów Zjednoczonych.

Wraz z pozbawieniem dolara oparcia w złocie światowy rynek walutowy pogrążył się w bezprecedensowym chaosie. Ludzie w pośpiechu wyprzedawali dolary, a potężna ilość kapitału szukała schronienia w niemieckiej marce i szwajcarskim franku. Aby odwrócić niebezpieczną sytuację zbliżającego się załamania wiarygodności dolara, Nixon ogłosił obniżenie podatków, zamrożenie wynagrodzeń i cen towarów na okres 90 dni, a także tymczasową redukcję taryfy celnej na towary importowane do 10%, „aby zapewnić, że towary amerykańskie ze względu na niesprawiedliwy kurs wymiany waluty nie spadną na niekorzystną pozycję".

Wywołana nadmierną emisją dewaluacja dolara, która doprowadziła do zaburzeń stabilności walut na całym świcie, w ustach Nixona przybrała formę oskarżenia innych krajów o manipulację własną walutą w celu pozbawienia Amerykanów miejsc pracy na rynku obrotu towarami. Polegające na odwracaniu kota ogonem amerykańskie oskarżenia dotyczące manipulacji walutą nie są wynalazkiem czasów współczesnych. Jednakże taka logika myląca przyczynę ze skutkiem sprawia, że nawet co światlejsi Amerykanie bywają zażenowani opiniami własnych instytucji. Kiedy Przewodniczący Rezerwy Federalnej Arthur Frank Burns próbował ostrzec Sekretarza Skarbu Stanów Zjednoczonych Johna Connally'ego, że partnerzy handlowi Stanów Zjednoczonych mogą spróbować działań odwetowych, Connally

---

[4] *Ibid.*

odpowiedział pogardliwie: „Pozwólmy im działać wedle własnego uznania, cóż mogą zrobić?".

Jednakże napływające z Europy gniewne sygnały były jasne i silne. Europejczycy wyraźnie dali do zrozumienia, że jeśli Stany Zjednoczone nie zgodzą się na ponowne ustalenie stabilnego mechanizmu kursowego, to europejskie banki centralne nie będą trzymać rezerw dolarowych. Jednocześnie odstąpienie od opłat celnych z tytułu importu towarów wzmagało napięcie w Europie i mogło ostatecznie doprowadzić do konfrontacji.

Intencje pozbycia się „marionetkowego cesarza" w postaci złota i poczynione ku temu przez dolara kroki rykoszetem uderzyły w interesy Europy. Stany Zjednoczone nie miały innego wyjścia, jak tylko grać na zwłokę. W grudniu 1971 roku w Waszyngtonie odbyło się spotkanie, ministrów finansów i prezesów banków centralnych, na którym osiągnięto porozumienie w postaci Umowy Waszyngtońskiej rewidującej wartość wymiany 35 dolarów amerykańskich za 1 uncję złota i obniżającej ten przelicznik do 38, co oznaczało, że wobec głównych walut światowych dolar uległ dziesięcioprocentowej amortyzacji.

Światowy rynek walutowy odzyskał tymczasowy spokój. W 1972 roku Stany Zjednoczone wróciły jednak do starych metod. Nie mając zamiaru przestrzegać postanowień „umowy waszyngtońskiej" kontynuowały obniżanie stóp procentowych w celu stymulowania własnej gospodarki, a w ten sposób dolar został zakleszczony w klamrach kryzysu spowodowanego jego masową wyprzedażą. Do lutego 1973 roku nastąpiła dalsza deprecjacja dolara o kolejne 10%, a wartość dolara względem złota wynosiła już 42,22 dolara za uncję złota. Świat raz jeszcze pogrążył się w chaosie.

Ażeby zmniejszyć światową panikę względem dolara, Stany Zjednoczone stanęły w obliczu dylematu odwrócenia bilansu deficytu płatności. W sytuacji silnej konkurencyjności przemysłu ze strony Niemiec i Japonii dolar amerykański stracił kolejne 23% na wartości i wciąż nie był w stanie ustabilizować przegranej pozycji handlowej. W 1972 roku radzieckie rolnictwo stanęło w obliczu potężnego nieurodzaju. Stany Zjednoczone, odkładając chwilowo na bok antagonizmy wynikające z zimnej wojny, niczym tonący w pośpiechu chwyciły się tej ostrej brzytwy, jaką był eksport produktów rolnych do Związku Radzieckiego.

Od 1933 roku, czyli od wejścia w życie Ustawy o Dostosowaniu Rolnictwa (Agricultural Adjustment Act, AAA), w celu ochrony interesów amerykańskich farmerów, rząd Stanów Zjednoczonych od wielu lat dotował amerykańskie rolnictwo, głównie poprzez nabywanie dużej ilości produktów rolnych po wysokich cenach, które następnie przeznaczał na udzielanie pomocy przez USA za granicą. Związek Radziecki zmagał się z nieurodzajem, podczas gdy Stany Zjednoczone zmagały się z nadwyżką amerykańskich produktów rolnych – w efekcie obie strony doszły do porozumienia. 8 lipca 1972 roku Stany Zjednoczone i ZSRR ogłosiły deklarację wymiany towarów, w ramach której Rosja radziecka zobowiązywała się w ciągu następnych 3 lat zakupić od USA produkty rolne o łącznej wartości 750 milionów dolarów.

Problemy radzieckiego rolnictwa miały swoje źródła w odległej historii, niemniej nieurodzaj 1972 roku okazał się dużo poważniejszy, aniżeli przewidywali to radzieccy planiści. W samym tylko lecie tego roku Związek Radziecki zakupił w Stanach Zjednoczonych produkty rolne za astronomiczną sumę 1 miliarda dolarów, przy czym ilość zakupionej przez Sowietów pszenicy stanowiła jedną czwartą całkowitej produkcji pszenicy w Stanach Zjednoczonych.

Amerykanie kierowali się własnymi obliczeniami. Mając świadomość, że rezerwy dolarowe Związku Radzieckiego są ograniczone, wiedzieli, że aby dokonać zakupów produktów rolnych na tak wielką skalę, Związek Radziecki będzie musiał – podobnie w latach sześćdziesiątych XX wieku – wyprzedać posiadane rezerwy złota. Patrząc z perspektywy deklarowanego zapotrzebowania Związku Radzieckiego na żywność, żeby sfinalizować transakcję, ZSRR musiałby upłynnić na rynku przynajmniej nieco ponad 800 ton złota. Gdyby do tego doszło, ceny złota na świecie gwałtownie by spadły, a dolar znacznie by się umocnił. Z tego też powodu, im więcej żywności chcieliby zakupić Rosjanie, tym lepiej.

Niestety Amerykanie nie oczekiwali, że zaskakujący apetyt Sowietów na amerykańskie produkty rolne wywoła ogromny wpływ, większy niż przewidywano, na ceny produktów rolnych na amerykańskim rynku krajowym. Ceny produktów rolnych na rodzimym rynku zaczęły rosnąć, indeks cenowy też stale wzrastał, w końcu pojawiła się przetaczająca się przez kraj inflacja.

Tym, co wprawiło Amerykanów w jeszcze większe zakłopotanie, był fakt, że ZSRR w rzeczywistości nie posiadał tak wielkich, jak się tego spodziewano w Ameryce, rezerw złota i zamiast upłynniać rezerwy zwrócił się z prośbą o pożyczkę do europejskiego rynku dolarowego. Europejczycy posiadali zbyt wiele dolarów i traktowali je jak gorący ziemniak, który chętnie przerzuciliby w czyjeś ręce. Słysząc, że Związek Radziecki chce je właśnie od kogoś pożyczyć, wpadli w euforię. Okoliczności w sposób naturalny i samoistny zaczęły sprzyjać pozbywaniu się amerykańskich pieniędzy.

W lutym 1972 roku Sowieci pożyczyli od Włoch 600 milionów dolarów na okres 7 lat. Oprocentowanie tego kredytu wynosiło zaledwie 6%. W maju tego samego roku w Banku Europejskim ZSRR zaciągnął kredyt w kwocie 1 miliarda dolarów, którego oprocentowanie było wyższe od oprocentowania kredytów na rynku londyńskim o zaledwie 3/8 punktu procentowego[5]. Eurodolar, zawsze będący narzędziem Stanów Zjednoczonych służącym do eksportu inflacji, tym razem został sprytnie wykorzystany przez Sowietów – jako refluks dolarowej inflacji eurodolar posłużył jako forma zapłaty Stanom Zjednoczonym za dostarczoną przez nie żywność. W efekcie Stany Zjednoczone doznały efektu błędnego koła i stanęły w obliczu niedoboru żywności i nadwyżki pieniądza w obrocie, rosnącej inflacji, a także wyjątkowego osłabienia swojej waluty.

Eksport amerykańskiego zboża do Związku Radzieckiego w zasadzie zamienił się w powrót „zadłużonych" dolarów w zamian za dostawy żywności, co doprowadziło do odwróconego efektu postępującej wewnątrz kraju inflacji i sprawiło, że

---

[5]   Michael Hudson, *Global Fracture: The New International Economic Order*, Pluto Press, 1977, s. 70-73.

gospodarka amerykańska znalazła się pod ogromną presją. Było to altruistyczne działanie, na które mógł sobie pozwolić „potężny odpowiedzialny gracz", jednak z pewnością nie takie były oryginalne intencje rządu Stanów Zjednoczonych.

W czerwcu 1973 roku ogólny indeks cenowy w Stanach Zjednoczonych wzrósł o 15%, a ceny żywności podskoczyły o 50%. Amerykański rząd, który „wyrzucił pieniądze w błoto", zmuszony był do podjęcia działań w celu wprowadzenia regulacji w zakresie eksportu produktów rolnych, a Ministerstwo Rolnictwa wydało postanowienie, że po 3 lipca wszystkie zamówienia na produkty rolne nie otrzymają licencji eksportowej, a w kwestii ponownego wznowienia eksportu tych produktów należy czekać na kolejne instrukcje.

W ten sposób światowy rynek rolny zaczął wrzeć. Wzrost cen żywności doprowadził ostatecznie do jeszcze poważniejszego kryzysu naftowego.

Październik 1973 roku –
kryzys naftowy prowadzi do destabilizacji
państw uprzemysłowionych

Coraz słabszy dolar i rosnące ceny żywności przyczyniły się do rozprzestrzenienia się inflacji na skalę światową. Kraje importujące żywność, w tym kraje zrzeszone w OPEC, doznały wstrząsu wywołanego nagłą inflacją.

W związku z dalszą deprecjacją dolara w 1973 roku o kolejne 10% straty w rezerwach walutowych krajów arabskich wyniosły 350 milionów dolarów, natomiast kompetencji parlamentów poszczególnych krajów, ich rządów i banków centralnych inflacja pożarła ich siłę nabywczą w postaci oszczędności w kwocie 525 milionów dolarów. W wyniku osłabienia amerykańskiej waluty w 1973 roku kraje eksportujące ropę naftową zostały ograbione na kwotę 875 milionów dolarów[6].

W krajach tych wzrastało oburzenie, w miarę jak inflacja pożerała ich oszczędności. Październikowy wybuch czwartej wojny na Bliskim Wschodzie (wojna Jom Kippur w 1973 roku) jeszcze bardziej wzmógł skierowany w stronę Stanów Zjednoczonych i Izraela gniew naftowych potentatów. Eksporterzy ropy kategorycznie wdrożyli embargo na wywóz ropy naftowej do Stanów Zjednoczonych, Holandii i Danii. Miało ono obowiązywać dotąd, aż wspomniane kraje w sposób otwarty nie przestaną udzielać wsparcia Izraelowi. Co więcej, ogłoszono jednocześnie, że wszystkie kraje europejskie dostarczające wsparcia amerykańskim bazom wojskowym także zostaną wpisane na czarną listę państw, na które nałożone zostanie embargo na eksport ropy. Z tego powodu Wielka Brytania zezwoliła amerykańskim samolotom bojowym na wystartowanie z baz zlokalizowanych na jej terytorium, ale nie wyraziła zgody na powrotne lądowanie. Niemcy zablokowały dostęp do portów amerykańskim okrętom transportującym

---

[6] *Ibid.*, rozdz. 5.

broń. Włochy zażądały od Izraela zwrotu wszystkich okupowanych terytoriów. Amerykańskie bazy wojskowe w Europie zostały kompletnie sparaliżowane.

Europa Zachodnia potrzebowała ropy naftowej, a Bliski Wschód potrzebował industrializacji. Głęboka integracja tych dwóch gospodarczych rejonów wydawała się zgodna z logiką. Dzięki temu Europa mogłaby też stopniowo opuścić wytyczoną przez Stany Zjednoczone orbitę nadającą kierunek jej rozwojowi gospodarczemu. W tamtym okresie gospodarka europejska stopniowo integrowała się już z bliskowschodnimi państwami – eksporterami ropy naftowej – oraz z afrykańskimi rejonami bogatymi w zasoby naturalne i wkroczyła na autonomiczną ścieżkę rozwoju. Sprawiło to, że Stany Zjednoczone zetknęły się twarzą w twarz z niebezpieczeństwem w postaci niezależnej strefy wpływów monetarnych, znacznie silniejszej aniżeli istniejąca kiedyś strefa szterlingowa. Celem strategicznym amerykańskiej polityki było doprowadzenie do bezpośredniego uzależnienia krajów Europy, Bliskiego Wschodu i Afryki od Ameryki i jednocześnie niedopuszczenie do pojawienia się jakichkolwiek wzajemnych zależności między tymi państwami, gdyż w pewnym stopniu mogłoby to przyczynić się do ograniczenia możliwości kontrolowania ich przez USA.

W tym czasie cień Imperium Brytyjskiego zagroził znów potędze Stanów Zjednoczonych, które uświadomiły sobie, jaki potencjał zawiera się w niezależnym od Amerykanów rozwoju Europy. Z tego też powodu, w grudniu 1973 roku Henry Kissinger pospiesznie udał się z wizytą na Stary Kontynent. Nie życzył on sobie, aby pomiędzy państwami europejskimi i państwami Bliskiego Wschodu zawiązały się relacje bliższe aniżeli te, jakie udało się rozwinąć Stanom Zjednoczonym. Z tego też powodu wezwał do „wspólnej odpowiedzi na kryzys energetyczny", aczkolwiek zaznaczył, że co do zakresu negocjacji prowadzonych między Europą a Bliskim Wschodem, USA zachowają prawo do „konsultacji".

Europejczycy nie kupili wersji Kissingera, a ponadto podkreślili: „odpowiedzialność za dalszy rozwój na świecie coraz bardziej koncentruje się w rękach niewielkiej liczby silnych państw. Oznacza to, że Europa musi się zjednoczyć i zabrać głos w tej sprawie, gdyż tylko w ten sposób odegra właściwą rolę na światowej arenie".

Aby z powrotem wprowadzić Europę na orbitę wytyczoną przez Stany Zjednoczone, Amerykanie w ciągu 4 miesięcy po kryzysie energetycznym uruchomili projekt Międzynarodowej Agencji Energetycznej. Zaprojektowana przez Amerykanów koalicja miała być pewnego rodzaju „organizacją krajów importujących ropę", stanowiącą przeciwwagę dla „organizacji krajów eksportujących ropę" oraz przeciwdziałać wywieranym przez nie wpływom na kształtowanie się cen ropy naftowej. Gdyby za pomocą instrumentów politycznych i ekonomicznych nie udało się osiągnąć celu, Waszyngton był gotowy zastosować środki wojenne i rozprawić się z bliskowschodnimi eksporterami czarnego surowca. Z kolei państwa Bliskiego Wschodu ostrzegły Europę i Japonię, że w przypadku podjęcia przez Amerykanów działań wojennych, są gotowe do zniszczenia szybów naftowych, rurociągów i infrastruktury portowej, a tym samym do przerwania dostaw ropy na okres minimum jednego roku. Kraje europejskie zostały zaalarmowane, albowiem choć taki obrót byłby niemałą komplikacją dla Amerykanów, to jednak Stany Zjednoczone posiadały sporą ilość własnych pól naftowych gotowych do eksploatacji, a ponadto można było zwiększyć import ropy z krajów Ameryki Południowej, Afryki i innych rejonów i tym samym pokryć deficyt w dostawach ropy z Azji. Dla mocno uzależnionej od dostaw ropy z Bliskiego Wschodu gospodarki europejskiej oznaczałoby to katastrofę. Z tego powodu, kiedy tylko amerykański Departament Obrony wystosował ostrzeżenie o możliwości użycia siły wojskowej przeciwko krajom w Zatoce Perskiej, jeśli embargo na ropę będzie kontynuowane, poszczególne kraje europejskie natychmiast włączyły się w proces mediacji.

Nie poprzestając na tym, Francuzi udali się do Kuwejtu, aby wspomagać projekty budowy petrochemii i rafinerii i tym samym zapewnić sobie nieprzerwane dostawy ropy naftowej. W Arabii Saudyjskiej podpisali oni z rządem saudyjskim kontrakt na dostawę 5,6 miliarda baryłek ropy w okresie następnych 20 lat, a warunkiem wymiany miała być kontynuacja wsparcia w zakresie projektów petrochemicznych i rafineryjnych. Działania francuskiej dyplomacji naftowej były imponujące.

Kiedy Amerykanie wysunęli propozycję „nowego partnerstwa transatlantyckiego", próbując wymusić na Europie powrót na wyznaczony dla niej tor, Europejczycy ponownie przemówili wspólnym głosem, rozpoczynając współpracę z krajami arabskimi na ogromną skalę, co z kolei wywołało u Amerykanów spore oburzenie i odczytane zostało w kategoriach zdrady.

Kryzys naftowy wywołał rozłam w powojennych sojuszniczych stosunkach między Europą i Stanami Zjednoczonymi.

Skutkiem ekonomicznym, trwalszym aniżeli embargo eksportowe, okazały się ceny ropy. Kraje eksportujące ropę podniosły je z 1,8-2,48 dolara za baryłkę według notowań z początku 1971 roku do 10 dolarów za baryłkę pod koniec tego roku. Przy tym podwyżka ta nie do końca wynikała tylko i wyłącznie z amerykańskich sankcji, a była też odpowiedzią na deprecjację dolara, a przede wszystkim na inflację cen importowanej żywności i miała być formą rekompensaty za wywołane tymi okolicznościami skurczenie się rezerw walutowych krajów OPEC.

Ropa naftowa od dawna nie była jedynie źródłem energii, lecz stanowiła fundament wzrostu gospodarczego krajów uprzemysłowionych. Czterokrotny wzrost cen ropy naftowej wywołał znaczny przyrost cen surowców w przemyśle petrochemicznym, a jednocześnie towarów wytwarzanych z surowców przemysłu petrochemicznego. Dotyczyło to prawie wszystkich finalnych produktów konsumenckich, takich jak samochody, elektronika, tekstylia i wiele innych. Nagły niedobór ropy naftowej i ostry wzrost cen tego surowca oznaczały – dla krajów rozwiniętych znajdujących się już na orbicie gospodarki przemysłu naftowego – natychmiastowe i destrukcyjne obrażenia wewnętrzne gospodarek tych krajów. Podobnie jak kryzys żywnościowy z początku lat pięćdziesiątych XX wieku wpłynął na proces industrializacji w Chinach, tak kryzys naftowy wymusił podwyżkę kosztów przetwarzania ropy naftowej i jej transportu, załamanie przemysłu petrochemicznego, poważny wzrost cen surowców dla przemysłu lekkiego. Efekty kryzysu ujawniły się także na rynkach w postaci rosnących cen towarów, zaostrzenia inflacji i ekonomicznej stagnacji. Pojawienie się w latach siedemdziesiątych globalnej stagflacji było efektem powstania wąskiego gardła w gospodarkach opartych na przemyśle naftowym.

Im bardziej rozwinięty był przemysł ciężki i chemiczny w danym kraju, z tym większym uderzeniem wywołanym kryzysem naftowym przyszło się mierzyć jego gospodarce. Stany Zjednoczone były państwem, w którym przemysł petrochemiczny rozpoczął się najwcześniej i był najbardziej rozwinięty. W okresie trwania kryzysu amerykańska produkcja przemysłowa spadła o 14%. Japonia, która w latach sześćdziesiątych XX wieku wdrożyła „plan podwojenia bogactwa narodowego", uznała przemysł petrochemiczny za sektor kluczowy dla rozwoju, a w związku z kryzysem w zorientowanej na eksport japońskiej produkcji dóbr konsumpcyjnych wystąpiło wąskie gardło, na arenie międzynarodowej pojawił się zaś dodatkowo problem spowolnienia rynku konsumenckiego, co doprowadziło do spadku japońskiej produkcji przemysłowej o 20%. Wszystkie kraje uprzemysłowione jednocześnie weszły w fazę recesji lub też spowolnionego wzrostu gospodarczego. Kraje zachodnie utrzymujące szybki wzrost i dobrobyt gospodarczy od czasów wkroczenia na drogę powojennej industrializacji, otrzymały pierwszy poważny cios.

■ Porzucone stacje paliw w Stanach Zjednoczonych w czasie kryzysu naftowego.

Kryzys naftowy wymusił na poszczególnych państwach poszukiwanie surowców alternatywnych dla ropy naftowej. W rzeczywistości sam przełom energetyczny i tak nie byłby w stanie rozwiązać problemu wąskiego gardła surowców w gospodarkach krajów zachodnioeuropejskich spowodowanego silnym uzależnieniem przemysłu lekkiego od surowców pochodzenia petrochemicznego. Energia atomowa, energia słoneczna, energia wiatrowa, wodna czy energia pływów morskich – wszystkie próbowały zastąpić ropę naftową i sprowokować nową rewolucję gospodarczą, niestety, te próby nie doprowadziły do większego przełomu we wzroście gospodarczym. Począwszy od wczesnych lat siedemdziesiątych do połowy lat dziewięćdziesiątych, to jest przez okres pełnych 20 lat, Europa, Stany Zjednoczone, Japonia i inne rozwinięte kraje uprzemysłowione zostały zamknięte w pułapce niskiego wzrostu, którego głównym powodem był brak znaczącego i fundamentalnego przełomu w zakresie technologii i surowców, to jest brak ekonomicznego bodźca na miarę tego, jakim był wzrost wydobycia ropy naftowej w latach 50-tych.

Rewolucja przemysłowa ludzkości polegała w istocie na wymianie energii z drewna na węgiel i ropę naftową, wymianie surowców z produktów rolnych i wodnych zasobów naturalnych na surowce syntetyczne wytworzone z wykorzystaniem obróbki ropy naftowej. Nowy rozmach gospodarczy tkwi w rewolucji technologicznej.

Europejski kurs wymiany walut szuka stabilizacji, amerykański dolar dryfuje niesiony przez wzburzone fale

Zjawiska z początku lat siedemdziesiątych, takie jak kryzys żywnościowy, inflacja, kryzys energetyczny, recesja gospodarcza czy rozłam sojuszu na linii Europa-USA, miały swoje źródła w zjawisku deprecjacji dolara.

Amerykanie w końcu pojęli, że nawet strącenie niekwestionowanego króla metali z tronu nie zmieni stanu ustawicznego zagrożenia amerykańskiej waluty ze strony złota. Cały świat bez wątpienia zdawał sobie sprawę z postępującej deprecjacji dolara, a nieustanny spadek jego wartości względem złota sprawiał, że kiepska sytuacja dolara była widoczna jak na dłoni. Stabilny mechanizm kursowy nie pozwalał ukryć prawdy, a niecne praktyki Amerykanów były trudne do zamaskowania. Winowajcy z całego serca pragnęli więc nie tylko wydania wyroku „dożywocia bez możliwości zwolnienia warunkowego" dla złota, ale także całkowitego zniszczenia stabilnego mechanizmu kursowego, mającego doprowadzić do pogrążenia się światowego rynku walutowego w kompletnym bezładzie. Dużo bardziej złożony chaos gospodarczy spowodowany płynnym kursem walutowym pozwoliłby na odwróceniu uwagi globu od deprecjacji dolara, co dawało szansę na zmylenie opinii publicznej i wykorzystania ogólnego chaosu do przełamania trudnej sytuacji Ameryki.

Stany Zjednoczone pragnęły więc bałaganu. Pragnęły użyć chaosu do wyrwania swojej waluty z impasu. Europa pragnęła stabilizacji.

Działania Amerykanów mogły doprowadzić do ogromnych wahań kursów walutowych i, w konsekwencji, do zakłócenia rozwoju handlu. W celu ustabilizowania sytuacji wspólnota rynków europejskich, działając w duchu rekomendacji *Raportu Wernera*, w kwietniu 1972 roku uruchomiła słynny „mechanizm węża walutowego", ustalającego górne granice wahania kursu pomiędzy każdą parą walut krajów należących do wspólnoty. W grudniu 1971 roku w ramach Umowy Waszyngtońskiej ustalono zakres płynności niemiędzynarodowych rezerw walutowych względem dolara amerykańskiego, 1% przyjęty w systemie z Bretton Woods rozszerzono do 2,25%. Jeśli przedstawić by to metaforycznie, to wahania kursowe w obrębie Europejskiej Wspólnoty Gospodarczej były jak wąż pełzający w samym środku tunelu tego paragrafu Umowy Waszyngtońskiej. Jednakże po tym, jak w 1973 roku dolar uwolnił kurs płynny, europejski „wąż walutowy" nie znajdował się już w samym środku tunelu, lecz raz tonął, a raz wypływał na powierzchnię wzburzonych wód oceanu.

Europejczycy mieli nadzieję, że w zetknięciu z metodą „mechanizmu wężowej spirali walutowej", siła uderzenia wywołana deprecjacją dolara znacznie osłabnie. Jednak z perspektywy dolara, uformowanie europejskich walut w szyk „długiego węża" było krótkowzroczne. Przelicznik dolara cały czas, to piął się w górę, to spadał. To, kiedy zadawał ciosy i kopał, zależało całkowicie od międzynarodowego kapitału spekulacyjnego. Wężowy szyk walut europejskich przypominał sztywny szyk wojny pozycyjnej, gotowy tylko do pasywnej defensywy i w przypadku przegranej niezdolny do dalszej walki.

Największą wadą tego mechanizmu było to, że blokował on tylko parytet wymiany walut krajów należących do Wspólnoty, podczas gdy polityka walutowa i fiskalna tych krajów była prowadzona przez nie niezależnie. Można to porównać do związania liną 9 łodzi unoszących się na wysokich falach, przy czym siła napędu każdej z tych łodzi, jak również kierunek, w którym płynęły, były od siebie różne – nagłe wezwanie tych łodzi do płynięcia w jednym kierunku w sposób naturalny wywołałoby ich kolizje i stałoby się powodem niesterowności. W momencie gdy dolar wywołałby gwałtowną i potężną falę spekulacyjną, łącząca poszczególne łodzie lina, w efekcie dramatycznych i dużych przesileń kadłubów, mogłaby zostać łatwo rozerwana.

W 1973 roku niemiecka marka była okrętem flagowym „mechanizmu wężowej spirali walutowej", a waluty Francji i Wielkiej Brytanii były tylko okrętami konwojującymi. Latem 1972 roku, sprzedając żywność Związkowi Radzieckiemu, Stany Zjednoczone miały nadzieję, że ZSRR zapłaci za dostawy wyprzedając swoje rezerwy w złocie. Dlatego też Amerykanie wywołali spadek cen złota na rynku, a tym sposobem wzmocnili wierzytelność dolara. W efekcie Sowieci zwrócili się do Europy z prośbą o udzielenie kredytów w dolarach, a tym samym wschodni wiatr zawrócił ogień inflacyjny w kierunku Stanów Zjednoczonych. Na początku 1973 roku rosnąca presja inflacyjna sprawiła, że dolar nie był już dłużej w stanie utrzymać w mocy postanowień Umowy Waszyngtońskiej dotyczących limitów dewaluacji waluty. Wskutek zaistniałych okoliczności, w połowie lutego, kiedy niemiecki bank centralny zmuszony był podnieść oprocentowanie kredytów pod wpływem presji 7,5% inflacji, skrywany dotąd nurt deprecjacji dolara zamienił się ostatecznie w nieokiełznaną falę masowej wyprzedaży dolarowych aktywów.

Wielka Brytania dołączyła na krótko do „mechanizmu wężowego" w 1972 roku, szybko jednak została obezwładniona przez kapitał spekulacyjny. W 1973 roku brytyjski premier Edward Heath przybył do Bonn, aby po raz kolejny prosić o możliwość dołączenia funta brytyjskiego do „węża walutowego". Niemcy naturalnie poparły tę inicjatywę, jako że mając w swoich szeregach brytyjskiego funta i francuskiego franka, ich siła do walki z dolarowym kapitałem spekulacyjnym zdecydowanie wzrastała. Jednakże warunki postawione przez Brytyjczyków wywołały wahanie Niemców. Wcześniej zdarzało się, że brytyjska administracja podejmując próbę połączenia waluty brytyjskiej z walutami europejskimi, ponosiła fiasko, a kolejne rządy próbujące podtrzymać ten kierunek także prędzej czy później upadały. Heath zażądał od Niemiec zobowiązania, że w przypadku dołączenia Wielkiej Brytanii do „węża walutowego" Niemcy udzielą funtowi nieograniczonego wsparcia. W opinii Niemców było to równoznaczne z prośbą o wystawienie przez nich czeku *in blanco*, którego pokryciem byłyby ich własne rezerwy walutowe. Co więcej, Brytyjczycy otrzymawszy ten amulet, prawdopodobnie straciliby jakiekolwiek hamulce w odniesieniu do deficytu fiskalnego. Niemcy, nie chcąc odmówić wprost, zaproponowali układ i zasugerowali, by Wielka Brytania najpierw przystąpiła do „mechanizmu wężowego" i walcząc na śmierć i życie udowodniła swoją nieugiętą determinację do obrony stabilności kursu walut europejskich. Brytyjczycy ostatecznie się wycofali.

Francja początkowo także chciała wykorzystać okazję płynącą z ponownego dołączenia Wielkiej Brytanii do układu. Jej plan polegał na utworzeniu za pomocą wyciągniętych z niemieckiej kieszeni rezerw walutowych puli funduszy na potrzeby stabilizacji kursów walutowych. Pula ta, w razie niewydolności franka, pozwalałaby na użycie niemieckich pieniędzy w celu rozłożenia presji. Jednak wraz z wycofaniem się Wielkiej Brytanii, francuski sen również się rozmył. Wylała potężna fala dolarowych spekulacji.

1 marca 1973 roku „wał" w postaci Umowy Waszyngtońskiej obsunął się, a wszelkie pozostałości po stałym kursie walutowym z czasów Bretton Woods zniknęły z powierzchni ziemi. Świat wkroczył w erę kompletnego chaosu wywołanego wolnością płynnego kursu walut.

Kiedy Stany Zjednoczone zmiażdżyły jednym ciosem krtań systemu stałych kursów walutowych, rozpoczęły krucjatę skierowaną przeciwko złotu. Po zakończeniu procesu zastępowania złota amerykańskimi obligacjami skarbowymi USA miały zamiar wykonać ostatni ruch i uczynić z obligacji kluczowe aktywa światowych rezerw walutowych.

Do 1976 roku wartość posiadanych przez rządy na całym świecie amerykańskich obligacji skarbowych wynosiła 90 miliardów dolarów. Pytanie, na które należało jak najszybciej odpowiedź, brzmiało: jak pozbyć się tak ogromnego zadłużenia? Było to ambitne wyzwanie strategiczne. Amerykańska logika była następująca: zamiana tego długu w międzynarodowe rezerwy walutowe była niczym innym jak wspieraniem długu narodowego Stanów Zjednoczonych, którego nie trzeba będzie spłacić. W czerwcu 1974 roku Stany Zjednoczone zasugerowały utworzenie w ramach Międzynarodowego Funduszu Walutowego tak zwanego rachunku zastępczego (Substitution Account), którego główną funkcją byłoby przekształcanie amerykańskich obligacji skarbowych posiadanych przez poszczególne kraje w „specjalne prawa ciągnienia (SDR)"[7]. Umożliwiłoby to Stanom Zjednoczonym wykonanie ostatniego już kroku, czyli transformacji amerykańskich obligacji w aktywa międzynarodowych rezerw walutowych. Amerykański dług po transformacji nie byłby już długiem publicznym Stanów Zjednoczonych, lecz głównym aktywem międzynarodowych rezerw finansowych, a trwale osadzony w międzynarodowym walutowym systemie operacyjnym, nigdy nie wymagałby spłaty.

Działania Stanów Zjednoczonych mające na celu „skazanie" złota, zostały przeprowadzone w czterech krokach: pierwszy: wszystkie banki centralne krajów członkowskich MFW zobowiązane zostały nie dopuścić do ustalania oficjalnych cen złota; drugi: jakakolwiek zależność cenowa między złotem a SDR musi zostać przerwana, tym samym w rezerwach walutowych banków centralnych złoto traciło podstawę prawną do wyceny i zmieniało się w aktywa o „zmiennej wartości"; trzeci: amerykański Departament Skarbu przeprowadzi wyprzedaż złota po zaniżonej cenie; czwarty: Międzynarodowy Fundusz Walutowy we współpracy z amerykańskim Departamentem Skarbu obniży światowe ceny złota. Sedno tych

---

[7] *Research Department of Federal Reserve Bank of San Francisco*, Substitution Account, marzec 1980.

działań polegało na tym, że im bardziej niestabilna będzie cena złota, tym lepiej, gdyż niestabilność ceny wykluczała złoto jako narzędzie do przechowywania bogactwa, a ponadto zmniejszała apetyt na posiadanie złota w charakterze rezerw walutowych.

Pod naciskiem Stanów Zjednoczonych kraje członkowskie Międzynarodowego Funduszu Walutowego zgodziły się na usunięcie złota z wartości bazowej SDR, a nie powiązane już ze złotem SDR od tamtej pory stało się punktem odniesienia dla „koszyka" 16 rodzajów walut krajowych. Następnie, dla zachowania spójności z duchem działań prowadzonych przez USA, MFW postanowił wyprzedać 1/3 posiadanych rezerw walutowych w złocie, z czego połowę przeznaczono dla banków centralnych poszczególnych krajów, a drugą połowę do sprzedaży na wolnym rynku.

Sztywny kurs walutowy został zniesiony, złoto zostało „skazane". W oczach Amerykanów najbardziej rażącym problemem były teraz wysokie przychody w petrodolarach uzyskiwane przez kraje Bliskiego Wschodu, odkąd kryzys naftowy spowodował gwałtowny wzrost cen ropy naftowej.

W Europie i Japonii nadwyżki płatnicze bilansu narodowego zostały pochłonięte przez ceny ropy naftowej, w latach 1974-1976 bonus naftowy w wysokości 40 miliardów dolarów wlał się do kieszeni bliskowschodnich potentatów, a kraje Bliskiego Wschodu wzniosły się na pozycję potęg eksportujących kapitał. Gdyby Bliski Wschód zbliżył się nieco do Europy, to używając petrodolarowej akumulacji kapitału, mógłby realizować projekty przemysłowe na dużą skalę, a tym samym Europa stałaby się najlepszym dostawcą urządzeń przemysłowych i technologii, a Bliski Wschód uchyliłby Europie drzwi do dostaw ropy naftowej i rynków konsumenckich. W ten sposób amerykańskie interesy zostałyby zmarginalizowane. Kluczowe pytanie brzmiało: jak przesunąć obfity strumień petrodolarów z Bliskiego Wschodu z powrotem do USA i jak osłabić wewnętrzną siłę przyciągania między Europą i krajami Bliskiego Wschodu?

Sztuka wojenna Amerykanów bazowała na wykorzystaniu amerykańskich obligacji skarbowych i wprowadzeniu ich w strumień bliskowschodnich petrodolarów, pozwalając krajom Bliskiego Wschodu na przejęcie roli, jaką niegdyś odgrywały Europa i Japonia, czyli na finansowanie amerykańskiego deficytu. W tym celu w pierwszej kolejności Stany Zjednoczone zaalarmowały europejskie banki, że nie mogą dopuścić do przekroczenia wartości depozytów ponad kwotę wówczas przez nie posiadanych 15 miliardów dolarów. W ten sposób odcięły drogę odwrotu bliskowschodnim petrodolarom, a następnie, używając wabika w postaci oferty współpracy wojskowej i gwarancji bezpieczeństwa, wymogły na Arabii Saudyjskiej zainwestowanie petrodolarów w amerykańskie obligacje skarbowe.

Amerykańskie Imperium Długu po „uzurpacji pozycji złota", po doświadczeniu płynnego kursu walutowego, po kryzysie energetycznym, po dolarowym refluksie i innych poważnych wstrząsach w końcu zyskało solidny przyczółek. W całym tym chaosie Europejska Unia Walutowa otrzymała z kolei bolesny i destrukcyjny cios.

Dezintegracja „kręgu Monneta", okres stagnacji Unii Europejskiej

Ustąpienie de Gaulle'a z urzędu było bardzo korzystne dla „kręgu Monneta". Niesieni jednym podmuchem wiatru starzy towarzysze broni Monneta, czyli niemiecki kanclerz Willy Brandt, brytyjski premier Edward Heath i francuski prezydent Georges Pompidou, wspólnie zdołali zrealizować dwa bardzo istotne założenia – ekspansję Unii Europejskiej oraz *Raport Wernera*.

Niestety, nadejście wojny na Bliskim Wschodzie oraz kryzysu naftowego wywołały przerwanie długoterminowego powojennego europejskiego tempa wzrostu gospodarczego, a nadejście ery pływających kursów walutowych rzuciło Europę w jeszcze większe zawirowania ekonomiczne i polityczne. Europejscy politycy w efekcie wrzawy wywołanej krajową recesją gospodarczą i zamieszkami politycznymi byli zmęczeni, a ich entuzjazm i gotowość do działań w zakresie współpracy międzynarodowej została znacząco osłabiona. Niemcy skoncentrowali się na dręczącym ich problemie inflacji, Francuzi martwili się o wzrost gospodarczy w kraju, Brytyjczycy zatonęli w dylematach i wewnętrznych sporach na temat przystąpienia do „mechanizmu wężowego", Włosi i pozostali członkowie Wspólnoty Europejskiej, widząc niezgodę wśród krajów założycielskich i brak wspólnego kierunku rozwoju, zajęli się sprzątaniem swoich podwórek, nie zwracając specjalnie uwagi na to, co dzieje się wokół.

W obliczu utraty impetu w działaniach na rzecz integracji europejskiej Monnet wysunął propozycję powołania Funduszu Zasobów Europejskich, licząc na to, że po raz kolejny unia walutowa pozwoli przełamać impas. Jednakże wniosek Monneta został odrzucony przez niemieckiego ministra finansów, przekonanego, że integracja gospodarcza powinna mieć pierwszeństwo w stosunku do integracji finansowej. Po wybuchu kryzysu energetycznego Monnet ponownie zasugerował, że Unia Europejska powinna ustanowić pewien mechanizm współpracy pozwalający na dystrybucję zasobów ropy naftowej do krajów członkowskich. Choć na propozycję tę przystały Niemcy, to Wielka Brytania i Francja wyraziły sprzeciw, dlatego też Monnet zmuszony był porzucić ten temat.

W maju 1974 roku, należący do „kręgu Monneta" Valery Giscard d'Estaing, po śmierci Pompidou został wybrany na prezydenta Francji. Osiemdziesięcioszcześcioletni wówczas Monnet oświecił niespełna pięćdziesięcioletniego nowego prezydenta Francji, że „elementem najbardziej deficytowym w sprawach współczesnej Europy jest władza. Pomimo niekończących się dyskusji na temat reguł działania, brakuje decyzyjnego autorytetu". Te słowa stały się dla d'Estainga wielką inspiracją, ponieważ jego dotychczasowe przemyślenia były spójne z opinią Monneta. Dlatego, w efekcie udzielonego mu wsparcia, zachęcany przez Monneta prezydent d'Estaing na grudniowym szczycie Unii Europejskiej w Paryżu zaproponował realizację nowego planu, jakim miało być powołanie systemu Rady Europy[8].

---

[8] Pascaline Winand, *Monnet's Action Committee for the United Nations of Europe, It's Successor and the Network of Europeanists.*

W skład Rady Europy mieli wchodzić szefowie rządów lub głowy państw członkowskich, a sama Rada miała stanowić najwyższy organ Unii Europejskiej powołany do podejmowania strategicznych decyzji i choć nie posiadała uprawnień legislacyjnych, to jej zadaniem miało być zarówno nadawanie kierunku głównym trendom politycznym w Europie, jak również odpowiedzialność w zakresie ustalania politycznych priorytetów. W obliczu poważnego kryzysu gospodarczego i kryzysu walutowego Europa pilnie potrzebowała regularnych spotkań szefów rządów poszczególnych państw członkowskich. Powołanie Rady Europy oznaczało, że głowy państw suwerennych miałyby obowiązek świadczenia usług politycznych na rzecz ponadnarodowej Unii.

W tamtym okresie Unia Europejska stała się już prototypem Stanów Zjednoczonych Europy. Sprawowana wcześniej przez Monneta funkcja pierwszego przewodniczącego Europejskiej Unii Węgla i Stali (Wysoka Władza), po podpisaniu Traktatów Rzymskich współistniała z Europejską Wspólnotą Gospodarczą i Euratomem, a w późniejszym czasie doprowadzono do fuzji władz tych trzech ponadnarodowych instytucji zintegrowanych w pojedynczym organie Komisji Wspólnot Europejskich, który z kolei stał się poprzednikiem funkcjonującej obecnie Komisji Europejskiej. Komisja Europejska jest odpowiednikiem krajowej Rady Ministrów i odpowiada za codzienne czynności Unii Europejskiej.

Utworzone przez Monneta, w ramach Europejskiej Unii Węgla i Stali, Zgromadzenie EWWiS ewoluowało w Parlament Europejski, będący odpowiednikiem krajowego organu ustalającego mechanizmy legislacji, nadzoru i doradztwa.

W ten oto sposób Wysoka Władza, Komisja Wspólnot Europejskich i Parlament Europejski stały się trzema filarami pod budowę przyszłych Stanów Zjednoczonych Europy, a pierwotne modele tych instytucji niemalże w całości wywodziły się z „kręgu Monneta" i dlatego w przyszłości Monnet i bliscy mu ludzie zyskali miano twórców Zjednoczonej Europy.

W 1975 roku powołany przez „krąg Monneta" Komitet Akcji na Rzecz Stanów Zjednoczonych Europy działał już od 20 lat, a sam Monnet liczył sobie 87 wiosen życia. Monnet nie wyobrażał sobie, że droga do celu okaże się tak długa i mozolna. W czasie dziesięcioletnich rządów Charlesa de Gaulle'a Monnet niemalże całkowicie stracił swoje wpływy we Francji, lecz w pozostałych krajach europejskich wciąż cieszył się ogromną estymą. W rozumieniu Monneta podstawą dla powołania Stanów Zjednoczonych Europy była współpraca brytyjsko-amerykańska, której podstawowym celem było partnerstwo transatlantyckie. Utworzenie europejskiego superpaństwa nie miało na celu podważenia hegemonii Stanów Zjednoczonych, lecz podział władzy pomiędzy oba kraje i wspólną dominację nad światem. Jednak wobec następujących w latach siedemdziesiątych XX wieku kryzysu naftowego, deprecjacji dolara, chaosu walutowego w Europie i recesji gospodarczej krajów uprzemysłowionych, w stosunkach między Europą a Ameryką pojawiło się napięcie, a nawet emocjonalna wzajemna niechęć, wobec czego Monnet odczuwał ogromne rozczarowanie. Rozluźnienie sił integracyjnych wewnątrz Europy wprawiało go w jeszcze większe zmartwienie i jako człowiek leciwy i zmęczony, uznał, że jego misja dobiegła końca. Przez pewien czas miał nadzieję, że niemiecki kanclerz Willy Brandt będzie kontynuował jego spuściznę ideologiczną, ale ostatecznie musiał pożegnać się i z tym przekonaniem[9].

Wśród personelu od lat towarzyszącego Monnetowi, jego sekretarka świadczyła mu całkowicie nieodpłatne usługi. W ciągu dnia pracowała ona dla barona Roberta Rothschilda, a po godzinie 17 udawała się do pracy w biurze Monneta. Baron Robert Rothschild był członkiem słynnej familii i choć nie wybrał rodzinnej ścieżki kariery w bankowości, był aktywnie zaangażowany w działalność dyplomatyczną. Był jednym z współtwórców Traktatów Rzymskich z 1957 roku i z tego powodu został uznany za jednego z twórców Unii Europejskiej. Przez długie lata Monnet pielęgnował bliskie kontakty z klanem rodzinnym, a za pośrednictwem swojej osobistej sekretarki informował tę rodzinę o każdym pojedynczym kroku podejmowanym przez powołany przez siebie Komitet Akcji na Rzecz Stanów Zjednoczonych Europy i mógł mieć pewność, że wszystkie informacje na czas dotrą do uszu Rothschildów, a ich odpowiedź i sugestie również na czas zostaną jemu przekazane.

Kiedy Monnet ostatecznie ogłosił wśród zrzeszonych w jego kręgu osób swoją rezygnację ze stanowiska i rozwiązanie Komitetu Akcji na Rzecz Stanów Zjednoczonych Europy, wprawił wszystkich w ogromne zaskoczenie. Po utracie swojego duchowego przywódcy Komitet Akcji na Rzecz Stanów Zjednoczonych Europy na kolejne 10 lat pogrążył się w bezwładzie i dezorientacji. Dopiero w 1985 roku adiutanci Monneta ponownie wznieśli sztandar i wznowili działania, co zaraz gwałtownie przyspieszyło tempo prac na rzecz powołania Europejskiej Unii Gospodarczej i Walutowej, które uwieńczyło podpisanie Traktatu z Maastricht.

W okresie, kiedy Monnet przebywał już na emeryturze, jedynym znaczącym postępem, jaki odnotowano, było powołanie w 1979 roku Europejskiego Systemu Walutowego (ESW/EMS), który był zarazem namacalnym owocem *Raportu Wernera*.

Najważniejszym osiągnięciem ESW było ustalenie wspólnej waluty europejskiej – European Currency Unit (ECU), która to jednostka ostatecznie ewoluowała do współcześnie znanej nazwy EURO. Wokół europejskiej jednostki monetarnej doszło do wybuchu ostrej kłótni między przedstawicielami Francji i Niemiec. Zgodnie z zamysłem Francuzów kurs ECU powinien być ustalony na podstawie średniej ważonej walut poszczególnych krajów członkowskich Unii Europejskiej znajdujących się w „koszyku walutowym".

U podstaw ECU leżało założenie, że wahania walut poszczególnych krajów w stosunku do wspólnej jednostki walutowej nie powinny przekraczać 2,25%, poza miękkim włoskim lirem, któremu zezwolono na wahania w granicach dochodzących nawet do 6%. W zasadzie było to dotrzymanie obietnicy płynącej z „mechanizmu wężowego", z tą jedyną różnicą, że punktem odniesienia dla *benchmarkingu* (analizy porównawczej) stała się wspólna jednostka walutowa, ECU. Nowy europejski mechanizm walutowy zyskał nazwę Mechanizmu Kursów Walutowych (ERM).

---

[9] *Ibid.*

Francuski zamysł wydawał się sprytny, w sytuacji aprecjacji niemieckiej marki i deprecjacji francuskiego franka koncepcja oparcia ECU na „koszyku walutowym" byłaby korzystna dla franka. Było tak dlatego, że po ustaleniu stałego współczynnika wymiany walut z „koszyka", parametr ten był rewidowany raz na 5 lat. W międzyczasie w przypadku, gdy nastąpiłaby zbyt gwałtowna aprecjacja niemieckiej marki, ażeby zapewnić, że wartość marki nie przekroczy granic ustalonych w ramach „koszyka", Niemcy nie mieliby innego wyjścia, jak tylko wykorzystanie własnych rezerw walutowych do interwencji na rynku walut w celu obniżenia kursu marki. W ten sposób marka stałaby się tarczą dla walut pozostałych krajów europejskich. Jednocześnie ECU mogłoby być wykorzystane w charakterze narzędzia służącego interwencji poszczególnych krajów na rynku walutowym, a także w rzeczywistości mogłoby zostać ewentualnie wykorzystane do spłacenia długów wynikających z wahań kursowych walut tych krajów.

Niemcy zdecydowanie stawiły opór takiemu układowi, sądząc, że „wymusi on emisję niemieckiej marki, która całkowicie wymknie się spod kontroli". Mieli oni już okazję zrozumieć to zjawisko na przykładzie napływającego do ich kraju strumienia zdewaluowanego dolara, kiedy to zmuszeni byli do dodatkowej emisji marki niemieckiej, żeby móc zapewnić, że jej kurs nie będzie wzrastał. Ta emisja waluty zupełnie wymknęła się im spod kontroli. Jednocześnie interwencje w celu stabilizowania europejskiego rynku walutowego, walki z walutowymi spekulantami i osłabieniem waluty poszczególnych krajów mogły odbywać się wyłącznie przy użyciu silnej marki niemieckiej w charakterze oręża. Jednak podczas zwracania długu Niemcom poszczególne kraje mogły za pośrednictwem ECU użyć swoich własnych walut, co oznaczało, że Niemcy zmuszeni byliby do zwiększenia podaży swojego pieniądza.

Z tego powodu, zdaniem Niemców, w celu wspierania operacji stabilizujących kursy wymiany walut należało postępować zgodnie z założeniami „mechanizmu wężowego", a wahania walut poszczególnych krajów nie mogły być równe ECU. Względny kurs wymiany każdej pary walut nie mógł wychodzić poza ustalone limity. W ten sposób każdy z krajów członkowskich, chcąc regulować kurs wymiany swojej waluty, zmuszony byłby do wykorzystania własnych rezerw. Taki układ uniemożliwiłby wykorzystanie marki w charakterze tarczy obronnej. Poza tym, mimo znaczącego wzrostu kredytów krótkoterminowych wynikającego z interwencji na europejskim rynku walutowym, Niemcy nalegały, aby w momencie nadejścia terminu spłaty poszczególne kraje wykorzystywały dolary, marki lub złoto, co oznaczało przerwanie „żerowania" innych krajów wspólnoty na silnym organizmie marki niemieckiej. Niemcy nie zgadzały się także na utworzenie wspólnego funduszu rezerw walutowych[10].

W procesie uruchamiania Europejskiego Systemu Walutowego Francja pozornie odniosła sukces. Jego odzwierciedleniem było wprowadzenie ECU. Jednakże w kwestii kluczowych zasad Niemcy nie ustąpiły nawet o krok. Nowy mechanizm kursowy, pomimo iż zalegalizował „wahania wężowe", to jednak nie zdołał

---

[10]   David Marsh, *The Battle for the New Global Currency*, s. 68-69.

zwiększyć odpowiedzialności Niemiec, a dominująca pozycja marki niemieckiej także pozostała niezmieniona.

Ustanowiony Europejski System Walutowy w rzeczywistości był strefą marki niemieckiej.

Powrót idei Monneta, Komitet Akcji na Rzecz Europy

Po rozwiązaniu „kręgu Monneta" w 1975 roku siła napędowa promowania ducha Zjednoczonej Europy znalazła się w stanie paraliżu, co znacznie opóźniło proces budowania Europejskiej Unii Gospodarczej i Walutowej. Mimo to kluczowi działacze „kręgu Monneta" nie popadli w marazm, a czekając na odpowiedni moment uformowali „nowy krąg" mający na celu promocję wielkiej sprawy, jaką była integracja europejska.

We wczesnych latach osiemdziesiątych były zastępca Monneta, Holender Max Kohnstamm, stopniowo stał się nowym rzecznikiem zjednoczenia. Kohnstamm przez długi okres pełnił funkcję wiceprezesa Komitetu Akcji na Rzecz Stanów Zjednoczonych Europy, a w 1973 roku został pierwszym przewodniczącym europejskiego oddziału Komisji Trójstronnej powołanej przez Davida Rockefellera. Choć nie posiadał wrodzonej Monnetowi charyzmy, od dawna zaangażowany był w pracę u podstaw w zakresie planowania i koordynacji działań Komitetu, łączyły go bliskie relacje z najważniejszymi osobistościami Starego Kontynentu i z własnej woli podjął inicjatywę powołania „nowego kręgu" promującego integrację. Jako że wszyscy odczuwali pilną potrzebę wymiany opinii i dyskusji na temat bieżących spraw dotyczących sytuacji w Europie i na świecie, na oficjalny apel Kohnstamma starzy członkowie kręgu odpowiedzieli entuzjastycznie, jeden po drugim przyłączając się do nowej organizacji.

W październiku 1982 roku przywódca CDU Helmut Kohl zastąpił Helmuta Schmidta na stanowisku kanclerza Niemiec Zachodnich. Choć nie był byłym członkiem żadnego tajnego stowarzyszenia, to zaraz po dojściu do władzy ogłosił, że sprawy Europy i europejska integracja polityczna będą kwestiami priorytetowymi dla jego rządu. Kohnstamm był przekonany, że właściwy moment na założenie „nowego „kręgu" właśnie nadszedł. Zaczął kontaktować się ze starymi towarzyszami broni, między innymi z dopiero co odsuniętym od władzy niemieckim

■ Centralna postać Komitetu Akcji na Rzecz Europy, Max Kohnstamm.

kanclerzem Helmutem Schmidtem oraz belgijskim premierem Leo Tindemansem. Dawni działacze bliskiego personelu Monneta pod wpływem Kohnstamma rozesłali listy do innych byłych członków kręgu – aktywistów w dziedzinach polityki i handlu. Pytali ich, czy byliby zainteresowani przyłączeniem się do nowo powstającej grupy, mającej na celu „kontynuację idei i metod Monneta a także rozwijanie duchowego przewodnictwa nad dążeniami Unii Europejskiej"[11].

Aby w 1984 roku doprowadzić zamierzenie do końca, Kohnstamm rozpoczął podróż po Europie i osobiście odwiedzał każdego z nowych i starych przyjaciół, gotowego przystąpić do stowarzyszenia. Na potrzeby tych spotkań zabierał ze sobą plan oraz przyszły program działań kręgu.

13 marca 1984 roku w Brukseli Kohnstamm oficjalnie ogłosił rozpoczęcie działalności „nowego kręgu", w którego składzie znaleźli się belgijski premier Tindemans, były niemiecki kanclerz Schmidt, a stopniowo przyłączały się także autorytety w dziedzinie finansów i handlu z poszczególnych państw członkowskich Wspólnoty. Ówczesny niemiecki prezydent Karl Cartstens, choć nie brał udziału w spotkaniu inauguracyjnym, zapewnił, że po zakończeniu sprawowania urzędu z pewnością dołączy do szeregów tej organizacji. Na inauguracji ustalono także, że w zaistniałych okolicznościach konieczne jest przywrócenie ducha Monneta i powołanie nowych członków Rady. Schmidt był przekonany, że członkowie Rady powinni „rozwijać ogólną strategię, aby obudzić tonącą Europę". Zarekomendowano także opracowanie przez Schmidta raportu strategicznego dotyczącego Europejskiego Systemu Walutowego, pozostali członkowie mieli być natomiast odpowiedzialni za sporządzenie raportów w kwestiach dotyczących Unii Europejskiej, wspólnego rynku, bezpieczeństwa i obrony, przystąpienia Hiszpanii i Portugalii do Unii Europejskiej, a także wielu innych. Na koniec Schmidt z emfazą podkreślił, że: „trzeba mieć na uwadze, że choć w centrum uwagi [francuskiego prezydenta] François Mitteranda leżą kwestie europejskie, to jednak Francuska Partia Socjalistyczna nie osiągnęła w tej sprawie konsensusu". Dlatego należało jeszcze zaangażować w sprawę „osobę, która wywarłaby na ogromny wpływ na prezydenta Francji i pozyskałaby Mitteranda jako sojusznika dla planowanej taktyki działań".

Najlepszym kandydatem okazał się francuski minister finansów Jacques Delors. Kohnstamm i Delors po raz pierwszy spotkali się w 1976 roku i od tamtej pory pozostawali w bliskim kontakcie, ideologia i potężne wpływy kręgu Monneta stanowiły nieodpartą pokusę dla raczkującego w polityce Delorsa. Delors był byłym urzędnikiem wysokiego szczebla Banku Francji, jego pewność siebie, bezpośredniość i talent były oczywiste dla wszystkich, którzy mieli z nim do czynienia. Nawet Mitterand darzył go głębokim szacunkiem.

W czerwcu 1984 roku Delors poinformował Kohnstamma, że Mitterand zezwolił mu na uczestnictwo w działalności zainicjowanego przez Kohnstamma „nowego kręgu", a przyjemnie zaskoczony Kohnstamm zasugerował Delorsowi, by promowanie i ponowne wdrożenie działań na rzecz integracji europejskiej stało się

---

[11]   Pascaline Winand, *Monnet's Action Committee for the United Nations of Europe, It's Successor and the Network of Europeanists.*

priorytetem wykonywanej przez niego pracy. W późniejszym okresie, przy wsparciu Mitteranda i rekomendacji ze strony niemieckiego kanclerza Kohla, Delors został wybrany na stanowisko Przewodniczącego Komisji Europejskiej, będące odpowiednikiem premiera Unii Europejskiej. Z punktu widzenia Mitteranda Delors był jego przedstawicielem w „nowym kręgu", natomiast głównym celem, jaki we wciągnięciu Delorsa w struktury tego ciała mieli Niemcy, było wywieranie wpływu na Mitteranda, tak by ukierunkować go ku intensyfikacji działań na rzecz integracji. Obie strony zawarły milczące porozumienie w sprawie awansu Delorsa po to, aby połączyć siły na rzecz promowania Unii Gospodarczej i Walutowej.

Obsadzenie stanowiska przewodniczącego oznaczało, że prędkość działań na rzecz Europejskiej Unii Gospodarczej i Walutowej znacząco wzrośnie. Jednakże po objęciu przez niego tej funkcji, istniała jeszcze potrzeba wypełnienia wakatu pozostającego po Delorsie w nowym kręgu, najlepiej kandydatem z szeregów francuskiej Partii Socjalistycznej. Tymczasowo postanowiono, że Delors w charakterze „gościa" będzie uczestniczył w działalności „nowego kręgu". Jednak gdy Delors przybył do Brukseli, by objąć stanowisko, grupa niemalże natychmiast przedstawiła mu propozycje kandydatur na członków mających wejść w skład Komisji.

We wrześniu 1984 roku „nowy krąg" został oficjalnie przemianowany na Komitet Akcji na Rzecz Europy[12]. W połowie lat osiemdziesiątych sytuacja na arenie międzynarodowej wyglądała zgoła inaczej aniżeli w latach pięćdziesiątych, czyli w latach aktywnej działalności stowarzyszenia Monneta. Zagrożenie ze strony Związku Radzieckiego stopniowo zelżało, Europa i Stany Zjednoczone łączyły siły, aby poradzić sobie z narastającym z dnia na dzień ryzykiem wewnętrznego rozpadu ZSRR. Na horyzoncie zarysowała się możliwość ponownego zjednoczenia Niemiec Wschodnich i Niemiec Zachodnich, a tym samym perspektywa ponownego odrodzenia się na arenie międzynarodowej zjednoczonego i potężnego państwa niemieckiego. Związana z tym presja psychologiczna odczuwalna była nie tylko wewnątrz granic europejskich, to jest we Francji i innych krajach Unii, lecz wprawiała w niepokój także Stany Zjednoczone i Wielką Brytanię głównie dlatego, że europejski system walutowy od dawna był już królestwem marki niemieckiej. W tamtym czasie napędzana niemiecką siłą kampania na rzecz powołania „Stanów Zjednoczonych Europy" wywoływała w USA podejrzenia, a poza tym wewnątrz Europy także dawały o sobie znać silne nastroje nacjonalistyczne. To właśnie z tego powodu zaczepną nazwę „Stany Zjednoczone Europy" zastąpiono subtelnie ogólnym pojęciem „Zjednoczonej Europy".

W procesie integracji europejskiej najbardziej zagubiona była Francja. Francuzi mieli już okazję doświadczyć niezłomności i wytrzymałości germańskiego narodu. W latach pięćdziesiątych XX wieku przewodnictwo Francji w Europejskiej Wspólnocie Węgla i Stali było z punktu widzenia Francuzów i tak przejawem ustępstwa i dużej tolerancji z ich strony, w czasach, gdy Unia Europejska miała symbolizować solidarność kontynentu w walce o niezależną pozycję pośród dwóch tyranów w postaci Stanów Zjednoczonych i Związku Radzieckiego. Mimo swoich wytężonych działań w latach

---

[12] *Ibid.*

osiemdziesiątych, francuskiej gospodarce trudno byłoby konkurować z niemiecką, frank stał się zakładnikiem niemieckiej marki. Na samą myśl, że Niemcy z populacją liczącą 80 milionów, z silną gospodarką, jednolitą polityką i silną walutą miałyby ponownie pojawić się w charakterze zagrożenia dla francuskich granic, Francuzów przeszywał zimny dreszcz.

Odpowiedzią na to ze strony francuskiego prezydenta Françoisa Mitteranda było zintegrowanie niemieckiej siły gospodarczej i walutowej z francuską pozycją militarną i polityczną, co miałoby pozwolić Francji i całej Europie na osiągnięcie bardziej zrównoważonej sytuacji. Niemcy miały silną walutę, Francja zaś miała broń nuklearną. Doprowadzenie do sojuszu dwóch mocarstw gwarantowało obustronne zwycięstwo, z kolei krok w stronę rozłamu gwarantował niekończące się kłopoty. Zrozumienie przez Francję tej oczywistej prawdy i przekonanie Niemiec co do słuszności motywacji takich działań oraz doprowadzenie do zacieśnienia współpracy między dwoma państwami, oznaczałoby pojawienie się nowego przełomu w historii Europy. Kluczową rolę miał odegrać w tej sytuacji Delors.

Tuż przed tym, jak Delors przygotowywał się do swojego pierwszego wystąpienia w imieniu Komisji Europejskiej na forum Parlamentu Europejskiego, Kohnstamm napisał do niego długi list, w którym przedstawił wiele sugestii dotyczących treści tego przemówienia. Podążając za przekazanymi mu przez Kohnstamma wytycznymi, Delors w swoim przemówieniu ze stycznia 1985 roku, jako swój główny cel polityczny, przedstawił propozycję utworzenia jednolitego rynku europejskiego do 1992 roku. Kilka miesięcy później głowy poszczególnych państw zasiadające w Radzie Europy oficjalnie przyjęły założenia Delorsa i zwróciły się z prośbą o opracowanie szczegółowego raportu zawierającego plan wdrożenia kolejnych działań w tej sprawie. Integracja europejska wkroczyła w kolejny etap.

6 czerwca 1985 roku w czasie pierwszego oficjalnego spotkania „nowego kręgu" prowadzonego przez prezydenta Niemiec Karla Carstensa, Delors przedstawił propozycję planu przyszłego wzmocnienia Europejskiej Unii Gospodarczej i Walutowej. W czasie oficjalnego obiadu niemiecki kanclerz Helmut Kohl, wyraził głębokie nadzieje związane z „nowym kręgiem" i przekonywał, że najważniejszym obowiązkiem Komitetu Akcji na Rzecz Europy jest teraz „przekazanie procesu integracji europejskiej, mającego historyczne znaczenie, w ręce młodszego pokolenia aktywistów. Bowiem tylko jeśli duchowe bogactwo zostanie przez nas kontynuowane, to proces integracji europejskiej stanie się nieodwracalnym faktem."

W 1986 roku stosunki Delorsa z „nowym kręgiem" jeszcze bardziej się zacieśniły, a jego stary przyjaciel z francuskiej Partii Socjalistycznej, Henri Nallet, przejął miejsce Delorsa w „nowym kręgu". Henri Nallet przez długi czas był doradcą Mitteranda w dziedzinie rolnictwa, a następnie pełnił funkcję ministra rolnictwa. Przy okazji każdego spotkania „nowego kręgu" Delors „wypożyczał" Kohnstammowi ekspertów będących członkami Komisji Europejskiej, a nawet tłumaczy, chcąc w ten sposób zapewnić kompleksową wymianę informacji i opinii dotyczących europejskiej gospodarki i sytuacji walutowej. Co więcej, rokrocznie Delors, za pośrednictwem Komisji Europejskiej, dostarczał „Nowemu Kręgowi" fundusze na finansowanie działalności w kwocie 22 tysięcy europejskich jednostek monetarnych (ECU).

Do września 1988 roku „nowy krąg" rozrósł się do 92 członków wywodzących się z rządów poszczególnych państw, z partii politycznych, towarzystw biznesowych, środowisk powiązanych z bankowością i finansami, a także z Parlamentu Europejskiego. Wśród nich 13 wywodziło się jeszcze ze starego kręgu Monneta. Postanowienia uchwalane w tym gronie docierały bezpośrednio do przewodniczących parlamentów Niemiec, Francji, Wielkiej Brytanii, Włoch, Holandii, Belgii i Parlamentu Europejskiego, co więcej, rezolucje te w dużym stopniu były przekładane na linię programową poszczególnych polityków prezentowaną na europejskiej arenie. Nie mając odwagi, aby publicznie wypowiadać się na temat ideologii „nowego kręgu", przy okazji różnego rodzaju spotkań dyplomatycznych prominenci całkiem otwarcie wyrażali swoje myśli i poglądy w kameralnym gronie niewielkiego zamkniętego grona. „Nowy krąg" preferował wywieranie nacisku na przyspieszenie tempa integracji europejskiej zza kulis, rzadko też upubliczniał w mediach swoje opinie i plany. Chodziło także o to, by pozostawić wtajemniczonym politykom wystarczająco dużo miejsca na odgrywanie swojej roli na krajowej arenie politycznej. W gronie tych bratnich dusz złączonych wspólną ideą, znalazło się wielu starych przyjaciół pamiętających jeszcze początki wspólnej walki w latach pięćdziesiątych XX wieku, ludzi darzących się wzajemnym zaufaniem i szacunkiem, wspierających się nawzajem i lojalnych wobec siebie, nigdy nie zdradzających swoich tajemnic i stanowiących niezłomną podporę Stanów Zjednoczonych Europy.

Komitet Delorsa,
ostatnie szlify Europejskiej Unii Walutowej

W 1988 roku prototyp infrastruktury Unii Europejskiej, która miała stanowić państwowy monolit, wydawał się być już ukształtowany, a Rada Europy, Komisja Europejska i Parlament Europejski stanowiły trzy podstawowe filary jej ustroju. Jednakże do zbudowania prawdziwego organizmu państwowego brakowało ważnego fundamentu w postaci banku centralnego, bez którego całe przedsięwzięcie w żaden sposób nie miało szans na powodzenie.

Unia Walutowa będąca jedną z głównych dźwigni wykorzystywanych do przeprowadzania integracji już w latach pięćdziesiątych XX wieku odgrywała znaczącą rolę – wspierała procesy stabilizacji kursu wymiany walut w obrębie unii oraz od początku do końca była siłą napędową w dążeniu do wzmocnienia współpracy pomiędzy poszczególnymi państwami europejskimi.

Raport Wernera z 1970 roku zakładał, że powołanie unii monetarnej powinno rozpoczynać się od unii walutowej, a „mechanizm wężowy" z 1972 roku był konkretnym przejawem tej strategii. Uruchomienie Europejskiego Systemu Walutowego w 1979 roku spowodowało istotny przełom, jakim było ustanowienie europejskiej jednostki walutowej (ECU), będącej jednocześnie wyznacznikiem europejskiego standardu walutowego. A jednak ukończenie kluczowego etapu Europejskiego Systemu Walutowego, jakim było powołanie banku centralnego, wciąż ulegało opóźnieniu.

Ktokolwiek dzierży prawo do emisji waluty, ten dzierży faktyczną władzę.

W tej kluczowej konkurencji o władzę doszło do rozgrywek, których stawką były interesy narodowe Niemiec, Francji i Wielkiej Brytanii, a pomiędzy ministrami finansów a bankiem centralnym powstały konflikty wewnętrzne.

Gdyby z międzynarodowego wizerunku powojennych Niemiec, postrzeganych jako kraj charakteryzujący się pokorną postawą i pacyfizmem dyplomatycznym, wyciągnąć wniosek, że naród tego państwa raz na zawsze porzucił dążenie do hegemonii nad światem, byłoby to zbyt pochopne niedoszacowanie jego determinacji. Niemcy raczej wyciągnęli wnioski z dotychczasowych doświadczeń, aniżeli dali za wygraną.

Powodem, dla którego RFN wspierała integrację europejską, była wizja zbudowania potężnej Europy pod jej przywództwem. Dla kraju okaleczonego militarnie i bezbronnego politycznie jedyną bronią była waluta. W odniesieniu do celów, jakie chcieli osiągnąć, byli precyzyjni, konsekwentni, zgodni i niezachwiani. Europejska władza monetarna musiała i mogła być merytorycznie kontrolowana tylko przez niemiecki bank centralny. W tamtym czasie okoliczności zewnętrzne im sprzyjały. Unia Europejska była w zasadzie obszarem wpływów niemieckiej marki, niemiecka gospodarka wyprzedziła pozostałe gospodarki europejskie, perspektywa zjednoczenia narodowego była bliska, czasy politycznej karłowatości odeszły w niepamięć, a osłabienie Związku Radzieckiego i krajów Europy Wschodniej pobudzały wyobrażenia o możliwości niemieckiej ekspansji na Wschód. Zjednoczona Europa pod przywództwem Bonn i Berlina musiała stać się światowym supermocarstwem. W ciągu ostatniego stulecia Niemcy posmakowali wystarczająco dużo goryczy wynikającej z własnego pośpiechu i zniecierpliwienia. Tym razem zamierzali wygrać należną im świetlaną przyszłość, wykazując się cierpliwością i wytrwałością w dążeniu do celu.

Francja zawsze hołdowała wzniosłym ideałom. Jej plany były wielkie, gorzej prezentowała się ich realizacja. Po zagorzałej kłótni między Francuzami a Niemcami, ci drudzy zawsze pozwalali tym pierwszym na krótką metę poczuć pewną ulgę, jednak wraz z upływem czasu i opadnięciem emocji okazywało się, że w istocie Niemcy nie dokonały żadnych istotnych ustępstw na rzecz Francji. Francja czerpała przyjemność raczej z zaszczytów i posiadania symbolicznej władzy aniżeli z trywialnych trudności wynikających z jej rzeczywistego sprawowania i egzekwowania. Francja życzyła sobie, by europejski bank centralny był jej bezwzględnie posłuszny, niemniej brakowało jej sił i cierpliwości, by do tej uległości doprowadzić .

Stan świadomości Wielkiej Brytanii nigdy nie wyszedł poza ramy minionej już „wielkiej chwały". W oczach Brytyjczyków Europa XX wieku niczym nie różniła się od Europy dziewiętnastowiecznej. Brytyjczycy wciąż fantazjowali, że stanowią istotną siłę decydującą o losach Europy i jeśli będą sprzyjać Niemcom, to francuskie ambicje zatoną w otchłani niczym kamień, a jeśli ich sympatie przechylą się na szalę Francji, to sen o imperium germańskim rozpłynie się niczym chmura. Bez interwencji ze strony Wielkiej Brytanii, Europa nieuchronnie pogrążyć się miała w chaosie. Jakże jednak Londyn będący od dwóch wieków europejskim ośrodkiem władzy monetarnej, miałby tolerować płynące z Paryża czy Frankfurtu wytyczne dotyczące jego własnego losu?

Podczas gdy przekonane o słuszności własnych przekonań europejskie mocarstwa stawiły się na szczycie Europejskiej Unii Walutowej w 1988 roku, na deskach międzynarodowej areny politycznej rozegrał się znakomity dramat.

W trakcie odbywającego się w czerwcu 1988 roku w niemieckim Hanowerze szczytu europejskiego, Niemcy i Francja oficjalnie przystąpiły do wyścigu o mistrzostwo w uruchomieniu Europejskiego Banku Centralnego w ramach unii monetarnej. Na szczycie zdecydowano o powołaniu niewielkiej grupy ekspertów, mających za zadanie przedstawienie końcowej drogi do ustanowienia unii monetarnej, a w jej skład mieli wejść prezesi banków centralnych 12 państw członkowskich Unii Europejskiej. Uwaga uczestników szczytu skoncentrowała się na wyborze osoby odpowiedzialnej za nadzorowanie prac tej grupy ekspertów. Było oczywiste, że ktokolwiek obejmie tę funkcję, w dużym stopniu będzie decydował o tym, które państwo stanie na podium, dzierżąc puchar mistrza. W końcu niemiecki kanclerz Kohl, odsłonił karty i zgłosił kandydaturę francuskiego ultrasocjalisty, przewodniczącego Komisji Europejskiej Jacquesa Delorsa. Prezydent Francji François Mitterand uśmiechnął się i skinął głową, zaś premier Wielkiej Brytanii Margaret Thatcher zrezygnowana przytaknęła.

Niemcy rozegrały tę partię bardzo zmyślnie. Kohl doskonale zdawał sobie sprawę z tego, jak wielką wagę Francuzi przywiązują do reputacji. Gdyby to Niemiec stanął na czele grupy ekspertów i doprowadził do stworzenia korzystnego dla swojego kraju schematu powołania Europejskiego Banku Centralnego, Francuzi z pewnością zareagowaliby zdecydowanym sprzeciwem, natomiast jeśli do tego samego finału doprowadzi Francuz, to próżność Paryża zostanie w pełni zaspokojona. Wystarczyło, aby Niemcy zyskały w wymiarze praktycznym, a Kohl był gotów z uśmiechem na twarzy włożyć zwycięski wieniec laurowy na francuską głowę. Był to także główny powód, dla którego zrzeszeni w „nowym kręgu" Niemcy nie ustawali w wysiłkach, aby Delors dołączył do organizacji.

Nie wszyscy byli zadowoleni z powołania Delorsa. Prezes Bundesbanku Karl Otto Pöhl wciąż narzekał. Było jasne, że Pöhl siebie uważał za oczywistego lidera grupy ekspertów finansowych, a wśród 12 prezesów banków centralnych to on był najbardziej odpowiednim kandydatem. Co więcej, kwestie walutowe były specjalnością banków centralnych, a mający doświadczenie w charakterze ministra finansów Delors z pewnością poprowadzi prezesów banków centralnych w kierunku badania pieniądza, co nie tylko doprowadzi do niekorzystnego wrażenia ministrów finansów odnośnie do zarządzania bankami centralnymi, lecz także będzie stanowiło niepożądany precedens kierowania ekspertami przez laika. Pöhl skarżył się także na brak wrażliwości politycznej u Margaret Thatcher, twierdząc, że „przychyliła się do zaakceptowania kierownictwa Delorsa

■ Przewodniczący Komisji Europejskiej
Jacques Delors.

nad grupą ekspertów. Tymczasem powinna zdawać sobie sprawę z tego, że istnieją szczególne względy polityczne takiego obrotu sytuacji". Pöhl posunął się nawet do tego, że odmówił udziału w panelu pod kierownictwem Delorsa[13].

Początkowa silna niechęć Pöhla względem komisji Delorsa, a następnie akceptacja przez niego raportu sporządzonego przez tę komisję, sprawiły, że wśród niektórych narastała podejrzliwość.

Przenikliwa Thatcher, widząc ostry sprzeciw ze strony Pöhla w odniesieniu do kandydatury Delorsa, nie zgłosiła co do niej veta. Wielka Brytania, chociaż nie chciała oglądać narodzin Europejskiego Banku Centralnego, to jednak nie miała odwagi zdecydować się na jednostronne wyzwanie stawiane całej Wspólnocie Europejskiej. Jednakże w późniejszym czasie Thatcher nie mogła sobie darować swojej łatwowierności w stosunku do Pöhla.

Po powołaniu Komisji Delorsa główna działalność grupy przeniosła się do Banku Rozrachunków Międzynarodowych w szwajcarskiej Bazylei. Bank Rozrachunków Międzynarodowych został zaprojektowany jako bank centralny dla banków centralnych i począwszy od ideologii po atmosferę, od zespołów pomocniczych po grupy głównych ekspertów, stanowił istotne źródło zasilania mocy poszczególnych banków centralnych. A kto był liderem wśród nich? Oczywiście niemiecki Bundesbank. W rzeczywistości monopolistyczne prawo do decydowania o emisji waluty przez bank centralny Unii Europejskiej miał Bundesbank, jako bank waluty dominującej.

Nie było zatem niczego zaskakującego w tym, że w opublikowanym w kwietniu 1989 roku *Raporcie Delorsa* jasno wyłożono, że przyszły Europejski Bank Centralny mieć będzie „autonomię" w stopniu szerszym niż Bundesbank. W raporcie zaproponowano także, że Europejski Bank Centralny „powinien przyjąć formę federacyjną, którą można by określić mianem Europejskiego Systemu Banków Centralnych (ESBC/ESCB). Ten nowy system powinien mieć całkowicie autonomiczną pozycję i będąc instytucją Unii Europejskiej, nie byłby powiązany z żadnym z krajów członkowskich. Nowy system za pośrednictwem organów Banku Centralnego (mając własne zestawienie bilansowe) ustanowi współpracę z bankami centralnymi poszczególnych krajów. Zakres odpowiedzialności nowego systemu obejmuje stabilizację cen, a Rada Prezesów i Rada Ogólna ESBC musi zachować niezależność od rządów poszczególnych państw członkowskich oraz władz administracyjnych Unii".

W *Raporcie Delorsa* przedstawiono ponadto wiele wytycznych politycznych w zakresie liberalizacji przepływów kapitałowych, integracji rynków finansowych, wymienialności waluty, stabilności kursów walutowych i wielu innych. Niemniej jednak wszystkie te tematy były banalne i nie wnosiły nic nowego. Największe wrażenie wywołała propozycja „federacyjnego" charakteru Europejskiego Banku Centralnego, co oznaczało nie tylko powstanie kompletnie niezależnej centralnej instytucji finansowej, lecz także odejście poszczególnych państw członkowskich

---

[13]   David Marsh, *The Battle for the New Global Currency*, rozdz. 4.

od „suwerenności monetarnej". Siła rażenia tego raportu znacznie przewyższyła
tę wywołaną *Raportem Wernera* w 1970 roku.

Tuż po opublikowaniu „raportu Delorsa", w poszczególnych krajach członkowskich natychmiast wybuchły wokół niego kontrowersje, a największą niezgodę wywołał on we Francji. Po zapoznaniu się z treścią raportu francuski prezydent
Mitterand dopiero zaczął rozumieć, że ogrom władzy, jaka miała spocząć w rękach
Europejskiego Banku Centralnego, znacznie przekraczał jego najśmielsze wyobrażenia. Zaniepokojony i poirytowany Mitterand powiedział:

> Nie jestem przeciwny bankowi centralnemu, ale nie zgadzam się z jego *modus
> operandi*. Niemiecki Bundesbank jest kompletnie pozbawiony kontroli ze strony rządu.
> Nasz bank centralny, Banque de France, choć także ma status niezależny, to jednak
> decyzje w zakresie polityki ekonomicznej i pieniężnej podejmuje rząd. W jaki spo-
> sób ma to zachęcić Francuzów do wspólnego promowania procesu unii walutowej?
> Moje odczucia są następujące: jeśli Niemcy są przekonani, że unia walutowa nie
> jest w stanie wpłynąć na ich prosperującą i zdrową gospodarkę, to wówczas będą chcieli
> promować unię walutową. Jednakże nie jestem skłonny w to uwierzyć. Nie mając
> ograniczeń władzy politycznej, Europejski Bank Centralny mający moc suwerennego
> państwa może stać się bardzo niebezpieczną siłą. Europejski System Monetarny stał się
> strefą wpływów niemieckiej marki. W tej chwili Republika Federalna Niemiec nie po-
> siada jeszcze władzy pozwalającej na kontrolowanie naszej gospodarki. Jednak w chwili
> powołania Europejskiego Banku Centralnego otrzyma tę władzę[14].

Uczestniczący w pracach grupy Delorsa z ramienia Francji, prezes francuskiego banku centralnego, Jacques de Larosière, był we francuskim rządzie traktowany
jak potępiony „winowajca". Nie tylko dlatego, że francuski rząd od zawsze sprzeciwiał
się całkowitej niezależności banków centralnych, ale przede wszystkim dlatego, że
oddał w ręce Niemiec zarządzanie francuską gospodarką. Wspominając tamte wydarzenia, de Larosière uznał je za najtrudniejszy sprawdzian w całej swojej karierze.

> Po otrzymaniu przez Ministerstwo Finansów finalnej wersji Raportu De-
> lorsa zostałem wezwany do sali konferencyjnej w Ministerstwie Finansów. Pierre
> Bérégovoy [minister finansów], Jean-Claude Trichet i kilku innych urzędników
> siedziało po jednej stronie stołu, ja samotnie usiadłem po drugiej stronie. Bérégo-
> voy wyglądał na bardzo niezadowolonego. Powiedział, że Ministerstwo Finansów
> było zszokowane treścią raportu i bardzo rozczarowane. Potem pozwolił wypo-
> wiedzieć się wiceministrowi finansów Trichetowi.
>
> Punkty poruszone w przemowie Tricheta wymieniały następujące kwestie:
> niezawisłość Europejskiego Banku Centralnego proponowana w ramach raportu
> była przesadna, większa nawet aniżeli niezawisłość niemieckiego Bundesbanku.
> Powiedział także, że w trakcie dyskusji odbywających się podczas obrad grupy
> Delorsa, najwyraźniej posunąłem się do zbyt daleko idących ustępstw.
>
> Następnie Bérégovoy zapytał mnie: „Czy ma pan coś do powiedzenia?".
> Odpowiedziałem, że usłyszałem słowo „ustępstwa". I jeśli odnosiło się to do po-
> rozumienia osiągniętego w kwestii powołania unii walutowej podczas prac grupy
> Delorsa, to zarówno prezentowałem własną argumentację, jak również byłem

---

[14]   *Ibid.*

otwarty na argumentację pozostałych. Oskarżenie mnie o „pójście na ustępstwa" mijało się z prawdą. Naciskałem na niezawisłość banku centralnego nie dlatego, że zdecydowałem się ustąpić czy poświęcić interesy Francji. Tylko w przypadku nieza-leżności Europejskiego Banku Centralnego i podmiotów stowarzyszonych możliwe jest w przyszłości wprowadzenie unii walutowej. Każda inna forma instytucjonali-zacji tego organu nie byłaby stabilna. Nikt nie zmuszał mnie, abym to powiedział i nie powiedziałem tak tylko ze względu na fakt, iż takie zdanie wyrażali Niemcy"[15].

Scenariusz ten nie był niczym innym, jak finałem przedstawienia przygotowa-nego przez centralnych bankierów już w latach dwudziestych XX wieku. Najpierw osiągali oni porozumienie i konsensus między sobą, a następnie naciskali rządy poszczególnych państw, by te wyraziły poparcie dla ich polityki. W rozgrywkach pomiędzy władzą polityczną a władzą pieniądza chytrzy politycy odnosili wrażenie, że bawią się bankierami, jednak ostatecznie to bankierzy wodzili za nos polityków.

Po zapoznaniu się z *Raportem Delorsa* Margaret Thatcher była sfrustrowana, zaczęła rozumieć, że pozwolenie Delorsowi na objęcie kierownictwa nad grupą ekspertów było polityczną pomyłką, a zdecydowany sprzeciw prezesa niemieckiego banku centralnego, Pöhla, był tylko iluzją, której dała się zwieść. Pociągnęło to za sobą bardzo poważne konsekwencje. Thatcher przyznała, że „najpoważniejszą szkodą było to, że sprzeciw Pöhla wobec unii monetarnej był wszystkim znany, natomiast nigdy nie został wyrażony na forum komisji Delorsa". Niemniej prezes Banku Anglii Robin Leigh-Pemberton z zadowoleniem stwierdził:

> Miałem świadomość, że z praktycznego punktu widzenia, ustanowienie i rozpowszechnienie jednolitej waluty było perfekcyjnie dopracowanym planem. Chciałem, aby ludzie wiedzieli, że popieram plany związane z unią monetarną. Był to plan, który mógł pomóc Bankowi Anglii ponownie odzyskać niezależność, a Wielkiej Brytanii mógł pomóc w ustanowieniu jeszcze bardziej stabilnego systemu monetarnego. Thatcher przekazała mi krótkie wskazówki, abym podążał za Pöhlem (prezesem Bundesbanku). Napisałem do Thatcher krótki list, w którym informowa-łem ją, że Pöhl zgodził się podpisać porozumienie, wobec czego nie znajdowałem powodu, dla którego ja miałbym odmówić. Gdybym okazał się jedynym prezesem banku centralnego, który nie złożył podpisu pod raportem Delorsa, to ośmieszył-bym się wychodząc na pochlebcę i chłopca na posyłki Thatcher[16].

Przy okazji ukończenia raportu Niemcy rozpoczęli pochlebczy lobbing skie-rowany pod adresem Thatcher. Jednak Thatcher po przełknięciu porażki związanej z Pöhlem nie była już skłonna wierzyć Niemcom. To z tego powodu doszło do soju-szu niemiecko-holenderskiego. Holendrzy w kwestii waluty zawsze mówili głosem Niemiec. Kiedy przybyli do Wielkiej Brytanii, Thatcher natychmiast zrozumiała cel ich wizyty – zostali podesłani przez Niemców w charakterze lobbystów, aby wymóc na Wielkiej Brytanii akceptację dla Europejskiego Banku Centralnego. Holendrzy usilnie starali się wykonać swoją misję, jednak Thatcher podkreślała, że przyłączenie się Wielkiej Brytanii do Europejskiej Unii Walutowej będzie oznaczało dla jej kraju

---

[15]   *Ibid.*
[16]   *Ibid.*

utratę elastyczności. Holendrzy bez zająknięcia odpowiedzieli, że przyłączenie się do unii jest jak zapięcie pasów – nie wpływa na szybkość jazdy, a jednak czyni ją bardziej bezpieczną. Po spotkaniu Thatcher podsumowała Holendrów w następujących słowach „górnolotnie opowiadają o europejskim mechanizmie kursów walutowych, który w uproszczeniu można nazwać śmieciem". Kiedy brytyjski Kanclerz Skarbu zasugerował, że Wielka Brytania powinna opracować harmonogram przystąpienia do europejskiej unii walutowej, Żelazna Dama z wściekłością stwierdziła, iż „jest to wyjątkowo szkodliwa propozycja. Nie poruszajcie już więcej tego tematu, ostateczna decyzja należy do mnie".

Wojny ideologiczne pomiędzy politykami i bankierami można w Europie śledzić przynajmniej od epoki renesansu, a jednak po raz pierwszy w historii Europy nastąpiło przekazanie przez rząd kluczowej części kompetencji decyzyjnych w kwestii państwowej suwerenności monetarnej w ręce bankierów. W walce o władzę między pieniądzem a polityką, ostateczne zwycięstwo odniósł pieniądz. W dzisiejszej Europie to nie państwa kontrolują kapitał, to państwa są przez kapitał kontrolowane.

Dwa fronty: zjednoczenie Niemiec i Unia Walutowa

W listopadzie 1989 roku upadł Mur Berliński. Niemcy Wschodnie niemalże natychmiast wpadły w objęcia Niemiec Zachodnich, a potężna i nagła presja zjednoczenia sprawiła, że Kohl z siły napędowej działań na rzecz integracji europejskiej, stał się ich hamulcem.

Podczas wojny Niemcy skosztowali wystarczająco dużo goryczy związanej z jednoczesną walką na dwóch frontach, toteż kiedy przyszło do wyboru między dwoma strategicznymi kierunkami walki w postaci unii monetarnej i zjednoczenia Niemiec, Kohl zdecydował się skupić na sprawie przyłączenia NRD. Chodziło w tym nie tylko o główne pragnienie nacji niemieckiej od stuleci dążącej do jedności, lecz także o to, aby posiadać większą kontrolę nad ruchami żołnierzy walczących na polu walki przyszłej unii monetarnej. Francja, Wielka Brytania, a nawet będąca na usługach Niemiec Holandia – wszyscy bez wyjątku odczuwali tę niewidzialną presję i nie chcieli czekać do ostatniej chwili.

W 1948 roku Francja w zamian za zezwolenie na powołanie rządu przez Niemcy Zachodnie, uczyniła z niemieckiego Zagłębia Ruhry kondominium (w rzeczywistości objęła kontrolę nad tym rejonem Niemiec). Pod koniec lat osiemdziesiątych XX wieku Francuzi po raz kolejny próbowali przechytrzyć Niemcy, a Mitterand przekonywał Kohla, że warunkiem koniecznym dla zjednoczenia Niemiec jest porzucenie marki niemieckiej i przyjęcie euro, co przyspieszyłoby tempo wdrożenia unii walutowej. W przeciwnym razie Francja gotowa była zastosować cios poniżej pasa, a mianowicie możliwość otoczenia i odizolowania Niemiec przez „francusko-brytyjsko-radziecki sojusz", dokładnie tak jak wydarzyło się to w przededniu pierwszej i drugiej wojny światowej. W zetknięciu z tak ekstremalną groźbą, Kohl nie miał innego wyjścia, jak tylko ustąpić.

Niemcy kolejny raz zostały zmuszone do udziału w walce na dwóch frontach jednocześnie. Kwestie Europejskiej Unii Walutowej i niemieckiej fuzji zostały przez Francję połączone w jedno. Każdy metr drogi przebyty w kierunku zjednoczenia oznaczał pójście na wiele istotnych kompromisów w kwestii Europejskiej Unii Walutowej. Pierwszą stratą, jaką poniosły Niemcy w związku z konsolidacją kraju, było porzucenie niemieckiej marki. Mitterand postrzegał to ustępstwo ze strony Niemiec jako wielkie zwycięstwo Francji, z kolei Kohl musiał przekonać swój naród do tego, by nie rozpaczał z powodu utraty marki, dowodząc słuszności takiego postępowania jako koniecznego dla procesu. W sytuacji, kiedy objęcie przez Bundesbank kierownictwa nad Europejskim Bankiem Centralnym było już przesądzone, to nie utrata marki stanowiła najpoważniejszą stratę poniesioną przez Niemcy, ale to, że straciły one okazję do wymuszenia większej ilości ustępstw ze strony Francji.

I znowu Thatcher przejrzała sytuację na wylot. W marcu 1990 roku, podczas gdy przyjmowała na kolacji dziesięciu najpotężniejszych francuskich gigantów przemysłowych, stwierdziła: „Niemcy są już siłą dominującą europejskiej gospodarki, a po zjednoczeniu staną się także dominującą siłą polityczną". Thatcher wyrażała przekonanie, że „integracja europejska nie jest sposobem na kontrolę i balansowanie pozycją Niemiec. Francja potrzebuje połączenia sił z Wielką Brytanią, aby móc stawić czoło zagrożeniu ze strony wschodniego sąsiada". Żelazna Dama po raz kolejny potwierdziła spójność swoich opinii mówiąc, że integracja europejska jest „przekazaniem Niemcom monolitycznego bloku Europy", co pozwoli im na zwiększenie własnej dominacji.

Thatcher bez wątpienia zasłużyła na miano wybitnego męża stanu. Wyraźnie przewidziała, że przyszłe tendencje zjednoczenia Europy zaowocują wzrostem potęgi Niemiec, a dzięki niej i jej strategicznej wizji Wielkiej Brytanii udało się obronić przed niemiecką siłą znacznie lepiej niż Francji. Tak czy inaczej, Thatcher była także mocno stąpającą po ziemi realistką. Z jednej strony trudno jej było pogodzić się z tym, że za pośrednictwem Europejskiego Banku Centralnego Niemcy przejmą kontrolę nad brytyjską gospodarką, z drugiej strony natomiast chciała uzyskać wszelkie korzyści płynące z mechanizmu kursów walutowych będącego nieodłączną częścią europejskiej Unii Walutowej. Mówiąc jej własnymi słowami: „Wielka Brytania planuje przyłączyć się do europejskiego mechanizmu kursowego, aby wykorzystać status marki niemieckiej oraz opracować pewien mechanizm na wzór parytetu złota, który pomoże Wielkiej Brytanii na kontrolowanie inflacji". Innymi słowy Żelazna Dama odrzuciła oświadczyny euro, ponieważ spodziewała się otrzymać prezent zaręczynowy w postaci stabilnego kursu walutowego.

W październiku 1990 roku Wielka Brytania zdecydowała się przyłączyć do Europejskiego Mechanizmu Kursów Walutowych. Wielkie dzieło zjednoczenia zostało formalnie uwieńczone 3 października, a Wielka Brytania otrzymała wymieniony wyżej zaręczynowy podarunek (Mechanizm Kursów Walutowych). Następnie, krok po kroku, Imperium Brytyjskie, którego nawet dwie wojny światowe nie zdołały zmusić do połączenia się z Europą, pod niemiecką dominacją zintegrowało się z kontynentem. Podekscytowany ambasador Niemiec w Wielkiej Brytanii spotkał się z Thatcher. Mimo iż Wielka Brytania przyjęła zaręczyny, Niemcy woleli dmuchać na zimne i jak najszybciej ustalić datę przyszłych zaślubin Wielkiej Brytanii z euro.

> Thatcher: „Niemcy już się zjednoczyły. Kohl musi być bardzo szczęśliwy. Będzie teraz mógł wdrażać więcej polityki krajowej".
> Niemiecki ambasador: „Kohl ma zamiar kontynuować działania na rzecz promowania integracji europejskiej, włączając w to utworzenie Europejskiej Unii Walutowej".
> Thatcher: „Co pan mówi? Oczekuje pan, że udam się do Jej Królewskiej Mości i poinformuję ją, że za kilka lat jej koronowana głowa nie pojawi się już na naszych banknotach?".

Styl ponurego realizmu prezentowany przez Thatcher bardzo przypominał postawę Churchilla sprzed lat. W kwestiach dotyczących obrony interesów narodowych Imperium Brytyjskiego oboje nie przejawiali żadnego powątpiewania czy niejednoznaczności. W rzeczywistości Niemców i Brytyjczyków łączyły cechy wspólne – oba narody były bardzo racjonalne, mające jasne cele, niezłomne i niezachwiane. W aspekcie samokontroli i osądów Francja różniła się od Wielkiej Brytanii i Niemiec, był to także powód, dla którego w ciągu ostatnich 200 lat sceneria Francji zmieniła się tylko raz –w czasach napoleońskich, a w pozostałym okresie Francja była nieustannie przepychana przez Wielką Brytanię i Niemcy.

Tak czy inaczej, w tamtym czasie Kohl stał się najbardziej zadowolonym z siebie politykiem w całej Europie, własnoręcznie dopełniając historycznego procesu integracji niemieckiej. Niestety zachwycając się sobą, Kohl nie docenił trudności wynikających z tego procesu. Najpoważniejszym błędem popełnionym przez niego było poważne zaburzenie równowagi wskaźnika wymiany marki wschodnio- i zachodnioniemieckiej, co nie tylko pociągnęło za sobą trwające 20 lat konsekwencje gospodarcze, lecz także o mały włos nie zburzyło Europejskiego Systemu Walutowego.

6 lutego 1990 roku bez uprzedniej konsultacji z niemieckim bankiem centralnym, ministerstwem finansów, parlamentem ani żadnym z pozostałych krajów Unii, Kohl niespodziewanie ogłosił szokującą informację, że zachodnioniemiecka marka będzie od tej chwili walutą obowiązującą także w Niemczech Wschodnich. Światowa opinia publiczna była oburzona, jako że marka niemiecka nie była tylko i wyłącznie walutą Niemiec, lecz również kamieniem węgielnym stabilności monetarnej całej Unii Europejskiej. Ta wiadomość z jednej strony wywołała burzę na rynku walutowym, z drugiej natomiast prawie natychmiast uspokoiła wzburzone nastroje wschodnioniemieckiej ludności.

Po upadku Muru Berlińskiego w listopadzie 1989 roku sytuacja w Niemczech Wschodnich praktycznie wymknęła się spod kontroli. Zalane falą okrzyków radości Niemcy Zachodnie doświadczyły masowego napływu „turystów" z Niemiec Wschodnich. Spośród liczącej sobie niecałe 20 milionów populacji NRD ponad 10 milionów osób przekroczyło granicę z RFN, aby na własne oczy zobaczyć ten kapitalistyczny „raj". Byli oni głęboko poruszeni stopniem rozwoju i dobrobytem, jaki ukazał się ich oczom podczas tych odwiedzin. Społeczeństwo wschodnionie-mieckie sformułowało jednogłośną opinię o jak najszybszym zjednoczeniu Niemiec Wschodnich z Niemcami Zachodnimi. W takiej atmosferze wszelkie wysiłki i próby podejmowane przez rząd wschodnioniemiecki w celu przekształcenia istniejących mechanizmów społecznych, były natychmiast zalewane falą społecznej negacji. Ludzie utracili motywację do pracy, protesty wybuchały jeden po drugim, rząd stanął na krawędzi paraliżu, a pogrążeni w ogólnym szaleństwie obywatele Niemiec Wschod-nich nie mogli doczekać się chwili, kiedy będą wieść życie równie dostatnie jak ich zachodni sąsiedzi. Co więcej, wydawało im się, że gdy tylko nastąpi owa upragniona integracja, pociągnie ona za sobą automatycznie bogactwo i dobrobyt w NRD.

Od 1951 roku rządy zabiegały o to, by wartość marki zachodniej i wschodniej była zbliżona, niemniej przepaść na polu wydajności produkcyjnej obu regionów nieustannie rosła. Do 1989 roku, na podstawie wyliczeń indeksu towarowego, wskaź-nik wymiany niemieckiej marki wschodniej do zachodniej wynosił 4,4:1, natomiast po upadku Muru Berlińskiego w listopadzie tego samego roku, nastąpiła gwałtowna deprecjacja marki wschodniej i wskaźnik ten wynosił już 20:1. Załamanie zaufa-nia wobec systemu społecznego w sposób bezpośredni odbiło się w cenie pieniądza na czarnym rynku. Później okazało się jeszcze, że dług zagraniczny NRD daleko przekroczył racjonalny poziom, a sytuacja ekonomiczna kraju była dużo gorsza, aniżeli się spodziewano. Utrata zaufania dodatkowo przyspieszyła deprecjację wschodnio-niemieckiej marki, a także podkopała podstawy gospodarki Niemiec Wschodnich[17].

W celu ustabilizowania waluty wschodnich landów Kohl zawarł umowę z rzą-dem NRD, na mocy której bank centralny Niemiec Zachodnich miał dostarczyć kwotę 3,8 miliarda zachodnioniemieckich marek przeznaczonych do wymiany przez turystów ze Wschodu, a kurs wymiany marki wschodnioniemieckiej do zachod-nioniemieckiej ustalono na poziomie 3:1. Ponieważ taki parytet był dużo bardziej korzystny niż kurs oferowany na czarnym rynku, to wielka pokusa arbitrażu skła-niała coraz to większą liczbę ludności NRD do przyjazdu do RFN, gdzie skupując markę zachodnioniemiecką po kursie 3:1, po powrocie do NRD mogli odsprzedać ją za wyższą cenę. W ten sposób podaż marki zachodnioniemieckiej doznała szalonego „popytu" ze strony ludności Niemiec Wschodnich. Stanowiło to prawdopodobnie sedno „strategii walutowej" Kohla. Wywołanie popytu na markę zachodnioniemiec-ką w Niemczech wschodnich było równoznaczne z ukończeniem pierwszego etapu „ekonomicznego zjednoczenia Niemiec". Gdyby nawet pozostałe kraje europejskie nadal sprzeciwiały się zjednoczeniu Niemiec, to nie byłyby już w stanie wyrwać procesu zjednoczenia Niemiec spod łączącej RFN i NRD silnej więzi powodowanej korzyściami finansowymi.

Ludność NRD wpadła w pułapkę. W Niemczech Wschodnich zachodnionie-miecka marka postrzegana była jako bogactwo samo w sobie, jednak nie zdawano sobie sprawy z tego, że wartość pieniądza poparta jest siłą wydajności produkcyjnej

---

[17] Jonathan R. Zatlin, *Rethinking Reunification: German Monetary Union and European Integration*.

kraju. Zlekceważenie pracy i nieustanne marzenia o posiadaniu pieniędzy i bogactwie stały się dominujące na terenie całych Niemiec Wschodnich. Jednocześnie gospodarka NRD pod wpływem tego ogólnego nastawienia z dnia na dzień tonęła, a zapotrzebowanie na markę zachodnioniemiecką nieustannie wzrastało. Opinie postulujące ujednolicenie waluty Niemiec Wschodnich i Zachodnich spowodowały, że w Niemczech Wschodnich doszło do poważnych problemów społecznych. Niemcy ze wschodniej strefy odgrażali się, że jeśli Niemcy Zachodnie nie sprowadzą marki zachodnioniemieckiej na ich teren, to oni sami są gotowi przenieść się do zachodniej strefy kraju.

W interesie Kohla leżało, by dłużej nie odraczać usunięcia presji wynikającej z nacisków na wymianę marki.

1 lipca 1990 roku ogłoszony przez Kohla parytet wymiany marki wschodnioniemieckiej do zachodnioniemieckiej nie wyniósł zgodnie z oczekiwaniami większości ani 4:1, ani nawet 3:1, a 1:1[18]. Niemcy Wschodnie zalała oczywiście fala entuzjazmu związana ze spełnieniem się snu o „natychmiastowym bogactwie", z kolei na barki niemieckich finansów i waluty spadły ogromna odpowiedzialność i trudna do wytrzymania presja. Gdyby obywatele NRD zaczęli sumiennie pracować, to ekonomiczne obciążenie Niemiec Zachodnich z czasem stopniowo by zmalało, jednakże czas pokazał, że sprawy potoczyły się zupełnie inaczej. Kiedy niespodziewanie nadszedł „urodzaj pieniądza", Niemcom Wschodnim wcale nie śniło się harować tak ciężko, jak to było przez pamiętne 20 lat od zakończenia wojny w Niemczech Zachodnich. Świetności niemieckiej marki nie udało się już nigdy wskrzesić w okresie przed nastąpieniem ery euro.

Niemcy były zmuszone do dodruku pieniądza, aby móc zapełnić dziurę generowaną przez wschodnioniemiecką gospodarkę, a oczywistą konsekwencją takich działań była nasilająca się inflacja. Do sierpnia 1991 roku inflacja w Niemczech osiągnęła rzadko spotykany poziom 5%. Bank Centralny został zmuszony do drastycznego podniesienia stóp procentowych. Zaledwie 3 lata wcześniej niemieckie stopy procentowe były o 3% niższe od amerykańskich, natomiast w ciągu nieco ponad roku od zjednoczenia Niemiec stopy procentowe w Niemczech wzrosły do poziomu o 6% przekraczającego amerykańskie stopy procentowe. Od czasów drugiej wojny światowej była to największa po obu stronach Atlantyku inwersja trendu walutowego.

Wzrost stóp procentowych w Niemczech wywołał chaos wśród walut poszczególnych państw członkowskich Unii Europejskiej. Poszczególne kraje były zmuszone pójść w ślady Niemiec i podnieść własne stopy procentowe, co z kolei doprowadziło do zaostrzenia recesji ekonomicznej na początku lat dziewięćdziesiątych XX wieku. Wielka Brytania, która dopiero co dołączyła do Europejskiego Mechanizmu Kursów Walutowych, nie zdążyła nawet jeszcze skorzystać z płynących z tego faktu przywilejów, a już pod wpływem spekulacyjnego ataku George'a Sorosa i innych banksterów na funta brytyjskiego, zmuszona była wycofać się z ERM. Włochy, Hiszpania i Francja także nie zostały oszczędzone w masowej rzezi spekulacji kursowych.

---

[18]   *Ibid.*

W grudniu 1991 roku w obliczu recesji i widma kryzysu głowy poszczególnych państw europejskich zebrały się w Maastricht w Holandii i podpisały tam traktat, w efekcie którego jednocząca się Europa stała się Unią Europejską. Zgodnie z zaleceniami *Raportu Delorsa*, europejskie banki centralne pod przywództwem niemieckiego Bundesbanku opracowały statut Europejskiego Banku Centralnego. Traktat z Maastricht ustalał czas ostatecznego zakończenia prac związanych w powołaniem Unii Walutowej na 1997 lub 1999 rok. Deficyt budżetowy, inflacja, stopy procentowe, zadłużenie i wiele innych wskaźników stały się kryteriami decydującymi o ewentualnych możliwościach poszczególnych państw przystąpienia do Imperium Euro.

■ **Główna siedziba Europejskiego Banku Centralnego (ECB) we Frankfurcie.**

Zaczęło się ostateczne odliczanie czasu pozostałego do narodzin nowej europejskiej waluty.

Genesis *Imperium Euro*

Mimo że Europejski Bank Centralny jest traktowany jako instytucja ponadnarodowa, to jednak w trakcie jego działalności trudno pozbyć się wrażenia, że elementy suwerenności poszczególnych państw wniknęły w jego strukturę. W 1994 roku wokół powołania Europejskiego Instytutu Walutowego, będącego systemem zrzeszającym Europejski Bank Centralny i instytucje okalające, między Niemcami i Francją po raz kolejny wybuchł zażarty spór.

W pierwszej kolejności pojawiła się kwestia ustalenia adresu siedziby EIW, który prawdopodobnie determinowałby, w czyjej strefie wpływów znajdzie się przyszły EBC. Niemcy nie zamierzały oddać nikomu pierwszeństwa i zaproponowały Frankfurt jako najbardziej odpowiedni wybór: to tam mieściła się siedziba Bundesbanku. Gdyby Europejski Bank Centralny miał swoją siedzibę w zasięgu wzroku niemieckiego banku centralnego, łatwo byłoby wywierać nań zarówno namacalny jak i niewidzialny wpływ. Był to bardzo praktyczny zamysł, a kanclerz Helmut Kohl w sposób bezkompromisowy odmówił wzięcia pod uwagę Londynu, Amsterdamu czy nawet Bonn. Francuzi ostatecznie nie zdołali wygrać tego sporu.

Jeśli chodzi o *modus operandi* Europejskiego Instytutu Walutowego, Niemcy nalegały, aby Instytut miał funkcję prowadzenia operacji otwartego rynku walutowego, a w szczególności pełnił czynną rolę w interwencjach banku centralnego na rynkach walutowych. Jednakże Francuzi byli zaniepokojeni, że Frankfurt przejmie w ten sposób większą część transakcji walutowych od Paryża i w ten sposób stanie się największym centrum finansowym na kontynencie europejskim. Z tego też powodu zaproponowali, aby wykorzystać połączony tryb pracy Europejskiego Banku Centralnego oraz banków centralnych poszczególnych państw Unii i podjąć próbę „podziału władzy" w zakresie operacji otwartego rynku. Ponieważ to Niemcy dostarczyły większą część rezerw walutowych Instytutu, ostatecznym argumentem w tej kwestii były pieniądze.

W 1995 roku wybory prezydenckie we Francji wygrał Jacques Chirac, tym samym gaullizm raz jeszcze uzyskał wpływy w polityce. Chirac, choć nie był aż tak wyrazistym orędownikiem doktryny francuskiej jak de Gaulle, to w kwestii suwerenności Francji pozostawał bardzo wrażliwy. Wprawdzie nie był oponentem waluty euro, jednak można by go określić delikatnie mianem sceptyka. W szczególności Chirac był od początku do końca zaniepokojony ogromną władzą posiadaną przez Europejski Bank Centralny. Gdy tylko Europejski Bank Centralny rozpoczął działalność, Francja została osłabiona na polu waluty, kursu wymiany franka, suwerenności państwowej w ustalaniu stóp procentowych. O losach francuskiej gospodarki decydowała grupa ludzi z Frankfurtu, co dla Chiraca, będącego zwolennikiem nacjonalizmu, było sytuacją trudną do zniesienia. Wspierany przez Chiraca francuski minister finansów Dominique Strauss-Kahn zarekomendował powołanie europejskiego „rządu ekonomicznego", który miał stanowić przeciwwagę polityczną dla EBC. Tenże Kahn pełnił później funkcję prezesa Międzynarodowego Funduszu Walutowego (IMF) i jest ową znaną z wiadomości telewizyjnych sławną osobistością aresztowaną przez Amerykanów w związku z zarzutem napaści seksualnej.

W tej niemającej kluczowego znaczenia kwestii Niemcy przejawiali wolę pójścia na ustępstwa. Owocem kompromisu była powołana w 1997 roku Eurogrupa. W jej skład weszli ministrowie finansów poszczególnych państw unijnych, którzy regularnie mieli spotykać się z urzędnikami EBC, aby dyskutować o bieżących tematach ekonomicznych, a w szczególności na temat kursów walutowych. Francuzi mieli nadzieję wykorzystać Eurogrupę, aby przy pomocy nacjonalizmu infiltrować autorytet pieniądza będący pod kontrolą internacjonalizmu. Kahn wyraził także opinię, że zdaniem Francji istnieje polityczna konieczność wzmocnienia regulacji rządowych wobec EBC, bowiem „jeśli nie powstaną instytucje o uzasadnionym charakterze prawnym, to Europejski Bank Centralny stanie się wkrótce jedynym organem postrzeganym jako odpowiedzialny za politykę makroekonomiczną Europy".

Niemcy w mocnym uścisku trzymali realną władzę nad emisją waluty, a funkcja Eurogrupy mającej stanowić organ kontrolujący i balansujący dla EBC, sprowadziła się zaledwie do niezobowiązującej „regularnej wymiany opinii". Pragmatyzm Niemców okazał się jeszcze większy, gdy zjadając już „tłusty kąsek" w postaci decyzyjności o emisji waluty, sięgnęli jeszcze do garnka, w którym znajdowała się „władza finansowa".

W 1995 roku Niemcy zaproponowali podpisanie „paktu stabilizacyjnego", przewidującego kary dla tych państw członkowskich, których deficyt fiskalny przekroczy 3% PKB. Musiało to rozwścieczyć Chiraca. Czyżby Niemcy chcieli sięgnąć po francuską władzę budżetową? Wprowadzenie systemu kar oznaczało, że Francja nie tylko nie mogłaby w przyszłości wykorzystać siły finansowej w celu stymulowania gospodarki czy poprawy zatrudnienia, lecz, co więcej, przy tej okazji wizerunek Francji w Europie i na całym świecie zostałby poważnie nadwyrężony, a francuski frank tuż przed wprowadzeniem euro, zmuszony byłby wytrzymać krwawą masakrę spekulacyjną na rynku walutowym. Wobec sprzeciwu ze strony Chiraca Niemcy zdecydowały się na złagodzenie warunków i zastąpiły Pakt Stabilizacyjny Paktem Stabilności i Wzrostu, a poważne następstwa kar zostały istotnie złagodzone.

Spór między Francją i Niemcami osiągnął apogeum w momencie podejmowania decyzji dotyczącej obsadzenia stanowiska prezesa EBC. W listopadzie 1997 roku prezesi banków centralnych państw unijnych zgodnie zaproponowali kandydaturę na to stanowisko prezesa Europejskiego Instytutu Walutowego Wima Duisenberga, który miałby objąć urząd w chwili rozpoczęcia działalności przez Europejski Bank Centralny. Jednakże ostateczne prawo decyzji w sprawie wyboru kandydata na prezesa EBC było w rękach francuskich i niemieckich polityków. Duisenberg reprezentował Holendrów, a Holandia od zawsze była sojusznikiem Niemiec. W rzeczywistości „status" Europejskiego Banku Centralnego był udoskonaloną i wzmocnioną wersją regulacji przeniesionych z niemieckiego Bundesbanku, tak więc ktokolwiek objąłby stanowisko prezesa EBC i tak musiałby realizować politykę wyznaczoną przez niemiecki bank centralny. Decyzyjność w tej kwestii wynikała nie tylko z siły niemieckiej gospodarki i waluty, lecz także była wzmocniona przez system miękkiej pomocy dostarczanej przez Frankfurt. Jednakże Francuzi nie byli w stanie pogodzić się z tym faktem i naciskali na obsadzenie na stanowisku prezesa EBC prezesa francuskiego banku centralnego, Tricheta.

Cały ten internacjonalizm do szpiku kości przesiąknięty był elementami nacjonalizmu. Władza była tylko jedna, a walczących o nią cała masa, poza tym konkurujący ze sobą kandydaci byli rekomendowani przez suwerenne państwa, co powodowało nieuchronne powstawanie pewnego rodzaju logicznego paradoksu.

W maju 1998 roku przywódcy poszczególnych krajów bez końca spierali się w kwestii wyboru prezesa EBC. Mało brakowało, a rozstaliby się w niezgodzie. Niemcy i Francja nie chciały odstąpić od swoich przekonań, Francuzi stawiali warunek, że jeśli Duisenberg obejmie urząd, to będzie musiał ustąpić w lipcu 2002 roku (pół roku po wprowadzeniu waluty euro). W ciągu dwunastogodzinnych obrad przywódcy Niemiec, Francji, Wielkiej Brytanii i Holandii z charakterystycznym dyplomatycznym uśmieszkiem na twarzach obrzucali się błotem.

> Chirac: „Kimże on jest, abyśmy cały ten czas musieli marnować na dyskusję o tym, czy będzie mógł sprawować urząd o kilka tygodni dłużej?".
> Kohl: „Pytasz «kimże on jest». Wbij sobie do głowy, że nie jest kimś kto przypadkowo wyłonił się z ulicznego tłumu".
> Chirac: „On [Duisenberg] jest Ciemnym Wimem"*.

---

* W oryginale „byczkiem", według źródeł przydomek Duisenberga to „Dim Wim" – „ciemny Wim", ewentualnie „euro-gafiarz" (przyp. tłum.).

Kohl: „Nie lubię, kiedy ktokolwiek tak się o nim wyraża. Uważam, że ma zarówno predyspozycje, jak i zdolności. Wszyscy musimy zdobyć się na szacunek w omawianiu tej kwestii".

Chirac: „To media tak go nazywają, stamtąd dopiero dowiedzieliśmy się, że w ogóle ma taki przydomek. Nie pozwolę mediom siebie tak nazwać. Zgodziliśmy się już na ustanowienie siedziby EBC we Frankfurcie".

Blair [przedstawiciel Wielkiej Brytanii, gospodarz spotkania]: „Nasza obecna dyskusja nie ma sensu".

Chirac do Blaira: „Nie bądź taki poważny. Wszyscy wiemy, że jesteś bardzo mądrym i rygorystycznym człowiekiem, jednak ta procedura nie ma nic wspólnego z mądrością i rygorem".

Chirac zagroził wykorzystaniem prawa veta wobec kandydatury Duisenberga, natomiast Kohl ogłosił, że Niemcy są już przygotowani do wcześniejszego odejścia. Efekt ponownie był kontrowersyjny, jednak ostatecznie udało się osiągnąć kompromis. 3 maja 1998 roku oficjalnie wyznaczono Duisenberga na stanowisko prezesa Europejskiego Banku Centralnego. Następnie Duisenberg natychmiast wygłosił oficjalny komunikat, w którym zapewniał, że jeśli nie uda mu się w całości dopełnić ośmioletniej kadencji na stanowisku prezesa EBC, będzie to całkowicie poza jego „własną wolą" oraz że nie zrezygnuje przynajmniej do momentu wprowadzenia banknotów nowej waluty unijnej, euro.

1 stycznia 1999 roku długo wyczekiwana waluta euro, po trwającym niemalże pół wieku porodzie, w końcu przyszła na świat. Co może wydać się śmieszne, niektórzy ludzie wciąż nazywają euro „wcześniakiem".

Waluty poszczególnych krajów unijnych, zgodnie z rynkowym kursem wymiany ogłoszonym 31 grudnia 1998 roku, miały podlegać wymianie na podstawie przelicznika ustalającego wartość europejskiej jednostki walutowej (ECU) na 1€ (euro). W tamtym czasie euro nadal było abstrakcyjną wirtualną walutą, mającą zastosowanie głównie na rynkach finansowych, w transakcjach bankowych i płatnościach elektronicznych. Dopiero 1 stycznia 2002 roku wypuszczenie na rynek banknotów i monet w walucie euro oficjalnie uczyniło z tej waluty prawny środek płatniczy strefy.

Euro wywodzi się z europejskiej jednostki walutowej (ECU), ECU zostało stworzone w oparciu o „koszyk" walut europejskich. Za plecami każdej europejskiej waluty stoją rezerwy walutowe, w głównej mierze złożone z walut obcych i obligacji skarbowych. Tym

■ **Moneta o nominale 1 euro.**

samym euro jest w istocie walutą wyemitowaną jako zabezpieczenie krajowych papierów dłużnych i rezerw walutowych poszczególnych państw członkowskich Unii Europejskiej. To z kolei wygenerowało problem tkwiący w istocie nowej waluty. Obligacje skarbowe i rozwój gospodarczy państw członkowskich są ściśle powiązane z polityką fiskalną, dlatego też wartość euro wynika z kondycji gospodarczej i finansowej krajów wspólnoty. Ze względu na brak możliwości kontrolowania gospodarki i finansów poszczególnych państw członkowskich, nie ma też możliwości zagwarantowania wartości europejskiego pieniądza. I w tym właśnie tkwi sedno jego obecnych problemów.

Euro wystrzeliło już z łuku strzałę, której nie sposób zawrócić i tylko zunifikowane europejskie ministerstwo finansów mogłoby zapewnić nieprzerwaną perspektywę rozwoju wspólnej waluty europejskiej. Obecny kryzys waluty euro dał okazję do przeprowadzenia „wymuszonej kryzysem reformy". Z historii rozwoju euro wyłania się jasna odpowiedź: siła napędzająca integrację europejską jest dziś głęboko zakorzenionym drzewem, a powołanie Europejskiego Ministerstwa Finansów nie jest rozpatrywane w kategoriach możliwości, a raczej terminu jego zinstytucjonalizowania.

Kiedy już na horyzoncie pojawi się wspólne dla całej Europy ministerstwo finansów, pozostanie pytanie: jak daleka droga dzieli europejskie kraje od realizacji planu stworzenia Stanów Zjednoczonych Europy?

ROZDZIAŁ VII

Upadek napędzanego długiem dobrobytu USA

Klucz do rozdziału

Odkąd w 1971 roku powstało Amerykańskie Imperium Długu, obligacje rządu Stanów Zjednoczonych stały się kluczowym aktywem, zakorzenionym w systemach monetarnych na całym świecie. Podczas gdy amerykańskie zadłużenie wniknęło do Niemiec, Japonii i Francji, rzeczywiste zasoby tych krajów napływały do Stanów Zjednoczonych. Kiedy dolar poważnie zdewaluował się względem walut tych krajów, ich zasoby finansowe zostały tym samym zrabowane. Po tym, jak Niemcy i Japończycy zdali sobie z tego sprawę, mogli tylko cierpieć w milczeniu, albowiem oba te kraje potrzebowały silnej ochrony militarnej ze strony Stanów Zjednoczonych. Gdy zdali sobie z tego sprawę Francuzi, de Gaulle gniewnie nawoływał do obalenia systemu dolarowego. Kiedy w końcu uświadomili to sobie Europejczycy, łatwo zarobione na handlu ropą naftową fortuny zdążyły już wynieść mieszkańców Bliskiego Wschodu na szczyt. Gdy zasoby finansowe Bliskiego Wschodu zostały już niemalże wyssane, Amerykanie wstrzyknęli „drenujący oszczędności" system papierów dłużnych w osłabiony organizm chińskiej gospodarki.

Globalne nadwyżki dolarowe stopniowo uformowały na arenie międzynarodowej „finansową przestrzeń wirtualną". Te „pozbawione korzeni" dolary, wędrujące po całym świecie, nie objęte żadnym nadzorem, w zastraszającym tempie rodziły nowy pieniądz i tworzyły ogromną bańkę wypierającą środki trwałe, a będąc dźwignią o potężnej mocy, przejmowały społeczne bogactwo.

Globalizacja finansowa w głównej mierze była po prostu globalizacją zadłużenia denominowanego w dolarach amerykańskich, co prowadziło do tego, że tempo wzrostu i skala aktywów finansowych w znacznej mierze przewyższyła fizyczne bogactwa. To z kolei oznaczało, że część tego majątku, pozbawiona odpowiednika w postaci namacalnego majątku, była niczym innym jak ogromnym zadłużeniem. Stagnacja światowej gospodarki mogłaby doprowadzić do tego, że przepływ gotówki wspierający to zadłużenie stopniowo by się wyczerpał. Gdy tego rodzaju ryzyko uległoby intensyfikacji, posiadacze dużej ilości aktywów nieuchronnie skoncentrowaliby się na ich wymianie na gotówkę, a to z kolei wywołałoby gwałtowny spadek cen aktywów i paraliż systemu finansowego, któremu towarzyszyłaby recesja gospodarki realnej. Recesja gospodarki amerykańskiej w 1990 roku, globalne finansowe tsunami w 2008 roku czy europejski kryzys zadłużenia w 2011 roku – wszystkie te wydarzenia były nieuniknionym efektem załamania napędzanego długiem wzrostu gospodarczego.

Zadłużenie waluty
„onkogenem" wzrostu gospodarczego

Przepływ walutowy oznacza przenoszenie aktywów bazowych. Przed 1971 rokiem, w ramach systemu z Bretton Woods, wymiana dolara na towar była finalnie odzwierciedlona poprzez model wymiany waluty na aktywa w złocie, co było także główną przyczyną ogólnoświatowej paniki dolarowej wywołanej intensyfikacją bilansu deficytu płatniczego Stanów Zjednoczonych prowadzącą do uszczuplenia amerykańskich rezerw złota.

Po ustanowieniu Amerykańskiego Imperium Długu w 1971 roku kluczowym aktywem, na którym wzorował się amerykański dolar, stały się obligacje rządowe, a płynność dolarowa oznaczała po prostu transfer amerykańskich aktywów dłużnych. Amerykański dług stał się w rzeczywistości głównym towarem na rynku międzynarodowym i ostatecznym środkiem płatniczym obsługującym transakcje biznesowe.

Z punktu widzenia Stanów Zjednoczonych i całego świata tak znacząca zmiana w obrębie mechanizmu finansowego musiała prowadzić do wyodrębnienia modelu wzrostu gospodarczego.

W czasach systemu parytetu złota główną siłą napędową wzrostu gospodarczego były inwestycje pochodzące z akumulacji oszczędności narodowych, natomiast w czasach systemu opartego na amerykańskich papierach dłużnych impuls ekspansji gospodarczej stopniowo przechylał się od inwestycji w stronę zadłużenia. Bazowa koncepcja kapitału i kredytu przeszła już mutację z gromadzenia oszczędności na rzecz tworzenia zadłużenia.

Model wzrostu gospodarczego napędzanego inwestycjami i model wzrostu gospodarczego napędzanego zadłużeniem są ucieleśnieniem dwóch różnych światopoglądów gospodarczych. Korzenie recesji gospodarki amerykańskiej z 1990 roku, globalnego finansowego tsunami z 2008 roku czy europejskiego kryzysu zadłużenia z 2011 roku sięgają w istocie 1971 roku, kiedy świat wkroczył na wąską ścieżkę wzrostu gospodarczego. Obecny światowy kryzys finansowy jest w rzeczywistości ostatecznym rozliczeniem trwającego od 40 lat modelu wzrostu gospodarczego napędzanego długiem.

Czym są oszczędności? Czym są inwestycje? Czym jest konsumpcja? Czym jest bogactwo? Współczesne społeczeństwo wydaje się coraz bardziej nieświadome znaczenia tych często stosowanych w codziennym życiu słów, a także zbyt leniwe, by sięgnąć do sedna ich prawdziwego znaczenia. Gdyby odrzucić wprawiający ludzi w osłupienie współczesny koncept pieniądza i powrócić do najbardziej prymitywnej formy ekonomii, to wszystko stałoby się jasne w mgnieniu oka.

W społeczeństwach pierwotnych myśliwi polowali, używając zwykłych włóczni. Aby przeżyć, musieli codziennie upolować, powiedzmy, przynajmniej trzy zające, aby zaś upolować zająca musieli się za nim nabiegać – zatem wielki wysiłek fizyczny oznaczał niewielkie zyski. W niedługim czasie człowiek nauczył się od swoich współplemieńców używać do polowania łuku. W ten sposób mógł polować z dużej odległości, co pozwoliło nie tylko na poprawienie kamuflażu i podniesienie wydajności polowań, lecz przede wszystkim sprawiło, że człowiek nie musiał już tyle biegać i oszczędzał ogromne ilości energii. Jeśli dopisało mu szczęście, mógł nawet ustrzelić łosia i zjeść obfity posiłek.

Ten myśliwy postanowił także samodzielnie wykonać łuk i strzały, jednak musiało się to odbyć w niezbyt długim czasie. W pierwszej kolejności udawał się w góry w poszukiwaniu odpowiednio mocnego i lekkiego drzewa, następnie suszył ścięte drzewo, a potem robił z niego łuk. Musiał też wyszukać ścięgna zwierzęce o znakomitej elastyczności, które przy wielokrotnych wystrzałach zachowałyby swoją sprężystość i mogły posłużyć jako cięciwa łuku. Na końcu myśliwy musiał poświęcić odpowiednią ilość czasu na wykonanie dużej ilości strzał. Podsumowując, do wykonania zaawansowanych technicznie narzędzi myśliwy potrzebowałby przynajmniej 5 dni. Co więcej, w tym czasie nie mógłby polować, a jako że nie da się pracować, mając pusty brzuch, najpierw musiałby polować dzień i noc i dopiero po akumulacji 15 zajęcy, które wystarczyłyby mu jako zapasy na okres 5 dni, mógł przystąpić do pracy, jaką było konstruowanie łuku.

15 zajęcy będących zabezpieczeniem egzystencji na okres 5 dni to nic innego jak „oszczędności" myśliwego, a jego praca nad budową łuku to „inwestycja". Celem „inwestycji" jest osiągnięcie bardziej efektywnych wyników polowania, a jej warunkiem wstępnym jest posiadanie wystarczającej ilości oszczędności.

Jeżeli „inwestycja" myśliwego osiągnie widoczne efekty, to przy użyciu łuku będzie on mógł upolować dziennie więcej niż 5 zajęcy, a jeśli dopisze mu szczęście, to może ona przynieść zwrot w postaci łosia. Poza napełnieniem brzucha, myśliwy może wymienić nadwyżkę zdobyczy na potrzebne mu ubrania, a wtedy rozpoczyna już „konsumpcję". A zatem, istotą konsumpcji jest wymiana. Z kolei jej warunkiem wstępnym jest posiadanie nadwyżki oszczędności. Wreszcie, jeśli myśliwy poza napełnieniem brzucha wystarczającą ilością pożywienia, poza podjęciem niezbędnej „inwestycji" w formie budowy łuku i poza „konsumpcją" w postaci wymiany zdobyczy na niezbędne artykuły codziennego użytku, zdoła jeszcze odłożyć nadmiar zdobyczy, to jest to „bogactwo". Jako że zdobyczy nie da się długo przechowywać, myśliwy musi znaleźć sposób na takie długoterminowe przechowywanie „bogactwa", który pozwoli na jego wykorzystanie w chwili, kiedy będzie go potrzebował. Podczas dokonywania wymiany towarów na rynku myśliwy orientuje się, że złoto i srebro cieszą się powszechną sympatią i zainteresowaniem, a wszyscy chcą wymieniać swoje towary na te kruszce, które można długoterminowo przechowywać, które są wygodne do przenoszenia i które łatwo policzyć – towar, za którym wszyscy gonią, w końcu staje się „walutą". Najważniejszą właściwością waluty jest to, że kiedykolwiek chce się ją sprzedać, zawsze znajdzie się na nią chętny, a więc jej „płynność" jest najlepsza. Tak więc złoto i srebro zaspokajały wymogi myśliwego we wszystkich aspektach przechowywania bogactwa – można je było przechowywać długoterminowo, wymieniać w dowolnym momencie i wygodnie nimi operować.

Złoto i srebro, od odkrycia i wydobycia, po obróbkę i produkcję, na każdym etapie wymagały zapłaty za wykonaną przy tym pracę, dlatego też w transakcjach rynkowych ten specjalny rodzaj waluty wymieniany na równi z innymi towarami od początku stanowił uczciwy przelicznik wymiany towaru na pracę. Magiczna rola srebra i złota w transakcjach handlowych polegała na tym, że przekształcały one skomplikowaną naturę różnych towarów w prosty i nieskomplikowany wskaźnik cyfrowy, a tym samym zmniejszały koszty transakcji, rozszerzały wielkość rynku i promowały społeczny podział pracy. Złoto i srebro stopniowo stały się na rynku cieszącą się najwyższym stopniem akceptowalności „uczciwą walutą", przyjmując funkcję środka płatniczego, miernika wartości czy formy przechowywania oszczędności.

Gdy ludzie produkujący złoto i srebro dokonywali fałszerstwa tej waluty, a następnie sfałszowaną walutę wymienili na rynku na uczciwe owoce pracy innych ludzi, działanie takie nazywa się oszustwem, nadużyciem finansowym. Waluta biorąca udział w takiej transakcji jest z kolei brudnym pieniądzem. Gdyby matactwo wyszło na jaw, rynek zlinczowałby ludzi zajmujących się fałszerstwem. Jeśli fałszerzem okazałby się rząd nadzorujący machinę karną, uczestnicy rynku nie mogąc sprzeciwić się oszustwu, chcąc nie chcąc wszyscy staliby się oszustami, zaś użycie oszustwa wobec oszustwa sprawiłoby, że jakość towarów dodatkowo by się pogorszyła, a porządek wymiany handlowej zmieniłby się w chaos. Jeśli funkcja pieniądza jako formy przechowywania bogactwa uległaby osłabieniu, to załamałaby się wola do długoterminowego oszczędzania, a rozpowszechnienie działań krótkoterminowych wywołałoby wiatr spekulacji oraz rozproszenie impetu społecznego. Waluta jest przyrzeczeniem bogactwa, a zniszczenie wartości waluty jest przyrzeczeniem zniszczenia dobrobytu społecznego, którego finalnym efektem są rosnące koszty transakcji rynkowych, utrudniony rozwój gospodarczy i wstrzymanie kreacji dobrobytu.

Aktywa leżące u podstaw dolara amerykańskiego to papiery dłużne, które zastąpiły uczciwe złoto, co od podstaw rozbiło gospodarkę rynkową, przyspieszyło podział społeczny na bogatych i biednych, a także doprowadziło do erozji fundamentów moralnych społeczeństwa.

Kiedy dług staje się walutą, system bankowy zostaje zalany wekslami, które narysowanym zającem chcą napełnić pusty brzuch, a tak zwane oszczędności nie są już nagromadzeniem efektów uczciwej pracy, gdyż po prostu nie istnieją, a co więcej, w przyszłości może także przestać istnieć „zając". Jak zatem głodny myśliwy zdoła przeprowadzić „inwestycję" w postaci budowy łuku? I gdzie znajdą się prawdziwe „oszczędności" na przeprowadzenie uczciwej wymiany handlowej na rynku?

Własne oszczędności Amerykańskiego Imperium Długu były coraz bardziej niewystarczające, konsumpcja wymagała kredytowania, a dodatkowo trzeba było pożyczać pieniądze na inwestycje. Model ekonomiczny, na którym opierał się wzrost Imperium, choć polegał na „pożyczaniu" cudzych oszczędności, to z jednej strony pozwalał na podniesienie jakości życia, a z drugiej angażował aktywa finansowe w przyspieszone inwestycje typu „pieniądz robi pieniądz". Obligacje rządowe Stanów Zjednoczonych były certyfikatem na pożyczenie oszczędności innych krajów, których Amerykanie w rzeczywistości nigdy nie planowali zwrócić. Kiedy

„weksle dłużne Departamentu Skarbu Stanów Zjednoczonych" zaczęły się dewaluować względem waluty „myśliwego", wówczas był on stopniowo ogołacany z posiadanych rzeczywistych oszczędności.

Obligacje amerykańskie pełniąc rolę kluczowego aktywa, zostały wszczepione w systemy monetarne wielu krajów na całym świecie. Podczas gdy amerykańskie zadłużenie wniknęło do Niemiec, Japonii i Francji, rzeczywiste zasoby tych krajów napływały do Stanów Zjednoczonych. Po tym, jak Niemcy i Japończycy zdali sobie z tego sprawę, mogli tylko cierpieć w milczeniu, albowiem oba te kraje potrzebowały silnej ochrony militarnej ze strony Stanów Zjednoczonych. Kiedy zdali sobie z tego sprawę Francuzi, de Gaulle nawoływał do obalenia systemu dolarowego. Gdy w końcu uświadomiono to sobie w całej Europie, łatwo zarobione na handlu ropą naftową fortuny zdążyły już wynieść mieszkańców Bliskiego Wschodu na szczyt. A kiedy zasoby finansowe Bliskiego Wschodu zostały już niemalże wyssane, Amerykanie wstrzyknęli „drenujący oszczędności" system papierów dłużnych w osłabiony organizm chińskiej gospodarki.

Po kryzysie finansowym w 2008 roku, mimo szaleńczego dodruku pieniądza przez Bena Bernanke'a, niemożliwe okazało się zwiększenie „realnych oszczędności" Amerykanów i promowanie „rzeczywistej konsumpcji" rynkowej, nie wspominając nawet o podejmowaniu „prawdziwych inwestycji". Ostatecznie nie można z niczego stworzyć „zająca dla myśliwego", nawet dodrukowując banknoty. W zasadzie jedynym założeniem dodatkowej emisji było pozwolenie tym krajom, które już pożyczyły swoje realne oszczędności Stanom Zjednoczonym, w dwójnasób dać odczuć ich bezpowrotną stratę.

W 1976 roku wartość amerykańskich obligacji będących w posiadaniu państw całego świata szacowano na 90 miliardów dolarów. W 2011 roku wartość ta osiągnęła już 4,5 biliona dolarów. W ciągu zaledwie 35 lat wzrosła 50 razy. Czy są w ogóle ludzie, którzy wierzą, że takie aktywa można utrzymywać? Jaka będzie ich wartość za kolejnych 35 lat? Ile własnej waluty będą w stanie wyemitować poszczególne państwa, używając tego rodzaju rezerw walutowych jako zabezpieczenia? Realne oszczędności społeczeństwa w procesie ekspansji waluty były nieustannie rozcieńczane i przesuwane, a w końcu ich większa część została zakumulowana w rękach 1% ludzkości.

Wskutek „wampirycznego" uzależnienia Amerykańskiego Imperium Długu funkcja krwiotwórcza rodzimej gospodarki amerykańskiej została osłabiona. Zdecydowana większość pożyczonych oszczędności nie została wykorzystana na potrzeby gospodarki realnej Stanów Zjednoczonych, dla wzmocnienia konkurencyjności towarów przemysłowych czy polepszenia deficytu handlowego, lecz posłużyła do bezprecedensowej kreacji bogactwa finansowego. W tym samym czasie, kiedy na Wall Street uzyskiwano oszałamiające zyski, spadała konkurencyjność amerykańskiej gospodarki przemysłowej, kurczyły się dochody klasy średniej, wzrastały skala ubóstwa oraz nadmierne zadłużenie państwa i społeczeństwa. Cały pozorny dobrobyt niesiony przez konsumpcję opartą na zadłużeniu jest czymś gorszym niż fatamorgana. W momencie gdy nie udaje się dłużej utrzymać zadłużenia, nawet i taki dobrobyt należy do przeszłości.

Na początku lat siedemdziesiątych XX wieku Amerykańskie Imperium Długu wykonało wyrok na złocie, zniosło sztywny kurs walutowy i związało ceny ropy naftowej, jednak dolarowi było daleko do uspokojenia opinii publicznej. Nieufność wobec dolara motywowała ludzkość do gromadzenia złota, srebra, ropy naftowej i innych towarów, co – w chwili wybuchu inflacji, przetaczającej się przez każdy zakątek świata – stawiało Amerykańskie Imperium Długu w obliczu niepewnych zawirowań.

„Rachunki zastępcze SDR”: *bezkrwawy finansowy zamach stanu*

W chwili gdy zabezpieczenie stojące za dolarem amerykańskim z ciężkiego złota zmieniło się w nacechowane dużą płynnością obligacje skarbowe, wszyscy posiadacze dolarów instynktownie zareagowali poczuciem „utraty wagi bogactwa”. Źródłem amerykańskiego zadłużenia był powiększający się deficyt budżetowy Stanów Zjednoczonych, a stosunek „łagodnej ignorancji” Amerykanów wobec długoterminowego deficytu już wcześniej przyprawiał serca Europejczyków o palpitacje.

Konsekwencją pojawienia się deficytu fiskalnego była spowodowana nadmierną emisją dolara hiperinflacja. W okresie od 1958 do 1964 roku (chociaż problemy deficytu fiskalnego i bilansu płatniczego Stanów Zjednoczonych były już stopniowo odsłaniane) Amerykanie wciąż posiadali spore rezerwy złota, a zaufanie do dolara było takie jak wcześniej, dlatego też inflacja była praktycznie równa zeru. W 1964 roku zaufanie wobec dolara zaczęło się trząść w posadach, a ponieważ w tamtym okresie wartość dolarów będących w posiadaniu obcokrajowców po raz pierwszy przekroczyła wartość amerykańskich rezerw złota, w ciągu kolejnych 4 lat inflacja w Stanach Zjednoczonych podskoczyła do 2%. W 1968 roku, po kompletnym upadku strategii „funduszu złota dla wzajemnej pomocy” mającego stać na straży amerykańskich rezerw w złocie, inflacja wzrosła do 4%. Po ogłoszeniu przez Nixona ostatecznego zerwania między dolarem amerykańskim i złotem, w okresie od 1972 do 1978 roku inflacja wzrosła do 10%, a do 1979 roku osiągnęła zatrważający poziom 14%.

Dwa kryzysy naftowe w 1973 i 1979 roku sprawiły, że ceny ropy naftowej wzrosły ponad dziesięciokrotnie, a podwyżka cen ropy będącej głównym źródłem energii i surowców przemysłowych dla Europy i Stanów Zjednoczonych, sprawiła, że gospodarki wszystkich krajów uprzemysłowionych wypadły z torów. Nadmierna emisja dolarów była jak ogień, boom na rynku ropy naftowej był niczym wiatr, niestabilny kurs wymiany walutowej był niczym oliwa. Ogień został rozbuchany przez wiatr, wiatr pomógł ogniowi poszerzyć zasięg, ogień zajął oliwę i w ten sposób amok inflacji i recesji ogarnęły cały świat.

Utraciwszy złoto w charakterze stabilizatora waluty, globalny system gospodarczy wywrócił się do góry nogami i pogrążył w otchłani chaosu.

Trudna do ustabilizowania długoterminowa, wysoka inflacja zniekształciła myślenie ekonomiczne ludzkości, a także podważyła ideę społecznej zamożności.

Zarządzanie długiem, jak się okazało, nie było wcale takim złym pomysłem. Jako że inflacja nieprzerwanie rozpraszała presję zadłużenia; konsumpcja oparta na zadłużeniu w szybkim tempie stała się bardzo popularnym zjawiskiem i pozwalała cieszyć się chwilową siłą nabywczą pieniądza, ponieważ waluta nadal mogła słabnąć. Oszczędzający zaczęli uchodzić za głupich nieszczęśników, a ludzie zaangażowani i skromni stali się rzadkością. Tradycyjny uczciwy wysiłek należał już do przeszłości, a zachowaniem cieszącym się powszechnym aplauzem stało się gromadzenie bogactwa oparte na spekulacjach. Planowanie długoterminowe stało się przeżytkiem, a zachowania krótkoterminowe czymś standardowym. Wysoka inflacja przyczyniła się do upadku tradycyjnych wartości moralnych społeczeństwa i zniszczyła ducha przyświecającego ojcom założycielom Stanów Zjednoczonych.

Podczas, gdy dewaluacja dolara i inflacja stały się zjawiskiem powszechnym, wrodzona tendencja do napędzania zysku z kapitału spowodowała, że coraz większa jego ilość przeznaczona została na cele spekulacji, która pozwalała na osiągnięcie szybkiego zarobku i nie mogła się równać z zyskiem osiąganym w wyniku żmudnych i ryzykownych inwestycji handlowych i przemysłowych. Od 1947 do 1973 roku wzrost produktywności Stanów Zjednoczonych wynosił 3%, z kolei w okresie od 1973 do 1979 roku wartość ta spadła gwałtownie do 0,8%. Inflacja zawsze była naturalnym wrogiem siły produkcyjnej.

Mimo że dolar był związany z cenami ropy naftowej, wysoka inflacja i dewaluacja tej waluty sprawiły, że oprócz krajów bliskowschodnich eksportujących ropę naftową, pozostałe państwa nie były już dłużej zainteresowane posiadaniem aktywów dolarowych. Europejczycy już wcześniej demonstrowali swoje zniecierpliwienie wobec dolara, z kolei Japończycy w sekrecie przygotowywali się do wymanewrowania z aktywów dolarowych. Do 1979 roku cały świat stanął w obliczu niebezpieczeństwa, jakim było porzucenie dolara amerykańskiego.

W sierpniu 1979 roku kraje naftowe wydały surowe ostrzeżenie, że poważnie zastanawiają się nad rezygnacją z wyceny ropy naftowej w dolarach amerykańskich i rozważają zwrócenie się do Międzynarodowego Funduszu Walutowego z prośbą o zastosowanie Specjalnych Praw Ciągnienia (SDR, Special Drawing Rights)[1]. Informacja ta niewątpliwie musiała przerazić Amerykanów, gdyby bowiem zrezygnowano z dolarowej wyceny ropy naftowej, to Amerykańskie Imperium Długu stanęłoby w obliczu ryzyka rozpadu. Kto byłby skłonny nadal trzymać występujące już od dawna na całym świecie poważne nadwyżki dolarowe? Załamanie zaufania względem dolara oznaczałoby szalony wzrost cen wszystkiego co niedolarowe, a hiperinflacji nie sposób byłoby okiełznać.

Dopiero co powołany pod kierownictwem Niemiec Europejski System Walutowy (EMS), na wzburzonym morzu ulegającego deprecjacji dolara stał się wyspą stabilności walutowej, której w każdej chwili groziło zalanie przez potężną falę spekulacji. Kanclerz Niemiec Schmidt, doprowadzony do skrajności,

---

[1] *Research Department of Federal Reserve Bank of San Francisco*, Substitution Account, marzec 1980.

bez ogródek oznajmił Amerykanom, że Niemcy mają już dość amerykańskiej długoterminowej polityki „łagodnego zaniedbania" i bezczynności wobec dolara. Europa również ma dość.

Sekretarz Departamentu Skarbu USA Anthony M. Solomon w jednej z notatek wewnętrznych protestował: „Obecnie, na międzynarodowym rynku walutowym, Stany Zjednoczone zmagają się z ekstremalnie niebezpieczną sytuacją. Dolar cierpi w efekcie ogromnej presji spowodowanej powszechną opinią, że na polu polityki kursowej między Stanami Zjednoczonymi i Niemcami dochodzi do poważnego konfliktu, a współpraca między tymi dwoma krajami została całkowicie zerwana. Stany Zjednoczone wyrażają nadzieję, że kurs dolara utrzyma się na dotychczasowym poziomie lub wzrośnie, z kolei Niemcy mają nadzieję na deprecjację dolara. Dużych rozmiarów lawina prywatnych funduszy od jakiegoś czasu oczekuje w napięciu i jest gotowa w każdej chwili odżegnać się od dolara. Odczuwana przez dolara presja z wielkim prawdopodobieństwem przekroczy wkrótce punkt krytyczny. W oparciu o aktualną sytuację na rynku walutowym i psychologiczne oczekiwania inwestorów, Stany Zjednoczone będą zmuszone sprostać nie tylko konkretnym kwestiom taktycznym, lecz przede wszystkim będą zmuszone wziąć pod uwagę fakt, że sytuacja może w szybkim tempie ulec pogorszeniu i przekształcić się w pełnowymiarowy, druzgocący kryzys"[2].

Mając do czynienia z najpoważniejszym kryzysem dolara w czasach powojennych, nawet Rezerwa Federalna odczuwała strach, kiedy cały amerykański system drżał w posadach. W obliczu ogólnoświatowej fali porzucenia dolara, Stany Zjednoczone w trybie pilnym opracowały plan awaryjny „ratowania dolara", to znaczy plan zastąpienia tej waluty przy użyciu wyznaczonej przez MFW jednostki rozrachunkowej SDR. Gdyby doszło do sytuacji, że cały świat decyduje się ostatecznie zrezygnować z dolara, to MFW miał za zadanie nawoływać te kraje do umieszczenia posiadanych przez nie rezerw walutowych w dolarach na specjalnych „rachunkach zastępczych SDR", na których te dolary zostałyby wymienione na rozliczeniowe jednostki walutowe SDR. Istotą tego programu była całkowita wymiana waluty USA na jednostki SDR, a następnie wykorzystanie wycofanych z obiegu dolarów na inwestycję w amerykańskie papiery dłużne[3].

Ten amerykański plan był równoznaczny z „ustąpieniem z urzędu" przez dolara. Rezygnacja ze statusu międzynarodowej waluty rezerw miała na celu rozbrojenie tykającej bomby gniewu i oburzenia światowej opinii publicznej i inwestorów w stosunku do dolara. Niemniej, dzięki temu rzeczywista władza zarządzania Amerykańskim Imperium Długu nadal pozostawała skoncentrowana w rękach Amerykanów. Wcześniej rezerwy dolarowe poszczególnych państw, oprócz zakupu amerykańskich obligacji, mogły być także wykorzystane na inne cele inwestycyjne, natomiast po reformie SDR, MFW wykorzystywał rezerwy walutowe w dolarach, z których rezygnowały poszczególne państwa, tylko i wyłącznie na zakup amerykańskich obligacji skarbowych[4]. W ten oto sposób SDR stało się tylko opakowaniem, wewnątrz którego nadal znajdowały się amerykańskie obligacje – zmieniło się

² David Marsh, *The Euro – The Politics of the New Global Currency*, Mechanical Industry Press, 2011, s. 77.

³ *Research Department of Federal Reserve Bank of San Francisco.*

⁴ *Ibid.*

pudełko, ale nie jego zawartość. Nazwa systemu dolarowego zmieniła się na „system oparty na SDR", jednak poręczeniem dla emisji waluty nadal były amerykańskie obligacje skarbowe. Stały się one rzeczywistym aktywem stojącym za plecami walut świata, którego zadłużenia nigdy nie trzeba będzie spłacać.

■ Centrala Międzynarodowego Funduszu Walutowego w Waszyngtonie, która w przyszłości może być przekształcona w Światowy Bank Centralny

W 1979 roku światowe waluty stanęły na rozdrożu. Jeśli nie udałoby się szybko ograniczyć inflacji, to byłoby wielce prawdopodobne, że dolar musiałby utracić swoją pozycję. Świat nie był jeszcze dostatecznie przygotowany na nagłe wdrożenie nowej światowej waluty w postaci SDR. Od 1944 roku, w czasie regencji systemu z Bretton Woods, wartość dolara sięgnęła zenitu, amerykańskie rezerwy walutowe w złocie były największe na świecie, siła narodowa i militarna kraju wkroczyły w okres świetności niespotykanej ani w przeszłości, ani potem. W warunkach takiego prosperity Stany Zjednoczone nie ważyły się zniszczyć tronu, na którym zasiadało złoto, decydując się na powolne przyjęcie strategii „polegania na autorytecie złota", aby stopniowo móc okiełznać waluty całego świata. Po tym okresie Amerykańskie Imperium Długu zaczęło się rozpadać, a dolar stał się szczurem przebiegającym ulicę, którego ludzie traktują z pogardą. W Stanach Zjednoczonych królował kryzys ekonomiczny, wysoki stopień bezrobocia i szalona inflacja. Na arenie międzynarodowej Europa jawnie się zbuntowała, Japonia chciałaby to zrobić, Bliski Wschód sympatyzował z Europą i sprzeciwiał amerykańskiej polityce, a Rosja obserwowała sytuację z ukrycia, niczym tygrys swoją zdobycz. „Ustąpienie" dolara wydawało się łatwe ze względu na niewystarczające poparcie międzynarodowe, a narzucanie swojej woli poprzez zastosowanie SDR trudne.

W tamtym okresie jedyną drogą wyjścia dla upadającego Amerykańskiego Imperium Długu było właśnie bezlitosne uśmiercenie inflacji i w pierwszej kolejności przywrócenie zaufania wobec dolara, a dopiero później planowanie długofalowej stabilizacji.

Ważne jest wszakże to, że chociaż projekt ten ostatecznie nie został wdrożony, to jednak był gotowy już od 1980 roku jako plan awaryjny na wypadek całkowitego załamania dolara.

Od czasów finansowego tsunami w 2008 roku idea „rachunków zastępczych SDR" po raz kolejny znalazła się w błysku międzynarodowych fleszy. Gniew poszczególnych krajów świata wobec dwukrotnego poluzowania polityki pieniężnej wobec dolara, był nie mniejszy niż ten, z którym dolar zetknął się w 1979 roku. Dla posiadających ogromne rezerwy w złocie krajów azjatyckich kwestia pozbycia się dolara po 2008 roku awansowała do rangi strategii narodowej. To wtedy Stany

Zjednoczone zdecydowały się po raz kolejny na propozycję programu „rachunków zastępczych SDR", twierdząc, że miałby on posłużyć dywersyfikacji rezerw walutowych i złagodzeniu globalnych zaburzeń równowagi gospodarczej. Tymczasem była to wciąż jedna i ta sama stara śpiewka.

Dotychczas MFW okazał się zaledwie pulą aktywów połączonych rezerw walutowych poszczególnych państw, a jego zasięg był ograniczony i polegał głównie na dostarczeniu „nadmiaru" płynności jednego kraju do innego kraju będącego beneficjentem, oczekującym zaspokojenia swoich pilnych potrzeb. Mówiąc inaczej, MFW mógł korzystać tylko z posiadanych funduszy, nie mógł generować kredytów. Z tego też powodu MFW nie był dla świata „pożyczkodawcą ostatniej instancji" i znacznie odbiegał pod tym względem od pozycji Światowego Banku Centralnego. Nie można było zaplanować koncepcji, zgodnie z którą w przyszłości MFW mógłby użyć „koszyka" walut SDR w celu stworzenia podobnej do europejskiej jednostki walutowej (ECU) i przejąć funkcję „światowej policji walutowej", mającej za zadanie przywrócenie stałego kursu wymiany walut. Gdyby wyposażyć MFW we władzę kreowania kredytów, to zamieniłby się on w większą wersję Europejskiego Banku Centralnego. Idąc dalej, SDR prawdopodobnie stałoby się „światowym euro". Wówczas suwerenność monetarna poszczególnych państw musiałaby zostać przekazana w ręce MFW.

Byłby to bezkrwawy zamach stanu na międzynarodowe finanse.

Neoliberalizm, krzyk oburzenia bogaczy

Petrodolary są rodzajem miecza obosiecznego. Wysokie ceny ropy naftowej wywoływały wzrost zapotrzebowania na dolary na świecie, jednocześnie prowadząc do stagnacji gospodarki przemysłowej Stanów Zjednoczonych. Pozycja amerykańskiej gospodarki realnej na globalnym rynku straciła grunt pod nogami w obliczu zażartej konkurencji ze strony Europy i Japonii. Zyski korporacyjne zaczęły się kurczyć, wzrost wydajności produkcyjnej utknął w martwym punkcie, a wysoka inflacja spowodowała pogorszenie struktury kapitałowej. Siła przemysłowa Stanów Zjednoczonych doznała największego od czasów wojny osłabienia. Postępujący kryzys dolarowy doprowadził do tego, że dominujący mechanizm dystrybucji światowego bogactwa przez Wall Street z dnia na dzień ulegał osłabieniu, a w 1975 roku będący w posiadaniu 1% najbogatszej populacji Stanów Zjednoczonych udział w bogactwie społecznym, spadł do poziomu z 1922 roku.

1% bogaczy zadecydował o konieczności zmiany zasad gry, tak aby szala dystrybucji bogactwa przechyliła się w ich stronę. Z pomocą rodziny Rockefellerów, będącej jedną z najbardziej wpływowych wśród elit rządzących, postanowiono całkowicie podważyć budowany od czasów Wielkiego Kryzysu w latach trzydziestych XX wieku system państwa opiekuńczego, jak również znieść ograniczenia w ekspansji bogactwa przez bogaczy. W połowie lat siedemdziesiątych XX wieku opublikowana została książka autorstwa Johna D. Rockefellera Jr. pod tytułem *Second American Revolution* (Druga rewolucja amerykańska), w której

Rockefeller jasno przekonywał o konieczności reformy rządu, ograniczeniu jego autorytetu i „przekazaniu funkcji i odpowiedzialności rządowej w ręce sektora prywatnego w stopniu maksymalnym". W swojej książce Rockefeller, posługując się konkretnymi przykładami ekonomicznymi, podkreślał, że rządowe regulacje względem finansów i handlu są zbędne, a opieka socjalna nad społeczeństwem jest marnotrawstwem środków finansowych, albowiem tylko firmy nie związane ograniczeniami podążają za zyskiem i tym samym wspierają system finansowy państwa, który jest przecież źródłem napędzającym rozwój Stanów Zjednoczonych[5]. W latach osiemdziesiątych prezydent Reagan wygłosił słynne zdanie: „Rząd nie jest w stanie rozwiązywać problemów, ponieważ rząd sam w sobie jest problemem". To właśnie ta myśl była ideą przewodnią wspomnianej książki Rockefellera, a Reagan nie mając tej ideologicznej świadomości, prawdopodobnie, nie zostałby wybrany przez organizacje plutokratów.

Ideologia zawarta w *Drugiej rewolucji amerykańskiej* spowodowała zmasowaną falę ataków ze strony amerykańskich mediów na rząd, któremu zarzucano brak skuteczności w działaniu, niekompetencję, marnotrawstwo, generowanie deficytu i przytłaczającej inflacji. Sprawiło to, że w jednej chwili to rząd stał się winowajcą odpowiedzialnym za pogłębiającą się recesję. Najbogatsi Amerykanie, wykorzystując jako pretekst niezadowolenie ludności amerykańskiej wobec bezrobocia i inflacji, przygotowywali się do pozbycia się oków rządowych regulacji w obrębie sektora finansowego i korporacji międzynarodowych. Mówiąc wprost, rządowa redystrybucja bogactwa społecznego oraz publiczna pomoc socjalna przeszkadzały bogaczom w nieskrępowanym sięganiu po jeszcze więcej bogactwa. Tym, czego chcieli bogaci, była dżungla, w której rząd nie mógłby ograniczać ich prawa do wyciskania soków z biednych przez bogatych, lecz miałby za zadanie dopilnować, by biedni nie buntowali się przeciwko takiemu obrotowi rzeczy.

W 1976 roku druga rewolucja amerykańska wkroczyła w fazę implementacji. Powołaną z funduszy i inicjatywy Rockefellerów Komisję Trójstronną można było nazwać nawet organizacją centralną, mającą na celu dostarczenie amerykańskiemu rządowi wysokiej rangi kadry. To dzięki wsparciu Komisji Trójstronnej niewyróżniający się niczym gubernator stanu Georgia, Jimmy Carter, został wybrany na prezydenta. Prezydent nie mający większego poparcia w przyszłości wykazałby się posłuszeństwem. Planując wdrożenie znaczących zmian politycznych, bogaci Amerykanie jeszcze bardziej potrzebowali słabego prezydenta. Zanim jeszcze Carter wszedł do Białego Domu, amerykańskie grube ryby miały już obsadzonych 26 stanowisk rządowych wysokiego szczebla członkami Komisji Trójstronnej, z których większości Carter nigdy wcześniej nie widział na oczy. Cała polityka zagraniczna i poważniejsze kwestie polityki krajowej Cartera prawie w całości były wytycznymi od Komisji Trójstronnej. W okresie kadencji Cartera rząd amerykański przestał ingerować w kontrolę sektora finansowego i wtedy także rozpoczęła się większość innowacji w sektorze finansowym. Po wyborze Reagana na

---

[5] F. William Engdahl, *Gods of Money: Wall Street and The Death of the American Century*, Wiesbaden 2009, s. 276-279.

prezydenta jeszcze bardziej odstąpiono od tej kontroli, a także przeniesiono środek ciężkości w stronę regulacji zasad prywatyzacji. Podczas kadencji Reagana wybuchła prawdziwa rewolucja finansowa, w efekcie której prawo pieniądza wywróciło los amerykańskiego rządu.

W świecie akademickim uznaje się, że duch *Drugiej rewolucji amerykańskiej* zapoczątkował ideologię „neoliberalną", która to doktryna od początku do końca odzwierciedla główne potrzeby 1% bogaczy.

Będący twierdzą monetaryzmu Uniwersytet w Chicago rozwija się i pnie w górę pod patronatem rodziny Rockefellerów, a konstruowana tam polityka pieniężna wywodząca się z doktryny monetaryzmu ma na celu przysłużyć się 1% bogaczy. Twórca monetaryzmu, Milton Friedman został oddelegowany w charakterze prywatnego korepetytora prezydenta Reagana, a jednocześnie poproszony o „poświęcenie specjalnej uwagi" brytyjskiej premier Thatcher. Wszystko dlatego, że bogaci oczekiwali właściwego myślenia i działania od przywódców dwóch krajów, które w wyniku harmonijnej współpracy zamierzały dokonać przewrotu finansowego. Monetaryzm Friedmana trafił na podatny grunt i zaczął rozkwitać. Friedman uważał, nawiązując do korzeni inflacji, że są nimi „zjawiska pieniężne", dlatego też kluczem do walki z inflacją powinno być zwiększenie podaży pieniądza. Dolar był podstawowym narzędziem bogaczy w dominacji nad światem i dystrybucji bogactwa, dlatego też, bez względu na wszelkie przeszkody, musiał być stanowczo broniony. W tym celu niezbędne były podwyższenie stóp procentowych i aprecjacja dolara. Ponieważ główną formą bogactwa były wszelkie aktywa finansowe, to warunkiem koniecznym dla umocnienia dolara był stabilny rynek finansowy. W związku z tym silny dolar wpisywał się w sedno interesów klasy bogaczy.

W tle doktryny monetaryzmu pobrzmiewały uzupełniające jej ideologię nawoływania do zmniejszenia podatków i cięcia świadczeń. Ekonomia podaży zakładała, że wystarczy w znacznym stopniu obniżyć podatki, aby doprowadzić amerykańską gospodarkę do „magicznego" wybuchu produktywności, z kolei cięcie świadczeń miało zaowocować tym, że robotnicy musieliby zrezygnować z lenistwa na rzecz ciężkiej pracy zwiększającej produkcję. W rzeczywistości na zmniejszeniu podatków najbardziej skorzystałby oczywiście 1% bogaczy, z kolei ofiarą cięcia świadczeń padłoby oczywiście 99% obywateli klasy średniej i biedoty. W ciągu całego okresu lat osiemdziesiątych XX wieku obfitujących w myślenie ideologiczne, Amerykanom nie udało się ostatecznie doświadczyć na własnej skórze „magicznego" wybuchu rodzimej produktywności. Oczom jawiły się Stany Zjednoczone przepełnione niemieckimi i japońskimi towarami, podczas gdy amerykańskiej gospodarce przemysłowej nie udało się ponownie powrócić do stanu międzynarodowej konkurencyjności, jaką cieszyła się w latach siedemdziesiątych.

Monetaryzm i ekonomia podażowa silnie sprzeciwiały się interwencjom państwa i nawoływały do prywatyzacji. Posiadając takie podstawy ideologiczne, amerykańska elita rządząca była gotowa rozpocząć działania zmierzające do odzyskania władzy w zakresie dystrybucji bogactwa na kilku różnych frontach.

Amerykański system ładu korporacyjnego wymagał radykalnej reformy. W pierwszej kolejności należało wzmocnić udziały kredytodawców i udziałowców, a w sytuacji stagnacji wzrostu zysków przedsiębiorstwa, należało także obniżyć zarobki robotników. W przeciwnym razie nie mogłyby wzrastać przychody bogaczy; konieczne było także maksymalne możliwe osłabienie poziomów, przy których dochodzić miałoby do interwencji ze strony rządu w rozwój gospodarczy i pomocy społecznej, uwalniając w ten sposób potężne zasoby ekonomiczne, mające posłużyć klasie bogaczy w ponownym przeprowadzaniu dystrybucji bogactwa. Rządowa polityka wspierania robotniczych związków zawodowych musiała dobiec końca, ponieważ bez osłabienia siły związków zawodowych dbających o świadczenia i profity dla robotników, nie byłoby możliwe obniżenie zarobków robotników i ponowne decydowanie o dystrybucji bogactwa przez klasę uprzywilejowaną; siła instytucji finansowych wymagała dalszego wzmocnienia po to, by móc zainwestować duże ilości kapitału w rewitalizację systemu przemysłowego i podnieść konkurencyjność przemysłu wobec Niemiec i Japonii, a następnie zastąpić ożywienie przemysłowe koniunkturą finansową i zrobić krok w stronę tak zwanej „ery postindustrialnej". Ponownej rewizji wymagały także relacje między sektorem finansowym i sektorem niefinansowym. Należało je ustalić w taki sposób, aby ten pierwszy objął wyraźną przewagę; uchylenie ograniczeń w zakresie fuzji i przejęć pozwoliłoby z kolei na uzyskanie ogromnych zysków przez sektor finansowy. Wzmocnienia wymagała także pozycja banku centralnego, bowiem stabilizacja cen towarów zagwarantowałaby dobrą koniunkturę na rynku finansowym. Odbudowa stosunków handlowych z krajami peryferyjnymi pozwoliłaby natomiast na przyspieszenie transferu zasobów gospodarczych w kierunku krajów centralnych[6].

Klasa bogaczy dokonała dokładnych obliczeń: zaostrzenie polityki pieniężnej w celu przeciwdziałania inflacji sprawi, że gospodarka popadnie w recesję, a liczba bezrobotnych znacznie wzrośnie, co da bogaczom szansę w postaci wymuszenia na robotnikach zgody na niższe zarobki. Co więcej, zaostrzenie polityki pieniężnej zaowocuje aprecjacją dolara i możliwością przyspieszenia transferu przedsiębiorstw przemysłowych w kierunku takich stanów, gdzie koszty są niższe. W ten sposób zredukowane zostaną wpływy związków zawodowych, zmniejszone straty związane ze strajkami pracowników i duże przedsiębiorstwa będą mogły znacznie obniżyć koszty operacyjne. Zaostrzenie polityki pieniężnej wymusi też wzrost stóp procentowych, a w ten sposób bogacze będą w posiadaniu ogromnej ilości kapitału, z którego będą mogli czerpać ogromne dochody. Równolegle do zaostrzenia polityki pieniężnej, należało także na dużą skalę obniżyć podatki, a jednocześnie, w okresie recesji gospodarczej i ulg podatkowych, deficyt rządowy nieuchronnie ulegałby powiększeniu i jedynym sposobem na pokrycie niedoboru byłaby emisja obligacji rządowych, a te były dla sektora finansowego gwarancją potężnych zysków. Zaostrzenie polityki pieniężnej oznaczało ponowną stabilizację dolara, napływ powracających eurodolarów, boom na rynku finansowym, wzmożenie działań na polu fuzji i przejęć, a także znaczny wzrost przychodów dla sektora finansowego. Dystrybucja bogactwa społecznego w takiej konfiguracji z pewnością przysłużyłaby się klasie bogaczy.

---

[6] *Ibid.*

To wszystko musiało się jednak rozpocząć od zaostrzenia polityki pieniężnej i wzmocnienia dolara. Z tego względu pozycja przewodniczącego Systemu Rezerwy Federalnej Stanów Zjednoczonych wydawała się być kluczowa. Paul Volcker okazał się w tym przypadku kandydatem idealnym na to stanowisko.

Pieniężna „chemioterapia" Volckera, uzdrowienie Amerykańskiego Imperium Długu

6 października 1979 roku, pełniący zaledwie od 2 miesięcy funkcję przewodniczącego Systemu Rezerwy Federalnej Stanów Zjednoczonych Paul Volcker, zwołał obowiązkową konferencję Federalnego Komitetu do spraw Operacji Otwartego Rynku, której celem było podejmowanie decyzji o rodzaju działań wymierzonych w rosnącą inflację. Volcker był atakującym drużyny Rockefellera, dyrektorem i wiceprezesem Chase Manhattan Bank (poprzednika dzisiejszego JP Morgan Chase Bank) i uczniem Roberta Roosy, słynnego analityka i wiceprezesa działu analiz Systemu Rezerwy Federalnej w Nowym Jorku[7]. To właśnie Roosa był w latach sześćdziesiątych głównym architektem uwięzienia Europy w kleszczach amerykańskich obligacji skarbowych, stanowiących główne aktywa europejskich rezerw walutowych. Przyczyniwszy się do tego, że to nie złoto stało się głównym wyborem inwestycyjnym rezerw walutowych, Roosa został uznany za jednego z najważniejszych bohaterów i twórców Amerykańskiego Imperium Długu. Pod dyrygenturą Roosy Volcker objął stanowisko wiceministra finansów za kadencji Nixona i był osobiście zaangażowany w „zamach stanu", jakim miało być odejście od standardu złota. Po wielkim sukcesie Volcker został przez klan Rhodesów obsadzony na kluczowej pozycji prezesa Banku Rezerwy Federalnej w Nowym Jorku i objął „władzę militarną" w FED.

Aby skutecznie zwalczać inflację, Volcker postanowił fundamentalnie zmienić metodę kontroli FED nad emisją pieniądza, tak aby kontrola nad nią (M1) była bezpośrednia, a nie pośrednia na podstawie stóp procentowych[8]. Bezpośrednia kontrola nad emisją pieniądza polegać miała na zatrzymaniu wzrostu agregatu M1 i uwolnieniu stóp procentowych, a wówczas niezależnie od tego, do jakiego stopnia wzrosłyby stopy procentowe, to po osiągnięciu określonego poziomu zdecydowanie przestałyby się wahać. Ta metoda leczenia inflacji przypominała zwalczanie komórek rakowych w procesie „chemioterapii" – była bolesna i gwałtowna. Z kolei kontrola stóp procentowych była metodą pośredniej ogólnej podaży pieniądza poprzez korektę stopy funduszy federalnych i użycie kosztów kapitału jako czynników wpływających na wolę udzielania kredytów przez banki komercyjne. Istotą tej metody było zatrzymanie wzrostu stóp procentowych i uwolnienie pieniądza, a w efekcie naturalna ekspansja kredytowa. Kontrolę pośrednią można by

---

[7] Joseph B. Treaster, *Paul Volcker: The Making of a Financial Legend*, John Wiley & Sons, Hoboken, New Jersey 2004.

[8] Steve Solomon, *The Confidence Game: How Unelected Central Bankers Are Governing the Changed World Economy*, Simon & Schuster 1995, s. 139-140.

porównać do przyjmowania chińskiego lekarstwa – aby wrócić do zdrowia należało przyjmować lekarstwo długoterminowo, podobnie i ta metoda musiała bazować na wewnętrznych funkcjach gospodarki – dopiero wtedy była skuteczna. Zaletą bezpośredniej kontroli podaży pieniądza były szybkie efekty i duża siła uderzenia, jednakże, ze względu na pojawiające się gwałtowne wahania stóp procentowych, efekty uboczne tej kuracji w gospodarce były dość wyraźne.

Dlaczego zawiodła tradycyjna metoda kontroli stóp procentowych? Źródłem niepowodzenia była ogromna nadwyżka emisji dolara. Począwszy od lat sześćdziesiątych XX wieku Stany Zjednoczone wykazywały długotrwały i znaczny deficyt bilansu płatniczego, co oznaczało, że dolar amerykański był nieustannie dodrukowywany w celu odpływu tej waluty poza granice kraju, nieuczciwego zakupu towarów zagranicznych, pokrycia ogromnych kosztów zagranicznych amerykańskich baz wojskowych i na potrzeby kosztów operacyjnych wojny w Wietnamie. Doprowadziło to do pojawienia się potężnych sił spekulacyjnych w postaci eurodolarów, których wartość w 1973 roku opiewała na 315 miliardów, a w 1987 roku gwałtownie wzrosła już do 4 bilionów dolarów. Te wędrujące poza granicami Stanów Zjednoczonych dolary „bez korzeni", ostatecznie przekształciły się w „finansową przestrzeń wirtualną" wznoszącą się ponad suwerenne granice państw. Mimo iż były one przechowywane w systemach finansowych suwerennych państw, to ich wewnętrzna siła napędzająca ekspansję pozwalała oderwać się od zapotrzebowania wzrostu gospodarczego poszczególnych państw wobec ekspansji kredytowej i w większości utworzyć ponadnarodowy kapitał spekulacyjny dla chciwej pogoni za zyskiem. Te dolary grasowały na terenie całego globu, nie były kontrolowane przez bank centralny żadnego z suwerennych państw i wciąż błyskawicznie się rozmnażały w osobnej przestrzeni finansowej.

Była to największa transformacja międzynarodowej struktury finansowej na świecie od początku XX wieku.

To właśnie ze względu na istnienie eurodolarów amerykański system bankowy przeszedł dramatyczną przemianę w latach siedemdziesiątych. W tradycyjnym systemie rezerw cząstkowych, bank centralny wymagał od banków komercyjnych zamrożenia 10% rezerw w charakterze rezerwy obowiązkowej, która mogła być zdeponowana w banku centralnym bądź przechowywana we własnym zakresie, a która miałaby stanowić zabezpieczenie mające na celu zagwarantowanie wypłaty środków przez klientów banków w dowolnie określonym przez nich czasie. Kiedy banki zaczęły udzielać kredytów, stopa rezerwy obowiązkowej została powiązana ze skalą ekspansji kredytowej banków. Niemniej wraz z pojawieniem się eurodolarów, które można było pożyczać łatwo i tanio, kredyty bankowe przestały być powiązane z wartością depozytów klientów i rezerwą obowiązkową. Banki najpierw udzielały pożyczek, a następnie sięgały po pieniądze z rynku eurodolarowego, aby móc spełnić wymogi rezerwy obowiązkowej lub zadośćuczynić potrzebie wypłat realizowanych przez oszczędzających – była to innowacja finansowa znana jako *managed liabilities* (zarządzanie pasywami).

W wyniku uderzenia ze strony eurodolarów System Rezerwy Federalnej nagle odkrył, że tradycyjna polityka stóp procentowych nie jest w stanie ograniczyć podaży pieniądza, a wskutek stałego napływu dolarów powracających z zagranicy do amerykańskiego systemu, banki w zasadzie nie odnotowują deficytu pieniędzy.

Kiedy Volcker w końcu pojął przyczynę, dla której polityka stóp procentowych ponosi klęskę, całą swoją uwagę przeniósł na podaż pieniądza, a w szczególności na wzrost agregatu M1. Tak zwany agregat M1 jest sumą gotówki znajdującej się w rękach obywateli i ich depozytów na bankowych rachunkach bieżących (*checking accounts*). Rachunki bieżące są bardzo popularne w Stanach Zjednoczonych, ludzie zazwyczaj umieszczają na nich pieniądze, które planują szybko wydać, na przykład na czynsz, spłatę hipoteki, opłaty za media typu woda i elektryczność czy na codzienne wydatki. Z tego powodu agregat M1 reprezentuje konsumpcyjną podaż pieniądza, a jego wpływ na inflację jest bezpośredni.

Volcker opracował program „chemioterapii" wobec inflacji, ustalając przedział wzrostu agregatu M1 między 4 a 6,5% i używając „pieniędzy wysokoenergetycznych" w charakterze środków kontrolnych. Jeśli w wyniku popytu

spekulacyjnego spowodowanego ekspansją kredytową wartość agregatu M1 przekroczyłaby sterowaną wartość docelową, to FED mógł ograniczyć „pieniądze wysokoenergetyczne" i doprowadzić do ograniczenia funduszy kredytowych banków, wówczas stopa funduszy federalnych automatycznie by wzrosła i zahamowano by ekspansję kredytów spekulacyjnych. Po obniżeniu agregatu M1 do poziomu mieszczącego się w ustalonym przedziale, stopy procentowe także uległyby automatycznemu spadkowi.

■ **Przewodniczący Systemu Rezerwy Federalnej Paul Volcker.**

Aby wzmóc intensywność procesu, Volcker jednocześnie ogłosił także wzrost stopy dyskontowej z 11 do 12% dla udzielanych przez banki pożyczek w eurodolarach, dla wysokich depozytów terminowych i dla innych trików stosowanych w obrębie *managed liabilities*, stopniowo wprowadził też wymóg w zakresie wdrożenia ośmioprocentowej stopy rezerwy obowiązkowej.

Po zakończeniu pierwszej fazy leczenia Volcker odkrył, że stopa funduszy federalnych wzrosła z 11,5 do 14%, a ekspansja kredytów spekulacyjnych nadal przyspieszała, do stycznia 1980 roku inflacja osiągnęła poziom 17%. W okresie od lutego do kwietnia stopa funduszy federalnych nieustannie rosła i osiągnęła poziom 18%, a oprocentowanie kredytów bankowych dla klientów VIP jednocześnie wzrosło do 20%.

Wskutek zastosowanej przez Volckera „chemioterapii" nie tylko nie udało się zwalczyć inflacji, lecz, co więcej, amerykańska gospodarka weszła w stan agonii.

W drugim kwartale 1980 roku amerykański PNB obniżył się o 9,4%, a stopa bezrobocia wzrosła z 6,1 do 7,5%. Docelowy wzrost agregatu M1 podaży pieniądza, zaplanowany by zmieścić się w zamkniętym przedziale od 4 do 6,5%, przekroczył w tamtym okresie poziom 15%.

W obliczu tak krytycznej sytuacji Volcker był zakłopotany. W rzeczywistości istota problemu tkwiła w eurodolarach. Gwałtowny wzrost stóp procentowych w Stanach Zjednoczonych wywołał silną stymulację arbitrażu ekonomicznego w zagranicznej „finansowej przestrzeni wirtualnej", a napływający strumień eurodolarów nie tylko uzupełnił niedobory pieniądza wywołane „chemioterapią", lecz przyspieszył prędkość przepływu pieniędzy i pobudził wzrost inflacji.

Inflacja jest uzależniona nie tylko od rozmiaru podaży pieniądza, lecz także jest poddana ogromnym wpływom prędkości obiegu pieniądza, a zmiany prędkości przepływów pieniężnych są bardzo odległe od tego, co jest napisane w podręcznikach ekonomicznych. Trochę przypomina to możliwości szybkiej mobilizacji armii amerykańskiej. Błyskawiczne przetransportowanie miliona żołnierzy na teren jakiejkolwiek strefy wojny może sprawić, że będą oni w walce skuteczni jak pięć milionów żołnierzy. Zwiększenie prędkości przepływu pieniądza też sprawia, że jeden dolar odgrywa rolę kilku dolarów. Volcker najwyraźniej nie przewidział, że przyspieszony napływ eurodolarów zaowocuje mutacją przepływów pieniężnych.

Podczas gdy stopa funduszy federalnych wzrosła do alarmującego poziomu 18%, wszystkim kredytobiorcom zagroziła katastrofa. Byli oni zmuszeni do przyspieszenia tempa spłaty zadłużenia, aktywa bankowe wraz ze spłacanym zadłużeniem ulegały automatycznej redukcji, a w ślad za tym poziom agregatu M1 podaży pieniądza zaczął stopniowo spadać.

Nadszedł moment przełomowy. Gdyby tylko Volcker utrzymał osiemnastoprocentowe stopy niczym kolejne dawki „chemioterapii" przez odpowiednio długi czas, to rakowe komórki w postaci inflacji uległyby ostatecznej zagładzie, a tym samym – eliminując prognozy inflacyjne – nieprzerwany spadek poziomu agregatu M1 ostatecznie doprowadziłby do obniżenia stóp procentowych. Jednak w tamtym okresie gospodarka skręcała się w ciężkich bólach, ludzie prosili o pomoc, a politycy zaczęli oskarżać Volckera o nadużycia. Amerykańscy kongresmani wystosowali surowe ostrzeżenie: „Volcker, będziesz paradował ulicami jako główny winowajca, którego społeczeństwo pragnie zlinczować".

To był zwykły hazard. Chcąc nie chcąc trzeba było obstawić zakład. Jeśli w ciągu 6 miesięcy nadal nie byłoby widać efektów, Volcker przeszedłby do historii jako najżałośniejszy przewodniczący FED, zhańbiony, odarty z wiarygodności, tragicznie napiętnowany przez społeczeństwo i na zawsze pozbawiony możliwości rehabilitacji.

Volcker stracił werwę, a jego wiara osłabła.

W tamtym czasie jakiekolwiek drgania wywołane przesadnym wzmocnieniem rynku, były interpretowane jako „co najwyżej przeciętne" działania FED mające na celu rozwiązanie problemu inflacji, dlatego też prognozy inflacyjne dla całego rynku sprawiły, że natychmiast ponownie odżyły instynkty spekulacyjne. W ciągu kolejnych dwóch miesięcy stopa funduszy federalnych spadła o połowę i osiągnęła poziom 9%, w przypadku inflacji jej poziom utrzymywał się wciąż w granicach 11%, z kolei długoterminowe i krótkoterminowe stopy procentowe spadły do poziomu ujemnych stóp procentowych.

Na rynku ponownie rozpoczęła się ekspansja kredytowa, FED nagle stracił całkowicie kontrolę nad sytuacją.

W lecie 1980 roku gospodarka odnotowała gwałtowne ożywienie w wyniku ekspansji kredytowej, co spowodowało nawrót inflacji. Agregat M1 podaży pieniądza przekroczył niespodziewanie poziom 22,8%, co stanowiło dwukrotność inflacji. Pierwszy cykl „chemioterapii" Volckera okazał się kompletną porażką.

Walka z inflacją oznaczała agonię gospodarki; rezygnacja z walki z inflacją oznaczała śmierć dolara. Analizując wnikliwie wszystkie za i przeciw, Volcker raz jeszcze postanowił rozprawić się z procesem wzrostu cen.

Od jesieni 1980 roku do lata 1982 roku Volcker dwukrotnie zastosował „chemioterapię", aby pokonać inflację. 25 września 1980 roku ponownie ustalił wartość stopy dyskontowej na poziomie 11%, a wartość stopy funduszy federalnych podniósł do 14%. Sen prezydenta Cartera o reelekcji zmienił się w koszmar o Volckerze skróconym o głowę przez inflacyjną gilotynę.

Trwająca cały rok polityka wysokich stóp procentowych spowodowała, że kurs dolara amerykańskiego zaczął rosnąć, zwłaszcza po wdrożeniu przez Volckera drugiego cyklu „chemioterapii". Rynek zaczął wierzyć, że być może ten pracoholik rzeczywiście ma rację. W tamtym czasie, pod wpływem gróźb i próśb Volckera, Japonia i Niemcy zaczęły obniżać swoje stopy procentowe. Aby spełnić prognozę dalszej aprecjacji dolara, w maju 1981 roku Volcker raz jeszcze ograniczył podaż pieniądza, a w okresie od maja do listopada dynamika agregatu M1 po raz pierwszy spadła do zera, z kolei stopa funduszy federalnych wspięła się na poziom 19%. Napływ powracających eurodolarów przyspieszył, dolar się wzmocnił. Tym razem eurodolary nie doprowadziły do dramatycznej ekspansji ogólnej podaży pieniądza, było tak dlatego, że nie było już ludzi, którzy odważyliby się zaciągać kredyty.

W ciągu kolejnego roku, kurs dolara wzrósł o 34%.

Drugi cykl „chemioterapii" Volckera nie tylko skutecznie ograniczył podaż pieniądza i pozwolił utrzymać wysokie stopy procentowe, lecz także dał możliwość utworzenia drugiego frontu w postaci „walki z inflacją za pomocą aprecjacji". Amerykański import stanowił około 7% PNB, aprecjacja dolara wywołała efekt spadku cen produktów importowanych, co wprawdzie nie powinno zbytnio wpłynąć na ogólny poziom cen w Stanach Zjednoczonych, jednak Volcker zdążył już zrozumieć, że kluczem do walki z inflacją jest wojna psychologiczna. W warunkach ekstremalnie wysokich stóp procentowych w ludziach zaszły skomplikowane psychologiczne zmiany wobec spadających cen produktów importowanych. Ludzi spłacających kredyty było coraz więcej, a wzrost podaży pieniądza był bliski zeru. W tamtym czasie spadek cen towarów importowanych sprawił, że ludzie zaczęli nabierać przekonania, że widmo dalszego wzrostu cen zostało nieco odsunięte. Aprecjacja kursu dolara w tamtym czasie doprowadziła do osiągnięcia wymiernych efektów.

Zgodnie z kompleksowymi obliczeniami FED, jeśli dolar wzmacniał się o 10%, to inflacja spadała o 1,5%, z czego połowa była zasługą spadku cen towarów importowanych, a druga połowa była działaniem czysto psychologicznym. Aprecjacja dolara o 34% spowodowała spadek inflacji o 5,1%. Od 1980 do 1982 roku inflacja w Stanach Zjednoczonych spadła z 13,5 do 6,1%, a do tego spadku przyczyniła się aprecjacja dolara[9].

---

[9]   *Ibid.*, s. 148.

Założeniem drugiego cyklu „chemioterapii" Volckera było utrzymanie kontroli nad podażą pieniądza, utrzymanie wysokich stóp procentowych, zmuszenie ludzi do spłaty długu, obniżenie poziomu agregatu M1. Równocześnie wysokie stopy procentowe miały doprowadzić do masowego powrotu eurodolarów, wzmocnić prognozy aprecjacji dolara, a wymuszenie na Japonii i Niemczech obniżenia stóp procentowych miało doprowadzić do zaostrzenia procesu aprecjacji dolara. W warunkach ograniczenia podaży pieniądza i wywołanego wysokimi stopami procentowymi „podciśnienia pieniądza", efekt spadku cen towarów spowodowany aprecjacją kursu wymiany i psychologia rynku ostatecznie zaowocowały odwróceniem perspektyw inflacyjnych.

Niestety, wprowadzone przez prezydenta Reagana znaczne obniżki podatków, powiększający się deficyt, finansowanie planów tak zwanych Gwiezdnych Wojen oraz inne działania inspirowane ideami szkoły ekonomii podaży wywoływały niepokój Volckera, który przewidywał, że cennych trofeów zdobytych podczas wygranej ostatecznie wojny z inflacją nie uda się zachować zbyt długo.

Pożyczony dobrobyt

Dobrobyt gospodarczy epoki Reagana w ostatecznym rozrachunku wywodził się z potrójnego „debetu", a więc z „pożyczania z przyszłości", z pożyczania oszczędności zagranicznych oraz „rabowania" tanich surowców krajom Trzeciego Świata.

Od jesieni 1979 roku do lata 1982 roku, w okresie niepełnych 3 lat, Volcker z zapałem chwycił kij i uderzał nim tak długo, aż udało mu się rozbić prognozy przewidujące pogłębiającą się inflację, a przy okazji tak mocno uderzył w gospodarkę realną, że ta doznała dotkliwego szoku. Od 1980 do 1985 roku aprecjacja dolara wyniosła 50%. We współczesnej historii ekonomii był to najpoważniejszy wstrząs, jaki nastąpił w odniesieniu do waluty. W jego skutek, gospodarka przemysłowa Stanów Zjednoczonych została zniszczona. Stopa bezrobocia wzrosła do 10,8%, fundamenty przemysłu ciężkiego i chemicznego zostały rozbite, prawie jedna trzecia pracowników przemysłu metalurgicznego została zwolniona, fabryki samochodów zamknięto, skala przemysłu petrochemicznego znacznie się skurczyła, kopalnie zostały porzucone, nawet produkty przemysłu rolnego straciły konkurencyjność na rynku międzynarodowym.

Zwolennicy ekonomii podażowej w swojej retoryce przekonywali, że jeśli tylko rząd utrzyma politykę cięcia podatków i obniżania świadczeń pracowniczych, to automatycznie nastąpi cud produktywności przemysłowej. Pięć lat później Amerykanie nie ujrzeli nawet cienia tego „cudu" – amerykańskie ulice pełne były japońskich samochodów, fabryki korzystały z zaawansowanej niemieckiej technologii i wyposażenia, a sklepowe półki wypełnione były tanimi azjatyckimi dobrami konsumpcyjnymi. Ostatecznie odrodzenie amerykańskiej gospodarki przemysłowej i tak bazowało na wojskowych zamówieniach na potrzeby Gwiezdnych Wojen prezydenta Reagana.

Lata od 1983 do 1988 roku były złotym wiekiem gospodarczego mitu ery Reagana. Po dokładnej analizie jest oczywiste, że koniunktura gospodarcza w czasach Reagana była „pożyczona z przyszłości". W tamtym czasie amerykański deficyt budżetowy rokrocznie przekraczał poziom 200 miliardów dolarów, co stanowiło ponad 5% wartości PNB. Stopa amerykańskich oszczędności krajowych netto spadła z 6,5% w latach siedemdziesiątych do 2,5% w latach osiemdziesiątych, a ogromny deficyt fiskalny był komórką fagocytową pożerającą oszczędności krajowe. Oszczędności krajowe netto państwa były jak „zając myśliwego" – stanowiły warunek konieczny dla konsumpcji i inwestycji. Konsumpcja polegała na tym, że myśliwy brał część upolowanego zająca i wymieniał go na inne towary; inwestycja z kolei to pokrycie kosztów, które ponosił myśliwy, konstruując i budując łuk, z pozostałej części zaoszczędzonej zdobyczy. Od czasów zakończenia drugiej wojny światowej wartość netto amerykańskich inwestycji wynosiła 7% wartości PNB, udane inwestycje były napędem dla większej wydajności, a tym samym inwestycje zapewniały oparcie dla wzrostu gospodarczego kraju. Niestety w okresie ośmioletniej kadencji Reagana wartość netto amerykańskich inwestycji obniżyła się do zaledwie 5% wartości PNB. Zwolennicy podejścia podażowego zapewniali, że ich polityka pozwoli zwiększyć stopę oszczędności krajowych Stanów Zjednoczonych, a także zwiększyć wartość netto inwestycji, aczkolwiek były to tylko czcze przechwałki.

W chwili gdy Ronald Reagan został wybrany na prezydenta Stanów Zjednoczonych, wartość wszystkich prywatnych i publicznych zobowiązań ogółem szacowana była na 3,87 biliona dolarów, natomiast do końca lat osiemdziesiątych XX wieku suma ta urosła do wartości 10 bilionów dolarów.

Ze względu na brak wystarczającej ilości oszczędności krajowych, aby utrzymać poziom życia społeczeństwa amerykańskiego, rząd Reagana nie tylko masowo „pożyczał" na konto przyszłych oszczędności swojego kraju, ale także pożyczał ogromne ilości oszczędności zagranicznych. Wartość tych pożyczek osiągnęła poziom 14% amerykańskich oszczędności brutto. Stawiając jako zachętę otwarcie swojego rynku wewnętrznego, Stany Zjednoczone zwróciły się z prośbą do Japonii i Niemiec, aby wobec nadwyżki handlowej USA zastosować rozwiązanie polegające na pożyczaniu oszczędności tych krajów Amerykanom poprzez zakup przez Japonię i Niemcy amerykańskich aktywów finansowych. W 1984 roku wartość zakupionych przez zagranicę amerykańskich aktywów o stałym dochodzie (głównie amerykańskich obligacji rządowych) wzrosła trzykrotnie i wyniosła 37,4 miliarda dolarów. Wartość kapitału, który w ciągu jednego roku napłynął z Japonii do USA osiągnęła oszałamiającą wartość 50 miliardów dolarów.

Amerykańscy uczeni z przekąsem żartują, że w latach osiemdziesiątych Stanom Zjednoczonym w końcu udało się odnaleźć swoją niszę, jaką był eksport amerykańskich obligacji rządowych.

Napływ kapitału zagranicznego wzmocnił dolara, zredukował ceny towarów importowanych, pobudził krajową konsumpcję i powiększył amerykański deficyt budżetowy. W efekcie, będący w 1980 roku na plusie amerykański rachunek obrotów bieżących, począwszy od 1984 roku odnotowywał roczny deficyt w wysokości przekraczającej wartość 100 miliardów dolarów, co stanowiło ponad 3% wartości ówczesnego PNB. Na dużą skalę wymuszone zostało przekazanie amerykańskiego przemysłu na zewnątrz, a kluczowe aktywa przemysłowe generujące bogactwo narodowe zostały w znacznym stopniu osłabione.

Pieniądze pożyczano na poczet przyszłości, pieniądze pożyczano od obco-krajowców – niestety, pożyczone pieniądze w większości nie były przeznaczane na ponowne inwestycje w gospodarkę przemysłową, lecz wykorzystywane przez Wall Street w celu stworzenia gwałtownie rozprzestrzeniającej się ogromnej bańki aktywów finansowych. Zrezygnowano z inwestycji przemysłowych amerykańskiego kapitału długoterminowego, a w latach 1983-1984 wzrost eksportu wynosił zaledwie połowę tego, co w poprzednim okresie ożywienia gospodarczego, podczas gdy import uległ podwojeniu. Nic dziwnego, że amerykańskie media tak komentowały sytuację w kraju: w końcu objawił się „cud" zwolenników ekonomii podażowej, a jest nim ogromna liczba towarów i jeszcze większa suma pieniędzy dostarczonych przez obcokrajowców. O ile politykę Stanów Zjednoczonych w latach sześćdziesiątych i siedemdziesiątych można było określić jako „wydatki i wysokie podatki", to w latach osiemdziesiątych określić ją można jako „wydatki i długi".

Po tym, jak Volcker zdołał opanować inflację, amerykańska gospodarka odnotowała silne pięcioprocentowe ożywienie, jednakże zatrudnienie w przemyśle w Stanach Zjednoczonych już nigdy nie osiągnęło poziomu z lat siedemdziesiątych. W latach 1985-1986 wykorzystanie amerykańskich przemysłowych mocy produkcyjnych po raz kolejny się zmniejszyło.

W okresie, kiedy amerykańska gospodarka przemysłowa została rzucona na kolana, Wall Street cieszyło się obfitymi żniwami. W ciągu 6 miesięcy, od lata do końca 1982 roku, Volcker siedem razy ogłosił spadek stóp procentowych, a wzorcowa stopa procentowa funduszy federalnych obniżyła się w dwóch setach z 14 do 8,8%. Rynek obligacji i rynek akcji odnotował hossę. Od 1982 roku do 1987 roku ceny akcji na giełdzie Wall Street skoczyły o 200%. Mit tworzenia bogactwa finansowego zaczął rozkwitać w całych Stanach.

Rok 1984 okazał się punktem zwrotnym dla amerykańskich finansów, począwszy od masowego transferu kapitału krajowego z banków na rynek obligacji, po przepływ kapitału zagranicznego z Europy do Azji. W 1985 roku Volcker zauważył, że podaż pieniądza w Ameryce po raz kolejny wykazuje tendencję do wybuchu inflacji, jednak współczynnik inflacji wykazywał tendencję spadkową – z 4% w 1984 roku inflacja obniżyła się do 3,5% w 1985 roku. Ze względu na pojawienie się dużej liczby innowacji finansowych, agregat M1 w charakterze wskaźnika inflacji stawał się coraz mniej wiarygodny. Pod koniec 1984 roku bankowość na dużą skalę zaczęła wchodzić na rynek walutowy, znacząco zwiększył się udział odsetek procentowych na rachunkach bieżących, co oznaczało, że kapitał przejawiał tendencję do „inwestowania", a nie do „konsumpcji", a puchnięcie agregatu M1 nie mogło dłużej tłumaczyć impulsu do akumulacji kapitału „gotowych do natychmiastowego wydawania pieniędzy klientów". To właśnie z tego powodu, począwszy od 1984 roku, System Rezerwy Federalnej subtelnie porzucił zasadę zależności między wzrostem agregatu M1, a kierunkiem działań polityki pieniężnej.

Od 1984 roku wzrost podaży pieniądza został wyłączony z toru zapotrzebowania na ekspansję kredytową generowaną przez wzrost gospodarki realnej, a coraz bardziej odzwierciedlał zapotrzebowanie na transakcje finansowe wynikające z pojawienia się finansowych innowacji. Do połowy lat osiemdziesiątych kapitalizacja rynku akcji w Stanach Zjednoczonych mieściła się zazwyczaj w przedziale między 8 a 20% wartości PNB, natomiast do 1986 roku nastąpił jej gwałtowny wzrost, aż do 100% wartości PNB. Zjawisko to pokazuje, że ekspansja kredytowa wyzwoliła się od wzrostu gospodarki realnej i stała się nieuniknionym następstwem samoistnej ekspansji aktywów finansowych. Amerykańskie Imperium Długu wkroczyło w kolejny etap rozwoju, a dolar stał się od tej pory narzędziem „pochodzącym z transakcji finansowych, finansującym te transakcje i będącym ich przedmiotem".

Globalizacja finansowa w głównej mierze była po prostu globalizacją zadłużenia denominowanego w dolarach amerykańskich, co prowadziło do tego, że tempo wzrostu i skala aktywów finansowych w znacznej mierze przewyższyły fizyczne bogactwa. To zaś oznaczało, że część tego majątku – pozbawiona odpowiednika w postaci namacalnego majątku – była niczym innym, jak ogromnym zadłużeniem. Istotą nietypowej pomyślności na rynkach finansowych była napędzana przez dług samoistna ekspansja aktywów finansowych. Do końca lat siedemdziesiątych XX wieku łączne zadłużenie sektora prywatnego, korporacji niefinansowych i rządu wynosiło około 140% wartości PNB, natomiast w połowie lat osiemdziesiątych przekroczyło już 165% wartości PNB i tym samym osiągnęło poziom najwyższy od czasu Wielkiego Kryzysu w latach trzydziestych. W 1980 roku zadłużenie amerykańskich gospodarstw domowych wynosiło 63% dochodu rozporządzalnego, do roku 1999 stosunek ten wzrósł do 90%. Podobnie przedstawia się sytuacja zadłużenia korporacyjnego także przejawiającego tendencję wzrostową, z kolei wzrost zadłużenia rządowego przyprawia już o zawrót głowy. Jednocześnie liczba populacji ludzi biednych w Stanach Zjednoczonych wzrosła z 24 milionów w 1979 roku do 32 milionów osób w 1988 roku.

W wyniku interakcji eurodolara, w sferze operacji pozabilansowych systemu bankowego nastąpił bezprecedensowy dobrobyt, swap stóp procentowych, wzajemna wymiana waluty, gwarancje kredytowe, zmienne oprocentowanie kredytów hipotecznych, sekurytyzacja aktywów, wykup lewarowany, terminowe produkty finansowe oraz wiele innych innowacji finansowych pojawiających się jedna po drugiej doprowadziły do tego, że w samym tylko 1982 roku system bankowy mógł pochwalić się oszczędnościami w wysokości 230 miliardów dolarów płynącymi w kierunku kwitnącego rynku obligacji skarbowych. Polityka monetarna banków centralnych wobec „systemu hamulcowego" nadmiernego zapożyczenia na rynkach finansowych stopniowo okazała się nieskuteczna, a jej ryzyko systemowe zwiększało się z dnia na dzień.

W efekcie ofiarami wywołanej przez Volckera wojny z inflacją byli jeszcze inni „polegli" – Argentyna, Meksyk, Brazylia, Nigeria, Kongo, Polska, Słowacja i wiele innych krajów Trzeciego Świata, które całkiem nieszczęśliwie wpadły w sam środek amerykańskiej „pułapki zadłużenia". W latach siedemdziesiątych XX wieku boom naftowy przyniósł masę petrodolarów, które z Bliskiego Wschodu ponownie zaczęły napływać do „finansowej przestrzeni wirtualnej" Wall Street i City of London. Według strategii drugiej rewolucji amerykańskiej to 1% bogaczy był głównym przedmiotem troski w procesie redystrybucji bogactwa międzynarodowego, a kraje Trzeciego Świata miały tylko dostarczać krajom rozwiniętym surowce w dostępnej cenie, albowiem było to warunkiem kluczowym pozwalającym na osiągnięcie celów strategicznych. Mając w rękawie asa w postaci petrodolarów, międzynarodowi bankierzy zaczęli na dużą skalę udzielać kredytów krajom Trzeciego Świata, a ponieważ te kraje były zmuszone do importu drogiej ropy naftowej, to banki amerykańskie i brytyjskie postawiły warunek, że oprocentowanie tych kredytów musi zmieniać się w ślad za referencyjną wysokością oprocentowania kredytów na rynku międzybankowym w Londynie (LIBOR).

Prowadzona wspólnie przez Stany Zjednoczone i Wielką Brytanię „chemioterapia” wysokich stóp procentowych zwalczających inflację pozwoliła na osiągnięcie efektu upieczenia dwóch pieczeni na jednym ogniu. Dolarowi dłużnicy z krajów Trzeciego Świata na początku lat osiemdziesiątych nieoczekiwanie napotkali na „lichwiarską zasadzkę” wysokiego oprocentowania zadłużenia i musiały polegać na eksporcie surowców w ramach spłaty zadłużenia, jednakże w wyniku poważnej recesji gospodarki światowej ceny surowców drastycznie spadły, a tym samym kraje będące dolarowymi dłużnikami stanęły na krawędzi bankructwa. Międzynarodowy Fundusz Walutowy będący „policją międzynarodowego zadłużenia” postanowił walczyć na pierwszej linii frontu, jednak współcześni „Shylockowie” planowali wgryźć się w skórę krajów Trzeciego Świata i wyszarpać dla siebie „świeżą połeć mięsa”. Niestety lekarstwo, które MFW przepisał krajom Trzeciego Świata, było tylko już wcześniej przygotowanym przez lekarzy z Wall Street „środkiem przeczyszczającym” – im więcej się go przyjmowało, tym szybciej ciało chorego obumierało. MFW zobowiązał dolarowych dłużników do ograniczenia importu do poziomu ustalonego limitu oraz skurczenia budżetu do ekstremalnego minimum, a dewaluacja waluty przyniosła okazję do drastycznego obniżenia cen towarów eksportowanych przez te kraje, a tym samym doszło do niemającego precedensu w dotychczasowej historii zmasowanego transferu bogactw naturalnych i surowców z krajów rozwijających się do krajów rozwiniętych. Po restrukturyzacji zadłużenia przeprowadzonej przez MFW okazało się, że zadłużenie dolarowe krajów Trzeciego Świata w 1980 roku wynosiło zaledwie 430 miliardów dolarów, natomiast do 1987 roku kraje te były dłużne współczesnym Shylockom 1,3 biliona dolarów zrestrukturyzowanego długu, który nie obejmował należnej tytułem odsetek od kredytu kwoty 658 miliardów dolarów. Kraje Trzeciego Świata poniosły tym samym straty znacznie przewyższające te poniesione łącznie w wyniku obydwu wojen światowych.

W 1987 roku ceny surowców na rynku powróciły w zasadzie do poziomu cen z 1932 roku. Rozpoczęta w latach osiemdziesiątych dekoniunktura na rynku surowców trwała przez następne 20 lat. Dopiero na początku XXI wieku, kiedy zaczęła rozkwitać chińska gospodarka, ten trend uległ odwróceniu[10].

Blisko od 30 lat 1% najbogatszych obywateli świata zbiera „mięsiste żniwa” z ciał amerykańskiej klasy średniej i krajów Trzeciego Świata, na skalę niespotykaną dotąd w historii gospodarczej świata. Ten sposób podziału światowego bogactwa obalił wszelkie regulacje, na których bazowano przez ostatnich 70 lat XX stulecia, co sprawia, że bogactwo to coraz bardziej koncentruje się w rękach bardzo kameralnej

---

[10]   F. William Engdahl, *Gods of Money*, s. 292.

grupy ludzi. We wrześniu 2011 roku rozpoczął się ruch znany pod nazwą „Okupuj Wall Street", w ramach którego 99% światowej biedoty zdającej sobie sprawę z tego, że „światowa dominacja pieniądza" powoduje długoterminowy uszczerbek na ich interesach życiowych, postanowiła nie pozostawać dłużej milczącą większością i przygotować się do ponownego rozdzielenia światowego bogactwa społecznego wedle zaproponowanych przez nią zasad.

Neoliberalizm ery Reagana sprawił, że Stany Zjednoczone w ciągu zaledwie kilku lat z największego na świecie kredytodawcy zostały zdegradowane do poziomu największego światowego dłużnika. Niesamowita konsumpcja, jaką wywołała pierwsza wojna światowa, sprawiła, że Imperium Brytyjskie musiało oddać tron światowej hegemonii, a Stany Zjednoczone – wykorzystując siłę w postaci zadłużonych u nich krajów Europy, postanowiły wymusić na swoich europejskich dłużnikach zaakceptowanie hegemonii dolara. Neoliberalizm, wykorzystując niemalże jednakowe okoliczności, spowodował odwrócenie sytuacji globalnego zadłużenia i jego relacji wywołanej przez pierwszą wojnę światową. Podczas gdy Brytyjczycy stali się dłużnikami, musieli zrzec się dominacji Imperium Brytyjskiego, tymczasem po tym jak Amerykanie stali się najbardziej zadłużonym narodem na świecie, to dominacja Stanów Zjednoczonych stała się jeszcze bardziej stabilna. Oznacza to, że zobowiązania dłużne zastąpiły współcześnie prawa kredytodawcy i stały się nowym berłem światowej dominacji, oznacza to także, że inwestycje ustąpiły miejsca zadłużeniu, które stało się główną siłą napędową, stymulującą wzrost gospodarczy, co z kolei oznacza początek nowej ery nowego modelu rozwoju gospodarczego napędzanego zobowiązaniami dłużnymi.

Dwa różne światy dolara

W 1985 roku, kiedy Volckerowi udało się ostatecznie obniżyć inflację do poziomu 3,5%, dolar praktycznie wyszedł z objęć ogólnoświatowego kryzysu trwającego od 1979 roku. Strategia walutowa polegająca na powiązaniu cen ropy naftowej z dolarem podtrzymała chylące się ku upadkowi Amerykańskie Imperium Długu i uratowała dolara przed zgubą w następstwie paniki bankowej i zakupu złota, jednakże amerykańska gospodarka nie mogła uniknąć zapłaty wysokiej ceny za hiperinflację i poważną recesję. Co gorsze, Związek Radziecki, jako potentat w dziedzinie eksportu ropy naftowej, wskutek kryzysów naftowych lat siedemdziesiątych zyskał krocie i zdołał wzmocnić swoje siły militarne w prowadzonych ze Stanami Zjednoczonymi Gwiezdnych Wojnach. Dlatego po ustabilizowaniu podstaw dominacji dolara Stany Zjednoczone, mając wolne ręce, przygotowywały się do pokazania Rosjanom ich miejsca w szeregu.

W latach 1981-1984 eksport ropy naftowej stał się jedyną formą eksportu pozwalającą radzieckiemu rządowi na zarabianie twardej waluty. W 1975 roku produkcja ropy naftowej w Związku Radzieckim wynosiła 93,1 miliona ton, do 1983 roku wzrosła do 130 milionów ton rocznie, jednakże począwszy od końca lat siedemdziesiątych Związek Radziecki nadmiernie eksploatował swoje złoża i tym samym doprowadził do osłabienia przyszłej wydajności produkcyjnej. W 1985 roku po raz pierwszy w historii odnotowano spadek produkcji ropy naftowej w Związku Radzieckim. Ze względu na wzrost kosztów wydobycia i brak wystarczających środków finansowych produkcja radzieckiej ropy spadła do 12 milionów ton, a przypadło to dokładnie w kluczowym w momencie pokonania przez Stany Zjednoczone zjawiska inflacji w swoim kraju.

Wcześniej, bo 26 marca 1981 roku, prezydent Reagan w swoich prywatnych zapiskach wspominał o sytuacji gospodarczej ZSRR i całkowitym uzależnieniu tego kraju od zagranicznych pożyczek, jak również podniósł kwestię ostatecznego śmiertelnego uderzenia w rywala. W listopadzie 1982 roku prezydent Reagan podpisał dyrektywę dotyczącą bezpieczeństwa narodowego (NSDT-66), która zakładała rozpoczęcie tajnej misji szkodzenia gospodarce radzieckiej[11]. W marcu 1985 roku sekretarz stanu Stanów Zjednoczonych, George Pratt Schultz, przebywający w amerykańskiej ambasadzie na terenie Wielkiej Brytanii, wystosował tajny telegram, w którym stwierdzał: „Sekretarz stanu wyraża ekstremalne zainteresowanie opracowanym przez Radę Bezpieczeństwa Narodowego raportem dotyczącym wdrażanego obecnie planu obniżki cen ropy naftowej i wywołanych tym następstw"[12]. Zaledwie miesiąc wcześniej król Arabii Saudyjskiej złożył wizytę w Waszyngtonie, gdzie omawiał wraz z prezydentem Reaganem frapującą opinię publiczną kwestię „relacji zachodzących między ropą naftową a gospodarką". We wrześniu Stany Zjednoczone zaczęły wywierać na Arabię Saudyjską presję, żądając znacznego wzrostu produkcji ropy naftowej, tak aby jej cena za baryłkę mogła być obniżona do poziomu poniżej 20 dolarów. W kwietniu 1986 roku wiceprezydent Bush osobiście udał się do stolicy Arabii Saudyjskiej, Rijadu, aby przestrzec saudyjskiego króla, że „to siły rynkowe (a nie OPEC) są najlepszą metodą decydowania o cenie i ilości produkcji ropy naftowej"[13]. Silna sugestia wystosowana w kierunku Arabii Saudyjskiej w związku z koniecznością zwiększenia produkcji ropy naftowej miała na celu obniżenie światowych cen tego surowca.

Arabia Saudyjska przystąpiła do wydobycia na wysoką skalę, a „siły rynkowe" doprowadziły do drastycznego spadku cen czarnego złota z 35 dolarów za baryłkę wiosną 1986 roku do mniej niż 10 dolarów za baryłkę jesienią tego samego roku. W następstwie tych wydarzeń radziecki eksport kompletnie się załamał, zachodni kanał kredytowy został odcięty, przestały docierać dostawy importowanej do ZSRR żywności, zmniejszono racje reglamentacyjne artykułów spożywczych dla obszarów miejskich, za plecami obywateli szerzyła się korupcja, a antyrządowe nastroje sowieckich obywateli potęgowały się z dnia na dzień. Równocześnie przerwanie dostaw ropy, będącej gwarancją otrzymania pomocy przez kraje Europy Wschodniej, doprowadziło do niezgody w państwach Rady Wzajemnej Pomocy Gospodarczej (RWPG) będących pod ogromną presją zadłużenia na Zachodzie, co z kolei doprowadziło w nich do przyspieszonego załamania gospodarczego, a w następstwie do rozpadu Związku Radzieckiego i krajów całego bloku wschodniego.

---

[11]   E.T. Gaidar, *Collapse of an Empire: Lessons for Modern Russia*, Social Sciences Academic Press, 2006, s. 143.

[12]   F. William Engdahl, *Gods of Money*, s. 295-296.

[13]   *Ibid.*

Po zakończeniu drugiej wojny światowej baza gospodarki Stanów Zjednoczonych i Europy Zachodniej zależna była od dostaw ropy naftowej – jej niskie ceny oznaczały dla rynku wzrost gospodarczy i dobrobyt, natomiast gwałtowny wzrost cen ropy oznaczał dla rynku inflację i ekonomiczną stagnację. Instrumenty polityki pieniężnej zastosowane przez Volckera w celu walki z inflacją już w 1986 roku przyniosły wzmocnienie tendencji spadkowej na rynku cen ropy naftowej i pozwoliły na trwałe utrzymanie tego efektu.

W 1986 roku poziom inflacji spadł do 2%, a w ślad za tym znacząco spadł poziom stóp procentowych. Na Wall Street zawrzało.

Niemniej, kiedy na rynku akcji i obligacji panowała znakomita koniunktura, na rynkach finansowych ogromna ilość walutowej magmy zebranej pod powierzchnią torowała sobie właśnie drogę do silnej i gwałtownej erupcji.

Stopień aprecjacji dolara już na początku lat osiemdziesiątych XX wieku oddalił się znacznie od poziomu bazowego amerykańskiej gospodarki. Pod wpływem mocnego dolara amerykański deficyt handlowy uległ pogłębieniu, gospodarce przemysłowej trudno było zaleczyć poniesione rany, a wydajność produkcji przemysłowej w Stanach Zjednoczonych musiałaby wzrosnąć przynajmniej o 30%, aby ponownie zrównoważyć gospodarkę. Niestety silny dolar blokował drogę do osiągnięcia tej równowagi. Podczas gdy wysoki kurs wymiany dolara przyciągał ogromne ilości gorących pieniędzy napływających do Stanów Zjednoczonych, bańka aktywów finansowych na Wall Street nieustannie rosła. Tanie kredyty, podobnie jak tania ropa naftowa, sprawiły, że amerykańscy konsumenci delektowali się szczęściem wypływającym z zadłużenia. Amerykańskie przedsiębiorstwa, napędzane siłą śmieciowych obligacji, wykupem lewarowanym i innymi pojawiającymi się na rynku instrumentami finansowymi, wkroczyły w fazę boomu przejęć i fuzji na niespotykaną dotychczas skalę. Wartość wyemitowanych w latach osiemdziesiątych obligacji śmieciowych opiewała na zatrważającą sumę 170 miliardów dolarów.

Istotą śmiertelnego niebezpieczeństwa wykupów lewarowanych praktykowanych przez amerykańskie przedsiębiorstwa, było wyparcie zadłużeniem kapitału zgromadzonego przez te firmy na przestrzeni wielu lat ciężkiej pracy. Od czasu Wielkiego Kryzysu zadłużenie nigdy nie osiągnęło tak wysokiego poziomu w strukturze kapitałowej amerykańskich przedsiębiorstw. Jeszcze bardziej fundamentalne znaczenie ma fakt, że amerykański rząd nie był w stanie ograniczyć deficytu budżetowego, co stało się dla światowej hegemonii dolara zarówno błogosławieństwem, jak i przekleństwem. Skoro Stany Zjednoczone obrały drogę zadłużenia swojej waluty, wobec tego amerykańskie zadłużenie stało się korzeniem władzy imperialnej, a deficyt finansowy był tego nieuniknionym następstwem. A jeśli nadwyżka finansowa oznaczałaby uregulowanie zadłużenia, a tym samym zburzenie podstaw światowej hegemonii dolara, to czy ktoś naprawdę ośmielał się oczekiwać, że Stany Zjednoczone zaczną nagle dążyć do oszczędności i spłaty długu?

W 1979 roku Wielka Brytania zliberalizowała kontrolę w zakresie wymiany walutowej, a Japonia w 1980 roku poszła w jej ślady. Ponieważ Wielka Brytania była największym w Europie rynkiem dla amerykańskiego dolara, a Japonia w szybkim tempie powiększała swoje rezerwy dolarowe, to te dwa kraje przyczyniły się do otwarcia śluzy swobodnego przepływu międzynarodowego kapitału. Amerykański niedobór i japońska nadwyżka oszczędności w latach osiemdziesiątych uwidoczniły poważny problem braku równowagi ekonomicznej na świecie.

Volcker zrozumiał, że wysoka wartość dolara ostatecznie powinna wrócić do wiarygodnej podstawy odzwierciedlającej stan amerykańskiej gospodarki, jednak niebezpieczeństwo polegało na tym, że jeśli nastąpi to w nieodpowiednim momencie, spadochron ekonomiczny umożliwiający dolarowi miękkie lądowanie nie będzie gotowy do otwarcia. W 1986 roku gospodarka Stanów Zjednoczonych ponownie stanęła na krawędzi recesji, jednak Waszyngton nie zdawał sobie sprawy z powagi problemu.

W tamtym czasie sekretarz skarbu w rządzie Reagana został już wymieniony na Jamesa Bakera, który był wschodzącą gwiazdą elity rządzącej. Rodzina Bakerów od czterech pokoleń przyjaźniła się z rodziną potentatów naftowych, Rockefellerami i pozostawała także w bliskich stosunkach z rodziną Bushów. Mimo iż Baker wcześniej sprzeciwiał się kampanii Reagana, ten pozostawił go na stanowisku. Baker rozumiał sens konieczności dalszej deprecjacji dolara, daleki był jednak od pesymistycznego scenariusza przewidywanego przez Volckera, to jest koszmaru globalnego szaleństwa wyprzedaży dolara, jaki obserwowano w 1978 roku. Gdyby spełnił się najbardziej pesymistyczny scenariusz, to spadochronem Volckera miało być podniesienie stóp procentowych, co zapobiegłoby niekontrolowanemu upadkowi dolara. W opinii Bakera wzrost stóp procentowych nie wchodził w rachubę, Baker doświadczył bowiem drastycznego wzrostu stóp procentowych podczas walki Volckera z inflacją i wiedział, że doprowadziłoby to do kolejnej katastrofy gospodarczej. Przyjaciel Bakera z pola golfowego, wiceprezydent Bush, postanowił już wtedy, że weźmie udział w kampanii prezydenckiej w 1988 roku, a recesja gospodarcza mogłaby zniszczyć świetlane, polityczne plany Busha. Baker postanowił zastosować swój własny zestaw instrumentów, aby osiągnąć kontrolowaną deprecjację dolara.

W tym celu zaproponował on przeprowadzenie dwuetapowego planu: w pierwszej kolejności postulował powołanie powiększonej wersji europejskiego Mechanizmu Kursów Walutowych (ERM), pozwalającego kursowi najważniejszych walut światowych wahać się względem dolara w granicach 10-15%. Miał nadzieję, że zastosowanie tego mechanizmu zmusi pozostałe kraje do ochrony kursu wymiany dolara i pozwoli uniknąć ewentualnych sytuacji kryzysowych. Następnie Baker planował uruchomienie pewnego rodzaju mechanizmu, pozwalającego koordynować krajowe polityki gospodarcze i mającego za zadanie eliminację nierównowagi między gospodarką amerykańską, a europejską i japońską. Innymi słowy, nadzieją Bakera było powołanie większego i bardziej złożonego niż w strefie euro systemu

■ Sekretarz skarbu USA w rządzie Reagana, James Baker.

monetarnego. W odpowiedzi na powyższe propozycje bankierzy centralni poszczególnych państw, zaprawieni w boju i doświadczeni skomplikowanym procesem, jakim było tworzenie Europejskiej Unii Walutowej, po cichu potrząsali głowami z dezaprobatą, nie wspominając nawet o pomyśle Bakera na powołanie prowadzonego przez Grupę Pięciu ministerstwa finansów. Dla bankierów centralnych mających wedle założeń Bakera wspierać utworzenie waluty globalnej było to mrzonką, na której realizację Volcker i inni nie mogli się oczywiście zgodzić. Jeśli poszczególne kraje w chwili powiązania kursów swoich walut musiały dostosować swoją politykę monetarną do kursu wymiany, a banki centralne tych krajów zmuszone były poświęcić politykę stóp procentowych na potrzeby wahań kursowych, to jakże można było oczekiwać, że centralni bankierzy usłużnie będą słuchać rozkazów wydawanych przez ministra finansów?

15 września 1985 roku, pomijając najzwyczajniej w świecie centralnych bankierów, Baker zwołał tajne spotkanie ministrów finansów krajów ówczesnej grupy G5, podczas którego omawiano program zaproponowany przez Stany Zjednoczone, a porozumienie zawarte po tygodniowych obradach w ramach tego spotkania znane jest pod nazwą Porozumienia Plaza. Porozumienie to nie zawierało żadnych konkretnych wymogów skierowanych do banków centralnych, Baker chciał tylko zagwarantowania tendencji spadkowej wartości dolara. Centralni bankierzy odczuli ulgę. Wskutek porozumienia Bakera, które samo w sobie wywarło ogromny wpływ na rynek, już w tydzień po jego podpisaniu dolar stracił do marki 12%, do jena 8%, a do stycznia 1986 roku deprecjacja dolara osiągnęła około 20%.

Pierwsze zwycięstwo Bakera wzmocniło zaufanie do jego osoby. W styczniu 1986 roku podjął on uporczywe starania o utrzymanie dotychczasowych osiągów dolara, a Niemcy i Japonia zostały wezwane do wdrożenia polityki bodźców ekonomicznych oraz do obniżenia stóp procentowych w tym samym czasie, co Stany Zjednoczone. Pobożnym życzeniem Bakera było, żeby w przypadku wspólnego obniżenia stóp procentowych wartość dolara nie wzrosła, a gospodarka z tego skorzystała. Z kolei bodźcem fiskalnym miało być oczekiwane zwiększenie importu z USA przez Niemcy i Japonię, co pozwoliłoby ponownie zrównoważyć amerykańską gospodarkę. Bodziec fiskalny zaproponowany przez Bakera został z miejsca odrzucony. Niemcy podnieśli wrzawę, że jest to zmuszanie ich do wywołania inflacji i choć godziły się tolerować dziewięcioprocentowe bezrobocie, to – dzięki bolesnej lekcji wyniesionej z własnego doświadczenia – zdecydowanie nie mogli sobie pozwolić na tolerowanie rosnącej inflacji.

Po uderzeniu głową w mur Baker zwrócił się do Volckera z prośbą o obniżenie stóp procentowych, jednakże prośba ta została przez adresata kategorycznie odrzucona. W odpowiedzi Baker, wykorzystując okazję wynikającą ze zmiany na dwóch stanowiskach dyrektorów FED, poradził Bushowi seniorowi obsadzenie tych stanowisk „swoimi ludźmi”, a warunkiem rekrutacji było to, czy kandydat „odważy się odmówić Volckerowi”. Wskutek tej zmiany w kadrze zarządzającej FED, siły oddziałów Baker – Bush przewyższyły liczebnie siły oddziałów Volckera. Na konferencji FED 24 lutego 1986 roku Volcker niespodziewanie został „zmuszony do ustąpienia” z funkcji przewodniczącego Systemu Rezerwy Federalnej.

Większość członków FED zaproponowała dalsze obniżenie stóp procentowych z 7,5 do 7%, a zupełnie zaskoczony i nieprzygotowany na taką sytuację Volcker bardzo się rozgniewał i nawet opuścił spotkanie[14]. Był to pierwszy „zamach stanu" w historii Systemu Rezerwy Federalnej. Widząc, jak sytuacja całkowicie wymknęła się spod kontroli, Baker także był bardzo zaskoczony, gdyż jego celem nie było zniszczenie Volckera, a tylko zmuszenie go do uległości poprzez zastosowanie metody „żołnierskiego buntu". Baker zdawał sobie sprawę z autorytetu Volckera na Wall Street i wiedział, że gdyby odejście Volckera odbyło się publicznie i w atmosferze skandalu, to następnego dnia na rynku akcji i obligacji miałby miejsce krach, a pozostali bankierzy centralni siedzieliby w swoich fotelach, obserwując jak dolar spada w przepaść – a wtedy Baker musiałby wypić piwo, którego sam nawarzył. Baker nie miał innego wyjścia, jak pójść na ustępstwa, a Volcker, choć niczego nie dał po sobie poznać, to po owym „zamachu" przepełniony był nienawiścią.

Deprecjacja dolara w wyniku Porozumienia Plaza wcale nie sprawiła, że amerykańska gospodarka wylądowała miękko i komfortowo, a dolar pod presją deprecjacji nagle zwyżkował. Obawy Volckera dotyczące upadku dolara zaczęły się z wolna ziszczać. Dane pokazują, że w drugim kwartale 1986 roku światowe banki centralne przestały kupować amerykańskie obligacje skarbowe, a napływ prywatnego kapitału zagranicznego uległ znacznemu skurczeniu. W przypadku rentowności długoterminowych amerykańskich obligacji skarbowych zaświeciła się czerwona lampa ostrzegawcza.

Baker zaczął się niepokoić, gdyż Niemcy okazali się dużo mniej ugodowi od Japończyków. Najpierw stanowczo odmówili zastosowania bodźca fiskalnego, jaki im zaproponował, a następnie pozostali niewzruszeni nawet wówczas, gdy Baker w zamian za ich zgodę zaproponował obniżenie deficytu budżetowego USA. Gwałtowna deprecjacja dolara zaowocowała zerwaniem parasola w postaci europejskiego Mechanizmu Kursów Walutowych mozolnie budowanego przez Niemcy, a niemieckie przedsiębiorstwa przerażone szalonym obniżeniem wartości dolara zaprzestały inwestycji, przez co tempo wzrostu gospodarczego Niemiec natychmiast spadło.

Nie mając alternatywy, Niemcy w lutym 1986 roku zaakceptowały warunki „porozumienia z Luwru", na mocy którego Baker zobowiązywał poszczególne państwa do obniżenia stóp procentowych poniżej poziomu obowiązującego w Stanach i tym samym utworzył rodzaj siatki zabezpieczającej dolara przed niekontrolowanym spadkiem. Oczywiście, ceną za to porozumienie było zobowiązanie Bakera do obniżenia amerykańskiego deficytu budżetowego do wartości 2,3% PNB. Volcker nie zgadzał się ze zobowiązaniem poczynionym przez Bakera: „Wiesz, że nie zdołasz osiągnąć tego założenia, a wtedy utracisz zaufanie ludzi. Dlaczego nie podałeś jakiejś mniej konkretnej wartości?". Baker prywatnie zgadzał się z opinią Volckera, jednak po tym, jak prezydent Reagan publicznie ogłosił cel, jakim było zmniejszenie deficytu budżetowego do poziomu 2,3% PNB, nie mógł otwarcie oponować. Stany Zjednoczone, naturalnie, nie wywiązały się ze zobowiązania

---

[14]   Steve Solomon, *The Confidence Game*, s. 309-310.

złożonego przez Bakera, ponieważ w momencie jego podjęcia, wcale nie traktował on poważnie składanych przez siebie zapewnień. Porozumienie z Luwru najtrafniej podsumowali Brytyjczycy „było ono bezpośrednim następcą Porozumienia Plaza. Wówczas wszyscy byliśmy przekonani, że powinna nastąpić deprecjacja dolara, obecnie zaś, wszyscy jesteśmy przekonani, że dolar powinien się ustabilizować".

Po Porozumieniu z Luwru deprecjacja dolara postępowała, a banki centralne poszczególnych krajów podejmowały wysiłki w jej dokarmianiu. Do września 1987 roku poszczególne państwa pożarły 70 miliardów dolarów. W istocie, aby zakupić dolary, państwa te zmuszone były dodrukowywać własną walutę. Powodem, dla którego banki centralne określano mianem niezawisłych, była ich zdecydowana odmowa dodrukowywania pieniędzy na potrzeby wyrównania rządowego deficytu budżetowego. Teraz jednak dodrukowywały one środki płatnicze na potrzeby wyrównania deficytu budżetowego Stanów Zjednoczonych.

Mimo wszystko nie udało się zapobiec wywołanemu upadkiem dolara globalnemu krachowi na giełdach papierów wartościowych w 1987 roku.

Greenspan: ostatni zbawca rynku finansowego

Volcker odszedł, ponieważ przyszły prezydent Bush senior uznał go za niewiarygodnego. W czerwcu 1987 roku dyskretnie zrezygnował on z pełnionej funkcji i odmówił prośbie o reelekcję ze względu na to, że mogłyby mu przynieść ujmę. Kiedy pojawił się Greenspan, sprawiał wrażenie bardziej ugodowego niż Volcker, cieszył się sympatią ze strony Wall Street, Waszyngton także go tolerował. Greenspan bardziej przypominał wytrawnego polityka, a nie stawiającego się wyżej od innych Volckera. Objęcie urzędu przez Volckera przypadło na moment, kiedy trzeba było się zająć poważnym kryzysem zmierzającym ku upadkowi dolara i można powiedzieć, że walce z tym kryzysem Volcker poświęcił się całkowicie. Tuż po objęciu urzędu przez Greenspana kryzys dolara ponownie wymknął się spod kontroli, a historia ostatnich 8 lat pokazała, że w tym czasie amerykański pieniądz ukończył pełen cykl – od szybowania w górę z prędkością rakiety, do gwałtownego spadku w chwili przejęcia urzędu przez Greenspana.

Baker był już w tamtym czasie bardzo przestraszony i 30 września 1987 roku, podczas corocznego spotkania Banku Światowego i Międzynarodowego Funduszu Walutowego, wysunął propozycję, aby użyć ceny towarów zawierającej złoto w charakterze wskaźnika inflacji i w ten sposób zmniejszyć ból związany ze zmiennością kursów wymiany walut. W środowisku ludzi zaangażowanych w kampanię prezydencką Busha nie brakowało orędowników ponownej monetyzacji złota. Kiedy dolar wymykał się spod kontroli korzyści płynące ze stabilnego kursu wymiany i mocnej waluty powodowały u polityków przyspieszone bicie serca. Oświadczenie brytyjskiego kanclerza skarbu wprawiło centralnych bankierów w jeszcze większe osłupienie, jako że zaproponował on radykalizację „stałego i regulowanego Mechanizmu Kursów Walutowych". System z Bretton Woods używał złota w charakterze reprezentanta, a ministerstwa finansów były napędem ośrodka władzy, podczas gdy banki centralne odgrywały tylko rolę drugoplanową, z kolei Mechanizm Kursów Walutowych stopniowo przekazał władzę w zakresie kursów walutowych w ręce banków centralnych. Ponieważ do chwili nastania ery euro banki centralne zdołały jeszcze bardziej scentralizować władzę monetarną, brytyjski kanclerz skarbu nie mógł oczekiwać, że jego propozycja – będąca kontynuacją ideologii Bretton Woods – zostanie przyjęta przez centralnych bankierów.

Po opublikowaniu raportu potwierdzającego, że deficyt budżetowy Stanów Zjednoczonych przekroczył oczekiwany poziom, nawet najbardziej zgodna we współpracy z Amerykańskim Imperium Długu Japonia zaczęła zapamiętale wyprzedawać aktywa w dolarach amerykańskich, a stopa zwrotu z trzydziestoletnich amerykańskich obligacji skarbowych odpowiedziała przekroczeniem bariery psychologicznej 10%. W tamtym czasie zysk z obligacji skarbowych blisko czterokrotnie przekroczył zyski ze sprzedaży akcji.

Największą nadzieją oblężonego Bakera było to, że inne kraje obniżą swoje stopy procentowe, co sprowokuje stymulację gospodarczą i pozwoli dolarowi zachować przestrzeń niezbędną do oddychania. Przy czym najlepiej byłoby, gdyby amerykańskie stopy procentowe pozostały na niezmienionym poziomie, bowiem wysoko zadłużona gospodarka i poważna bańka rynku akcji i obligacji nie byłyby w stanie znieść stymulacji wzrostu stóp procentowych. Uparte Niemcy przyprawiały Bakera o ból głowy. Nie dość, że nie zgodziły się na stymulowanie gospodarki, to jeszcze przygotowywały się do podniesienia stóp procentowych, a nawet zaatakowały Bakera słowami, że USA „powinny choć raz doświadczyć recesji", a być może wówczas uda się rozwiązać problem braku równowagi gospodarczej. Baker niemalże zemdlał z gniewu.

18 października 1987 roku (w niedzielę) w programie telewizji ogólnokrajowej, zaprzątnięty myślami o tym, jak zmusić Niemcy do posłuszeństwa, Baker przypadkowo wypalił: Stany Zjednoczone nie mogą zwyczajnie „siedzieć i patrzeć, jak kraje wykazujące nadwyżkę podnoszą stopy procentowe i miażdżą nadzieje globalnej gospodarki, a co więcej, oczekują, że Ameryka do nich dołączy"[15]. Te słowa zostały zinterpretowane przez rynek jako przerwanie współpracy zgodnej z ustaleniami Porozumienia z Luwru, a podniesienie stóp procentowych przez Niemcy i Japonię, za którym nie podążyły Stany Zjednoczone, zwiastowały nieuchronny i rychły upadek amerykańskiego dolara. Kto w takiej sytuacji odważyłby się zachować aktywa w postaci obligacji skarbowych Stanów Zjednoczonych? Wszyscy panicznie wyzbywali się amerykańskich obligacji, zyski z amerykańskich obligacji rosły, a atrakcyjność zwrotu z akcji zniknęła.

W poniedziałek wskaźnik giełdy nowojorskiej gwałtownie spadł i został odnotowany jako największy w historii spadek indeksu giełdowego. W ciągu jednego dnia indeks Dow Jones spadł o 508,32 punkta, czyli około 22,6%. Był to nowy rekord jednodniowego spadku, najwyższy od 1941 roku. W ciągu 6,5 godziny wskaźnik giełdy nowojorskiej stracił 500 miliardów dolarów, to jest wartość równą 1/8 PNB USA. Krach na giełdzie nowojorskiej omiótł cały świat i miał ogromny wpływ

---

[15]   *Ibid.*

na indeksy giełdowe na całym świecie – w Londynie, Frankfurcie, Tokio, Sydney, Hongkongu czy Singapurze – ceny akcji spadły o 10% lub więcej. Szalony krach na giełdzie wywołał potężną panikę wśród inwestorów w krajach zachodnich, w ciągu jednej nocy wielu milionerów stało się żebrakami, tysiące ludzi przeżyło załamanie nerwowe, niektórzy popełnili samobójstwo. Ten dzień został nazwany przez świat finansjery „czarnym poniedziałkiem", a „New York Times" określił go „najgorszym dniem w historii Wall Street".

Tuż po objęciu stanowiska Greenspan natknął się na taki oto potężny kryzys, a mając głęboką świadomość, że zawsze będzie porównywany z Volckerem, uznał, że nadeszła okazja do tego, by zasłużyć na pochwałę. Greenspan zdecydowanie

zakomunikował, że „aby wypełnić obowiązki nałożone na bank centralny, w celu zapewnienia normalnego funkcjonowania gospodarki i systemu finansowego, FED zobowiązuje się dziś do zagwarantowania płynności systemu finansowego". W rzeczywistości te słowa oznaczały, że bank centralny przygotowuje uruchomienie maszyn drukarskich, aby ratować giełdę. Te słowa implikowały nie tylko to, że System Rezerwy Federalnej jest dla systemu bankowego

■ „Czarny poniedziałek" na nowojorskiej giełdzie, 19 października 1987 roku.

pożyczkodawcą ostatniej instancji, lecz również to, że stał się on ostatnią deską ratunku dla rynków finansowych.

Choć na giełdzie papierów wartościowych udało się chwilowo opanować panikę, to jednak ze względu na interwencję FED długo- i krótkoterminowe stopy procentowe odnotowały spadek, co zwiększyło rozbieżność między wartością stóp procentowych w Stanach Zjednoczonych i Niemczech i spowodowało, że dolar musiał się zmierzyć z jeszcze większą presją zniżkową. Uwaga całego świata skoncentrowała się na Niemczech i na tym, czy zdecydują się one uratować dolara i światowy rynek papierów wartościowych.

22 października niemiecki Bundesbank zwołał regularne spotkanie. W pierwszej kolejności prezes Pöhl spokojnie wyraził swoją opinię, która utrzymana była w tonie „Baker wpadł w tarapaty, trzeba to jakoś rozwiązać". W następnej kolejności, poszczególni członkowie Rady szczegółowo omawiali sytuację gospodarczą w Niemczech, niezbyt wiele uwagi poświęcając katastrofie, do której doszło na globalnym rynku papierów wartościowych. Do uczestnictwa w spotkaniu zaproszono także ówczesnego niemieckiego ministra finansów Gerharda Stoltenberga, który wpadł we wściekłość, gdy poproszono go o zabranie głosu i nie omieszkał podkreślić, jak ważna jest współpraca międzynarodowa, a także, że przed nastąpieniem krachu giełdowego „podwyższenie stóp procentowych było błędem". Sam Stoltenberg był zdruzgotany globalnym kryzysem giełdowym, a jego regularne uczestnictwo w spotkaniach na

szczeblu międzynarodowym wywoływało w nim współczucie dla innych krajów i ich sytuacji. Pöhl pozostał jednak niewzruszony, jako że nie wierzył, iż rząd ma prawo podejmować decyzje dotyczące rynku. Ostatecznie niemiecki bank centralny ogłosił, że nie zamierza obniżać stóp procentowych, a nawet dał do zrozumienia, że w pewnych okolicznościach jest skłonny dodatkowo je podnieść.

Globalne rynki giełdowe były rozczarowane. Baker stał się obiektem powszechnej nienawiści i miał w końcu okazję skosztować goryczy wynikającej z twardej jak skała niezależności niemieckiego banku centralnego. Gdyby nawet nastąpił koniec świata, a Bundesbank byłby przekonany o słuszności swoich decyzji, to nie istniała taka siła, która byłaby w stanie odwieść niemiecki bank centralny od raz podjętych postanowień. Greenspan, dla kontrastu, był mistrzem retoryki.

Tego samego dnia oświadczenie Bundesbanku natychmiast wywołało nową falę spadku wartości dolara, a europejski Mechanizm Kursów Walutowych również znalazł się w sytuacji kryzysowej. Sytuacja została jednak szybko opanowana, albowiem w czasie, kiedy nastąpił gwałtowny spadek na rynku akcji, Japończycy z apetytem wprawiającym w zdumienie i opiewającym na kwotę 2 miliardów dziennie zaczęli czyścić rynek, gwarantując tym samym tymczasowe wsparcie dla dolara. Mimo wszystko rozbieżność między oprocentowaniem amerykańskich obligacji krótko- i długoterminowych w porównaniu ze standardami rynku międzynarodowego wciąż była spora i wisiała niczym miecz Damoklesa nad głową dolara, a międzynarodowi spekulanci krążyli wokół osłabionej amerykańskiej waluty niczym wygłodniałe sępy. Teoretycznie bank centralny nie miał obowiązku bezpośrednich manipulacji na rynku walutowym, a Greenspan powinien obserwować starcia jako bezczynny widz. Stany Zjednoczone dość często oskarżały inne kraje o próbę manipulacji kursem dolara, jednak w chwili, gdy uderzenie w dolara było tak bezprecedensowe i na tak wielką skalę, System Rezerwy Federalnej nie zawahał się stanąć do walki.

Pod koniec 1987 roku, w czasie, gdy kryzys dolarowy nadal przyspieszał, Greenspan postanowił wszcząć „wojnę krótkiej sprzedaży dolara amerykańskiego". Czas ofensywy ustalono na poniedziałek 4 stycznia 1988 roku, co miało pozwolić na wykorzystanie elementu zaskoczenia wobec większości kupców walutowych z poszczególnych krajów dopiero co powracających do swoich obowiązków po świątecznym przestoju. Greenspan osobiście zaangażował się w dopracowanie szczegółów organizacyjnych planu, Japonia i Niemcy zgodziły się przyłączyć do akcji, a Bank Rezerwy Federalnej w Nowym Jorku stał się głównym „dilerem". Najpoważniejsze wyzwanie, z jakim musiał zmierzyć się Greenspan, polegało na tym, w jaki sposób odwrócić rynkowe prognozy spadku wartości dolara. Obroty międzynarodowego rynku walutowego osiągały nawet 640 miliardów dolarów dziennie, a jeśli doszłoby do ostrej konfrontacji na osi rynek – bank centralny, to dziesiątki lub setki miliardów dolarów kapitału interwencyjnego natychmiast wchłonięte zostałyby przez rynek. Greenspan wiedział, że na polu bitwy obrotu dewizowego najważniejszą drogą do zwycięstwa jest wojna psychologiczna. Celny strzał oddany we właściwym momencie mocą nieubłaganego pędu pokonałby krótką pozycję dolara, powodując totalną klęskę wrogiego obozu, a pozostałe czynności zostałyby samoistnie wykonane przez rynek.

W poniedziałek 4 stycznia, tuż przed otwarciem giełdy azjatyckiej, handlowcy forex byli jeszcze myślami w mijającym okresie świątecznego odpoczynku. Ich mózgi nie zdołały przetworzyć informacji i wydać jasnego osądu, uznali więc, że dolar wciąż przejawiał tendencję spadkową. W tym samym czasie w Nowym Jorku był nadal niedzielny wieczór, a handlowcy dewizowi w Banku Rezerwy Federalnej w Nowym Jorku uważnie obserwowali zachowania i trendy na rynkach zagranicznych i przygotowywali się do ataku.

Odczekawszy do oficjalnego otwarcia rynków, handlowcy walutowi z Banku Rezerwy Federalnej w Nowym Jorku natychmiast zaczęli wydzwaniać do banków w Japonii i innych krajach azjatyckich z ofertami, a zaskoczeni azjatyccy maklerzy, którzy nigdy wcześniej nie otrzymali bezpośrednich telefonów od maklerów z Nowego Jorku, nie zważając na kurs dolara wykupili wszystkie towary, które im zaproponowano. Była to sytuacja niespotykana na współczesnym rynku – być może była to wielka połączona akcja kluczowych banków centralnych świata. Atak, jaki przypuścił Greenspan, był profesjonalny – polegał na demonstracji siły i zastraszeniu rynku. System Rezerwy Federalnej uregulował rachunek, a tendencja wzrostowa dolara nabrała rozmachu. Rynki azjatyckie szybko zorientowały się, że coś jest nie tak i natychmiast chciały się wycofać. Średni i mali inwestorzy na rynku walutowym, nie mając świadomości sytuacji, nadal angażowali się w krótką sprzedaż. Zorientowawszy się jednak, że wielcy inwestorzy wycofują się z krótkiej sprzedaży, sami też wpadli w popłoch. Następnie główne media zaczęły się ścigać w raportowaniu o mocnym odbiciu dolara na rynku walutowym, dodatkowo podsycając rynkowy szok psychologiczny, którego oczekiwał Greenspan, a reakcja stadna nagle się odwróciła. Rynek europejski i amerykański wykorzystały nadarzającą się okazję do zwiększenia łupów wojennych i kompletnie dobiły dolara. W poniedziałek i wtorek, w ciągu zaledwie dwóch dni, dolar zyskał w stosunku do jena 8,3%, a w stosunku do niemieckiej marki 10,4%. Notowania giełdy nowojorskiej wzrosły o 4%, jednocześnie znacznie wzrosły ceny trzydziestoletnich amerykańskich obligacji skarbowych.

W późniejszym okresie atak przypuszczony przez Greenspana na terminowe kontrakty rynku walutowego został uznany za rodzaj „innowacji". Greenspan w trakcie wojny w obronie dolara, podsycał nastroje na psychologicznym polu walki, a jego najważniejsza strategia zastosowana wobec rynków azjatyckich odniosła znaczący sukces. Rzeczywiste środki interwencyjne zainwestowane przez banki centralne poszczególnych krajów były zaskakująco niewysokie, w sumie wyniosły niecałe 4 miliardy dolarów, z czego Japonia zainwestowała około miliarda dolarów, Niemcy około 800 milionów dolarów, a System Rezerwy Federalnej zaledwie 685 milionów dolarów. Prawdopodobnie stanowiło to najbardziej imponujący rekord, w wyniku którego interwencja banków centralnych na rynku walutowym przy stosunkowo niewielkim nakładzie środków inwestycyjnych osiągnęła tak spektakularne rezultaty[16].

Na polu bitwy o dolara geniusz Greenspana okazał się bardziej wyrazisty niż Volckera. Greenspan w zasadzie nie wykorzystywał metody podniesienia

---

[16]   *Ibid.*, s. 391-393.

stóp procentowych w celu ochrony dolara, wykorzystał z kolei strategiczne siły powietrzne w postaci walutowych kontraktów terminowych, aby zbombardować oczekiwania spadku wartości dolara na rynku walutowym, a jednocześnie zastosował taktykę skoordynowanej walki na polu obligacji, akcji i kursów walutowych, co pozwoliło mu na osiągnięcie zaskakujących efektów, czyli wysokiego zysku kosztem niskich nakładów. O ile styl walki Volckera można porównać do krwawej i kosztownej wojny w Wietnamie, o tyle styl Greenspana bardziej przypominał bezkontaktową i precyzyjną w uderzeniu na obrany cel wojnę w Zatoce Perskiej. Od tamtej pory strategia i taktyka stosowana w celu wzmocnienia dolara nie polegały już na tradycyjnym podnoszeniu stóp procentowych, lecz na prowadzeniu bardzo skoordynowanej „wojny bez ograniczeń" prowadzonej na wielu frontach jednocześnie, obejmującej: wymianę walutową, kontrakty terminowe, akcje, obligacje, towary, media, agencje ratingowe, ekonomistów, geopolitykę, wojskowość, dyplomację i wiele innych dziedzin. W maju 2011 roku, kiedy praktycznie cały świat miał możliwość obserwować spadek wartości dolara, Stany Zjednoczone nagle rozpoczęły nową walkę w obronie swojej waluty i po raz kolejny wcieliły w życie esencję wspomnianej wcześniej strategii.

Jednakże, walka Greenspana w obronie dolara uwidoczniła inny poważny problem. Powstało pytanie: czy kiedy banki centralne interweniują na rynku walutowym, to nadal mamy do czynienia z gospodarką wolnorynkową? Banki centralne występują w roli sędziego dla rynku walutowego, który powinien, wstrzymując się od gry, kontrolować porządek na boisku, tymczasem w tej sytuacji sędzia osobiście przejął piłkę i trafił nią w sam środek bramki przeciwnika.

Greenspan został mistrzem w kategorii manipulacji walutowej.

Skąd się wzięła bańka rewolucji informatycznej?

Od czasów Reagana do epoki Busha seniora wzrost gospodarczy Stanów Zjednoczonych w latach osiemdziesiątych XX wieku budowany był na podstawie ekspansji zadłużenia. Inflacja aktywów niosła za sobą ekspansję długu, a środki na spłatę zadłużenia ostatecznie musiały pochodzić z gospodarki realnej. Kiedy gospodarka realna nie była już dłużej w stanie zapewnić wystarczających przepływów środków pieniężnych, a źródła pożyczek zagranicznych oszczędności także zaczęły wysychać, pęknięcie bańki aktywów spowodowało odsłonięcie – początkowo zakamuflowanych przez dobrobyt – potwornych zobowiązań. Recesja stała się nieunikniona.

Kiedy w 1990 roku nastąpił krach japońskiej giełdy, a japońska gospodarka wkroczyła w okres długotrwałego kryzysu, Stanom Zjednoczonym odcięte zostało najważniejsze źródło zagranicznych oszczędności. Niemcy były pochłonięte problemem narodowego zjednoczenia, a ich krajowe fundusze zostały przesunięte na potrzeby uzdrowienia gospodarki na terenie Niemiec Wschodnich, wobec czego nie były w stanie dłużej eksportować większej ilości swoich oszczędności. Dla

Amerykańskiego Imperium Długu, poważnie uzależnionego od zagranicznych oszczędności, ta sytuacja była dowodem na to, że nieszczęścia zawsze chodzą parami.

Stopień przyrostu zadłużenia amerykańskich przedsiębiorstw znacznie przekroczył przyrost sprzętu, fabryk i innych rzeczowych aktywów trwałych, co zaowocowało spadkiem udziału aktywów netto w PNB z 94,5% w 1980 roku do zaledwie 74,3% w 1988 roku i oznaczało, że rzeczowe aktywa trwałe nie są w stanie kreować zysków wystarczających na wsparcie potężnego zadłużenia. Kiedy pękła bańka aktywów, ciśnienie na spłatę należności zasadniczej długu i odsetek od zadłużenia przez przedsiębiorstwa podwoiło się. Odsetek likwidacji przedsiębiorstw i nieściągalności długu w porównaniu z latami 1953-1988 wzrósł dwuipółkrotnie. Płynność wartego 200 miliardów dolarów rynku obligacji śmieciowych weszła w stan hibernacji. Rynek nieruchomości komercyjnych przedstawiał obraz nędzy i rozpaczy, rynek nieruchomości mieszkaniowych pogrążył się w chaosie, a wart bilion dolarów rynek papierów wartościowych zabezpieczonych hipoteką, cudem uniknął katastrofy. Nadmiernie zadłużeni konsumenci zostali zmuszeni do ograniczenia wydatków i szybszej spłaty zadłużenia na rachunkach bieżących. Zastój na rynku nieruchomości, opóźnienia spłaty kredytów konsumpcyjnych i nieściągalność długów od przedsiębiorstw sprawiły, że system bankowy znalazł się w niebezpieczeństwie. Niemalże ¼ amerykańskich banków stała na krawędzi bankructwa, będące pod ich kontrolą problematyczne aktywa, których wartość szacowano na 750 miliardów dolarów, każdej nocy spędzały sen z powiek urzędnikom Systemu Rezerwy Federalnej. Co gorsze, wartość deficytu budżetowego amerykańskiego rządu osiągnęła poziom 400 miliardów dolarów, co stanowiło 6,5% wartości PNB.

Będące niegdyś silnym krajem uprzemysłowionym Stany Zjednoczone, stały się „ekonomicznym pacjentem" stopniowo tracącym konkurencyjność na światowym rynku; będące niegdyś największym eksporterem kapitału, dorobiły się „ekonomicznego kalectwa", niezdolności do samodzielnego funkcjonowania i uzależnienia od transfuzji zagranicznych oszczędności; będący niegdyś ziemią obiecaną dla 99% obywateli klasy średniej kraj, dający nadzieję na dostatnie życie budowane przez ciężką i sumienną pracę, stał się rajem dla zaledwie 1% obywateli – uprzywilejowanych finansistów uczestniczących w drapieżnym, spekulacyjnym polowaniu.

Takie właśnie było dziedzictwo pozostawione przez Amerykańskie Imperium Długu, które przez cały okres lat osiemdziesiątych XX wieku budowano na podstawie modelu wzrostu gospodarczego bazującego na powiększającym się zadłużeniu.

Recesja wywołana implozją zadłużenia, z którą przyszło się zetknąć Greenspanowi, była zaledwie wczesnym stadium rozwoju tego typu kryzysów i w porównaniu do dużo poważniejszego kryzysu zadłużenia z 2008 roku, była dużo mniej skomplikowana. Mimo wszystko wartość całkowitego zadłużenia USA w tamtym okresie wynosiła zaledwie 180% PNB, co w porównaniu z 300% w 1929 roku i 350% w 2008 stanowiło o wiele mniejszą sumę.

Jedynym sposobem na wyjście z kryzysu była redukcja zadłużenia i pozwolenie przedsiębiorstwom i konsumentom na ponowny start z czystym kontem. Mimo wszystko recesja w latach 1990-1991 okazała się bardziej skomplikowana

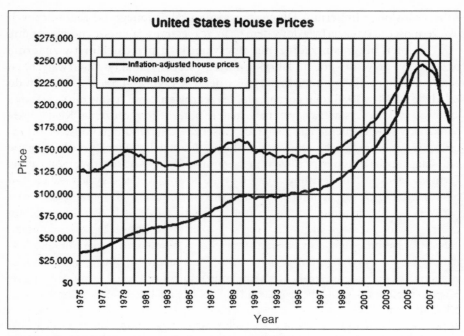

■ Tendencje kształtowania się cen nieruchomości w Stanach Zjednoczonych w okresie 30 lat.

od tej powojennej, a gospodarcza rekonwalescencja znacznie przedłużyła się w czasie. Ceny nieruchomości z 1990 roku udało się stopniowo przywrócić dopiero po 10 latach. Szeroko pojęty klimat ekonomiczny odzyskał wigor dopiero w połowie lat dziewięćdziesiątych.

Niemniej tym razem siłą napędową gospodarczego boomu stał się rozbudzający ludzkie nadzieje okres rewolucji informatycznej.

Postęp naukowy i technologiczny ludzkości często wymaga długotrwałej akumulacji, a kiedy dyspersja przełomów technologicznych w różnych dziedzinach stopniowo zbiegnie się w jedno centrum uwagi, to nagle wywołają one potężną epidemię produktywności. Eksplozja technologii informatycznej dokonała się właśnie tym sposobem. Pojawienie się półprzewodnika po drugiej wojnie światowej dało początek rewolucji informatycznej. Wynalezienie układu scalonego w 1958 roku postawiło komputery w samym centrum rewolucji informatycznej, a przełomy technologiczne w dziedzinach takich jak mikroprocesory, Internet, satelity, światłowody czy lasery przyczyniły się do wywołania efektu grupowania (powstawania klastrów) w dziedzinie komunikacji i położyły fundamenty dla technologii internetowych.

Po tym, jak w 1995 roku pojawiła się pierwsza wyszukiwarka graficzna Netscape, nastąpiła pierwsza kulminacja energicznej rewolucji informatycznej.

Ten proces był bardzo podobny do ogromnego impulsu, który wygenerował powojenny przemysł petrochemiczny dla uprzemysłowienia. Ropa naftowa i przemysł chemiczny skumulowały odpowiednio w różnych obszarach wyniki dekad badań, a kiedy dziesiątki tysięcy przełomów technologicznych zgrupowały się pod wpływem odkrycia tanich złóż naftowych na Bliskim Wschodzie, natychmiast wywołały eksplozję przemysłu petrochemicznego i przyniosły ciągłość dobrobytu trwającego ponad 20 lat dla powojennej Europy, Stanów Zjednoczonych i Japonii.

Z danych dotyczących wydajności produkcji w USA w ciągu ostatnich 100 lat widać wyraźnie, że te dwie główne rewolucje technologiczne wywarły ogromny wpływ na wydajność gospodarki. W okresie 111 lat, od 1889 do 2000 roku, Stany Zjednoczone doświadczyły trzech okresów wzmożonej wydajności produkcyjnej: pierwszy okres przypadł na lata 1917-1927, kiedy to wydajność wzrosła o 3,8%; drugi przypadł na lata 1948-1973, kiedy wzrost wydajności produkcyjnej wynosił 2,8%; a trzeci na lata 1995-2000, kiedy wzrost wydajności produkcyjnej wyniósł 2,4%. Interwały pomiędzy tymi trzema okresami wynosiły średnio 20-25 lat, a więc mniej więcej jedno pokolenie[17].

Niezależnie od tego, czy chodziło o petrochemię, czy o IT, dziedziny te miały bezpośredni i znaczący wpływ na wszelkie aspekty ludzkiego życia. Różnorodność nowych surowców wykreowanych przez przemysł petrochemiczny zmieniła prawie wszystkie dobra materialne, z jakimi mogła zetknąć się ludzkość, z kolei przyniesiony przez technologię informatyczną ogrom informacji dał możliwość praktycznie nieograniczonego doświadczania tego, co jest w stanie przyswoić ludzki mózg. Tym, co wspólne dla obu, jest fakt, że pozwoliły na przełamanie wąskiego gardła istniejącego w aspekcie podaży, zrodziły wiele nowych gałęzi przemysłu, przeniknęły do każdego zakątka tradycyjnych obszarów i wytworzyły cieszące się ogólną społeczną akceptacją nowe produkty i usługi. Podczas gdy dostarczały one surowce, wyposażenie czy usługi dla innych gałęzi przemysłu, to jednocześnie w znaczący sposób poprawiały wydajność produkcyjną tych sektorów wytwórczych, a kiedy przyczyniały się do narodzin nowej gałęzi przemysłu, to gwarantowały jej bardzo wysoki poziom. Miały one wpływ na wszystkie poziomy układu nerwowego gospodarki, były zbiorem wynalazków z wielu dziedzin naukowych, podniosły poziom ludzkiego życia i wywołały wiele trwałych i nieodwracalnych następstw.

Przemysł petrochemiczny działał w charakterze napędu światowego dobrobytu nieprzerwanie przez okres 20 lat, natomiast IT miało nieoceniony wkład we wzrost gospodarczy przez okres zaledwie 5 krótkich lat. Jakie są przyczyny, które doprowadziły do powstania tak potężnej rozbieżności?

Powodem była zmiana modelu wzrostu gospodarczego. W okresie 20 lat powojennego boomu gospodarczego, gospodarka światowa w ramach systemu z Bretton Woods utrzymywała stabilny reżim kursowy, a rzeczywista wartość waluty stanowiła siłę napędową dla gospodarek poszczególnych krajów, inwestycje i konsumpcja – budowane na podstawie rzeczywistych oszczędności narodowych – były stosunkowo zrównoważone. Wytworzona przez kapitał ponadnarodowy „finansowa przestrzeń wirtualna" wciąż była relatywnie niewielka, dlatego też siła kapitału spekulacyjnego w zasadzie nie miała mocy, by zmienić atmosferę. Celem inwestycji

---

[17] Laurence H. Meyer, *A Term At the Fed: An Insiders View*, Harper Business 2004, rozdz. 9.

było tworzenie wynalazków, ulepszonej technologii, oszczędności surowców czy zużywanej energii, a koniunktura gospodarcza bazowała na stabilnym wzroście gospodarki realnej. Ten napędzany inwestycjami model wzrostu gospodarczego w stabilnym środowisku finansowym pozwalał na tworzenie ogromnego i prawdziwego bogactwa społecznego. Dzięki stosunkowo sprawiedliwemu mechanizmowi podziału bogactwa społecznego, bogaci i biedni, elita rządząca i klasa średnia – wszyscy byli w stanie dzielić owoce wzrostu gospodarczego, a tworząc w ten sposób równowagę społeczną między produkcją a konsumpcją, byli zdolni do jej długotrwałego utrzymania. Dwudziestoletnia ekspansja przemysłu petrochemicznego wytworzyła trwały impuls dla dobrobytu gospodarki przemysłowej i pozostawiła trwałe efekty.

Po 1980 roku Stany Zjednoczone i Wielka Brytania objęły prowadzenie w transformacji modelu rozwoju gospodarczego, a w efekcie zdrowy model wzrostu napędzanego inwestycjami został zastąpiony kruchym modelem wzrostu napędzanego zadłużeniem. Długotrwała nadmierna emisja dolara w latach osiemdziesiątych doprowadziła do powstania niemającej wcześniej precedensu „finansowej przestrzeni wirtualnej". W obrębie tej przestrzeni namnożyły się potwory chciwości finansowej, których apetyt na fortunę i sławę był nieposkromiony, a normalny zwrot z gospodarki realnej nie był w stanie zaspokoić tej samoistnie mnożącej się chciwości. Potwory te w zastraszającym tempie używały pieniędzy do pomnażania pieniędzy, używały potężnej bańki aktywów do zastępowania środków trwałych, stosowały dźwignię o dużej mocy, by dobrać się do bogactwa społecznego. Zniszczyły prawidłowy cykl wzrostu przemysłowego, używając „finansowego hormonu" zmuszały niedojrzałą jeszcze technologię do przedwczesnego wydawania owoców, ignorowały logikę ekonomiczną skoordynowanego wzrostu sektorowego, wprowadzały innowacje pozwalające na coraz szybsze pomnażanie pieniądza.

Nieszczęście IT polegało na tym, że będąc na etapie dalekim od dojrzałości, napotkało na znaczne przeinwestowanie kapitału, a podczas gdy stopniowe przenikanie technologii informatycznej do innych sektorów nie było jeszcze w stanie wygenerować wystarczających korzyści, to zdołało już wygenerować znaczną nadwyżkę przemysłową niepozwalającą na wygenerowanie wystarczających zysków. Przeinwestowanie spowodowało powstanie nieodwracalnego marnotrawstwa oszczędności, a szkody wywołane pęknięciem bańki pokryły geniusz rewolucji informatycznej. Wskutek przyspieszania kiełkowania ziarna świetlane perspektywy ery IT zostały wstrzymane na kolejne 10 lat.

Krach na giełdzie papierów wartościowych Nasdaq w 2000 roku spowodował, że Amerykańskie Imperium Długu musiało uciekać przed kolejną bańką zadłużenia, tym razem na rynku nieruchomości. Była ona znacznie większa niż ta z lat 1990-1991, a kryzys finansowy ponownie przesunął odrodzenie rewolucji informatycznej w bardziej odległą przyszłość.

Bez względu na wszystko, gospodarka ma tendencję do rozwoju, a ogień rewolucji informatycznej w końcu zapłonie. Niemniej w modelu wzrostu gospodarczego napędzanego zadłużeniem, kolejna fala dobrobytu będzie znów krótkotrwała, niczym kwiat paproci.

ROZDZIAŁ VIII

Kto zbyt wysoko mierzy, ten nisko upada. Wersja 3.0 chińskiego modelu

Klucz do rozdziału

W okresie 30 lat poprzedzających „politykę otwartych drzwi" Deng Xiaopinga uprzemysłowienie Chin podążało drogą wytyczoną przez Związek Radziecki. Ten okres można także nazwać epoką „wersji 1.0 modelu chińskiego". Chiny pilnie starały się przyswoić sobie radziecki model gospodarki planowej, niemniej ze względu na słabe podstawy, różnice mentalne i wielkość populacji, Chinom nie udało się sprostać surowym wymogom gospodarki planowej i ostatecznie nie dotarły do punktu, w którym nie byłoby już możliwości odwrotu. W efekcie sowiecki mistrz z rygorystycznego zamienił się w zombie.

Po wejściu Chin na drogę transformacji i ogłoszeniu „polityki otwartych drzwi" chińska elita intelektualna zdała sobie nagle sprawę z tego, że Zachód jawi się niczym raj na ziemi – jego ideologia jest nowatorska, towary zaawansowane technologicznie, system rozsądny, kultura stylowa i modna – i zaczęła żałować, że opowiadając się w przeszłości po stronie niewłaściwego mistrza, doprowadziła Chiny do obecnego poziomu zacofania. Kiedy tylko Chiny „otworzyły drzwi", chińska elita intelektualna i rządząca postanowiła za wszelką cenę uczynić z Zachodu swojego nauczyciela, a w szczególności model amerykański miał posłużyć jako ostateczny „drugi brzeg" – tym samym Chiny gwałtownie weszły w epokę „wersji 2.0 modelu chińskiego". Chiny bez wahania rzuciły się na głębokie wody i wzburzone fale zalewającej świat globalizacji, za wszelką cenę starając się przepłynąć na „drugi brzeg". Im bliżej były celu, tym większa była ich ekscytacja – jak gdyby dopłynięcie do nowego kawałka lądu miało samoistnie rozwiązać wszelkie dręczące je problemy.

Nagle, w 2008 roku finansowe tsunami sprawiło, że „drugi brzeg" został zatopiony, a amerykański mistrz wpadł do wody i z trudnością próbował utrzymać się na powierzchni. Kiedy fala się cofnęła, okazało się, że ów ląd znalazł się w środku oblężenia i masowych protestów, znanych pod hasłem „Okupuj Wall Street". Cóż było robić? Wśród elit pojawiły się wątpliwości. Niektórzy nalegali, by płynąć dalej w raz wyznaczonym kierunku i fantazjowali, że zanim tam dotrą, sytuacja wróci już do normy. Aczkolwiek znaczna większość zdecydowała się zawrócić i dokonać wyboru w imię zasady „nawracajcie się i bądźcie rozgrzeszeni", a pływając wśród niebezpiecznych fal globalizacji, uczyła się rozpoznawać drogowskazy w postaci interesów państwowych i narodowych oraz utwierdziła się w przekonaniu, że najlepszym rozwiązaniem będzie wybranie nowej drogi poszukiwań.

Kiedy dwaj mistrzowie, Związek Radziecki i Stany Zjednoczone polegli, pilny uczeń, jakim były Chiny, poczuł się zagubiony i zaniepokojony nagłą utratą drogowskazów. W ciągu poprzedzających ten okres 170 lat Kraj Środka przywykł do roli ucznia i zupełnie nie był przygotowany do pełnienia roli przewodniej. A jednak rzeczywistość postawiła Chiny na czele awangardy dyktującej światowe trendy, a pogrążone w recesji Stany Zjednoczone, borykająca się z kryzysem zadłużenia Europa czy azjatyccy partnerzy handlowi – wszyscy bezradnie spoglądają na pełne pieniędzy chińskie kieszenie i zastanawiają się, czy Chiny zechcą po raz kolejny uruchomić politykę bodźców ekonomicznych i pokierują ocaleniem świata.

Tym razem droga, jaką zdecydują się obrać Chiny, będzie miała istotny wpływ na mapę ekonomiczną całego świata. Chiński model budzi obawy wszystkich państw świata, a losy tego mocarstwa, po raz pierwszy we współczesnej historii, są ściśle związane z losami całego świata.

Wybór, jakiego dokonają Chiny, zostanie prawdopodobnie nazwany przez historyków „wersją 3.0 modelu chińskiego".

Trudny start podczas „chybotania"

U podstaw określanego przez Zachód trzydziestoletniego „chińskiego cudu" w rzeczywistości leżą poważne starzenie się i kruche fundamenty industrializacji.

Największą korzyścią, jaką przyniosła Chinom dyfuzja technologii przemysłowej w latach pięćdziesiątych XX wieku, było dość szybkie dogonienie światowego poziomu uprzemysłowienia. W okresie kolejnych 20 lat proces ten jednak całkowicie spoczął na laurach i pogrążył się w stagnacji wobec zdarzających się zawirowań politycznych w kraju. Poważne i przewlekłe zaburzenia zachodzące między przemysłem ciężkim, przemysłem lekkim i rolnictwem, a także ogromna rozbieżność między akumulacją a konsumpcją nie tylko nie zostały uleczone, a dodatkowo się pogłębiły. Uprzemysłowienie Chin, okrzykniętych przez Stany Zjednoczone „ekonomicznym wygnańcem" i skłóconych ze Związkiem Radzieckim, całkowicie straciło dostęp do szybko rozwijającej się i rozprzestrzeniającej nowoczesnej technologii. Polegając na zgromadzonym samodzielnie przez Chiny w ciągu ostatnich 30 lat dorobku technologicznym, niezależnie od tego, jak inteligentni i pracowici byliby – zamknięci w hermetycznym środowisku odciętym od reszty świata – Chińczycy, nigdy nie zdołaliby nadgonić zaległości w stosunku do gromadzonych przez 200 lat zachodnich owoców postępującej industrializacji. Owe osiągnięcia Okcydentu objawiały się nie tylko w postaci samej technologii przemysłowej, lecz w ogólnie pojętym systemie przemysłowym, obejmującym zasoby ludzkie, organizację produkcji, infrastrukturę, produkcję maszyn, a także wymagające przystosowania do potrzeb gospodarki przemysłowej instytucje finansowe, rynek kapitałowy, regulacje i system prawny, badania naukowe i innowacje, edukację i szkolenia, opiekę społeczną i system opieki zdrowotnej, a także szczególnie ważne fundamenty przemysłu rolnego. Brak gwarancji istnienia kompleksowego systemu oznaczał tylko częściowe zaangażowanie się w industrializację i, podobnie jak w przypadku produkcji żelaza i stali, bez współpracy z innymi sektorami przemysłowymi oznaczał nie tylko niewystarczającą wydajność, ale i inne niekończące się problemy. Niepowodzenie industrializacji krajów gospodarek wschodzących często wynikało z akcentowania wyłącznie samego przemysłu i ignorowania konieczności budowy towarzyszącego industrializacji kompleksowego systemu usług społecznych. I kiedy gospodarka „uderzała głową w mur", nie było innego wyjścia, jak cofnąć się i wyciągnąć należyte wnioski.

Na samym początku transformacji wąskim gardłem ograniczającym zakres industrializacji było rolnictwo. 80% chińskiej populacji stanowili rolnicy, którzy nie tylko musieli dostarczyć żywność dla siebie i dla ludności miejskiej, ale także – przed zaistnieniem przełomu w petrochemii – musieli jeszcze dostarczać główne surowce dla przemysłu lekkiego. Presja wywierana na rolnictwo przez te dwie potężne góry sprawiała, że było ono przytłoczone, a jeśli współczynnik akumulacji wzrastał do powyżej 25%, gospodarka rolna dławiła się, a i uprzemysłowienie doznawało paraliżu. Tymczasem w ciągu całej dekady lat siedemdziesiątych, współczynnik akumulacji wynosił powyżej 30%, a do 1978 roku, kiedy ogłoszony został Zagraniczny

Skok Naprzód, współczynnik akumulacji osiągnął poziom 36,5%, czyli niemalże dorównał swojej wartości z okresu trwającego trzy lata Wielkiego Skoku (39%)[1]. Tak zwana akumulacja to – zgodnie z przedstawionym wcześniej przykładem historii myśliwego – zasoby „królików" zainwestowane w celu skonstruowania łuku. Jeśli ich współczynnik jest zbyt wysoki, to oszczędności są niewystarczające, co wymusza na myśliwym wykonywanie pracy z pustym brzuchem. A gospodarka chińska, w szczególności zaś gospodarka rolna, od 1957 roku znajdowała się w stanie poważnego debetu. Nadmierne inwestycje spowodowały, że poprawa jakości życia i dobrobyt rynkowy znalazły się w stanie poważnego kryzysu. Głównym powodem był brak na wsi wystarczających oszczędności, które można by wymienić na przemysłowe dobra konsumpcyjne. W połączeniu ze zdeformowanym systemem cenowym oraz faktem, że za owoce pracy rolników nie można było otrzymać rozsądnej rekompensaty w postaci dóbr konsumpcyjnych, sprawiły, że entuzjazm rolników do pracy poważnie osłabł.

Z punktu widzenia sukcesu reform i „polityki otwartych drzwi", ożywienie rolnictwa stało się dla Chin walką na życie i śmierć.

W 1979 roku, w celu odwrócenia długoletniej tendencji do zadłużenia w rolnictwie, rząd wprowadził znaczne podwyżki cen zakupu dla 18 rodzajów produktów rolnych – ceny żywności wzrosły o 30,5%, ceny bawełny o 25%, ceny tłuszczów i olejów o 38,7%. Jeszcze tego samego roku wprowadzono podwyżki cen na produkty pochodzące z hodowli zwierząt, ryby i owoce morza, warzywa i 8 innych rodzajów podstawowych artykułów spożywczych. W ciągu następnych sześciu lat ceny produktów rolnych wzrastały niemal co roku, a dochody rolników osiągnęły historyczny wzrost. Równocześnie zastosowano system odpowiedzialności rodzinnej w charakterze podstawy reform gospodarczych na obszarach wiejskich, a rolnicy odzyskali prawa do eksploatacji ziemi i autonomię w zakresie sprzedaży produktów rolnych. Polityka „oddania państwu co pańskie, zachowania wystarczającej ilości na potrzeby komuny i zachowania reszty dla siebie" sprawiła, że mając przed sobą pokusę zysku, rolniczy entuzjazm do produkcji został całkowicie uwolniony, z kolei ciągłość wzrostu produkcji rolnej gwarantowała rolnikom szybki wzrost dochodów netto. Gwałtowny wzrost siły nabywczej na obszarach wiejskich stał się silnym bodźcem do rozkwitu przemysłu lekkiego, a coraz większa podaż na rynku przełamała przekleństwo niedoboru gospodarki.

Zapoczątkowany w 1978 roku szalony pęd Zagranicznego Skoku Naprzód został ostatecznie ograniczony w 1981 roku. Inwestycje w przemysł ciężki zostały ograniczone, szala zasobów ekonomicznych gwałtownie przechyliła się na stronę rolnictwa i przemysłu lekkiego, a wskaźnik akumulacji spadł do wartości poniżej 30%. Do 1984 roku proporcje między przemysłem ciężkim, przemysłem lekkim i rolnictwem stopniowo się wyrównały, a chińska gospodarka zaczęła wykazywać najlepszy stan od czasu wkroczenia na drogę transformacji. Rolnicy, stanowiący 80% chińskiego społeczeństwa, w pierwszej fazie reformy otrzymali możliwość osiągania bezpośrednich zysków z produkcji rolnej, a w wyniku stymulacji wzrostu

---

[1]   Xue Muqiao, *Jingji Wenxuan*, China Economic Times Press, 2010, s. 1.

produkcji rolnej przemysł lekki otrzymał siłę napędową. Z kolei zrównoważony do-brobyt obszarów wiejskich i miejskich sprawił, że ludzie osiągali wymierne korzyści z wprowadzonych reform i okazywali swoje szczere poparcie dla transformacji.

Przy okazji tych doskonałych warunków ekonomicznych ponownie dała o sobie znać chroniczna przypadłość przemysłu ciężkiego w postaci „syndromu głodu inwestycyjnego". W 1984 roku inwestycje sektora publicznego w środki trwałe osiągnęły poziom 21,8%, z kolei w 1985 roku wzrosły już do 39,3%, a ekspansja inwestycji sektora publicznego stała się bardziej agresywna. W ferworze produkcji i sprzedaży rozpoczęło się niekontrolowane podwyższanie pensji i premii w przed-siębiorstwach przemysłowych, a kredyty bankowe stopniowo zaczęły się wymykać spod kontroli – w czwartym kwartale 1984 roku wielkość kredytów wzrosła o 164%, a wielkość premii podwoiła się[2]. Ze względu na ustalone na mocy reformy kom-pensaty długoletniego zadłużenia sektora rolnego przychody rolników znacznie przekroczyły wzrost produkcji rolnej. Połączenie tych kilku czynników doprowa-dziło do tego, że suma akumulacji i konsumpcji przekroczyła wysokość dochodu narodowego, a rządowy deficyt budżetowy zyskał miano poważnego problemu. Potężny deficyt budżetowy doprowadził z kolei do poważnej, nadmiernej emisji pieniądza, która w latach 1983-1988 wzrosła niemal trzykrotnie. To z kolei bezpo-średnio doprowadziło do galopującej inflacji w 1988 roku.

Walka z inflacją czy uwolnienie cen? Był to bolesny dylemat.

W warunkach nadmiernej emisji pieniądza uwolnienie cen oznaczałoby, że w obliczu galopującej inflacji ludność w panice ruszy po depozyty bankowe, aby „uzbroić się" w odpowiednie zapasy wszelakich towarów.

Inflacja z kolei – zawsze i wszędzie – jest największym wrogiem możliwości produkcyjnych.

Czym jest pieniądz? Pieniądz jest gwarancją bogactwa społecznego. Kiedy ludzie wykonują rzeczywistą pracę, w zamian otrzymują pieniądze uznane na mocy umowy społecznej za gwarancję bogactwa. Wierzą, że w przyszłości, kiedy zajdzie taka potrzeba, będą mogli tę gwarancję wymienić na produkty lub usługi o tej sa-mej wartości, co praca, jaką wykonali, aby je zdobyć. Ludzie są także przekonani, że „partnerzy handlowi", których nigdy dotąd nie spotkali, podczas dokonywania trans-akcji wymiennej na rynku nie naruszą warunków tej umowy społecznej. Pieniądz, jako gwarancja statusu majątkowego, utrzymuje tysiące uczestników rynku w przekonaniu, że „choć są sobie obcy, mogą darzyć się wzajemnym zaufaniem". Stabilny pieniądz sprawia, że społeczne koszty transakcji spadają, a promowanie społecznego podziału pracy stymuluje kreację bogactwa. Zniszczenie wartości pieniądza jest równoznaczne z podważeniem wiarygodności gwarancji bogactwa i zniszczeniem podstaw wymie-nionej ufności w społeczeństwie. Spadek wartości pieniądza jest wreszcie powodem zwiększenia kosztów transakcji rynkowych i działa wbrew kreacji ogólnego dorobku.

Inflacja sprawia, że degeneracja pieniądza staje się narzędziem oszustwa, a gwarancja bogactwa zmienia się w asygnatę pozwalającą na wywiązanie się z za-dłużenia. Stosowanie na rynku oszukańczych metod może co najwyżej doprowa-

---

[2] *Ibid.*

dzić do jeszcze większej fali nieuczciwości, a kiedy bryza prawości przestaje wiać, to popularne stają się zachowania oportunistyczne. Planowanie długoterminowe zostaje zastąpione przez zachowania krótkoterminowe, a zapobiegawcze oszczędzanie zostaje wyparte przez niekontrolowane zadłużenie. Ogólnospołeczny chaos jest nieuniknionym rezultatem, jaki rodzi inflacja.

W uczciwym społeczeństwie zakres inflacji powinien wynosić zero. Bez względu na to, kto i jakich argumentów używa, aby wytłumaczyć inflację, to właśnie jej adwokaci są niszczycielami solidnej waluty i to oni wdeptują w ziemię etyczną wartość pieniądza.

W tej kwestii „zawziętość i upór" niemieckiego banku centralnego wobec inflacji, choć daleka od perfekcji, mogłaby stanowić przykład dla innych krajów.

Wielu ludzi uważa, że postępowi gospodarczemu Chin musi towarzyszyć inflacja. W głównej mierze powodem takiej opinii jest postępująca monetyzacja gospodarki. Niemniej nie jest to w żadnej mierze logiczne wytłumaczenie. Kiedy niewymagający wcześniej zakupu towar wchodzi na rynek, to generując zapotrzebowanie na środki pieniężne, wymusza jednocześnie zwiększoną podaż, a taki rodzaj procesu dopasowanego do monetyzacji nie powinien wywierać żadnego wpływu na ceny obrotu innymi towarami. Zjawisko nadmiernej emisji pieniądza wynika przede wszystkim z monetyzacji deficytu budżetowego oraz z monetyzacji inflacji aktywów finansowych.

Galopująca inflacja w 1988 roku wynikała głównie z deficytu budżetowego. Z kolei przyczyną deficytu budżetowego były niska wydajność, marnotrawstwo i powielanie tych samych błędów. Chiny wydawały się uwięzione w błędnym kole – za każdym razem, kiedy próbowały przyspieszyć rozwój gospodarczy, koordynacja gospodarki wykazywała nieprawidłowości, a to ostatecznie prowadziło do potężnych strat. Tymczasem, kiedy próbowały spowolnić tempo wzrostu, rozwój gospodarczy, wręcz przeciwnie, wykazywał się zdrową kondycją i szybkim tempem. Dowodzi to w pewnym sensie, że wysoki stopień złożoności społeczeństw zindustrializowanych przekroczył limity poznawcze twórców gospodarki planowej. Nieprzerwane „rzucanie się" od podgrzewania do nagłego schładzania gospodarki po raz kolejny dowiodło, że w obrębie starego systemu istniała niemożliwa do pokonania wewnętrzna sprzeczność.

W filmie *Park Jurajski* pada legendarne już zdanie: „Życie zawsze znajdzie drogę na powierzchnię". Podczas gdy reforma gospodarcza w miastach, chcąc nie chcąc, mozolnie przemierzała sięgające do pasa bagno, nagle na radarze gospodarczym Chin pojawił się początkowo nikły, lecz nabierający jasności świetlny punkt.

Start pierwszej rakiety chińskiej gospodarki – industrializacja obszarów wiejskich

Gdyby stwierdzić, że trzydziestoletni okres chińskiej „polityki otwartych drzwi" był efektem udanego startu dwóch rakiet kosmicznych, to do sukcesu w wystartowaniu pierwszej z nich przyczyniła się bez wątpienia industrializacja obszarów wiejskich.

Na początku lat osiemdziesiątych XX wieku gospodarka rolna osiągała rzadką akumulację kapitału w polityce rozdzielania krajowych zasobów gospodarczych. Wstępna faza uprzemysłowienia Chin w latach pięćdziesiątych opierała się na wkładzie sowieckiej technologii i kapitału, z kolei uprzemysłowienie obszarów wiejskich w latach osiemdziesiątych miało swoje źródła w ekspansji miejskiego uprzemysłowienia. Uprzemysłowienie obszarów wiejskich było inicjatywą niemającą precedensu w dwustuletniej historii światowej rewolucji przemysłowej. Chińska wieś, którą opisać można by wówczas jako rozległy obszar licznie zaludniony i biedny, jawiła się niczym magiczna kraina pełna witalności i buzującego pod powłoką ziemi, szukającego ujścia potencjału. Rewolucja komunistyczna w Chinach zaczęła się właśnie od obszarów wiejskich, a dopiero później jej płomień dotarł do miast. „Wsie otaczają miasta i to one ostatecznie sięgną po władzę" – ta mało przekonująca zachodnia strategia odniosła wielki sukces w realiach chińskich.

W rzeczywistości wszystkie te poglądy oparte są na prostej, a zarazem głębokiej prawdzie, że większość chińskiej populacji rozlokowana jest na obszarach wiejskich, a losy Chin w sposób nieunikniony są ściśle powiązane z losem chińskiej wsi. W czasach starożytnych, gdyby nie to, że nieuzbrojeni rolnicy wszczynali powstania, nie dochodziłoby do zmian dynastii; w czasach współczesnych, gdyby nie chłopi biorący udział w rewolucji komunistycznej, nie doszłoby do tej rewolucji. W procesie budowania gospodarki wzrost gospodarczy okazałby się kruchy i nietrwały, gdyby nie ogromna liczba rolników uzyskujących bezpośrednie korzyści z rozwoju gospodarczego. Zaniedbanie obszarów wiejskich byłoby równoznaczne z pojawieniem się znacznych sił opornych wobec rozwoju. Z kolei podkreślenie znaczenia obszarów wiejskich oznaczać mogło pojawienie się nieprzerwanego źródła mocy napędzającej rozwój gospodarczy. Korzenie chińskiego rozwoju gospodarczego tkwiły w obszarach wiejskich, podobnie jak źródła zasilania tego rozwoju. Ta wyjątkowo prosta w swojej istocie „główna droga" stała się także oryginalną motywacją do wystartowania chińskiej gospodarki.

Gospodarka planowa – ze względu na niemożność dokładnego i kompleksowego zrozumienia wysokiej złożoności gospodarki przemysłowej, a także dlatego, że w obrębie takiego modelu gospodarki od początku do końca istnieją niespójności systemowe oraz ze względu na fakt, że niespójności te ulegały wyolbrzymieniu w efekcie sprzeczności zachodzących w obrębie samego systemu i mechanizmu jego funkcjonowania – sprawiła, że przemysł będący własnością państwa mógł zajmować na rynku zaledwie obszar „miast i linii komunikacyjnych", podczas gdy w głębi lądu powstawały ogromne puste przestrzenie, czego efektem było zjawisko „gospodarki niedoboru".

Po tym, jak obszary wiejskie uzyskały dostęp do skromnej części akumulacji kapitału, elastyczność systemu i wrażliwość rynku niemal natychmiast sprawiły, że do życia zostały powołane wiejskie przedsiębiorstwa. Przedsiębiorstwa te, wykorzystując używany sprzęt (wciąż nie na tyle anachroniczny, by całkiem wyjść z użycia), którego chciały się pozbyć obszary miejskie oraz emerytowany personel przedsiębiorstw państwowych, natychmiast obrały za cel wypełnienie ogromnej

■ Dawniej uboga wieś Huaxi stała się „pierwszą wsią pod słońcem".

luki na rynku konsumenckim i szybko zaczęły uruchamiać linie produkcyjne, wskutek czego tanie produkty o niskiej jakości zajęły wolne miejsce na rynku towarów konsumpcyjnych.

Te przedsiębiorstwa zatrudniały od kilku do kilkuset osób, a ich aktywa stałe w większości przypadków nie przekraczały wartości większej niż kilkanaście milionów juanów. Na podstawie statystyk ekonomicznych mówi się o podobnym rozmiarze samozatrudnienia w tym sektorze, a forma działalności obrana przez te przedsiębiorstwa w nomenklaturze gospodarki rynkowej często określana jest mianem „partyzantki". Jednakże niska jakość, liche wyposażenie, niewystarczające fundusze, kilkuosobowy i niewykwalifikowany personel oraz brak „wsparcia z powietrza" w postaci otwartej linii kredytowej w bankach sprawiały, że były one zbyt brudne i mało reprezentacyjne, aby móc konkurować z „narodową armią" w postaci sektora państwowego. Jednakże zdumiewający jest fakt, że reprezentacyjnej „narodowej armii" nie udało się pokonać „partyzantów". Przedsiębiorstwa, liczne jak mrówki w mrowisku, stopniowo wygryzły „narodowe wojska" biznesowe z udziałów w sprzedaży na rynku towarów. Silny popyt rynkowy na materiały budowlane, metalurgię, alkohole, odzież, tekstylia, produkty przemysłu chemicznego oraz inne produkty rozkwitających gałęzi przemysłu spowodował, że nowo powstający silny sektor chińskiej gospodarki w postaci wiejskich przedsiębiorstw nie mógł być dłużej ignorowany.

Magiczna siła pozwalająca „partyzantom" na osiągnięcie sukcesu tkwiła w „elastycznej strategii i taktyce". Strategicznie obszary, w które angażowała się „partyzantka", były obszarami niewymagającymi wysokich nakładów, w których zyski osiągane były po krótkim czasie, o wysokiej stopie zwrotu z inwestycji, dla których łatwo było pozyskać surowce i dla których występował ogromny popyt rynkowy. Taktycznie zarządzanie „partyzantką" wykazywało się ogromną elastycznością, szerokimi możliwościami adaptacji i wysoką wydajnością, a właściciele przedsiębiorstw podejmowali decyzje na podstawie bieżących potrzeb rynku i w odpowiednim czasie. Dostosowanie mechanizmów wewnętrznych przedsiębiorstw oraz zapewnienie personelu odbywało się również na podstawie rzeczywistych potrzeb, brak było ograniczeń kadrowych, wskaźników i restrykcji dotyczących zatrudnienia. W aspekcie systemu zatrudnienia korzystano zazwyczaj z pracowników kontraktowych, tymczasowych i zatrudnionych na umowę, a liczbę pracowników nieprodukcyjnych ograniczano do lepiej wykwalifikowanego minimum. Dobrze wykonujący swoją pracę personel zostawał, ci zaś, którzy się nie odnajdowali w zleconej pracy, wracali do domu. Przedsiębiorstwa mogły wybierać pracowników, ale i pracownicy mogli wybierać przedsiębiorstwa. W systemie dystrybucji płac te ostatnie były zazwyczaj określane przez poszczególne przedsiębiorstwa indywidualnie, w większości przypadków uzależnione były od produktywności i wydajności, premie mogły być wysokie lub niskie i ustalane były na podstawie wielkości wkładu pracy i wysokość zysku, jaki udało się osiągnąć. Wynagrodzenia pracowników zależały od ilości i jakości wykonywanej przez nich pracy, a skupienie uwagi na wydajności pracy w pełni zmobilizowało entuzjazm pracowników. Co więcej, „partyzanci" polegali na wsparciu płynącym z rodzimej ziemi, wykorzystując jej bogate zasoby, niskie koszty pracy, pełną harmonię i symbiozę we współpracy z lokalnymi jednostkami administracji rządowej wynikającą ze wspólnych interesów, co dawało im solidną „bazę" i duże pole manewru w zależności od sytuacji na rynku.

W latach 1980-1996, a więc w ciągu około 16 lat, uprzemysłowienie obszarów wiejskich pozwoliło na utworzenie zdumiewającej liczby 130 milionów miejsc pracy, co stanowiło jedną trzecią całkowitego zatrudnienia w rolnictwie, a połowa nadwyżki rolniczej siły roboczej została zrealizowana w formie eksportu o wartości 600,8 miliarda juanów, powodując wzrost PKB do 1,8 biliona juanów. W latach 1980-1988 udział we wzroście podaży na ogólnokrajowym rynku produktów przemysłu lekkiego wyniósł dla przedsiębiorstw wiejskich aż 32%, a w 1988 roku przedsiębiorstwa te – pośród głównych produktów konsumenckich – dostarczyły na rynek krajowy 45,5% wiatraków elektrycznych, 68,7% wyrobów z jedwabiu oraz 52,1% wyrobów z nylonu. Do roku 1997 wiejskie przedsiębiorstwa przyniosły 17,7% całkowitego przychodu z tytułu poboru podatków i 35,8% lokalnego przychodu podatkowego. Regiony, gdzie industrializacja osiągnęła stosunkowo wysoki poziom rozwoju, były jednocześnie regionami o stosunkowo wysokim przychodzie z tytułu poboru podatków. Poza wkładem w postaci przychodów finansowych, wiejskie przedsiębiorstwa wzięły także na siebie ciężar subsydiowania rolnictwa, a wykorzystując środki pomocowe przeznaczone na rozwój obszarów wiejskich, przyczyniły się do wspierania rozwoju lokalnego rolnictwa. W latach 1978-1997 wiejskie przedsiębiorstwa przyczyniły się do przekazania akumulacji o wartości 73,66 miliarda juanów na pomoc dla rolnictwa, a uprzemysłowienie obszarów wiejskich odegrało ogromną rolę we wspieraniu przemysłu rolnego[3].

W fazie szybkiego rozwoju industrializacji obszarów wiejskich mniej więcej 1/3 przychodów rolników pochodziła właśnie z wiejskich przedsiębiorstw. W tym okresie dochody rolników prawie się podwajały co pięć lat, a stopień ich udziału w PKB w szczytowym momencie osiągnął 50%, tym samym rolnicy zapewniali wsparcie dla połowy chińskiej ekonomii krajowej[4].

Można powiedzieć, że od początku lat osiemdziesiątych aż do połowy lat dziewięćdziesiątych uprzemysłowienie obszarów wiejskich stało się najistotniejszą siłą napędową wzrostu chińskiej gospodarki, a dobrobyt panujący na wsi i dodatkowa siła nabywcza przez nią generowana wstrzyknęła dużą dawkę witalności do krwiobiegu gospodarki miejskiej. Koncentrując się na sprzęcie AGD i towarach

---

[3]   Liu Bin, Zhang Zhaogang, Huo Gong, *Zhongguo san nong wenti baogao* [Raport na temat trzech chińskich problemów rolnych], 2004, rozdz. 11.

[4]   *Ibid.*

konsumenckich uprzemysłowienie chińskiej wsi spowodowało trwający ponad dekadę wybuch rewolucji konsumenckiej na chińskim rynku krajowym. Było zupełnie przeciwnie aniżeli głosi powszechna opinia – to nie miasta doprowadziły do dobrobytu na wsiach, lecz raczej setki milionów rolników, poprzez zastosowanie niepowtarzalnego modelu, przyłączyło się do rwącego nurtu uprzemysłowienia i poprzez znaczne podniesienie wydajności produkcyjnej, miało swój niezrównany wkład w kreację społecznego bogactwa. Kiedy chińska wieś znalazła się w posiadaniu tych szokująco wysokich sum nowych „oszczędności" zaangażowała się w wymianę handlową z chińskimi miastami, tym samym stymulowała miasta do zadośćuczynienia kreowanemu przez siebie zapotrzebowaniu przez oferowanie coraz to nowszych produktów, coraz lepszej jakości usług, coraz lepszych materiałów produkcyjnych, coraz bardziej zaawansowanej technologicznie infrastruktury oraz coraz szybszych źródeł energii i elektryczności. Sukces będący efektem uprzemysłowienia obszarów wiejskich, wykroczył daleko poza oczekiwania specjalistów w zakresie gospodarki planowej.

W tym samym czasie uprzemysłowienie chińskich obszarów miejskich także przechodziło bolesną i dramatyczną ewolucję, a reforma przedsiębiorstw państwowych wkroczyła w fazę intensyfikacji. Po krótkim okresie adaptacji w latach 1989-1991, w 1992 roku, podczas swojej podróży na południe, Deng Xiaoping po raz kolejny rozpalił pasję reform gospodarczych w Chinach. Tym razem gospodarka wolnorynkowa całkowicie miała zastąpić gospodarkę planową i stać się wiodącą polityką narodową Chin. Wypromowanie nowoczesnych systemów przedsiębiorstw przyspieszyło proces uprzemysłowienia chińskich miast, a odrodzenie rynków finansowych umożliwiło dostarczenie „finansowego paliwa" potrzebnego do wystartowania chińskiej ekonomii. Azjatycki kryzys finansowy w latach 1997-1998 sprawił, że wzrost chińskiej gospodarki znalazł się w stanie tymczasowego zahamowania.

W tym okresie silnikom rakietowym industrializacji obszarów wiejskich także powoli kończyło się paliwo. Kiedy gospodarka niedoboru stała się już przeszłością, a międzynarodowa konkurencja rozpoczęła intensywną penetrację chińskiego rynku, słabość uprzemysłowienia obszarów wiejskich zaczęła być coraz bardziej widoczna, a przedsiębiorstwom zaczęło brakować przestrzeni do manewru w związku z trudnościami w zakresie skali działalności, technologii, kapitału, zasobów ludzkich, informatyzacji, środków, mechanizmu zarządzania i wielu innych. Doświadczenia „wojny partyzanckiej" należały do przeszłości, nadeszła bowiem era „wojny trójwymiarowej" toczonej ponad granicami suwerennych państw przez kapitał, technologię i informatyzację.

Ze względu na brak nowego napędu, do końca lat dziewięćdziesiątych XX wieku, gospodarka chińska przejawiała oczywiste tendencje spadkowe. Poprawa produktywności industrializacji obszarów wiejskich osiągnęła limit, a pula nowych „oszczędności" wykorzystywana na cele wymiany handlowej między rolnikami a ludnością miejską zaczęła się kurczyć, w efekcie także wzrost produktywności industrializacji miejskiej nie był w stanie osiągnąć wyższego pułapu. Podczas gdy obie strony nie były w stanie poszerzyć skali wymiany handlowej między sobą, chiński rynek konsumencki zaczął się raptownie schładzać, a przychody korporacyjne zaczęły się kurczyć. Osłabienie wymiany handlowej przyczyniło się do osłabienia podaży pieniądza. W tamtym czasie transakcje finansowe były jeszcze odległe od podstawowego zapotrzebowania podaży pieniądza, a w takich warunkach czarne chmury inflacji i kryzysu zaczęły się zbierać nad chińską gospodarką, ponadto kryzys azjatycki przyczynił się do pogorszenia warunków handlowych w strefie okalającej Chiny i dodatkowo pogorszył sytuację.

Począwszy od października 1997 roku wskaźnik cen detalicznych w Chinach wkroczył w okres trwającego przez kolejne 27 miesięcy – aż do końca 1999 roku – spadku, a wskaźnik cen konsumpcyjnych spadał od marca 1998 roku przez kolejne 22 miesiące. Deflacja, która stawała się coraz częstszym powodem do utyskiwania ze strony społeczeństwa, w istocie nie była problemem waluty i nie mogła być rozwiązana za pomocą dodatkowej ekspansji pieniądza. Prawdziwą jej przyczyną była stagnacja wzrostu produktywności społecznej. W Chinach wystąpiła ona niemal symultanicznie ze stagnacją industrializacji obszarów wiejskich, do której doszło w połowie lat dziewięćdziesiątych.

Ogólna wydajność industrializacji Chin bezapelacyjnie nie była w stanie wygenerować istotnego przełomu w sytuacji braku silnych bodźców zewnętrznych w postaci ponownej dyfuzji nowoczesnej technologii.

Na ówczesną chwilę wartość oszczędności chińskich gospodarstw domowych przekroczyła już 5 bilionów juanów, zasugerowano więc, aby oszczędności te wykorzystać na zakup nieruchomości mieszkalnych, a wtedy mogłoby nastąpić ożywienie gospodarcze. Komercjalizacja nieruchomości miała na celu wymianę oszczędności w zamian za mieszkania, a tym samym dążyła do pociągnięcia ogromnego rynku budowlanego i deweloperskiego z nadzieją na wypromowanie wzrostu gospodarczego. Była to właściwie monetyzacja nieruchomości mieszkalnych, która zachęcając do zaciągania kredytów hipotecznych, miała jednocześnie na celu kreację pieniądza na dużą skalę, a przy użyciu przyrostu pieniądza miała za zadanie stymulować produkcję przemysłową i jednocześnie łagodzić skutki panującej deflacji. Gdyby uważnie przeanalizować tę politykę, to okazuje się, że na początku lat osiemdziesiątych XX wieku rząd wpuścił pieniądze do obrotu poprzez podwyższenie cen zakupu produktów rolnych. Dzięki efektom stymulacji siły nabywczej rolników, opinia publiczna była przekonana, że ówczesne roczne wyniki były dużo lepsze. Polityka zainicjowana na początku lat osiemdziesiątych przypadkowo doprowadziła do osiągnięcia dwojakich korzyści: po pierwsze, zwiększenie dochodów rolników doprowadziło do zwiększenia produkcji żywności, a z kolei wymiana handlowa między wsią i miastem nie tylko rozwiązała problem dostaw surowców dla przemysłu lekkiego, lecz, co więcej, stymulowała popyt na produkty konsumpcyjne; po drugie, obszary wiejskie w końcu zaczęły formować akumulację

■ W 1999 roku Chiny przystąpiły do Światowej Organizacji Handlu (WTO).

kapitału, a tym samym nieoczekiwanie dały podstawy dla trwającej przez następną dekadę industrializacji obszarów wiejskich, dzięki czemu 130 milionów ludzi przyłączyło się do krajowej siły roboczej i zwiększyło produktywność, a masowa kreacja bogactwa społecznego wpłynęła na pobudzenie dobrobytu gospodarczego także i w miastach. Natomiast monetyzacja rynku nieruchomości, mimo iż była w stanie wywołać efekt pociągania za sobą branż pokrewnych i zmniejszyć ryzyko spowolnienia gospodarczego, to nie była jednak zdolna, by pokonać wąskie gardło wydajności produkcyjnej całego społeczeństwa.

Prawdziwie istotnym wydarzeniem, które przyniosło drugi przełom w aspekcie produktywności społecznej, było przystąpienie Chin w 1999 roku do światowej Organizacji Handlu (WTO).

Start drugiej rakiety chińskiej gospodarki – globalizacja

Aż do 1999 roku, w okresie 20 lat trwania chińskiej „polityki otwartych drzwi", industrializacja była w zasadzie ograniczona do wąskiej przestrzeni rynku krajowego. Głównym powodem, dla którego w ogóle mówi się o wąskiej przestrzeni rynku krajowego, była spadająca produktywność, niewystarczająca na potrzeby kreacji bogactwa społecznego, które mogłoby pozwolić na uformowanie ogromnego krajowego rynku obrotu towarami.

Po przystąpieniu do WTO Chiny natychmiast weszły w nieograniczoną przestrzeń rynku światowego. Dokładnie tak, jak w powojennej Japonii, wąska przestrzeń rynku krajowego uniemożliwiała dalsze powiększanie wydajności produkcji przemysłowej. Jednak gdy tylko Japonia uzyskała dostęp do szerszego rynku międzynarodowego, rozpoczął się gwałtowny rozwój kraju, koszty produkcji zaczęły spadać, a zwiększenie wydajności produkcyjnej osiągnęło zdumiewający poziom. Po przystąpieniu do WTO Chiny także zaczęły doświadczać podobnej mutacji produktywności.

Od roku 2000 większość spośród 500 czołowych firm światowych weszła do Chin, a prawie wszystkie znane w dzisiejszym świecie marki rozpoczęły produkcję na terenie tego państwa, co stanowi niezwykłą i rzadko spotykaną okazję dla dyfuzji technologii. W latach pięćdziesiątych XX wieku pomoc sowiecka dla Chin, w postaci 156 kluczowych projektów technologicznych odegrała istotną rolę dla zapoczątkowania uprzemysłowienia kraju. To dzięki pomocy dziesiątek tysięcy radzieckich specjalistów Chiny po raz pierwszy zetknęły się z nowoczesną technologią i zrozumiały, jak powinno funkcjonować uprzemysłowione społeczeństwo. Tysiące patentów technologicznych zostało przetransferowane do Chin praktycznie bez ponoszenia żadnych kosztów, a niezliczona ilość problemów technicznych została przezwyciężona przez chińskich specjalistów dzięki przywiezionym przez radzieckich ekspertów rysunkom i specyfikacjom technicznym. Niemniej taka okazja spadającego z nieba bogactwa nie mogła przydarzyć się więcej niż raz na sto lat.

Chociaż międzynarodowe korporacje przybyły do Chin wyposażone w swój własny plan działania, to jednak nie mogły uniknąć zatrudniania dużej ilości chińskich pracowników, a było to równoznaczne z wykorzystaniem przez Chiny technologii i kapitału tych międzynarodowych korporacji w celu zaabsorbowania przez rodzimy personel naukowy i techniczny zachodniej technologii. Te młode kadry naukowo-badawcze w trakcie wykonywania swojej pracy nauczyły się wiele o zaawansowanej technologii, a nawet jeśli nie zdołały ogarnąć istoty samych badań, to przynajmniej były w stanie zrozumieć, czym jest dzisiejsza nowoczesna technologia, jak należy przeprowadzać eksperymenty naukowe, w jaki sposób korzystać z zaawansowanego technologicznie sprzętu i instrumentów, jak sporządzać standardowe raporty badawcze, jak pozyskiwać i wykorzystywać najnowsze osiągnięcia eksperymentów badawczych, a także zdobyły podstawy wiedzy dotyczące koordynacji pracy różnych działów badawczych. Ci pracownicy nie planowali do końca życia pracować w międzynarodowych korporacjach, a kiedy je opuszczali, zakrojona na szeroką skalę dyfuzja technologii razem z nimi penetrowała ogromną przestrzeń chińskich przedsiębiorstw. Gdyby nie wskazówki, jakich udzieliły chińskiemu personelowi międzynarodowe korporacje, miliony chińskich naukowców i pracowników technicznych prawdopodobnie nie miałyby okazji do odebrania tak systematycznego i zaawansowanego szkolenia. Tylko ten fakt pozwolił Chinom na osiągnięcie przyszłych długoterminowych korzyści, znacznie przewyższających krótkoterminowe zyski osiągane przez międzynarodowe korporacje w kraju.

Zanim do tego doszło, przepaść między chińskim personelem technicznym a poziomem zaawansowanej światowej industrializacji była zbyt duża zarówno w przypadku przedsiębiorstw państwowych, jak i przedsiębiorstw prywatnych. To właśnie ogromna luka między chińskim a światowym poziomem badań i rozwoju była przyczyną trudności postępu gospodarczego Chin. W takich okolicznościach, niezależnie od tego, jak dogłębna była reforma przedsiębiorstw ani jak bardzo przedsiębiorstwa te starały się udoskonalić system i tak nie były w stanie przełamać wąskiego gardła w postaci akumulacji technologii. Gdyby np. największa chińska firma w branży badań i rozwoju, Huawei, nie kładła nacisku na wykorzystanie 10% swoich rocznych przychodów ze sprzedaży na cele badań i rozwoju oraz gdyby nie zatrudniała ponad 2,5 miliona osób personelu naukowo-badawczego, to nawet roczne przychody w wysokości 78 miliardów juanów i długie lata ciężkiej pracy nie pozwoliłyby jej na ani jeden innowacyjny wynalazek. Jeśli taka sytuacja się utrzyma, to całkowity rozmiar chińskiej gospodarki przerośnie amerykańską, a w czołówce światowych firm znajdą się tylko i wyłącznie chińskie przedsiębiorstwa, a ilość chińskich patentów znacznie przekroczy ilość patentów należących do Stanów Zjednoczonych.

Na podstawie danych Światowej Organizacji Własności Intelektualnej (WIPO) w 2008 roku chińscy wynalazcy zgłosili w sumie 203 481 wniosków o przyznanie patentu, co stawia ich na trzecim miejscu zaraz po Japonii (502 054 zgłoszenia) i Stanach Zjednoczonych (400 769 zgłoszeń). Chińska odkrywczość wydaje się być w fazie „wielkiego skoku", jednak po uważnej analizie nasuwają się zgoła inne wnioski. Ponad 95% krajowych zgłoszeń patentowych rozpatrywanych przez krajowy Urząd Własności Intelektualnej, w większości zostało oznaczonych etykietą „innowacja", co oznacza, że w rzeczywistości są to drobne zmiany wprowadzone do istniejących już projektów. Bardziej przekonującą metodą oceny wydaje się akredytacja otrzymana przez Chiny od zagranicznych, a zwłaszcza amerykańskich, europejskich i japońskich urzędów, przyjmujących zgłoszenia patentowe i wydających licencje. W rezultacie okazuje się, że na 200 tysięcy złożonych patentów, zaledwie 473 wnioski uzyskały pozytywną opinię Biura Patentowego Organizacji Współpracy Gospodarczej i Rozwoju (OECD), podczas gdy Stany Zjednoczone mogą pochwalić się 14 399 pozytywnie ocenionymi zgłoszeniami, Europa 14 525, a Japonia 15 446. W 2010 roku chińskie zgłoszenia patentowe stanowiły zaledwie 1% wszystkich zgłoszeń przyjętych przez zagraniczne urzędy patentowe.

Wykorzystanie przez Chiny międzynarodowych korporacji w celu kształcenia własnego personelu technicznego przypomina trochę podrzucanie jaj przez kukułkę do obcego gniazda, podobnie jak w swoim czasie polityka zachęcania do masowego studiowania poza granicami kraju. I choć wielu ludzi narzeka, że polityka promowania studiów zagranicznych przyczyniła się do odpływu wykształconych zasobów ludzkich z Chin, to prawda jest taka, że ludzie napływają i odpływają, a wśród liderów w różnych sektorach współczesnej chińskiej gospodarki jest wielu, którzy ukończyli studia zagraniczne. Ponadto wykorzystanie międzynarodowych korporacji w celu kształcenia personelu jeszcze bardziej wyolbrzymiło skalę zjawiska „studiów zagranicznych". Niezależnie od tego, czy ci „wykształceni poza granicami" ludzie wybiorą ostatecznie działalność gospodarczą, czy jakikolwiek inny sektor ekonomiczny, i tak staną się żołnierzami walczącymi na polu przyszłej gospodarki.

Z punktu widzenia kształcenia chińskiego personelu globalizacja oznacza dyfuzję technologii powstałą w wyniku przenikania tych wykształconych zasobów ludzkich i ich stopniową penetrację gospodarki krajowej, co w odpowiednim czasie przyczyni się do powstania prawdziwego technologicznego przełomu.

Globalizacja gospodarcza przyniosła także Chinom zaawansowaną strukturę ładu korporacyjnego i modeli biznesowych. Ludzie w procesie integracji ze światem stopniowo porzucili przestarzałe i mało wydajne metody organizacji produkcji. Kiedy Wal-Mart czy Carrefour zaczęły otwierać swoje sklepy w każdym zakątku Chin, tradycyjni biznesmeni i zwykli zjadacze chleba mieli okazję przekonać się, na czym polega nowoczesny model biznesowy. Wcześniej ludzie mogli za pośrednictwem telewizji, gazet i innych przekazów medialnych dowiedzieć się, na czym polega bardzo zintegrowany i bardzo wydajny system obrotu handlowego, jednak kiedy te wielkie sieci otworzyły swoje oddziały tuż przed drzwiami ich domów, mogli oni po raz pierwszy bezpośrednio doświadczyć wygody i konkurencyjności cenowej nowoczesnego handlu, a także stopniowo zrozumieć, w jaki sposób został skonstruowany ten skomplikowany system sprzedaży. Kopiowanie tego modelu biznesowego wniosło ogromne i znaczące zmiany w chińskim krajobrazie gospodarczym.

Zapoczątkowana w 2000 roku rewolucja „made in China", której w żagle wiał wschodni wiatr zagranicznych inwestycji, doprowadziła do powstania światowej klasy centrum produkcyjnego w rejonie Zatoki Bohai, delty Jangcy i delty Rzeki Perłowej, a produkty znanych marek „wyprodukowane w Chinach" wypełniały

■ Sieć Carrefour jest powszechnie spotykana w Chinach.

sklepowe półki na całym świecie. Druga rakieta w postaci globalizacji, wprowadziła gospodarkę chińską w nową „prędkość kosmiczną".

Gwałtowny wzrost zorientowanej na eksport gospodarki przyczynił się do kreacji nowego bogactwa w Chinach. Nieprzerwane wieloletnie inwestycje zagraniczne w Chinach w połączeniu z oszałamiającą nadwyżką handlową zaowocowały wzrostem wysokości chińskich rezerw walutowych z 1600 miliardów dolarów w 2000 roku do zdumiewającej kwoty 3 bilionów dolarów w 2011 roku. Używając przenośni, chińska gospodarka zorientowana na eksport była niczym myśliwy, który wykorzystując technologię innych myśliwych, pod wpływem ogromnej presji zapotrzebowania zewnętrznego znacząco ulepszył celność oraz zasięg łuku i aby pozyskać dużą ilość myśliwskiej zdobyczy, choć został zmuszony do pożyczenia połowy swoich łowów innym myśliwym, wciąż zdołał zatrzymać drugą połowę w charakterze nowych „oszczędności". A kiedy zabrał swoje oszczędności, by wymienić je na rynku towarów, dostarczył tym samym silnego bodźca stymulującego prosperowanie rynku.

Podobnie, kiedy nowe „oszczędności" zgromadzone w wyniku powstania chińskiego sektora eksportowego trafiły na rynek krajowy w celu wymiany na inne towary, stały się bodźcem dla poszczególnych sektorów chińskiej gospodarki zmuszającym je do zwiększenia podaży produkcji, co z kolei wywołało reakcję łańcuchową konsumpcji w całym społeczeństwie i przyczyniło się do zwiększenia produktywności w obrębie wszystkich sektorów produkcyjnych i usługowych. Od produktów codziennego użytku po urządzenia gospodarstwa domowego, od Internetu po telekomunikację, od samochodów po dobra luksusowe, od nieruchomości po stal i cement, od produkcji maszyn po petrochemię, od energii i elektryczności po węgiel i metalurgię, od transportu po infrastrukturę – machina industrializacji i urbanizacji ruszyła jednocześnie pełną parą i w szybkim tempie zaczęła wytwarzać wiele towarów i usług, mających stać się częścią transakcji rynkowych. Nieustanny napływ zysków na rynkach finansowych i giełdzie, został powiększony do jeszcze większych rozmiarów dobrobytu, a podaż pieniądza i aprecjacja kursu walutowego doprowadziły do gwałtownego wzrostu cen. Ogromny sukces wersji 2.0 modelu chińskiego, zanim wybuchł kryzys finansowy w 2008 roku, przyniósł bezprecedensowy, licząc od chwili proklamowania Nowych Chin, ogólny dobrobyt.

Wielu uważa, że u podstaw chińskiego wzrostu gospodarczego leżą trzy powody: eksport, inwestycje rządowe i konsumpcja. W rzeczywistości ta trójca wykazuje logikę wewnętrznej zależności, eksport będąc rzeczywistą siłą napędową, wymusza większą wydajność i rozszerzenie rynku w celu gromadzenia przyrostu oszczędności, jednocześnie promuje wzrost dochodów publicznych, które stanowią podstawę dla inwestycji. Konsumpcja jest rodzajem wymiany i także wynika z przyrostu oszczędności. Wobec tego, to eksport zwiększonej produktywności jest faktycznym napędem startowym gospodarczej rakiety.

Zapoczątkowana w 2000 roku globalizacja gospodarcza różni się od przeprowadzonego po latach osiemdziesiątych uprzemysłowienia obszarów wiejskich – jej intensywność, zasięg, trwałość i zaawansowanie znacznie przekroczyły możliwości tej poprzedniej. Poziom industrializacji obszarów wiejskich był niższy. Zwiększenie wydajności produkcyjnej nie nastąpiło na bazie postępu technologicznego, ale dzięki luce rynkowej pozostawionej w spadku przez gospodarkę planową.

Jednakże start drugiej rakiety pozostawił także wiele efektów ubocznych. Chiny zwiększyły wydajność produkcyjną, a jednak w ich ręce trafił tylko ułamek zysku; Chiny całkowicie się otworzyły, ale dostęp do innych krajów nadal był dla nich trudny; towary „made in China" były znane na całym świecie, jednak chińskie marki pozostały nierozpoznawalne; skala chińskiej gospodarki jest ogromna, a jednak dysponuje małą ilością innowacyjnych technologii; chiński PKB rośnie w szybkim tempie, ale same Chiny niewiele na tym korzystają; chiński handel pomógł zgromadzić ogromne oszczędności, a jednak większa ich część została pożyczona Stanom Zjednoczonym; Chiny są w posiadaniu potężnej ilości dolarów, a jednak nie mogą za nie kupić nic wartościowego na całym świecie; Chiny poświęciły środowisko naturalne i obniżyły jakość życia, a jednak Zachód nadal jest niezadowolony. Mówiąc w skrócie, Chiny sprawiają wrażenie bogatych, a w rzeczywistości są biedne, wydają się mieć wysoko podniesione czoło, a w rzeczywistości robią dobrą minę do złej gry.

W wirze globalizacji najbardziej kłopotliwym pytaniem, jakie stawiają sobie Chińczycy, jest pytanie o to, co takiego powinniśmy zrobić, aby w końcu zadowolić innych? Z kolei w amerykańskim stylu jest robić to, co się chce, bez względu na to, czy się to komuś podoba, czy też nie.

Istnieje różnica między posiadaniem siły przebicia, a chęcią samodoskonalenia. Mający siłę przebicia ludzie zabiegają o ocenę innych, z kolei dążący do samodoskonalenia ludzie troszczą się o samoocenę. Ludzie mający siłę przebicia z pozoru są pewni siebie, a w rzeczywistości są ludźmi o niskiej samoocenie. Niska samoocena jest zakorzeniona w braku wewnętrznego systemu wartości i nie pozostawia innego wyboru, jak tylko poleganie na kryteriach oceny przez pryzmat świata zewnętrznego. Ludzie dążący do samodoskonalenia nie zważają na opinie innych, są bowiem święcie przekonani o tym, że inni nie mają prawa do wydawania osądów na ich temat. Współczesne Chiny na wielu płaszczyznach wykazują się dążeniem do pierwszeństwa, siłą przebicia, bardzo przejmują się opinią międzynarodową na swój temat i śmiertelnie boją się utraty honoru na forum międzynarodowym. Przyczyną tej dolegliwości jest niedojrzały jeszcze chiński wewnętrzny system wartości. Wyraz twarzy obcych państw stał się zwierciadłem chińskiej godności. Człowiek pozbawiony osobowości przestaje być atrakcyjny, tak samo przestaje być atrakcyjne państwo pozbawione charakteru.

Dwa podstawowe rodzaje
chińskiego eksportu: towary i oszczędności

W latach osiemdziesiątych XX wieku amerykańscy naukowcy stwierdzili, że Stany Zjednoczone w końcu odkryły swoją własną „przewagę komparatywną", czyli eksport amerykańskich obligacji skarbowych. W tamtym czasie największym importerem amerykańskich obligacji skarbowych była Japonia, a środkiem płatniczym japońskie oszczędności krajowe. Począwszy od lat pięćdziesiątych XX wieku najpierw Niemcy, potem bliskowschodni eksporterzy ropy naftowej, następnie Japonia, a teraz Chiny, kolejno przyjmowały na siebie ciężar eksportowania własnych krajowych oszczędności do Stanów Zjednoczonych.

Sektor eksportowy jest jak myśliwy. Ilość eksportu to jego zdobycz, która może być wyrażona w dowolnym rodzaju waluty, a jej rzeczywistym przejawem są nowe chińskie oszczędności. Kiedy Chiny dokonują zakupu amerykańskich obligacji skarbowych, w istocie oznacza to wypływ chińskich oszczędności krajowych do Stanów Zjednoczonych. Myśliwy mógłby wykorzystać te oszczędności, aby poprawić łuki i strzały albo też wymienić je na rynku na większą ilość towarów i poprawić jakość swojej egzystencji, jednocześnie stymulowałby w ten sposób większą konsumpcję rodzimego rynku oraz tworzył więcej możliwości zatrudnienia. Jednak teraz myśliwy zdecydował się pożyczyć połowę swoich oszczędności, co było równoznaczne z tym, że o połowę osłabił możliwości postępu nowej technologii na krajowym rynku, skalę konsumpcji i możliwości zatrudnienia.

Chiny zdecydowały się pożyczyć swoje oszczędności Amerykanom, mimo to nie zdołały wniknąć w amerykański obszar przemysłowy, a w zamian za to pomogły amerykańskiemu myśliwemu udoskonalić jego łuki, podnieść jakość polowań, a resztę pożyczonych od Chin oszczędności wykorzystać na spłatę pożyczek zaciągniętych od innych krajów oraz zbilansować amerykański deficyt handlowy. Te pożyczone pieniądze faktycznie wniknęły do sektora finansowego Stanów Zjednoczonych i popchnęły ceny amerykańskich aktywów finansowych w górę. Od „incydentu 9/11" w 2001 roku do wojny w Iraku w 2003 roku System Rezerwy Federalnej konsekwentnie 13 razy obniżał stopy procentowe, próbując w ten sposób zwiększyć wzrost gospodarczy, czego efektem było powstanie największej w dwustuletniej historii Stanów Zjednoczonych bańki na rynku nieruchomości. Tym samym oszczędności narodu chińskiego pochłonięte zostały przez karuzelę rynku nieruchomości w Stanach Zjednoczonych i proch zużywany przez Amerykanów na potrzeby wojny w Iraku.

Bańka ekonomiczna na rynku nieruchomości przyczyniła się do rozpalenia ognia finansowych innowacji, a dodana wartość amerykańskich nieruchomości mogła być łatwo wymieniona na gotówkę. Przypuśćmy, że pewna amerykańska dama jednego roku zakupiła nieruchomość w cenie 400 tysięcy dolarów, a w ciągu kolejnego roku cena tej nieruchomości wzrosła do 500 tysięcy dolarów. W takim wypadku banki będą zachęcały ową damę, aby kwotę w wysokości 100 tysięcy dolarów pożyczyła od banku w formie zdyskontowanej „wartości dodanej nieruchomości" w wysokości 70 tysięcy dolarów, to z kolei sprawi, że amerykańska dama, nie mając rzeczywistego przyrostu dochodu wykorzysta owe 70 tysięcy w formie zwiększonej siły nabywczej. Zacznie je wydawać w sposób niekontrolowany na remont kuchni, renowację ogrodu, wyjścia do kina, do restauracji, podróże i zakupy, a tym samym, wydając je, przyczyni się do promowania konsumpcji na amerykańskim rynku, tworzenia miejsc pracy i wzrostu gospodarczego. W efekcie rosnące wskaźniki dobrobytu gospodarczego spowodują powstanie jeszcze większej bańki i wzrostu cen na rynku nieruchomości, tak że w kolejnym roku nasza dama pozyska jeszcze więcej kapitału konsumpcyjnego. Skończy się tym samym czas jej oszczędzania. W latach 2005-2007 wskaźnik amerykańskich oszczędności po raz pierwszy od czasu Wielkiego Kryzysu lat trzydziestych wykazał się ujemną dynamiką wzrostu, wobec tego po co było nadal oszczędzać? Przecież gdzieś na drugim końcu świata żyła pewna Chinka charakteryzująca się umiarem, pozytywnym podejściem do pracy i oszczędzania. Skrzętnie zgromadzone oszczędności tej Chinki ostatecznie i tak napływały do kieszeni amerykańskiej damy. Czyż nie był to wymarzony model? Chinka była po to, aby oszczędzać, żeby Amerykanka mogła później konsumować. Wzrost chińskiej gospodarki ciągnął za sobą dobrobyt w Stanach Zjednoczonych. Czyż taka współpraca „chińsko-amerykańska" nie była dla Amerykanów „rajem na ziemi"?

Wzrost chińskiej gospodarki zorientowanej na eksport był idealnie dopasowany do postępującego dobrobytu i wzrostu wartości amerykańskich aktywów. W istocie to właśnie wzrost poziomu aktywów w Stanach Zjednoczonych pobudzał wzrost gospodarczy w Chinach, a amerykańska bańka aktywów stała się paliwem zasilającym drugą chińską rakietę gospodarczą. Tyle tylko, że w samym środku tej idylli pojawiał się ładunek wybuchowy w postaci pytania: czy inflacja aktywów może być podtrzymywana bez ograniczeń?

Nie należy zapominać o tym, że za każdym razem, kiedy Amerykanka wybierała z bankomatu pieniądze z tytułu posiadania nieruchomości, zwiększało się jej zadłużenie. Natomiast przyrost jej dochodów pozostawał daleko w tyle za rosnącym długiem. Za pompowaniem wartości aktywów stało w rzeczywistości pompowanie zadłużenia. Coraz większe obciążenie długiem sprawiało z kolei, że wzrastała presja spłaty kapitału i odsetek od zadłużenia odczuwana przez Amerykankę, która liczyła na to, że stopy procentowe na zawsze utrzymają się na skrajnie niskim poziomie, ponieważ jej sytuacja finansowa osiągnęła już punkt kulminacyjny odczuwanej presji. Ostatecznie doczekała się jednak tego, że w latach 2004-2005 System Rezerwy Federalnej podniósł wysokość stóp procentowych kolejno aż 7 razy.

A co by się stało, gdyby System Rezerwy Federalnej zdecydował się na utrzymanie stóp procentowych na skrajnie niskim poziomie? W takiej sytuacji bańka ekonomiczna osiągnęłaby znacznie większe rozmiary, a i siła jej eksplozji byłaby dużo bardziej szkodliwa. W 2007 roku wezbrane podziemne „jezioro lawy zadłużenia" Amerykanki w końcu zaczęło wylewać. W 2008 roku jeszcze więcej Amerykanek stało się ofiarą niespłacalnych długów i tym samym pęczniejąca dotychczas bańka dobrobytu amerykańskich aktywów zaczęła pękać.

Bernanke próbował wywołać „reflację aktywów" przez dodrukowywanie pieniądza, chcąc w ten sposób przywrócić wspaniały dobrobyt pęczniejących środków. Ale czy dodrukowanie pieniędzy może spowodować wzrost wskaźnika rzeczywistych oszczędności? Czy może wytworzyć rzeczywiste inwestycje i konsumpcję? Poza pierwotnym dużym obciążeniem w postaci zadłużenia, Amerykanka była zmuszona ratować ogromną ilość kosztów społecznych na Wall Street, a nieustannie powiększający się dług narodowy był sporym dopływem do jej „wulkanicznego jeziora długu". Wskaźnik ubóstwa wśród amerykańskiego społeczeństwa poszybował do poziomu najwyższego od lat trzydziestych XX stulecia, rozgoryczeni Amerykanie zaczęli wychodzić na ulice, rozpalając ogniska światowego ruchu pod hasłem „okupuj Wall Street". Wysokie bezrobocie wraz z poważnym zadłużeniem i kurczeniem się aktywów finansowych na kontach emerytalnych obaliło jankeski mit o dalszej konsumpcji na bazie zadłużenia. Polityka Systemu Rezerwy Federalnej w zakresie skrajnie niskich stóp procentowych, a także kolejne rundy ilościowego luzowania pieniądza nie rozwiały wątpliwości bankowych menadżerów do udzielania podejrzanych kredytów bankowych ani także nie zdołały zachęcić Amerykanów do dalszych spekulacji na rynku nieruchomości.

Oznaczało to koniec pewnej ery i fiasko pewnego modelu.

Zapoczątkowany w Stanach Zjednoczonych w latach osiemdziesiątych model wzrostu gospodarczego napędzanego zadłużeniem pociągnął za sobą pompowanie wartości aktywów, a w ciągu pierwszych 7 lat XXI wieku ten nowy model gospodarczy oznaczał dla Stanów Zjednoczonych lata szczęścia i beztroski, z kolei dla startu dwóch rakiet chińskiej gospodarki zapewnił wystarczającą ilość paliwa. Obecnie, kiedy to wspaniałe ekonomiczne *perpetuum mobile* utknęło, drogi tych dwóch wielkich udziałowców „Chimeryki" także zaczną się rozchodzić.

Co należy zrobić z tymi oszczędnościami, które Chinka pożyczyła Amerykance? Rozwiązaniem zaproponowanym przez FED było zastosowanie QE1, QE2 i QE3, a nawet QE (n+1). Charakter luzowania ilościowego polityki pieniężnej polega na rozcieńczeniu siły nabywczej pieniądza, stworzeniu pozorów zlikwidowania presji zadłużenia, a głównym celem dewaluacji dolara względem innych walut jest w istocie defraudacja oszczędności innych państw.

Poza tym, że taka sytuacja oznacza, iż druga rakieta, jaką są rzeczywiste oszczędności napędzające wzrost gospodarczy Chin, stoi w obliczu ich utraty, a poza tym – co jeszcze ważniejsze – całkowicie skończyło się zasilające ją paliwo. Zdolność Chin do gromadzenia nowych oszczędności z dnia na dzień jest coraz słabsza. Bez znacznej poprawy wydajności produkcyjnej przestaną istnieć dodatkowe źródła nowych oszczędności, nie będzie także możliwe podejmowanie rzeczywistych inwestycji i zużycia. Efektem bodźców fiskalnych i promocji inwestycji realizowanych przez chiński rząd musi być presja inflacyjna, której najpoważniejszym następstwem będzie możliwość zaledwie utrzymywania działań gospodarczych bez możliwości osiągnięcia prawdziwego dobrobytu.

Wersja 3.0 modelu chińskiego: formowanie największego na świecie rynku konsumenckiego

To, że Chiny muszą wejść na ścieżkę transformacji, nie jest tylko i wyłącznie wymogiem dalszego rozwoju gospodarczego Chin. Chodzi raczej o to, że Państwo Środka nie ma innego wyjścia. Z tego powodu pojawia się wiele bardzo istotnych pytań, a mianowicie: jakie cele stawia przed sobą wersja 3.0 modelu chińskiego? Jaką ma zamiar obrać drogę? W jaki sposób zamierza wdrożyć obraną strategię?

Przez okres blisko 170 lat Chiny były bardzo pilnym uczniem. Najpierw podążały za przykładem Zachodu, potem pobierały nauki od Japonii, następnie ich mistrzem został Związek Radziecki, a w końcu poddały się zauroczeniu Stanami Zjednoczonymi. Po odebraniu nauk od niemal całego świata, Chiny odkryły, że niezależnie od tego, który model zdecydują się skopiować, to w rzeczywistości chińskiej zawsze będzie on problematyczny i że tak naprawdę muszą one podążać swoją własną drogą, a jednocześnie wyciągać wnioski z doświadczeń innych krajów.

W pierwszej kolejności trzeba kierować się świadomością, że Chiny nie są Niemcami ani Japonią, a tym bardziej azjatyckim tygrysem, a podczas ustalania narodowych celów tylko Stany Zjednoczone mogą stanowić dla Chin punkt odniesienia. Model rozwoju gospodarki zorientowanej na eksport zdecydowanie nie może być podstawową drogą dla żadnego mocarstwa. Wyciągając wnioski z amerykańskich doświadczeń, należało szczególnie uważnie przeanalizować okres narodzin amerykańskiej przedsiębiorczości przed 1971 rokiem, a zwłaszcza zwycięską drogę rozwoju amerykańskiego skoku w XIX wieku. Z kolei zapoczątkowany od lat osiemdziesiątych model amerykańskiego wzrostu gospodarczego napędzanego zadłużeniem był skrajnie szkodliwy i należałoby podjąć wszelkie możliwe środki, aby uniknąć podobnej pułapki.

Kluczem drogi do sukcesu USA było dążenie do tego, aby zawsze być kowalem własnego losu. Mając na uwadze tę filozofię, wszelka polityka krajowa i zagraniczna Stanów Zjednoczonych była opracowywana zgodnie z praktycznym założeniem, że musi być zgodna z interesami tego kraju – jeśli była użyteczna, była wdrażana, jeśli okazywała się bezużyteczna, to porzucano ją bez żalu, w żadnym wypadku nie zadowalając się półśrodkami. Można powiedzieć, że Stany Zjednoczone są krajem najbardziej „wyrafinowanym" spośród wszystkich państw. Wobec korzyści, które chcą osiągnąć, ich dążenia wydają się bardzo klarowne i bezkompromisowe. W procesie realizacji wykazują się niemal paranoicznym uporem, a dla wyborów nie idących w parze z ich interesami mają zawsze tysiące wymówek. Często posługują się zasadą „cel uświęca środki", prowadząc grę pozorów, załatwiają sprawy, pozostawiając je w rzeczywistości niezałatwionymi.

W procesie narodzin amerykańskiej gospodarki USA zawsze bezwzględnie przestrzegały zasady kontrolowania własnego przeznaczenia, a znajdowało to odzwierciedlenie, między innymi, w świadomym działaniu na rzecz ochrony własnego rynku, kompletnym braku uznania dla brytyjskiej teorii wolnego handlu, we wprowadzeniu wysokich taryf celnych, wysokich wynagrodzeniach, nacisku na naukę i rozwój, umacnianiu przemysłu i ideologii wielkiego rynku. Promotorami i orędownikami teorii korzyści komparatywnych wolnego rynku były w rzeczywistości wyłącznie kraje dominujące gospodarczo, a ich celem było osiągnięcie ogromnej przewagi konkurencyjnej. Kraje gospodarek wschodzących nie mogły znieść tej krzywdzącej ideologii, a Chiny postanowiły, że u podstaw ich udziału w globalizacji leżeć będzie zasada, że włączą się tylko w działania przynoszące im korzyści, a działania dla nich szkodliwe porzucą.

Kiedy Ameryka, pod wpływem swojego pragmatyzmu stała się największym światowym rynkiem, uzyskała zarazem prawie całkowitą kontrolę nad własnym losem. Powodem, dla którego Roosevelt odważył się obalić Konferencję Ekonomiczną w Londynie w 1933 roku oraz sprawić, że dolar zniszczył europejską stabilność walutową, był fakt, że ówczesny amerykański eksport stanowił zaledwie 3% całkowitego rozmiaru amerykańskiej gospodarki. Niestety, 77 lat później, w 2010 roku udział eksportu wciąż wynosił zaledwie 8,8%. Kiedy w latach trzydziestych XX wieku Brytyjczycy stopniowo wyeliminowali amerykańskie wpływy z kontynentu europejskiego, Roosevelt odmówił przyjęcia tytułu „mocarstwa odpowiedzialnego", jako że jego prawdziwą intencją było obalenie imperium funta szterlinga. Po drugiej wojnie światowej Stany Zjednoczone zignorowały europejską potrzebę stabilności walutowej. Niezachwianie waluty było dla Stanów Zjednoczonych zdecydowanie mniej istotne niż dla Europy, co wynikało z wystarczającego rozmiaru amerykańskiego rynku krajowego i ograniczonej przestrzeni rynków krajów europejskich. Deprecjacja dolara była zgodna z interesami Stanów Zjednoczonych, gdyż Stany Zjednoczone nie musiały polegać na rynkach europejskich i nie miały powodu do obaw.

Kiedy zadłużenie stało się bronią, USA użyły kija w postaci udzielonych kredytów, aby obić nim Imperium Brytyjskie. Natomiast kiedy to Stany Zjednoczone stały się dłużnikiem, zamieniły zadłużenie we władzę i używając kija w postaci obligacji skarbowych pogoniły nim państwa kredytujące. Za każdym razem, kiedy Chiny wstrzymują zakup amerykańskich obligacji skarbowych, a nawet wtedy, gdy ilość zakupionych obligacji jest niewystarczająca, w okolicach Chin dochodzi do dziwnych incydentów. Na przykład amerykański prezydent nagle ogłasza swoje spotkanie z Dalajlamą albo sprzedaż broni Tajwanowi, innym razem podżega do konfliktu między krajami nad Morzem Południowochińskim albo zachęca Japonię do nieustępliwej postawy w konflikcie o archipelag na Morzu Wschodniochińskim. Gdy tylko Chiny zakupią znaczną ilość amerykańskich obligacji skarbowych, sytuacja ulega na jakiś czas nagłemu wyciszeniu. Tak właśnie wygląda dyplomacja amerykańskiego zadłużenia. W rzeczywistości Stany Zjednoczone wymuszają na Chinach haracz za ochronę w formie zakupu amerykańskich obligacji skarbowych. Nie chcecie kupować? To bezsenne noce macie jak w banku.

Dlaczego Stany Zjednoczone są tak szorstkie i nierozsądne? Dzieje się tak dlatego, że zdają sobie doskonale z tego sprawę, że to Chiny są bardziej uzależnione od nich niż one od Chin. Bez amerykańskiego rynku chińska produkcja musiałaby się załamać, a masa bezrobotnych stałaby się koszmarem co noc nawiedzającym chińską elitę rządzącą. Ostatecznie, z amerykańskiego punktu widzenia zarówno kij w postaci kredytowania, jak i bycia kredytowanym zadziała jednakowo, a to ze względu na fakt, że poszczególne państwa potrzebują amerykańskiego rynku, a ktokolwiek zostanie z niego wykluczony, ten zyska status „gospodarczego wygnańca". W wyzwaniu, jakie nieustannie rzuca dolar w stronę euro, źródłem siły nie jest wcale waluta, lecz zintegrowany potężny rynek europejski. Dopiero kiedy Europa nie będzie zmuszona dłużej bazować na rynku amerykańskim, wtedy będzie w stanie przejąć kontrolę nad własnym losem. I to właśnie było powodem przemożnego strachu Roosevelta przed churchillowską strefą funta szterlinga.

Tragedia Japonii polega na tym, że mimo własnych silnych mocy produkcyjnych, typowych dla tego kraju, nie jest ona w stanie stworzyć wystarczających rozmiarów rynku krajowego. Japonia próbowała przy użyciu metod wojennych pozyskać azjatyckie bazy surowców i rozległe rynki zbytu, jednak po przegranej była zmuszona szukać schronienia na zdominowanym przez Stany Zjednoczone rynku światowym, bowiem bez rynku światowego, przestałaby cokolwiek znaczyć.

Bezbronność Chin w dużym stopniu także wynika z ich zależności od międzynarodowego rynku. W 2010 roku chiński eksport stanowił 26,8% PKB, natomiast w przypadku Stanów Zjednoczonych tylko 8,8% – na pierwszy rzut oka widać, kto jest bardziej zależny od kogo. W tej nierównej walce Chiny muszą być uległe wobec Ameryki, a tym samym nie są w stanie w pełni kontrolować swojego przeznaczenia.

Mocarze i ludzie sukcesu mogą różnić się charakterem, temperamentem, zamiłowaniami i wieloma innymi cechami, jednakże wszyscy mają jedną cechę wspólną, a mianowicie „są kowalami własnego losu". Historia nie zna mocarza, który przekazałby swoją decyzyjność, powierzając swój los komuś innemu, i zdołałby przy tym osiągnąć sukces. Kiedy kraj, w szczególności tak duży jak Chiny, czyni eksport głównym napędem rozwoju gospodarczego, bez wątpienia oznacza to przekazanie kontroli nad swoim przeznaczeniem w obce ręce. Jeśli 26,8% aktywności gospodarczej w sposób bezpośredni zależy od rynków zagranicznych, to znaczy, że Chiny nie są w stanie stać się kowalem własnego losu, a tym bardziej nie wydaje się możliwe, aby stały się światowym mocarstwem.

Wysoki stopień zależności od rynków zagranicznych może tylko wywołać jeszcze większe osłabienie chińskiej gospodarki, sprawiając, że chińska polityka zagraniczna stanie się miękka, a bezpieczeństwo narodowe osłabnie. Może to także skutkować nie tylko tarciami w relacjach handlowych z innymi krajami czy powstawaniem niebezpiecznych antagonizmów politycznych, lecz także doprowadzić do tego, że Chiny nie będą w stanie wygenerować wewnętrznych sił spajających je i mobilizujących. Obecnie Chiny są jeszcze w stanie wyprodukować znaczną większość towarów eksportowych, jednak jest możliwe, że za kilka lub kilkanaście lat produkcja tych towarów przeniesie się do Indii, Meksyku, Wietnamu i innych krajów, a jedynym kryterium wyboru stanie się niska cena. Kiedy aprecjacja chińskiej waluty, koszty siły roboczej, ceny surowców na rynku światowym, pogarszające się zanieczyszczenie środowiska i wiele innych wskaźników osiągną określoną wartość progową, międzynarodowe korporacje porzucą Chiny bez wahania i bez litości. Jeśli los kraju opiera się na takim modelu wzrostu gospodarczego, w istocie jest tykającą bombą, która w każdej chwili może wybuchnąć, trzymając społeczeństwo w ciągłym napięciu.

Podstawą przyszłego modelu rozwoju Chin powinno być nadanie pozycji najwyższego priorytetu strategicznego rozwojowi rodzimego rynku, konsekwentna stopniowa redukcja udziału eksportu w PKB do bezpiecznego przedziału poniżej 10%, a także przechylenie szali przesuwania zasobów gospodarki narodowej nie na rynki zagraniczne, lecz na rynek krajowy. To chińscy konsumenci powinni mieć pierwszeństwo korzystania ze społecznego dobrobytu powstałego w wyniku poświęcenia siły roboczej, czasu, energii, zasobów, ziemi, surowców, żywności, elektryczności oraz znoszenia natężenia ruchu czy zanieczyszczenia środowiska naturalnego.

Podczas gdy droga wschodzącej gospodarki Stanów Zjednoczonych otoczona była przez wysokie taryfy celne, wysokie wynagrodzenia, nacisk na naukę i rozwój, wzmocnienie przemysłu czy ekspansję rynkową, to jej centrum stanowił wielki rynek. Bez ochrony w postaci wysokich taryf celnych, niedojrzała amerykańska industrializacja zostałaby zniszczona przez brytyjski przemysł wytwórczy, a bez silnego społeczeństwa produkcyjnego niemożliwe byłoby stworzenie ogromnego rynku konsumenckiego; bez wysokich zarobków nie byłoby zwiększonej siły nabywczej ani też dobrobytu rynkowego. Co więcej, prawdopodobnie doszłoby do polaryzacji takiej jak w Wielkiej Brytanii, gdzie zyski kapitalistów powiększały się kosztem kurczących się dochodów robotników. Znajomość istoty kapitału ludzkiego pozwoliła Stanom Zjednoczonym zrozumieć, że morale, kondycja fizyczna i psychiczna oraz atmosfera pracy są konieczne dla zagwarantowania pomyślności procesu. Wynagrodzenia były nie tylko i wyłącznie kosztami, lecz przede wszystkim kapitałem, którego długoterminowa inwestycja w ludzi mogła przynieść bardzo wysoki zwrot. Tylko pod warunkiem położenia nacisku na badania naukowe i rozwój, można było osiągnąć innowacje technologiczne, przyspieszyć kreację bogactwa społecznego, zgromadzić ogromne oszczędności, a finalnie doprowadzić do powiększenia rynku i zwiększenia skali inwestycji. Silny przemysł był magiczną różdżką narodzin amerykańskiej potęgi gospodarczej, ogromna produktywność przemysłowa była obietnicą stworzenia dobrze prosperującego rynku. Bez tych potężnych zdolności produkcyjnych, Stany Zjednoczone nie byłyby w stanie zastąpić Wielkiej Brytanii, nie byłyby w stanie w ciągu dwóch wojen światowych stać się „arsenałem demokracji", a po wojnie wprowadzić na świecie „nowego porządku pod przywództwem USA".

Poza wysokimi taryfami celnymi wszystkie pozostałe instrumenty strategii wielkiego rynku zastosowane przez Amerykę, a więc wysokie wynagrodzenia, nacisk na badania naukowe i rozwój, wzmocnienie przemysłu – jak najbardziej dają się zastosować w przypadku współczesnych Chin.

Zastąpienie rynku zagranicznego rynkiem krajowym, zastąpienie amerykańskiego konsumenta konsumentem chińskim, przesunięcie zasobów eksportowych na krajowe – to wszystko dramatycznie zmieniłoby relacje Chin z resztą świata. Konflikty handlowe zmieniłyby się w handlowy pokój, intensywne wykluczenie obróciłoby się w serdeczną współpracę, a wrogość wobec Chin w postaci politycznych sojuszów okazałaby się bezpodstawna w obliczu kuszących ukłonów składanych przez chiński rynek. Największy rynek oznacza największą władzę.

Chcąc zbudować największy na świecie rynek konsumencki, należy zadać sobie pytanie, od czego zacząć. Skala produkcji wytworzona przez sektor eksportowy była dostosowana do potrzeb rynku światowego, a zatem, czy trudna do pobudzenia wewnętrzna konsumpcja będzie w stanie wchłonąć tę nadwyżkę mocy produkcyjnej?

Odpowiedź brzmi: to zależy od podjętych w tym kierunku wysiłków.

Start trzeciej rakiety chińskiej gospodarki – drugie uprzemysłowienie obszarów wiejskich

Wywołanie zatoru w chińskiej gospodarce często okazuje się drogą do rozwiązania problemu.

Doświadczenie pokazuje, że od chwili proklamowania Nowych Chin dobrobyt na wsi oznacza dobrobyt ogólnonarodowy, a nadwyżka na wsi oznacza pomyślność industrializacji. Tak było w latach pięćdziesiątych XX wieku, tak też było w latach osiemdziesiątych XX wieku. Jednocześnie, jeśli na obszarach wiejskich mamy do czynienia z kryzysem, to znaczy, że rozwój gospodarczy nieuchronnie zmierza w stronę konfrontacji z wąskim gardłem wzrostu gospodarczego.

Struktura chińskiej populacji zadecydowała o tym, że to rolnicy będą w przyszłości główną grupą społeczną w Chinach, ignorowanie wzrostu gospodarczego obszarów wiejskich jest nie tylko nieetyczne, lecz, co więcej, nie może być kontynuowane. Powiększająca się przepaść między gospodarką miejską i wiejską jest także powodem poczucia społecznego braku równowagi. W połowie lat dziewięćdziesiątych XX wieku gospodarka wiejska wkroczyła w okres spowolnienia rozwoju, a szybkość przyrostu dochodów rolników z podwajania się co 5 lat zmalała do podwajania się co 10 lat. Chociaż rząd zdecydował o zniesieniu podatku rolnego, to wiele rozmytych i niewidzialnych wydatków spowodowało, że zasoby ekonomiczne rolnictwa wciąż znajdowały się w stanie ciągłej utraty krwi. Akumulacja cennego kapitału rolniczego dokonana w ciągu 15 lat poprzedzających reformy „polityki otwartych drzwi", w ciągu kolejnych 15 lat uległa stopniowej dezintegracji.

Nie uruchamiając gospodarki wiejskiej, rewitalizacja popytu krajowego pozostawała tylko pustosłowiem. Bez wzrostu dochodów większej części populacji, niemożliwe było stworzenie dużego rynku krajowego.

Niemniej wzrost dochodów rolników nigdy nie powinien być osiągany poprzez dotacje finansowe lub płatności transferowe, gdyż tak zwana pomoc głodującym, ale nie biednym, a także łagodzenie poczucia ubóstwa w celu rozwijania gospodarki wiejskiej było z góry skazane na niepowodzenie. Skuteczny i trwały wzrost gospodarczy może pochodzić tylko i wyłącznie ze znaczącego wzrostu produktywności. Aby podnieść swój standard życia, rolnicy musieliby zwyczajnie wytwarzać więcej bogactwa.

W perspektywie przyszłego długoterminowego spowolnienia gospodarczego w Europie jedyną szansą na pojawienie się przełomu dla krajowego popytu było
przeprowadzenie drugiego uprzemysłowienia obszarów wiejskich. Tylko uprzemysłowienie pozwalało na uzyskanie wydajności produkcyjnej większej niż w przemyśle rolnym, tylko przekroczenie stopnia pierwszego uprzemysłowienia obszarów wiejskich mogło pozwolić na prawdziwą rewitalizację gospodarki wiejskiej.

Industrializacja nowoczesnych miast, a w szczególności informatyzacja,
nowe technologie oraz zaawansowane modele biznesowe powinny po raz kolejny
doprowadzić do masowej dyfuzji technologii na obszary wiejskie. O ile w procesie uprzemysłowienia obszarów wiejskich trwającym w latach osiemdziesiątych
XX wieku to rolnicy przejęli inicjatywę i skierowali się do miast z zapotrzebowaniem
na transfer technologii, tym razem to rząd i miasta powinny z własnej inicjatywy
zadbać, aby technologia w sposób tani i szybki została dostarczona na chińską wieś.

Czego najbardziej brakuje obecnie na obszarach wiejskich? Brakuje sposobu
pozwalającego na zmniejszenie utraty dochodów z dystrybucji i sprzedaży produktów rolnych. Od momentu wejścia do obiegu nowoczesnych produktów rolnych
pojawiają się ogromne straty w postaci zysków wyciskanych przez pośredników,
a wdrożenie bezpośredniego sposobu dostarczania produktów rolnych ze wsi do miast
pozwoliłoby na powrót większej części zarobku w ręce rolników, szybko zwiększając
ich dochody netto i uwalniając znaczną energię konsumpcyjną. Takie rozwiązanie nie
tylko pozwoliłoby na osiągnięcie opłacalnego modelu przepływu produktów rolnych,
lecz także zagwarantowałoby bezpieczeństwo źródeł tych produktów. Łańcuchowy
model Wal-Marta może stanowić punkt odniesienia dla takiego modelu biznesowego.
Wal-Mart w pierwszej kolejności oferuje dostęp do otwartego rynku dla przedsiębiorstw prywatnych, określa górną granicę zysku dla tych przedsiębiorstw, a następnie
pozwala im swobodnie pozyskiwać potencjał wzrostu w skali działalności. Na rynkach
finansowych i kapitałowych celowo utworzony zielony kanał wchodzenia na rynek
przedsiębiorstw rolnych zachęca je do skorzystania z pierwszeństwa wejścia. Słysząc
to magiczne zaklęcie „sezamie otwórz się”, zaangażowana zostaje ogromna ilość kapitału, który po zaciętej rywalizacji zostaje przesiany.

Skoro Alibaba jest w stanie dostarczyć informacje na potrzeby 6 milionów małych i średnich przedsiębiorstw na rynku międzynarodowym, to dlaczego nie potrafi
dostarczyć informacji dotyczących popytu rynkowego setkom milionów rolników?
Dzięki skutecznej eksploracji danych o rynku, firma mogłaby odnotować duże
zyski, a jednocześnie rozwiązać najbardziej dręczący rolników problem w postaci
niedoboru informacji o rynku. Nie należy zapominać, że dostarczenie informacji
mogłoby także przyczynić się do powstania wielu nowych możliwości biznesowych.
Dzięki takiemu pozyskiwaniu i analizie danych na potrzeby rolników w całym kraju,
mającemu kluczowe znaczenie strategiczne, także lokalne urzędy, instytuty badawcze, banki, pośrednicy czy fundusze mogłyby stać się zainteresowanymi współpracą
z klientami. Obecnie możliwości dostępu do Internetu na obszarach wiejskich gwałtownie się rozwijają, powszechność telefonów komórkowych na chińskich wsiach
jest coraz większa, proces informatyzacji mógłby rozpocząć się w pierwszej kolejności na obszarach do tego przystosowanych, a problem obszarów nieposiadających

jeszcze odpowiedniej infrastruktury mógłby zostać stopniowo rozwiązany poprzez zaangażowanie prywatnego kapitału pod nadzorem chińskiego rządu. Wystarczy, że rząd raz jeszcze powtórzyłby magiczne słowa „sezamie otwórz się", a nie będzie trzeba martwić się o aktywną interwencję prywatnego kapitału.

Pierwsze uprzemysłowienie obszarów wiejskich nie było przeprowadzone na potrzeby produkcji rolnej, obiegu, przetwórstwa czy intensyfikacji, lecz miało na celu wypełnić lukę rynkową miejskiej industrializacji, drugie uprzemysłowienie obszarów wiejskich powinno natomiast skoncentrować się na uwzględniającym chińską charakterystykę uprzemysłowieniu żywności.

Nowoczesne, zaawansowane technologicznie rolnictwo znacznie zwiększyłoby produktywność, a także w sposób istotny pomogłoby zmniejszyć zużycie wody, nawozów sztucznych i pestycydów. Najbardziej znanym przykładem jest izraelska technologia nawadniania kropelkowego. W 1962 roku pewien izraelski rolnik niespodziewanie odkrył, że w miejscu, gdzie z rury wyciekały krople wody, uprawy rolnicze rosły znacznie lepiej. Było tak dlatego, że wnikanie wody w glebę nieprzerwanie w tym samym punkcie, znacznie ograniczało jej odparowywanie, pozwalając na efektywne nawadnianie, a także na skuteczne kontrolowanie ilości zużywanej wody, nawozów i pestycydów. To odkrycie natychmiast pozyskało silne wsparcie ze strony rządu, a sławny na całym świecie system nawadniania kropelkowego powstał w 1964 roku. Od 30 lat wykorzystanie wody na potrzeby rolnictwa utrzymuje się w Izraelu w zasadzie na niezmienionym poziomie, ale produkcja rolna wzrosła pięciokrotnie. Zasada działania systemu nawadniania kropelkowego jest prosta, jednak technologia pozwalająca na równomierne przenikanie wody do każdej rośliny jest już dość skomplikowana. Opracowane przez Izrael plastikowe rury odporne na działanie czynników zewnętrznych, złącza, filtry i kontrolery – wszystko to są prawdziwe perełki zaawansowanej technologii. W Izraelu nawadnianie jest krwiobiegiem rolnictwa, a jego istoty nie stanowi kopanie kanałów irygacyjnych, lecz naukowe nawadnianie i efektywne wykorzystanie zasobów wodnych. Nawadnianie kropelkowe sprawia, że każdy cal ziemi uprawnej przesiąknięty jest zaawansowaną technologią, a sterowany komputerowo system dystrybucji wody, nawozów i pestycydów jest typowym przykładem dyfuzji nowoczesnej technologii dla potrzeb rolnictwa.

Izraelska technologia nawadniania kropelkowego pozwoliła zamienić pustynię w oazę rolnictwa; japoński ruch „jednej wioski, jednego produktu" zmienił wieś w raj na ziemi o sprzyjającym środowisku i rozwinięty gospodarczo; południowokoreańska „budowa nowej wsi" zmniejszyła rozbieżność między poziomem dochodów w miastach i na wsiach; holenderski program „wydajnego wykorzystania ziemi" zaowocował cudem, jakim było powstanie trzeciej co do wielkości na świecie potęgi eksportu rolniczego, w dodatku na obszarze uznanym za najszybciej kurczący się, ze względu na wzrastającą gęstość zaludnienia. Wszystkie te kraje zmagały się z dylematem, z jakim zmagają się także współczesne Chiny, to jest z problemem wzrastającego zaludnienia i kurczącej się powierzchni ziem uprawnych. Niemniej w warunkach dyfuzji technologii, informatyzacji i silnego wsparcia dla nowoczesnego biznesu, dochody rolników we wszystkich tych krajach zbliżyły

się lub przekroczyły dochody mieszkańców miast. Wszystko zależy od wyboru, jaki
zostanie dokonany. Jeśli tylko rząd zechce przechylić szalę zasobów ekonomicznych
na potrzeby obszarów wiejskich, to podniesienie wydajności produkcyjnej chińskiego rolnictwa wcale nie musi pozostać tylko w sferze wyobrażeń.

Wyższa wydajność może wygenerować większy popyt konsumencki, pobudzenie wzrostu sektora usług na obszarach wiejskich będzie przyciągać dużą liczbę wiejskiej
nadwyżki siły roboczej, jednocześnie przyspieszenie budownictwa miejskiego, zniesienie
obowiązku meldunkowego czy wprowadzenie regulacji pozwalających na podnajem
i odsprzedawanie gruntów pozwolą podnieść stopień intensyfikacji rolnictwa.

Jednym z głównych powodów zacofania obszarów wiejskich jest poważny niedobór infrastruktury. Woda, energia elektryczna czy komunikacja stały się powodem
powstania wąskiego gardła dla rozwoju chińskiego rolnictwa. Brak zaplecza edukacyj-
nego, zacofany system opieki zdrowotnej, monotonia kultury i rozrywki przyczyniły się
do pogorszenia warunków drugiego uprzemysłowienia obszarów wiejskich w Chinach.
W szczególności problem morale ludności wiejskiej ograniczył wzrost wydajności produkcji. Społeczeństwo o niskim morale jest jak zadłużenie, natomiast społeczeństwo
o wysokim morale jest jak kapitał – tę podstawową prawdę Amerykanie zrozumieli
już w XIX wieku, a Japończycy zaczęli przeprowadzanie ogólnonarodowej edukacji
począwszy od czasu Restauracji Meiji. Obecnie także i Chiny dostrzegły poważne
konsekwencje krótkowzrocznej strategii. Jeśli nie zostaną podjęte stanowcze wysiłki
na dużą skalę w celu poprawy jakości zasobów kapitału ludzkiego na obszarach wiejskich, to w przyszłości Chiny będą zmuszone podwójnie zapłacić za skutki wynikające
z zadłużenia w postaci społeczeństwa o niskim morale.

Wszystkie projekty przewidziane w ramach drugiego uprzemysłowienia
obszarów wiejskich wymagają pieniędzy. Co więcej, są to oszałamiające sumy pieniędzy, a w przypadku braku inwestycji kapitału, wszystkie one pozostaną w sferze
czczego gadania. W ciągu następnych 5 lat zaledwie jeden projekt wykonania prac
irygacyjnych na obszarach wiejskich wymaga inwestycji kapitału w wysokości
2 bilionów juanów. Jest to rekompensata, jaką trzeba teraz zapłacić za trwający w przeszłości blisko 20 lat okres stagnacji w pracach irygacyjnych na obszarach wiejskich. Tym samym, aby wystartować z projektem drugiego uprzemysłowienia obszarów wiejskich, wymagana skala kapitału wynosi przynajmniej
kilkakrotność tej kwoty.

Kwestią kluczo-
wą pozostaje to, w jaki
sposób zgromadzić tak
potężną kwotę? Obec-
nie głównym pomysłem
pozostaje wprowadze-
nie opłat za przekazanie
gruntów, jednak takie rozwiązanie nie wydaje się
najlepszym wyborem.
Podniesienie cen gruntów

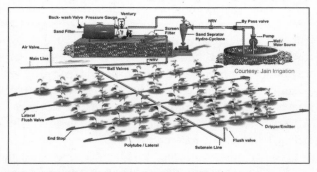

■ Izraelska technologia nawadniania kropelkowego,
zamieniająca pustynię w oazę rolnictwa.

oznacza nic innego jak monetyzację gruntów i nieruchomości, a w przypadku braku wyraźnego wzrostu produktywności może to doprowadzić tylko do zaostrzenia nadmiernej emisji pieniądza. Pompowanie bańki aktywów i zwiększenie częstotliwości działań spekulacyjnych, a także inflacja oraz wzrost cen nieruchomości i surowców nieuchronnie wywołają zawężenie marży zysku przedsiębiorstw, a tym samym przyczynią się do stłumienia kreacji rzeczywistego bogactwa i osłabią źródła wzrostu gospodarczego. Taki sposób polegania na aprecjacji wartości gruntów obrazuje ideę manny spadającej z nieba i niczym nie różni się od sposobu myślenia Amerykanki, która posiadane przez siebie nieruchomości traktowała jak nieograniczone źródło napływu gotówki. Amerykanka mogła sobie pozwolić na debet na koncie bieżącym kosztem oszczędności zgromadzonych przez Chinkę, jednak Chiny mogłyby gromadzić „sztuczne oszczędności" tylko i wyłącznie w przypadku drukowania pieniędzy.

Za część kapitału przeznaczonego na potrzeby drugiego uprzemysłowienia obszarów wiejskich mogłyby wziąć odpowiedzialność rynki kapitałowe. Ten model wejścia na rynek charakteryzujący się krótkotrwałą inwestycją kapitału i szybkim zwrotem z inwestycji, niewymagający nakładów finansowych ze strony rządu, miałby szansę powodzenia pod warunkiem, że rząd zaoferowałby kuszące inwestorów regulacje w tym zakresie. Z kolei infrastruktura czy edukacja i opieka zdrowotna na obszarach wiejskich były sektorami, w które z reguły nie interweniował rynek kapitałowy. Oczekiwania kapitału krótkoterminowego to osiągnięcie przynajmniej dziesięciokrotnego zwrotu w okresie 3 lat. Sektory, w których owoce zobaczyć można było dopiero po 5-10 latach, zupełnie nie wzbudzały zainteresowania rynków kapitałowych.

Dla długoterminowych inwestycji na obszarach wiejskich sposobem dużo bardziej rozsądnym niż wprowadzenie opłat za transfer gruntów była emisja „specjalnych obligacji rolnych" lub „lokalnych obligacji rolnych". Ten rodzaj obligacji rolnych istotnie różnił się od obligacji wspieranych przez lokalne jednostki rządowe. Podczas gdy obligacje rolne były klasycznym przykładem zobowiązań produkcyjnych, to duża ilość obligacji wspieranych przez lokalne jednostki rządowe inwestowała w sektory nieprodukcyjne. W 2010 roku bezpośrednie straty wywołane przez powodzie i susze oszacowano na miliardy juanów, a pośrednie straty wynikające z przestojów produkcyjnych, przerw w obiegu handlowym i innych, były jeszcze większe. Opracowanie i wdrożenie projektu irygacji na obszarach wiejskich pomogłoby zredukować straty wywołane klęskami żywiołowymi, a to bezpośrednio zwiększyłoby zyski społeczne i podniosło wydajność. Z kolei wywołana w ten sposób płynność finansowa – choć nie sprawia wrażenia korzyści wypływającej z tego projektu – zagwarantowałaby, że wszelkie osiągnięte korzyści społeczne byłyby jasno określone i trwałe, a koszty poniesione przez rząd na spłatę odsetek od obligacji rolnych mogłyby zostać pokryte z nawiązką z podatków uzyskanych w związku ze wzrostem zysku ekonomicznego całego społeczeństwa.

Pojawienie się zwrotu z inwestycji w edukację, opiekę zdrowotną i inne sektory na obszarach wiejskich może nastąpić nawet po 10-20 latach. Ten rodzaj inwestycji z perspektywy długoterminowej może zaowocować tym, że ludność wiejska zmieni się z zadłużonej w posiadającą kapitał, a wraz z upływem czasu korzyści płynące z tej zmiany będą coraz bardziej odczuwalne. Na potrzeby tego typu inwestycji warto zastanowić się nad możliwością emisji skrajnie długoterminowych specjalnych obligacji (dwudziestoletnich lub dłuższych), które zwolnione byłyby od podatku ze zwrotu zainwestowanego kapitału, co mogłoby zachęcić inwestorów nie tylko do pogoni za zyskiem ekonomicznym, lecz także do kreacji korzyści społecznych.

Istnieją dwa rodzaje zadłużenia: pierwszy rodzaj to zobowiązania produkcyjne, drugi to zadłużenie konsumentów. Pierwszy jest niczym mięśnie, drugi jak tkanka tłuszczowa. W przypadku jasnych perspektyw inwestycyjnych i utrzymywania wskaźnika zadłużenia w bezpiecznych granicach zobowiązania produkcyjne mogą odgrywać pozytywną rolę w rozwoju gospodarczym.

Kompleksowe korzyści wynikające z emisji obligacji rolnych przejawiają się w dwóch sferach: po pierwsze, tego typu obligacje mogą na dużą skalę wchłonąć nadmiar pieniądza nagromadzony w wyniku trwającej na przestrzeni dziesięcioleci nadmiernej emisji pieniądza, a tym samym ograniczyć płynność spowodowaną przez proliferację bańki ekonomicznej oraz częstotliwość występowania działań spekulacyjnych; po drugie, emisja obligacji rolnych mogłaby zwiększyć zakres i różnorodność na rynku transakcji międzybankowych, wzmocnić i ulepszyć konstrukcję systemu finansowego, wskutek czego sytuacja na giełdzie i rynku obligacji stałaby się bardziej zrównoważona. W krótkim czasie współczynnik długu narodowego do PKB może gwałtownie wzrosnąć, ale nie nastąpi z tego powodu większe zamieszanie, bowiem zobowiązania rolne są rodzajem zobowiązań łagodnych i zasadniczo różnią się od europejskiego modelu konsumpcji wspieranej zadłużeniem. Inwestycje rolnicze zapewniają poprawę infrastruktury na obszarach wiejskich, redukują koszty operacyjne gospodarki rolnej, zwiększają wydajność rolnictwa, stymulują miejską produkcję gospodarczą, stopniowo trawią nadmiar wydajności tej gospodarki, powiększając skalę rynku krajowego i powodując wzrost dochodów finansowych z tytułu opodatkowania.

Najważniejszym punktem wciąż pozostaje ekspansja rozmiaru rynku krajowego, co pozwoliłoby Chinom na bardziej zdecydowane kontrolowanie własnego losu.

Tworzenie nowych miejsc pracy, czyli drugi front powiększania skali rynku

Problem poważnych trudności finansowych małych i dużych przedsiębiorstw, w sytuacji zacieśnienia polityki pieniężnej, ujawnia nieracjonalne *status quo* w zakresie alokacji zasobów finansowych w Chinach. W największym stopniu to tworzenie nowych miejsc pracy oraz zaległości w postaci niezapłaconych podatków w przypadku małych i średnich przedsiębiorstw – odgrywających ważną rolę w gospodarce chińskiej, ale niezdolnych do zapłaty ze względu na brak możliwości otrzymania pożyczek z systemu bankowego – były najczęstszą przyczyną kryzysów na rynku przedsiębiorstw. Pozbawione możliwości uzyskania finansowania normalnymi kanałami, bezbronne małe i średnie przedsiębiorstwa zmuszone były polegać na nielegalnych kredytach zaciąganych u rekinów lichwiarstwa, aby móc utrzymać płynność finansową lub sprostać wymogom kredytów pomostowych. Jednakże szybko okazywało się, że wysokie roczne oprocentowanie udzielanych przez lichwiarzy kredytów dochodzące do 30-50%, a nawet 100% z łatwością niszczyło wieloletnią działalność renomowanych przedsiębiorstw. Z kolei lekkomyślne rozprzestrzenianie się bankowości podziemnej stopniowo weszło w reakcję łańcuchową typu „subprime" w stylu chińskim i stało się zarzewiem potencjalnego kryzysu.

Nawoływanie do rozwiązania problemów finansowania małych i średnich przedsiębiorstw trwa już w Chinach od dłuższego czasu, a przyczyną dla której nadal nie rozwiązano źródła tego problemu, jest to, że na rynku ekonomicznym banki komercyjne w sposób naturalny przejawiają tendencję do faworyzowania bogatych i pogardzania biednymi w celu uniknięcia ryzyka. Zjawisko to jest podobne do sytuacji po finansowym tsunami – mentalność banków chińskich przypomina mentalność „zapaści kredytowej" powszechnej dla amerykańskich banków komercyjnych, to znaczy, że choć w Stanach Zjednoczonych nie było firmy czy człowieka, nie chcących zaciągnąć kredytów, to w wyniku poniesionych wcześniej ciężkich strat amerykańskie banki przejawiały awersję do ryzyka, co spowodowało praktycznie zanik kredytów konsumpcyjnych i hipotecznych w USA.

Nieco bardziej odległym przykładem może być tutaj wielki kryzys w Niemczech, w latach trzydziestych XX wieku, kiedy z jednej strony kraj zmagał się z bezrobociem na poziomie 30%, z drugiej zaś z ogromną ilością niewykorzystanej wydajności przemysłowej. Gdyby tylko zaangażowany został odpowiedni kapitał, który mógłby połączyć ze sobą te dwa czynniki, nastąpiłaby kreacja nowych oszczędności przy jednoczesnym pobudzeniu produkcji w innych sektorach przemysłowych, a wystąpienie wymiany handlowej ożywiłoby niemiecką gospodarkę. A jednak banki komercyjne w Niemczech odmówiły udzielenia kredytów na potrzeby uruchomienia procesu gospodarczej regeneracji. W okresie trwania kryzysu banki zawsze są przesadnie ostrożne, natomiast w czasie trwania bańki spekulacyjnej bez większych ograniczeń udzielają kredytów. Jeśli oczekiwano od prywatnych banków, że ożywią niemiecką gospodarkę, wyglądało to na niewiarygodne. Dopiero co obejmujący władzę nazistowski rząd twierdził, że „problemy naszej gospodarki nie są spowodowane brakiem środków produkcyjnych, a tym, że dotychczas istniejące środki produkcji nie zostały w pełni wykorzystane. Chcąc zredukować poziom bezrobocia, najpilniejszym zadaniem do wykonania jest sprawić, aby jałowe środki produkcyjne zaczęły być w pełni wykorzystywane". Rozwiązaniem stało się „dostarczanie kredytów produkcyjnych". Niemiecki rząd postanowił porzucić tradycyjną teorię tworzenia kredytów bankowych i nie przyjmując ograniczeń w postaci złota czy walut obcych stworzył nowy rodzaj pieniądza, którym były słynne „obligacje gwarancji zatrudnienia" (MEFO). Niemiecki rząd ustalił stopę oprocentowania MEFO na 4,5%, w krótkim terminie 3 miesięcy weksle były wypłacane bezpośrednio klientom rządowym. Ponadto ustalono, że obligacje MEFO będą „dyskontowane" przez wszystkie banki w granicach Rzeszy, a te banki z kolei będą mogły „zredyskontować" MEFO na gotówkę w banku centralnym lub też zatrzymać je do czasu wykupu. Ta operacja była równoznaczna z bezpośrednim wydaniem przez rząd obligacji MEFO jako aktywów zabezpieczających niemiecką markę. Dzięki całkowitemu pominięciu systemu bankowego zatrwożonego ryzykiem, wola rządu do tworzenia nowych miejsc zatrudnienia zrealizowała się w ramach niemieckiej gospodarki właśnie w postaci owych obligacji. Gdy tylko niewykorzystana siła robocza i niewykorzystane środki produkcyjne zostały ze sobą połączone, niemiecka gospodarka natychmiast zaczęła odzyskiwać żywotność, w okresie zaledwie 5 lat osiągnęła poziom pełnego zatrudnienia, bezrobocie spadło do 1,3%, PNB podwoił się, a Niemcy znów stały się silną europejską gospodarką przemysłową.

Ten przykład obrazuje, w jaki sposób w sytuacji, kiedy banki komercyjne z różnych powodów niechętnie udzielają kredytów na tworzenie miejsc pracy, rząd może – omijając system bankowy – za pośrednictwem instrumentów innowacji finansowych wstrzyknąć swoją pomoc wprost do organizmu gospodarki.

Obecnie Chiny stoją w obliczu podobnego konfliktu wewnętrznego. Będące potencjalnym twórcą dużej ilości nowych miejsc pracy małe i średnie przedsiębiorstwa ze względu na niedostatek funduszy często bankrutują, z kolei banki komercyjne – aby uniknąć ryzyka – wolą kredytować duże przedsiębiorstwa państwowe, którym nie brakuje funduszy. Pojawiający się tutaj problem polega na tym, że chcąc uszanować zasady gospodarki rynkowej banków komercyjnych, rząd nie może bezpośrednio wymagać od tych banków kredytowania małych i średnich przedsiębiorstw, w przeciwnym razie w przyszłości doszłoby do skomplikowanych sporów między bankami i rządem. Jednocześnie skala działalności małych i średnich firm jest zbyt mała i nie są one w stanie zebrać wystarczających funduszy poprzez emisję akcji czy obligacji – z jednej strony nie zezwala na to prawo, z drugiej strony nie ma takiego brokera, który zgodziłby się ponosić koszty i podjąć się żmudnego wysiłku w zamian za zysk w kwocie kilku milionów juanów. Gdyby określona liczba małych i średnich przedsiębiorstw połączyła siły i zdecydowała się wyemitować „obligacje pakietowe", pojawiłyby się problemy związane z ratingiem, a jeśli jedno z uwzględnionych w pakiecie przedsiębiorstw zerwałoby umowę, nie wiadomo w jaki sposób pozostałe miałyby rozwiązać ten problem i dalej funkcjonować. Ponadto inwestorzy wyczuwaliby spore ryzyko, a brak chęci inwestowania też stanowi poważny problem.

Dlatego też tym, czego w rzeczywistości musi podjąć się rząd, jest analiza strategiczna. Jeśli najwyższą pozycją na liście priorytetów będzie ekspansja wielkości rynku krajowego, to stworzenie większej ilości miejsc pracy spowoduje bezpośrednio zwiększenie możliwości konsumpcyjnych tego rynku. Jeśli natomiast trzeba będzie rozwiązać trudności finansowania małych i średnich przedsiębiorstw, konieczne stanie się wdrożenie innowacji finansowych. Istnieją dwie podstawowe funkcje takich innowacji: pierwszą jest ominięcie banków, drugą wspieranie rządu. Celem tych innowacji jest stworzenie możliwości otrzymania niskokosztowego finansowania przez małe i średnie przedsiębiorstwa wyrażające chęć stworzenia większej liczby miejsc pracy.

Na polu innowacji finansowych weksle kreacji zatrudnienia, krótkoterminowe papiery wartościowe czy obligacje śmieciowe – wszystkie te sposoby warte są poświęcenia im uwagi i dalszej eksploracji.

Jeśli chodzi o bezpośrednie inwestycje zagraniczne, to jeśli są one w stanie zwiększyć wartość podatku wynikającego z tworzenia miejsc pracy czy przyczynić się do wzmożonej dyfuzji technologii, to oczywiście są one mile widziane, jednak metody ich podejmowania wymagają naniesienia pewnych zmian. Ponieważ chińskie rezerwy walutowe w sposób widoczny osiągnęły nadmierny poziom, obecnie nie ma pomysłu, co można by za te rezerwy walutowe kupić, a napływ dodatkowych rezerw do Chin spowoduje wzrost obciążenia kraju ich wartością. Największą korzyścią wnoszoną przez przedsiębiorstwa zagraniczne nie są wcale ich waluty, ale technologia, organizacja, marki i kanały rynku międzynarodowego.

Innymi słowy, chcąc przyciągnąć zwyczajny kapitał zagraniczny rząd może powiedzieć „zapraszamy", ale nie potrzebujemy waszych pieniędzy. Nasze zagraniczne firmy inwestycyjne pragną inwestować, chcemy mieć udziały w waszej technologii, organizacji, markach, kanałach, chcemy być udziałowcami większościowymi, a wy możecie posiadać pakiet mniejszościowy. Jeśli będzie to dobry projekt, pozwalający zarabiać pieniądze, to chińskie zagraniczne i krajowe firmy inwestycyjne będą konkurowały o udziały, a w ten sposób zrodzi się kolejny sposób na wykorzystanie rezerw walutowych na rynku krajowym. Z jakiego powodu zagraniczni partnerzy handlowi napływają do Chin? Dlatego, że rynek chiński jest ogromny i oni także chcą zarabiać pieniądze. 30 lat temu obrót dewizowy w Chinach był rzadkością, a zatem bezpośrednie inwestycje zagraniczne były uzasadnione. Jednak obecnie całe Chiny są zaniepokojone nadmiernym obrotem dewizowym. Sposobem na wykorzystanie rezerw walutowych na rynku krajowym stała się wymiana rezerw zagranicznych na pakiety kontrolne kapitału zagranicznego. Skoro znalezienie dobrych aktywów nie jest łatwe poza granicami, to czy można odmówić dobrym inwestycjom, które inni zostawiają na naszym progu? Mówiąc dosadnie: bądźmy woźnicą, podczas gdy inni będą końmi.

Dla tych firm międzynarodowych działających już na chińskim rynku, których wyniki są dobre i które zmonopolizowały już chińskiego lidera branży, należałoby wprowadzić wykup akcji własnych. Celem takiego działania jest zredukowanie zagranicznego kapitału monopolistycznego do pozycji niemonopolistycznej, a także transformacja większościowych udziałowców zagranicznych w udziałowców mniejszościowych. Czy nie zachodzi obawa, że brakuje możliwości na wydawanie zagranicznych rezerw walutowych? Skoro nie można pozyskać wartościowych aktywów poza granicami, to czy nie można ostrzyc trochę baraniej wełny na rynku krajowym? Przez wiele lat firmy te zarobiły w Chinach taką ilość pieniędzy, że teraz wypadałoby, żeby częścią zysku nakarmiły chińskie społeczeństwo.

Oczywiście, użycie rezerw walutowych na skup akcji przedsiębiorstw międzynarodowych prowadzących działalność w Chinach musi odbyć się na zasadzie „wolontariatu". Kluczową kwestią pozostaje tu sposób, w jaki można by nakłonić kapitał zagraniczny do dobrowolnej odsprzedaży udziałów po rozsądnej cenie. Rząd w zasadzie mógłby wykorzystać całą „retorykę" fuzji i przejąć się tym, co mówi zagranica albo zrobić coś zupełnie przeciwnego. Choćby powołać się na wszechobecne problemy związane z bezpieczeństwem krajowym, modną ochronę środowiska, weryfikację obowiązków podatkowych i wiele innych. Rozwiązań jest więcej niż trudności.

Czy rynek nieruchomości jest bańką dobrobytu czy podporą wzrostu ekonomicznego?

Aby odpowiedzieć na to pytanie, łatwiej będzie zrozumieć wszystko na podstawie analizy prostej opowiastki o myśliwym.

Myśliwy używając tradycyjnej metody polowania, zdołał zgromadzić „oszczędności" w postaci upolowanej zdobyczy. Kiedy skorzystał z tych oszczędności, aby „zainwestować" w produkcję łuku, w ten sposób podniósł swoją produktywność. Zwiększona produktywność przyniosła większą ilość upolowanej zdobyczy i sprawiła, że myśliwy mógł wykorzystać nadwyżkę „oszczędności", aby dokonać wymiany handlowej na rynku. Jeśli myśliwy potrzebował ubrania, człowiek produkujący odzież otrzymywał „bodziec", przyspieszał wytwarzanie odzieży, aby zadowolić oczekiwania myśliwego, a tym samym zwiększał produktywność wytwarzania odzieży. Po tym jak myśliwy i człowiek wytwarzający odzież gromadzili coraz większą ilość oszczędności, wykorzystywali je w celu wymiany handlowej na rynku, co z kolei dostarczało bodźców dla innych sektorów produkcyjnych, aby te przyspieszyły produkcję. W efekcie niosło to za sobą wzrost produktywności na większą skalę.

W związku z powyższym wzrost ekonomiczny zaczyna „rozrastać się" począwszy od wzrostu produktywności w branży wiodącej ku branżom otaczającym i prowadzi do ogólnego wzrostu produktywności społecznej. W tym procesie sektor o wysokiej produktywności odgrywa rolę „gospodarczej lokomotywy", natomiast sektory o niskiej produktywności otrzymują od nich bodziec w postaci zapotrzebowania i siły napędzającej wzrost produkcji, a następnie stopniowo podnoszą własną produktywność.

Jeśli myśliwy jest „lokomotywą wzrostu gospodarczego", to rozwój człowieka wytwarzającego odzież i innych sektorów jest „ciągniętym wagonem". Kiedy już w całym społeczeństwie nastąpi ogólna poprawa produktywności, powstaje duża ilość nadwyżki bogactwa, a wtedy pojawia się potrzeba „chomikowania bogactwa". Zanim myśliwy wyprodukował łuk, w społeczeństwie nie występowała nadwyżka bogactwa. Ziemie całych plemion nie przedstawiały żadnej wartości, bo któż myślał o użytkowaniu ziemi, kiedy wszyscy mieli puste brzuchy? Dopiero kiedy społeczeństwa zaczęły wykazywać potrzebę „chomikowania bogactwa", złoto, srebro, kamienie szlachetne, a także ziemia znalazły zastosowanie jako „pojemniki", w których przechowuje się nadmiar bogactwa. Z tego powodu wartość ziemi zaczęła wzrastać. Bardziej zamożni myśliwi i wytwórcy odzieży stopniowo zaczęli wyrażać potrzebę posiadania dachu nad głową, co stało się „bodźcem" wysłanym do deweloperów rynku nieruchomości, którzy z kolei w procesie budowy domów „stymulowali" wytwórców cegieł, drewna, mebli i w wielu innych branżach.

W tym łańcuchu przemysłowym myśliwy był źródłem popytu, a siłą napędową była produkcja łuku. Tylko rewolucja w zakresie produktywności mogła być prawdziwym źródłem kreacji bogactwa.

Cały zestaw pomysłów dotyczący pobudzenia łańcucha gospodarczego poprzez aprecjację cen ziemi i rozwój rynku nieruchomości jest wątpliwy. Wzrost wartości ziemi i rozwój rynku nieruchomości są naturalnym efektem wzrostu produktywności, a nie jego oryginalną przyczyną. Odwrócenie tej logiki może wywołać efekt ekonomicznego chaosu.

Gdyby nie rewolucyjny przełom w produktywności, jednostronne dążenie do wzrostu wartości ziemi spowodowałoby wzrost kosztów w sektorze wytwórczym. Monetyzacja ziemi i nieruchomości doprowadziła do tego, że wzmożona podaż pieniądza przekroczyła wzrost produktywności, w efekcie czego powszechnie wystąpiła inflacja, a koszty ziemi, surowców, energii i pracy wzrosły. Wraz z ostrą konkurencją cenową na rynku nie doszło jeszcze do realnego wzrostu zysków całego sektora wywołanych niemającym dotąd precedensu przełomem w produktywności. Finalną konsekwencją jest fakt, że brak zysków w sektorze przemysłowym, wywołany brakiem konieczności gromadzenia „oszczędności" i utrata siły napędzającej ulepszanie „produkcji łuku", osłabia potencjał wzrostu produktywności.

Finansowanie ziemi stymuluje politykę wysokich cen ziemi, wysokie ceny ziemi stymulują z kolei zyski na rynku nieruchomości, a ten koślawy model rozwoju ostatecznie burzy podstawy wzrostu produktywności przemysłowej i ogranicza tworzenie dobrobytu społecznego. Wzrost PKB nie jest prawdziwym celem rozwoju gospodarczego. Zdrowy model wzrostu gospodarczego konieczny dla wzrostu produktywności powinien stanowić ostateczny kierunek działań. PKB wygenerowane w oparciu o rynek nieruchomości i inne sektory powinno w rzeczywistości być efektem wzrostu produktywności, jednak obecnie stało się przyczyną hamowania produktywności. Miliony ton stali, cementu i surowców zostały zamrożone w machinie spekulacji lub w formie porażającej liczby „pustostanów", a cała ta sytuacja niczym nie różni się od wysypu wielkich przydomowych dymarek w latach pięćdziesiątych XX wieku czy Zagranicznego Skoku Naprzód z lat siedemdziesiątych, jako że wszystkie one polegały na marnotrawstwie cennych zasobów ekonomicznych i były równoznaczne z pozbawieniem myśliwego możliwości gromadzenia zdobyczy przy użyciu łuku i strzał, a tym samym pozostawieniem tych zasobów w charakterze nieużytków lub odpadów.

Monetyzacja gruntów i nieruchomości doprowadziła do szaleństwa w kreacji kredytów, a zmniejszająca się z dnia na dzień siła nabywcza pieniądza wypaczyła racjonalną dystrybucję bogactwa społecznego. Spowodowała ona także, że bogactwo oszczędzających trafiło w ogromnej większości do kieszeni małej garstki ludzi i przyczyniło się do zbudowania złego modelu „szybkiego bogacenia się". W wyniku kolosalnych zmian w przepływie bogactwa społecznego, wzrost wartości nieruchomości z łatwością przekroczył skromne zyski produkcji przemysłowej, a gwałtowny zanik woli przemysłowców do ciężkiej pracy osłabił determinację przemysłu do dalszych wysiłków na rzecz doskonalenia „produkcji łuku". Jeśli kupienie kawałka ziemi i czekanie na wzrost jej wartości jest sposobem pozwalającym na zarobienie pieniędzy szybciej niż w wyniku żmudnego, trudnego i ryzykownego opracowywania udoskonaleń technologicznych i jeśli w dodatku można na tym zarobić więcej, to kto chciałby nadal świadomie pracować w przemyśle? Ta krótkowzroczna i impulsywna atmosfera społeczna sprawia, że podstawy „made in China" stają się coraz bardziej chwiejne, a odporność coraz słabsza.

Gwałtowny wzrost wartości gruntów oraz nieprawidłowy rozwój rynku nieruchomości, zarówno w aspekcie materialnym, jak i duchowym, jednocześnie dokonują zniszczenia potencjału wzrostu produktywności przemysłowej. W tworzonym przez nie PKB obecne jest wysokie stężenie toksyn, często występują efekty uboczne, znaczną jego objętość stanowi bańka spekulacyjna i należy je zaliczyć do sektora niosącego „wysokie zanieczyszczenie" rozwoju gospodarczego.

Prawidłowy rozwój rynku nieruchomości pomaga podnosić jakość życia całego społeczeństwa, niesie za sobą zdrowy wzrost gospodarczy, promuje społeczną konsumpcję, powiększa rozmiar rynku krajowego i powinien być wspierany. Niestety, wypaczony rozwój rynku nieruchomości nie będzie dla Chin błogosławieństwem.

Po „incydencie 9/11" w 2001 roku rewolucja informatyczna w Stanach Zjednoczonych została przerwana przez nadmiar kapitału spekulacyjnego, a proces eksplozji produktywności został czasowo zatrzymany. W trudnej sytuacji spowodowanej brakiem przełomu technologicznego USA zdecydowały się na pobudzenie rozkwitu na rynku nieruchomości w celu wywołania modelu wzrostu gospodarczego opartego na bańce aktywów. Nadmierna ekspansja kredytowa i innowacje finansowe doprowadziły ostatecznie do wybuchu najpoważniejszego, od czasów Wielkiego Kryzysu w latach trzydziestych XX wieku, kryzysu ekonomicznego. Po tym, jak w połowie lat osiemdziesiątych XX wieku w Japonii nastąpił okres niezwykłego dobrobytu na rynku nieruchomości, nadszedł blisko dwudziestoletni okres ekonomicznej stagnacji, a bańka nieruchomości napompowana przez azjatyckie tygrysy gospodarcze doczekała się srogiej kary w postaci azjatyckiego kryzysu finansowego w 1997 roku. Z poprzednich doświadczeń można wyciągnąć bardzo obrazowe wnioski: otóż nie można lekką ręką dociskać bańki na rynku nieruchomości.

Nie ma powodów do obaw, jeśli chodzi o zachodnie „teorie" głoszące, jakoby pęknięcie bańki spekulacyjnej na rynku nieruchomości miało doprowadzić Chiny do kryzysu finansowego. Wszelkie kryzysy finansowe wynikają z wyschnięcia płynności finansowej w wyniku naruszenia warunków zadłużenia, co z kolei wywołuje reakcję wiązaną w postaci niszczenia aktywów instytucji finansowych. Wstrzykiwanie odpowiedniej dawki „płynności" w celu ratowania instytucji finansowych nie jest trudne – Stany Zjednoczone już to zrobiły, a Europa przygotowuje się do tej operacji. Trudność polega na tym, że jeśli wysokie zadłużenie utrzymuje się długo, to chęci i możliwości ekspansji kredytów konsumenckich są tłumione. Bez ekspansji kredytowej nie będzie trwałej siły ożywienia gospodarczego, a także pojawią się trudności w tworzeniu zatrudnienia i żywotnego cyklu produkcyjnego. Sednem problemu jest to, że rząd nie ma prawa wymusić na społeczeństwie uregulowania relacji na linii kredytodawca-kredytobiorca.

System „światowego autorytetu pieniądza" w Stanach Zjednoczonych oraz wdrożone przez Waszyngton wytyczne dla Wall Street sprawiły, że z punktu widzenia banków to zadłużenie stanowiło kluczowe aktywa. Tym samym dług stał się „święty i nienaruszalny". Oznaczało to, że rząd skorzystał z najbardziej nieuzasadnionego i rozrzutnego sposobu na przeciwdziałanie kryzysowi finanso-

wemu. Głównym powodem, dla którego banki popadły w złe długi, było naruszenie umów kredytowych przez nadmiernie obciążonych długiem kredytobiorców.
W rzeczy samej najprostszym i najbardziej efektywnym rozwiązaniem takiej
sytuacji powinno być wykorzystanie kapitału pomocowego na rzecz umorzenia
zadłużenia. W chwili, gdy zadłużenie zostałoby umorzone, kredytobiorcy mogliby z łatwością ruszyć do przodu, a ożywienie gospodarcze, które nastąpiło-
by w krótkim czasie od umorzenia zadłużenia, skierowałoby sytuację z powrotem
na właściwe tory. Na takie rozwiązanie nie zgodzili się jednak bankierzy, jeśli
bowiem zadłużenie konsumentów zostałoby umorzone, to w jaki sposób banki
miałyby zarabiać pieniądze? Bankowcy nalegali, ażeby fundusze rządowe zostały wykorzystane na potrzeby uzupełnienia kapitału bankowego, pozwalając,
by obciążeni zadłużeniem konsumenci kontynuowali swoją niewolniczą dolę.
Nawet kiedy obciążenie zadłużeniem zwiększyło się, rząd ciągle wykorzystywał
środki pomocowe na dotowanie instytucji finansowych, a przypadek Fannie
Mae i Freddy Mac jest tego doskonałym przykładem. Wskutek wykorzystywa-
nia pieniędzy rządowych na uzupełnienie dziury wywołanej stratami banków,
ludzie nadal znosili presję związaną z nadmiernym zadłużeniem, a jeśli nie
było ono spłacane na czas, rządowe subsydia pochodziły z pożyczek na poczet
przyszłych zobowiązań rządowych, a w ten sposób gwałtownie podnosząca się
presja zadłużenia narodowego ostatecznie i tak spadała na barki amerykańskich
podatników. Współczynnik całkowitego zadłużenia gospodarki w stosunku do
PKB wcale się nie obniżał, lecz był coraz wyższy. Znajdujący się pod ogromnym
obciążeniem zadłużenia konsumenci stracili zdolność do zwiększania konsumpcji, ożywienie gospodarcze tonęło w bagnie, a nadzieje na przywrócenie
zatrudnienia były marne.

Fundamentalna różnica między Chinami a Zachodem polega na tym, że w relacjach między kredytodawcą a kredytobiorcą amerykański rząd mocno ingeru-
je w ich ponowne ustabilizowanie. W czasach, gdy w górach Jinggang powstała chińska armia komunistyczna, to właśnie zadłużenie rolników spowodowało pogrążenie
gospodarcze kraju. Chińska armia czerwona zaproponowała, aby „długi robotników
i chłopów" zostały natychmiast
umorzone i nie wymagały
zwrotu. Po tym, jak rolnicy
zostali uwolnieni od ciężaru
jarzma zadłużenia, oparta na
uprawie ziemi chińska gospodarka zaczęła rozkwitać.

Zniesienie wierzytelno-
ści zadłużenia oznacza redy-
strybucję bogactwa społecznego, co w istocie jest w pewnym
sensie społeczną rewolucją.
Podstawową zasadą organizacji
zachodnich społeczeństw jest

■ Ruch pod hasłem „okupuj Wall Street"
rozprzestrzenił się na cały świat.

interes finansowy grupy, a każda zmiana relacji na linii kredytodawca-kredytobiorca jest równoznaczna ze „zreformowaniem życia", co oczywiście jest nieskuteczne.

W Chinach, gdzie rząd stanowi centrum władzy społecznej, w sytuacji krytycznej może on zmienić cokolwiek zechce, włączając w to relacje między kredytodawcą a kredytobiorcą, które mogą być zmieniane w dowolnym momencie. Z tego też powodu wystąpienie typowych dla Zachodu kryzysów finansowych jest raczej mało prawdopodobne. Te instytucjonalne różnice sprawiają trudność zachodnim naukowcom. Jeśli nastąpi pęknięcie bańki na rynku nieruchomości, rząd chiński może bezpośrednio nabywać nieruchomości, a następnie wynajmować je za bardzo korzystny czynsz ludziom o niskich dochodach, co nie tylko pozwoli na obniżenie ceny aktywów, lecz także pozwoli zaoszczędzić koszty na budowę dużej ilości nieruchomości niskoczynszowych. W ślad za ożywieniem gospodarczym następuje uzdrowienie cen na rynku nieruchomości, a presja złych długów w systemie bankowym zostaje istotnie złagodzona.

Porzucenie dolara, chiński juan potrzebuje „kuracji"

Koncepcja „rezerw walutowych" zaprezentowana na Konferencji w Genui w 1922 roku przez brytyjskiego Kanclerza Skarbu Normana od samego początku okazała się wątpliwym i niewydolnym systemem monetarnym. Ze względu na niedobór złota w powojennej Wielkiej Brytanii Brytyjczycy wymyślili sztuczkę „zamiany wody w pieniądz", a funt brytyjski i dolar amerykański w roli rezerw walutowych banków centralnych wspierały emisję waluty poszczególnych krajów – na tym właśnie polegała istota systemu parytetu wymiany złota. Waluty poszczególnych państw były powiązane z funtem i dolarem, a kluczowe waluty dodatkowo miały być wymienialne na złoto. Ten system monetarny zaowocował powodzią płynności na świecie w latach dwudziestych XX wieku, a ostatecznie doprowadził do Wielkiego Kryzysu w latach trzydziestych.

Bretton Woods z 1944 roku było globalną aktualizacją tego starego systemu, wskutek czego dolar amerykański stał się kluczową walutą, a rezerwy dolarowe stały się podstawą walut poszczególnych państw, co z kolei zaowocowało załamaniem globalnego systemu monetarnego w 1971 roku.

Po tym, jak w 1971 roku narodziło się Amerykańskie Imperium Długu, a w szczególności po tym, jak przewodniczący Systemu Rezerwy Federalnej Volcker za pomocą „chemioterapii" skonsolidował dominującą pozycję dolara amerykańskiego, rezerwy walutowe ponownie stały się bardzo popularne i wkrótce wydały na świat potomka, czyli walutę euro.

W rzeczywistości posługiwanie się walutą suwerennego kraju i kryjącymi się za nią aktywami skarbowymi w charakterze fundamentu waluty światowej rodzi wewnętrzną sprzeczność nie do pokonania, czyli tak sławny w tamtych latach „dylemat Triffina", a sprzeczność ta pozostaje aktualna po dziś dzień. Logicznie rzecz biorąc, system dolarowy prędzej czy później po raz kolejny się załamie, a państwa, które korzystają z rezerw dolarowych jako kluczowych aktywów, nie zostaną oszczędzone. Nie jest to kwestia typu „być albo nie być", a tylko i wyłącznie kwestia czasu.

Mając tego świadomość, dalsze wykorzystywanie rezerw dolarowych w charakterze podstawy dla chińskiego juana jest niczym innym, jak złamaniem zasady mówiącej, że „prawdziwy mężczyzna nie staje przy walącej się ścianie". Posiadanie amerykańskich obligacji skarbowych jest niczym innym, jak eksportowaniem krajowych oszczędności oraz powstrzymywaniem ekspansji rozmiaru krajowego rynku. Posiadanie dolara oznacza także posiadanie kryjących się za nim amerykańskich papierów dłużnych, a zatem jest równoznaczne z finansowaniem długu Stanów Zjednoczonych.

W zasadzie, co można ostatecznie kupić za te dolary? Chiny zdołały wprawdzie zgromadzić ogromną ilość dolarowych rezerw walutowych, ale wkrótce okazało się, że za tę nadwyżkę dolarów nie są w stanie kupić niczego poza amerykańskimi papierami dłużnymi. W chwili obecnej Chiny powinny zadać sobie pytanie o to, czy eksport w celu gromadzenia dewiz nadal ma sens. Ponieważ realna siła nabywcza aktywów dolarowych spada z roku na rok, przypomina to wrzucanie części eksportowanych towarów bezpośrednio do Pacyfiku. Czy można tak po prostu, jeden po drugim, wrzucić do wody towary, których produkcja okupiona jest zatrudnieniem, zużyciem materiałów, energii, zasobów ludzkich i materialnych w Chinach? Czy można zrobić coś wartościowego i sensownego w tej kwestii? Niektórzy uważają, że Chiny powinny kontynuować zakup amerykańskiego długu, w przeciwnym razie posiadane obecnie aktywa w postaci amerykańskich papierów dłużnych zaczną się kurczyć. Ten sposób myślenia jest jednak nieprawidłowy. Po co decydować się na szaleństwo zakupu udziałów międzynarodowych, gdy firma wykazuje straty, które niebawem jeszcze urosną? Chyba tylko po to, by napompować ich wartość przed sprzedażą podmiotom zagranicznym. Największe rozczarowanie czeka jednak ostatniego, największego, i co za tym idzie najgłupszego dziedzica tej spuścizny.

Historycznie istniały cztery kanały podstawowej podaży chińskiego juana: refinansowanie, redyskonto, debet finansowy i obrót dewizowy. Do 1994 roku podstawowym kanałem dostarczania chińskiego juana było refinansowanie, które w latach 1983-1993 stanowiło od 70 do 90% podstawowej waluty wprowadzonej do obiegu. W tym okresie chiński juan był silnie skorelowany z rozwojem chińskiej gospodarki, a ponieważ refinansowanie odbywało się za pośrednictwem kredytów otrzymywanych od banku centralnego, będącego wewnątrzkrajową instytucją finansową, to kredyty te w formie inwestycji trafiały do obiegu gospodarki krajowej. Po ujednoliceniu kursów wymiany w 1994 roku system emisji RMB uległ stopniowym zmianom, proporcja udziału walut obcych wzrosła, a gwarancja wierzytelności chińskiego juana coraz bardziej uzależniała się od rezerw walutowych. Tym samym niezależność emisji RMB uległa stopniowemu osłabieniu.

Emisja chińskiego juana miała coraz mniej wspólnego z poziomem rozwoju gospodarczego kraju, a coraz bardziej zacieśniała więzi z walutami obcymi, w szczególności z kredytami rządów obcych państw. W tych okolicznościach chiński model rozwoju gospodarczego przeszedł ogromne zmiany i z modelu bazującego na rynku krajowym zmienił się w model bazujący na rynkach zagranicznych. Autonomiczny chiński juan był fundamentalną zasadą ustanowioną przez chińskich weteranów finansowych, a zerwanie powiązań juana z dolarem amerykańskim, funtem szterlingiem czy złotem, wyegzekwowane w latach pięćdziesiątych XX wieku przez Chen Yuna, było spowodowane poniekąd tym, że starsze pokolenie Chińczyków pamiętało jeszcze poważne konsekwencje w postaci upadku niezależności monetarnej, załamania granic finansowych czy postępującej kolonizacji krajowej gospodarki wywołane polityką monetarną uprawianą przez Czang Kaj-szeka i polegającą na powiązaniu chińskiej waluty z funtem szterlingiem i dolarem.

Patrząc na historię pieniądza, narodziny waluty każdego potężnego kraju zawsze bazowały na bogactwie tego kraju pełniącym funkcję rezerwy finansowej, bądź też na krwi w postaci kredytów dostarczanych przez światowy cykl koniunkturalny zdominowany przez ten kraj. W okresie dominacji Imperium Brytyjskiego używano złota w charakterze rezerwy walutowej; kiedy dolar zawładnął światem, standard monetarny opierał się na amerykańskich papierach dłużnych; po tym jak narodziło się euro, europejskie obligacje rządowe stały się fundamentem emisji waluty. A co wypełni przestrzeń pozostawioną przez amerykańskie zadłużenie, kiedy na scenę wkroczy chiński juan?

Rezerwy walutowe są oznaką władzy waluty dominującej nad walutami peryferyjnymi. Nie oznaczają autonomiczności tych walut, a co najwyżej ich głęboką zależność od waluty dominującej.

Problem poziomu rezerw walutowych nie jest technicznym detalem, a wyborem strategicznego kierunku rozwoju chińskiej waluty.

Ażeby odzyskać inicjatywę w emisji chińskiego juana, a także sprawić, by krajowa kreacja kredytów służyła cyklowi koniunkturalnemu, należy przede wszystkim odciąć kanał dostępu walut obcych do chińskiego banku centralnego. Głównym zadaniem, jakie należy przedsięwziąć, jest powołanie „funduszu stabilizującego waluty obce", aby za jego pośrednictwem oferować krajowe kredyty w postaci specjalnych „obligacji walutowych", następnie pozyskanie kapitału w RMB na rynku chińskich banków, który zastąpiłby bank centralny w roli walutowego „kupca ostatniej instancji" i zablokowałby kanał dostępu walut obcych do chińskiego banku centralnego, kładąc kres zakupowi kolejnych dewiz i w znaczny sposób przyczyniając się do wzrostu wprowadzanej do obiegu bazy monetarnej. Jednocześnie tego typu „obligacje walutowe" mogłyby także, dzięki wzbogaceniu różnorodności na rynku papierów wartościowych, dostarczyć wielu nowych opcji inwestycyjnych dla firm ubezpieczeniowych, banków, funduszy i innych instytucji inwestycyjnych.

Zakres odpowiedzialności „funduszy stabilizujących waluty obce" obejmowałby: interwencje na rynku walutowym w celu osiągnięcia stabilnego kursu RMB; będąc największym centrum dystrybucyjnym walut obcych, prowadziłby kredytowanie na potrzeby mechanizmu kursowego, a tak długo, jak długo zysk z oprocentowania tych kredytów przekraczałby koszty emisji „obligacji walutowych", fundusz w sposób naturalny przynosiłby zysk. Sam fundusz nie podejmowałby bezpośrednich inwestycji w waluty obce, albowiem to zadanie mogłyby wykonać outsourcingowe firmy inwestycyjne lub też nowo powołane inne chińskie podmioty inwestycyjne. Fundusz posiadałby jedynie tożsamość pożyczkodawcy obsługującego spółki zarządzające inwestycjami walutowymi.

Jako że rezerwy walutowe banku centralnego już istnieją, mogłyby posłużyć jako metoda stopniowego rozwiązania problemu wymiany aktywów. Na przykład, wszelkie fundusze niezbędne dla przeprowadzenia drugiego uprzemysłowienia obszarów wiejskich można by uzyskać, wykorzystując kredyty narodowe na emisję skrajnie długoterminowych specjalnych „obligacji rolnych" w celu zastąpienia nimi aktywów walutowych, a w ten sposób RMB i gospodarka krajowa miałyby możliwość nawiązania ścisłej zależności. W podobny sposób mogłaby się odbywać emisja „obligacji gwarancji zatrudnienia" na potrzeby rozwiązania problemu niedoboru miejsc pracy, „obligacji rozwoju technologii narodowej" na potrzeby rozwoju nowoczesnej technologii, „obligacji publicznej opieki zdrowotnej" na potrzeby poprawy warunków opieki zdrowotnej w miastach i na wsiach, „obligacji na lokale niskoczynszowe" na potrzeby rozwiązania trudności mieszkaniowych czy „obligacji rezerwy krajowych zasobów" gwarantujących źródła dostawy surowców na potrzeby wzrostu gospodarczego i wielu innych produktów o charakterze papierów dłużnych. Wszystko to mogłoby zostać wykorzystane w celu stopniowej wymiany aktywów walutowych banków centralnych. W ten sposób RMB mogłoby faktycznie stać się „walutą narodową", „służącą narodowi" i służącą chińskiej gospodarce.

Jedynie całkowita eliminacja dolara amerykańskiego może sprawić, że internacjonalizacja RMB w przyszłości mieć będzie solidne i wiarygodne podstawy ekonomiczne oraz że w końcu chiński juan będzie mógł stać się kowalem własnego losu.

ROZDZIAŁ IX

Epoka Walczących Królestw, dolar azjatycki na horyzoncie

Klucz do rozdziału

W okresie ostatnich 10 lat wzajemne relacje „Chimeryki" opierały się na wiązanych korzyściach. Chiny produkowały, Stany Zjednoczone korzystały. Chiny oszczędzały, Stany Zjednoczone konsumowały – był to powód, dla którego Stany Zjednoczone zgodziły się znosić perspektywę boomu gospodarczego w Chinach. W ciągu następnych 10 lat Stany Zjednoczone staną w obliczu załamania się dźwigni finansowej zadłużenia, będącego efektem starzenia, osłabienia konsumpcji oraz wąskiego gardła wzrostu produktywności, a wysoki stopień pokrywania się tych trzech cyklów nieuchronnie zatonie w morzu długotrwałego spowolnienia gospodarczego. Bankructwo modelu napędzanego amerykańskim zadłużeniem nie wprawia w optymistyczny nastrój także Europy i Japonii. Przedłużająca się recesja gospodarcza w krajach rozwiniętych sprawi, że model chińskiej gospodarki zorientowanej na eksport trudno będzie kontynuować, a Chiny zostaną zmuszone do przeprowadzenia ekonomicznej restrukturyzacji. Zredukowanie przyrostu oszczędności krajowych i przechylenie szali na korzyść spraw wewnętrznych kraju może zburzyć podstawy współpracy „Chimeryki". Z punktu widzenia Stanów Zjednoczonych wartość użytkowa Chin już teraz stopniowo maleje.

Kryzys gospodarczy w USA może sprawić, że stracą one wiarę we własne siły, a pozbawiona pewności siebie hegemonia oznacza skłonność do nadwrażliwości i wybuchów agresji. Jeśli chińska gospodarka nadal będzie rozkwitać, to Stany Zjednoczone w pełni wykorzystają konflikty na Morzu Południowochińskim i na Morzu Wschodniochińskim, aby pozbawić Chiny sił. Będą nawet skłonne podżegać do lokalnych wojen, aby tylko osłabić niedawnego partnera. Jeśli natomiast chińska gospodarka zostanie zmuszona do awaryjnego lądowania, USA nie zawahają się by kopać leżącego, wykorzystując okazję do wyeliminowania swojego największego potencjalnego rywala. „Amerykańskie stulecie Pacyfiku" jest ważnym nawoływaniem do zmian narodowej strategii tego kraju.

Podstawy boomu gospodarczego w Chinach w rzeczywistości są bardzo słabe. Dostawy ropy naftowej i surowców, a także morskie szlaki handlowe są praktycznie całkowicie w rękach Amerykanów. Model gospodarki zorientowanej na eksport opiera się głównie na rynkach europejskich i na rynku amerykańskim, co nie stanowi problemu w sytuacji, kiedy korzyści obu stron są ze sobą powiązane, kiedy jednak podstawy wspólnoty interesów chińsko-amerykańskich ulegną osłabieniu, wszystko to zacznie być problemem.

Zanim atmosfera zewnętrzna zacznie ulegać pogorszeniu, Chiny powinny podjąć środki ostrożności i wyciągając wnioski z doświadczeń europejskich, zacząć aktywnie promować azjatycką wspólnotę gospodarczą, przekształcić dotychczasowych azjatyckich konkurentów w zjednoczonych wspólnotą interesów sojuszników, a wykorzystując strategię wspólnej waluty azjatyckiej, zintegrować polityczne i ekonomiczne zasoby w Azji, przy jednoczesnym systematycznym wsparciu dla internacjonalizacji RMB. W istocie waluta gospodarki zorientowanej na eksport nie może stać się dominującą walutą światową, a przykład japońskiego jena i niemieckiej marki zdołał już to udowodnić.

Chiny powinny stać na czele procesu zmierzającego do stworzenia dolara azjatyckiego i przy użyciu dźwigni w postaci wspólnej waluty azjatyckiej dążyć do nawiązania wszechstronnej współpracy między krajami Azji, a docelowo ustanowić wspólną walutę azjatycką, która byłaby równorzędnym dla dolara i euro rywalem trójstronnej równowagi sił.

Dylemat „Chimeryki"

W 2009 roku wybitny brytyjski specjalista w zakresie historii finansów, Niall Ferguson, w swojej książce zatytułowanej *Potęga pieniądza* po raz pierwszy użył terminu „Chimeryka" w odniesieniu do ekonomicznego „małżeństwa" między Stanami Zjednoczonymi i Chinami. Ludność wschodniego regionu „Chimeryki" (Chiny) oszczędza, natomiast ludność zachodniego regionu konsumuje te oszczędności. Import z Chin pozwolił zahamować stopień inflacji w Stanach Zjednoczonych, a chińskie oszczędności obniżyły wysokość amerykańskich stóp procentowych. Chińska siła robocza stała się wędzidłem dla amerykańskich kosztów pracy, wskutek czego gospodarka „Chimeryki" weszła w fazę rozkwitu.

W rzeczy samej, w ramach tego ekonomicznego „małżeństwa", Chiny weszły na potężny rynek amerykański i na rynki światowe zdominowane przez Amerykę, a międzynarodowe inwestycje dostarczyły Chinom technologię, fundusze, organizację, a także korzyści pochodne dla rynku i marki, ponadto poprawiła się ogólna produktywność chińskiego społeczeństwa, a „małżeństwo" stało się rakietą, która wyniosła chińską gospodarkę na orbitę wzmożonego wzrostu. Pod tym względem Chiny otrzymały wielką gospodarczą premię. W zamian za to Stany Zjednoczone zażądały od Chin, by sporą częścią tej premii „podzieliły się" z nimi. W ten sposób, poprzez zakup amerykańskich papierów dłużnych, oszczędności zgromadzone przez Chiny powracały na amerykański rynek kapitałowy, a stymulując wzrost wartości amerykańskich aktywów, jednocześnie obniżały wysokość amerykańskich stóp procentowych. W poluzowanej polityce wylęgarni pieniądza innowacje finansowe uczyniły z aprecjacji aktywów „bankomat" dla amerykańskich konsumentów, co stymulowało dobrobyt gospodarki amerykańskiej i tym samym niosło za sobą popyt na większą ilość chińskich towarów.

Mimo wszystko „chimerykański" model dobrobytu nie jest ani solidny, ani trwały. Ceną „wymiany rynku na oszczędności" jest dla Stanów Zjednoczonych to, że poziom zadłużenia ich gospodarki nieuchronnie i nieprzerwanie wzrasta, a przyczyna wąskiego gardła wzrostu gospodarczego napędzanego zadłużeniem leży w uderzającej sprzeczności między dochodem konsumentów a presją zadłużenia, czego ostatecznie nie da się podtrzymywać i co prowadzi do załamania. Tak zwany brak równowagi gospodarki światowej to w istocie tendencja do bankructwa modelu gospodarki napędzanej zadłużeniem w krajach rozwiniętych na całym świecie.

W ciągu ostatnich 10 lat Wall Street stworzyło potężną bańkę aktywów, aby 1% bogaczy mógł korzystać z 20% dochodu narodowego, jest to dwukrotność tego, co miało miejsce na etapie zainicjowania przez Reagana „neoliberalizmu" w latach osiemdziesiątych XX wieku. Równocześnie 1% bogaczy jest w posiadaniu aż 43% całkowitego bogactwa społecznego, co jest najbardziej jaskrawym przypadkiem nierównowagi podziału bogactwa społecznego od czasów założenia Stanów Zjednoczonych. To właśnie ten nieracjonalny podział bogactwa stał się celem walki dla ruchu „okupuj Wall Street". Powodowani efektem majątkowym (*wealth effect*) najlepsi amerykańscy specjaliści naukowi i techniczni ruszyli na

Wall Street, a zgłoszenia patentowe wynalazków w niemalże wszystkich dziedzinach technologicznych wykazały spadek o 20%. Jednocześnie 40% zysków amerykańskich przedsiębiorstw pochodzących z sektora finansowego czy produkcji zaawansowanej technologii wykazało długoterminową tendencję spadkową. Zainteresowanie amerykańskiego myśliwego wytwórstwem łuków malało z dnia na dzień, natomiast był on coraz bardziej opętany chęcią zawłaszczenia oszczędności innych myśliwych. Także instrumenty i technika mająca temu służyć nieprzerwanie się rozwijały i prezentowały bogatą różnorodność. Faktycznie było to nałożenie ukrytego „podatku" na inne państwa poprzez dolarowe sztuczki, a im większe były kłopoty Stanów Zjednoczonych, tym wyższe były stawki „ukrytego opodatkowania" dla krajów rozwijających się.

Po kryzysie Barack Obama zaproponował strategię odbudowy gospodarki pod hasłem „budowy domu na skale", próbując wymienić fundament amerykańskiej ekonomii z finansowych „ruchomych piasków" na przemysłową „twardą skałę". Przywrócenie produkcji, przywrócenie innowacyjności przemysłowej i przywrócenie eksportu stały się kluczowymi założeniami tej strategii. Koncepcja „domu na skale" wywodzi się z przemówienia wygłoszonego przez Obamę na Uniwersytecie w Georgetown w 2009 roku. W tej drobiazgowo przygotowanej mowie, Obama zacytował fragment z Biblii, w którym mowa o tym, że dom zbudowany na piasku zapadnie się, a dom zbudowany na skale nie runie. Sposób myślenia Obamy nie był zły, jednak korekta modelu wzrostu gospodarczego oznacza przebudowę systemu dystrybucji bogactwa narodowego, a wtedy tłuste brzuchy mafii finansowej musiałyby nieco schudnąć. Czy jednak jest to w ogóle realne w Stanach Zjednoczonych będących „krainą władzy pieniądza", gdzie Waszyngton jest sługą Wall Street?

Chcąc skorygować model gospodarczy Stany Zjednoczone potrzebują nie tylko silnej woli politycznej i kompromisu wśród elity rządzącej, ale potrzebują także realnych podstaw i zasobów ekonomicznych. Jednak przynajmniej w ciągu kolejnych 10 lat USA będą cierpiały na brak warunków koniecznych do transformacji modelu gospodarczego. Ten krytyczny okres zbiegnie się w czasie z najbardziej niekorzystnym nałożeniem się na siebie trzech głównych cyklów amerykańskiej gospodarki.

Po pierwsze, cykl ekonomicznych „rozwiązań dźwigniowych" wymaga przynajmniej okresu 10 lat, dopiero wówczas jest w stanie skutecznie pozbyć się katastrofy przerostu aktywów naniesionej przez „wulkaniczne jezioro zadłużenia". Zapoczątkowana w 1996 roku rewolucja informatyczna przyniosła wielki skok naprzód w produktywności amerykańskiego społeczeństwa, którego efektem ubocznym było zaskakujące bogactwo, a co za tym idzie, pobudziła ozdrowienie i dobrobyt w sektorze nieruchomości. Aż do 2001 roku amerykański rynek nieruchomości i uzupełniający go łańcuch przemysłowy znajdowały się w okresie rozsądnego wzrostu. Jednakże, począwszy od 2002 roku, aby zastąpić czymś wypalający się już płomień rewolucji informatycznej, a także podnieść popyt na zasoby ekonomiczne dzięki „wojnie z terroryzmem" będącej odpowiedzią na „incydent 9/11", Stany Zjednoczone postanowiły aktywować bańkę na rynku nieruchomości, poluzować podaż pieniądza, umocnić pole innowacji finansowych, przyspieszyć absorbcję oszczędności innych krajów i w ten sposób upiec dwie pieczenie na jednym ogniu, sztucznie kreując złudzenie oszałamiającego dobrobytu gospodarczego.

Po tym jak w 2007 roku ostatecznie pękła bańka aktywów, wskaźnik spadku cen nieruchomości osiągnął 33%, co przekraczało nawet krytyczny poziom spadku cen nieruchomości w okresie Wielkiego Kryzysu w latach trzydziestych XX wieku. Co więcej, w ciągu kolejnych 5 lat ceny amerykańskich nieruchomości prawdopodobnie spadną jeszcze o kolejne 10 do 25%. Pęknięcie bańki aktywów doprowadziło do kolosalnych strat w amerykańskim systemie finansowym, załamał się system wewnętrznych i zewnętrznych aktywów bankowych, rynek akcji i obligacji oraz pochodnych produktów finansowych, fundusze na opiekę zdrowotną i emerytalną, prywatne konta emerytalne i inwestycyjne zostały wymiecione, a całkowity rozmiar strat poniesionych przez system finansowy szacuje się na zatrważającą kwotę 9 bilionów dolarów. Bańka na rynku nieruchomości w późnych latach osiemdziesiątych XX wieku od pęknięcia do osiągnięcia punktu minimum potrzebowała czasu 6-7 lat, z kolei pęknięcie bańki na rynku nieruchomości w 2007 roku było zdecydowanie bardziej brzemienne w skutkach niż kryzys na rynku nieruchomości w latach dziewięćdziesiątych XX wieku, zarówno pod kątem skali, zasięgu, intensywności, rozmiaru szkód czy też czasu trwania. Tym razem czas, w którym ceny nieruchomości osiągną poziom minimum, nie będzie krótszy niż 10 lat, a proces eliminacji złych długów i kłopotliwych aktywów z systemu finansowego będzie długi i bolesny.

Ilościowe łagodzenie polityki pieniężnej przez FED jest niczym innym jak próbą „reflacji aktywów", mającą na celu pomóc systemowi finansowemu pozbyć się toksycznych aktywów śmieciowych. Część tych toksycznych aktywów zostanie zaabsorbowana przez posiadaczy amerykańskich obligacji, a tym samym wyeksportowana poza granice, pozostała część zostanie przyjęta przez samą gospodarkę amerykańską, stając się przyczyną wzrostu deficytu budżetowego, przedłużającego się bezrobocia, nieprzerwanego osłabienia popytu konsumenckiego, osłabienia ożywienia gospodarczego i wielu innych zjawisk. Niezależnie od tego, w jakiej formie uaktywnią się toksyczne aktywa śmieciowe, rozwiązanie problemu i detoksykacja będą wymagały sporo czasu.

Proces eliminacji ogromnej presji wywieranej na gospodarkę przez „wulkaniczne jezioro zadłużenia" zyskał nazwę „rozwiązań dźwigniowych". Z punktu widzenia doświadczeń Wielkiego Kryzysu w Stanach Zjednoczonych w latach trzydziestych XX wieku, dysproporcja wskaźnika całkowitego zadłużenia w 1933 roku do PKB w wysokości 299,8% dowiodła, że gospodarka nie jest w stanie wytrzymać upadku do „wody", a jeśli poziom zadłużenia nie zostanie zniwelowany, to trudno jest wówczas ponownie uruchomić jej napęd. Stany Zjednoczone potrzebowały całej dekady i dopiero po drugiej wojnie światowej wskaźnik całkowitego zadłużenia względem PKB spadł do bezpiecznego poziomu 120-150%. W 2008 roku amerykańskie zadłużenie po raz kolejny przekroczyło poziom krytyczny (358,2%) względem PKB i był to najwyższy wskaźnik zadłużenia Stanów Zjednoczonych notowany w ciągu ostatnich 80 lat.

Metody ratowania rynku zastosowane przez rządzących były złym pomysłem, nie tylko nie zagwarantowały spadku wskaźnika zadłużenia, a wręcz przeciwnie,

doprowadziły wskaźnik zadłużenia do poziomu niemalże 358 % PKB, co oznaczało, że poziom lawy w „wulkanicznym jeziorze zadłużenia" był jeszcze wyższy niż
przed kryzysem. Jeśli poziom całkowitego zadłużenia nie zostanie zredukowany
do bezpiecznej wartości poniżej 150% PKB, to gospodarka amerykańska nie będzie w stanie prawidłowo i stabilnie funkcjonować. Nie przeszedłszy 10-letniego
bolesnego okresu „rozwiązań dźwigniowych", poziom całkowitego amerykańskiego
zadłużenia trudno będzie przywrócić do bezpiecznego przedziału umożliwiającego
funkcjonowanie gospodarki.

Po drugie, struktura wiekowa populacji Stanów Zjednoczonych wskazuje na
to, że w przyszłości, w okresie przynajmniej 10 lat, wystąpi cykl zastoju konsumpcji.
Siedemdziesięciosiedmiomilionowa populacja wyżu demograficznego we wczesnych
latach sześćdziesiątych XX wieku weszła już w wiek malejącej konsumpcji (wiek 47
lat uważany jest za szczytowy z punktu widzenia konsumpcji).

Pokolenie amerykańskiego „baby boom" nigdy nie miało nawyku oszczędzania. Pierwsza połowa ich życia przypadła dokładnie na czas, kiedy Stany
Zjednoczone w roli hegemona zdominowały świat, a optymistyczne nastawienie
do przyszłego życia było powszechne dla młodych Amerykanów, dla których
ekstrawagancja i marnotrawstwo stały się normą, a bezmyślność i czerpanie przy-
jemności z życia symbolami tego pokolenia. Nie mieli oni rodziców pamiętających
mroczny okres Wielkiego Kryzysu, nie przeszli też brutalnego chrztu w posta-

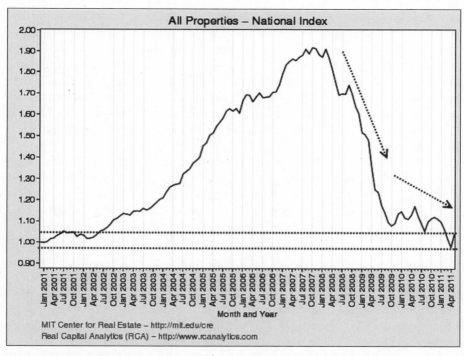

■ Pęknięcie bańki aktywów doprowadziło do poważnych strat systemu finansowego
w Stanach Zjednoczonych.

ci walki na życie i śmierć, jaką była druga wojna światowa. Dla nich wszystko było łatwe, wszystko było wspaniałe.

Pokolenie urodzone na początku lat sześćdziesiątych XX wieku, w okresie wyżu demograficznego, ma już za sobą 47 lat luksusowego życia, a w momencie wybuchu finansowego tsunami jego przedstawiciele przechodzili powoli z okresu największej konsumpcji w okres jej spowolnienia, kiedy nagle zniknął dobrobyt gospodarczy, a poziom bezrobocia raptownie skoczył w górę. Znaleźli się w sytuacji, w której ich emerytury zainwestowane na giełdzie poniosły potężne straty, a wieloletnie lekkomyślne wydawanie pieniędzy zaowocowało pustkami na bankowych rachunkach bieżących. Jednocześnie swawolny styl życia, beztroska i nadmierne wydatki sprawiły, że stali się oni poważnie zadłużeni. W takich okolicznościach ich krzywa konsumpcji – obniżającej się w związku ze starzeniem – nagle spadła poniżej normy w odpowiedzi na przyszłe okrutne ochłodzenie gospodarcze.

W 2009 roku populacja ta stanęła na krawędzi klifu krzywej konsumpcyjnej, a kolejny krok naprzód oznaczał „konsumpcyjny wodospad", po którym nastąpi cykl dramatycznego spadku konsumpcji, który potrwa aż do 2024 roku. A zatem zapowiada to czternastoletni cykl jej deprecjacji. W sytuacji poważnego zadłużenia amerykański rynek konsumpcyjny wkroczy w okres długotrwałej epoki lodowcowej.

Ani polityka pieniężna, ani polityka fiskalna nie będzie w stanie wywrzeć istotnego wpływu na losy starzejącego się pokolenia. W końcu żadna polityka nie może odmłodzić ludzi. Zachęcanie osób starszych do zaciągania kredytów i zwiększania skali konsumpcji jest po prostu nierealne, a malejąca z roku na rok konsumpcja pozbawi w końcu wydającą dziś „zielone pędy" ożywienia gospodarczego ziemię cennego nawozu w postaci kredytów konsumenckich. Ostatecznie napędza ona 72% amerykańskiego wzrostu gospodarczego.

Powagi tej sytuacji dodaje fakt, że cykl populacji europejskiej jest tożsamy z amerykańskim, co oznacza, że te obydwa bloki potęgi gospodarczej w tym samym czasie wejdą w okres długotrwałej epoki lodowcowej. Z punktu widzenia najważniejszych partnerów eksportowych Europy i Stanów Zjednoczonych oznacza to wystąpienie poważnej nadwyżki produktywności w krajach gospodarek wschodzących, co może doprowadzić do bezprecedensowego kataklizmu w środowisku gospodarczym.

Po trzecie, nowa rewolucja produktywności także wymaga określonego czasu i akumulacji technologii. W ciągu 111 lat, między 1889 a 2000 rokiem, Stany Zjednoczone doświadczyły trzykrotnego wzrostu produktywności, pierwszy wzrost nastąpił w latach 1917-1927 i wyniósł 3,8%; drugi wzrost produktywności nastąpił w latach 1948-1973 i wyniósł 2,8%; po raz trzeci wskaźnik produktywności wzrósł o 2,4% w latach 1995-2000. Interwały pomiędzy tymi trzema okresami wzrostu wskaźnika produktywności wynosiły około 20-25 lat, czyli tyle, co okres jednego pokolenia. Ta zależność między cyklami koncentracji przełomów technologicznych a cyklami populacyjnymi wcale nie jest przypadkowa. Jeśli przyjąć, że siła nabywcza człowieka ma związek z jego wiekiem, to ta sama prawidłowość dotyczy ludzkiej kreatywności.

Zazwyczaj proporcja najbardziej kreatywnych zasobów w całym społeczeństwie jest stała, tylko podwyższenie standardów edukacyjnych może zmienić punkt wyjścia

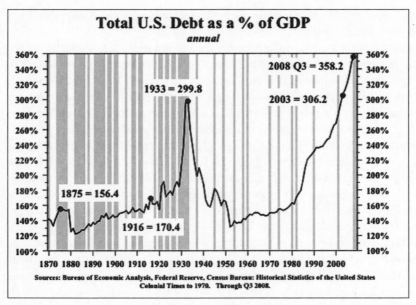

Total U.S. Debt as a % of GDP
annual

2008 Q3 = 358.2

1933 = 299.8

2003 = 306.2

1875 = 156.4

1916 = 170.4

1870 1880 1890 1900 1910 1920 1930 1940 1950 1960 1970 1980 1990 2000

Sources: Bureau of Economic Analysis, Federal Reserve, Census Bureau: Historical Statistics of the United States Colonial Times to 1970. Through Q3 2008.

■ Stosunek całkowitego zadłużenia amerykańskiej gospodarki do PKB nadal jest zbyt wysoki.

dla geniuszu kreatywności. Jeśli takie zmiany nie zachodzą, to ich proporcja w ogóle populacji także pozostaje bez zmian. Okres największej kreatywności człowieka przypada na moment osiągnięcia wieku między 25 a 40 rokiem życia, a dokładnie plasuje się w okolicach trzydziestki, kiedy to następuje moment szczytowy życiowego doświadczenia, inteligencji i energii. Geniusz innowacyjny pokolenia urodzonego w okresie wyżu demograficznego (początek lat sześćdziesiątych XX wieku) osiągnął wiek szczytowy na początku lat dziewięćdziesiątych. Do 2011 roku pokolenie to było już pokoleniem pięćdziesięciolatków, a jego kreatywność zaczęła gwałtownie się obniżać. Narodziny kolejnego pokolenia przypadły zatem na późne lata dziewięćdziesiąte, co oznacza, że moment, w którym będzie ono mogło przyczynić się do kolejnej rewolucji w zakresie produktywności przypadnie mniej więcej na lata 2020-2025.

Jeśli wziąć pod rozwagę wszystkie trzy cykle, a więc ekonomiczne rozwiązania dźwigniowe, konsumpcję i przełom w produktywności, to nasuwa się wniosek, że kolejna fala rozkwitu amerykańskiej gospodarki powinna nastąpić po 2020 roku, a rok 2024 wydaje się punktem zwrotnym. Niemniej zanim to nastąpi, w amerykańskiej gospodarce czeka nas okres „straconej dekady". Ta dekada będzie także czasem, kiedy Chiny w pierwszej połowie XXI stulecia będą próbowały dogonić gospodarki krajów rozwiniętych. Potem problem starzenia się chińskiego społeczeństwa da o sobie znać równie wyraźnie.

Tak zwany „wschód chińskiej gospodarki" w rzeczywistości polega na wstrzeleniu się w odpowiednie okno czasowe, a przegapienie tego okna oznacza, że trzeba będzie czekać na nadejście kolejnego. Następne nadejdzie prawdopodobnie dopiero w drugiej połowie XXI wieku.

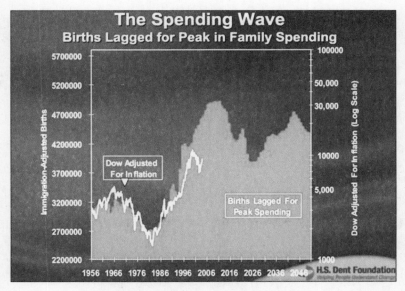

■ Struktura wiekowa amerykańskiej populacji wskazuje na to, że w ciągu najbliższych 10 lat
nastąpi cykl kurczenia się skali konsumpcji (źródło: HS Dent Foundation).

Czas, jaki historia dała Chinom na wzejście jest krótki. Jeśli Chiny nie wykorzystają kilkunastoletniego okresu osłabienia Europy oraz Stanów Zjednoczonych i gwałtownie nie wystartują swojej rakiety gospodarczej, to nigdy nie zdołają się pozbyć „zachodniej grawitacji" i osiągnąć „trzeciej prędkości kosmicznej". A wtedy, po 2025 roku raz jeszcze wrócą one na orbitę światowej gospodarki, zdominowanej przez siły europejskie i amerykańskie.

Wówczas chiński sen o potędze nie będzie miał innego wyjścia, jak tylko poczekać na swoją realizację przez kolejne 30-50 lat

Niebezpieczne 10 lat po 2012 roku

Kolejne dziesięciolecie będzie dekadą, w której nastąpią głębokie zmiany w strukturze wielkich światowych mocarstw, a także czasem przepełnionym groźbą kryzysu i okresem zagorzałej próby sił. Zajdą także fundamentalne zmiany w podstawach współpracy „Chimeryki" budowanych przez ostatnie 30 lat na podstawie korzyści geopolitycznych i gospodarczych.

Gospodarka amerykańska, będąca w trakcie bolesnego procesu rozwiązań dźwigniowych wobec zadłużenia, stanie w obliczu dodatkowego obciążenia, jakim będzie starzenie się populacji, poza tym stagnacja produktywności utrudni generowanie nowych źródeł przychodu. Z tego powodu wiodącą tendencją będzie w niej skłonność do osłabienia, poważnego zadłużenia, obniżenia poziomu zatrudnienia, ograniczenia konsumpcji, pogorszenia sytuacji fiskalnej i wzrostu deficytu budżetowego, a sytuacja w Europie i Japonii będzie bardzo podobna. Bez istotnego wzrostu produktywności nie będzie możliwe zgromadzenie wystarczającej ilości oszczędności, a tym samym niemożliwe stanie się wspieranie rzeczywistej i stabilnej konsumpcji i inwestycji.

Przed Stanami Zjednoczonymi jawią się tylko dwie opcje. Pierwsza polega na restrukturyzacji gospodarki i odbudowaniu „domu na skale". Problem z jej realizacją tkwi w oporze politycznym i złej kondycji Ameryki, poza tym ta strategia jest nie tylko trudna do implementacji, lecz jej efekty widoczne są dopiero po długim czasie. Druga opcja polega na ponownym wystartowaniu silnika wzrostu wartości aktywów i powrocie do stosowanego na przełomie ostatnich 30 lat modelu ożywienia napędzanego zadłużeniem. To ostatnie rozwiązanie nie tylko nie napotkałoby na opór polityczny, lecz także pozwoliłoby przenieść bolączki, jakich doświadcza amerykańska gospodarka, na barki innych krajów.

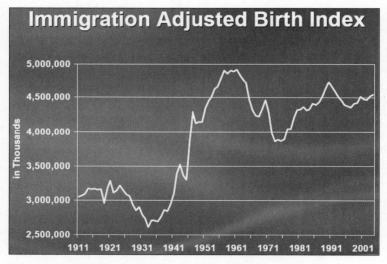

■ Zmiany struktury współczynnika narodzin w obrębie amerykańskiej populacji na przestrzeni 100 lat.

Nie ma wątpliwości, że to druga droga lepiej wpisuje się w podstawowe interesy grupy rządzącej w USA, zdominowanej przez „autorytet pieniądza", dlatego też taka droga staje się nieuniknionym wyborem. Pojawia się tu jednak pewien problem, a mianowicie zarówno aprecjacja aktywów, jak i bańka zadłużenia osiągnęły już apogeum, a amerykańscy konsumenci nie są już w stanie wytrzymać jeszcze większej presji długu.

Jest to nieunikniony konflikt, jaki widzimy między pięknymi ideami elity rządzącej w Stanach Zjednoczonych, a bezwzględną rzeczywistością. Chcąc osiągnąć „reflację aktywów", Amerykanie będą musieli przy użyciu ogromnej siły „wycisnąć" oszczędności krajowe z Chin i innych krajów rozwijających się. Nieprzerwany eksport oszczędności krajowych przez Chiny jest głównym powodem, dla którego Stany Zjednoczone tolerują rozwój gospodarczy Państwa Środka. Jest także fundamentem ekonomicznego małżeństwa, którym jest „Chimeryka". Wszelako zachodzi tutaj zjawisko pętli – główną siłą napędową dla tworzenia chińskich oszczędności krajowych jest amerykańska konsumpcja, a ta z kolei wspiera się chińskimi oszczędnościami. W sytuacji, kiedy nie będzie możliwa kontynuacja aprecjacji aktywów w Stanach Zjednoczonych, przerwaniu ulegnie także wspólnota interesów „Chimeryki".

Aby osiągnąć przemianę modelu ekonomicznego, Chiny muszą przechylić szalę głównych zasobów gospodarki narodowej z zagranicy na rynek krajowy, chińskie towary i oszczędności zorientowane na eksport także powinny poddać się zmianie kierunku. Potencjalnej ekspansji chińskiego rynku krajowego powinno towarzyszyć osłabienie uzależnienia od eksportu i ograniczenie popytu na amerykańskie papiery dłużne, co będzie stanowiło poważne zagrożenie dla interesów Amerykańskiego Imperium Długu. Mimo iż koniunktura chińskiego rynku jest w stanie stymulować amerykański eksport, to w odniesieniu do rozmiaru amerykańskiej gospodarki bodziec ten mimo wszystko jest niewystarczający.

Narodziny strefy euro przyczyniły się do stopniowego ograniczenia ilości dolarów będących w obiegu na kontynencie europejskim i poważnie skurczyły granice wpływów Imperium Dolarowego, co w obliczu trendu rosnącej nadwyżki dolara stało się przyczyną zapoczątkowanego w 2000 roku gwałtownego wzrostu cen towarów i ropy naftowej na rynku światowym. Niewystarczający popyt na amerykańskie obligacje skarbowe na rynku międzynarodowym doprowadził do tego, że System Rezerwy Federalnej stał się stopniowo największym nabywcą amerykańskich papierów dłużnych. Jeśli Chiny zredukują zakup amerykańskich obligacji skarbowych, to środowisko finansowe w Stanach Zjednoczonych dodatkowo się pogorszy.

W ciągu następnych 10 lat siedemdziesięciosiedmiomilionowa populacja amerykańskiego pokolenia wyżu demograficznego wejdzie w okres emerytalny, a amerykańskiemu systemowi opieki społecznej i zdrowotnej zagrozi nieunikniony krach. Zaledwie w tych dwóch obszarach rząd amerykański wziął na siebie zobowiązanie zapewnienia dobrobytu i w tym celu utworzył warte 100 bilionów dolarów specjalne „ukryte zobowiązania warunkowe". Intensywne wydatki na opiekę medyczną i świadczenia socjalne będą wywierać na finanse Stanów Zjednoczonych niespotykaną dotychczas presję. Zaistnienie potężnego deficytu budżetowego w okresie kolejnych 10 lat stanie się nieuniknione. Do 2020 roku, przy optymistycznych kalkulacjach, skala zadłużenia Stanów Zjednoczonych przekroczy najprawdopodobniej poziom 23 bilionów dolarów. Jeśli jednak ożywienie gospodarcze w tym kraju nie dorówna optymistycznym prognozom amerykańskiego rządu, to kwota ta będzie jeszcze wyższa.

W ciągu kolejnych 10 lat Stany Zjednoczone będą potrzebowały gigantycznych funduszy, aby zadośćuczynić finansowym niedoborom, a kwota ta znacznie przekracza możliwości krajów eksportujących swoje oszczędności.

Rdzeniem problemów gospodarki amerykańskiej jest kompletny brak oszczędności, a nie posiadając wystarczającej podaży realnych oszczędności System Rezerwy Federalnej może jedynie wydrukować pieniądze, dając tym samym złudzenie bogactwa. W konsekwencji siła nabywcza dolara będzie nieustannie spadać, a wiarygodność dolara dążyć do ostatecznego załamania. Jest to samonapędzający się proces pogarszania sytuacji. Im bardziej Stanom Zjednoczonym brakować będzie

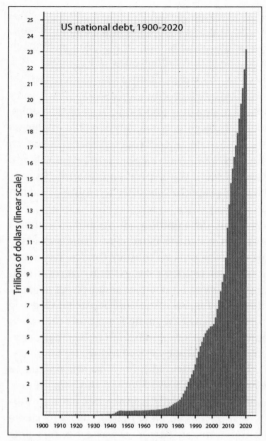

■ Do 2020 roku wartość amerykańskiego długu osiągnie zatrważającą wartość 23 bilionów dolarów amerykańskich.

oszczędności, tym większa będzie potrzeba dodruku pieniądza. Rosnąca z dnia na dzień pieniężna powódź przyspieszy oddalanie się kapitału od aktywów dolarowych, czego efektem będzie utrata przez Stany Zjednoczone zdolności przyciągania oszczędności innych krajów.

Oczywiście w USA może pojawić się kolejny Volcker, ale czy wysokie stopy procentowe i wysoki kurs wymiany dolara zdołają uratować Amerykę? Odpowiedź brzmi nie. Stany Zjednoczone na początku lat osiemdziesiątych XX wieku nadal były największym światowym kredytodawcą i krajem o najwyższej wartości posiadanych oszczędności, będącym w stanie przetrwać krótkotrwały okres poważnych turbulencji związanych z nadmiernie wysokimi stopami procentowymi i kursem walutowym. Jednak w perspektywie kolejnych 10 lat Stany Zjednoczone pod presją „ekonomicznej torpedy" wywołanej skrajnie wysokim zadłużeniem oraz polityką wysokich stóp procentowych i wysokim kursem walutowym, w pierwszej kolejności zatopią prawdopodobnie swoją gospodarkę, co bez wątpienia będzie ekonomicznym samobójstwem.

Wszystko ponownie wróci do stanu światowego chaosu finansowego lat siedemdziesiątych, co więcej, także przyczyna tej sytuacji będzie taka sama, a mianowicie będzie nią wykorzystanie systemu bazującego na amerykańskich papierach dłużnych jako podstawie światowego systemu finansowego, co oznacza, że po raz kolejny budowany będzie system na „ruchomym piasku". W końcu cały świat zrozumie, że współczesny system finansowy nie uwolnił się od przekleństwa w postaci dylematu Triffina.

Stany Zjednoczone oferują całemu światu dolara amerykańskiego w charakterze waluty rezerwowej i handlowej, jednocześnie dostarczają światu amerykańskie papiery dłużne w charakterze aktywów rezerwowych systemów monetarnych na całym świecie, a logika tego działania jest identyczna z tą, która spowodowała załamanie się systemu z Bretton Woods wywołane brakiem zgodności między dolarem a aktywami w złocie. W przypadku dolara i dolarowych aktywów dłużnych także zachodzi wewnętrzny problem wzajemnej niezgodności, co oznacza, że między nieograniczonym zapotrzebowaniem na ekspansję dolara i dolarowych aktywów dłużnych a mogącymi rosnąć tylko w sposób ograniczony amerykańskimi dochodami fiskalnymi zachodzi sprzeczność, której nie sposób pogodzić.

Aby światowa gospodarka i handel mogły się dalej rozwijać, muszą zwrócić się do Stanów Zjednoczonych z prośbą o dostarczenie większej ilości dolarów, a ponieważ kluczowym aktywem kryjącym się za tą walutą jest zadłużenie, staje się to powodem powiększania amerykańskiego długu. Wszelako dolar jest walutą Stanów Zjednoczonych, a amerykańskie obligacje są zadłużeniem amerykańskiej administracji, wzrost amerykańskiego zadłużenia jest kontrolowany przez wzrost dochodów fiskalnych rządu USA. Kiedy skala zadłużenia przekroczy limit poziomu wsparcia rządowego dochodu fiskalnego, system monetarny na całym świecie zawali się.

Jaka jest granica amerykańskiego zadłużenia? Chodzi o to, aby kwota odsetek od spłaty zadłużenia Stanów Zjednoczonych nie przekroczyła punktu krytycznego w stosunku do całkowitego przychodu fiskalnego. Dokładnie tak, jak podkreślił to w swoim artykule zatytułowanym *Upadek imperium* profesor Uniwersytetu Harvarda, Niall Ferguson: doświadczenia historyczne wyraźnie wskazują na to, że jeśli w strukturze przychodów fiskalnych 20% tych przychodów przeznaczone jest na spłatę odsetek od zadłużenia danego kraju, to kraj ten stoi w obliczu poważnego kryzysu, a hiperinflacja jest wręcz nieunikniona. Po tym, jak wartość tego współczynnika przekroczy 50%, imperium stanie na krawędzi upadku.

W latach 1557-1696 potężne obciążenie długiem doprowadziło Hiszpanię do czternastokrotnego naruszenia warunków umowy spłaty, czego efektem był upadek tego imperium. W przeddzień rewolucji burżuazyjnej we Francji w 1788 roku aż 62% przychodu fiskalnego kraju przeznaczono na spłatę kwoty zasadniczej i odsetek od zadłużenia, czego skutkiem był upadek dynastii rządzącej. W 1875 roku Imperium Osmańskie musiało wykorzystać 50% rządowych przychodów fiskalnych na spłatę zadłużenia i odsetek, co stało się powodem, że stanęło na krawędzi upadku. W 1939 roku, w przededniu drugiej wojny światowej, Imperium Brytyjskie, aby spłacić swoje zadłużenie wraz z odsetkami, wykorzystało 44% rządowego przychodu fiskalnego i właśnie z tego powodu nie było w stanie poradzić sobie z wojną wszczętą przez nazistowskie Niemcy.

Również Stany Zjednoczone stając wobec konieczności spłaty zadłużenia wraz z odsetkami, nie będą mogły uniknąć przełamania krytycznego progu. Według raportu amerykańskiego Kongresowego Biura do spraw Budżetu (CBO) w 2011 roku spłata amerykańskiego długu i odsetek wyniosła 9% przychodu fiskalnego, w 2020 roku 20%, w 2030 przekroczy 36%, a w 2040 będzie wynosiła prawie 58%. Jeśli prawie połowa przychodów fiskalnych jakiegoś państwa służy do spłaty zadłużenia i odsetek od zadłużenia tego państwa, to czy w takim państwie nadal istnieje zdolność kredytowa? Amerykański Kongres w swoich estymacjach bierze pod uwagę tylko najbardziej optymistyczne prognozy, ponieważ Stany Zjednoczone wdrożyły politykę skrajnie niskich stóp procentowych i bezpośredni zakup obligacji skarbowych przez System

Rezerwy Federalnej, a dopiero w następnej kolejności w okresie 10 lat sztucznie zaniżą wysokość oprocentowania obligacji do poziomu około 2%. Jeśli na podstawie ostatnich 30 lat przyjąć, że oprocentowanie amerykańskich obligacji wynosi średnio 5,7%, to wybuch ogólnego kryzysu dolara i światowego systemu monetarnego najprawdopodobniej przypadnie na lata między 2020 a 2030 rokiem.

Można powiedzieć, że w ciągu najbliższej dekady Chiny napotkają na swojej drodze równie wiele szczęśliwych okazji, co niebezpieczeństw. Człowiek o osłabionym poczuciu własnej wartości często przejawia nadwrażliwość i agresję. Podobnie hegemon, którego siła i poczucie własnej wartości ulega obecnie osłabieniu może stać się bardziej niebezpieczny. Amerykańska polityka dobrobytu Azji nie jest tylko i wyłącznie werbalną deklaracją, a – co bardziej prawdopodobne, poważną rewizją strategii narodowej. Jeśli Chiny odniosą sukces w przyszłej transformacji swojej gospodarki i będą kontynuowały „ofiarowanie" swoich oszczędności Ameryce, wówczas Stany Zjednoczone, być może, zastosują wobec Chin strategię „otoczenia bez bezpośredniego ataku" i ze względu na istniejące powiązania będą tolerowały dalszy rozwój Chin. Jednak w przypadku, gdy Chiny odmówią zakupu amerykańskich papierów dłużnych na dużą skalę, Stany Zjednoczone nie będą dłużej „bezczynnymi obserwatorami" chińskiego sukcesu. Ryzyko wybuchu konfliktów wokół Chin będzie narastało, być może Chiny zostaną nawet zmuszone do zaangażowania się w jedną lub w kilka lokalnych wojen, a w ten sposób będąca walką bez walki wojna o pieniądz, stanie się prawdziwą i krwawą wojną o pieniądz.

Kto zdoła ocalić euro?

Jeśli mówi się, że źródłem amerykańskich problemów jest gospodarka, to można powiedzieć, że źródłem europejskich problemów jest polityka.

Między dwiema osiami sił Unii Europejskiej, Niemcami i Francją, istnieją zasadnicze różnice ideologiczne. Francja zawsze miała nadzieję zostać „woźnicą" Unii Europejskiej, podczas gdy z Niemiec chciała uczynić „konia" nieprzerwanie ciągnącego unijną gospodarkę. Przez okres połowy wieku po drugiej wojnie światowej, pod wpływem psychologicznej presji winy za wojnę, Niemcy zazwyczaj skrupulatnie – w pokorze i ciężką pracą – wywiązywały się z roli „konia", jednak absolutnie nie leżało to w naturze narodu niemieckiego. W ślad za zakończeniem procesu zjednoczenia Niemiec, kontrolując prawo do emisji waluty przez Europejski Bank Centralny, Niemcy stopniowo wyszły z cienia wojny i coraz mocniej zaczęły chwytać w swoje ręce europejskiego wodze. Polityczna władza Francji była coraz słabsza, waluta francuska traciła moc, a bez wsparcia ze strony Europejskiego Banku Centralnego Francja nie była w stanie przeforsować swojego zdania praktycznie w żadnej sprawie. W celu zapewnienia równowagi sił francuski prezydent, Nicolas Sarkozy ponaglił do zastąpienia „Eurogrupy" „Ministerstwem Finansów Zjednoczonej Europy", próbując w ten sposób ograniczyć uprawnienia Europejskiego Banku Centralnego pozostającego pod patronatem Niemiec, a efekty tych działań będziemy mogli dopiero zaobserwować.

Premier Luksemburga Jean-Claude Juncker przedstawił następujące stanowisko na temat Eurogrupy: „Jestem przekonany, że Eurogrupa może właściwie wykonywać swoją pracę, jednocześnie nie ograniczając w poważny sposób Europejskiego Banku Centralnego. Dyskusje na temat polityki monetarnej i Europejskiego Banku Centralnego są stratą czasu. Francji nie udało się przekonać nas do swoich pomysłów. Prezydent Sarkozy zaleca zacieśnienie kontroli politycznej wobec Europejskiego Banku Centralnego, jednakże wśród ministrów finansów nie ma nikogo, kto by go wspierał, także przywódcy poszczególnych państw europejskich, którzy, być może, przyklaskują temu pomysłowi, w zetknięciu z twardym stanowiskiem Niemiec w tej kwestii, również żostawią tę sprawę w spokoju".

Pod względem ekonomicznym Niemcy były klasycznym „wytwórcą łuków" przekonanym, że źródłem bogactwa jest kreacja produkcji, podczas gdy Francja kładła większy nacisk na racjonalną alokację dóbr. Cytując słowa grubej ryby ze świata zakulisowej francuskiej finansjery, Jeana Peyrelevade'a: „Niemieckie społeczeństwo zrozumiało, że zdrowa struktura produkcji przemysłowej jest kluczowa dla poprawienia wzrostu gospodarczego i siły nabywczej. Niestety we Francji metody wspierające wydajność produkcyjną nie są mile widziane. Marże zysku niemieckich przedsiębiorstw są o 20% wyższe niż przedsiębiorstw francuskich. Polityka, którą tak wychwala Sarkozy, jest odzwierciedleniem jego punktu widzenia, to znaczy, że kluczem do wzrostu gospodarczego jest podniesienie siły nabywczej obywateli poprzez dystrybucję dochodu i obniżenie podatku od osób fizycznych. Sarkozy jest oddany swojej polityce, ale popełnia wielki błąd".

Sarkozy nie zdawał sobie sprawy, że to zwiększenie wydajności jest źródłem dobrobytu, a dystrybucja dochodu może być skuteczna tylko w warunkach wyższej produktywności. Upieczenie ciastka musi nastąpić przed jego podziałem. Ludzie powszechnie podziwiają umiejętność Francuzów do korzystania z życia, jednak to skłonność Niemców do ciężkiej pracy jest chyba bardziej warta ogólnego podziwu. Francja jest skazana na porażkę w walce z Niemcami o dominację w Unii Europejskiej. Jak już niegdyś wspomniała premier Thatcher, Francja nie tylko przygotowała dla Niemiec ślubne odzienie, ale ostatecznie oddała w ich ręce także dziewiczą Europę. W odpowiedzi, były kanclerz Niemiec, Schroeder, nie przebierał w słowach: „Jeżeli celem polityki Francji jest wykorzystanie powstania euro jako części planu mającego na celu osłabienie wpływów Niemiec, a tym samym zmniejszenie naszej dominacji gospodarczej, to rezultat będzie zgoła przeciwny. Wzrost konkurencyjności Niemiec oznacza raczej, że Niemcy będą jeszcze potężniejsze, a ich siła nie osłabnie. Można powiedzieć, że jest to oczywiste, a także konieczne, ponieważ jesteśmy najsilniejszą gospodarką europejską".

Gra o władzę pomiędzy suwerennymi państwami to tylko jawna wersja historii o wspólnocie europejskiej i euro. Za kulisami trwa prawdziwa ekonomiczna i polityczna walka, a wspólnie promujący powołanie Stanów Zjednoczonych Europy reżyserowie tej sztuki od samego początku pozostają poza zasięgiem światła reflektorów. Ministerstwo Finansów Zjednoczonej Europy oficjalnie miałoby ograniczyć wpływy Europejskiego Banku Centralnego i Niemiec. Zachęcając większą liczbę Europejczyków do współczucia Niemcom, można było osłabić ich psychologiczny opór wobec Ministerstwa Finansów Zjednoczonej Europy, a następnie pod hasłem „oszustwa" bez problemu przekazać władzę w zakresie budżetu państwa i polityki skarbowej w ręce ponadnarodowej Unii Europejskiej. Będący, być może, częścią tej gry politycy tak bardzo się jej poświęcali, że zdarzało się im zapominać, czy są jeszcze w grze, czy już poza nią.

W rzeczywistości planiści Stanów Zjednoczonych Europy popełnili pewną strategiczną pomyłkę, a mianowicie w procesie promowania europejskiej wspólnoty monetarnej nie zakładali, że im większa koalicja, a raczej, że im bardziej zbliżona do siebie gospodarka, tym lepiej. W fazie początkowego rozwoju państwa strefy euro ograniczone do Niemiec, Francji, Holandii i Luksemburga w pierwszej kolejności ukończyły proces integracji krajowej gospodarki, a dopiero potem zaproponowały wspólne ministerstwo finansów. Ze względu na niewielki rozmiar sojuszu oraz podobny poziom rozwoju gospodarczego poszczególnych sojuszników, koszty komunikacji były stosunkowo niskie i można było osiągnąć wyższy ich stopień. Gdyby wszystko poszło pomyślnie, a ustanowione standardy dojrzałyby, to w następnej kolejności planowano przyjąć do sojuszu Włochy i Belgię – kraje, których deficyt fiskalny i problem zadłużenia były stosunkowo duże i wymagały przynajmniej kilku lat, aby się ich pozbyć. Dopiero potem można było rozważać dalszą ekspansję. Wskutek tej strategii obecnie strefa euro stała się wielką mieszaniną, w której różni ludzie się ze sobą nie zgadzają, a Niemcom dużo czasu zajmuje harmonizowanie sytuacji, podczas gdy czas także ma swoją cenę.

Podobnie jak w przypadku „Chimeryki", gdzie zachodzi zjawisko polegające na tym, że ludzie z jej wschodniej części (Chiny) są odpowiedzialni za produkcję, podczas gdy ludzie z jej zachodniej części (Ameryka) są odpowiedzialni za konsumpcję, również w ramach Unii Europejskiej wystąpił problem „Europy Północnej i Południowej", polegający na tym, że kraje Europy Północnej z Niemcami i Holandią na czele wykonują produkcję, a kraje Europy Południowej reprezentowane choćby przez Grecję, Włochy czy Hiszpanię konsumują. Problemy, z jakimi mają do czynienia kraje Europy Południowej, są identyczne jak w przypadku Stanów Zjednoczonych, albowiem wszystkie te kraje utrzymują swój gospodarczy dobrobyt na bazie rosnącej bańki aktywów, a tym samym weszły już na drogę modelu wzrostu gospodarczego napędzanego zadłużeniem, z której nie da się zawrócić. Kraje te wykorzystały wejście do strefy euro i uzyskane w związku z tym środowisko niskich stóp procentowych i niskiej inflacji w celu agresywnego pompowania bańki na rynku nieruchomości, by przy pomocy wzrostu wartości aktywów wywołać konsumencki boom. W ciągu pierwszych 10 lat od narodzin strefy euro gospodarka hiszpańska odnotowała wzrost na poziomie około 3,6%, grecka 4%, irlandzka 6%, znacznie przewyższając wskaźniki osiągane w tym czasie przez kraje północnej części Unii Europejskiej. Wzrostowi cen aktywów nieuchronnie towarzyszy ekspansja zadłużenia, a dobrobyt konsumpcyjny nie jest pochodną wzrostu produktywności, a tylko i wyłącznie bodźcem do gwałtownej inflacji cen aktywów. Popyt konsumpcyjny tych krajów pociągnął za sobą ekspansję gospodarczą Niemiec w latach 2004-2008. W efekcie w obrębie Unii Europejskiej doszło do poważnego zaburzenia równowagi. Podczas gdy wymiana handlowa oraz deficyt budżetowy Hiszpanii, Grecji, Włoch i innych krajów uległ istotnemu pogorszeniu, to kraje takie jak Niemcy czy Holandia, wręcz przeciwnie, zdołały wypracować istotną nadwyżkę handlową.

W 2008 roku, a więc w chwili, gdy na całym świecie nastąpiło pęknięcie nadmuchanej do granic możliwości bańki aktywów, napędzany zadłużeniem model wzrostu gospodarczego krajów południowej strefy Unii Europejskiej zbankrutował. Po tym jak cofnęła się fala dobrobytu, na horyzoncie pozostały ruiny i wrak niespłacalnego zadłużenia. W dobie baniek spekulacyjnych i napadowej konsumpcji kraje te zdecydowały się zrezygnować z przemysłu, a wysokiej jakości towary konsumpcyjne kupować od północnych krajów członkowskich Unii Europejskiej, osłabiając w ten sposób albo całkowicie tracąc znaczną część swoich zdolności do „produkcji łuków". Ogromny wzrost zadłużenia, kurczenie się gospodarki, poważne bezrobocie, wysychanie przychodów fiskalnych i ruina finansowa – oto cena, jaką trzeba zapłacić za wybór niewłaściwego modelu wzrostu gospodarczego.

Zasadnicze pytanie brzmi: skąd przybędzie ratunek dla południowych krajów Wspólnoty Europejskiej? Cała Europa bezradnie patrzy na posiadające pełne kieszenie pieniędzy Niemcy, mając nadzieję, że poświęcą zgromadzone dzięki eksportowi oszczędności krajowe i pomogą wszystkim unormować sytuację. Jednak bystrzy Niemcy z pewnością lekką ręką nie oddadzą swoich oszczędności na ratowanie innych.

Jeśli spojrzeć na pół wieku dziejów rozwoju Unii Europejskiej Niemcy od początku jawią się jako kraj szybko reagujący, trzeźwo myślący i silny, o jasno określonych założeniach i twardo przy nich obstający. Podstawowym założeniem niemieckiej pomocy dla gospodarek innych krajów wspólnoty jest to, że w pierwszej kolejności kraje te są zobowiązane wykorzystać wszelkie możliwe własne zasoby, jako że Niemcy nigdy nie byli lekkomyślni, kiedy przychodziło do ratowania innych. Wielka Brytania i Francja, które wielokrotnie próbowały „pasożytować" na Niemcach, za każdym razem wracały z niczym.

W 1972 roku Wielka Brytania na krótko przyłączyła się do „mechanizmu wężowego", jednak dość szybko została wyeliminowana przez kapitał spekulacyjny. W 1973 roku ówczesny brytyjski premier Edward Heath przybył do Bonn, aby ponownie zwrócić się z prośbą o włączenie funta brytyjskiego do „mechanizmu wężowego". Niemcy w sposób naturalny wyraziły poparcie, głównie że względu na fakt, że mając franka i funta w roli swojej prawej i lewej ręki, siła niezbędna do stawienia czoła wysokim falom dolarowego kapitału spekulacyjnego znacznie by wzrosła. Niemniej warunki postawione przez Brytyjczyków sprawiły, że Niemcy się zawahały, próby podejmowane przez brytyjski rząd w celu powiązania waluty brytyjskiej z kursem waluty europejskiej każdorazowo kończyły się fiaskiem, a kolejne rządy wspierające tego rodzaju politykę upadały, dlatego też Heath zwrócił się do Niemiec z żądaniem, by te zobowiązały się do udzielenia nieograniczonej pomocy na rzecz wsparcia funta szterlinga. Z punktu widzenia Niemiec było to równoznaczne z wystosowaniem w ich stronę żądania na wystawienie dla Wielkiej Brytanii czeku *in blanco* na niemieckie oszczędności krajowe, a wówczas Brytyjczycy wyposażeni w ten amulet z pewnością zatraciliby jakiekolwiek hamulce w kwestii deficytu budżetowego. Niemcy nie chcąc bezpośrednio odrzucić stawianego przez Brytyjczyków warunku zaproponowały, by Wielka Brytania najpierw przyłączyła się do „mechanizmu wężowego" i walcząc na śmierć i życie wykazała swoją determinację do ochrony stabilności europejskiego kursu wymiany walutowej. W efekcie Wielka Brytania wycofała się.

Kiedy w 1978 roku uruchomiony został Europejski System Walutowy (EMS), Francja zaproponowała, aby wykorzystać „koszyk walutowy" jako podstawę dla ustanowienia europejskiej jednostki rozliczeniowej (ECU). Wahania kursu poszczególnych walut nie powinny były przekraczać zakresu 2,25% w stosunku do jednostki referencyjnej, jaką miało być ECU. Ten francuski projekt był bardzo sprytny, a w obliczu silnej marki niemieckiej i słabego franka francuskiego pomysł wprowadzenia zakresu wahań kursowych w odniesieniu do ECU był korzystny dla franka. Szczególnie że wskaźniki wymiany walut z „koszyka" raz ustalone byłyby rewidowane dopiero po upływie kolejnych 5 lat. Gdyby w międzyczasie doszło do nadmiernej aprecjacji marki niemieckiej, dałoby to gwarancję, że wartość znajdującej się w „koszyku" marki nie przekroczy ustalonego poziomu wahań kursowych. Niemcy nie miałyby innego wyjścia, jak tylko w pierwszej kolejności interweniować na rynku, sięgając po własne rezerwy walutowe, aby móc w ten sposób doprowadzić do spadku kursu marki. Tym sposobem niemieckie rezerwy walutowe stałyby się wspólnymi zasobami Europejskiego Systemu Walutowego. Równocześnie ECU stałoby się dla poszczególnych państw członkowskich narzędziem interwencji na rynku walutowym, a ponadto w końcu stałoby się ewentualnie narzędziem do spłaty wahań kursowych walut krajowych wywołanych posiadaniem długu zagranicznego. Niemcy od razu przejrzały intencje Francuzów. Chcąc wspierać stabilne funkcjonowanie wymiany walutowej zdecydowały się przyjąć „mechanizm wężowy", jednak pod warunkiem, że waluty poszczególnych państw nie mogą używać ECU w charakterze punktu odniesienia, lecz w zamian za to wskaźnik wymiany pomiędzy każdą parą znajdujących się w „koszyku" walut nie przekroczy ustalonego limitu. W ten sposób poszczególne państwa będą mogły tylko przy użyciu własnych rezerw walutowych przeprowadzać interwencje na rynku walutowym. Dzięki tym ruchom francuska strategia obliczona na korzystanie z niemieckich rezerw walutowych legła w gruzach. Ponadto Niemcy nalegały, aby spłata środków wykorzystanych przez poszczególne kraje w celu interwencji na rynku walutowym odbywała się w dolarach, markach lub złocie. W międzyczasie Niemcy odmówiły także zgody na powołanie wspólnego „funduszu rezerw walutowych". W efekcie silnego nacisku ze strony Niemiec, Francja zmuszona była pójść na kompromis.

Unia walutowa jest strategicznym wyborem mającym na celu maksymalizację interesów Niemiec. Udział Wielkiej Brytanii i Francji jest kluczem tego przedsięwzięcia, jednakże wobec każdej próby sięgnięcia przez Wielką Brytanię i Francję po rezerwy walutowe Niemiec, Niemcy wykazują zerową tolerancję, a póki Wielka Brytania i Francja w pierwszej kolejności nie wykorzystają maksymalnie własnych środków, to drzwi do niemieckiego skarbca pozostaną zamknięte.

Aby ocalić południowy rejon Unii Europejskiej, należy zrobić dwa kroki: pierwszym powinna być stabilizacja europejskiego systemu finansowego, drugim ponowne uruchomienie gospodarki.

Proces pękania bańki aktywów południowej strefy Unii Europejskiej trwa i przyczyni się do wytworzenia straty aktywów w wysokości przynajmniej 2 bilionów euro, a zalewająca systemy bankowe krajów Europy południowej powódź złych długów w formie obligacji rządowych i obligacji korporacyjnych rozprzestrzeni się na całą strefę euro. Wprawdzie problemy finansowe Europy nie przypominają efektu amplifikacji, jaka dotknęła potężny amerykański rynek pochodnych instrumentów finansowych, jednak strawienie tak dużej skali zadłużenia w przypadku Europy również nie będzie łatwym zadaniem.

Istnieją tylko dwa rozwiązania: pierwszym jest dodrukowanie pieniądza przez Europejski Bank Centralny i wykorzystanie inflacji w celu odwrócenia złych długów – będzie to jednak naruszeniem niemal obsesyjnego niemieckiego antyinflacyjnego sposobu myślenia i jednocześnie doprowadzi jeszcze do utraty przez Niemcy oszczędności; drugim jest powołanie Europejskiego Instrumentu Stabilności Finansowej (EFSF), którego fundusze użyte zostałyby w celu przejęcia długu.

Co do działalności EFSF między Niemcami a Francją toczy się spór odnośnie do jednej tylko kwestii, a mianowicie, czyje oszczędności zostaną użyte na potrzeby wypełnienia luki. Francuzi zaproponowali zmianę struktury EFSF na strukturę typowo bankową, co bardzo przypomina popularną swego czasu keynesowską wizję Międzynarodowego Funduszu Walutowego. Według opinii Francuzów kraje nieposiadające pieniędzy zawsze szukają możliwości zaciągnięcia kredytu, a główną funkcją banków jest przecież kreacja kredytów. Francuzi oczekują, że aktywa przeznaczone przez ten fundusz na wykup złych długów, a także fundusze zabezpieczające uzyskane od Europejskiego Banku Centralnego przeznaczone na dalszy zakup sprawią, że te złe długi stopniowo zostaną przesunięte z systemu bankowego do bilansu Europejskiego Banku Centralnego, co w zasadzie byłoby równoznaczne z monetyzacją przez bank centralny tych toksycznych aktywów śmieciowych, a finalnym płatnikiem rachunku i tak byliby oszczędni Niemcy.

Niemcy oczywiście odrzucili tę propozycję, w zamian proponując dźwigniowy model funduszu gwarancyjnego. Fundusz EFSF gwarantowałby pokrycie 20% straty i multiplikację pozyskiwania funduszy, na rynku absorbowałby oszczędności innych krajów i w ten sposób gwarantowałby bezpieczeństwo bogactwa Niemiec, a oszczędności innych krajów stawiałyby w sytuacji ryzyka. Biorąc pod uwagę, że w przypadku Grecji umorzenie wierzytelności objęło 50% zadłużenia, a EFSF pokrył zaledwie 20% strat, to wiązało się to oczywiście z ogromnym ryzykiem inwestycyjnym.

Problem polega nie tylko na krótkoterminowym ryzyku inwestycji finansowych, lecz chodzi także o to, że w wyniku załamania się modelu rozwoju gospodarczego w krajach Europy Południowej, przedłużająca się recesja stała się zjawiskiem nieuniknionym, a wypłacalność tych krajów uległa fundamentalnemu osłabieniu. W ramach tak zwanej „pomocy głodującym bez pomocy biednym" stabilizacja systemu finansowego wydaje się być relatywnie łatwa, w przeciwieństwie do ponownego uruchomienia napędu gospodarki tych krajów. W ramach eurosystemu kraje te nie mogą już dłużej wykorzystywać dewaluacji waluty w celu stymulowania eksportu, a ich rodzimy przemysł w obliczu znaczącej przewagi przemysłu niemieckiego uległ stopniowemu rozpadowi. Tym samym ich popyt na dobra konsumpcyjne z dnia na dzień coraz bardziej opiera się na niemieckim przemyśle. Bez możliwości ochrony waluty i taryf celnych oraz bez wsparcia dla niedoboru przychodów środków finansowych i przychodów fiskalnych, kraje południowej strefy Wwspólnoty Europejskiej muszą zechcieć ponownie uruchomić

„produkcję łuków" i stanąć w zawody z niemieckimi towarami przemysłowymi, co stanowi dla nich wyjątkowo trudne zadanie. Jeśli w dalszym ciągu kraje te będą tylko ograniczać wydatki publiczne i tłumić popyt konsumentów, to ich gospodarka zostanie zgnieciona przez błędne koło. Złe długi krajów południowej strefy euro przypominają obcinanie pędów chińskiego czosnku bulwiastego – odcinasz jeden pęd, a w jego miejscu wyrasta natychmiast kolejny. Faktycznie, przypomina to studnię bez dna strat finansowych.

W chwili obecnej, czy to w Stanach Zjednoczonych, czy też w Europie, wszystkie oczy „chciwych bestii" skierowane są na chińskie oszczędności, a chińskie rezerwy walutowe w oczach innych stały się powszechnym obiektem pożądania. „Chciwe bestie" kuszą na wszelkie sposoby, choćby finansowaniem denominowanym w chińskich juanach, przyznaniem Chinom statusu gospodarki rynkowej, ograniczeniem hegemonii dolara i wieloma innymi przynętami. Wiele z nich wydaje się kuszące, lecz w rzeczywistości są to tylko atrakcyjne powierzchowne.

Po pierwszej wojnie światowej Stany Zjednoczone wykorzystując swoją dominację jako kredytodawcy, wyprawiły dolara w pierwszą ekspedycję, której celem było uzyskanie światowej waluty dominującej. Ostatecznie jednak wyprawa ta zakończyła się klęską, ponieważ podstawy dominacji walutowej leżą w rozmiarze rynku, jaki ta waluta jest w stanie zdominować, a w zetknięciu z niezależną strefą szterlingową i strefą franka, pierwsza wyprawa dolara po koronę skazana była na niepowodzenie. Dopiero druga wojna światowa, która doprowadziła do wzajemnego wyniszczania się państw europejskich, dała dolarowi historyczną szansę zdobycia palmy pierwszeństwa wśród światowych walut. W obecnej sytuacji rozmiar strefy euro jest dużo większy niż ówczesnej niezależnej strefy szterlingowej, a wypływającemu poza granice chińskiemu juanowi trudno będzie uformować niezależną strefę wpływów w rozliczeniach handlowych. Zanim w Chinach uda się stworzyć rynek krajowy o wystarczającej wielkości, większą rolę odgrywać będzie zatrzymanie krajowych oszczędności w granicach kraju. Podczas, gdy gros chińskich małych i średnich przedsiębiorstw bankrutuje w związku z brakiem wystarczających środków finansowych, dostarczanie chińskich oszczędności do Europy wydaje się być moralnym nadużyciem.

Charakter gospodarki rynkowej nie jest w stanie wyeliminować z handlu zagadnień dumpingowych. Nieprzerwane konflikty handlowe między Japonią a Europą i Stanami Zjednoczonymi istniały w latach osiemdziesiątych XX wieku, kiedy Japonii nie dotyczył problem gospodarki rynkowej, a przyczyną konfliktów była sprzeczność interesów – charakter gospodarki rynkowej jest tylko jedną z wielu wymówek uzasadniających wszczynanie wojen handlowych.

Cała retoryka przeciwstawiania się hegemonii dolara na świecie także jest podejrzana. Europejski i amerykański system finansowy od ponad 200 lat stanowią jedną wielką rodzinę, która po wielu scysjach zdołała w końcu ustalić wzajemny podział korzyści i w której poza jawnymi sprzecznościami i konfliktem interesów istnieje tajne i niepisane porozumienie. Patrząc z zewnątrz odnieść można wrażenie, że wiążące je wspólne korzyści są większe aniżeli wewnętrzne sprzeczności.

Jeśli chodzi o rolę Chin w europejskim kryzysie zadłużenia, to pod wieloma względami powinny one korzystać z przykładu dostarczonego przez Niemcy.

Krótkoterminowe
i długoterminowe zmartwienia Chin

W 2012 roku gospodarka chińska szybko odczuła jednoczesne schłodzenie trzech najpotężniejszych światowych gospodarek amerykańskiej, europejskiej i japońskiej, a na potrzeby odpalenia drugiej chińskiej rakiety gospodarczej – globalizacji – zabrakło paliwa. Stan ten przypominał sytuację gospodarki z lat 1997-1999, kiedy to wypalił się płomień pierwszej rakiety, jaką była industrializacja obszarów wiejskich. W krótkim czasie chińska gospodarka stanęła w obliczu osłabienia popytu zewnętrznego, osłabienia wewnętrznej ekspansji kredytowej, spowolnienia konsumpcji, spadku cen, kurczenia się zysków, zaostrzenia problemu zobowiązań, pogorszenia sytuacji aktywów i wielu innych zjawisk, a w 2011 roku nękana plagą inflacji nagle stanęła przed jeszcze poważniejszym problemem deflacji.

W tradycyjnym sposobie myślenia dominuje przekonanie, że rozwój gospodarczy Chin ciągnięty jest przez trzykonny zaprzęg: eksport, inwestycje i konsumpcję. Jeśli pojawią się problemy w eksporcie, to inwestycje i konsumpcja nadal mogą wspierać nieprzerwany wzrost. Ten rodzaj analizy ignoruje jednak logiczne relacje podporządkowania między tymi trzema „końmi". Siłą napędową wzrostu gospodarczego jest zwiększanie produktywności, logika wzrostu polega na tym, że sektor najszybciej „przyspieszający" – produktywność – w procesie przenoszenia popytu na sektory stosunkowo powolne kreuje wystarczający przyrost oszczędności, a tym samym zapewnia podstawę do inwestowania i konsumpcji. W tej trójce sektorem przynoszącym naprawdę szybki wzrost produktywności jest eksport – zorientowany na rynek światowy, którego podstawą jest bliskość światowej klasy technologii i maszyn, konkurencyjny ze względu na niskie koszty siły roboczej i zasobów, pozostający w bliskiej relacji z wspierającymi go lokalnymi jednostkami rządowymi różnego szczebla, gwarantujący dostęp do najlepszych modeli organizacji produkcji, silny dzięki efektowi klastrów przemysłowych, a tym samym zdolny wykreować tani i niezwyciężony na rynku międzynarodowym mit „made in China". Gdyby nie cud produktywności wykreowany przez eksport, niemożliwe byłoby posiadanie wystarczającej ilości przyrastających oszczędności krajowych, jak również dostarczenie funduszy na potrzeby rządowych inwestycji w infrastrukturę czy prosperującej konsumpcji rynkowej. Patrząc z tej perspektywy, to eksport jest prawdziwą lokomotywą chińskiej gospodarki, a inwestycje i konsumpcja są tylko „sprowokowane".

Kiedy Stany Zjednoczone, Europa i Japonia zderzyły się z pokłosiem wzrostu gospodarczego napędzanego zadłużeniem, wpadły w pułapkę długu i nie ma wielkich szans na szybkie wydobycie się z niej. Ameryka stanęła bezradnie przed starzeniem się populacji, wąskim gardłem produktywności i wieloma innymi problemami, a przywrócenie witalności gospodarce wymagałoby przynajmniej 10 lat. Trudności gospodarcze w krajach rozwiniętych stanowią ogromne ograniczenie dla chińskiego eksportu. Jest to nowy i niemający precedensu problem w okresie całych 30 lat prowadzenia przez Chiny „polityki otwartych drzwi", ponadto gwałtowna aprecjacja chińskiego juana dodatkowo pogorszyła sytuację gospodarki eksportowej.

Oczywiście eksport osiągnął dobre rezultaty w wyniku penetracji rynków gospodarek wschodzących. Równocześnie rynek średniego i małego szczebla krajów rozwiniętych także dostarczał gwarancję eksportu minimalnego wolumenu. W ten sposób, chiński sektor eksportowy był w stanie nadal utrzymać stosunkowo wielką skalę, niemniej wzrost miał stopniowo zanikać, a funkcja eksportu w charakterze stymulatora gospodarki słabnąć.

Prędkość wzrostu produktywności reprezentuje ogólną tendencję postępu społecznego, z kolei przyspieszenie produktywności oznacza istotny przełom technologiczny i postęp w metodach produkcji. Z tego powodu przyspieszenie produktywności ma dużo większe znaczenie niż skala gospodarki. Jest to też przyczyną, dla której chiński PKB w XVIII wieku stanowił jedną trzecią światowego, jak również przyczyną, dla której chińska gospodarka ostatecznie została pokonana.

W procesie wypalania się płomienia rakiety napędzającej eksport, tempo wzrostu rzeczywistych krajowych oszczędności zacznie stopniowo spadać, co doprowadzi do osłabienia popytu konsumenckiego. Ludzie często nieprawidłowo rozumieją sedno problemu konsumpcji, sądząc powszechnie, że wzmożona konsumpcja stymuluje wzrost gospodarczy. Tymczasem takie myślenie całkowicie odwraca logiczne zależności między tymi dwoma zjawiskami. Jeśli rolnik zabiera 100 jaj i udaje się na rynek, gdzie w zamian za jaja domaga się ubrania, to taką transakcję można rozumieć jako wykorzystanie oszczędności na potrzeby konsumpcji. Konsumpcja w swojej istocie jest zachowaniem polegającym na wymianie, natomiast to produkcja jest obietnicą konsumpcji – bez produkcji nie ma konsumpcji. Aby zwiększyć skalę konsumpcji, trzeba najpierw zwiększyć skalę produkcji. Jeśli rolnik poprzez zwiększenie produktywności zdoła zwiększyć zasób posiadanych jaj, to kiedy uda się na rynek z 200 jajami, powiększy tym samym podaż na rynku, a poza zapotrzebowaniem na odzież, wykaże też chęć nabycia innych produktów, tym samym, dolewając paliwa do rakiety wzrostu gospodarczego. Wzmożona konsumpcja nie może zagwarantować trwałego wzrostu gospodarczego. Tylko poprzez zwiększenie produktywności w celu stymulowania konsumpcji można promować wzrost gospodarczy.

Czy prowokowanie obywateli do wydawania większej sumy ich bankowych oszczędności jest w stanie przynieść wzrost gospodarczy? Depozyty bankowe są tylko formalnym odzwierciedleniem oszczędności pieniężnych, dopiero zgromadzone przez rolnika jajka są ich rzeczywistą formą. Znaczenie oszczędności polega na tym, że kiedy człowiek nie jest już dłużej zaangażowany w wytwórstwo, oszczędności są miernikiem długości czasu przetrwania tego człowieka w społeczeństwie. Z kolei depozyt bankowy jest tylko odłożoną w czasie konsumpcją, a jego istotę stanowi wymiana towarowa. W przypadku braku wzrostu produktywności wydawanie pieniędzy z depozytów bankowych jest równoznaczne ze skróceniem swojej „społecznej długowieczności", co wprawdzie jest w stanie podtrzymywać gospodarkę, ale nie jest w stanie przynieść jej rzeczywistego wzrostu.

Konsumpcja musi mieć swoje źródła w istotnym wzroście produktywności poszczególnych sektorów gospodarczych, skutkiem czego jest wytworzenie większej ilości niedrogich nowych produktów, co wymaga wzmożonej wymiany na rynku obrotu towarami i stymuluje rozwój pozostałych sektorów gospodarki. Eksplodujący rozwój gospodarczy zawsze jest powodowany przez pojawienie się nowych gałęzi przemysłu, tak jak w latach pięćdziesiątych XX wieku rozwój przemysłu petrochemicznego, czy w latach dziewięćdziesiątych ogarniającą całe społeczeństwo falą rewolucji informatycznej. Dzieje się tak, gdyż pojawienie się nowych produktów na rynku wymiany handlowej wywołuje nową falę konsumpcji i stymuluje nowe zapotrzebowanie na rynku. Wzrost produktywności jest bardziej jaskrawy w przypadku nowych gałęzi przemysłu, ponieważ zaczyna tam rosnąć od zera.

Kiedy chiński rynek konsumencki zacznie słabnąć, nie można dać się zaślepić idei, że konsumpcja stymuluje produkcję, gdyż choć brzmi ona kusząco, to nie może się okazać skutecznym lekarstwem.

Jeśli rząd zdecyduje się na bezczynność, to proces chłodzenia gospodarki i deflacja będą się nasilać. Wówczas nawoływania poszczególnych stron do zastosowania bodźców fiskalnych staną się wręcz ogłuszające. Pytanie brzmi, w jaki sposób rząd powinien prawidłowo stymulować gospodarkę? Począwszy od 2009 roku wiele spośród zastosowanych środków nie jest w stanie przynieść zadowalających i wymiernych efektów w obliczu przyszłych trudności ekonomicznych, gdyż są one tylko próbą przedłużenia żywotności płomienia drugiej rakiety wzrostu gospodarczego. Rząd jest w stanie utrzymać tendencję wzrostu gospodarczego za pomocą zintensyfikowania działań inwestycyjnych, jednak jeśli zainwestuje w zwiększenie produktywności w sektorze, w którym nie ma szans na podwyższenie produktywności lub też w sektorze, w którym nie ma możliwości osiągnięcia w stosunkowo krótkim czasie takiego wzrostu, to problem chińskiego zadłużenia stanie się zasadniczy. Ostatecznie zadłużenie, którego nie można zrównoważyć, może być rozwiązane tylko poprzez dodatkową emisję pieniądza, co w trudnej sytuacji schłodzenia gospodarki zintensyfikuje problem związany z inflacją. Deflacja i inflacja mogą współegzystować, jednak obszar ich występowania będzie różny. Nieprzerwany spadek cen na rynku konsumenckim i nieustająca inflacja cenowa na polu aktywów mogą postawić chińską gospodarkę w trudnym położeniu.

Kluczem do zakończonej sukcesem transformacji gospodarczej jest odpalenie trzeciej rakiety pomocniczej, a inwestycje rządowe muszą trafić na właściwy grunt, aby zrodzić plon w postaci wymiernych efektów. Obszary będące w stanie zagwarantować nieprzerwany wzrost chińskiej gospodarki muszą spełniać wiele warunków koniecznych: pierwszym warunkiem jest potencjał do osiągnięcia znacznego wzrostu produktywności; drugim – wyróżniająca skala korzyści, jakie obszar ten może zaoferować społeczeństwu; ostatnim – szeroki zakres sektorów towarzyszących, których wzrost produktywności może za sobą pociągnąć.

Wśród sektorów spełniających powyższe warunki wstępne na prowadzenie zdecydowanie wysuwa się rolnictwo. Podstawą drugiego uprzemysłowienia obszarów wiejskich powinny być informatyzacja, intensyfikacja, dyfuzja zaawansowanej technologii i urbanizacja. Niska produktywność sektora rolniczego jest w rzeczywistości potencjalnie korzystna z punktu widzenia „przyspieszenia" wzrostu produktywności w tym sektorze. Zakrojone na szeroką skalę rządowe inwestycje w sektorze rolnictwa poprawią podstawowe warunki gospodarki rolnej, zredukują koszty wytwórstwa oraz pomogą zwiększyć zyski osiągane w tym obszarze. Jednocześnie inwestycja zasobów ekonomicznych rynku kapitałowego może w ramach „czterech modernizacji" rolnictwa wywołać „przyspieszenie" wzrostu produktywności znacznie wyższe, aniżeli w innych sektorach gospodarki. Ponad połowa chińskiej populacji nadal zamieszkuje obszary wiejskie. Na fundamentach wzrostu produktywności ludność ta jest w stanie przyczynić się do kreacji ogromnej ilości nowych oszczędności. Kiedy zdrowsze, bardziej ekologiczne, bezpieczne, bogatsze i wartościowsze produkty rolne zaleją rynek, rolnicy także zapragną wymienić je na lepszej jakości, tańsze, energooszczędne, bardziej różnorodne i innowacyjne przemysłowe dobra konsumpcyjne, co stanie się bodźcem dla sektora przemysłu lekkiego do podniesienia własnej produktywności. Kiedy z kolei wzrośnie zapotrzebowanie przemysłu lekkiego na materiały i produkcję maszyn, pociągnie to za sobą także rozwój w sektorach przemysłu ciężkiego. Bogacenie się obszarów wiejskich zaowocuje w sposób naturalny potrzebą urbanizacji, mającej na celu poprawę jakości życia, a to nie tylko przyczyni się do poprawy zdeformowanego rozkładu demograficznego, lecz, co więcej, złagodzi nadmierne zagęszczenie ludności w dużych miastach i pozwoli wygenerować bardziej zrównoważony popyt dla wszystkich gałęzi przemysłu.

Odpalenie trzeciej rakiety jest gwarancją stworzenia przez Chiny największego na świecie rynku konsumenckiego i pozwoli im osiągnąć mocne podstawy prawdziwego mocarstwa. Tym samym Chiny będą w końcu mogły stać się kowalem własnego losu.

Azjatycka Wspólnota Gospodarcza

Problemy Stanów Zjednoczonych mają swe źródła w gospodarce, problemy Europy w polityce, a problemy Azji w historii.

Historia Azji nie jest krótsza niż historia Europy, a azjatycka mądrość polityczna zawsze była dla Azjatów źródłem poczucia własnej wartości. Bogactwo i głębia dziedzictwa kulturowego, stara dobra tradycja konfucjańska, otwarty duch buddyjskiej tolerancji – wszystko to położyło solidne fundamenty dla Azjatyckiej Wspólnoty Gospodarczej.

W ciągu następnych 10 lat Chiny staną w obliczu wyzwania, jakim będzie transformacja gospodarcza, a stabilizacja i współpraca w rejonie Azji Wschodniej jest dla gospodarki chińskiej gwarancją niezbędnej ochrony zewnętrznej. Skoro w Europie dwaj odwieczni wrogowie, Niemcy i Francja, były w stanie zapomnieć o wzajemnych zaszłościach i stać się dwiema głównymi siłami napędzającymi integrację europejską, to czy mające za sobą stulecie wzajemnej wdzięczności i zbiorowych pretensji Chiny, Japonia i Korea nie mogą rozsupłać węzłów historii i stać się pionierami promującymi gospodarczą wspólnotę w Azji?

Niemiecko-francuskie pojednanie stało się kamieniem węgielnym w procesie powołania Europejskiej Wspólnoty Węgla i Stali, będącej przede wszystkim wspólnotą interesów. Jako że węgiel i stal są surowcami, których nie może zabraknąć krajom zaangażowanym w konflikty zbrojne, a w latach pięćdziesiątych XX wieku były też głównym źródłem energii i podstawowym surowcem, toteż życie gospodarcze Niemiec i Francji pod kontrolą tej ponadnarodowej unii węgla i stali pozwoliło zasadniczo wyeliminować zarówno zdolność, jak i chęć do prowadzenia wojny, a celem planu Schumana było „uczynić wojnę nie tylko niewyobrażalną, ale także materialnie niemożliwą". Można powiedzieć, że gdyby nie całkowite wzajemne powiązanie interesów obu państw, to prawdziwe pojednanie byłoby raczej mało prawdopodobne. Co ważniejsze, unia węgla i stali była weryfikacją możliwości ponadnarodowego modelu ekonomicznego i stała się podwaliną dla powołania jednolitego rynku europejskiego. Nie posiadając wystarczającej skali własnego rynku, by konkurować z rynkiem amerykańskim, Europa nigdy nie uzyskałaby władzy pozwalającej jej decydować o swoim własnym przeznaczeniu.

Od momentu zakończenia drugiej wojny światowej na Starym Kontynencie nie toczyła się wojna na dużą skalę, tak więc mający za sobą ponad 500 lat bratobójczej historii współcześni Europejczycy korzystają z ogromnych korzyści, jakie niesie za sobą pokój. W stosunku do wojny, pokój zawsze oznacza pewien postęp cywilizacyjny.

Powołanie przez Europejczyków unii węgla i stali przed 60 laty z punktu widzenia współczesnej Azji wydaje się być bardziej realistyczne, a nawet powinno stać się pilnym i istotnym punktem odniesienia. Chociaż Azja od dłuższego czasu trzyma się z daleka od wojen, to jednak nigdy nie zdołała porzucić wojennej mentalności. Chiny, Japonia i Korea Południowa okute są w nowoczesną formę głębokiej nienawiści, która nie tylko nie słabnie wraz z upływem czasu, lecz bywa, iż w obrębie poszczególnych nacji staje się iskrą zapalną wzajemnych antagonizmów. Wzajemna czujność i kolejne środki ostrożności podejmowane między tymi trzema krajami generują wysokie koszty zasobów dyplomatycznych, politycznych i militarnych.

Historia pokazuje, że podstawową strategią kontroli i równoważenia sił w Europie, jaką stosowała Wielka Brytania, było prowokowanie wojen między krajami na kontynencie. Kiedy silna była Francja, to Brytyjczycy zawierali sojusze z Rosją, Niemcami czy innymi krajami i tworzyli front antyfrancuski; kiedy silne były Niemcy, Wielka Brytania wspierała inne kraje europejskie w hamowaniu potęgi Niemiec, gdyż wzmożona wzajemna konsumpcja sił między krajami europejskimi przyczyniała się do konsolidacji brytyjskiej hegemonii nad światem. Po rozkwicie Stanów Zjednoczonych, brytyjska strategia pod hasłem „bać się potężnych i nękać słabych" została wyniesiona na wyższy poziom. W okresie zimnej wojny to Europa znalazła się na pierwszej linii obrony przed Związkiem Radzieckim i miała za zadanie osłabić sowieckie wpływy – w ten sposób Stany Zjednoczone mogły równocześnie kontrolować Europę i wykorzystywać Związek Radziecki; w okresie izolacji Chin, Japonia, Korea Południowa, Australia, Filipiny i Tajwan uformowały linię najbliższych wysp ograniczających chińskie szlaki morskie. Kraje dominujące zawsze próbują prowokować spory między innymi krajami, aby osiągnąć cele strategii podporządkowania przez podział i brak zgody.

Obecnie Chiny, niestety (w kontekście skali zmagań), stały się drugą światową gospodarką. Życie środkowego dziecka nie należy do najszczęśliwszych – starsze rodzeństwo nim rządzi, młodsze bywa zazdrosne, a tym samym bardzo łatwo przychodzi im tworzenie koalicji przeciwko temu środkowemu. Tragiczna fabuła historii niejednokrotnie pokazała już, że wiele państw będących na drugim miejscu ostatecznie upadło.

Po zakończeniu wojen w Iraku, Afganistanie, Afryce Północnej, na Bliskim Wschodzie i w wielu innych miejscach Stany Zjednoczone dokonały w tych państwach zmiany władzy, co miało na celu bezprecedensowe wzmocnienie amerykańskiej kontroli nad światowymi zasobami ropy naftowej. Z punktu widzenia Chin, których ponad połowa rocznych dostaw ropy naftowej uzależniona jest od importu, Stany Zjednoczone zdołały już chwycić linę ratunkową chińskiej gospodarki, a pozorny dobrobyt Chin na arenie międzynarodowej, a w szczególności na rynkach europejskich, jest w rzeczywistości kolosem na glinianych nogach.

11 października 2011 roku sekretarz Stanu USA, Hillary Clinton wygłosiła ważne oświadczenie polityczne i ogłosiła „amerykańskie stulecie Pacyfiku", twierdząc, że przyszłość polityczna będzie uzależniona od Azji, a najważniejszą misją strategii zagranicznej Stanów Zjednoczonych będzie ulokowanie swoich inwestycji w rejonie Azji i Pacyfiku. Powiedziała także, że wzajemne stosunki z Chinami staną się jedną z najbardziej wpływowych relacji w historii Stanów Zjednoczonych i wymagają odpowiedniego zarządzania. Wprawdzie w oświadczeniu zabrakło szczegółowej instrukcji obsługi relacji na linii USA-Chiny, jednak można mieć pewność, że zainteresowani nie mogą zostać zawiedzeni.

Stany Zjednoczone w sposób oczywisty zaczęły przenikać do obszarów peryferyjnych Chin, jako że celem amerykańskiej globalnej strategii jest zapobieganie i ograniczanie ekspansji wpływów Chin na obszarze Azji i Pacyfiku. Japonia, Indie, Australia i państwa w obszarze Morza Południowochińskiego dla własnych korzyści, ale i napędzane przez Stany Zjednoczone, zaczęły formować bardzo nieprzychylny wobec Chin wspólny front. Ze względu na obecność bogatych złóż ropy naftowej w rejonie Morza Południowochińskiego i Morza Wschodniochińskiego, konflikt zbrojny państw Azji Wschodniej nie jest już tylko odległym wyobrażeniem. Gdy tylko Chiny zostaną wmieszane w lokalne konflikty zbrojne, bez wątpienia wpadną w pułapkę zastawioną na nie przez Stany Zjednoczone, powtórzy się tym samym historyczna analogia, kiedy to na konflikcie między Niemcami i Francją najbardziej korzystała Wielka Brytania.

Aby przełamać to historyczne fatum, kraje Azji Wschodniej muszą przebić skorupę tradycyjnego myślenia, świadomie wyciągnąć wnioski z europejskiego doświadczenia powołania unii gospodarczej i walutowej, a także zakopać topór wojenny i zapewnić osiągnięcie trwałego pokoju w rejonie.

Chiny, Japonia i Korea Południowa – te trzy największe potęgi azjatyckie także mają swoje słabości. Słabość Chin leży w gospodarce, słabość Japonii leży w polityce, słabość Korei Południowej w wojskowości, co więcej, wszystkie te wady mają związek z Ameryką. Gdyby te trzy azjatyckie państwa zjednoczyły się, każde z nich znalazłoby się pod ochroną silnego sojusznika, a ich współpraca w powołaniu azjatyckiej wspólnoty gospodarczej pozwoliłaby zrzucić brzemię w postaci dominacji amerykańskiej i europejskiej, stając się inspiracją dla pozostałych krajów Azji.

Walka poszczególnych państw w imię tylko i wyłącznie własnych interesów jest pojedynkiem nie przynoszących korzyści. Zdecydowanie bardziej opłaca się postawa dzielenia. Wysunięta przez Deng Xiaopinga koncepcja „odrzucenia władz na rzecz wspólnego rozwoju" lepiej wpisuje się w podstawy strategii wspólnoty interesów państw azjatyckich. Obecnie ta koncepcja powinna być traktowana wyjątkowo, a państwa azjatyckie powinny znaleźć odwagę na jej wdrożenie. Chińsko-japoński konflikt o Wyspy Senkaku (Diaoyu), japońsko-koreański konflikt o Wyspy Dokdo (Wyspy Bambusowe) – oba toczą się o suwerenność, a także ogromne zasoby ropy naftowej ukryte pod powierzchnią mórz. Strony sporu pozostają w konflikcie, gotowe do odpalenia pocisków, a konflikt zbrojny między nimi zakończyłby okres względnego pokoju w rejonie Azji i Pacyfiku, stając się potencjalną przyczyną wykolejenia gospodarek tych krajów. Ten sam problem dotyczy sporów o terytoria na Morzu Południowochińskim, jednak tam ryzyko wybuchu wzrasta jeszcze szybciej.

Skoro praktyka unii węgla i stali została już zweryfikowana w Europie, to ten rodzaj ponadnarodowego modelu wart jest także przedyskutowania pod względem możliwości jego powielenia na gruncie azjatyckim. Gdyby udało się powołać Azjatycką Wspólnotę Gospodarczą na wzór i podobieństwo Unii Europejskiej, pierwszym krokiem mogłaby być „unia naftowa", czyli przekazanie spornych podmorskich zasobów ropy naftowej „ponadnarodowej" instytucji. W zasadniczy sposób rozwiązałoby to wszelkie trudne kwestie bez naruszania suwerenności i pozwoliłoby na zaangażowanie się poszczególnych państw we wspólne inwestycje, połączony rozwój, mechanizm wspólnoty interesów. Co więcej, ściśle ze sobą powiązane interesy tych państw członkowskich sprawiłyby, że wybuch wojny stałby się „nie tylko niewyobrażalny, lecz także materialnie niemożliwy", co pozwoliłoby Azjatom cieszyć się korzyściami płynącymi z trwałego pokoju.

Dzięki powołaniu Azjatyckiej Wspólnoty Gospodarczej Chiny mogłyby pokonać Stany Zjednoczone politycznie, ekonomicznie i militarnie, Japonia zyskałaby gwarantowane dostawy ropy naftowej, Korea Południowa zyskałaby bezpieczeństwo militarne, gwarantowane przez Chiny i Japonię, a kraje Stowarzyszenia Narodów Azji Południowo-Wschodniej i Indie uzyskałyby dostęp do zjednoczonego rynku azjatyckiego. Byłby to strategiczny sojusz niosący znaczące korzyści wszystkim krajom azjatyckim.

Azjatom trudno przychodzi odcięcie się od przeszłości. Nie wolno zapomnieć, że celem badania dziejów nie jest życie historią, lecz niedopuszczenie do tego, by się powtórzyła. Azjaci są przeczuleni na punkcie suwerenności, ale trzeba też pamiętać, że dobrze rozumiana suwerenność to zdolność państwa do decydowania o własnym losie. Dlatego projekt zjednoczenia musi być kompromisem. Azjaci bardzo dbają o korzyści, jednak trzeba sobie uprzytomnić, że zyski płynące z dzielenia korzyści znacznie przewyższają samą walkę o nie.

Azja jest miejscem, gdzie narodziła się najstarsza ludzka cywilizacja, a zatem mądrość Azjatów nie powinna ustępować mądrości Europejczyków. Skoro historia Azji była pasmem uległości, poddaństwa i zdawania się na łaskę obcych sił, zatem współczesna Azja nie powinna powierzać swojego losu żadnemu innemu hegemonowi.

Azja jako całość może uzyskać na arenie międzynarodowej pozycję mocniejszą niż kiedykolwiek wcześniej, a poza tym stać się równorzędnym partnerem strategicznym dla Stanów Zjednoczonych i Europy.

Ustanowienie rynku dolara
azjatyckiego: Hongkong w roli przyczółka

Powołanie unii naftowej powinno stać się zadaniem priorytetowym w procesie formowania Azjatyckiej Wspólnoty Gospodarczej, a iskra zapalna konfliktu zbrojnego w Azji powinna zostać całkowicie wygaszona poprzez ścisłe powiązanie interesów społeczności krajów azjatyckich w ramach wspólnoty interesów związanych z potężnymi podmorskimi złożami ropy naftowej. Jest to ogromna inwestycja o wysokim stopniu ryzyka, skąd zatem pozyskać pieniądze?

Odpowiedź brzmi: z rynku dolara azjatyckiego.

Ludzie doskonale wiedzą, co oznacza pojęcie „eurodolar", które w najwcześniejszej fazie odnosiło się do napływających do Europy i obiegających ją wzdłuż i wszerz dolarów amerykańskich, których głównymi źródłami były nadwyżka handlowa Europy ze Stanami Zjednoczonymi, a także koszty militarne wydatków ponoszonych przez zlokalizowane w Europie amerykańskie bazy wojskowe. Na przestrzeni lat akumulacja tego rodzaju dolarów w Europie rosła. W późniejszym czasie Związek Radziecki, kraje Bliskiego Wschodu i inne państwa zaczęły także przechowywać swoje przychody z eksportu ropy naftowej w europejskim systemie bankowym, dodatkowo powiększając w ten sposób „finansową przestrzeń wirtualną" dolara, a jeszcze później Europę zalały również dolary innych krajów i regionów. Ostatecznie wszystkie dolary będące w obiegu poza granicami Stanów Zjednoczonych przyjęły nazwę eurodolarów.

Międzynarodowy bankier Siegmund Warburg jako pierwszy zaczął korzystać z konceptu eurodolara i zwrócił uwagę na to, że tak ogromna i nieregulowana ilość funduszy dolarowych wykorzystywanych tylko i wyłącznie do inwestowania w amerykańskie obligacje skarbowe nie jest w stanie zapewnić wystarczająco wysokich zysków. Na początku lat sześćdziesiątych XX wieku Warburg zainicjował nowe narzędzie inwestycyjne w postaci obligacji eurodolarowych, wykorzystując bezczynne lub przynoszące niskie zyski eurodolary w charakterze programu finansowania europejskich przedsiębiorstw i Europejskiej Wspólnoty Gospodarczej. Kluczowym celem obligacji eurodolarowych był stan, w którym Europejczycy mogliby korzystać z zasobów dolarowych i wykorzystywać ich atuty bez wpadnięcia w pułapkę niskorentownych amerykańskich obligacji skarbowych i stania się biernym płatnikiem amerykańskiego zadłużenia.

W ciągu ostatnich 10 lat Azja stała się na świecie rejonem będącym w posiadaniu największych rezerw walutowych w dolarach amerykańskich. Nadwyżka handlowa sprawia, że co roku lawina dolarów nieprzerwanie powraca na terytorium Azji. Prócz tego, że dolary te służą do zakupu amerykańskich papierów dłużnych i niskorentownych papierów dłużnych innych państw, wydaje się, że nie istnieje żaden inny pomysł na ich wydawanie. W istocie problem ten został już zbadany w latach sześćdziesiątych XX wieku dzięki innowacyjnym eurodolarowym obligacjom.

Pytanie, dlaczego azjatyckie oszczędności dolarowe muszą koniecznie trafiać na amerykańskie i europejskie rynki finansowe? Dlaczego mogą być inwestowane tylko w niskorentowne obligacje skarbowe emitowane w Stanach Zjednoczonych i Europie?

Czyż unia naftowa nie byłaby całkowicie zgodna z tym zapotrzebowaniem na wysokorentowny produkt o niskim stopniu ryzyka i suwerennym programie ratingowym? Niegdyś Siegmund Warburg chciał wykorzystać projekt unii węgla i stali na potrzeby przeprowadzenia emisji obligacji eurodolarowych. W przypadku Azjatyckiej Wspólnoty Gospodarczej można byłoby bezpośrednio wypuścić obligacje dolarowe i wykorzystać pozyskany kapitał na eksplorację i rozbudowę podmorskich złóż ropy naftowej w rejonie azjatyckim, a tego po dziś dzień nie udało się osiągnąć za pośrednictwem euroobligacji. Obligacje dolarowe emitowane przez Azjatycką Wspólnotę Gospodarczą byłyby gwarantowane przez rezerwy walutowe poszczególnych krajów członkowskich i posiadałyby system ratingowy równy systemowi ratingowemu autonomicznych państw, a w przyszłości mogłyby nawet posłużyć w celu finansowania projektów w innych krajach i rejonach Azji. W ten sposób potężne aktywa dolarowe znajdujące się w posiadaniu Azjatów zostałyby zrewitalizowane od podstaw i bezpośrednio przyczyniłyby się do rozwoju gospodarczego Azji, a ponadto osiągany z inwestycji w ich zakup zwrot byłby dużo wyższy i dużo bardziej wiarygodny.

Hongkong wydaje się być najlepszą lokalizacją. Ma już gotowy system prawny i odpowiednie zasoby finansowe i ludzkie. W ciągu 60 lat od zakończenia wojny zdążył już także zebrać bogate doświadczenie na międzynarodowych rynkach finansowych – jest nawet nazywany azjatyckim Londynem. W tej chwili pozycja Hongkongu jako centrum finansowego świata nadal pozostaje niepewna. Czy Hongkong powinien w przyszłości rozwinąć się pod kątem rynku akcji i obligacji, finansowania rynku nieruchomości, finansowania handlu, czy może stać się centrum *offshore* chińskiego juana? Co do tego hongkoński rząd wciąż pozostaje niezdecydowany. W gruncie rzeczy objęcie pozycji centrum agregacji azjatyckiego dolara i emisji obligacji azjatyckiego dolara byłoby dla Hongkongu krokiem naprzód. Obecnie w Azji znajdują się aktywa o wartości przekraczającej dziesiątki bilionów dolarów, w niedalekiej przyszłości osiągną one w szybkim tempie wartość przekraczającą 100 bilionów dolarów. Gdyby Hongkong zamknął w swoich rękach tylko ten obszar interesów, to wszystkie pozostałe byłyby tylko dodatkiem.

Głównymi rywalami Hongkongu są Tokio i Singapur. Jeśli Chiny doprowadzą do powołania Azjatyckiej Wspólnoty Gospodarczej jest oczywiste, że to Hongkong stanie się faworytem do tytułu centrum finansowego i operacyjnego tej organizacji. Mimo wszystko Tokio, Pekin, Seul, Szanghaj, a nawet Singapur nie są w stanie dorównać Hongkongowi, zwłaszcza pod względem stopnia internacjonalizacji czy posiadanego doświadczenia na rynkach finansowych, które to cechy są w tym przypadku najważniejsze.

Mając za główne zadanie emisję obligacji dolara azjatyckiego oraz obrót handlowy tymi obligacjami, a także będąc w posiadaniu zróżnicowanego asortymentu w postaci papierów dłużnych denominowanych w chińskim juanie, japońskim jenie, koreańskim wonie czy innych rodzajach walut, Hongkong mógłby w przyszłości na międzynarodowym rynku finansowym dorównać pozycją Nowemu Jorkowi i Londynowi.

W swoim czasie Hongkong z powodzeniem ukonstytuował unikatowy styl administracji w ramach „jednego państwa, dwóch systemów", co było bezprecedensową innowacją i sprawiło, że miasto to wyróżnia się na tle pozostałych azjatyckich metropolii. Jego dystans mentalny i geograficzny w stosunku do państw azjatyckich jest odpowiedni, a powołanie ponadnarodowej instytucji takiej jak Azjatycka Wspólnota Gospodarcza właśnie w Hongkongu, będzie z pewnością mile widziane.

Azjatycka Unia Monetarna: Azjatycki Mechanizm Walutowy (AMF) kierunkiem strategicznym

Kryzys finansowy w 1997 roku sprawił, że kraje azjatyckie doznały poważnego wstrząsu w wyniku ostrych wahań kursów walutowych, co miało destrukcyjny wpływ na azjatyckie rynki finansowe i do dziś budzi powszechny strach. Na potrzeby rozwoju gospodarczego krajów azjatyckich na dużą skalę wdrożono model oparty na gospodarce zorientowanej na eksport, co generowało pilną potrzebę stabilizacji na rynku walutowym, koniecznej, by uniknąć ryzyka w obrocie międzynarodowym. Ze względu na brak jednolitego azjatyckiego mechanizmu kursowego państwa azjatyckie w większości polegały na Międzynarodowym Funduszu Walutowym w roli ostatecznego wybawiciela. Niemniej po chrzcie, jakim okazał się kryzys finansowy w latach 1997-1998 większość ludzi wciąż ma w pamięci bolesne wspomnienia dotyczące istoty „zbawienia" oferowanego przez MFW, którego mechanizm pomocowy polegał nie tyle na gaszeniu pożaru, ile na rabowaniu poszkodowanych podmiotów pod auspicjami Stanów Zjednoczonych i Europy.

Po tym gorzkim doświadczeniu kraje azjatyckie wyszły z propozycją powołania Azjatyckiego Funduszu Walutowego (AFW, ang. AFM). Oczywiście, jak to sobie można doskonale wyobrazić, sprzeciwiły się temu MFW oraz Departament Skarbu USA. Jednak obecnie powołane zostały już Arabski Fundusz Walutowy i Fundusz Walutowy Ameryki Łacińskiej. Powołanie Azjatyckiego Funduszu Walutowego było zatem tylko kwestią czasu. Wybuch kryzysu finansowego w Stanach Zjednoczonych w 2008 roku i kryzysu zadłużenia w Europie w 2011 roku raz jeszcze uwydatniły konieczność i palącą potrzebę powołania AFW.

Obecnie AFW ma pozycję funduszu regulacyjnego kursy wymiany walutowej, jednak, w przeciwieństwie do Europejskiego Mechanizmu Kursowego, nie obejmuje on dalekosiężnego planowania w tym obszarze. Jest to jednym z powodów, dla których AFW ma trudności z przyciągnięciem uwagi niektórych krajów azjatyckich, jest on bowiem tylko narzędziem awaryjnym, a nie kluczowym elementem przyszłej strategii monetarnej. Jeśli chce się uformować wspólny rynek azjatycki, wówczas wspólna waluta azjatycka wydaje się logicznie spójna z tą ideą. Jednym z kroków, które należy wykonać zanim projekt zostanie ostatecznie zrealizowany, jest stabilizacja kursu wymiany walut.

Z perspektywy drogi prowadzącej ku utworzeniu wspólnej waluty azjatyckiej, długofalowe cele, jakie stawiane są przed AFW można podzielić na trzy fazy. W pierwszej fazie należy powołać – przypominający Mechanizm Kursów Walutowych – Azjatycki Mechanizm Kursów, którego głównym celem byłaby stabilizacja kursu walut poszczególnych państw w ramach jednolitego mechanizmu. Aby to osiągnąć, trzeba powołać wspólny fundusz rezerwowy. Warto pamiętać, że po finansowym wstrząsie w Azji, w ramach inicjatywy Chiang Mai kraje azjatyckie zaproponowały, że każdy z nich wyłoży rezerwy walutowe o wartości 120 miliardów dolarów, które stanowić będą środki ratunkowe, mające za zadanie pomóc państwom pogrążonym w kryzysie ustabilizować kurs wymiany. W repozytorium funduszu wkład finansowy Chin i Japonii wynosi 32%, Korei Południowej 16%, a krajów należących do Stowarzyszenia Narodów Azji Południowo-Wschodniej (ASEAN) 20%. Wysokość wkładów finansowych poszczególnych krajów ASEAN także różni się od siebie, wkład Indonezji, Malezji, Tajlandii i Singapuru wynosi około 4,77 miliarda dolarów a Filipin 2,64 miliarda dolarów. W momencie kryzysu finansowego tych pięć państw wchodzących w skład ASEAN będzie mogło wykorzystać środki w wysokości dwukrotnie większej od poniesionego przez siebie wkładu na uspokojenie niebezpiecznej fali. A jednak w trakcie finansowego tsunami w 2008 roku, podczas gdy niektóre z państw regionu napotkały na trudności z utrzymaniem płynności finansowej, okazało się, że ze względu na brak niezależnego lokalnego podmiotu nadzorującego, plan wykorzystania środków z funduszu okazał się bardzo trudny do wykonania. Wobec wybuchu europejskiego kryzysu zadłużenia w 2011 roku jest wielce prawdopodobne, że na przestrzeni kolejnych kilku lat konsekwencje tego wydarzenia uderzą znów w azjatycki system finansowy, a zatem budowa Azjatyckiego Mechanizmu Kursowego powinna zostać przyspieszona. Niestety nastawienie polityczne krajów azjatyckich determinuje tempo realizacji tego projektu. Jeśli kraje regionu będą w stanie wypracować wkrótce porozumienie w kwestii strategii powołania wspólnoty azjatyckiej, to budowa Azjatyckiego Mechanizmu Kursowego w ciągu następnych 5 lat wydaje się wielce prawdopodobna.

Istotą tego mechanizmu byłaby stabilizacja wahań kursowych w poszczególnych państwach azjatyckich, bowiem dopiero po osiągnięciu wzajemnej stabilności walutowej w państwach regionu można efektywnie promować wzrost obrotu handlu międzynarodowego i budować podwaliny pod ewentualną unifikację azjatyckiego rynku. Najważniejszym zadaniem byłoby określenie przedziału maksymalnych względnych wahań pomiędzy poszczególnymi parami walut, a w sytuacji, kiedy wahania międzywalutowe przekroczyłyby ustalone przedziały, każde państwo zrzeszone w ramach AFW miałoby obowiązek wykorzystania swoich rezerw walutowych do interwencji na rynku walutowym w celu przywrócenia stabilności kursu wymiany waluty krajowej. W skrajnych okolicznościach fundusze w postaci rezerwy walutowej Azjatyckiego Mechanizmu Kursowego posłużyłyby w charakterze środków nadzwyczajnych. Taka pomoc finansowa byłaby pewnego rodzaju kredytem w walucie obcej i kiedy beneficjent zdołałby już zażegnać sytuację kryzysową, byłby zobowiązany do zwrotu otrzymanych wcześniej funduszy pomocowych.

Następną fazą misji realizowanej przez Azjatycki Mechanizm Kursowy byłoby powołanie Azjatyckiego Systemu Monetarnego (AMS, Asian Monetary System). Jego powstanie jest uzależnione od powołania wspólnoty azjatyckiej, bowiem wykorzystywałby on połączony rynek azjatycki w celu promowania wspólnej waluty. Kiedy taryfy celne, dotacje, rolnictwo i kapitał poszczególnych krajów azjatyckich zostaną sprowadzone do jednego mianownika ze swobodnym przepływem ludności, wówczas azjatycka jednostka rozliczeniowa (ACU, Asian Currency Unit) stanie się walutową jednostką rozliczeniową dla transakcji handlowych prowadzonych na tym obszarze. ACU także będzie skomponowana przy użyciu „koszyka" walut azjatyckich, a kryterium wartości poszczególnych walut ustalane będzie na podstawie ich udziału w gospodarce i handlu rejonu. Natomiast wartość walut w koszyku będzie podlegała ewaluacji raz na 5 lat, co pomoże dostosować ją do aktualnej sytuacji ekonomicznej poszczególnych państw.

Po narodzinach ACU, Azjatycki Mechanizm Kursowy za pomocą mechanizmu regulującego maksymalny limit wahań pomiędzy poszczególnymi parami walut w koszyku pozwoli uregulować zakres ich wahań w stosunku do ACU. W ten sposób większa odpowiedzialność spadnie na kraje-mocarstwa, będące w posiadaniu większej ilości rezerw walutowych, a tym samym pozwoli wywołać zainteresowanie większej ilości państw chęcią udziału w tym mechanizmie.

ACU nabierze dla walut krajów azjatyckich wartości stabilizującej odpowiedzialność historyczną i stanie się podstawą narodzin dolara azjatyckiego.

Trzecią fazą misji Azjatyckiego Funduszu Walutowego, a zarazem najistotniejszą fazą będzie ustalenie sztywnego kursu pomiędzy walutami poszczególnych krajów a ACU. Po pewnym okresie przygotowawczym, przy korzystnych warunkach politycznych i ekonomicznych ACU stanie się punktem odniesienia dla wspólnej waluty azjatyckiej. Państwa, w których warunki dojrzeją wcześniej, mogą stać się prekursorami w procesie wymiany waluty krajowej na dolara azjatyckiego, a wówczas Azjatycki Fundusz Walutowy odrodzi się pod postacią Azjatyckiego Banku Centralnego.

Od samego początku powołania AFW powinno się mieć na uwadze promowanie ustanowienia dolara azjatyckiego i powołania Azjatyckiego Banku Centralnego. Gdyby bowiem przyjąć, że rola AFW ma się ograniczać do pozycji funduszu pomocowego i podmiotu wspierającego MFW, to takie pozycjonowanie jest zdecydowanie zbyt niskie. AFW musi pełnić rolę promotora azjatyckiej wspólnoty politycznej i integracji ekonomicznej, a nie stać się instytucją „sterowaną". To z kolei wymaga, aby AFW był najbardziej aktywnym, najbardziej efektywnym i najbardziej obecnym w codziennym życiu Azjatów pośrednikiem rządów poszczególnych krajów, banków centralnych, ministerstw finansów, instytutów badawczych, organizacji akademickich i mediów.

Poza tym, w zakresie metod promowania dolara azjatyckiego należałoby wyciągnąć lekcję z doświadczeń euro, a więc dążyć do celu spokojnie i bez pośpiechu. Chiny, Japonia i Korea Południowa mogłyby jako pierwsze powołać mechanizm stabilnych kursów walutowych. Wartość chińskich i japońskich rezerw kształtuje się na zbliżonym poziomie. Korea Południowa też nie odbiega od standardu, a zatem między tymi trzema państwami nie doszłoby do zażartej dyskusji na temat tego, kto ratuje kogo. Z pewnością udałoby się uniknąć sytuacji Niemiec, które angażując się w proces powołania Europejskiego Mechanizmu Kursowego, zawsze musiały się martwić o to, by Francja czy też inne kraje nie „zagrabiły" zgromadzonych przez nie rezerw walutowych. W rzeczywistości stosunkowo wolne tempo promowania Mechanizmu Kursów Walutowych wynikało właśnie z odwiecznych obaw Niemiec o bezpieczeństwo posiadanych rezerw, co przyczyniło się do utraty znacznej ilości cennego czasu. Gdy tylko zostanie osiągnięty konsensus polityczny między Chinami, Japonią i Koreą Południową, to w kwestii szczegółów operacyjnych znów warto będzie posłużyć się przykładem doświadczeń europejskich – a mianowicie, tempo tworzenia Azjatyckiej Wspólnoty Walutowej powinno być zdecydowanie szybsze niż w przypadku Europy.

Po stosownym okresie płynnej działalności unii chińsko-japońsko-koreańskiej będzie można stopniowo otworzyć bramy wspólnoty dla 10 zrzeszonych w ramach ASEAN państw, a także dla pozostałych państw regionu. Przystępując do unii walutowej, odniosą one praktycznie same korzyści: po pierwsze, w przypadku niepowodzeń waluty krajowej, mechanizm kursowy będzie mógł im przyjść z pomocą; po drugie, wspólnota da im szansę przystąpienia do potężnego wspólnego rynku azjatyckiego. W związku z tym konieczne będzie ustalenie określonych standardów zgodności.

Najtrudniejszy dla Azjatyckiej Unii Walutowej będzie moment startu. Stopień trudności nie wynika jednak w tym przypadku z kłopotliwych detali operacyjnych ani nawet z woli politycznej Chin, Japonii czy Korei Południowej, ale z presji, której źródłem będą Stany Zjednoczone. Kwestia możliwości zniesienia tej presji i bycia kowalem własnego losu jest kluczowa w kontekście sukcesu lub porażki Azjatyckiej Unii Walutowej. Jest to także sprawa decydująca o dalszych losach kontynentu azjatyckiego.

Chiński juan czy dolar azjatycki?

Czy z punktu widzenia Chin większe korzyści może przynieść umiędzynarodowienie chińskiego juana, czy też promocja azjatyckiego dolara? Jest to kluczowa kwestia.

Z kart historii wynika jasno, że brytyjski funt i amerykański dolar włożyły mnóstwo pracy, by stać się główną walutą światowych rezerw, podczas gdy niemiecka marka i japoński jen nigdy nie stanowiły więcej niż 10% wartości światowych rezerw walutowych, co było następstwem stosowanego przez Niemcy i Japonię modelu rozwoju gospodarczego zorientowanego na eksport.

Ze względu na ograniczoną pojemność rynku krajowego Niemcy i Japonia zmuszone były polegać na rynkach międzynarodowych gwarantujących przestrzeń dla ich wzrostu gospodarczego, a w procesie eksportu towarów musiały podążać za obiegiem walut międzynarodowych. Z drugiej strony, waluta krajowa, aby uzyskać status dominującej w światowym handlu i rezerwach, musi nieprzerwanie płynąć za granicę, a istnieją tylko dwie drogi umożliwiające taki odpływ waluty: deficyt handlowy i inwestycje zagraniczne. Gdyby Niemcy i Japonia stały się krajami posiadającymi deficyt handlowy i nastąpiłby masowy wypływ marki i jena, to produkty importowane w szybkim tempie wypełniłyby relatywnie niewielki rynek krajowy Niemiec i Japonii, a wydajność ich własnych gospodarek uległaby dezintegracji, co położyłoby kres ich potędze. Gdyby wcześniej, w latach osiemdziesiątych XX wieku Japonia intensywnie promowała inwestycje zagraniczne i pożyczki w jenach, to blisko trzydziestoletni wysiłek nie przyniósłby wymiernego postępu produkcji. Wówczas jen nie miałby szans na eksport. Głównym powodem, dla którego ludzie decydują się na posiadanie jena, jest nadzieja, że w przyszłości będą mogli kupić towary na japońskim rynku. Gdyby jednak skala japońskiego rynku wewnętrznego okazała się niewystarczająca, to i motywacja do posiadania jena znacznie by osłabła.

Z tego powodu państwa o małej pojemności rynku krajowego bez względu na to, jak silna jest ich gospodarka, nie mają realnych możliwości uczynić ze swojej waluty dominującej waluty światowej. Walutą światową mogą stać się zatem waluty krajów o dużej pojemności rynku krajowego.

Niegdyś Imperium Brytyjskie zajmowało piątą część lądowej powierzchni globu, posiadało ogromnych rozmiarów rynek obsługujący jedną czwartą światowej populacji. Powstały dzięki wypływowi funta deficyt handlowy osiągał zatrważające kwoty, mimo że udział handlu zagranicznego w gospodarce brytyjskiej nie był zbyt wysoki. W latach trzydziestych XX wieku udział handlu zagranicznego w gospodarce Stanów Zjednoczonych wynosił 3-5%, jednak potężny rozmiar amerykańskiego rynku krajowego sprawiał, że Stany Zjednoczone nie musiały się przejmować wahaniami kursu wymiany dolara. Odpływ waluty poza granice kraju wymaga pieniędzy i tylko potężne kraje o dużym kapitale są w stanie najpierw wytrzymać tę presję, a później cieszyć się korzyściami wynikającymi z odpływu pieniądza.

W przypadku Chin konsumpcja rynku krajowego stanowi obecnie jedną trzecią PKB, a rynki zagraniczne w większości polegają na wzroście chińskiej gospodarki. Taka struktura gospodarki zorientowanej na eksport i stosunkowo niewielka pojemność rynku krajowego sprawiają, że proces internacjonalizacji chińskiego juana ma niewielkie szanse na powodzenie, póki nie nastąpi proces transformacji gospodarczej.

Chiński boom gospodarczy jest bardzo uzależniony od zagranicznych dostaw ropy naftowej i surowców, podobnie jak od popytu na rynkach amerykańskim i europejskim, a takie podstawy gospodarczego dobrobytu mają swoje słabe strony. Na czym będzie bazował dalszy rozkwit chińskiej gospodarki, jeśli nie uda się podtrzymać napędzanego zadłużeniem europejskiego modelu wzrostu gospodarczego bądź jeśli z powodu jakiejś wojny przerwane zostaną dostawy ropy naftowej i surowców? Czy ścisłe powiązanie podaży chińskiego juana z dolarem – w okresie zanim nastąpi „kuracja" – nie oznacza, że internacjonalizacja RMB jest tylko ponownym eksportem dolara amerykańskiego przebranego w szaty juana? Czy na kruchym fundamencie gospodarki opartej na relatywnie niewielkim rynku wewnętrznym eksportowany chiński juan ma szanse stać się silną walutą? Aprecjacja juana może przynieść więcej ekscytacji wśród walutowych spekulantów aniżeli szczerego zaufania ze strony państw na całym świecie.

Im większa będzie intensywność internacjonalizacji RMB, tym większa będzie agresja i czujność Stanów Zjednoczonych wobec Chin. Kraje strefy euro będą nieco bardziej zadowolone widząc, że chińska waluta stała się celem ataku ze strony Ameryki, a kraje azjatyckie będą nieufnie stawiać opór przed chińskimi próbami powołania „nowego porządku chińskiego juana".

W przypadku braku gotowości sił otwarty atak chińskiego juana z dużym prawdopodobieństwem zakończyłby się pozostawieniem go samotnie na polu walki. Z powodu braku sojuszników, chiński juan znalazłby się w stanie oblężenia przez kraje walut dominujących.

W związku z tym, przeprowadzenie procesu restrukturyzacji chińskiej gospodarki musi nastąpić przed internacjonalizacją juana. I jest to strategia radykalna.

Dla kontrastu, wysiłki Chin zmierzające do ustanowienia wspólnej waluty azjatyckiej, choć wydają się być działaniem radykalnym, w istocie są działaniem konserwatywnym.

Jeśli długotrwałe załamanie gospodarcze w Europie i Ameryce wymusi na Chinach restrukturyzację gospodarki, wskutek czego Chiny nie będą w stanie lub też nie zechcą w dalszym ciągu dostarczać Stanom Zjednoczonym swoich oszczędności, to w oczach pragmatycznych Amerykanów Chiny stracą swoją wartość użytkową. W ciągu ostatnich 10 lat USA tolerowały gospodarczy boom Państwa Środka tylko i wyłącznie dlatego, że chińska produkcja oznaczała dla nich możliwość korzystania z importowanych z Chin towarów, a chińskie oszczędności były warunkiem amerykańskiej konsumpcji. Gdy tylko przestanie istnieć zbiór korzyści wspólnych dla obu krajów, natychmiast nieuchronnie rozpadnie się „chimerykańkie" małżeństwo.

Nowa strategia „amerykańskiego stulecia Pacyfiku" ogłoszona przez USA w rzeczywistości oznacza dla Chin przejście z pozycji strategicznego partnera do roli strategicznego rywala. W rezultacie intensyfikacja wszelkich konfliktów terytorialnych narastających obecnie w rejonie Azji i Pacyfiku jest niczym innym, jak manifestacją siły USA. Prowokując rozgrywkę, w której „Azjaci walczą przeciwko Azjatom", Stany Zjednoczone próbują wiele zyskać, niewiele inwestując. Z jednej strony próbują przejąć część dostarczanych dotąd do Chin dostaw ropy naftowej, wraz z morskimi szlakami komunikacyjnymi i aktywnością ekonomiczną uzależnioną od rynków zbytu; z drugiej zaś strony nawołują kraje azjatyckie do grabieży chińskich interesów, stawiając tym samym Chiny w bardzo trudnej sytuacji. W ciągu nadchodzących 10 lat osłabienie wiary we własne siły spowodowane długotrwałą niewydolnością własnej gospodarki spowoduje, że Stany Zjednoczone staną się wobec Chin przewrażliwione i agresywne.

W procesie skomplikowanych i zażartych rozgrywek chińsko-amerykańskich Chiny potrzebują więcej sojuszników, a mniej adwersarzy. Zawiązanie jednolitego frontu w Azji oraz zjednanie sobie sprzymierzeńców, pomogłoby rozwiązać problem nadmiernej presji wywołanej amerykańską polityką „zaciśniętych rąk". Rozumując w ten sposób, strategia promowania dolara azjatyckiego nie jest tylko strategią promocji waluty, lecz jednocześnie nosi znamiona strategii geopolitycznej i militarnej.

Połączenie sił z Japonią, Koreą Południową i 10 państwami zrzeszonymi w ASEAN, którego pierwszym krokiem byłaby „unia naftowa", która dzięki użyciu mechanizmu kursowego w roli dźwigni i dzięki wyważonej koncepcji wspólnego rynku azjatyckiego zmieni konfrontację we współpracę, a walkę o interesy we wspólnotę interesów. Wspólny rynek azjatycki potrzebuje wspólnej waluty, a wspólna waluta poszerzy zasięg wspólnego rynku. Jeśli połączone zostaną japońska technologia, chińska produkcja, koreańska innowacyjność i zasoby państw ASEAN, wówczas oparty na tak ogromnym jednolitym rynku dolar azjatycki stanie się jedną z trzech najpotężniejszych walut na świecie.

Stany Zjednoczone z łatwością mogą zwalczyć chińskiego juana, którego broni tylko jeden kraj – Chiny. Jednak pokonanie dolara azjatyckiego oznaczałoby wystąpienie przeciwko wszystkim państwom regionu. Wspólnota azjatycka i dolar azjatycki nie tylko oferują więcej autonomii dla rozwoju państw Azji i Pacyfiku, ale są także dla

Chin swoistym parawanem bezpieczeństwa. Z politycznego punktu widzenia Chiny zyskają w tej sytuacji pewność siebie; z perspektywy ekonomicznej wspólny rynek oznacza więcej przestrzeni dla transformacji rodzimej gospodarki. Pod względem militarnym Chiny nie miałyby w Azji wrogów, lecz wyłącznie sprzymierzeńców, a tym samym amerykańska przewaga militarna uległaby kompletnemu załamaniu.

Z punktu widzenia chińskiej strategii samoobrony, w promowanie dolara azjatyckiego warto się zaangażować bez względu na to, jak długo potrwa realizacja tego pomysłu i jakie trudności pojawią się po drodze. Efekty internacjonalizacji RMB zapowiadają się jako krótkoterminowe, niezbyt optymistyczne, a skutki uboczne liczne. Mimo wszystko między strategią radykalną i konserwatywną nie dochodzi do zasadniczego konfliktu, co więcej, promując strategię internacjonalizacji juana można równocześnie podjąć działania zmierzające ku przekształceniu dolara azjatyckiego we wspólną walutę regionu.

Niemcy wprawdzie odrzuciły markę, ale teraz są mocno osadzeni na grzbiecie euro; zrezygnowały z ochrony krajowego rynku, ale zdominowały rynki całej Unii Europejskiej. Nie rezygnując z małego zysku, nie da się uzyskać wielkich korzyści. Pod względem sposobu prowadzenia interesów, Chińczycy powinni brać przykład z Niemiec.

Dolar amerykański, euro i dolar azjatycki, czyli Epoka Walczących Królestw

Dylemat dolara polega na tym, że nie może on wiecznie brać na siebie odpowiedzialności za bycie walutą światową. Podstawy globalnego pieniądza oparte na zadłużeniu skarbu państwa w roli kluczowych aktywów pociągają za sobą ryzyko przeciążenia i ewentualnej zapaści narodowych przychodów fiskalnych. Historia wielokrotnie dowiodła prawdziwości tej tezy, a ostateczny upadek systemu dolarowego jest niejako logiczną koniecznością.

Pytanie brzmi: która waluta zastąpi dolara w tej roli, kiedy okaże się, że nie można dłużej podtrzymywać tego systemu? Euro, juan, jen, a może inna waluta? Odpowiedź brzmi: żadna waluta suwerennego kraju nie jest w stanie zastąpić dolara. Dolar będzie „ostatnim cesarzem" dynastii. Kończą się czasy, w których waluta jednego suwerennego państwa mogła ubiegać się o tytuł światowego regenta.

W ostatnich latach Imperium Dolarowego, gdy rozszalały kryzys walutowy nabiera tempa, światowa gospodarka ponownie wpadnie w poważne turbulencje. Euro stanie się reprezentantem trendu walutowej regionalizacji i taki trend pojawi się też w Azji, na Bliskim Wschodzie, w Afryce i Ameryce Południowej. Waluty tych regionów jeszcze bardziej przyspieszą ograniczenie strefy wpływów dolara amerykańskiego i przyspieszą upadek dynastii dolarowej.

Oczywiste jest, że Imperium Dolarowe nie pozostanie biernym obserwatorem obcej ekspansji na swoje terytorium. Tak jak każdy ostatni cesarz, użyje wszystkich swoich zasobów politycznych, ekonomicznych i militarnych, aby powstrzymać walutową rebelię. Być może ten system represji odniesie oczekiwany skutek i walutowi rebelianci chwilowo ucichną. Będzie to wszakże tylko chwilowa cisza przed burzą, po której bunt wybuchnie z jeszcze większą siłą, co wywoła jeszcze poważniejsze represje, które potrwają aż do chwili całkowitego wyczerpania sił byłego tyrana. Z tego powodu zacznie narastać wewnętrzna sprzeczność imperium między „frakcją suwerennej waluty" a „frakcją wspólnej waluty światowej", a szala balansu politycznego ostatecznie zacznie przechylać się na korzyść tej ostatniej.

Jeśli dolar zdecyduje się abdykować, w ostatniej chwili zostanie użyte koło zapasowe już wcześniej przygotowane przez Stany Zjednoczone na wypadek wypłynięcia na powierzchnię wspólnej światowej waluty. Będą nim specjalne prawa ciągnienia (SDR) Międzynarodowego Funduszu Walutowego. W późnych latach siedemdziesiątych XX wieku, kiedy to dolar znalazł się na krawędzi załamania, do akcji wkroczyły szybko „substytucyjne konta SDR" i gdyby ówczesny przewodniczący Systemu Rezerwy Federalnej Volcker nie wytoczył ostrej amunicji, aby ratować dolara, to prawdopodobnie żylibyśmy dziś w otoczeniu zdominowanym przez zupełnie inną walutę.

Koncepcja SDR i ECU wykazuje daleko idącą spójność, obie są jednostkami rozliczeniowymi walut zawartych w koszyku. Dopóki kurs wymiany waluty krajowej jest sztywny w stosunku do SDR, można używać tej jednostki jako substytutu waluty krajowej – podobnie jak euro zastąpiło waluty poszczególnych krajów członkowskich Wspólnoty Europejskiej. Dopóki Stany Zjednoczone kontrolują MFW, nie ma zasadniczej różnicy między używaniem dolara, a używaniem SDR w roli światowego hegemona. Porzucając dolara, Amerykanie zyskają silniejszą jednostkę SDR. Oczywiście USA będą musiały dzielić się władzą ze swoimi europejskimi partnerami, ale w zamian za to Europa zrezygnuje z euro.

Obecnie w obrębie SDR występuje poważny defekt, którym jest nieuwzględnienie chińskiego juana w koszyku walutowym, a biorąc pod uwagę rozmiar i potencjał chińskiej gospodarki, bez wciągnięcia Chin do udziału dalsze rozgrywki nie będą mogły się odbyć. Być może Chiny same wystąpią z propozycją nowego systemu walutowego, ale może być to problematyczne. Aby dołączyć do SDR, chiński juan musiałby stać się walutą swobodnie wymienialną, a to będzie wymagało przekonania wrogo nastawionej do takiego pomysłu Europy, że wymienialność juana stanie się zaczątkiem licznych wzajemnych korzyści.

Pytanie brzmi: co naprawdę oznacza dla Chin włączenie RMB do koszyka walutowego SDR? Zgodnie z zamierzeniami Stanów Zjednoczonych i Europy, MFW ma w przyszłości stać się Światowym Bankiem Centralnym, a więc SDR stanie się wspólną walutą światową, która zastąpi poszczególne waluty krajowe. Naturalnie Stany Zjednoczone i Europa staną się większościowymi akcjonariuszami opozycji wobec takiego rozwiązania, a Chiny i reszta państw odegrają rolę akcjonariuszy z mniejszością udziałów. W chwili, w której Chiny utracą władzę nad emisją własnej waluty, zniknie też perspektywa powiększenia ich udziałów w spółce SDR. Tym samym los Chin zostanie zdominowany przez Stany Zjednoczone i Europę.

Jeśli pojawienie się wspólnej waluty światowej jest głównym trendem w rozwoju światowej gospodarki, a w dodatku trend ten nie może być powstrzymany, to Chiny powinny stać się jego liderem, zamiast pozwolić się mu zdominować.

Chiny muszą postrzegać RMB jako suwerenną walutę, która z pewnością nie może zastąpić niepodzielnej dyscypliny dolarowej, lecz równocześnie nie mogą zaakceptować sytuacji przyjmowanej przez inne państwa. Będąc świadome słabości juana, który nie jest w stanie stawić czoła dolarowi i euro, Chiny zobowiązane są dążyć do integracji w ramach kontynentu azjatyckiego, gdyż tylko całkowite zjednoczenie krajów azjatyckich i tarcza w postaci dolara azjatyckiego są w stanie przeciwstawić się siłom eurodolarowym i dać początek trendowi trójpodziału władzy. Bez dolara azjatyckiego waluty poszczególnych państw azjatyckich zostaną jedna po drugiej zniszczone przez USA, a niedobitki zostaną wcielone do struktury Międzynarodowego Funduszu Walutowego.

Jeśli przyszłość faktycznie zmierza do momentu powołania wspólnej waluty światowej, a Azja stanowi przynajmniej trzecią część globu, to jej siły muszą być także należycie wyważone w stosunku do Ameryki i Europy, a więc powinna także otrzymać równą część udziałów. To, czy obecna sytuacja światowych walut zostanie właściwie rozpoznana przez Chiny, zdecyduje nie tylko o przyszłych losach chińskiego juana, ale także określi przeznaczenie Chin i całej Azji.

Siłacze zawsze byli kowalami własnego losu.

Podziękowania

Nadeszła zima. W końcu odłożyłem pióro, jednak nie byłem w stanie odłożyć na bok galopujących myśli, choć noc na Pachnących Wzgórzach była tak długa i tak spokojna. Zamknąłem oczy, lecz nie nie udało mi się oczyścić zwojów pamięci z rozrzuconych szczątków historii. Od czasu do czasu pojawiająca się inspiracja niczym prąd stymulowała wołający rozpaczliwie o chwilę wytchnienia mózg, a przepełnione pasją słowa wypływały jedno za drugim, potykając się o siebie, pod ciśnieniem zbijały się w kłębek chmur będących pragnieniem wyrażenia poczucia utraty kontroli. Zarówno logika pozytywnego, jak i negatywnego myślenia sięgnęły po broń i używały jej do zaciętej walki. Dopiero gdy świt zaczął przebijać przez zasłony, stopniowo nadszedł spokój. Dopiero gdy trwająca ponad pół roku nocna praca została ukończona, dała poczucie podobne do natychmiastowego przeniesienia się w stan duchowej nieważkości, a ból temu towarzyszący był znacznie większy niż radość wynikająca z uwolnienia się od ziemskich trosk.

Pamiętam, że Steve Jobs powiedział kiedyś: „Jeśli wiesz, że twoje życie niebawem się skończy, to kiedy każdego dnia stajesz przed lustrem, zadaj sobie pytanie, czy rzecz, której dziś dokonałeś, pozwoli ci stwierdzić, że nie żałujesz, a jeśli każdego dnia twoja odpowiedź brzmi tak, to znaczy to, że realizujesz misję, dla której przyszedłeś na ten świat".

W tych dniach, które spędziłem na Pachnących Wzgórzach, często stawałem przed lustrem zadając sobie to samo pytanie i czułem, że chyba odnalazłem swoją życiową misję.

Pamiętam, że kiedy byłem bardzo mały zarówno rodzice, jak i nauczyciele często mówili, że nie mam siły przebicia. W rzeczywistości sam nigdy nie przykładałem wagi do tej oceny. Kiedy dorosłem, zrozumiałem, że posiadanie siły przebicia i dążenie do samodoskonalenia to dwie różne cechy. Ludzie mający siłę przebicia zabiegają o opinię innych ludzi; ludzie dążący do samodoskonalenia dbają wyłącznie o własną opinię na swój temat. Ludzie mający siłę przebicia są z pozoru pewni siebie, choć faktycznie mają bardzo niską samoocenę, a wynika ona z tego, że pozbawieni są wewnętrznego systemu wartości i nie mają innego wyjścia, jak tylko polegać na standardach świata zewnętrznego. Ludzie dążący do samodoskonalenia nigdy nie dbają o to, co mówią o nich inni, a dzieje się tak dlatego, że ich głęboko zakorzenione poczucie własnej wartości służy im za kompas. Kiedy społeczeństwo przecenia czyjąś wartość, trzeba zachować wzmożoną ostrożność; kiedy nie docenia czyjejś wartości, należy zachować spokój i z uśmiechem obserwować błękit nieba.

To, czego doświadczymy pozostaje z nami. Nie należy bać się ironii i sarkazmu ani szybko rozprzestrzeniających się plotek; nie należy obnosić się ze swymi zdolnościami ani chełpić się swoimi sukcesami; bycie niczym chorągiew na wietrze nie przystoi arbitrom. To jest moje życiowe motto. Ta wiara bardzo mnie umocniła podczas moich dni na Pachnących Wzgórzach.

Moje badania i pisarstwo przekonały mnie, że wnoszę jakąś wartość do społeczeństwa. Miernikiem wartości człowieka jest to, ile wniósł do wspólnego skarbca, a nie ile z niego wyciągnął.

Powstanie tej książki nie mogłoby się odbyć bez wsparcia i pomocy wielu moich przyjaciół. Bez nich ukończenie tej pracy stałoby się niemożliwe.

Yan Zhengying odpowiada za związane z wydaniem tej książki szczególne i uciążliwe przygotowania. Gdyby nie jej owocna praca w zakresie komunikowania się z wydawnictwem, zostałbym złapany w pułapkę szczegółów transakcyjnych i nie miałbym możliwości skoncentrowania się na badaniach i pisaniu. Yan Zhengying, wraz z redaktorem z wydawnictwa, spośród setek tysięcy projektów książkowych okładek wybrała te najbardziej odpowiadające osobowości autora. To ona zdecydowanie przekonywała do porzucenia wzoru jaskrawych krajowych książek i olśniewającego stylu pop na rzecz podkreślenia klasycznego i doniosłego poczucia estetyki. To ona sprzeciwiła się nadmiarowi informacji na okładce książki i optowała za prostotą i elegancją. Jej dziełem jest projekt graficzny, wybór gramatury papieru, negocjacje cenowe, promocja, harmonogram i wiele innych detali, to ona na przestrzeni kilku długich miesięcy cierpliwie pozostawała w kontakcie z wydawnictwem, a także włożyła wiele wysiłku w to, by zagwarantować odpowiednią jakość tej książki.

Na polu zawodowym skorzystałem z wiedzy wielu znamienitych akademickich pracowników i wykładowców.

Dużo wyniosłem z seminarium prowadzonego przez zastępcę przewodniczącego Banku Chińskiego, Wang Yongli, poświęconego opinii, że prawdziwy rynek pieniężny dolara nigdy nie wypłynął z amerykańskiego systemu bankowego. W ramach późniejszych kontaktów Wang Yongli obszernie zarysował mi temat przepływu i szczegółów rozliczania przepływów na rynku pieniężnym dolara poza granicami Stanów Zjednoczonych, a ja do dziś wielokrotnie wracam do lektury jego artykułów poświęconych temu zagadnieniu. To pod wpływem dostarczonej przez niego inspiracji otrzymałem książkę autorstwa Jacquesa Rueffa, *Grzech pierworodny zachodnich walut*, po której przeczytaniu zrozumiałem, że poglądy Wang Yongli są współczesną wersją omawianych niegdyś przez Rueffa zagadnień. Ten pogląd został zawarty w pierwszym rozdziale niniejszej książki, w części poświęconej wrodzonym wadom systemu parytetu wymiany złota.

Wykładowca w Instytucie Społecznej Gospodarki Światowej Akademii Nauk, Zhang Yuyan, zawsze był jednym z tych naukowców, którzy najbardziej przyciągali moją uwagę, a jego poglądy w dziedzinie obiegu walutowego, wpływu płynności srebra na rozkwit w Europie, wzajemnych relacji między walutą a Wschodem i upadkiem poszczególnych dynastii w starożytnych Chinach, internacjonalizacji chińskiego juana i wielu innych kwestiach zawsze mnie inspirowały. Te opinie wywarły głęboki wpływ na niektóre konkluzje zawarte w niniejszej książce.

Czcigodny profesor Xia Bin z Ośrodka Badań nad Rozwojem przy Radzie Państwowej także jest szanowanym przeze mnie uczonym. W tegoroczny wieczór wigilii Nowego Roku, podczas gdy wszyscy świętowali w swoich domach, profesor Xia Bin i ja siedzieliśmy w opustoszałej kawiarni i rozmawialiśmy o jego książce zatytułowanej *Chińska strategia finansowa 2020*, w której przeprowadził przekonującą analizę obecnej sytuacji i przedstawił globalną wizję przyszłości. Wiele z jego poglądów miało wpływ na zawarte w niniejszej książce idee dotyczące przyszłej strategii finansowej Chin.

Przeczytałem każdy artykuł profesora Yu Yongdinga z Akademii Nauk Społecznych. Na niedawno prowadzonym przez Yu Yongdinga seminarium przedstawiłem pomysł dolara azjatyckiego, na co profesor Yu – zaangażowany od dziesięciu lat we współpracę ekonomiczną i walutową w Azji – gorzko się uśmiechając, odpowiedział, że dolar azjatycki nie jest łatwy do osiągnięcia. Mimo iż nasze poglądy w tej kwestii nie są zbieżne, to jednak stało się to dla mnie inspiracją do pogłębienia rozumienia potencjalnych trudności mogących towarzyszyć powołaniu wspólnej waluty azjatyckiej.

Najbardziej jestem wdzięczny, a także najwięcej zawdzięczam, przebywającym daleko za granicą żonie i córce, ich poświęceniu dla mojej idei, które było większe niż kiedykolwiek zdołam im wynagrodzić. Moja córka Jinjin wcześniej nie potrafiła czytać po chińsku, jednak aby móc przeczytać książkę napisaną przez swojego tatę, obecnie podwaja wysiłki w nauce chińskiego i jest już w stanie korespondować ze mną codziennie w języku ojczystym za pośrednictwem e-maili, a ja jestem szczerze wzruszony jej staraniami. Ojciec jest w oczach córki nieprzemijającym bohaterem i aby jej nie zawieść, musi dołożyć wszelkich starań.

Autor
11 listopada 2011
świtem na Pachnących Wzgórzach w Pekinie

Song Hongbing
Wojna o pieniądz

Cena 47 zł oprawa miękka
format B5, 321s.

S kąd się biorą kryzysy finansowe? Aby odpowiedzieć na to pytanie, trzeba postawić kilka innych: kto kontroluje emisję waluty? Kto zyskuje na inflacji? Komu zależy na drukowaniu papierowego pieniądza bez pokrycia w złocie? Kto pragnie uzależniać ludzi od kredytów?

Song Hongbing
Wojna o pieniądz 2

Cena 51 zł
oprawa miękka
format B5, 350 s.

O d XIX władzę dzierżą międzynarodowi bankierzy, kontrolujący banki centralne, zaś rząd i inne grupy społeczne są ich dłużnikami. Dzisiaj w krajach Zachodu to elita finansowa kontroluje politykę państwa.

(z Przedmowy autora)

Bruno Bandulet
Ostatnie lata euro

Cena 73,00 zł
oprawa miękka
format A5, 537 s.

S kąd pochodzą pieniądze? Kto je tworzy? To książka, w której znajdziesz pełen zasób wiadomości o wielkiej iluzji zwanej pieniądzem. Nudny temat? Tylko poczekaj! W ciągu pięciu minut wciągniesz się w wywiadowczy kryminał, którym ta historia jest w rzeczywistości. To książka o najbardziej rażącym przekręcie w historii.

Erik
von Kuehnelt-Leddihn
Ślepy tor
Cena 62 zł
oprawa miękka
format B5, 676 s.

A utor na przeszło sześciuset stronach przybliża czytelnikom zarówno teoretyków, jak i praktyków (zazwyczaj krwawych) lewicowej ideologii, począwszy od poprzedzających francuską rewolucję komunistów utopijnych XVIII wieku, przez wiek dziewiętnasty z socjalizmem „naukowym" oraz dwudziestowieczny komunizm i nazizm.

Emmanuel Ratier
Tajemnice zakonu synów przymierza

Cena 57 zł
oprawa twarda
format B5, 371 s.

M iędzynarodowy Zakon B'nai B'rith to najstarsza, najliczniejsza i zarazem najbardziej wpływowa organizacja żydowska, służąca wspieraniu interesów państwa Izrael oraz Żydów na całym świecie. Autor prezentowanej książki stara się odpowiedzieć na pytania: jak powstał Zakon B'nai B'rith, kto go stworzył, kto finansuje, jakie są jego cele i sposoby działania?

Guido Grandt
Czarna księga masonerii
Cena 47 zł
oprawa miękka
format B5, 294 s.

Z nany niemiecki dziennikarz proponuje poddać ruchy masońskie rutynowym, empirycznym badaniom, próbując dowiedzieć się, kim są ich uczestnicy, do jakich partii należą, jak zdobywają pieniądze, dlaczego działają w ruchu wolnomularskim i dlaczego tak bardzo zależy im na tajności.

John Gray
Fałszywy świt

Cena 49 zł
oprawa miękka ze skrzydełkami
format B5, 238 s.

K oprasiążka poświęcona jest przede wszystkim krytyce ideologii wolnego rynku, którą Gray uważa, obok socjalizmu i komunizmu, za dziedzictwo oświecenia i jego wiary w istnienie jakichś żelaznych praw, kierujących rzeczywistością społeczną.

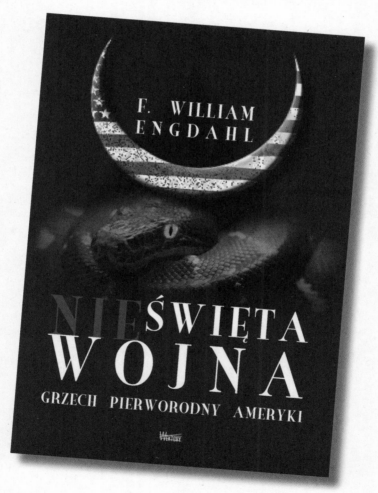

NOWOŚĆ, GRUDZIEŃ 2014!

Józef Białek

CZAS SPEKULANTÓW

Wzlot i upadek polskiej przesiębiorczości

W WEKTORY

Józef
Białek

CZAS
SPEKULANTÓW
WZLOT I UPADEK POLSKIEJ
PRZEDSIĘBIORCZOŚCI

Sowiecki okupant był pewien, że posiadł Polskę na wieki, starał się o jakie-takie zagospodarowanie okupowanego obszaru — oczywiście w ramach ustroju, jakiego świat nie widział. Wtłoczony w te nienaturalne ramy i poddany nadzorowi polskojęzycznej wspólnoty rozbójniczej naród polski, kierowany instynktem samozachowawczym, musiał wytworzyć specyficzne formy funkcjonowania również w dziedzinie gospodarki — co znakomicie i z humorem Autor przedstawia w pierwszej części swojej książki (...) W 1989 roku przeprowadzono tzw. transformację ustrojową. Odtąd, za parawanem parlamentarnej demokracji, rządzące Polską bezpieczniackie watahy, za cenę pozwolenia na pasożytowanie na polskim narodzie, realizują tu interesy państw poważnych. W drugiej części swojej książki Józef Białek przedstawia ten mechanizm na konkretnych przykładach, co nie tylko osadza spiskową teorię w realiach, ale również pokazuje, że transformacja ustrojowa niewiele zmieniła. III Rzeczpospolita, podobnie jak PRL, jest kolejną okupacyjną formą polskiej państwowości i podobnie jak PRL stała się organizacją przestępczą o charakterze zbrojnym.

Stanisław Michalkiewicz

Książka Spekulanci wypełnia dotkliwą lukę w zapisie polskiego doświadczenia ostatnich dekad. Mamy tu całą antologię oryginalnych, czasem śmiesznych do łez, a czasem lekko jeżących włos na głowie polskich pomysłów na dobry interes w epoce realnego socjalizmu. Mamy imponujące nagromadzenie surrealistycznie zabawnych anegdot — całe pasmo tragikomicznych przygód, które stały się udziałem samego autora i jego znajomych z tamtej pionierskiej epoki polskiego biznesu — z bezcenną notacją niepodrabialnych kwestii dialogowych i całą paradą zadziwiających typów ludzkich, których energia i zapobiegliwość zdaje się nie mieć sobie równych. „Polak potrafi" — znane hasło z repertuaru propagandy PRL tu znajduje swe jakże oryginalne potwierdzenie.

Grzegorz Braun